U0909529

北京印刷学院传播学重点建设学科项目

高等学校编辑专业教学参考书

20世纪
中国著名编辑出版家
研究资料汇辑

5

宋应离　袁喜生　刘小敏　编

河南大学出版社

目　录

徐调孚

王任叔

贾祖璋

胡　风

冯雪峰

徐调孚

徐调孚(1900～1981),浙江平湖人。学名名骥,笔名蒲梢。1921年入商务印书馆。文学研究会成立后,曾与叶圣陶一起编《文学旬刊》。郑振铎主编《小说月报》期间,是郑的得力助手。在郑出国期间,除编辑《小说月报》外,还替郑著《文学大纲》做补充修订工作。此后,即协助叶圣陶编辑《小说月报》。1932年商务印书馆被毁,转入开明书店,进行了大量的组稿工作,如茅盾的《虹》、《蚀》、《子夜》,巴金的《家》、《春》、《秋》。支持出版夏衍翻译的高尔基的《母亲》。还编辑校订了《六十种曲》、《气概》、《白雨斋词话》、《西河诗词话》、《人间词话》等,并参与了《中学生》的编辑工作。1937年抗战爆发后,开明书店被毁,与郑振铎合办《文学集林》。抗战胜利后,开明书店迁回上海,开始主持《闻一多全集》的出版工作。此间,还编辑出版了夏衍的《上海屋檐下》、吴祖光的《少年游》、《朱自清文集》等。

新中国成立后,1953年,开明书店与中国青年出版社合并,随之转入中国青年出版社。后调中华书局,任文学组组长。“文化大革命”中被迫迁到四川江油。1972年,中华书局出版《柳文指要》,作者章士钊给周恩来写信提名要徐负责编辑工作。徐转来北京。《柳文指要》出版后,又回四川江油,直至去世。其著作有《现存元人杂剧书录》、《中国文学名著讲话》。译作有意大利童话《木偶奇遇记》。标注有《人间词话》。主持整理出版了《全上古三代秦汉三国六朝文》、《全唐诗》、《全宋词》、《全元散曲》等多种文学古籍。

《小说月报》话旧

徐调孚

《文艺报》编辑部同志要我回忆一下过去编辑《小说月报》等刊物的情况,想要从中吸取一些经验,以便更好地掌握“百花齐放”和“百家争鸣”的方针。

当然我可以尽可能地回忆一下,只是想要从中吸取什么经验以改进工作,怕不容易吧!因为我总认为过去的编辑方法很少在今天还有可取之处。

1921年,商务印书馆的资本家受了五四运动的影响,把他们出版的已有十一年历史的《小说月报》,改请沈雁冰同志编辑,从旧的形式和内容中解放出来,成为新文学的第一个大型刊物。可是编辑却只有他一个人,另外一个是搞事务工作的人员,整个杂志社内仅此两人。

这时候,社会上和商务印书馆内部反对新文学的力量还很强大,《小说月报》受到了顽固分子的攻击。资本家认识不清受攻击的本质,以为是沈雁冰同志编辑得不好所致,于是从1923年起改请郑振铎同志担任编辑。当然仍旧是他一个人。

在这期间,除了每月要编辑出版一本约有十二三万字的期刊外,三年中还编辑出版了两本号外(《俄国文学研究》和《法国文学研究》,每一本都有三四十万字),这任务是非常重的。

1924年,郑振铎同志一个人实在忙不过来,于是介绍我加入工作,从这时候起,算是有了两个编辑了。1927年,郑振铎同志为了同情于革命,遭受迫害,无法再留在上海而出国,由叶圣陶同志代替他工作(约计一年余),仍旧是两个编辑。所以直到1932年《小说月报》社被毁于战火为止,这个杂志的工作人员始终是三个人。我们两个人的工作都是一揽子的,凡是组稿、阅稿、编辑、校对、通讯等等,什么都要做,有时还要干杂志社以外的编辑工作。

在1924年的最后一二个月内,就要打算明年度的编辑方针,用现在的话讲,就是定好明年的编辑计划。计划的重点,是下列几项:一、分栏的增减;二、长篇连载;三、第一期特大号内容;四、专号或特辑。这个计划也许就是编好一本杂志的关键所在。

《小说月报》的分栏是每年在变动的,大致初期分栏细,后期比较综合,这样似乎显得活泼一些。在初期,创作和翻译,以及小说、诗、散文、戏剧都有一定次序的。

长篇稿件同时可以有几个并载,但性质是不能相同的。譬如说,有一篇论文,一篇创作小说,一篇翻译戏剧,三个长篇同时并载,读者还不致讨厌。否则就觉得沉闷了。一个好的长篇,读者是十分欢迎的,茅盾的《幻灭》、《动摇》、《追求》接连着刊登时,《小说月报》确乎哄动了一下。

《小说月报》每一期大约十二三万字,但每年的第一期往往加多字数,加多的字数,没有一定,记得最多的一个"新年号"似乎有四十万字吧。杂志加多字数,零售的加价,订户不加价,这虽是资本主义经营方式,目的在于预收大量的现金,但对于读者有一定的利益,所以编辑部门也欢迎这办法,尽量设法使第一期的内容格外丰富;当然这并不等于说,其他各期尽可以编得差一些。

杂志的专号或特辑,根据我们过去的经验,读者是很喜欢的。

《小说月报》过去出过不少专号和特辑，其内容有的是纪念性的，如《拜仑号》、《太戈尔号》、《安徒生号》等等；也有是非纪念性的，如《非战文学号》、《被损害民族的文学特辑》等等；也有本来没有预定计划，有时候某一类文稿刚巧很多，或者突然发生了什么事情，就临时来一个专号或特辑，如《创作号》、《五卅运动特辑》、《芥川龙之介专号》（日本文学家芥川龙之介自杀）等等。

除了这四项外，还得注意两件事：一、插图的取材；二、封面的设计。关于插图，初期大都偏重于美术作品，后期偏重于和文字有关的图片。封面是每年一换形式，设计的人也时常在变换。

《小说月报》每期除了长篇连载和固定的专栏（如"现代文坛杂话"之类）外，其余是每期变化的。这里边有论文、小说、散文、戏剧、诗等等，还有创作的和翻译的区别，最好是各门都要有一点，那才显得"杂"。但要齐备是不容易的，小说似乎是这个杂志的主体，每期必得有几篇，创作的和翻译的都要，不可缺少。同志们，请您计算一下，每期可能容纳的某一门类的稿件，是怎样地有限度啊！可是来稿的情况呢，恰恰相反，每天至少有十件左右要收到。在这些来稿中，最多的也自然是小说，其次是诗，其他的就比较少了，并且又几乎全是创作的，翻译的也比较少。明了了这样的情况，也可以推想到所谓"遗珠"之憾是怎样也难以避免了。

过去读者（也就是投稿者）对《小说月报》最大的不满意，是说《小说月报》的编者只看作家的名字，不看稿子，成名的作家就登，无名的作家不登；有名人介绍的就登，自己送上门去的不登；并且无中生有地说，凡是普通的投稿，编者看都不看，一古脑儿捺在字纸篓里。说得有声有色，仿佛他每天在我们的身边，亲眼看见我们是这样干的。

以极少的人力来对付不能作为比例的稿件，确是很困难的。但作为一个编者，他像觅宝似地在到处寻找可用的稿件，岂肯把送上门来的连看都不看就捺进字纸篓里去！我们不妨在这里叙述一下，现在已有国际声誉的丁玲同志，她的处女作短篇小说《梦珂》，是由叶圣陶同志从一大堆来稿中挑选出来刊登在《小说月报》上的。她既不请人介绍，当然更说不到有名声，在那时候连这位作者是男性或女性都还不知道呢。直到很久以后，她从北京到上海，大家见了面，方才知道她是一位女作家。

丁玲同志的作品，当然有一定的水平，在当时这种情况的确不多，但也不是绝无仅有。可惜的是大部分投稿，实在太幼稚了，连最起码的水平都不能达到，如何能刊登呢。在一期《创作号》(1927 年 7 月出版)的"最后一页"(即编者的话)上曾经有过这样的几句："编者绝不是一架天平。天平能把东西称量得一丝一毫没有差错，而编者岂其伦呢。但编者对于许多文篇，除了不能解悟的及质料同技术很次的，也曾勉力减轻关于习染、癖好等种种障蔽，只求它完成或近于完成就行。"这绝不是凭空写出来欺骗投稿者的。

同志们还要记得，《小说月报》是在一个资本主义企业的书店里出版的，他们办杂志的目的是攫取利润。所以请您不必质问编者，为什么不肯做一些培养新生力量的工作。您要知道，这不是他们的力量所能办到的。对于这许多创作欲极旺盛的作者，和水平过低的作品，杂志的编者心中非常难过，不能给予什么东西，仅能说一句老话："爱莫能助。"

投稿中既少合用的作品，那么怎样编出杂志来呢？只好把重点放在组稿上。组稿的对象那当然是成名作家了。组来了稿子，一看不能用，也经常会碰到。有时只好付出了稿费，把稿子留下来。当然，这样做资本家是不愿意的，因此在稿子实在困难的情况下，也会取出来凑一下数，一方面也是可以借此减少积压着的稿子。

不用的稿件，有一部分是依照各杂志社的通例，退还给投稿者；在退稿时，经常很简单地提一个意见。当然，这意见仅是编者个人的意见，不会没有不正确的地方，投稿者对此有反应，那是理所当然的事，可是有的投稿者常要反问，他这篇被退还的稿子，跟我们某一期上发表的某一篇作品，有什么及不到的地方；就是说，他的这篇小说比已发表的某一篇好。对于这样的提问题，编者最觉得难于答复。第一，"编者绝不是一架天平"，这是千真万确的。第二，更主要的，还是一个时间问题。这互相评比的两篇作品，编辑部不是在一个时间内处理的。譬如说，当编辑上一期时，需要四篇创作短篇小说，可是手头存在着的不足数，只好把比较次一些的一篇硬塞进去，否则杂志要编不成了。到了编另外一期的时候，"佳作如林"，那自然把较次的都留下来，甚至要退还给作者了，即使比过去刊登的几篇水平要高得多，那又有什么办法呢！

我再说一遍，《小说月报》是资本主义企业所办的刊物，办杂志的目的是推广他们出版的书籍，也就是获取更大的利润。因此它需要"八面玲珑"、"面面俱到"，最忌的是得罪人，任何一个人；略带战斗性的文字便不能在刊物上发表了。如果您要从《小说月报》上去找比较尖锐的批评文章，那您准得失望。抗战前出版的《中国新文学大系》中，有一本叫《文学论争集》，这里所收载的文章，几乎没有是从《小说月报》上选录的，就是这个缘故吧。

维护封建道德，也是这个企业的非正式任务之一。封建社会里，"藏垢纳污"，只要不公开讲是无所谓的，假如要剥去这假面具，加以分析明辨，那就有损尊严，不能允许了。《小说月报》第十七卷号外上有两篇文章，题目是《民歌研究的片面》和《中国文学内的性欲描写》，书已经印成在发售了，企业里一位有强大特权的人物发见了这两篇东西，认为这是极大的罪孽，赶忙把没有售出的存书抽去这两篇，重印目录，再送到市场上去。因此，现在您可以从旧书铺子里找到不同的两种版本，虽则版次是相同的。这两篇文章的内容，可以说都是学术性的。前一篇中引证了许多例子，这些例子中有一部分是近乎猥亵的，但文章的基本论点还是正确内的。后一篇内根本没有例子，只是研究了一下中国文学中为什么会有许多不健康的性欲描写；我们猜想另外有一个更大的理由是，这篇文章的作者不幸得很是沈雁冰同志，那时候（1927 年 6 月）他是没有发表文字的自由的。

这或者可说是当时《小说月报》的清规戒律，但很明显，这不是编辑人员所制订，并且愿意执行的。可是为了要使这个刊物有可能依照它的比较优良的传统编印下去，编者于是也不企图取消这些清规戒律了。

因为主持《小说月报》的编辑者是文学研究会会员，改革后早期的主要撰稿人也大都是文学研究会会员，于是大家都误认《小说月报》是文学研究会的机关刊物，一部分不属于文学研究会的作家便不肯给这个刊物写稿。这是一个缺憾。

拉拉杂杂地我回忆了这些，因为已是二三十年前的事了，所以很不全面，可能还有错误，在我个人这是没有办法补救的了。

原载《文艺报》1956 年第 15 号

杂忆和杂感

徐调孚

自从我的《〈小说月报〉话旧》一文在《文艺报》上发表后，曾有好几位朋友就内中提到的某些事情来询问我，而我自己也很感到有的地方说得的确不畅，有申说一下的必要，于是我再写这一篇。

我说过《小说月报》每天收到的来稿相当多，而阅稿的人力又是这么少，那么究竟怎样对付呢？既然不是“连看都不看就扔进字纸篓里去”，怎么还来得及一件一件阅读呢？这的确有些矛盾。

同志们,请不必惊讶,我们阅读稿件,并不是只有一个方式的。我们的目的是找寻适合登载于刊物上的文章。一篇合用的稿子,它像磁石一样,能够使我们爱不释手,从头到底读下去,很快就可能作出决定来。稍有疑问的,我们也很愿意一遍两遍,甚至三遍四遍地读下去,以求作出最后决定来。可是一篇不成熟的作品,抱歉得很,就不是这样的做法了:我们开首是同样的一行一行、仔仔细细地读,觉得这篇文字水平太差时,我们很自然地会变成一目十行地读下去,或者跳出一二页再读一段,翻到末尾处再读一段。经验告诉我们,这样的阅稿方式并没有错误,如果你不肯这样做,那你就完不成任务,一个月编不成一本杂志。

说到这里,牵涉到一个编辑的任务问题。

我为了写这篇东西,曾经跟好几位朋友——当然他们都是编辑,讨论过这个问题;也在中国作家协会召开的某一个座谈会上提出这个问题。似乎很多人的意见都认为:编辑的任务,过去是,现在也是,编好一本刊物(或一本书),没有旁的什么。然而事实呢,培养作家这个重大的任务无形中也落在编辑身上,许许多多的责难都由此而生,这不是很冤吗!

培养作家,这是文艺界头等重要的一件事,作为编辑,不一定有能力去搞。在新中国,当然已有中国作家协会担负起这个重任了;在过去,反动政府是摧残、压迫,惟恐不及,哪里还谈得到培养,惟有靠一些有责任感的作家,自动地、业余地担负起来,鲁迅先生就是其中最突出的一个。但怎么能责成作为职业的一个普通编辑呢!

杂志的编辑固然是这样,出版社的编辑又何尝不是这样!某一个出版社的一位编辑同志曾经很坦白地说过,他那个编辑室里经常要积压一千万字的稿件。顾到了把可用的稿子发出去排印,就顾不到把不能用的稿子退还给作者。不是出版社的专管印刷部门来向他要稿,就是作者来向他要稿(包括通信和电话)。因为要发稿,必须一个字一个字地重看一遍,还要进行加工,不能很草率地发交工厂排印;要退稿,也得细细阅读,提出自己的意见,告诉作者。他不嫌繁琐地举一个例子说,有一位作者把一部几十万字的创作投给他们,稿子无法接受出版,于是提了意见退还。这位作者非常谦逊地接受了意见进行修改,修改完了再投去,可是稿子的无法接受出版,还是肯定的;只好再提意见再退还,听说这样反复了好几次。双方的耐性都是值得钦佩的,编辑方面很显然耽误了许多要做的事,而作者方面是否因此而得到培养,使他的创作能力有所增进,也还在未知之列,然而一般人却认为这样做并无不合理之处。

也有人说,这是一个人力问题,多添几个人就可解决了。不要说现在的编辑机构(无论杂志社或是出版社),人数已比过去不知多了多少倍,就是再尽量地加多,也是无济于事的,更何况作为一个机构(无论事业机构或企业机构),它的编制无论如何是有限度的。

因此有的同志主张退稿不必提意见,一位值得尊敬的过去做过杂志编辑也编过报纸副刊的朋友说,他过去退稿,就没有提过意见,他又说,退稿的唯一理由是稿件不适用,不能刊登。如果有人说,这是对待作者的粗暴的话,那么现在有些杂志或报纸新定了章程,干脆不退稿,不更该说是粗暴了吗?当然,定出这种章程的编辑机构有它充分的理由,但因此而引起作者的不满也是可以推想的。编辑者过去往往都做过作者,更明确地说做过投稿者,一个投稿者的心理,难道编辑不知道吗?可是事实不允许他们这么办,又有什么话可说呢!

投稿者的心理真是很复杂,一篇稿子投出以后,最初是热烈地希望它能被采用,所以非常拥护编者。及至不被采用,收到了退稿后,有的会变得和编者形成对立的。譬如说,退稿的日子迟了,他们当然要写信来责问,既然不用,为什么又积压了这么久的时间。

可是如果退得太快了，我记得过去曾经接到过这样的一封使人啼笑皆非的信，说你们退得这么快，准是看都没有看，掉换一个信封就给退回来了！虽然这种情况是非常个别的，但投稿者见稿子被退回，心中不愉快的情绪，我们是可以理解的。所以一个编辑必须有接受这种突如其来的、过于执式的主观判断的雅量。

我上面提起要发稿先要进行加工，这个加工问题想不到最近成了攻击编辑者的箭垛之一。在过去，加工的确比现在少，我自己，知道水平低，就不敢"滥用大权"。但这并不等于说，过去没有加工的，尤其是几位肯负责的有名的作家。我可以随便举几个例子在这里。鲁迅先生介绍梅川翻译的《红的笑》（旧俄安特列夫的著名小说）给《小说月报》，我清清楚楚看到鲁迅先生的认真加工，虽然他不是《小说月报》的编辑，难道说这加工的性质有什么不同吗！我自己翻译的《木偶奇遇记》，最初在《小说月报》发表时，也受到当时的主任编辑叶圣陶先生仔仔细细的加工，使这部幼稚的译品增加生色，现在我正在重译这部书，我心里还在感谢他。再如巴金先生，凡是他朋友的译文，一经他的手，他一定要对照原文逐字逐句地加工，这也是我亲眼看到的。难道说他们都是"滥用大权"吗！

但是我也并不否认，确有其人在"滥用大权"，我不想，并且不愿替他们辩护。我个人认为过去受着编辑条件的限制（主要是人手少，时间局促），所以加工少；现在应该视读者对象的不同，认清编辑应负的责任，作一些适当的、也就是不"滥"的加工，还是有其必要的。作者也要做到文责真能自负，不要把粗糙的作品送出去，使他们看到了"不由得皱眉蹙额"（语见9月6日《人民日报》第八版《编辑工作评议》），甚而至于使他们不安心工作，而有"无名而不英雄"的想法（见8月16日《光明日报》第二版《编辑干部如何贯彻百家争鸣的方针》）。

自从"百家争鸣"的口号提出以后，许多翻译工作者纷纷提出反对一本书主义，认为一本书不妨重译，作为质量的竞赛。当然这个意图是好的，但过去似乎也并无明文规定，一种书只许一个译本，而现在也仍是没有。就过去说，高尔基的《童年》等等，恐怕译本多到难于计算罢。就是在一个出版社内，商务印书馆也出过两本屠格涅夫的《父与子》的译本；现在呢，作家出版社，出版了朱生豪的《莎士比亚戏剧集》，又出版了曹禺的《柔蜜欧与幽丽叶》，都是很好的例子。我不晓得现在再强调这一点，是不是近乎无的放矢。

有人说，“明文规定”确乎没有，但清规戒律却多得很，反对的是这些清规戒律，正是有的放矢。

现在我们来看一看这些清规戒律。

我在编《小说月报》的时候，收到所谓无名作家投来的翻译稿，几乎全是短篇小说，并且绝大多数是契诃夫的《赌赛》、《顽童》，莫泊桑的《一根绳子》、《项链》和托尔斯泰等人的一些作品。这些作品，不是我说得夸张，在那个时候，几乎每一种杂志或报纸上都曾发表过一篇不同译者的译文。怕不是为了这几篇原作的价值特别高，而是，说起来有些可笑，这几篇英文本容易找到，而且有几本英语教科书上选录了这几篇。请问这些译文，是不是编者可以用“已有译本”的理由拒绝刊登呢？

有人强调风格，说既要保存原作的风格，也要有译者的风格。为了保存原作的风格，把译文译得使人看不懂，说原文就是这样晦涩，译得流利了就把原文的风格丧失。为了要有译者自己的风格，把一种平平常常的作品任意重译一下，不一定能胜过已有的译文，说是两部译文风格不同，可以同时并存。请问为了这样的理由，是不是编者一定要接受重译本？再就实例说，莎士比亚的戏剧，过去有朱生豪、曹未风、孙大雨、曹禺以及其他人的译本，而现在，这些译本不都在一一重印，并且又新添了几本方平的译本吗！这不是尊重风格是什么？

就读者方面说，一般不相为谋的重译本是不受欢迎的。他们认为重读这些译本是浪费，并且在经人批判和推荐以前，自己实在无法辨别哪一个译本是较好的译本，读起来比较流利的也许竟是一个极不忠实的译本呢。如果说译者声明已有的译本实在太糟了，所以重译一下，而重译的又确是胜过原译不少，那读者岂有不欢迎之理，而出版者亦谁肯粗暴地拒绝呢！

再就我们国家最近的情况说，翻译的人材是太少而不是太多；需要立刻翻译的作品，无论是古典的或是现代的，却又是太多而不是太少；印刷能力和纸张供应还远远落后于实际需要。为什么不可以对翻译方面略为规划一下，以减少不必要的浪费呢！去年肃反运动以后，大家都出所谓惊险小说，苏联的这类作品大家抢着翻译出版，有的质量不高，造成“泛滥”之灾，今年已有很多人指出，这不是一个经验教训吗？

总之，我认为重译问题，应该视情况之不同而灵活处理，强调了任何一点，都将是不适当的。8月7日上海《解放日报》上，有一位何子恒先生用英文本的基督教《圣经》的参加翻译的人已达“百家”以上，译本有十几种之多，来说明我国的翻译事业也须采取这种精神，我不同意这个意见。

最后，我还回忆起，解放前上海某些书店老是把别人的译品，偷偷地在中文方面修改一下，作为一本新的译本出版，实际是变相的翻版。最有名的一家是启明书局，世界书局也玩过这花样。当然在今日不会再有了。

我在这里说的，当然不一定对，作为百家争鸣中的一家，许是可以的罢。

原载《文艺报》1956年第22号

记《小说月报》第二十三卷新年号[①]

徐调孚

《宇宙风》编辑部出来一个题目，要我替它做一篇文章，题目是《新年怀旧录》，下面又注明《随述过去新年中值得怀想者》。我想尽了过去的好几个新年，觉得实在没有什么话可说。

我把《宇宙风》杂志翻阅一下，似乎以老舍先生的《老牛破车》最感兴趣。因为我很荣幸的是他前五部著作的原稿阅读者，所以阅读他的叙述写作经过的文章，分外觉得有味。在第五期上读了他的《我怎样写大明湖》，使我想起了只有我一个人读过的毁于兵火的《小说月报》第二十三卷的新年号了。

《小说月报》第二十三卷新年号依理是在二十一年一月十日出版，为了历年脱期延误的缘故，所以这期直到一月二十七日方才从印刷架上印毕最后的一页，一面由装订部送来装订成书的第一册样本。我再三叮嘱印刷所，这本新年号务须在一月内送到发行所发售，不能挨到二月以后的。岂知在二十八日的晚上，战事就发生了，这本三四百面厚的"新年号"就此失去了生机，成了只有我一个人通读过的纪念物了。(因为这年郑振铎先生请假赴平，其时方从平返沪，还未见到这册"珍本"杂志)

在这卷《小说月报》上，预备同时发表三个长篇创作，一是逃墨馆主的《夕阳》，一是老舍的《大明湖》[②]，一是巴金的《新生》。在这新年号上，各登了二万字左右。"逃墨馆主"是茅盾的另一笔名，那时为了某种关系，"茅盾"两个字不能在商务印书馆的刊物上出现，所以他题了这么一个笔名，又恐防"文坛消息家"来做索引，随意地乱猜，因此在广告上特意说明是"一位新的作家的处女作"。其实这都是我弄的玄虚；现在事过境迁，不妨在这里自己揭穿这秘密。这三部长篇创作同烬于火,遭到了似乎是同样的结果,然而实际是不然的。《夕阳》其时还没有写完,交到《小说月报》社里来的只是首二期的稿子,并且交来的又是经过誊写的副稿,所以在二十二年的新年里,得更换了《子夜》的书名,在开明书店出版。《新生》则不然,稿子是完全的,底稿可不留。不过在《东方杂志》复活时,胡愈之先生要我帮助他编辑《文艺》栏,我就逼着巴金先生,要求他把《新生》再写出来给我刊登,巴金毕竟是巴金,他终于使《新生》新生了。惟有《大明湖》,既没有副稿,老舍先生又不肯"默写"(引用他自己的话),所以终于不能和世人见面。郑振铎先生大概是看完的罢,我却还只读过前半部,现在很懊悔当时不把它一气念完。在这部作品里,对话还是那么样的漂亮,幽默的句语确乎没有了;它不再以人物的行动态度来显示给人家,而以心理的刻画来代替了。

这本新年号的其他稿件,现在还可藉着刊登在二十二卷十二号的广告来知道一些。短篇的创作,据预告说是一共五篇:蓬子的《喜剧》,施蛰存的《残秋的下弦月》,穆时英的《夜》,张天翼的《蜜蜂》,沉樱的《时间与空间》。然而实际上,《时间与空间》一篇已在十二月号上刊登。其余几篇,似乎后来都在别的刊物,像《现代》等上刊出,没有完全的毁去。

关于创作方面,除了长短篇小说外,有戏剧一篇,熊式弌的《财神》,是独幕的喜剧,我还记得。随笔若干篇,作者是丰子恺等,诗若干篇,作者是戴望舒等。

论文方面,有俞平伯的《诗的神秘》,方光焘的《文学批评的诸问题》(似乎是译日本片上伸的作品),刘穆的《战后法国文学的问题》(似乎也是译文),萧祖震的《到诗人拉玛丁的屋》(这篇文章是萧君迢迢地远从海外寄来的,还附有插图十余幅,我把这些图制成影写版,附订在文章的前面),夏丏尊译的谷崎润一郎《与佐藤春夫谈过去半生书》(这篇原文登在二十年十二月号的《中央公论》

上,其时他们刚玩过了“换妻”的把戏),和许地山的《作曲家摩萨的爱恋生活》。

翻译方面,有陈瑜译的日本前田河广一郎的剧本《北美三部曲》(在新年号上,登了第一部。“陈瑜”是田汉先生的笔名,在今天已是无人不知的了,在那时,恐怕还是初次应用罢),郑振铎译的《魔术家》(俄国契里珂夫著),叶启芳译的《枪手》(英国奥弗拉赫德著),傅东华译的《树林中的死》(美国安特生著),段可情译的《菲洛琳卡》(德国施笃谟著),马宗融译的《锐波利底忏悔》(法国米尔博著),徐霞村译的《十六世纪的西班牙》(西班牙阿佐林著),穆木天译的《七个铜板》(匈牙利莫力子著),陈君涵译的《未锁之门》(意大利戴丽黛著)等。

最后,我还要提起那张封面,是钱君匋先生的手笔。后来,这图案应用在光华书局出版的《文学月报》上,不过印刷似乎太差了。

关于“新年号”,我能记到的就是这一些。第二号也已全部编好,本来预备要在二月十五日左右出版的,内容也已忘记,只记得第一篇是茅盾先生的《徐志摩论》。我特从邵洵美先生那里借到一张徐先生遗照,从郑振铎先生的抽屉里检出几封徐先生的遗札,预备一并印在卷首。这篇《徐志摩论》,作者也没有留着原稿,后来重写了发表在《现代》上,不过内容已经不同了。

第三号是《歌德专号》,已收到文章不少,我只记得在这些文章中有宗白华、范存忠和梅川三位先生的各一篇。梅川先生其时正在德国,他知道了我要出《歌德专号》,感谢他的好意,特为把一本印刷得极精美的关于歌德的画册借给我,让我复制一些印在专号的卷首。结果,这本画册同许多文章,还有梅川先生的通信地址,一并葬送在炮火之下。自从通信地址烧去了以后,直到今天,我还不曾和梅川先生通一次信,我的心里是怎样的难过呀!不知梅川先生现在已否回到中国来。

调孚案:这篇东西大约是1933年年底时写的。过了二十多年后的今天,凭了我薄弱的记忆力,再回想这本杂志,什么都不能补充了。可是有一件事却还记得,而为写这篇文章时所有意省略的,那就是这一年的《小说月报》上,准备刊登瞿秋白同志的译文:革拉特珂夫的小说《新土地》。译稿已经由茅盾先生送来了,完全的。蝇头细字,横写在有蓝线的稿纸上,也还记得。署一个什么笔名,却已忘记了,除了茅盾先生等一二人外,当时怕没有谁知道的罢。我记得准备在登完了陈瑜的《北美三部曲》后续登本稿,大约要从第四期开始。曹靖华先生最近在《文艺报》发表的《点滴忆秋白》里也提到这部稿子,并且说"可惜这部译稿在'一·二八'上海抗日战争中,和商务印书馆编译所一同被日寇焚毁了"。《瞿秋白文集》第四册中所加的附注"并且交给商务印书馆准备出版"一句话,略与事实不符,因为在《小说月报》上发表并不等于在商务印书馆出版,而后者在那时是不可能的,茅盾先生的作品就是一例。一九五五年七月追记。

注释:

① 原载《宇宙风》半月刊第一集新年号,个别文句经原作者略加删改。

② 老舍《老牛破车》(五)《我怎样写大明湖》:"……《大明湖》里没有一句幽默话,因为想着'五三'。可是五三并不是正题,而是个副笔。设若全书都是描写那次的屠杀,我便不易把别的事项插进去了,而我深怕笔力与材料都不够写那么硬的东西。我需要个别的故事,而把战争与流血到相当的时候加进去,既不干枯,又显着越写越火炽。……在暑假后把它写成,交给张西山兄看了一遍,还是寄给《小说月报》。因为刚登完了《小坡的生日》,所以西谛兄说留到过了年再登吧。过了年,稿子交到印工手里去,'一·二八'的火把它烧成了灰。没留副稿。我向来不留副稿。想好就写,写完一大段,看看,如要不得,便扯了另写;如能要,便只略修改几

个字,不作更大的更动。所以我的稿子多数是写得很清楚。稿子既须自己写,所以无论故事多么长,总是全篇写完才敢寄出去,没胆子写一点发表一点。全篇寄出去,所以要烧也就都烧完;好在还痛快!"

选自张静庐辑注《中国出版史料》补编,中华书局1957年

作者的知音

——记徐调孚同志

振　甫

端木蕻良同志在悼念文坛巨星茅盾同志陨落时,曾提到茅盾和他的两部创作,是交给商务印书馆出版的,在"一二·八"事变时,日本侵略军轰炸了商务印书馆总厂,商务印书馆总厂化为灰烬。可是茅盾和他的两部创作,却奇迹般地被调孚同志救出来了。不知他是怎样救出了这两部作品。这事使得端木蕻良隔了50年还在怀念。按照调孚同志的工作作风,他经常把稿子带回到家里,在晚上审读。大概因此保存了这两部书稿。

在茅盾的一篇文章里,提到有一位同志曾经问起他,约在20年代,有位署名蒲梢的,编了一本书,是著录世界文学名著翻译到中国来的,是不是他编的。茅盾说不是,是徐调孚同志编的。调孚同志就这样一直受到作家们的怀念。

调孚同志是浙江省平湖县乍浦人,乍浦就是孙中山先生计划要开辟东方大港的地方。自从上海成为大都市后,平湖乍浦一带的商业受上海的影响,以木行和钱庄为最吃香的行业。木行从闽浙山区把木材经海道运到乍浦,再供应上海一带的需要;钱庄一方面向上海的金融界贷款,发放到平湖一带的工商业收取高额利润,

另一方面吸收地方上的资金输送到上海去。调孚同志的父亲敦定先生就在乍浦木行内工作。那家木行是平湖地主兼乡绅兼富商的葛家开办的。作为乡绅，葛家先后开办稚川小学和稚川初中，还建有藏书楼，珍藏各种古籍和珍本。山东大家王仲荦同志在《西昆酬唱集注》里曾提到过，听说葛氏书库中有一部《西昆酬唱集注》，后来在抗战初葛氏藏书全部被毁。可见葛氏藏书楼中还藏有海内孤本。敦定先生爱好旧学，由在葛氏木行内工作转到葛氏藏书楼去编目。调孚同志就生长在这样的家庭里。他在旧制中学毕业后，没有进木行或钱庄，到上海去考入商务印书馆英文函授学校部工作，说明调孚同志在年轻时的志趣就不在商业方面。这同敦定先生的摆脱木行业去替葛氏藏书楼编目当也有关。敦定先生的兴趣在目录学方面，这同调孚同志后来爱好目录学也许有关。

调孚同志在商务英文函授学校部工作，通过英文，接触儿童文学名著。后来从函授学校部转入《小说月报》社。当时《小说月报》经过主编茅盾进行彻底革新，成立文学研究会，成为文学研究会的创作园地，发表为人生的文艺作品。后来《小说月报》改由郑振铎同志主编，出过中国文学专号，发表了研究中国文学的著作。在郑振铎主编《小说月报》时，调孚同志已调到《小说月报》，成为主编的得力助手，他也是文学研究会会员，同当时的进步作家有广泛联系，像茅盾、叶圣陶等同志，是商务里的同事，关系更为密切。他从大量的投稿中发现有才华的作品，推荐给主编，在《小说月报》上发表，后来因而成名的颇不乏人。《小说月报》上刊中国文学研究专号，使调孚同志的联系面，从作家扩大到中国文学研究者。他只是埋头工作，为作家，为文学研究者服务。在郑振铎出国期间，调孚同志除了忙于编辑出版《小说月报》外，更想到郑的著作《文学大纲》第四册还没有定稿，给它作了补充修订的定稿工作。他就是这样，只考虑到工作，为别人着想，却并不替自己打算。

当时，调孚同志在商务里的同事章锡琛先生跟商务闹翻了。

原来章在编《妇女杂志》，受到新文化运动的影响，在《妇女杂志》上发表了讨论妇女贞操问题的文章。陈大齐著文批评，引起了商务资本家的注意，就把章调往国文部，不让他编《妇女杂志》了。章写了反驳的文章，寄给鲁迅先生。鲁迅把章的文章给发表了。这说明鲁迅是支持章的论点的，章的论点是符合新文化运动的精神的。章因此自己办《新女性》，继续发表讨论新女性的文章。当时的商务有一条规定，商务里的工作人员不能自己经营和商务性质相同的业务，《新女性》杂志同《妇女杂志》性质相同。因此商务要求章或者停办《新女性》，或者退出商务。章选择后者，脱离商务，继续出版《新女性》。后来他决定创办开明书店，邀请商务中的叶圣陶先生来主编《中学生》。对章同商务闹翻的事，调孚同志是同情章的。他为了支持开明书店，计划出版一套世界少年文学丛刊，由他同顾均正、赵景深两先生共同翻译；他从英文本转译了《木偶奇遇记》，还译了安徒生童话《母亲的故事》。他很少译书，这两部书的翻译是想从两方面来支持开明，一是在出版方面支持，一是要把出书所得的版税全部购买开明股票，在经济上给予支持。到开明的基础初步奠定了，他又把全部精力放到出版编辑上去，不再译书了。上文提到茅盾谈到他编过一本 20 年代著录世界文学名著翻译到中国来的书目，可能也是那时编的。他以后虽不再译书，但他的《木偶奇遇记》，在相当长的一段时期里，成为少年儿童的优秀读物之一，对儿童文学做出了贡献。

在"一·二八"事变时，日本侵略军把商务炸毁了，使商务创办者张元济先生辛苦经营的涵芬楼藏书，向全国各地搜集来的珍贵古籍，包括海内孤本，都付之一炬，成为中国珍贵古籍的一大浩劫。但对当时商务的总经理王云五来说，却给他帮了一个大忙。原来王云五做了总经理，他最头痛的是商务印刷厂工人的罢工。其次，他提出科学管理法，给编辑人员规定工作定额，遭到编辑人员的联名反对，在报上公开责问。这些编辑人员中很多的资历比王云五深且久,王云五对他们无可奈何,这也是使他头痛的一件事。商务总厂被日本侵略军炸毁后,商务里的工厂工人和编辑人员无形解散,这以后,可以按照他的要求来重新组织。印刷厂的范围缩小了,很多被无形解散的工人,商务采取贷款给他们,让他们自己办小的排字房或小印刷厂,可以承接商务的排字印刷业务,这样他们就不会再向商务闹罢工了。编辑部分也缩小了。这时候,调孚同志的同情既在章和开明一边,自然就进了开明。"一·二八"事变后,《小说月报》停刊,只在《东方杂志》上留出一部分篇幅,刊登《小说月报》的稿件。当时,调孚同志白天在开明忙于工作,晚上还要带了《小说月报》的大量稿件,从事审读编辑等工作。

被王云五无形解散出来的工人,纷纷开设小的排字房和印刷厂。调孚同志非常同情他们,他虽也离开商务,还经常同他们取得联系。由于他在商务时期,参加过英文函授学校部的工作,又参加过《小说月报》的工作,跟中英文排字工人以及印刷工人都有联系。因此,他在开明时,对各个小的排字房和印刷厂工人的技术都非常熟悉。他在开明负责出版工作,按照这些工人所擅长的技术,分给他们合适的工作,来发挥他们的积极性,加快了出书的速度。最近,商务出版了中华函授学校编的一套《语文学习丛书》。在全书出全后的一次聚会上,大家赞美商务这套书的出书速度,说这套书的第一册,从发稿到出书只有七个月,以下各册都按照同样的速度出书。当时叶圣陶先生说:"这样的速度在解放前是很平常的事。"当时开明一般的书都是以类似这样的速度出版的。这同调孚同志多方联系各小排字房、各小印刷厂,善于发挥他们的积极性是分不开的。

当时的出版界,是出版发行结合,称书局,开明称书店,有"商中世大开"的称呼,即商务、中华、世界、大东、开明,这是按照资本的多少、规模的大小来分的,开明排在末后。即就发行所的门市部来说，商务、中华门面最大，其次是世界，再其次是大东，开明最小，只有一间门面。开明的结算稿费或版税也比较精明，曾引起鲁迅先生的不满。这样一家在五家中规模最小、算计又精的书店，为什么有不少大作家的作品肯交给它出版呢？像茅盾的《虹》、《蚀》、《茅盾短篇小说集》以及巴金的《家》、《春》、《秋》、《巴金短篇小说集》等，很多是通过调孚同志交给开明出版的。记得他拿到《子夜》这部稿子时，高兴地说："这是部在文学史上有重要影响的小说。"正由于他是文学研究会会员，同不少进步作家都有密切联系，开明里出的有影响的新文学作品，至少有很大一部分跟他有关。他更支持革命作家，夏衍同志翻译的高尔基的《母亲》，用沈端先的名字在大江书铺出版，后来转入开明。国民党反动派扼杀进步书刊，把这书列入禁书，不准出版，调孚同志把书名改为《母》，把译者改名沈光瑞，继续出版，即为一例。

开明本是出版青少年读物的，这时发生一件事情，使开明的出书范围从青少年读物扩大到出版古籍。原来海宁朱起凤先生，以几十年的精力编一部巨著《读书通》。这部巨著从大量古籍中收集同一个词的各种不同写法，如"呜呼"可以写作"于戏"之类，又搜集可以互相通假的字，如"首鼠两端"的"首鼠"，与"犹豫不决"的"犹豫"相通等等。这部巨著由于资料的丰富，在研究训诂和声韵通假上有价值。这部巨著送到商务，商务认为这书的读者面不广，销路不大，加以篇幅巨大，要支出一大笔稿费，出版这本书会亏本，拒绝接受，退了稿。这部巨著又投到开明。章锡琛看了，认为这部有学术价值的巨著，开明接受出版，相形之下，可以显出商务王云五的市侩面目，而开明是尊重学术，不怕亏本来出版有学术价值的著作的；商务不出而开明出，更可以提高开明的身价。但他也是怕亏本的，要是照一般书的形式出版《读书通》，这书的销路不会广，是会亏本的。于是他动脑筋，把书名改为《辞通》，排成像《辞源》那样的两巨册，后面再附上一个四角号码索引。从书名到版式都和《辞源》相近，把它作为辞书来出版，是会增加销路的。这书的出版，就打破了开明出青少年读物的范围，也出带有专门性的偏于古籍的读物了。

当时，国民党反动派扼杀进步书刊，这也使开明兼出古籍，出版影印《二十五史》和《二十五史补编》。商务的张元济先生主持出版百衲本《二十四史》，以版本著名，搜集《二十四史》的各种最好版本，有的史，最好的版本已经残缺不全，就用别的较好的版本拼凑完全，所以称为百衲本。开明影印古籍，以新的面目出现。在《二十五史》前面印有一篇《刊行二十五史缘起》，里面有针对商务百衲本《二十四史》的话，大概也出于章锡琛的主张。在《缘起》里提到影印旧书，"并不减少篇幅，或者仅仅减少有限的篇幅"，"篇幅多了，卖价不得不昂贵"，"就只有有财有势的人才能够享受"。又说"所以采用殿版《二十四史》作底本，自然因为它有考证，比较起那些仅仅足以校勘几个错字的古本来，在实用上有价值得多"。这些话都是针对商务百衲本《二十四史》说的。为了显示影印古书的新面目，特意在《二十四史》外加进柯劭忞的《新元史》，称《二十五史》；为了夸耀实用，除了采用殿版《二十四史》后附考证外，还把《明史考证攟逸》拆散开来附在各卷后面作为考证。还由王伯祥先生在每史后面编了一个"参考书目"，再出版了《二十五史人名索引》。接着，王伯祥又编定了《二十五史补编》，给史学界做出了贡献。这位王伯祥，就在王云五实行科学管理法时，为了宣扬科学管理法的优越性而被推举出来的。王云五认为按照科学管理法，王伯祥在商务里编的中学历史教科书进度之速，他所得的薪金，就可以超过他原有的薪水。但在"一·二八"事变商务编辑部无形解散后，王云五却并不邀请王伯祥，可见他称扬王伯祥工作效率之高，只是为了宣扬他的科学管理法的需要而已。因此，王伯祥也进了开明，在开明出版史籍上做出了贡献。这时候，调孚同志适应工作的需要，也动手刊行《六十种曲》。《六十种曲》的原版文字颇有残缺，他花了工夫作了补订。跟刊行《二十五史》一样，也写了《排印缘起》，在《缘起》里考证了《六十种曲》的版本。书末附有叙录，分别列举六十种曲，对每一种曲都叙述作者是否可考，可考的讲他的籍贯生平、著述，还着重谈曲的内容特色，引了李调元《雨村曲话》、梁廷枏《曲话》、姚华《菉猗室曲话》、吴梅《臞庵笔记》等曲话作为对该曲的评价，并指出该曲或该曲中的若干出在目前舞台上尚有演出。这篇叙录是调孚同志费力写成的。当时，郑振铎曾经称赞开明出版《辞通》、《二十五史》和《六十种曲》为"扛鼎之作"。《二十五史》后附的"参考书目"，同《六十种曲》后附的叙录，确是费力之作。此外，他又断句刊行了《艺概》、《白雨斋词话》、《西河诗词话》，对《人间词话》用力更勤。《人间词话》有王国维的手定本，赵万里先生的补辑本，调孚同志再从王国维著作中搜集有关论词的片段文字，又加上陈乃乾先生从王氏旧藏各家词集的眉头评语等作为补遗附在后面，又就词话中提到的各篇抄出原文作注，成为最完备的《人间词话》本。在刊行文学古籍和文艺理论上做出了贡献。

"八一三"抗日战争爆发前，上海气氛已经非常紧张。开明总厂在虹口区，更是处在危险地带，因此开明不少同人纷纷由虹口区迁入当时的法租界霞飞坊，调孚同志也搬去了。到"八一三"晚上，战争爆发，开明总厂全部被毁。开明编辑所无形解散，编辑人员大部留职停薪，只留下极少数的开创人员，支一点极少的生活费。调孚同志就是其中之一。当时调孚同志的父母住在乍浦城里。在这次全面抗战中，调孚同志怎样应变呢？他要是把父母接到上海来，那么每月必须支出积蓄来维持全家生活。调孚同志的积蓄呢？像《木偶奇遇记》等几部儿童文学作品是为支援开明而译的，所得稿费全都买了开明股票。还不够，还把节衣缩食的积蓄也用来支援开明，买了开明股票。当时开明的资本少，它的股票不上市，不易脱手。因此，调孚同志采取了节约的办法，退掉了霞飞坊的租屋,全家搬回到乍浦去,只他一个人住在开明里。调孚同志全家在乍浦住了一个短时期,感到不安全,又迁到平湖城内。不久,日本侵略军在金山卫登陆,空军来轰炸平湖,一颗重磅炸弹就在调孚同志全家住处不远的地方爆炸,在街上炸成一个深坑。调孚同志全家住的幸亏是新建的房屋,比较坚固,没有震塌,但已震得房屋摇动,关好的门窗全部震开,尘土满地。全家在惊魂稍定后,在亲戚的帮助下,雇船逃出平湖城,在外颠沛流离了一个时期,一直等到平湖到上海的小火轮开航,在日本侵略军的刺刀下,坐上小火轮到了上海,全家团聚。这时上海的房屋已很难找,总算找到一间统楼和一个亭子间,全家八口加上从乍浦家乡跟着出来的三口,共十一人挤在这样小的房屋里,过着相濡以沫的生活。后来,通货越来越膨胀,上海的资本家在搞增资。当时上海开明总店的资金越来越短缺,内地开明分店的资金因为通货膨胀关系汇到上海来不上算。章锡琛在上海开明也搞增资。比方有人持有战前的一千元开明股票,由于通货膨胀,这一千元股票假定已值六千元。增资,就是把一千元旧股票换成一千元新股票,再补发五千元新股票。再要求股东购买一定比例的新股票。再抽出一定数目的新股票来分送给董事和职工。这样增资一次,调孚同志的股票,由于补发、新购和赠送就增加一次。他为了支援开明,还是节衣缩食来认购。经过一次次的增资,他的股票也越来越多,他支援开明的钱也越来越多。抗战胜利后,开明资本家对每一职工赠送一笔奖金,这笔奖金用股票来代。这又增加了调孚同志的股票数。在"文化大革命"中,他因此被误认为资本家,遭到隔离批判。可是谁能想到他为了支援开明而把版税都用来买了股票,他为了支援开明而节衣缩食来购买股票,谁能想到他因为把积蓄买了股票弄到全家死里逃生,颠沛流离的遭遇的痛苦心情。

他在抗战时期,为家庭考虑虽是隐退的,但为开明的工作考虑还是进取的。当时开明的总厂已被焚毁,开明书刊的纸型很多也被毁了。他就考虑再版许多书,有的重印,有的重排。像一套英语读物,像现代文学名著、少年儿童读物。也考虑在孤岛的上海可以出版的书,像请王伯祥选注的《左传读本》,像出配合《十三经索引》的断句《十三经白文》。这些书的出版,同他的考虑有关。总之,他尽量考虑使总厂被毁后的开明经济再恢复起来,开明的出版业务再恢复起来。当时,郑振铎团结一批文化人创办《学林》杂志,调孚同志也参加了,他为刊印这本杂志积极工作着。后来上海沦陷,上海开明的出版业务完全停顿。在上海成为孤岛后,开明的出版业务逐渐转入内地,先在桂林复刊《中学生》,成立编辑部,继续出书。编辑部后又迁到重庆,由叶圣陶先生主持。抗战胜利后,重庆的编辑都迁回上海,又加进了不少新生力量,给开明带来了新的生气。开明同人组织了明社,由叶圣陶先生创作社歌,举行各种联欢、歌咏、旅游、讲学等活动,开展福利事业,帮助同人支付子女学费,帮助同人解决一些生活困难,适当地保障同人职业。这一切,都得到了调孚同志的赞助。在这时期,他联系了一批作家,给开明出版了夏衍的戏剧集,包括《上海屋檐下》等,吴祖光的戏剧集,包括《少年游》等。在编辑《朱自清文集》时,他又担任从报刊上搜集朱自清先生作品的工作。为了支持《中学生》杂志,他曾写了《中国文学名著讲话》,分期在《中学生》上发表。

解放初,开明为了争取出版总署的领导,争取公私合营,把总店迁到北京,调孚同志到了北京,和文艺界有了广泛的接触,编辑一套新文学选集,种数很多,由开明出版,给解放初的开明出版事业带来蓬勃气象。这期间他辛劳过度,大咯血,害了一场大病。病愈后,开明同青年合并,改称中国青年出版社。为了工作需要,他调入古籍出版社,又转入中华书局。

以下谈谈我同调孚同志的接触。我在平湖稚川初中念书的时候,调孚同志早在商务工作。那时我同他不熟,没有讲过话,更没有通过信。我在稚川初小念书时,一下课,就从课堂外的院子里出来，穿过一个秋叶形的洞门，外面是一个小小的园子，有池子，有小桥，有白皮松和紫薇树。紫薇树的树皮光滑，我们用手去抚摩时，它的枝叶自会动摇。我们又在泥地上找小孔，用小草茎在小孔内钓出小虫来玩。当我们在小园子里玩时，时常看到一位先生从小桥上经过园子进入厅堂，到楼上去，他就是调孚同志的父亲敩定先生，去葛家的藏书楼编目。到我在稚川初中念书时，跟敩定先生的接触更多了。在"一·二八"事变那年的秋天，敩定先生来到上海。一天，他听调孚同志讲，开明书店要找个古书校对。因为宋云彬先生要给开明函授学校编国文讲义，又要替《中学生》写历史小品，他负责校对的《辞通》校样来不及校。敩定先生听了，就说我在无锡国学专修学校念书，是否可以做校对。调孚同志虽然跟我不熟，还是很热心地来信征求我的同意，再替我和开明联系，得到开明的同意，就寄来一本《老学庵笔记》叫我断句。我断句后寄去，他来信说，开明里已经看过，认为可以，虽然其中还有可以商酌的地方，话说得很婉转。这样，我就进了开明书店。调孚同志对于一个并不熟悉的学生，肯乐于推介，他就是这样热心帮助人的。

后来，开明要出版《红楼梦》、《水浒传》、《三国演义》的节本，《红楼梦》由茅盾同志删节，《水浒传》由宋云彬同志删节，《三国演义》由调孚同志删节。我当时偶然看到商务里有一部赵景深同志的《三国演义》删节本，删节得不多。我就提出来供调孚同志参考，可能也提了一些意见。调孚同志这就把删节的工作让给我做，这使我感到很不安。不论从资望和水平说，这个工作由他来做比较合适，也可以和《红楼梦》、《水浒传》两个节本相称。可是他一定要让给我做，他就这样竭力帮助年轻人。可惜我没有做好这个工作，想起来感到惭愧。

我进开明以后，有一段时期就住在他租的屋子里，他住楼上，我住楼下。他一下班，就回到自己房内从事阅读书报和其他工作，我们很少谈话。有一次，我读了旧《学衡》杂志，看到其中胡先骕、梅光迪先生的文章,引征了中外的文学例证来攻击胡适的新文学主张,攻击胡适的《尝试集》。我也看了鲁迅先生批评《学衡》的文章。我就产生疑问,我觉得《学衡》派的文章即使观点不正确,但他们的态度是严肃的,论点是鲜明的。要进行反击,也应该针锋相对地进行驳击,指出它的错误所在。可是鲁迅先生不是这样,只是挑他们文章中的毛病来进行嘲讽。文章论点的是非是一回事,文章有毛病是另一回事。不能因文章有毛病来证明论点的错误。鲁迅先生为什么那样写呢?调孚同志回答道:"鲁迅先生认为《学衡》派的论点根本不值得驳,犯不上跟他们针锋相对地辩论,所以进行嘲讽。"他确实是所见者大,确实看到了鲁迅先生的用意。不过到解放后批胡适的时候,我又记起了《学衡》派的论点,我觉得《学衡》反对新文化运动的倾向是错的,但其中批胡适的论点有的还是正确的。同时也感到调孚同志看问题的特点就是认定事物的倾向性,不在枝节问题上纠缠,这就使他在解放后的多次运动上,态度端正,不致发生差错。

调孚同志很少同我谈起他的写作,只有一次偶然谈到他写过一篇文章。那时疑古风气很盛,胡怀琛写了篇大概叫墨子是印度人考。认为墨不是姓。墨子名翟,翟通狄,指外国人。他过的是苦行僧的生活等。经过这样牵强附会,居然得出墨子是印度人的荒谬结论。调孚同志看了很反感,就用他的论证方法,写了篇胡怀琛是印度人考来给他开玩笑,说胡是外国人,怀琛是外国人带了宝玉到中国来进贡等,说明这种论证方法的荒谬。

1971年秋天,我从干校回京,到中华书局去参加《明史》的点校工作。这时候调孚同志正在中华负责《柳文指要》的编辑校对。他告诉我,在"文革"中,要他留守中华,不要他到干校去。后来又要他全家迁离北京,他就把家迁到他的儿子生溆的工作单位去,即搬到四川江油的山区里去。他先在上海的女儿生济家里小住。后来,中华要出版章士钊先生的《柳文指要》,章先生指定要他来担任编辑工作，中华这才派同志去把他接来北京。这时候，他的家已经搬走，他只有一个人留在北京，找了个保姆来帮他料理家务。我们劝他把家再搬回来。他认为即使再搬回来，只有老夫妇两人，他爱人又有心脏病，没有人照顾也不行。原来他的女儿和女婿都在人民教育出版社工作，人教社把他的女婿调到贵阳去了，他的女儿不能老在北京，只好也调到贵阳去，这样他们老夫妇就没有亲人在北京了。《柳文指要》工作结束以后，章士钊希望他留在中华继续工作，当时出版局的领导军代表派一位同志来找他，要他留下来工作。他说自己年老体弱，没有一个亲人在身边，是否可以把原来在北京工作的女儿女婿调回来，好有个照应。军代表不同意，他只好离开北京，到江油山区里去。

1980年初，他在江油整理旧稿，把在《中学生》上发表的《中国文学名著讲话》结集起来寄给我。中华的同志看了认为是好的，可以出版。因为他除了介绍重要的中国文学名著外，还注意谈各种文学样式的特点和演变，有它的特点。秋天，我有事去四川，到江油去看他，告诉他的稿子已经准备发排，使他得到安慰。他的家在山坡上，从家里出来要走一段不高的山坡。他的身体已经很衰弱，很少出门，一个月只出门一次，到理发馆去理一次发。他在家里订了各种报，还是保存得很好。每天除了看报和杂志外，还整理旧书旧稿。他想继那部书稿之后，再找找旧稿，看看有什么可以结集的。他在家里走路时，脚举得低，鞋子在地上拖，发出声来，这使我想起夏丏尊先生。抗战胜利初，夏先生到开明里来，走路时鞋子也在地上拖，发出声来。不久就去世了。我不敢这样想，我想他还会生活一个长时期的，他还有不少工作要做。像整理文学研究会的资料，整理他在几十年出版工作中跟文化人联系的有关材料等。

我回到北京后，听中华的编辑同志说，他的书稿已经发到工厂里去，工人听说这部稿子是一位毕生为出版事业奋斗的老同志写的；他自己努力出版别人的书，他自己只留下这一本小书。工人同志很热情地读了这本书稿，赞扬这本书稿对他们有帮助，用很快速度排出了校样。编辑部把校样寄给他时，他已躺在医院里的病床上；看到了这份校样，心里充满喜悦，说出了非常高兴的话。可惜等不到出书，他就去世了。在整理这部稿子前，他还念念不忘工作。他写给中华一位同志的信里说："如果你们能分给我一些工作做，那便是功德无量了。"直到他这次病倒以前，他一直在想工作。

他从江油给我来信，都是他亲笔写的。1981 年 3 月我接到江油的来信，不是他的笔迹，我的心就感到跳动，有不祥的预感。打开一看，真的是他病了，他在 3 月 7 日发病，8 日送医院。到 5 月 9 日因极度衰弱去世。他生于 1901 年阴历二月二十八日，享年 81 岁。他的学名叫名骥，敦定先生曾说："《论语·宪问》：子曰：'骥不称其力，称其德也。'朱熹注：'德，谓调良也。'"因此字调孚。他的笔名蒲梢，是从《史记·乐书》："后伐大宛，得千里马，马名蒲梢。"蒲梢也是千里马。

他去世后，开明和中华的同志都非常怀念他。他把毕生所从事的出版事业当作自己的事业，此外没有自己的打算。他从大量来稿中发现有才华的新作家，给他们发表作品，使他们成名。他自己却只知埋头工作。他替郑振铎同志补充写完《文学大纲》第四册，却不考虑给自己编写一些书。他偶尔翻译了《木偶奇遇记》，那是为了支援新创立的开明而译的；他只写了《中国文学名著讲话》，那是为了支援《中学生》写的。这样把毕生精力放在工作上，直到发病前还在念念不忘工作，这种精神是很感动人的。他在开明工作时，凡是文史方面的稿件，不论同作者联系，拟定选题，征集作品，审读稿件，批注版式，发稿，甚至看校样，什么工作他都做。当时开明的审稿工作，分两类，一类外来的投稿交编辑审读；另一类成名作家的稿子，文责自负，不交编辑审读。调孚同志只要披阅一下，就可决定是否接受出版，有无关碍，这样审读工作就由他做了。他对于各种书稿的版式更其是成竹在胸，很快就批注好了。

他乐于帮助人的精神，也使人感动。在怀念调孚同志的时候，我们要永远记住这种忘我地工作和乐于助人的精神。

1982 年

原载《学林漫录》第 5 辑，中华书局 1982 年

追怀调孚[1]

叶圣陶

调孚谢世一个多月了。刚得到消息的时候，很想找个朋友谈谈，共叙追怀，可惜熟悉他的老朋友已经不多了。他一辈子在出版界工作，知道他的人不很多，我不免代他感到寂寞。这种寂寞，调孚生前可能并没有感到。"人不知而不愠"本来是编辑工作者应有的胸怀。

我是进了商务印书馆才跟调孚相识的。将近六十年前的事，想不太清楚了，总之文学研究会刚成立，办起了《文学旬刊》，许多朋友都挺起劲，调孚就是其中的一个。后来振铎接替雁冰主编《小说月报》，邀调孚当他的助手。记得当时的《小说月报》有个特色，每期有一张精美的彩色插页，或是西方的名画，或是外国文学名著的插图。调孚大概就在那个时候学到了有关制版和彩印方面的许多知识。其时振铎正在编写《文学大纲》。这部巨著还没有完成，大革命失败了，为了暂避蒋介石屠杀革命者的凶焰，振铎往欧洲旅行去了，把剩下的工作托付给调孚。这四大厚册插图装帧都很精美的《文学大纲》的出版，调孚是花了不少气力的。

振铎旅欧期间，我代他编《小说月报》，当时算是四个人，实际

① 徐调孚（1900～1981）

做工作的是我和调孚。处理排印方面的问题，调孚比我精明得多。在那个时期，《小说月报》刊登了不少新作者的作品，好几位作者后来成了名。因此近年来常有人提起，说这是我的功劳，我以为这样说并不切当。首先是时代使然。轰轰烈烈的大革命冲激了人们的思想，自然会有许多新的作者和新的作品出现，自然也改变了我这样的编辑者的眼光。另外一点是，《小说月报》的工作是调孚和我共同做的，有许多好作品正是调孚在成堆的来稿里发现的。那时给《小说月报》投稿的作者可能还记得，他们收到的复信有些正是调孚写的。

后来我和调孚又在开明书店共事。开明书店创办在大革命之前，彼此是熟朋友，调孚为开明出了不少主意。《世界少年文学丛书》就是他和均正共同编辑的，他自己还译过几本。他正式进开明在"一·二八"之后，负责出版部的工作，其实他什么都管。开明的机构很简单，没有明确的分工。跟制版厂、排字房、印刷所、装订所打交道，当然是出版部的事，还有版式设计和装帧设计，出版部也要管，此外还要管发稿计划和出书计划。调孚管得更宽，许多作者本来是他的熟朋友，就由他出面联系。当时开明出版了不少文学作品，稿件大多是他约来的。工作的方面这样广，事情这样烦琐，也亏他有一副好精力才能应付。他对工作丝毫不肯放松。尤其是插页和封面付印，即使下了班，他一定要印刷所把样张送到他家里，让他过了目签了字才算数。

"八一三"上海战争开始，我从苏州到了四川，许多亲友留在上海。我和他们通信，大多寄给伯祥或者调孚，请他们转致。在上海的几位朋友以开明的名义办起了一种刊物叫《文学集林》，调孚参加了编辑工作。这种刊物像桥梁一样，使留在上海的和分散在内地的文艺界朋友得到了精神上的沟通，在当时很受欢迎。可是后来上海的环境越来越恶劣，《文学集林》出了几辑就停办了。那八个年头，留在上海的亲友都受尽苦难，调孚当然不是例外，可是他给我的信里没诉过一句苦。

抗战胜利之后,开明从内地迁回上海,亲友们都团聚了。从外表看,大家老了,可是心情都容易激动,似乎反倒年轻了。曙光已经在望,对黑暗自然更加深恶痛绝。当时在上海群众的反独裁争民主的宣言书上,几乎都可以见到调孚的签名。《闻一多全集》准备交开明出版,调孚也是竭力主张接受的一个,在排校过程中,他也尽了不少力。还有一种《开明文学新刊》,抗战前已经开始编了,停顿了八年,调孚重新把它编起来,在计划中加进了不少抗战期间的作品。此外,他还为好几位剧作家编了专集。现在看来,仿佛他有意要为解放以前的新文艺作个总结似的。

1949 年初,我离开上海到解放区,从此离开了开明。新中国成立之后,调孚随开明迁到北京。不久,开明和青年出版社合并,调孚调到了古籍出版社工作,后来古籍又并入中华书局。我和调孚虽然同在北京,见面的时间却不多了。早晚相处的往时固然值得怀念,可是不常见面正表明彼此都忙着,只要听说身体都安好,就可以互相放心。到了 1966 年,情形就完全不同了,老朋友没有不互相牵挂的,却又无由相见。听说调孚受到的冲击不太大,可是也不得不离开北京,夫妇俩去外地跟孩子住在一起。后来中华书局承印的《柳文指要》重新“上马”,著者章行严先生写信给周总理说:他非常满意原来负责编校的徐先生,一定要请徐先生来完成这项工作。调孚于是又来到北京,住在中华书局的办公楼里。《柳文指要》排校完毕,章老先生又写信给周总理,说徐先生是一位难得的编辑,建议把他留在北京工作。可是调孚在北京没有家了,即使把夫人接了来,老夫妇俩跟前没有幼辈照顾,实在难以生活,结果他还是决定离开北京。

调孚直到临走才来看我。他也忒小心了,只怕早通知我会引起什么无法预料的麻烦。这最后一次见面没有说多少话,好像能见到彼此都活着,已经是莫大的安慰了。过了不久,他的夫人去世了。我接到他一封简单的信,语气很平静。这使我感到奇怪,他们夫妇之间感情之好,是朋友们经常称赞的。后来,朋友们给他去信,他大多不复;有时候突然收到他一封短信,可是再去信又得不到回复了,叫人摸不透是怎么回事;听说他脑筋还是挺清楚的。

调孚早年翻译的意大利童话《木偶奇遇记》,现在还在印行。还有一部《中国文学名著讲话》,是解放前写的,曾在《中学生》上连载,听说他在最后的岁月里作了整理,不久将要出版。署他自己的名字的出版物此外还有两部,一部是《人间词话校注》,一部是《现存元人杂剧书录》。

1981 年 6 月 13 日

选自《编辑记者一百人》,学林出版社 1985 年

终生坚持精心编辑工作的徐调孚

周振甫

徐调孚,学名名骥,笔名蒲梢,调孚是他的字,浙江省平湖县乍浦镇人。生于 1900 年(清光绪二十七年),即清政府与英法等八国联军签订屈辱的辛丑和约的一年。死于 1981 年 5 月,享年 81 岁。

他在嘉兴第二中学校毕业后,于 1921 年考入商务印书馆,在英文函授学校部工作,后转入《小说月报》社。当时《小说月报》是文学研究会的创作园地,由郑振铎主编,除发表文学研究会创作外,并出过中国文学专号,发表研究中国文学的著作。徐调孚在《小说月报》期间成为郑振铎的得力助手。他是文学研究会会员,同当时的文学研究会会员与中国文学研究者有广泛联系。在郑振铎出国期间,徐调孚除编辑《小说月报》外,更替郑著《文学大纲》

第四册做补充修订工作。

1932年“一·二八”事变，商务印书馆总厂被毁。徐调孚即转入开明书店，负责出版部工作。开明书店的创办人章锡琛，与徐调孚本是商务同事。1925年1月，章锡琛主编的《妇女杂志》上发表《新道德号》一文，受到《现代评论》一卷十四期上陈大齐文章的批评，商务不再让章锡琛主编《妇女杂志》。章锡琛于1926年1月创刊《新女性》，被迫离开商务，于同年8月创办开明书店。徐调孚对开明书店的创办是积极支持的。他同赵景深、顾均正计划替开明编一套《世界少年文学丛刊》，他从英文本转译了《木偶奇遇记》，还译了安徒生童话《母亲的故事》，作为对开明的支持。他在开明主持出版工作时，对“一·二八”事变后被商务解雇的排印工人表示极大同情，支持他们开设小排字房和印刷厂，并分给他们工作，加快开明的出书速度。他除了负责开明的出版工作外，还替开明做了大量的组稿工作，开明出版的著名小说，像茅盾的《虹》、《蚀》、《茅盾短篇小说集》，巴金的《家》、《春》、《秋》、《巴金短篇小说集》等，不少是经徐调孚组织来的。记得他拿到茅盾《子夜》手稿时，曾高兴地说：“这是部在文学史上有重要影响的小说。”正由于他是文学研究会会员，同不少进步作家都有密切联系，所以他能组织到著名作家的创作，使得规模较小的开明，能出版第一流作家的作品。他又支持革命作家夏衍翻译的高尔基的《母亲》，用沈端先的名字在大江书铺出版，后来转入开明。国民党反动派扼杀进步书刊，把它列入禁书。徐调孚把书名改为《母》，把译者名改为沈光瑞，继续出版，即为一例。

开明以出版青少年读物为主，后来扩大业务，也出版古籍。配合这个需要，徐调孚刊行《六十种曲》。《六十种曲》是明代毛晋编的，收明人传奇五十九种，附元杂剧《西厢记》一种，是明代的重要戏剧集。《六十种曲》原版文字颇有残缺，他花了工夫作校订，还写了《排印缘起》。在《缘起》里考证了《六十种曲》的版本。书末附有叙录，列举六十种曲的曲名，分作者为可考与不可考，可考的讲他的籍贯、生平、著述；又分别谈论曲的内容特色，引李调元《雨村曲话》、姚华《菉猗室曲话》、吴梅《瞿庵笔记》中有关该曲的评价，并指出该曲或该曲中的若干出，在目前尚有演出。这篇叙录，是他费力写成的。当时，郑振铎曾经称赞开明出版《辞通》、《二十五史》和《六十种曲》为“扛鼎之作”。此外，他又断句刊行了《气概》、《白雨斋词话》、《西河诗词话》，对《人间词话》用力更勤。《人间词话》有王国维的手定本，赵万里的补辑本，他再从王国维著作中搜集有关论词的片段文字，加上陈乃乾从王氏旧藏各家词集的眉头评语作为补遗附在后面，又就词话中提到各篇抄出原文作注，成为较完备的《人间词话》本。在刊行文学古籍和词话上做出了贡献。

开明以出版《中学生》杂志著称，他也是《中学生》编者之一。他曾给《中学生》写了《中国文学名著讲话》，分期发表。除介绍重要的中国文学名著外，还注意谈各种文学样式的特点和演变，简明扼要，通俗易懂，很有特点。

1937年“八一三”事变爆发，开明书店总厂被毁，上海成为孤岛。当时，郑振铎团结一批文化人创办《学林》杂志，他也参加了，由他负责出版工作。抗战胜利后，他联系了一批作家，替开明组稿，出版了夏衍戏剧集如《上海屋檐下》等，吴祖光戏剧集如《少年游》等。在编辑《朱自清文集》时，他担任了从报刊上搜集朱先生作品的工作。

徐调孚平易近人，忘我地工作。“一·二八”事变，商务总厂被毁时，茅盾和端木蕻良交给商务出版的两部创作，却意外地得到保存。原来徐调孚的工作，不分八小时以内和以外。他在下班后把稿件带回家去审读，因此这两部创作得以保存。“一·二八”事变后，《小说月报》停刊了，他转入开明。但《小说月报》还留有很多稿件，就在《东方杂志》上开辟一栏继续发表，这一工作都由他在晚上编定。他就是这样工作的。在《小说月报》工作时,不少新作家的创作经他选拔刊用成名,他成了作家的知音。

解放初,开明书店迁到北京。他在京和文艺界有广泛接触,替开明组织到一套新文学选集,为开明在解放初期开展出版事业做出贡献。1953年开明同青年出版社合并,称中国青年出版社,因工作需要,他调到古籍出版社,又转入中华书局,担任文学组组长。1956年光荣加入中国共产党。在中华书局,他团结同志,致力于出版文学古籍工作,像《全唐诗》、《全宋词》的排印,《全上古三代秦汉魏晋六朝文》、《文苑英华》的影印,都付出了心血。在整理出版文学古籍方面做出了贡献。

"文化大革命"中,他一家被迫迁到四川江油。1972年中华书局要出版《柳文指要》,作者章士钊指名要徐调孚来负责,他又被请来北京。《柳文指要》出版后,他又回到江油。在江油,他把在《中学生》上发表的《中国文学名著讲话》结集成书,交中华书局出版。他还准备整理有关新文学史的资料,到死也没有忘掉从事编辑工作。

选自《编辑家列传》(一)中宣部出版局编,中国展望出版社1986年

追忆调老

程毅中　傅璇琮　沈玉成

徐调孚同志在江油病逝了。噩耗传来,我们感到了难言的悲痛。

调孚同志一生从事编辑工作,编了许多书刊,为我国的出版事业做出了可贵的贡献。可是当他还有为社会主义继续奋战的壮心

和余勇的时候，却被迫离职，被迫疏散，被迫退休，被迫放弃了他热爱的出版工作。经过了十几年的折腾，终于在一个偏远的山区逝世了。他在世的最后几年，记忆力已日益衰退，在给一位同志的信上，他说："近几年的事都记不清楚了，印象最深的只有两件事：一件是老伴久病而亡，一件是把我作退休处理。"可见他对于离开一辈子为之呕心沥血的工作，是多么的伤心！

我们三个人同一年毕业，又同在1958年下半年先后来到中华书局工作。当时，由于不同的原因，大家的心情都有些消沉，但当我们听说分配在文学组工作，而这个组的负责人又是调孚同志这位闻名已久的老编辑，就又不约而同地感到宽慰。

当时，我们虽然在学校里学到了一些专业知识，但对于编辑工作却一窍不通。刚接触古籍工作，对于标点、校勘的复杂性，估计得很不够。参加了一段工作实践以后，才感到问题层见迭出，有点应接不暇。但是有徐先生在（当时刚出校门，还保留着学校里称呼老师的习惯），总觉得有了依靠。在工作过程里随时向他请教不必说，直到把书稿发到他那里去审阅的时候，往往还在稿头上留下不少浮签，请他去研究处理。遇到这种情况，调孚同志总是耐心地帮助我们解决疑难，热心地指导我们一班新入伍的编辑人员，除了资料的审核、文字的修饰以外，还从版本、校勘、写出版说明到加插图、批格式、改校样以至书上发现了错误如何补救等等，都结合具体书稿，不厌其烦地逐项给我们讲解。有些看来很琐碎的技术性问题，往往是和学术性问题相联系的。调孚同志这种严肃认真、一丝不苟的作风，使书刊的学术质量得到了尽可能的保证。

调孚同志为人平易，事必躬亲。他在书稿中发现问题，或者我们提出了疑难，就立刻从办公桌后站起来，一口气跑到图书馆书库，不用查卡片就熟练地从书架上找出他所需要的书籍，查到了他所需要的资料，然后兴冲冲地拿着书稿指点给我们看，告诉我们解决问题的过程。这种情况，在他几乎是一种乐趣，而且丝毫也没有责备我们的疏忽或者懒惰,但对我们则是一次实际的辅导,一次无言的批评。为什么自己就不多查一查呢?有些问题,如果认真查一下,还是可以解决的,为什么要让他这位60岁的老年人走进走出地奔跑呢?于是,一两年之后,我们贴在稿头的浮签逐渐减少了。但是他总还是照样认真地审阅。总还是能发现一些问题。有一次,有人带着好奇的心理问他说:"为什么这校样我认真读了两遍,没有发现问题,到您那里翻翻就翻出问题来了呢?"他眯起眼睛想了一下,回答说:"这个道理我讲不出来,反正我知道哪些地方是容易出毛病的,我就着重检查一下。过几年,你们也能做到的。"20年后,我们也快成了"老编辑",才慢慢懂得了这个道理,这正是多年的工作实践培养出来的一种可贵的职业敏感。

中华书局从1958年以后,根据领导规定的分工,成为出版文史哲古籍的专业出版社,业务逐渐发展,开始形成自己的特色。从那个时候开始一直到1966年,调孚同志的工作是十分劳累的。他是文学组的负责人,实际上还是总编辑金灿然同志的顾问。他白天忙于应付各种行政事务和会议,在下班后把稿件带回家里去看是常有的事。他把全部的心力都付给了出版工作,根本没有业内和业余的概念。对他来说,做好出版工作,已经不仅是出于一个共产党员的责任感,而且是出于一种深厚的感情。每当他谈起出版工作,不论是解放前的开明书店,还是解放后的古籍出版社或者中华书局,总是兴致盎然。出于这样的感情,他积极协助齐燕铭同志、金灿然同志不止一次地制订古籍整理出版规划,一些重要的文学古籍如《全汉三国晋南北朝诗》、《全唐诗》、《全宋词》、《全元散曲》等书,他都亲自擘划,从组稿、审读直到封面和版面的设计,都是在他的主持之下进行的。对于书,他有特殊的感情,无论古典文学还是现代文学的新书,总要拿来翻阅一下,因此他对于出版界的"行情",总是及时掌握的。

调孚同志通晓古典文学,也熟悉现代文学,早年曾是文学研究会的会员，翻译、整理、著作了《木偶奇遇记》、《人间词话》、《现存元人杂剧书录》等多种书籍。他晚年全力以赴地投入了中华书局的工作，自己就没有时间从事个人的著述了。这无疑是一种损失。然而调孚同志对此毫不介意。编辑的本职就是编辑，他为读者提供了不少有用的书，为作者做了许多订补润饰的工作，既有功于古人，也将有益于后人，这就是为社会主义文化事业做出了贡献。他的一生就是有意义的一生，应该得到人民的重视，应该得到人民的赞扬。金灿然同志有一次谈到，他希望编辑人员能够成为各门学科的专家，但是首先应该是出版专家，“调孚就是这样一个专家”。在我们和调孚同志相处的年代里，我们曾经建议他总结一下几十年编辑工作的经验。他理解我们这些后辈的心意，但一来由于谦虚，二来由于忙，始终因循未果。听说他在退休以后，曾抱病开始写作回忆录，可惜这时候他的精力已经衰退，特别是记忆力衰退，所以估计已经难于为我们留下更多的东西。这又是一个很难弥补的损失。

调孚同志领导文学组，十分注意发挥每个成员的积极性和业务上的长处。在那些年代里，组里曾有不少同志在政治上受到不公正的待遇。调孚同志当然不可能完全不受来自各方面的影响，但出于一位老出版家的责任感和“厚道”，他在政治上与人为善，在业务上则总是尽可能地把适当的工作交到适当的人手里。在这里，我们想起了王仲闻先生。王仲闻先生是王国维先生的次子，幼承家学，长期以来研治宋词，为国内有数的专家。1960 年，根据调孚同志的建议，金灿然同志顶住了“左”倾思想的压力，让他到中华书局上班，负责《全宋词》的订补工作。经过将近四年的辛勤劳动，王仲闻先生帮助原编者唐圭璋先生完成了这项工作，使新版的质量较之旧版有了不小的提高。调孚同志除了鼓励王仲闻先生做好订补工作之外，还经常分配给他一些难度较大的工作，并支持他从事学术研究。王仲闻先生对此也很感动，勤勤恳恳，做出了很多成绩。

严于律己是调孚同志一个突出的美德。我们在他领导之下工作达七八年之久，从来没有看到他为任何私人的事情向组织上张口伸手。当组内的工作成果得到领导或者读者的鼓励时，他总是兴高采烈地在组务会议上表扬有关的同志，或者悄悄走近这位同志的办公桌旁边，向这位同志报告喜讯；而对于自己，则不矜不伐，在他的谈话中，很少能听到一个“我”字。然而工作中一旦发生失误和缺点，他又总是首先承担责任，决不上推下卸。

调孚同志节约俭朴已成习惯，他起草的文稿都是用废纸写的，经常把废稿上裁下的残纸留着作为便条纸用，见到别人丢弃的包书纸、旧绳子，就收集起来以备不时之需。这些事开始还常为某些同志引为笑谈，但日子久了，大家看惯了，也就引以为鉴，慢慢地注意起节约公物了。特别是对于排版的规格，调孚同志总是根据书籍的性质和读者对象，反复考虑，改进设计，在不影响版面清朗悦目的前提下尽量节约用纸，避免浪费。如果在校样上发现有一页只排一两行字，就想方设法压缩掉这一两行，省出这一页纸来。他告诉我们，一本书如果多费一页纸，如果印三万册，就要多用一令纸；他还告诉我们，封面上如果留着白地，就可以多一种色彩，少一个印次。他经常考虑的是节约国家的物资，减轻读者的负担。他心里总是装着读者，为读者服务，向读者负责，这就是一位老编辑言传身教的一条基本原则。

我们从启蒙到参加工作，接受过许多老师的教导，调孚同志是我们最后一位老师。他不仅教给我们当编辑的业务知识，而且还教给我们怎样对待自己的工作。从1958年到中华书局以来，我们始终和调孚同志在一起。其后，傅璇琮在1964年因为工作需要参加了《二十四史》的点校，沈玉成在干校结束时由于某种原因未能回到中华书局，现在留在文学组的就是程毅中一个人。但是我们今天在不同的工作岗位上还能承担一点力所能及的工作，确实和调孚同志所花在我们身上的心血是分不开的。在下放劳动了三四年之后,我们先后从干校回到北京,这时调孚同志却早已离开北京了。他虽然被迫退休,他的心却一直惦记着古籍出版工作,惦记着和他一起工作过的同志,每次给我们来信总要殷殷询问。我们理解他的心情,给他复信的时候也总是尽量多讲一些这方面的情况。去年,中华书局决定重印他的旧作《中国文学名著讲话》,今年校样排出寄送给他,其时他的病情已经严重,神智也不怎么清楚了。当他在病榻上见到校样,还用他的乡音对他的家属说:“开心,开心。”现在这本书即将出版,调孚同志在天之灵如果有知,想来是会更加欣慰的。

徐调孚同志已经永远离开我们了。薪尽火传,我们相信,他所编辑出版的书是会传下去的,他的为读者服务、为出版工作献身的精神也是会传下去的。

选自《回忆中华书局》下编,中华书局 1987 年

徐调孚:平平淡淡才是真

王建辉

徐调孚(1900～1981),浙江平湖人,从 20 世纪 20 年代到 70 年代做了半个世纪的编辑工作。他在平淡的一生中,却在近代以来中国三家主要的出版社,都留下了自己深深的足迹和印痕,也算是少有的佳话。也因之他的编辑生涯可以分成三个时期,一是商务印书馆时期,一是开明书店时期,一是中华书局时期。

商务印书馆时期为十年。他从旧制中学毕业后考入商务印书馆的英文函授学校部,大约是经人介绍给张元济,遂得以补习生资格转入编译所。约在 1921 年参加编辑《小说月报》,与那时在商务

中的沈雁冰、郑振铎、胡愈之、叶圣陶等交往甚密，成了朋友。在郑振铎主编《小说月报》时，他是主要的助手，并成为文学研究会的会员。郑离任去欧洲游历，留下《小说月报》由徐与叶圣陶合编这个杂志，留下未完成的四卷本《文学大纲》交给徐来补充完成。在商务做编辑的时候，他就是作者的知音，常从成堆的来稿中发现新人的好作品，叶圣陶说《小说月报》的工作是他和徐一起做的，功劳有他的一半。他每天都给作者提供写作的素材，如他编《小说月报》，其中"文坛消息"一栏曾由赵景深撰写，他经常甚至"几乎每天"便都拿一大堆英文的文学杂志给赵做参考。因为"《小说月报》的停刊，不再把那些又大又重的刊物抱给我，现在我是多么的空虚"，赵时常回想那一段美好的时光。赵景深称徐是我最好的朋友当中的一个，称他为"我们那位助人而不望回报的好朋友"。这"助人而不望回报"，正是一位好编辑不可缺少的美德。

开明书店时期约二十年。1932 年"一·二八"事件后，商务印书馆编译所无形中缩小，徐进入开明书店。开明书店原是他在商务的一帮旧同事和朋友们办起来的，他自然很快就融入了这样一个集体中，成为骨干成员，和他们心手相映。到开明书店后，他和夏丏尊、叶圣陶等，曾一度住在一处。一群志同道合的文化人集结到开明，被称之为"开明人"，而徐可以说是"开明人"、"开明编辑"这一群体的一个杰出的代表。徐在开明有三件事情值得一说。第一件事，是利用编辑过《小说月报》同进步作家们联系广泛的自身优势，将许多进步作家的作品继续介绍到开明出版。战前既多方使《子夜》、《家》等进步文艺作品出版，战后又极力主张并努力促成《朱自清文集》、《闻一多全集》在开明编辑出版。开明出版的有影响的新文学作品，很多都和他有关，其中有好几部书稿如端木蕻良《科尔沁草原》是徐调孚从"一·二八"战火抢救出来转到开明的。出版社都毁于一旦了，但徐把这几部作品抢救了出来，让作者们感慨一辈子。第二件事，就是将工作重点逐渐转移到古籍出版物。《六十种曲》一书是由徐一手编辑的，书中的编辑文字尤见功力。书前有《排印缘起》，对60种曲的版本多所考证；书末有《叙录》，对曲目作者、内容及其流布详加分析，郑振铎称之为扛鼎之作。开明的另一扛鼎之作是《辞通》，这部300万字的作品，曾经十次被不同的出版机构退过稿，因为投资大而作者在当时只是一位不知名的乡村小学教书匠之故。徐调孚曾经看过书稿，他人从商务转到开明便把这部书也介绍到开明，终于被开明的决策者们接纳出版。曾经有人说开明是《辞通》的知音，那么徐调孚是知音中的一个，甚至有人说他是“热心而尽力的关键人物”。徐编辑校注的《人间词话》，书中有王氏的手定本，赵万里的补辑本，还有编者从王氏著作中辑出的有关词论的片断文字，加上陈乃乾从王氏旧藏各家词集中辑出的有关评语等作为补遗附在书后，再就词话中提到的各篇抄出原文作注，堪称最完备的版本。这是一件功德，和《六十种曲》一样，书上并不曾标示徐的姓名。第三件事，为了开明的发展所需的资金，他省吃俭用，把一切开销减低到最低程度，把一切收入都用于换取开明书店非上市的股票。尽管一生都在穷困中，但“文革”中却被误认为资本家，遭到隔离批判。或许还有一件事可以一说，这就是1932年介绍周振甫入开明书店。周也是浙江平湖人，从此中国又多了一个出色的编辑人才。

中华书局时期又十年。解放后徐在多家出版社工作，在开明书店、中国青年出版社、古籍出版社任过职，几经合并周折最后转入中华书局，时在1958年，开始他编辑工作的最后十年。他熟悉编辑这一工作，热爱这一工作，一辈子不愿离开这个工作，鞠躬尽瘁，死而后已。解放初期，他曾有一次面临去文学研究所还是去出版社的选择。他对子女说，我决定去古籍出版社，论工作，比较平凡，论名誉地位，出不了名。但是我国浩如烟海的古籍不整理出版，有些将要湮没失传。这是抢救几千年文化遗产的大事，已经刻不容缓，同时我在那里也可以发挥特长，虽不会成名，但会有所贡献。他主持整理出版了《全上古三代秦汉三国六朝文》、《全唐诗》、《全宋词》、《全元散曲》等多种文学古籍。由于他能够成为作者的知音,"文革"时期,章士钊有一部《柳文指要》经毛泽东特许出版,章士钊竟指名调徐回京做编辑工作,那时徐外放到四川。可以看出徐在章士钊心目中的地位,真正可以说是作者的知音,两心相知,作者信任他的学术理解力,是一个可以充分信任的人。章就称徐是一位难得的编辑专家。徐在编辑工作中有一种纠错求是精神,在徐的治学与工作中常常会自然地表露出来。如他读过赵景深的《梁启超写过广东戏》一文后,给赵写信,说必须搞清楚谁是曼殊室主人。徐知晓《曼殊室随笔》的作者是梁启超之弟梁启勋,那么曼殊室主人应该是梁启勋,但陈乃乾先生的《室名索引》说是梁启超的友人麦孟华。究是何人,他建议赵找梁启超的另一弟梁启雄及梁启超的子女梁思成等解决疑问。赵文刊发在《光明日报》上,原本与徐自己的工作无关,但他也要寻根究底,真是职业习惯使然。金灿然主政中华书局时,曾号召编辑们能够成为各门学科的专家,但首先应该是出版专家,他举例说"调孚就是这样的一位专家"。

他是作者的知音,学术的知音,也曾被称为出版的全才,原因是他十分精通出版业务,对于编辑出版工作的每一个环节都很内行。如在商务做过编辑,既编辑杂志也编过图书,在开明则做过出版部主任兼推广部主任。叶圣陶称他是什么都管,也亏了他有这样的精力。应该说,他还称得上是一位学者型的编辑,虽然他宁愿放弃个人的著述而乐意为作者服务。他早年曾致力于儿童文学,与顾均正、赵景深等努力介绍西欧儿童文学作品,翻译了《木偶奇遇记》等,在《中学生》杂志写有系列文章《中国文学名著讲话》(晚年结集由中华书局出版,惜未见到样书便故去),晚年对于古籍有较深入的研究,编写了《现存元人杂剧书录》等。他把毕生所从事的出版事业当作自己的事业,此外没有自己的打算,他尽全力于编辑工作，几乎没有时间去从事个人的著述，但他对此倒一点儿也不介意。虽然他的著作不是很多，但确实被公认是一位功力很深的学者型编辑。徐调孚 60 年如一日，我说当得上是出版界的一位贤人，一位外简而内秀的贤人。叶圣陶说徐"一辈子在出版界工作，知道他的人不很多，我不免代他感到寂寞。这种寂寞，调孚生前可能并没有感到。'人不知而不愠'本来是编辑工作者应有的胸怀"。这话说到了点子上，平平淡淡才是真，这"真"就是质朴无华，淡泊为怀，不求闻达，甘为人谋，此乃编辑工作的崇高精神与高尚品德。

主要参考文献：

叶圣陶：《追怀调孚》，《过去随想》，大众文艺出版社 2000 年版

振甫：《作者的知音——记徐调孚同志》，《学林漫录》第 5 集，中华书局 1982 年版

选自王建辉《老出版人肖像》，江苏教育出版社 2003 年

存　目

著　作

徐调孚　《中国文学名著讲话》

中华书局 1981 年

论　文

徐生沝　《毕生尽瘁编辑生涯——纪念先父徐调孚》

丁景唐主编《中国现代著名编辑家编辑生涯》,中国展望出版社 1990 年

赵景深　《徐调孚与中国古代小说戏曲》

《回忆中华书局》下编,中华书局 1987 年

欧阳文彬　《作家的知音:记徐调孚》

《民主》1996 年第 8 期

王任叔

王任叔(1901~1972),浙江奉化人。笔名巴人。1922年参加文学研究会。1925年,参加了反帝反封建的斗争,曾先后任北伐军总司令部后方留守处机要书记、秘书,中共宁波地委宣传部委员等职。是"中国左翼作家联盟"发起人之一,曾参加蔡元培等组织的"自由大同盟"进步社团,担任过上海文化界抗日救亡协会秘书长。他先后担任过《申报》副刊"自由谈"、《译报》的编辑工作。1938年出版的《鲁迅全集》,他曾是出版委员会的负责人之一。在上个世纪30年代,在团结进步文化界人士与国民党反动派进行斗争和文化界开展抗日救亡统一战线方面做了大量工作,特别是在上海沦陷后极端复杂、残酷的环境中,坚守文化阵地,在传播马列主义、培养干部方面做出了卓越贡献。1941年,受党组织派遣,去新加坡和印尼,在华侨中开展救亡运动,后又到中共港澳工作委员会、河北省平山县西柏坡党中央所在地工作。

新中国成立后,曾先后在统战部任职,后出任我国驻印尼首任大使，续任人民文学出版社社长、总编辑、党委书记。后转至中央经济部东南亚研究所任职，“文化大革命”中受到残酷迫害后不幸去世。

王任叔同志长期从事文化出版工作。他担任人民文学出版社领导期间，制定了中外古今文学名著的选题规划，倡议出版中外文学名篇《文学小丛书》以及中外名家的多卷集的影印文学古籍等，为繁荣我国出版事业起了积极作用。1959 年 10 月他曾作有《自题》小诗一首：“忘病忘老工作，力求自强不息；斩断资产根子，犹如壮士断臂；立定无产脚跟，万事兢兢业业；鞠躬尽瘁听命，死而后已何惜。”表现了一个老出版工作者的高尚思想境界。其著作有《文学论稿》、《遵命集》等。

自　传

王任叔

15 岁离乡求学以前

（1915 年 11 月之前）

我于 1901 年出生于浙江省奉化县大堰村（现改名大堰乡），乳名朝伦，6 岁上学时，老师取学名运镗。家庭成员，除父母外，有两位兄长，一位姐姐，一位妹妹，我居第四。自我懂事起，家有三间楼屋，种田约七十石（合十三亩多），有两片竹山，家里经常雇一长工，一“看牛”。父亲仅管理家务，兼理庙众账目，常为乡人和解纠纷；不参加主要劳动，忙种或秋收时，则参加辅助劳动，有时与乡人合做竹木生意。我 10 岁时，父亲大病，家务由母亲管理，并一身操持家内劳动；庙众、村事皆推去不管。为大兄读书供给学费而开设的一家小杂铺子，也因二兄不愿经理而出盘。从上述情况看，那时我的家庭(1915 年以前)似乎是富农或经营地主。

家庭中给我思想影响最深的,是父亲。10 岁时,父亲生肺病,从此即经常卧床不起,我随侍左右。父亲常以他少不好学又不劳动作榜样来教训我,故一到他分居之后,不得不自己劳动;在劳动中如何受苦,如何支撑,并在后来如何挣得一份较好的家业,都一一现身说法似地教训我,这使我至今还保存着爱劳动的习惯。父亲给我的另一种思想影响,是他正直骨硬的性格(自然是那种封建阶级的正直和骨硬)。我十一二岁时,满清推翻,民国成立,县中厉行戒大烟,父亲为治疗吐血肺病,开始抽吸大烟,一听到县中禁烟法令,他不愿授人以柄,便将烟盘投诸溪水,从此誓不抽大烟。直到我 15 岁时,他终于卧病不起死去。这事给我影响很深。

家族中给我的另一思想影响是"书香传家"的风气。一村中以我祖父名下的子孙,为读书者较多。二伯父三伯父是秀才;二伯父之子(朝聘)是廪生,又在满清时考取官费留学美国。因之,县中常有报事人来报喜。这使我这幼小的灵魂,也以求学上进为荣。

6 岁上学后一直到 15 岁,仍在村中小学念书,未经过高小。但所学已远超过小学课程。小学四年后,读完了课本,老师即教我们《论说文范》之类的书,其中文章大都是辛亥革命之前的革命党人的论文。这给我以民主主义和爱国主义的思想种子。最后两年,则又读《孟子》,《论语》,《中庸》,《大学》和《左传》。《孟子》给我以"民为贵,社稷次之,君为轻"的思想,《左传》使我对郑庄公那样封建王帝产生阴险可怕的印象(那时,我们就写论文,评历史人物),但最使我有深刻印象的,是死于绵山的介之推,认为介之推那样跟随晋文公流亡国外十余年,回国后群臣论功争赏,而他独退隐绵山,文公求之出山不得,致焚死绵山,这种清高亮节是值得钦佩的。至今在我思想里还有那种非集体主义的清高思想,不大愿意接近上级,是因为这个人物给我的印象太深了。

在社会给我影响最深的是木匠、竹匠和村中的老农民。我自小欢喜学锯木，补箩篭。木匠、竹匠都叫我好孩子；家里人叫我“五通”，意思是路路通也。村中老农民，每在夏秋之夜，为我讲“长毛”故事，为我讲邻县秀才王锡彤造反的故事（宁海县平洋党反教斗争），这些人给我的思想感情的影响，现在分析起来，是有决定性作用的。我之所以爱好文学，和我一开始写小说，总是写农民，是和小时这段生活有关的；而且一直到现在，我还没有放弃写王锡彤造反故事的计划（一生来已三次起稿，三次失掉），也是和这种影响有关的。

15 岁那年，家族中自祖母，小叔，姑母和父亲相继死亡，这给我以忧郁的性格。父亲死后，家庭中落。6 月间，我虽考取师范（借别人的高小毕业文凭去考的），但因父亲的病，日趋严重，没有去报到。9 月间，父亲死去，又遭大嫂反对，母亲不敢做主使我入学。直到二兄再次来信催促，我再次请求，母亲始下决心，让我跟一鱼贩上宁波去，而我在那时则是带着一颗创痛的心走进了师范学校，这已是 1915 年 11 月的时候了。

求学和做小学教员时期

(1915 年 11 月至 1926 年 9 月)

在求学五年中，所花的经费，一共不到二百元。师范是免费的，膳食半费，每学期十五元，此外书籍费，制服费，大都承袭二兄用过穿过的，就可不付。到第五年——四年级以前，我自己没有掌握过经济，连身上半个零用钱也没有的。在夏季秋季日子较长，二兄也经常为我送来一付大饼油条当点心，直到今天，我还不善于购买日用品，不会管理钱，怕也是那时候养成的习惯。

宁波虽是鸦片战争后就开为商埠，但因为上海成了国际都市，宁波社会的资本主义并没有高度发展，没有什么工业，只有渔业和商业。这都市是为算盘声和桐城派的古文声所联合统治的。我在学校的前三年，主要接受的是桐城派古文的教育，满脑子是孝子、节妇、烈女等等的伦理道德观点。自然科学只学得一些常识，英文只学得些 ABC。我在学校中是个中等生，不论学业与品行，都列入乙等。其实我前三年是一个最守本分，最少活动，也最少朋友的孤独的学生。

教师中给我影响最深的是历史教员洪佛矢，被人称为慈溪才子，好老庄之学。是他教我们多读历史；也是羡慕他，我自己偷偷地做旧诗。在第三年后（即在二年级时），我开始读课外书，点《纲鉴易知录》，抄《李太白集》，读《杜甫全集》。进而读《红楼梦》等小说。学做旧诗使我性格更迂腐起来。一方面，我把自己的诗，去求教一个族姐王慕兰（奉化名诗人），获得她的奖励，指称为“吾家千里驹”，而益自奋勉；另一方面，暑假回家，也以徜徉山水，吟诗自得，成为一个孤芳的“读书人”了。

但这种孤僻加迂腐，还有一个原因。17 岁我和一个比我大三四岁的姑母的独养女结了婚，我还不晓得反抗买卖婚姻，但我不满意这婚姻，而学做诗成为我逃避苦闷的渊薮了。

在学校中只有两个同学是我比较亲密的。其一是周仲陶，他是一个非常聪敏的、数理化有特长的同学。我在理化方面，也曾为同乡的教师所称道，曾在我毕业那年，劝说我大兄，让我进高等学校而不果。我从周仲陶那里获得钻研理化的苦思精神。同时，对婚姻问题上，又是同病相怜的，感情上也就接近了。但他在三年级时就吐血病死了，这使我深感人生的渺茫，逐渐有了厌世观点。其二，是毛信望，这是一个有丰富的社会知识的人。我从他那里知道了社会上的黑暗面，官僚的拍马、钻营等等手段；还有所谓乡间妇女无以为生被逼出卖为妓等等的社会生活。这使我仿佛另开了一只眼睛，要去看看这社会到底有多少黑暗。

在我 19 岁和 20 岁的时候，五四运动的波浪也冲入了我们这中古城市宁波了。首先扬起学生运动大旗的，还是我们这个劳苦子弟集中的师范学校，而这时，四年级的我们，又打了先锋。19 岁的上半年，正是三年级的下学期，由我们这一班倡议，在校设立学生会（自觉会），以要求改革校政，展开反学监的斗争；在校外，组织了"学生联合会"，联合宁波各中学学生，实行抵制日货。毛信望在这一斗争中，打了先锋，我们也成为共同战斗的伙伴了。毛信望被选为评议部议长，我当了他的助手，任秘书长。查日货，烧日货的运动不断展开。之后，又与城市贫民爱国组织"十人团"联合行动起来，闹得满城风雨。奸商开始向我们进攻了，雇人暗杀师范生的谣言不断放出来，收买某些中学校长来阻止抵制日货运动也出现了。分化各中学学生的联合行动逐渐见了效（学生联合会中最后只有男师和女师坚持下来），而最后（在我们四年级下学期时）我们学校里的阎王监学，则又利用三年级生的投机分子，借故把我们四年级驱逐出校，使同学们不得不分散回家。那时，我和张宗麟等就成为代表，驻居宁波，跟教师们联络。最后，我们四年级就以考察教育为名，到苏州、无锡等地去了。考察回校后，匆匆举行考试，就算毕了业——这是我第一次参加了社会活动和斗争。最初，是毛信望带我上路的，但之后，毛信望不再关心社会活动和斗争，在他做了两年小学教员后，也就吐血（肺病）死了。而我似乎因此引起了对社会的关心。

毕业后，暑期回家，发生了一件对我一生生活极有影响的事。兄弟分了家，我分得十石（三亩多）田地，二间屋子。二兄因妻死去，乃与我暂时同住。家务由我的女人操持，另雇一族姑帮工。女人对族姑颐指气使，斥骂随之，为我所不满，因为之劝导，反遭白眼。因而相赌气，一个多月，女人竟以自杀相威胁。自此，我即灰心丧志，觉人生之无聊，且有出世为僧思想。不久，就离家就第一个职业。

自我当小学教员以后，思想发展，极为曲折。第一个学期，在镇海港口李氏义庄学校。首先碰到师范毕业生与原来校长争夺职位斗争，使我深感教育神圣事业也是极不神圣的。我乃逃避斗争，钻入于古书堆中,读起《庄子》、《老子》这些书来了。庄子的颓废思想,给我一生的影响很深。但庄子的否定一切的精神,和他某些辩证法的理论,也使我敢于否定旧社会的一切。第二学期(即21岁上半年),我仍在原校,我开始读到五大厚册的《新青年》和郭沫若、田汉、宗白华三人的《三叶集》,以及《时事新报》的《学灯》、《文学旬刊》。这使我决心要做一个新文学的战士,立誓一生从事文学事业。从那些书刊里,第一使我了解五四新文化的民主和科学的精神。第二,从《三叶集》深感到那种浪漫主义情调的可爱,第三,从"文学研究会",如沈雁冰和郑振铎他们的言论里,知道搞文学必须深入生活(人生)。这些思想上的启蒙,特别是第三点,对我一生的影响是很大的。

21岁下半年,转至鄞县东乡,蔡氏义庄当小学教员。所担任的是一个单级学校,四个班只有我一个教员。这使我对小学教员的职业发生厌恶。但在这半年思想上受影响最深的,则是郁达夫的颓废小说——《沉沦》。从《庄子》到《三叶集》和《沉沦》,都使我的思想感情向不健康和灰暗方面发展;但从《新青年》、《文学旬刊》以至《小说月报》,则又使我的思想感情向社会,向现实的人生发展;我在这一歧路上。而由于现实生活的苦难,我在这半年中的思想感情是消沉多于乐观的。我曾写下一册《恶魔》诗集,去赞美死和歌颂死。(曾寄投《文学旬刊》,登过一二首,未出版)

1922年,我22岁的上半年,又转至宁波星荫小学教书。这是一所在宁波实行新教育的学校,我的二兄仲隅也在那里。在这半年里,有三件事,对我思想是有影响的。其一从那学校里我读到北京的刊物,鲁迅的《阿Q正传》第一次吸引了我,并且日后成为鲁迅著作的追求者。但同时,我也读到《努力周刊》,胡适的实验主义思想也第一次接触到了。再说,学校又主张实行杜威教育学说,这使我的思想带有资产阶级改良主义色彩。(这种思想影响的清算,还是在抗战时期,我在一册《学习与战斗》的书里批判了它)其二,在学校的教员大都是师范同学,又不少是奉化同乡,除二兄外,如胡行之、庄世楣都在那里。而他们又和《四明日报》的严竹书等,共同做着改革奉化的社会工作。曾经为了县议会的选举议长和议员,他们拥护乡下正直绅士庄嵩甫等,反对城里劣绅戴某,进行了斗争。他们并且组织一个“剡社”,团结青年,和城绅们的“法治协会”相对抗。我因之也参加了他们的斗争。这个组织,无疑是新绅士派的组织,是改良主义的团体。但在当时反对城里绅士仗官倚势压迫小民的斗争中,还有一定的进步意义。而我受影响最深的,是自己的二兄。他那不计私人的利益,鲠直敢言,使城里劣绅谈虎色变的那种李逵式的作风,是很叫我佩服和钦敬的。是他把我带上社会活动的方向去的;也是他使我走向革命大道。其三,是那年的暑假,我在宁波小学教师训练班听课,寄住在星荫学校里。一个旧日师范同学宓汝卓来和我、谢传茂谈组织共产党的事。宓汝卓在上海大同大学念书,自称加入了共产党,要在宁波发展组织,他找上了我。也许他知道我在师范读书时搞学生运动也是一个活跃分子,但他并不知道我几年来心境的消沉。可是这一建议,仅止于三个人的相商,并未实行。宓说,要待暑假回校后,向组织提出,再作决定。可是这一建议,对我说来,开始知道了中国是非实行彻底革命不可的真理了。

1922年9月至1923年6月,我转到慈溪普迪小学教书。在这一年中,我浸沉在新文学的学习里,并且由郑振铎的介绍,加入了“文学研究会”。宓汝卓从上海来信,说经过组织的调查,宁波组织党还没有条件,前议作罢,我也无法追求这个理想。在1924年上半年,浙江省正拟派经子渊(前杭州第一师范校长,施存统等皆出其门下,廖承志的岳父,已故)来作四中校长,遭宁波绅士张让三的反对,发动舆论,指经为赤化头子,全以为如此可以拒经来宁波了。我乃在校发起联名宣言,表示欢迎,并登在报上。一时宁波舆论哗然。我被宁波人看做赤化分子,是从这件事开始。但又有人说，我这是献媚于经，欲得一中学教师之职。因之，到经来长四中时，我又力避与他们接近，以示清高。6月以后，普迪的教职，也被辞掉了。我失了业，我又不愿回家，乃寄住于同学王吟雪主持的佛教孤儿院中养神经衰弱病。

1924年1月，我被聘为奉化松林小学当教务主任。这时宁波的国民党运动展开，并且设立支部。谢传茂任干事，来信要我加入国民党，并说国共合作，共产党员跨党加入国民党，便于活动，我们希望你也如此。我欣然去信接受。但因两地相隔，没有此外任何组织手续和组织活动。相反，相距十余里奉化初中，二兄仲隅、胡行之和庄世楣等已展开国民党活动，但以“剡社”为招牌，团结更多非国民党分子。我和他保持经常联系，也参加他们的活动。事实上，在那里，也聘来一些共产党教员，如冯三昧等，可是谢传茂并没有把我介绍给冯三昧。

1924年下半年，我又失业，寄住在奉化初中两个多月。10月间，得宁波《四明报》邀请去当编辑，和谢传茂同事。这时，才与赵济猛、周天僇等经常开会，大都谈些国民党活动及其工作。另外，还有师范同学的修养性质的团体“雪花社”，我也参加；其中成员，如潘凤图（潘念之）、张孟闻、毛路真和谢传茂都是。这年12月，我认识了张秋人和恽代英。张秋人是上海派来检查工作的。恽代英是带领上海大学的宁波学生来展开反教会运动的，他的谈话，给我影响很深。他大概不满意我们当时的组织生活，给我们谈了很多他做学生运动的经验和组织核心的重要（他用火烛的核心作比喻）。但我在那里，工作至1925年二三月间，又因为太红而被辞退了。我乃流浪到上海，住闸北亭子间里想做一个职业文人。在这时，我和郑振铎有往来，并且从他家认识了沈雁冰、叶圣陶，但没有更多的往来。

“五卅”惨案的发生，我是亲眼看到的。我去上海是没有固定职业的，宁波朋友和同志知道我去，也没有作组织上的介绍。我自己也不知组织手续。“五卅”惨案的斗争，我没有参加，但它给我事实的教训，决心回乡，参加奉化的爱国活动。演讲、演戏，几乎闹了一个多月。

在奉化，斗争是越来越尖锐了。主要以“剡社”为中心的青年们和以“法治协会”为中心的城绅们，展开各种各样的斗争。特别是“剡社”又展开国民党活动，“法治协会”就以反赤化为名而进攻。即使他们的分子，像俞飞鹏和朱守梅已跑去广州，依附蒋介石。这使“剡社”有关的绅士们动摇起来。二兄仲隅和胡行之为攻击目标，绅士们劝两人引退。胡乃去日求学，仲隅赴广州，我因之就被聘为奉化初中教务主任。

自1925年9月至1926年暑假，我在奉化初中担任了一年的教务工作。在党的组织生活方面，依然是不健全的。校中除我外还有两位党员同志，即赵济猛、石得廉，除共同参加国民党活动外，很少党自己的组织生活。但我们开始得从宁波方面接到党内的读物，其中如布哈林的《共产主义ABC》，我就是从那时看到。我对于资本家剥削工人的剩余价值的道理，也是从这本书上第一次知道。

我在这一年中，没心于三方面工作，过去的悲观、消沉的情绪逐渐消淡了。首先是学校内的教务和学生的生活打成一片，加强对学生的政治时事教育，每星期有一次时事报告会。其次，是以国民党活动为中心的社会活动，争取县议会的议长庄嵩甫和其他与“剡社”有联系的议员们，支持我们反劣绅土豪的斗争；具体说，就是对“法治协会”的斗争。再次我为“剡社”担任了编辑《新奉化》半月刊的责任，这一刊物成为揭露劣绅们罪恶行为的主要工具。在校中我团结了两方面的同志，即宁波来的赵济猛等和原是“剡社”分子的庄世楣等。两方面同志在思想上和工作上是一致的。至1926年上半年，校中另聘了一位国文教员王以仁和一位书记董挚声。前者是郁达夫型的青年；后者是同我一乡里的人，几年来我们以经常讨论老庄哲学而结成朋友的,也有一些郁达夫型的颓废气息的。我对他们在思想上是有离隔的,但感情上却比较接近。

二兄仲隅从广州回来,他很不满意蒋介石对于奉化的劣绅们如俞飞鹏等的引用。在归途中曾写信给蒋介石表示他的意见,并在信后提到我想去苏联学习,能否设法。这并非我自己的本意,是二兄以他自己对革命的看法,来培养他所重视的弟弟的。而我在《新奉化》的社论上,也同样以奉化"法治协会"分子钻入广州革命阵地,革命将必致变质和失败之意,为文痛斥此种现象。这使蒋介石看到了,即在回复仲隅的信中,要我去广州工作。信到时约四五月间,我无意于去广州,予以搁置(原因是3月27日中山舰事变发生了)。但国内阶级斗争日趋尖锐,宁波的段承泽正进行镇压赤化分子运动,并逮捕国民党分子。奉化县长沈秉丞也策动"法治协会"分子向我们反攻,我以"公然侮辱罪"被控于法庭。议员中有人深夜请我走避,但我们坚持斗争,决不退让;并在国民党赵济猛同志的支持下,认为在奉化扩大"剡社"的活动和影响更为适宜,乃在6月间召开"剡社"招待各界青年大会。就是这一天,我和庄世楣共赴会所,中途有严竹书追上,说县里的差役已在校搜捕我。匆促之间,我们商定,暂去宁波避风。这样,我就到了同学王荫亭夫妇所办的幼稚园里。(王荫亭和他的妻子裘公洨,是我这期间最接近的朋友,裘公洨现为浙江省人民代表)最后,奉化方面同志决定要我去广州,我终于投入这革命的策源地去了。

总结我这一时期的思想是很混乱的,在桐城派的礼教思想的基础上,发展为老庄思想的狂诞不经;从《新青年》的民主科学的资产阶级思想基础上,又接纳了胡适派的反动的实验主义思想和郭沫若、郁达夫等的破坏陈规的浪漫主义的精神;这些思想是相互矛盾,也与现实的要求不很一致的。但比较对我有好影响的则是鲁迅的战斗精神和"文学研究会"的文学为人生为社会的主张。它们使我和党的战斗要求相一致,终于在目击"五卅"惨案后走上更现实一些的革命大道。而在1925年前后，我之所以参加党和参加革命，则是因为我对社会不合理现象想有所改革，并且受到它的痛苦，想有所解脱，和深感文学要为人生而战斗，更须先改造这人生的要求。对于党的远大的共产主义的理想，在那时，我还是认识不足的。

在革命浪潮中

（1926年9月至1929年11月）

1926年9月，我到了广州，正是北伐誓师日。不久，我由那时的蒋介石的秘书长邵力子接见，把我安插在总司令部秘书处机要科，我第一次会见了机要科长陈立夫。不久，蒋介石出发北伐，陈立夫即随军而去，机要科长由叶秀峰代理。叶秀峰是宁波四中教员，经子渊的四中校长被撤换后，叶在校中以反对学生谈三民主义，镇压学生爱国运动出名的。这使我对自己所参加的国民革命，发生怀疑。

到广州后，我和在黄埔军校任教官的张秋人同志找到联系，他为我保证，把组织关系转给总政治部的支部。嗣后就经常参加那里的小组生活，小组长是一位四川同志（我忘了他的名字），在这一期间（1926年10月至1927年3月）组织生活是经常的。学习方面，我开始读了李季译的《通俗资本论》和其他革命刊物；社会生活方面，我认识了蒋径三（因探寻王以仁来找我而认识的，已故）、钟敬文（因投稿而认识的）和许绍棣（在蒋径三那里认识的），时有来往，而且大半以蒋径三服务的中山大学为往来的地点。但在工作方面，则有一个较重要的事，因为我在机要科工作，知道一切消息，常向党小组汇报。这就由组织介绍我和住在永汉马路大楼上的一位青年接触（大约是黄平），把一切重要情报告诉他。在武汉、南昌为建都发生争执，蒋介石来电征求李济深意见的时候，我从自己直接经手和间接经手的电报中得悉国民党反动分子将有一个动作(这里我还应插叙机要科人事变迁。叶秀峰往前线,比较和我接近的奉化人毛庆祥也一同离开,叶秀峰即交我一本自编密码电报,要侦察李济深行动随时电告,我把它一丢,不理这套。但我已被提升实际负责机要科的事。所以一切密码电报,除李济深自备外,都由我掌握)。我就把这消息告诉那个青年。在杭州上海相继收复的时候,我要求组织回乡工作,曾去找那青年,他突然打开一门,介绍我认识一个人,这就是周恩来同志。周恩来同志非常严谨地问我如何来广州,并如何进入秘书处机要科。我一一回答了。周恩来同志乃问我:“既然你是蒋介石叫来的,为什么要把这一切情报告诉我们。”我那时仅说,“我是为革命而来,不是为蒋介石工作的”,但还不能确当地说出蒋介石已叛变的实质。周恩来同志这次谈话的印象,是我一生中最深刻的,我一生常记起他那黑晶晶的眼睛好像经常“监视”我的行动,一到自己消沉和颓丧的时候,我就想起这眼光的威力。

大约在3月间我回到上海,组织把我的关系交给上海闸北一个工人的住宅。上海全市戒严,我去那里,交了组织的信,却没有会见要见的同志,两次都没有会到。同时,李济深却比我先两天到了上海,和蒋介石会谈什么,报上已见了消息。我急想把我知道的“内部”情况告诉党内同志,因之决定到浙江去。在那里,宁波时代的同志潘念之,担任党组织部长。但一上火车,又因军运被赶下了,乃折往宁波,在宁波见到了党负责同志竺兰芳和江少怀,知道他们正安排着反对警备司令王震(黄埔学生)的斗争。我把蒋李反共阴谋告诉了他们,要他们提高警觉。奉化方面听到我回来,要我去那里工作,竺兰芳也同意。回到奉化后,二兄仲隅、庄世楣和不少初中学生都成为我党同志了。董挚声也被吸收为党员,这使我非常兴奋。仲隅由省委为政治监察,负责奉化工作。我回奉化后,拟仍入初中,负责校务,但仅止三四日,即四月初八日,宁波首先清党了。市党部常务杨眉山(党员)、总工会主任王锟(党员)和

《民国日报》主编庄禹梅(庄启东同志的父亲)都被捕了。宁波方面要我去宁波,并且由王荫亭、裘公洨把我介绍四中校长刘淑琴(师范时老师),任初中国文教员。这时,党的有些负责同志已离甬去杭(如赵济猛等),只留下王少曼、江少怀和张明贤。我由张明贤来找,要我负责地委宣传部工作。我这时一方面以职业为掩护,参加了党的地下工作。经常在沙文汉同志的岳母(陈修良同志的母亲,我们叫她大家姆妈)家里会议,商量工作;出小册子,印发郭沫若所写的《请看今日之蒋介石》文章,各处散发。另一方面,党又以我公开地位,和蒋孝先(蒋介石侄子,黄埔四期生,曾是共产党员)接触;向公安局的政治部主任陈某,进行工作,使陈某与公安局长吴万能发生矛盾,以缓和白色恐怖。而在这之间,奉化的清党工作也开始了,首先是二兄仲隅的政治监察被撤,换来一个黄埔军官。但奉化方面稍做了一些"统战"工作,县党部改组时,我们的同志董挚声则被提为农民部长,隐伏下来;接着,王仲隅和庄世楣两同志,都被捕解到宁波来。(大概关了两个月,由庄嵩甫取保释放)我在这时,还继续做分化敌人内部工作。不料,公安局政治部主任陈某为欲取吴万能而代之,转又利用蒋孝先关系,把上海清党委员会的杨虎和陈群,请到宁波来,大刀队的屠杀开始了。首先杀掉了杨眉山和王锟,把庄禹梅打得半死活来。党这时命令我立刻避开去上海,我在毛含戈的叔父家躲了一夜,第二天正返校整装赴沪时,在校为杨虎的暗探所逮捕了。我被捕后,又目击女同志吴蛟琴被大刀队拉出枪毙。

过了一天到第二夜,我被提审。陈群对我不问什么,只给我看了一张电报,是俞飞鹏、朱守梅拍来的"奉化共产党王任叔"云云,便叫我回来了,听候判决。我知道,已成死案了。这时,心地反而泰然。但到第二天上午10时左右,捕我的暗探走来报告:"总司令的老师庄嵩甫来保你了,你可出去了。"这倒使我有点像做梦似的了。果然至下午2时左右,叫去过了一堂,随便问了几句,就释放了。出来后,才知道王荫亭、裘公洨急电在杭的庄嵩甫老先生,星夜赶来宁波把我保出的。

出狱后,在宁波再也找不到组织,只得硬着头皮回到不愿回去的家乡,那时二兄仲隅也已回家休养。我们还企图利用董挚声在奉化县党部的关系,做些农运工作。但不久,一个为乡间农民在大革命高潮时驱逐出去的无赖,竟作了清党委员,下乡来清党了。二兄和我乃作一次长途旅行,走遍了新昌、嵊县重要市镇,待返家后我又遭自己女人的白眼与恶骂,就只身单衣,离开了家,从此几乎几十年没有回去。

开始了我的流浪。始住在宁波裘公洨家,后又住上海"新学会社"(庄嵩甫所办,辛亥革命和反袁运动时,也是党人们往来的机关;第二次革命战争时,也常作为我党同志朱镜我,江雪逵——现改名江闻道,浙江博物馆副馆长——的通讯机关)。11 月间,以偶然机会与许绍棣相遇,那时他去担任杭州商业高等学校校长,要我去教国文,我想借此在杭找到关系,也答应去了。不料到杭后,知道赵济猛因爱人被捕,竟自己出面设法取保,也被捕,并且被杀了。我在杭仅半月。奉化的董挚声,因奉宁波沙文汉指示,把组织名单交去,约定某地会见,半途被哨兵所捕。奉化、宁波、上海三方面朋友,都催我离杭,我乃去余杭庄嵩甫的农林试验场暂避。

1928 年,我接受张孟闻的介绍,到上虞春晖中学担任教员。除教课外,我开始研究社会科学。彭康、李初梨的文章,和朱镜我译的《经济学入门》等书,给我对社会结构的理论,有了进一步的认识。深感自己对马克思主义的无知,有再求深造的希望。但在这学校整整一年中,我陷在政治苦闷与婚姻的苦闷中……

在发动春晖中学毕业生四五人去日本留学之后,我出卖了几部小说稿子:《监狱》、《阿贵流浪记》、《破屋》、《殉》等,筹备了二年学费,于 1929 年初,动身赴日了。我和潘念之住在一起,专心学习日文。并且也知道和参与潘等"社会科学研究会"(这是日本留学生党组织所领导的)。在日本住上11个月,又因“十三”事件(东京留学生反对国民党出兵中东路和苏联作战,进行示威,在10月3日早晨,留学生被捕者无数)被迫回国;回国途中,日本的侦探,一直跟到上海。回到上海后,我开始参加了援助“十三”事件的运动;之后,又参加了“自由大同盟”,并署名在宣言上。这时,我又进入于革命斗争,并且在第二年初正式恢复了组织关系。

(在这里,还须补充一两点:1927年秋在上海住在“新学会社”时,主要以创作为事,其间曾和负责浙东工作的竺兰芳有联系,大约在九十月间,宁波方面曾来函相邀,商谈工作,乃曾秘密回宁波。在王荫亭的学校里,会见了宁波同志,王省三(?),他们正计划奉化沿海暴动,我详细了解情况后,不同意这举动。但我在宁波秘密住下来工作,王同志又认为太出面,认识人多条件不适合,同意我返上海,以后再联系。这是一。在上海从事创作时,曾与钱杏邨(阿英)等组织的“太阳社”有联系,但因不了解“太阳社”是否是党所发起的,仅有写作上的联系。这是二。1929年初去日本时,在上海又与竺兰芳会见,告诉他去日求学计划,他也同意。另有曾在奉化幼稚园任保姆,大革命时入党的阿金同志,我也会见,也告诉了她关于我去日求学计划,得到她的鼓励。)

总之,在这一时期里,我的思想情况和前一时期已有不同,对共产主义的理想已有初步认识,但对党的组织纪律观点还是很差,很少训练,厌世的思想已逐渐排除。对人生的漠然的苦闷,常常成为政治的苦闷,这种苦闷是一种行动上的软弱和思想上对革命的要求的矛盾的表现。这种苦闷在春晖教书时还夹杂着婚姻问题的苦闷因素,而在日本求学时期,则因为读了些左倾书籍,如布哈林的《唯物史观》,马克思的《政治经济学绪论》,思想上有所提高;因而对自己处在远离祖国的斗争环境的行动感到不满了。

从"升起"到"没落"

（1929年11月至1935年5月）

1929年11月回到上海后，即参加各种斗争，另一方面，我也通过朱镜我和阿金（那时，她是罗迈同志的爱人）找寻关系。到30岁，即1930年1月，关系接上了。朱镜我在江闻道的家里，通知我这一决定。我乃参加了冯乃超领导的北四川路的街道支部。"左翼作家联盟"成立的时候，我也参加发起。但我的工作，由组织派往办浦江中学（名誉校长沈钧儒，我当教务主任，我认识沈钧儒，即从这时候开始）。后浦江中学停办，另办一建国中学，也是党所支持的。校长江西人姓李，郑淑子（即郑倚虹。刘尊棋的爱人）为教务主任；我在那里当教员。四月间，南京和记蛋厂罢工，上海示威响应。在南京大戏院门前，发生巡捕枪杀我们沪西赤色纠察队长的事。那队长同志的孩子因搬藏手枪至彭康同志家，被发露，彭康同志被捕。而那孩子又是我们的学校学生，学校遭搜查，校长李某卷款走掉。一大群青年学生不但失学，而且住食都成问题。这时，我乃为他们租一楼房，暂时安顿无家可归的青年男女同学。就在这一群青年中，我和一个新从狱中出来的女同学王洛华逐渐接近，最后，结婚了。（她是江苏宿迁人，地主家出身，曾有组织关系）在建国中学教书期间，我最初担任"左联"的"学生文艺研究会"工作，之后，又曾参加过"左联"的党团。等到学校停闭，大约在6月间，我被沪西区委派去做工人运动，领导曹家渡日本人的绢丝厂工作，并参加那时立三路线指导下的"党团合组的行动委员会"。领导者，党的方面是海门老赵，团的方面是爱克司（据说是苏联留学生，至今不知其真名）。我的工作是爱克司直接领导的。在工作中，领导方面完全不考虑白色恐怖的环境和工人的觉悟条件，硬要在工人中发动政治斗争，以配合红军攻入长沙；也不考虑在黄色工会中做工作，独自在工人中去发现积极分子；等到积极分子发现了，又把他们从工厂中调出来，专做斗争工作。这一来积极分子就没有了群众。这一切我在行动委员会中曾提出不同意见，为老赵和爱克司批评为右倾机会主义。但绢丝厂的工作，终于在一次冲厂斗争中失败了。我们派去到群众大会上演讲的一位湖南女同志也被捕了。

不久，"行动委员会"取消。上海划分为十一个区，沪西成为两个区，即沪西区委与曹家渡区委，我被委为曹家渡区委的宣传部负责人。书记是温州人老赵。曹家渡区委又为沪西区委所管辖，我除宣传工作外，还领导大夏大学支部。这时，党内反立三路线斗争展开；但又发生了瞿秋白调和路线的错误。在下层工作的我们只学习了反立三路线的文件，还不知道又有瞿秋白调和路线的错误。在有一次，我领导大夏大学支部在田野上开会时，王明同志也从省委宣传部来参加，我们区委对支部工作的指示，和他的指示发生了冲突，这使区委无所适从了。我向书记老赵汇报了后，提出意见，认为反调和路线还没有传达到区委，省委宣传部同志直接插入支部是不妥当。我自己对王明这一做法，心里认为有"争夺"领导的企图，但没有对组织说过，只感到印象很坏而已。

大约在 10 月左右，我被派到沪东去做海员工会工作。那时上海赤色海员工会由陈郁同志领导。党团的书记是老王，我担任党团宣委，另有一组委，是慈溪人小裘。每天的工作就是跑码头，看船，和船员进行谈话。但船员对我们，正和做工厂工作时一样，表示"敬而远之"的态度，工作很少成就。（彼时参加海委工作的还有俞飞及其爱人陈修良——现为沙文汉爱人）至 1931 年 3 月以前，反立三路线和反调和路线的斗争全面结束，新的中央已成立。（因为我们在下层工作，知道这种情况较迟）我要求回到文化工作岗位，得组织批准，又参加了"左联"。组织关系从沪东转到闸北四川路街道支部。区委是新中央派下去的，对过去工作不熟悉。党内出了右派，又抵制交待工作，闸门区委书记因转关系转不到，就将我转关系的信,杂放在传单中。区委的住宅被抄,人被捕,而这信也落在巡捕房手中,我因此也被捕。幸而信中用的名字是王洛华,和我住宅所用的名不同。

被捕后,当由二兄仲隅从他教书的镇海来到上海,设法援救;沈钧儒为我担任义务律师,并由二兄找其他社会关系,向法官运动贿赂;二兄抵押了自己的土地,出了一大笔钱,才最后判徒刑6个月。在狱中,我遇到彭康等。狱中有一二同志,怀疑我只判6个月,恐是敌人派来的间谍,这给我的刺激非常之大。再加上党内斗争,在我看来,颇有"争权夺势"之嫌;我感到对革命的失望。自然,主要原因,还由于自己立场不够坚定,而有此"灰心失望"的情绪。

10月间,我期满出狱。知道我国东北已经失掉。而一生中最爱我并且引导我走入社会活动的二兄仲隅,竟在那年暑假,因辛劳过度从汉口来到上海,心急病死于宝隆医院,连死一夜,医院还不知道。二兄遗下的孤儿寡妇一群人,再也没人依靠了。这使我深恶痛绝的家庭观念和抚孤恤幼的责任感不期然产生了。我想找到一个职业,来尽一些义务。因此,在我出狱后,朱镜我来看我时,就表示了这个意见。之后,朱镜我同志就没有再来找我谈过话,我又一次和组织失了联系。

1932年1月,由庞赉卿同志介绍我到汉口,任《新民报》编辑工作。但该报为谢传茂所霸占,不得进去。谢传茂这时已叛变革命,勾结国民党,在汉口宁波同乡会中,有他一派势力。大概,他还照顾我们过去友谊,为我安插在宁波小学教书。半年后,又由庞赉卿同志为我设法,在武昌第一中学和汉阳第十二中学教国文。在这时,我住在方善境等所举办的"文化服务社"(出借图书)内。方善境等认识了一位陈胖子,想在汉口发展组织。我因不明陈胖子履历,没有参加。因我在牢里认识了不少流氓分子,他们谈到包探中所谓"翻戏",故意派人打入团体,来破案。这使我对此不能不警惕。真的,事隔不久,方善镜等就被捕了。而陈胖子不知下落,或亦被捕。

在汉口,我无意中碰到了冯乃超。知道他在他岳父的建设厅中做秘书,并且有时出席何成濬的重要会议(现在想来,乃超同志可能是由党派入去的)。而我在中学教书将近半年,却领不到一个薪水,教员们组织了"跪哭团",也跪不到钱。这样,我不但不能"抚孤恤寡",且无以自活;想另谋出路。就通过南京的毛庆祥和沙孟海(师范同学,沙文汉的大兄)在朱家骅的交通部搞到一个科员的职位。这是1933年的1月里的事。

自1933年1月至1935年4月止,我一直在南京交通部做事。在这一期间,我除在交通部航政司的科里办公外就有时写点小说投寄给《国闻周报》,署名屈轶(大都收集在《乡长先生》的小说集内)。其间的社会关系,有在伪国府图书馆做事的妹夫毛裕芳,有同乡王光延。但过从较多的是南京中大教书的张孟闻,和从牢中出来的周天僇。这是一方面。在文学上结识的朋友是张天翼、蒋牧良和吴组缃(他那时在冯玉祥那里当秘书)和以后认识的蒋天佐、陈白尘。这又是一方面。共同学习世界语和社会科学的,有劳荣和瞿白音等。从上海来我家居住一个时候的有陈大戈(是我春晖中学的女生,也是大夏大学时我发展的党员)和她的爱人姓王的。他们不久又搬到不知哪里去住了。还有江闻道同志,往河南大学教书去,曾在我家住过几天(记得来过两次)。他是有组织活动的。那时我自感有些"赎罪"的心情,能向党"赎罪",为与党员同志做些小事,也感到一种小小的安慰似的。所以我又利用周天僇和陆军监狱的教育科长沈炳成(?)的关系,也常去探望在牢的同志朱士翘(春晖时同事,抗战后出狱,改名何云,死于太行山)和送些东西给潘梓年同志等。

但在1935年二三月间,我终于被捕了。事情起因于瞿白音等的磨风剧社。磨风剧社演出《娜拉》,甚有好评,与张道藩的剧团相对抗。我曾化名批评过张道藩剧团的演出,登在《新民报》上。但我与磨风剧社无关。可是,一天,因该社少一女角(奶妈的角色),找我那时的女人王洛华去充当,在她去该剧社练习的第一天,该社遭查逮捕。问明了王洛华的住址,我的职业,就放回了。事隔十天,上海方面朱镜我等被捕的消息出来了。我被张道藩叫了去(他那时是交通部次长),交给了特务。王洛华和孩子王克宁也同时被捕。第一个月住在旅馆里,他们和我谈话,我自认参加过“左联”。什么关系也没有交代。他们问我认不认识江圣逵,他在前一个月,在河南被捕了。我答说,是奉化同乡,一向认识。他们又问到汉口“文化服务社”的事。我据实告诉,方善镜他们为维持我生活而设立的。他们不再多问,并且告诉我二年来,他们一直钉着我梢。因之,他们也知道我没有组织活动。第二个月,我被放在监狱里,会见了朱镜我等同志。

在狱外朋友,如毛裕芳、王光延等为我设法营救,由毛裕芳的族叔毛思诚(蒋介石的老师)、楼桐荪(王光延的法国同学,我也有一面之缘)等为我取保,正待释放。不料,特务们在处理瞿白音等的案子时,也把我划归一案。在释放前一天,把事先写好的悔过书,要我也写上名。我看到那张东西后,把凡是有直接指斥党的句子,都给勾了去,使它只成为自己认错的文字。我那时没有坚决拒绝,就做了这种变节的事,这是一件再也抹不杀的历史污点。事后,我竟还希望因我勾去不少文句而关下去这种莫明其妙的想头。张天翼、蒋天佐两同志在我出狱后也都谈过。这是我至今每一想起还感到苦痛的事。

出狱后,我即辞职,5 月间,搬到上海。立誓从此隐姓埋名,卖文过活。如能以文字为党呐喊一下,即为党所不齿,我也心甘。

自 1935 年 5 月到上海后,我首与张天翼同住一个时候。往来朋友,仅有潘念之和劳荣。有时,也去“新学会社”。而为了文章的出路,更多往来的是郑振铎,之后是胡愈之。直到 1936 年十一二月间，冯雪峰同志找到我家来，和夏衍、胡风等开了一次会（并非党的组织会议）。以后，我又恢复了一些革命的勇气，但还是感到自惭形秽的。

"再不许动摇"

(1936年至今)

在这一长时期里，我的生活可分作三个阶段，即在上海抗战阶段、南洋阶段和回国阶段。1936年底，雪峰同志之所以来找我，大半因我文字上的表现。我除写些小说外，还由《立报》特约，每月为该报《言林》写25篇短评，评论时事、政治社会各方面，署名由编者谢六逸填写，每月致酬30元。用此维持生活。间有宁波友人裘公洨，也予以接济。雪峰同志大约知道这事，认为我表现尚好，所以自动找上来。这对我说，无疑是党给我以生命。嗣后，即与胡愈之同志有往来，参加了"入狱运动"等救国工作。"七七"事变后，我一直参加了各种救国工作，"八一三"上海抗战爆发；我参加了"上海文化界救亡协会"工作，在宣传部胡愈之的下面做秘书工作。组织生活与该会组织部长钱俊瑞同志，尤兢同志同一小组。11月国军撤退，大批文化工作同志离沪去大后方，雪峰同志来谈，我的组织问题尚待决定。至1938年1月，沙文汉同志正式邀我参加文委工作。文委同志有唐守愚、孙冶方等，自此我一直在党领导下工作。领导同志主要是沙文汉和刘少文（军委情报部副部长）。工作是三方面的：（一）文化工作方面，办《译报》，编《鲁迅全集》，办《上海周报》和主持一所社会科学大学（为新四军训练干部，负责人有方行、韩述之和徐达）；（二）救亡协会的群众性工作；（三）统一战线工作。出席"星六聚餐会"及商办安定上海社会秩序及配合调停工人罢工等事。郑振铎、吴耀宗、吴景耀等民主人士，就是那个聚餐会的人。这些工作几乎都和那时还是民主人士张宗麟同志共同进行的。梅益、林淡秋和蒋天佐，是与我一起做文艺方面工作的。这样的工作,一直到了 1941 年 3 月,我才由组织调派到南洋去。

1941 年 3 月,我离开上海,组织上本来是接到周恩来同志电报要我去美国办《华侨日报》的。到了香港以后,和刘少文同志、廖承志同志见了面,因去美国我的英文条件不好,护照难办,没有去成功。到 7 月间,我决定去新加坡。王洛华不愿同去南洋,就此分手。她仍回上海,由组织照顾。

我去南洋时,廖承志同志关照我几点(略),我在新加坡半年,完全按照这指示办事,直到太平洋战争爆发。我们(胡愈之、蔡馥生、雷向予等)都积极参加了抗日工作。在新加坡沦陷的前一礼拜,××来找我们,要我们迅速准备撤退。这样,我们在 1942 年 2 月 8 日,从飞机大炮交轰的火弄中,乘小船离开新加坡,到苏门答腊的廖岛去。

苏门答腊 3 月失陷。我和杨骚、雷向予暂居于山芭中(我有《任生及其周围的一群》一书,写那时的生活),8 月间,我和雷向予商定,共同去苏岛东部棉兰,相机参加华侨抗日工作。经过苏岛西部,胡愈之、邵宗汉他们在那里。10 月到苏东,在先达住了 3 个月,是邵宗汉先去安排好的。由他我们认识了那里的陈影鹤的兄弟,以后,在生活上也得到他们一些接济。在这 3 个月里,我读了不少马列主义的书,如《斯大林文选》、《列宁文选》。这使我在政治上认识有所提高。1943 年 1 月,我去棉兰,参加华侨的"反法西斯同盟"地下组织;负责编地下报,负责"反盟"领导。至 9 月 20 日,日军大检举,另一华侨"抗敌协会"被破获,"反盟"个别成员被牵连。我们乃从城市撤退至乡村。因乡村为印尼人居多,很难工作,乃自行种田;另一方面从敌报来分析时事,写些小传单,给城市中一些团体里同志。如此一直到 1945 年 8 月,日本投降,我们又从乡间到城市,搞民主爱国运动。同时,印尼人民爆发革命斗争反抗荷兰殖民者,到处发生武装冲突。我常为文支持他们革命,也还组织华侨剧团，演出反荷斗争的故事，深受印尼人民的重视。至1946年3月间，我乃从荷占区进入印尼区，印尼革命政府欲聘为顾问，我坚辞未就，只担任“华侨总会联合会”的顾问，从旁协助华侨民主爱国运动。这时借住一华侨家中，寄食总会主席陈影鹤家。其间，我曾两次去新加坡。一次，在1946年1月，应胡愈之函邀，一个月后，回返。另一次在1947年四五月间，应夏衍同志函邀，约一个月即返。

至1947年7月27日，荷军向印尼区进攻，一星期，即占领苏岛首府先达。我也未走避。荷军在8月6日，把我当作战俘俘虏逮捕，实际为国民党领事所策动，欲把我引渡到国内。我被荷军关在棉兰海口的俘虏集中营，中国同志仅五人，此外五百多人皆为印尼民兵。在集中营约两个月不到，因“华侨总会”不断抗议，“中国文艺家协会”也发表抗议书，印尼共和政府广播电台向全世界广播抗议，并且特别是胡愈之在新加坡联络了英国政府的机关报《海峡时报》中的记者，写文章抗议。荷军受舆论压力，于10月初把我释放，并驱逐出境。这样，我于1947年10月，和雷向予同志一同回到香港。即参加香港组织生活，编在乔冠华领导的外事组里，也参加连贯同志负责的华侨委员会。

在香港工作十个月，因雷同志患病，不少时间费在侍病方面，但同时还参加“三查”运动，写过自传。至1948年8月，奉中央命，由天津潜入解放区，即在平山李家庄统战部里工作。在这时期，读了一些马列主义书籍，也比较严格过了组织生活。在解放区中，深感到两种不同社会的生活，给我以明显的对比，逐渐克服一些在外面社会的个人主义东西，增长了一些集体主义的东西。在那里，一直工作到1950年8月（1949年3月搬北京）始调外交部。

在这期间，我研究的是东南亚各国的革命情况，负责第三室第二处研究工作，任副处长。我对这方面研究，至今还有极大兴趣，且拟改写一册已经出版过的印度尼西亚历史，没心在研究中，思想情绪的波动是很少的。只有两件事感到不快。其一,是我和王洛华的婚姻关系。另一件事,是孩子王克宁在 1949 年 3 月间,在驻营地工作中,突然吐血病死。死后两礼拜,我才接到消息,知道是急性肺炎。这是可以设法的,因为不久前,他与我谈起身体不好,我没有为他设法检查,致有此不幸。心中内疚不已。但还算能自我克制。

在去印尼之前,廖承志跟我谈过一次话,大意有如下几点:(一)南京那次被捕和自首的情况,据各方了解是一致的,没有对党隐瞒。(二)香港出国时曾为此事有决定:重新入党。(他说通知过我,但我并未接到通知)(三)这些年来对党是做了些工作的,所以获得党的信任,给我以重要工作任务。(四)此后要坚定立场方面的努力。同时,还叫我去组织部做一个结论。章汉夫同志也跟我谈起:李维汉部长的意见是,做了结论后,就不必再去提它了。我乃由统战部的党总支书记肖贤发同志经组织部做了结论,确定为 1938 年重新入党。

自 1950 年 8 月至 1952 年 1 月,我在驻印尼使馆担任大使职务。深感自己政治水平不高,领导能力薄弱,不能团结干部。8 月至 12 月这一时期,组织纪律性差,没有严格请示报告,出了一些差错。政策方针没有很好学习,把握不稳,常受外交部批评,工作威信建立不起。我那时有"退缩"思想,要求回国。1952 年 3 月回国后,我在外交部政策委员会工作,并参加党组。至 1954 年 3 月,我调至人民文学出版社工作。

总结我这二十年来的思想情况,我对自己有这样的看法:(一)我还有些个人主义的东西,表现为有时感到自卑,有时有清高思想;特别对自己要搞写作的愿望,使我对现有工作有不够安心的情况。(二)但自己养成了爱劳动的习惯,和还有些负责精神,所以在工作的客观表现上还是积极努力的。可另一方面,有急于求成的急躁情绪,缺乏对情况的具体了解;为贯彻上级要求,机械地搬用上级指示;这就使工作作风上成为主观主义。(三)对政治方面说,我是有一定的政治热情和一些政治敏感的;对马列主义的学习也还抓得紧,并且也有一定的理论水准,但有机械搬用和教条主义的偏向。(四)对组织纪律,一般能够遵守,经常过党小组生活;但对上级一般不很接近,汇报情况,提出意见都不甚积极。对群众关系,爱接近青年,也容易跟工农分子接近。而对青年接近时,又有温情主义倾向。(五)最后,自从重新入党后,政治立场是坚定的,从来没有动摇过,但有时,却又有甘于牺牲的思想。这自然也不一定是健康的想头。同时,对问题的处理上,则又表现原则立场还不够坚定;或死守原则,对策略的灵活性也不够。这一切使我深深感到还不够布尔什维克化,还是一个半无产阶级的知识分子。

一生中,经济上给我以帮助的是裘公洨(在1929年至1931年间)。她是一个同情革命和在生活上爱护和照顾我的朋友。其次,在苏门答腊躲在山芭种田时,和居留先达时,经济上帮助我的是陈影鹤。

一生中,文学事业上给我以最大帮助和影响的是郑振铎。甚至郑振铎那种博学而无所归的治学作风,我也多少受他影响。

一生中,为人处事给我以最大影响的,是胡愈之。特别是在南洋这一阶段,我们相处得非常之好,对问题的意见常有争执,但喜欢把事情铺开来做。我们两人的友谊不下兄弟似的。

附记:《自传》是父亲写于50年代中期的一份材料。由于《自传》着重记叙了父亲的经历及革命和文学活动;特别是详尽生动地描述了作者早期生涯和思想,以及重新入党和自我批判认识等重要内容,所以它也可作为珍贵的回忆录与读者和研究工作者见面。其中凡不宜公开发表的内容都作了删节;又由于原文对作者在"孤岛"时期在上海所作的大量卓有成效的贡献未予具体详细记叙,所以《自传》的前后部分内容不能对称。但《自传》仍然从整体上表现了父亲自幼年到50年代中期所经历的坎坷曲折、艰难困苦的战斗的人生道路。

——王克平

原载《新文学史料》1986 年第 3 期

《遵命集》二则

巴　人

关于删改

记得已故作家郁达夫曾经把俗语里“儿子是自己的好”改了一改,叫做“文章是自己的好”。这如果理解为天下文章只有自己的最好,那自然不免狂妄了。

《遵命集》书影

但作家写文章,当他没有写成之前,搔首苦思,呕心沥血,惨淡经营,确实有比之于孕妇临盆之前的情况。当他写成之后,回环低诵,反复增删,修其不整,补其不全,希望发表出去能够打动读者的心,这又同母亲加意培育自己孩子,希望成个器材的心境是一个样的。作家珍爱自己的文章,也是人之常情。

可是近年来,有些报刊和书籍出版社,任意删改文章的风气颇为流行。据说,有一家报纸,约请一位名作家写了一篇文章,登出之后,面目全非,仅有两句未改,那是引用别人的话。而文章标题之下,依然署那位作家的名字,看来文责还须那位作家来负的。还有某出版社,总结了编辑工作的经验,得名句一联,"作家的头脑,编辑的笔",这么说来,自古有"削足适履"的笑话,而今有"削头就笔"的事实了。但头是削不得的,哪怕编辑拿起笔来,自我称雄,高声叫道,"我有笔如刀",然而作家还是摇头称谢:"对不起得很,你有你的笔,我爱我的头。"

我想,我们目前的文章风格之所以如此"干巴巴的",某些执笔如刀的编辑是出了一把力的。

但这并不是说编辑对作家的文章没有取舍和提意见之权,这个"权"还是有的。问题是在于任意删改,一定要把"姑娘"改做"少女",未必文雅;一定要把"无济于事"改做"没什么用处",也未必传神。文如其人,文章的风格也就是作家个性的表现,我以为是删改不得的。

写到这里,想到一个老笑话。据说有个绍兴文人论到天下的文章的时候,说道:"天下的文章,要算浙江;浙江的文章,要算绍兴;绍兴的文章,要算家兄;而家兄的文章,有时还得由我删改删改!"大概爱好删改别人文章的某些编辑,是同这位绍兴文人的心理一样的。

"难言之隐"

发表了《关于删改》,心里不免"愀然"。自己也是当编辑的,虽然不必抱阿Q主义,讳言头上的"癞",但一定要扒开头发,扬言于众:"我这里有个癞疤!"也未必算是勇敢。问题是怎样使自己身上不再长癞疮,最为要着。

在过去,不少作家是当编辑起家的,而现在则是很少作家愿意当编辑。时易势移,编辑就常常"挨"到作家的"骂":"改稿"、"压稿"和"稿费"——所谓"三稿"问题的不满,全部集中到出版社编辑身上,甚至义愤之余,有人在作协座谈会上,竟声言要开除某出版社与核定稿费有关的某编辑的会籍了。编辑也就这样成为众矢之的。噫吁嚱!编辑之难,确也难于上青天了。

自然,我们也决不推诿责任。任意删改作家的文章,无论如何是不应该的。但做编辑的处境之难,绝不是外人所能想像的。真所谓有"难言之隐"。

有人说,"百家争鸣"能否开展,其中的一个大关,就在于出版社的编辑。但他们不知道编辑要过的关更多。就我所知道的某出版社来说,编辑有三关:第一个是"批评关"。一本书出来了,一受到社会批评,责任就落在编辑身上。读者看到批评,不管自己是否真的读过那书没有,于是写信来纷纷斥责,第二个来了"读者关"。可是这两个"关",还是容易过的。"冤有头,债有主",书是作家写的,对编辑来说,最多不过是犯了"失察"之"罪",解释一番也就罢了。但接着而来的还有"检讨关"。有错误应该"检讨",但有时对错误的意见还不一致,或者是社会的批评并不完全正确,而硬要"检讨","检讨"之后,又复石沉大海。这就难乎其做编辑了。

前些时候,看到《人民日报》有一篇介绍苏联《共产党人》杂志的评论《重视普列哈诺夫的哲学遗产》的文章摘要。最后一段说:"书评作者又指出,书中的某些缺点是应由国家政治书籍出版局负责。出版局把福米娜的著作一直拖了五年才出版,在这当中这本书遭到了许多批评,事实上就是硬要作者接受当时广为流行的错误见解。"这段话不免叫人哑然失笑。见解虽然错误,却是"广为流行的",可见责任还不在出版局的编辑。世上只有名教授、名记者,却还很少看到名编辑;编辑而不为"广为流行的"见解所漂没,是很难的。什么原因呢?三关难过。而所谓三关者,事实上也是"广为流行的"某种"社会风气"而已也。

为了响应"百家争鸣",必须明辨责任。我以为,编辑应负的是政治责任，除此而外，文责概由作家自负。如此，则三关破，而编辑也不至于被看做是“百家争鸣”的拦路石了。

选自巴人著《遵命集》，北京出版社1957年

我的爸爸巴人

——纪念父亲逝世十周年

王克平

1972年7月25日，爸爸离开了人间。

我怀念爸爸。他勤奋笔耕的形象和音容笑貌，时时浮现在我的眼前。

我也总是回想起与爸爸相处的那些日子。

1941年，我们全家来到香港。在我刚满周岁的那天，爸爸抱我去照相。

我光着头，傻乎乎地坐在席子上，两眼直瞪着。

爸爸在相片后题了话。

平儿：你一周年了。我祝望你日后百病消散，健康活泼。你自三月底来香港后，常常发热，多病，叫我非常担心。因为你的上面二位哥哥——阿基，阿东，都在周岁之前，得病死亡，使我常常想起他们。现在在你周岁时，我只有一个愿望——望你长大成人。且为天下的孩子们着想，有可能时，学习医理，拯救穷苦无告的孩子们，使他们都得保天年，造福社会！

你的爸爸和妈妈题嘱

爸爸又在相片下面题了诗。

生成一副和尚相，愿尔莫作地行仙；
不劳动者不得食，辛苦勤劳共着鞭。

在我对人生一无所知的时候，爸爸就寄予我希望。

不久，爸爸因革命需要，只身去新加坡和印尼，在华侨中开展抗日救亡运动。我和妈妈回到了上海。

其间，爸爸曾托人带来一封信和相片。爸爸说，由于日本人到处张贴通缉令捉他，他只好留起胡子，改名换姓，流亡印尼各地。我看着那张相片被吓了一跳，因为爸爸脸上的山羊胡子竟有一尺之长。

1948年，爸爸取道香港到平山党中央所在地报到。

1950年爸爸再度去印尼。那时，他是以中国首任驻印尼大使身份去的。

1954年，爸爸回国任人民文学出版社副社长（后提为社长）。他写信叫我去北京相见。

在人民文学出版社的社长办公室里有好几个人，但我一下就盯住了一位中等身材、身穿黑色哔叽制服、两眼炯炯有神、和蔼可亲的长者。我从心底唤出："爸爸！"我握住了一双温暖有力的手，并模糊地听到："长得这么高了，很好，很好！"

那时，爸爸的行政、业务工作以及社会活动都很繁忙。虽然每天早出晚归，但一回家，爸爸马上伏案写作。我在书房外偷看，只见里面烟雾腾腾，爸爸一支又一支地抽烟，手中的笔飞快地在稿纸上移动。他是那样地聚精会神，连香烟灰掉在制服上都全然不知。第二天清早，费阿姨又要拎着制服大叫："瞧，又烧出几个洞！"

我回沪那天,爸爸却亲自送行。我一下子钻进了那辆黑色的老福特车,顿时感到舒服极了,忽而又觉得神气极了。爸爸似乎有话要说,但见到我得意忘形的神情,便不言语并转入沉思。

火车即将开动,我还在回味老福特的滋味。爸爸开口了:"你要做一个正直的勤劳的普通人。记住,不劳动者不得食,用劳动养活自己,用劳动对社会做出贡献。"

多么熟悉的话!我想起了爸爸在我周岁的题诗。我似乎明白了爸爸为什么要那样勤奋工作。

从此以后,我经常与爸爸通信,并每年去北京看望他。

我第一次给爸爸写信确实费了劲,因为我想露一手给他看看。爸爸很快回信。他却告诉我关于在1938年编辑我国第一套《鲁迅全集》的事。那时环境十分艰难困苦,但爸爸倾注全力投入这件意义巨大的工作。爸爸仔细阅读了鲁迅先生全部用毛笔书写的手稿,深深被先生的战斗精神和一丝不苟的作风所激动,并立志要继承和发扬鲁迅所开创的革命的民族大众的文学事业。我看着爸爸用毛笔写的信,也为他的一丝不苟的精神所感动。

我自然是很注意爸爸的作品以及它们的社会影响,所以经常翻阅各种报纸杂志,寻找爸爸的文章。

50年代中期,爸爸在《人民日报》、《光明日报》、《文艺报》、《世界知识》、《人民文学》等报纸杂志上发表了大量的杂文和评论。题材非常广泛,有时事评论、文艺理论、作品介绍、青年修养、生活杂感等等。他的文章歌颂了新中国和劳动人民;也尖锐地批评了官僚主义和文艺创作上公式化、概念化等问题。爸爸的杂文常引起争论,如《论人情》、《以简代文》、《生活本身是公式化吗》、《况钟的笔》等等,在社会上引起强烈的反响。对于有争论的意见,爸爸认为是正常现象,是学术性的问题,应该允许各方畅抒己见。爸爸是坚决反对"一言堂"的。

1957年，爸爸把部分杂文编成一个集子，题名《遵命集》。同时期，爸爸出版了我国第一部系统的文艺理论专著:《文学论稿》。该书大受社会欢迎，连续三版，多次印刷。全国各文科大学多以它为基本教材，文学爱好者也几乎人手一册。文艺理论书籍有如此销路和社会影响，在我国是少见的。

1958年，爸爸亲自到全国各地组稿，路过上海，他乘电车到我的学校。但爸爸首先进入党委办公室，向组织了解情况。接着爸爸又和我班的党员班长交谈。爸爸说，孩子不是他私有的，而应该是国家的。他把孩子交给组织，并希望将来能对社会有所贡献。爸爸拿出一百元钱给班长，说我即将中专毕业，要求组织根据实际需要，适当地分批予以补贴。最后爸爸才见我，勉励我好好学习，毕业后好好工作。

爸爸走后，班长把钱全部交给我。面对这笔"巨款"，我一下子不知如何使用。因为，在此之前，爸爸是不给我钱的。我感到高兴，不是因为钱，而是爸爸对我的关怀与爱护。

似乎是可以预料的事终于发生了。

1959年底爸爸受到党内批判，1960年发展为全国性批判。最后爸爸受到严厉处分，并被撤销职务。

爸爸不用去上班了。过去，像雪片似的请帖和语调恳切的约稿信件都被这阵龙卷风一扫而尽。爸爸突然空闲之极。但他并没消极悲观和埋怨，也没有从此研究养身之道安度晚年。

因为爸爸从1920年左右从事文学创作，1925年参加了中国共产党，之后，他又受到鲁迅精神的极大熏陶，所以爸爸早就抱定了为无产阶级革命文艺事业贡献终身的志向。

无论在白色恐怖时代，无论在上海沦为"孤岛"时期，无论在流亡印尼的年头，爸爸总是斗志昂扬，精力充沛，挥笔疾书。解放后，爸爸热爱新社会，为人民大众献身的精神更加坚定。并且，由于几十年辛勤写作，笔耕已是爸爸的生活方式，劳动已填充了爸爸的整个灵魂。

爸爸写了一首诗以自勉。

> 忘病忘老工作，力求自强不息；
> 斩断资产根子，犹如壮士断臂；
> 立定无产脚跟，万事兢兢业业；
> “鞠躬尽瘁”听命，“死而后已”何惜。
>
> 任叔自题
>
> 一九五九年十月十五日

爸爸决心从头学起，从头干起。

爸爸制定了一个庞大的读书计划，即全部地详尽地阅读《列宁全集》、《马克思恩格斯全集》。

爸爸要求我也读一些马列著作，特别是哲学方面的书。他寄给我《大众哲学》、《哲学笔记》、《马克思主义哲学原理》等书籍。爸爸还谦虚地表示，他很愿意在哲学方面与我讨论讨论。

爸爸是多么喜欢和别人讨论问题呵。但在当时，他只能和我这样无知的人讨论了。

我真是不争气，除了《大众哲学》可以一气读完，其他的书，只要看上几行，眼皮就往下沉，不多时便头昏眼花。如果坐在床上阅读，更会有立竿见影的效果——睡着了。

爸爸却耐心鼓励我，要我一个字、一个字地“吃”进去。他也举了不少通俗例子来解释诸如否定之否定之类的抽象概念。我终于硬着头皮啃完了几本书。

我对列宁的《共产主义运动中的“左派”幼稚病》很感兴趣。

我就其中关于遇上了武装强盗后该怎么办的问题,与爸爸开展了讨论。最后,我们一致认为,可以向强盗暂时妥协,待脱身后,再设法消灭强盗。这也是列宁的观点。但这种观点是极左分子所坚决拒绝的。

爸爸以惊人的毅力,用了整整一年时间,读完了全部经典著作。每一本厚厚的精装书的每一页都有爸爸画的杠杠、记号,或是端正书写的眉批。

我向爸爸建议,改为讨论文学。我写了几首充满激情的马雅可夫斯基式的诗歌,寄给爸爸,请他评论。

爸爸也很快回信,但与第一次回信大不相同。开头便是批语:"狗屁不通!"接着就是劝我不要再作诗人梦了。爸爸说,许多人以为写诗最方便,并以诗人自居,但诗却是最难写的。写诗需要真挚的感情,需要扎实的文学修养,需要极高的写作技巧。爸爸告诉我,他早在二〇年左右就开始写白话诗,这在当时是很时髦的。虽然有不少诗在当时报刊上发表过,但现在读来,自己也觉脸红。

还好,爸爸没将我一棍子打死。他建议我不妨多读一些、多背一些唐诗之类的中国诗歌。爸爸认为,作为中国人,应以民族文化形式为主,不能生搬硬套外国货。他再次劝告我,不要再盲目写像楼梯一样的马氏体诗歌了。

我看了几次外国油画展览后,马上对绘画大感兴趣。

我去私人画室学画,购置了绘画工具,大张旗鼓地搞油画了。我要求爸爸支持,他寄上一本《伦勃朗画集》。于是我自封为伦勃朗派画家。

突然心血来潮,我根据爸爸五四年拍的相片,用伦勃朗的风格画了一幅肖像。我以不安的心情把画送给爸爸。哪知爸爸看后,连声说:"很好,很好!"他又解释:"我喜欢古典主义风格的作品。"

爸爸马上把画挂在书房里。

我是多么高兴呀，爸爸竟然看中我的作品！

我决心再画一幅大的、爸爸的全身肖像画。我挑了一张相片作素材，那是爸爸在印尼使馆时所摄，他坐在藤椅上，安详而有风度。因为，我在中央美术学院内见到了现代派画家资料，深受感染，便抛弃了伦勃朗先生。我用变形的线条，装饰性色彩，很快画好了这幅肖像。我洋洋得意地揭开包在镜框外的布，期待着更多的"很好，很好"，可是，只见爸爸连连摇头。他说："象征主义是艺术上的流派，可我不喜欢。"这幅画只好打入冷宫，放到我睡的西屋里。

爸爸严肃地批评我，说我的生活像是在变戏法。一会儿要做诗人，一会儿又要做画家；一会儿爱古典主义，一会儿又崇拜印象派。爸爸说，朝三暮四，自以为是，不肯苦攻是许多青年的通病，其结果是一事无成，浪费光阴。他说每个人都应该踏踏实实地劳动，安心本职工作，这样才能取得成绩，做出贡献。

爸爸说，他搞了几十年文学创作，但遗憾的是科学技术知识太少。而在生产技术高度发展的时代，作家也需要有现代的科学文化知识，否则就不能适应形势的需要。爸爸表示，在这方面，他还要向我学习呢。

我仔细琢磨爸爸的话，渐渐感到很有道理。看来，与我比较有缘分的还是"哥氏加速度"、"开普勒定律"，而不是马雅可夫斯基和毕加索。

我终于比较安心本职工作了。

1961 年我获准参军。去部队报到之前，我赶到北京与爸爸告别。

爸爸嘱咐我，部队不同地方，组织性纪律性特别严明，一定要服从命令听指挥。爸爸要求我通过部队生活，彻底改掉自由散漫习气。

爸爸告诉我关于我的大哥王克宁的事。

克宁12岁只身到解放区,14岁参军。1949年初,北京刚解放,爸爸在中南海办公,克宁在北京西郊飞机场高炮部队任见习参谋。休假日,克宁常到中南海看望爸爸。许广平、周海婴、克宁和爸爸还在办公室内合影留念。一次,克宁探望爸爸时,感到很不舒服,在返回部队时刻又下起了倾盆大雨。克宁想留在爸爸身边过夜,但爸爸坚决要克宁准时返回部队报到。克宁冒着雨赶回部队,当即发高烧。几天后,克宁随同首长去保定接收国民党军事学校。途中,克宁大吐血,抢救无效,竟然离开人间。时年只有18岁。

话未说完,两行泪水不停地沿着爸爸的脸滴在他的衣服上。我受到极大震动,这是我第一次看到爸爸流泪。

显然爸爸的话没有说完,可他沉默了。我觉得他好像要说:"如果那天我留克宁过夜,如果那天我陪克宁去医院治病,也许克宁不会离开我们的。"

后来,爸爸被调动工作,分配到东南亚研究所,研究印尼历史。

研究印尼历史是个新的任务。惯于遵命的爸爸不但欣然接受,而且全力以赴。

40年代,爸爸在印尼度过了难忘的七个年头,他与华侨和印尼人民共生死同患难。解放后爸爸作为中国人民的使者再去印尼,加强和发展了两国人民的友谊。爸爸热爱印尼人民,把印度尼西亚当作自己的第二祖国。

爸爸立志要用几年时间,写出一部通史式的《印尼史稿》。他决心在有生之年再来个冲刺。为此,首先需要编译大量的外文资料。爸爸没有正规学习过外文,虽然略知日文、英文、印尼文,但都只有"三脚猫"的水平。然而坚强的毅力和一步一个脚印的踏实作风,使爸爸闯过了外文关。那时,经常可以看到爸爸透过老花眼镜，全神贯注地翻着外文字典，经常可以听到爸爸用宁波口音响亮地朗读英语文章。

爸爸的书房也增加了不少新内容：大本的世界地图和印尼地图册；数以百计的外文书籍；厚厚的各种外文词典。桌子上堆着一叠叠的资料，译稿。爸爸钻进了印尼史料堆，他把整个身心都献给了《印尼史稿》。

那时，爸爸几乎每信都谈印尼史编写情况。例如："总算译完全部爪哇史"，"写完有关苏拉威西的旧石器时期"，"现在准备写十四、十五和十六世纪，即自麻喏巴歇王朝到马六甲五国"等等。

爸爸的研究工作突飞猛进，卓有成效。从1962年到1965年，爸爸编译了几百万字的印尼史料，撰写完毕印尼史稿的古代部分百万余字。

极其痛心的是爸爸未能写完《印尼史稿》。他也绝对不能预料，几年以后，这些心血会成为一堆废纸，有些甚至被付之一炬！

爸爸胖了，但精神焕发，红光满面。劳动使他重获青春。

为了更好地工作，爸爸严格使自己生活规律化。每天早上六时起床，不论春夏秋冬，套上他的全部装束：睡衣，一顶蓝黑色的印度尼西亚帽子，皮拖鞋。开始在院子里跑步。皮拖鞋与地面发出清脆的有节奏的声音：叭哒，叭哒……接着做自编的"快速自由体操"。无非是伸伸手，踢踢腿，弯弯腰。爸爸性子急，他不愿意慢慢地去摸空气，打太极拳。

接着收听六时半的新闻联播节目并吃早点。咖啡是不能少的，这是他从印尼带来的习惯。然后看《人民日报》、《光明日报》、《参考资料》。

八时整，爸爸伏案工作，直至午饭时刻，中间很少休息。饭后打个瞌睡，又继续伏案写作直至傍晚。其间，高效率工作八小时以上。

晚饭前，爸爸浇花，管理园子里种的庄稼：老玉米、西红柿、青椒等。

晚餐后，稍看电视，又回书房看书或写作。

每天晚上十时左右，爸爸就寝。用不了几分钟，呼噜呼噜的鼾声就会破窗而出，在院子里回荡。

爸爸就是这样极其正规地生活、工作。他没有特殊的工作时间，如深夜或清晨；也没有心血来潮的波涛式的创作作风。爸爸主要是依靠事业心、毅力和决心，以及几十年辛勤笔耕所培养的劳动习惯来写作的，所以随时都能"进入角色"进行写作。

爸爸做"官"时，我总有点怕他。

每天见他匆匆忙忙地坐进卧车，又匆匆忙忙地跨出卧车，好像有许多重大事情非要他决策不可。

说话通常比较严肃，边说边若有所思。有时还夹些鼻音和拖声："唔——这个，那个——"我暗想，这大概是常作大报告的人的条件反射。

我甚至不敢进入爸爸的书房，唯恐影响他所负的重任，而只是常常在窗外偷看。

但革职为民之后，这些使人生畏的"官气"全都消失了。爸爸常在休息时和我随便聊聊，扯扯家常，逢他高兴时，更是海阔天空无所不谈。而他的态度又是那样慈祥，使我感到亲切和温暖。爸爸又不止一次内疚地说，过去由于革命需要，他只身离开我们，不能在生活上关心和照顾我，因而也没尽到做父亲的责任。我感到鼻子发酸，爸爸又准是想起了克宁。

爸爸对我的态度与1958年相比显然有所不同，他大概感到，对孩子应该更多地关心。

一天，我正兴致勃勃地观看两窝蚂蚁为了争夺一块肥肉而倾巢大战，忽然感到背后有呼吸声。抬头一看，爸爸正弯着腰，屏着气，老花眼镜架在鼻尖上，大为感叹地观看这场战斗。

我想起了司各特连续几小时爬在屋顶观看猫的战斗的轶事，当然爸爸还不至于如此。

我真是高兴，我为自己有一个普普通通、朴实、善良、勤劳的父亲而感到骄傲。

爸爸的书房坐西朝东，共两间。外屋是个大间，靠窗有一张大办公桌，中间是一套沙发，其余都是书柜。书柜装得满满的，全是书。书柜顶上也是一叠叠的书，办公桌上又堆着书，茶几上下也塞着书。真是一个书的世界！

这是爸爸工作的场所，他在这张办公桌上，写出了几百万字的文稿，度过了解放后的大部分时光。

里屋是爸爸的卧室，但门总是关着的。对此，我一直感到神秘，并猜测其中一定珍藏着爸爸最心爱的物件。

1965 年我到北京度暑假，我感到爸爸的情绪似乎有些波动，也许他察觉到了什么问题。

临走之前的早晨，爸爸叫我到他卧室去。只见小小的房间，放着一张小床和一个大书柜。爸爸打开柜门，只见里面堆满了旧书和稿纸。

我马上被吸引住了，全都是爸爸的作品和手稿，这是他一生的血汗所在，多么珍贵的资料！

征得爸爸同意后，我就浏览起来。

旧书大多是解放前出版的爸爸的著作，其中有小说集《监狱》、《死线上》、《阿贵流浪记》、《殉》、《在没落中》、《破屋》、《证章》、《凄情》、《乡长先生》、《流沙》、《皮包与烟斗》等。有剧本《费娜小姐》、《两代的爱》。有杂文、文艺理论集《常识以下》、《论鲁迅的杂文》、《横眉集》（部分）、《边鼓集》（部分）、《文艺短论》、《扪虱集》、《生活、思索与学习》、《窄门集》、《文学读本》、《边风录》、《学习与战斗》。有散文集《邻人们》、《任生及其周围的一群》。

手稿之多更使人眼花缭乱。

20年代的诗稿,都是爸爸用蝇头小楷书写在毛边纸上,装订为3册。

30年代的小说稿《女工秋菊》,散文诗稿《我将以时间为马》,以及其他小说。翻译手稿都是爸爸的手书。

委托别人收集整理的杂文篇目近千篇,而这些杂文的抄稿竟有几百万字之多!

更使我震惊的,居然还有大批解放后创作、但未曾出版的手稿。它们是长篇小说《土地》、《冲突》、《姜尚公老爷列传》,大型剧本《五祖庙》,长篇散文《在泗拉巴耶村》,以及1926年的回忆录,和一批尚未题名的小说稿、剧本稿。总字数也超过百万!

"这些作品大多是50年代中期,我利用业余时间写成的。但一本也没出版,因为我是出版社的社长。"爸爸慢慢地说着。"今后我再也不能搞创作了,我将尽全力写好《印尼史稿》,因为这是党的需要。"他说着,稍作停顿:"但,我还是想挤出时间,把回忆录写完。写出我所经历的人生道路,作为你们继续前进的参考。"

爸爸拍拍我的肩膀:"好了,以后抽个时间,我将详细地告诉你有关我的一生。这些稿件,看来也将由你保管了。若没有用处,就留作纪念吧。"

阳光照进书房,均匀地铺在爸爸满头白发上。他额上的皱纹一条条格外分明,他的眼睛是那样温和,他的嘴唇在微微地颤动。

虽然我早被泪水挡住了视线,但我却清晰地看到爸爸的灵魂。

那是一颗善良勤劳的人的灵魂;那是一颗热爱国家和人民大众的中国人的灵魂;那是一颗忘我的、用自己的血和汗灌溉着现代中国文艺园地的正直作家的灵魂。

原载《当代》1982年第4期

缅怀王任叔同志

劳　荣

在死神名册的错假冤案的“另册”里，有我的亲人和师友，王任叔（巴人）同志是其中之一。他是被林彪、“四人帮”的极“左”路线过早地夺去了生命的著名作家和文艺理论家，卓越的无产阶级革命文化战士。1925 年就参加了革命工作，曾经为党的文化工作、抗日救亡工作和统战工作做出多方面的贡献。1972 年 7 月 25 日受林彪、“四人帮”的残酷迫害，含冤而死，入了死神的“另册”。

关于他的死，直到去年孙用同志来信提到，我才知道。他也是听到的传说：任叔同志没有和他们一起去文化部的干校，被遣送原籍奉化，劳动改造，在一个生产队搓绳子。后来精神失常，时常用自己搓的绳子把自己捆起来，叫道：“我把自己捆起来了，你们拉去吧！”终于，有一天他被“拉去”了。拉到杭州，不明不白地含冤死去了。到底怎样死的，真相不明。这比蒋介石的特务在南京下关屠杀南下请愿的北平大学生的伎俩高超多了。蒋介石反动政府的特务杀了人，还不得不说是学生们“自行落水”、“自行失踪”的。林彪、“四人帮”杀了人则说别人是“反革命”，是“自绝于人民”。对于王任叔的“精神失常”的传说，我也是半信半疑的。他体格不算魁梧奇伟，却是很壮实的，性格坚强，精神健旺，心胸开朗，有说有笑，感情外露，才华横溢，精明强干，决不像会精神失常的人。不过，在“四害”横行的日子里，他看到一些打着“革命”旗号、披着“马列”画皮的反革命小丑的所作所为，把我们这个社会主义祖国搅得乱七八糟，想到祖国的过去和未来，怎不叫人忧心忡忡呢。也可能忧国忧民，满腔忧愤，郁积于心，怒火喷发：“我把自己捆起来了，你们拉去吧！”这是对林彪、“四人帮”法西斯匪帮的另一种形式的控诉吧。

总之，关于王任叔同志被迫害致死的噩耗，像一块巨石压在我的心头，很是难受。有一个午夜，辗转难眠，想到了他的死，我就披衣写了一首挽诗，以寄哀思。今年6月接到中联部和人民文学出版社的“王任叔同志追悼会筹备组”的联合通知，这才得到了正式的证实；我想，党和人民替任叔同志平反昭雪的日子终于盼到了，可以告慰他的在天之灵了。

王任叔同志比我年长整整十岁（1901年生），浙江省奉化县人。我们是1935年在南京认识的。那时我是电灯厂文书股的小职员，他是交通部的小官吏（科员）。在我们参加的世界语小组和流动读书会里，他年纪最大，阅历最广，读书最多，是我们中间的老大哥。

读书会读的是那时李达译的苏联李昂节夫的《政治经济学教程》。实际上由他主讲；外加国内外形势报告。对我说来都是闻所未闻的新词儿、新事儿。在我眼前打开了一扇扇新世界的窗户，鸡鸣寺内、玄武湖上、清凉山畔、中山陵园，他那娓娓而谈、眉飞色舞的神态，至今印在我的脑膜上；他那高亢的宁波腔的蓝清官话（那时不叫普通话，称为国语），至今还响在我耳边。后来他在上海成为“孤岛”后办的“社会科学大学”我不了解情况，南京的流动读书会，可能已经是滥觞了。那时，一到星期天，他一清早就到我住的单身宿舍，把我叫起床来：“日头晒着屁股啦，还睡懒觉啊！”我却一次也没有回访过他。

在南京交通部做小官吏时，他早已想离开那个鬼地方，正唱“归去来兮，田园将芜”而失计“退隐”于“笔耕”。这是说，他在南京已经从事文学创作了。1935年下半年到上海卖文为生，才真正“退隐”于笔耕的。我在他家里碰到过和他过从颇密的作家有张天翼、蒋牧良、吴组缃、冯雪峰等。他的创作大部分发表在王统照主编的《文学》月刊。我这才慢慢知道，在那以前他已经是写过不少小说的成名作家,是文学研究会的成员,是左翼作家联盟的发起人之一。

每一个作家莫不写他自己的经历,当然也不完全是自传体的小说。不过,他早期的作品像长篇小说《阿贵流浪记》,虽然今天我把细节都忘光了,但在我的印象中,那是他的自传体小说吧。和这类似的早年创作还有《在没落中》、《监狱》和《破屋》等中、短篇小说集。《乡长先生》是他熟悉的早年的中国农村的画幅,浓郁的乡土气息已经散发着带刺的玫瑰的芳香。他在南京和上海所写的中篇小说《证章》和短篇小说集《皮包和烟斗》,则嬉笑怒骂皆成文章;对国民党反动派统治的辛辣讽刺和愤怒的鞭笞,对人民大众苦难生活的满腔同情与呼声,已经伴随着他的文体形成了自己的风格。他的从《流沙》到《文学论稿》大部分著作,我本来都有保存。然而在"四害"横行时期,连同他为我的诗集《脚印》所写的序言的手稿和解放前后给我的书信都遭了浩劫,当然比起文学事业和国家的浩劫来,这是微不足道的。

任叔同志是文学事业的多面手,他写小说、散文、杂文、戏剧、文艺评论,也搞翻译。他曾去过日本,好像囿于经济,没有上完什么正规的大学,带回什么学士、博士的金字招牌,但切切实实地学通了日文。他从日文转译过那时苏联的文学理论文章,也转译过文学作品。在报告文学还是新品种的时候,他就从日译本转译了德国进步作家格莱塞的长篇小说《和平》,在《文学》月刊连载(后由上海世界书局出了单行本),那时称为"报告小说",归于新写实主义的流派。他也从世界语转译弱小民族的文学作品,例如乌克兰革命作家彼得·潘奇的激动人心的短篇小说《耶奴郎司之死》,在《世界知识》披露后,收在该社编辑出版的《弱小民族小说选》里了。

他好像没有写过诗,但对诗,他有自己的看法。1937 年 3 月号《文学》月刊发表过他署名屈轶的《新诗的道路与其出路》,在引诗中全部抄录了番草的《家庭》,写的是一幅逃荒的农民一家的流亡图。番草看来当时也是一个新人吧,许许多多"名诗人"的名作不提,偏偏提这么一首诗,至少说明,王任叔同志对文学作品的看法是不带丝毫势利眼光的。好就好到天上,众星拱月;坏就坏到地狱,千夫所指,这在中国文坛上似乎是屡屡重复的历史现象;另一方面,着眼于新生力量也确实是中国文学的优良传统。事物总是在矛盾中发展的。

"八一三"全民抗战前夕,任叔同志从虹口住处的火线里,匆匆把两箱子书籍寄放到国画家应野平家,一家三口住在法租界蒲柏路大益公寓里,就投身到全面抗战的文化界救亡运动的浪涛里去了。从此以后,用他自己的话来说:"抗战以还,这世上要求我的笔向别一方面努力,这是我的悲喜剧!许多青年朋友,或有以为我是研究社会科学的,或有以为我是研究哲学的,但很少人知道我爱的却是文学。"(《皮包和烟斗·前记》)大概从那个时候起,他普遍地使用起巴人的笔名了。许多青年朋友也很少知道王任叔这个名字了。屈轶,是他写杂文、文艺评论和翻译时使用的笔名,知道的人更少。

任叔同志长期在上海从事革命文化工作,除从事文学创作外,他还积极参加进步社会活动。他参加过蔡元培先生等组织的"自由大同盟";积极从事抗日救亡运动和文化界的统一战线工作。他在上海文化界救亡协会宣传部担任秘书处主任,部长是胡愈之同志,日常事务都是任叔同志负责的。像梅益同志等,大家都尊称他王先生。1937 年,在浦东大楼文艺界召开鲁迅先生逝世一周年纪念大会,也是他操持的。许广平同志抱着周海婴参加了纪念会,冯雪峰同志做了题为《民族魂》的讲演。

上海沦为"孤岛"以后,王任叔同志又坚持战斗了三年之久,到 1941 年党组织派他去新加坡和印尼,在华侨间进行抗日救亡和爱国民主运动,这才离开上海的。除了大量的抗日救亡工作外,他在上海"孤岛"做了两件至今值得称道的大事:一是他主办的"社会科学大学",向进步青年传播马列主义,并在这基础上为新四军培养和输送了干部。二是在党的领导下协助许广平同志编辑出版了20卷本的《鲁迅全集》,为抢救鲁迅先生著译奠定了基石。他是这部《鲁迅全集》出版委员会的负责人之一。这部全集的编辑计划是由许广平、郑振铎和王任叔三人起草的。王任叔做了大量的工作。1949年7月第一次文代大会时,我们同属华东代表团(团长是冯雪峰),他曾对我喟叹过:鲁迅先生生前他没有见过,是一生的遗憾;在编辑《鲁迅全集》时有机会系统地通读了先生六百多万字的著译,是毕生的荣幸,也多少弥补了毕生的遗憾。

是的,作为一个编辑,他也是值得我们怀念和学习的。"八一三"前后,他除了勤奋写作,办社会科学大学,参加《鲁迅全集》20卷的宏伟编辑工作外,还参与过《申报》副刊《自由谈》、《译报》、《人间十日》等报纸杂志的编辑工作,扶植和培养了不少新苗幼树。他是一个胼手胝足的老园丁。我在沪南郊区龙华飞机场南面一个乡村小学当代课教员,看到国民党反动派在飞机场竹帛飞扬地焚烧进步书刊,听到杀害革命志士的夜半枪声,气忿难抑,写了《飞机场颂赞》、《我底故乡》等讽刺短诗,他看了不但给以鼓励,还亲自动手为之润色,介绍到《人间十日》等报刊发表。我写了一篇以抗日救亡为题材的短篇小说《高跟皮的故事》,又是他润色修改介绍到欧阳山同志主编的《小说家》创刊号发表了。连同我从世界语《捷克斯洛伐克文选》翻译了裴之罗奇等三个捷克诗人的四首短诗,他也认真校对、修改,介绍给《文学》月刊发表。1949年5月,我把解放前和解放初期写的一些诗结为一个集子《脚印》,请他写个序,立刻就给我写来了,还期望我:"数着过去的脚印,以此为出发,迎接全中国的解放,为着中国无产阶级的伟大事业——掌握革命的规律以城市领导乡村,从新民主主义革命过渡到社会主义革命的伟大事业——而歌唱吧!"

1950年初,我在北京见到他。他对我说,组织上委派他出使印尼,周总理已找他去谈过一次。不久,在他出任驻印度尼西亚第一任大使前夕,给我寄来一大包稿件,附信说:“说来也是一桩奇迹。1941年我离开上海,将许多书籍与杂稿,寄存在我那时办的‘社会科学大学’的学生那里。这大学吸收多方面的学生,其中也有在法院做事的。那学生把我的书都寄到一个图书馆去了。将杂稿就交给法院做事的,当作‘叛党’搜获的文稿,存在档案堆里。这回他们把杂稿寄回给我,中间有你的文稿。现在检出来寄还给你。”我的这些文稿大多是在那时《世界文学连丛·苏联文学》、《时事类编》、《当代文学》、《救亡日报》、《立报》等报纸杂志上发表过的翻译小说、杂文、速写之类的剪报。1951年我把其中乌克兰革命作家伊凡·特卡楚克和彼得·潘奇的五个短篇小说,以《枞林的喧嘈》为书名出了个小集子,把任叔同志的附信抄在该书的《前记》里,这是他给我的书信的赖以幸存的唯一的一封信了。这样的友情,经过林彪、“四人帮”的浩劫,世事沧桑,人情凉热,弥觉珍贵啊。

30年代的新进作家谷斯范的一些短篇小说,也是经任叔同志润色、修改并介绍问世的。万湜思从世界语转译的《马耶考夫斯基诗选》是他从头到底代为校改、润色,然后帮助出版的。这是仅仅我知道的,身受培育的我们三个人。其余我不认识,不知道的受栽培的人,我想现在如还活着,也会想到这个老园丁的。彝族作家李乔同志把中篇小说《走厂》寄给茅盾同志,认为可以出版介绍给天马书店;抗日战争爆发后,这部稿又转到任叔同志手里,代为保管,又设法介绍给译报馆出版。译报馆被封闭了,他离开上海,又把《走厂》带到南洋,“交给郁达夫先生保管。郁达夫先生把它埋藏在土里,抗日战争胜利后,郁达夫先生不幸被日本侵略者杀害,巴人同志将稿子又从土里挖出来,已经完全毁坏了”。(李乔:《怀巴人同志》,1979年3月号《文艺报》)稿子毁坏了,但是茅盾、郁达夫、王任叔等老一辈革命作家一片关怀稚子之心是常青的。李乔同志在他们的关怀下成长壮大,成了今天知名的彝族作家。对初学写作者,有关怀和没有关怀,是大不相同的。他们老一辈作家这样做,绝不是仅仅由于朋友或学生的关系,更不是想做什么状元的座师,而是30年代乃至五四以来,以鲁迅先生为首的革命作家的优良作风,挤自己的奶汁和血汗抚育文艺学徒的高贵传统。我虽然老而无成,有愧于任叔同志的期望;但是想起这些来,始终是鞭策自己的一种力量。

王任叔同志真正是勤于"笔耕"的园丁。解放后,他先后担任过统战、外事、文学出版、东南亚研究和侨务工作,还是挤时间写了上下两册的厚厚的《文学论稿》,还写了不少精辟的有独到见解的杂文和评论文章。1957年,他写的一些杂文、随笔性的文艺评论文章受到过分的批判,似乎还是全国性的重点批判的对象之一。他本着对党的文艺事业的一片忠诚,以自我批判的精神,正确对待。他认为,世界上的事情,总是矛盾的统一,文艺的现象也是如此。我们要强调矛盾和对立的统一,但我们还不能忽视统一和相互的贯彻。他认为,他的一些随笔、杂文,要说的仅是一枝一节,不可能全面,也许太过强调了"统一和相互贯彻"的一面,就落入了错误的理论的泥沼里了。

从那以后,报刊上见不到他的文章了,工作也调动了。据孙用同志回忆,记不清是那以后的哪一个夏天,他领着我到他新搬的住家访问。那是他被调到东南亚研究所工作的时候。他高高兴兴地用两个大西瓜招待我们,满屋子是书。他还是那么热情,在我们两个笨嘴拙舌的人面前,还是那么滔滔不绝地讲这讲那,还讲了郁达夫先生在南洋的流亡生活,在日本侵略军投降以后惨遭谋杀的遭遇。他说郁达夫先生的日本话,说得比一般日本人还好。这就招来了祸根。日寇宪兵队强迫他替他们当翻译,虽然他利用这个职业救了不少华侨和印尼人的生命;日寇并没有识破改名为赵廉的华侨富商是中国当代大作家郁达夫先生。后来,终于由于叛徒的出卖,被已经向盟军投降了的日本侵略军谋杀了。

他是一生好学深思、勤于笔耕的人,不过,那时他的笔又转向别一个方面了。他曾经长时期从事东南亚问题的研究。在研究工作中,他坚持实事求是和理论联系实际的科学态度,以列宁主义观点编写过《印尼社会发展概况》。那时,他正在撰写《印尼历史》。据说,他在东南亚研究所工作期间,以顽强的毅力带病坚持工作,还编译了大量的资料。他是不能一天停止"笔耕"的劳动的。然而,林彪、"四人帮"封建法西斯的魔手硬是夺去了他这个勤奋的脑力工人的笔,甚至夺去了他的生命。我是一直把他当老师一样尊敬的,他却一直认我为朋友。作为他的朋友和学生,我不能不为他的惨死,感到万分的悲痛,对他的遗著有所偏爱。他在文学方面有很深的造诣。他的文学创作是有自己的风格的;他的文学理论文章,是有他自己的见地的,不失为一家言。他的文章、事业是会传世的。

摘自《挽歌两章》,《新港》1980 年第 2 期

人们不会忘了你的,任叔同志!

庄启东

任叔同志一生坎坷,但生前写成文章一千万言,不得不使人敬佩他惊人的勤奋和毅力!

任叔同志对我来说,应是师长辈。我 1927 年在宁波中山公学上初中三年级的时候,任叔同志已是宁波第四中学教员,而中山公学校长石愈白,又是任叔同志的好友。不过,任叔同志始终对我像朋友一样看待。记得我和母亲去探监,看我父亲的时候,任叔同志

和我父亲同监。我幼稚而天真地悄悄向他们说:“东征军快打过来了!”任叔同志却摇摇头,好像和一个老同志讨论严肃的问题似地说:“我是乐观的,但事情没有这样简单。”是的,事变进程证明他是对的,他是很熟悉蒋介石勾结中外反动派,集中力量反共的手法。我时常看到《小说月报》和《文学周报》上登载王任叔写的诗歌和小说。在他的文章中,我看了记忆最深刻的是小说《疲惫者》,文中写的老雇农,在我的乡村中就有。我们是任叔同志的崇拜者,他是早期“文学研究会”的成员,又是共产党员。我们觉得共产党员的文学家,是最可贵的。

不久,听说任叔同志由庄嵩甫老先生保释,流亡上海。是年冬天,我也被捕了,在杭州陆军监狱遇见董子兴(挚声)同志,他是任叔好友。他沉默寡言,但是一谈起任叔,他精神抖擞。他说任叔还是一个社会活动家,他早年参加剡社,与绅士派组织“法治协会”相对抗,引起这些绅士指控任叔为“公然侮辱罪”,当局要传讯,任叔到宁波躲避半月。任叔也极重友情,董子兴同志被害后,由任叔收尸,发现衣袋中有日记一册,曾在《白露》上加按语刊登,题为《不曾腐烂的日记》。1937 年 4 月 7 日,任叔用屈铁笔名在《立报》的《言林》上发表《游杭杂诗》,其中一首是悼念董挚声:“十年不作湖山梦,海外归来有泪痕,烟雨濛濛成暗夜,伤心最是未招魂。”还有按语:“自挚声死后,忽忽十年不至杭州矣。而故人之骨,未知埋葬何处,每念及辄为泪。人生无常,湖山依然。美景胜地,犹留血腥。言念及此,甚悔有此一行也。”他用屈铁笔名写成《挚声底死与诗》一文,刊登在《人间十日》第四号上,把挚声的诗也选进去了。在文章末段,他情感奔放地呼喊:“历史是在前进还是在逆转?倘是前进,则青年人的血,不算白流;倘是逆转,那么,我将永远不能忘掉挚声的死。整整十年了!”

1928 年冬,我在狱中,还看到任叔和张孟闻合编《山雨》半月刊。顾名思义,“山雨欲来风满楼”,说明任叔这一时期革命情绪正浓。

我出狱后到上海，于1934年春和陈君冶同志合编《春光》(纯文艺大型杂志)，引起任叔的注意。他突然从南京给我写了一封信，问我是不是庄禹梅的儿子，如果是，我们曾经见过面。我马上回他一封信，承认是我，并且请他为《春光》写文章。他马上把他的小说《族长》寄给我，发表在《春光》第2期上。以后由良友图书公司出版《乡长先生》小说集时，《族长》改名为《族长的悲哀》，在校后记中他曾提到："《乡长先生》，却是继《族长的悲哀》的另一面发展。《春光》发刊的时候，编者写信来要稿，我抓住封建势力的变质——旧的没落，新的却以另一种面目抬起头来——的现象，用族长和村长来个对比，而付同情于能以力量与自然斗争的族长的儿子。"不久，他发现在帝国主义侵略下整个乡村的崩溃。"……我回乡一次，我又看到另一面整个乡村的崩溃，在帝国主义的积极侵略与准备第二次世界大战的情形下，连新的封建势力也无法抬头，却是与帝国主义的先锋买办者稍通脉络的商人身份，反而得利用旧势力，保持他的地位。作乡长的冯文，必须听从绅商的大生，便是乡间某些地方的实际情形。"(《乡长先生》校后记)于是他又写了《乡长先生》。说明任叔写了一篇小说后，还要继续考察、思索、修改和重写。

接着，他又从南京给我来一封信，说他不喜欢南京这个环境，愿意到上海来卖文为生。他叫我用书店名义聘请他当编辑(实际上不是真的去工作)。这在我当时很容易办到，我对书店比较熟悉。我就请文艺书店李经理写了一个聘书寄去。他真的要来上海，还托我替他找房子。我在闸北江湾路给他找到了房子，地处闹中有静，房租便宜，房间很大，出入方便。以后任叔住过一个长的时间。这里又和我与方土人两家住的江湾路何家宅很邻近。所以，我们交往是比较密切，而他是非常重友谊的。我参加编辑的刊物上，他都应允写稿。在《春光》1934年第3期上，他为我们写了

《某夫人外传》小说。《春光》被迫停刊后，我接替徐懋庸同志续编《新语林》，他又为我写过两篇文章，一是《并非是辩白的话》，刊登在《新语林》1934 年第 5 期上，是一篇论文，关于大众语文学论争的；另一篇是悼念毛含戈烈士的文章，题目是：《记含戈》，刊登在《新语林》1934 年第 6 期上。这篇文章只登出上半篇，《新语林》被迫停刊，下半篇是在另一个刊物上登完的。

方土人和我编辑《多样丛书》的时候，他把日常写的文艺短论集成集子，题名《常识以下》，作为多样丛书之一。这本书主要论述作品中的思想、作家与世界观、讽刺文学、作品中的心理描写、典型的写出、小说的发展过程、论果戈理的描写方法等等，是一本通俗的文艺论集。可惜，多样社当时因出《苏联版画集》亏本，《常识以下》只印了 1500 本（当时发行 1000 本已不赔本），无力再版。以后改名《文艺短论》出版，在《后记》中记载巴人当时生活，和我们的友谊。文章不长，抄录如下：

> 文艺短论 14 篇，原名《常识以下》，1936 年 4 月 10 日，由多样社出版，初印 1500 部，已售罄无存书。出版者因无力再版，将纸版交给我，算作报酬，藏虹口故居，现在想已毁去了。昨日从去内地的友人的书堆中，得见此书，舐犊情深，不觉又有重印的念头，谋商仲持兄，慨允由珠林出版，欢快无已。
>
> 近来不知怎的，对于自己的东西，有点珍惜起来了。但旧习始终未改，任何稿子，总是随写随弃，剪贴保存之事，总感到没有兴趣。原因也还简单，没有“藏之名山传之后人”的野心，也就“他妈的”任它去了。这册里几篇短文的集成，还全凭可感的友情的赐予。
>
> 民国二十四年的春天，据说我是煞星高照了。虽然在南京交通部里做着“小官僚”，也还安分守己，但总免不了两个月的牢狱之灾。获得自由之后，索性连那费 300 万元造成的

"皇官",也不想再跨进去了。大大的解放了自己一回,然后将妇挈雏地回到上海来。要活自然还得卖文。《自由谈》成了我的"生命线",一个月换二十来元生活费,已是"上上大吉"。初来上海居扩山路三益村。这在虹口一带,是一座颇为阔绰的房子。但阔不下去,友人庄启东叫我搬到东体育会路去住。模范村对面,一座小洋房楼上。有好空气,既城市,亦乡野,闹中取静,读书写文,最适宜不过了。启东住何家宅,相距不过五百步,时相过从,我也不寂寞了。但讨厌的事还是有,去启东家,得经今日之汉奸文人刘呐鸥的公园坊。这里住着一大群出色文人,我深怕出入撞见,总拣夜里到启东家去。

之后,多样社要出书,启东要我来一脚,但我交不出稿子,启东就把他剪下的我的文章交给我,这样,我就略为编次一下。成交了。任编排校对之责的,是方土人兄。土人那时正为光明书局译《威尔斯自传》。计一千字一元,译得颇为忙碌,但还抽空为这书校对,这一种盛情,只有感激无已,自然不能以一千字一元计算的了。

书并不好。文章多为稻粱谋,敏感的读者一定能在这里闻出"冷饭"的气息。然而在我是,故交星散,旧籍荡然无存,雪泥鸿爪,也还可恋念的了。启东远处重庆,土人杳无消息。我住过的那条马路,踏遍了胡骑铁蹄,那所房子,怕也已化为灰尘。而这书,这友情的纪念物,竟又来入我手,我怎能让它湮没在灰尘堆里呢。便是一株小草也要答复敌人的残暴:"炸吧,我还要从地上长出来。"我对自己文章的珍惜,怕多半由于敌人对我们的文化的无情的摧残!

启东将纸版交给我时说:"书的销路并不坏,只是书名有点'那个'。人总自愿成个学者,'常识'已经要不得,何况'以下',改名为《文艺短论》吧。我相信给中学生看看,还有点用处的。"

也还是尊重友人的意见，这回重印，就把书名改为《文艺短论》。

任叔靠卖文生活，自然比他在南京交通部工作时苦得多。他在《流沙》后记（《流沙》由商务印书馆出版）中，曾经写过："家里有个病儿，女人照顾不过来，这一月来，我大半工夫，就化在尽我父亲的义务上。但我还挣扎着写东西、翻译、编这集子。"这就是任叔当时穷苦生活的写照。

有一次，我们去他的家里，他正在大声斥责、动手打他的儿子王克宁。这使我们惊呆了，一个书生型的任叔，怎么动手打孩子呢?! 我们都上前去劝阻。"你要后悔的，孩子无罪!"他的确显出悔恨眼光，而且有泪痕。像这样，我见过不止一次。每次下来，他都显出疲劳和悔恨的泪痕！任叔是很珍爱自己的孩子的。他曾经为他死去的两个孩子写过一些文章。那末，为什么任叔会对克宁有这样大的脾气呢？我以为，除了他对儿子要求严格外，主要是对穷苦生活的愤懑和发泄。

抗日战争时，我先到重庆。和任叔不在一起了。这时从有些友人中传闻一些消息：知道任叔编了《鲁迅全集》第一套 20 卷本，600 万字。未收日记、书信，未加注释。此书由蔡元培、宋庆龄为首的"鲁迅纪念委员会"负责，实际由任叔在许广平和郑振铎支持下承担此项工作的。仅仅几个月时间就出版发行了。任叔还撰写了《鲁迅全集总目提要》，简要说明各卷所包括的内容。连许广平也曾指出：《全集》的整个编辑工作，"以郑振铎、王任叔两先生用力最多"。又听说上海《申报》恢复了《自由谈》副刊，由任叔主编。并说任叔接收编辑后发表的文章，引起了对"鲁迅风"的争论，大大违背了《申报》当局的原来意旨。任叔自己以后也有文章记载此事："经朋友和组织两方面的怂恿，我这个'廖化'就进《申报》去编《自由谈》了。"由于"一场争论，《申报》老板这回有话说了。争论不是《申报》的传统，而我居然争论了，侵犯了传统，'可恶之至，应当何罪！'乃托人讽示我辞职。我偏不自动辞职，要他下令开除。果然，大概当了编辑一个多月吧，来了封辞退的信，还多送了一个月薪水。谢谢，薪水是退回了，而我也登报声明：脱离《申报》。其用意无非是为它贴上一张'招贴'：'谨防扒手'。真的，等我1941年初离开上海，我已听到《申报》老板由潘公弼介绍，拜谒汉奸周佛海，面授机宜去了。"(《鲁迅风》话旧)

由于这场争论以及以后巴人不断发表杂文，很受读者欢迎。因此，被读者誉为"活鲁迅"，而且致使很多读者只知道"巴人"，而不知道"巴人"就是王任叔。

以后我带着全家老小去延安，听说他也去南洋了，相互音讯消失了。

全国解放后，我到北京国家计委工作。1953年春我们住在东城羊尾巴胡同，有一天外交部一位同志告诉我：任叔就住在隔壁胡同赵堂子二号外交部宿舍，从我们后门走，正对着他们宿舍前门。方土人住在后赵家楼，三家住得很近，相距都只有一二百步。这样，我们又交往甚密。我们一见面，又是东西南北，上下古今随便谈。但对我印象最深的是任叔总喜欢谈印尼情况，他的写字台也摆上了印尼农民的木雕。这一方面是因为刚从印尼回来的原故，另一方面他对印尼有深切的感情，仿佛印尼是他的第二故乡。再就是他谈到我们都熟悉的王克宁。他差不多逢人就谈，只要有人提起王克宁，他总是既说明王克宁参军忠诚为党和人民事业，同时又后悔自己关心不够。他在1957年5月号《北京文艺》上《以简代文》文章中也记述了克宁的死。他看了《一个人的遭遇》以后，写道："而我正也有丧子之痛。我想起一个没有父母管教的十七岁的孩子，自己假冒二十岁，奋身投入佳木斯的炮兵学校，经过三个月的突击训练，就参加防卫哈尔滨之战；在松花江畔挖着战壕，几个月坚守在高射炮阵地里，作一个高射炮的观察员。长时间的地道生活,使他全身发霉,生疮,身体虚弱了。之后,他又参加了锦州战役,沈阳战役以至天津战役。十七八岁的青年,生得高大,但并不是发育得健全和结实的。待到他们到北京西郊飞机场休整的时候,我们会见了。他有一次写信给我说,他在上操时吐了口血。我对此也不在意,给他一点点作为父亲的温暖。而在不到两个月后,部队却送来了他死亡的消息。是在他跟从团长到南苑接收一批陆军大学学员的工作中,突然吐血,转为急性肺炎,卧病二个星期而死亡的。这件事,我深深感到自己对他不但缺少父亲的爱,而且表现为没有丝毫人情。这就不能不使我对《一个人的遭遇》中的主人公的精神感到惭愧和流泪了。"

我们还记得,有一天,我们到赵堂子胡同外交部旧宿舍访问巴人。巴人正在他的卧室兼书斋内伏案工作。我们本来只知道他担任人民文学出版社社长的本职工作忙,作为作家和文学批评家从事写作忙,那天我们看见他正在埋头审阅一期《世界文学》的清样,写字台上还有《世界文学》季度选题计划之类,我们仿佛发现了他发挥惊人精力的又一新大陆,深表钦佩。他这才谈起当时党组要他过问一下他很关心、很喜爱的这个刊物。以后他写的一篇研究专著:《果戈理——封建制度的掘墓人》(果戈理诞生 150 周年纪念),也是先在《世界文学》(1959 年 4 月号)发表的。

大约 1956~1957 年,他搬到了宽街 10 号,他花一万元人民币买了一所房子,房有正房、厢房,很宽舒。任叔知道我寄了一张"全家福"的照片给我父亲,父亲回信上写着:"遍插茱萸少一人!"任叔多次热情鼓励我:"把你的父亲接到我这里来住,这里有房子,让我们老朋友再会会面!"我因为 1936 年父亲坐牢,我把母亲带到延安;50 年代我们一家到北京以后,知道父亲由于和母亲两地分居多年,已另有伴侣。我怕母亲生气,所以一直没有去接我父亲来北京。

任叔感到全国解放以后朋友们都各自忙于工作,很少像在国统区时热情来往，谈谈心。记得 1956 年春节期间，他以女儿满月为名，邀请老朋友，大多数是上海“孤岛”时期的朋友，大家聚聚，吃一顿饭。就在这样热闹的一天，我到他家时，看见他还在修改五十多万言的《文学论稿》。

1959～1960 年在康生授意下任叔被当作“资产阶级人性论的代表人物”，以姚文元为首在全国各个刊物上批判有一年多之久。他受到撤销党内外一切职务的处分。但他没有消极悲观，他在一年多时间内，每天坚持八小时系统地学习《马恩全集》和《列宁全集》。他曾经写短诗自勉，其中有这样一句：“忘病忘老工作，力求自强不息。”①

1961 年 4 月任叔被调到中国科学院东南亚研究所，任编译室主任，专门研究印度尼西亚历史。他对新工作有基础和兴趣，更感到这是党和人民的事业，决心把有生之年，全部贡献给研究印尼的历史。但这是一颗苦果。他先花三年时间做些准备工作，阅读大量外文书籍资料，翻译几百万字的学术论文：从日文翻译了荷兰弗罗林·梅斯著的《爪哇古代史》；从英、日两种译本对照翻译了荷兰德克列支著的《荷属东印度史》；从印尼文翻译了荷兰克罗姆教授著的研究东南亚古代史经典著作《印度时代》等。他还写了长篇论文《诃陵阇婆及其他试探——关于自七世纪至十二世纪爪哇历史的考察》等一系列学术论文。

他虽然做了三年的准备工作，1964 年 1 月 1 日开始正式写《印度尼西亚历史》的时候，还有很多困难等待着他，使他必须倾注全部精力。看任叔 1964 年日记，可以看出写作过程的艰巨：

一月一日下午。为明日写印尼史话作准备，翻出《印度尼西亚石器时代》一书来看，又参考一下中国史稿，揣摩其写法。

① 见王克平：《我的爸爸巴人》（《当代》1982 年 4 期）。

一月二日。开始写第一节:《原始人群出现前的印度尼西亚的地理环境》,到下午,约略写成。

一月六日。写第二节,几乎蘑菇了一天,只写了二页。但看来还不行,须下次着手时再改。有些古生物学上术语,不知怎样译好,科学知识还是不够。

一月二十一日。今天写苏拉威西,可是进行得非常慢。写了三页,不行,尚须重新概括,乃再看资料。

一月二十五日。整天看《世界通史》、《苏门答腊民族志》、《太平洋民族学》。为的是要从那些材料中看出远古的印度尼西亚人民的生活。可以说大体有了概念了。

二月六日。上午写了一点,有些问题尚未搞清楚,乃重读莫尔根的《古代社会》及恩格斯的《家庭、私有制与国家的起源》某些章节。

二月二十日。整天参看参考书和地图,并为下一章设想。有时就在室内盘旋。上午,终于得到章次,乃笔下于随笔本上,再依章次要求来看译稿及其它有关参考书。

三月二日。昨晚睡不甚安。但今日还努力将第三章第二节写完。二个月时间还不能写完《原始公社》。须三个月,包括修改,则全书非有二年时间不可了。

任叔克服种种困难,用两年时间写出了160万字的《印度尼西亚历史》书稿,此书已列国家重点科研学术著作出版书目。

“文化大革命”时从外调人员口气中知道任叔被批斗不轻。到1974年我从干校劳动回到北京,见到唐弢同志才知道任叔已被遣返回乡,去搓草绳,接着就是精神分裂和惨死。这次看到王欣荣和王克平写的《王任叔》,更具体知道任叔被虐杀的经过:“文革”期间他首当其冲,康生插手给他套上“大叛徒”、“大右派”的帽子,被隔离审查,残酷批斗,妻子、爱女被迫分离,他的体质也受到严重摧残,连续三次脑血管病变、大小便失禁。即使在这样灾难深重的情况下,王任叔还念念不忘修改《印度尼西亚历史》书稿的工作。他在1969年的信中写道:"但我还是打起精神,坚持搞派定的工作。现在写《原始社会时期》,搞那一套我从未在学校里学过的'考古学'方面的东西。这东西实在也花过我前几年中二三年的时间。我说搞近代吧,近代史资料有一大盒,我早在六六年一月交了,现在不知在哪里。"①"我的身体是年纪到家了。夹在三种矛盾之中:健康情况与工作的矛盾,健康、工作与未定案的相互矛盾……而我现在,则只有抓住工作。为了工作,健康也管不得了。因为只有工作,才能表明我对党对人民的态度,因工作而倒下去,我也心甘情愿,只是完成不了,仍然还不了对人民的欠债而已。"②1969年12月14日,王任叔在第三次严重晕倒之后,挣扎写下遗嘱:

> ……
>
> 在处理书籍时,如果我奉化中学的图书馆缺书,可尽量选择拿去。说是参加革命吧,我是从那里教书时开始的。
>
> 遗憾的是不能完成我希望搞的《印尼历史》,也是对人民欠下的一笔债。
>
> 如果允许的话:死后火化,分骨灰为二瓶,一送我出生地大堰,在我们宅后竹山上埋下;一投之于海——我依然关心印度尼西亚的革命胜利!③

1970年3月,由康生亲笔批示,将身患重病的王任叔"遣返回乡"。他随身所带只有几件衣服和两大箱印尼历史稿件、资料。回

①② 王任叔给王克平的信(1969年11月20日、12月29日)。

③ 《王任叔遗嘱》(1969年12月14日)。

到阔别几十年的家乡，他无限感叹，由于缺医少药，病情迅速恶化。但他仍坚持每天在故居的木窗前翻阅、修改《印度尼西亚历史》书稿，直至脑血管严重病变而神志不清。他的家属和乡亲多次写信给中央有关部门，要求为他提供治疗条件，但均遭江青一伙拒绝，甚至不准外出求医。1972 年 7 月 25 日，王任叔终于含恨离开人间，遗体按照当地习俗被埋葬在大堰村后的山坡上。

任叔同志的冤案是得到改正的，1979 年 6 月 20 日在八宝山革命公墓礼堂还隆重举行了追悼会。我 1980 年 1 月在《人物》杂志上发表的《怀任叔同志》，曾引用了杜甫怀念李白的诗："文章憎命达，魑魅喜人过。应共冤魂语，投诗赠汨罗。"聊以抒发对康生和"四人帮"对一个善良的人的精神虐杀狂的满腔怒火。现在看来，这还很不够。任叔晚年坎坷中更表现出一种新的精神：任叔在长期逆境下能够始终对党和人民事业的绝对忠诚。这种忠诚，比在顺利环境下更艰难、更可贵！我仿佛听到了朱践耳的《交响幻想曲——纪念为真理而献身的勇士》。① 我也看到了丽砂一首《悼》诗说，"你的影子永远亮着，你的声音永远作着召唤，时代的风沙虽然沉重，而你，不会被掩埋的啊"(《被遗忘的脚印》花城出版社)。我总觉得，这些悼念以及还有其他，都包括你在内。因此，我认为，人们是不会忘了你的，任叔同志！

原载《新文学史料》1986 年第 3 期

---

① 《交响幻想曲》曾获得我国 1981 年首届交响乐评比的优秀奖，是作者朱践耳有感于张志新烈士的事迹，用两年时间写下的一部哲理的时代悲歌。1985 年 5 月在苏联演出时，听众鼓掌达七分钟。苏联作曲家祝贺说："作品深刻，富有哲理性，很有才能，反映了内心深处的经历感受，我们听了深有同感。"《真理报》等五家报纸报道了七次。《苏联文化报》曾评论说："作品以其感情真挚和意义，真理必胜的信念，颂歌式的尾声打动了人心。"

巴人同志指导我学习创作

浩　然

巴人同志的革命资格很老,可以做高官。巴人同志的艺术造诣极深,可以搞创作。可是,他却心甘情愿在出版社率领一伙编辑,兢兢业业、辛辛苦苦地"为他人做嫁衣"。正如一位编辑同志所说的那样:"他每天按时上班下班,一来就伏案工作,各编辑室古今中外的稿件都一一审读。"在繁忙工作的"业余"时间里,他还撰写一大批指导文学创作的理论文章,使广大文学青年受到有益的教育。这期间,凡是出现了优秀的文学作品,他都积极地给予鼓吹,发表大量热情洋溢的评介稿子,给新作插翅膀,给新人鼓劲头。直到他被排挤出文学界许久之后,仍然关心着文学界老作家的攀登和新作家的成长情况。每次与之会面,他都要提出一大串名字,向我探询他们的近况。有一次谈到新诗的问题,他十分动情地说:"有一部长叙事诗《白兰花》,写得很成功。可惜,年纪轻轻的作者,刚把稿子改完,就被汽车撞死了!可惜,那长诗一直没有得到应有的重视。"其实,巴人同志并不认识那位年轻的作者,遗稿也是另一家出版社出版的。从这里使我深一层地认识到,巴人同志所关心的是社会主义文学事业;他当编辑出书、写文章推荐作品,都是为了社会主义文学事业的繁荣和发展。

1982 年,即巴人同志逝世十周年的时候,我曾为《当代》写过一篇《怀念巴人》。在那篇文稿里,谈了我和巴人同志之间的极普通的关系,是革命长者对一个后辈,一位文艺理论家对一个爱好文学的青年,一位出版社编辑部领导对一个无名作者的一般来往。正是由于这样的普通和一般,才特别显示出巴人同志的高尚的品德和真挚的热忱,才使我特别地珍惜而永生不忘。

我与巴人同志有了联系，但还未见过面的时候，也就是在我文学入门的时期，巴人同志写给我的几封信，我还珍藏着。从信中可以看到他给我这样一个普通青年怎样的关怀和扶植。

1957 年底，刚刚摸到文学门口的我，因为“不务正业”总想学习创作，而被所在单位《友好报》“编余”，要把我调到山西《太原日报》当工业记者。吃罢送行饭，我忽然萌起把已经发表过的短篇小说交给出版社碰碰运气的念头。我步行到作家出版社，把稿子放到传达室。同时给《河北日报》的老领导写信，要求返回河北。就在我等待调令的当口，接到巴人同志以编辑组的名义写给我的亲笔信：

浩然同志：

你的短篇小说《喜鹊登枝》，我们决定采用。

我们想打破过去的“内容说明”的那套办法，希望作家自己写一点前言、后记，谈谈写作经过或发表些什么意见。为此，特请你能于最近写些什么，寄给我们，以便于三月内发稿。

此致

敬礼

作家出版社第一编辑组

三月三日(1958 年)

巴人同志传达的这个“决定”，神奇般地改变了我的命运轨道。

我是农民出身的人，立志一生“写农民，给农民写”。我熟悉的是农民。而北京郊区跟我的故乡毗邻，是我的“生活基地”，我熟悉的是这块土地上的农民。如果把我从这块土地上的农民中间拉开，硬给安插到另一块陌生土地上的陌生的工人中间去，我将走一条什么样子的人生道路和艺术道路呢？

一直同情我的同事贾玉江自动地把作家出版社的“决定”传达给《友好报》的领导。领导立刻感到把个能出书的记者“编余”了可惜,就“决定”把我给留下了。这一留,就使我在北京和冀东这块土地上又留了28年！走的是我已经走过来的这样的人生和艺术道路。

我接到出版社的信,正考虑“前言”或“后记”怎么写的时候,一天上午,忽然接到巴人同志亲自打来的电话:“……我要亲自给你当责任编辑。你有什么意见就跟我说吧。……”

由于喜出望外,我激动得说不出话来。放下话筒之后,立即给巴人同志写了封信,诚恳地要求他给我的作品指指毛病,我愿意修改后再出版。

巴人同志很快回信给我:

浩然同志:

三月六日的来函收到。

你的小说正在进行编辑加工。有几点加工的原则,我们趁此机会告诉你。

1.缺乏普遍性的“土语”,我们改为普通话里常用的词汇。例如“今个”就改为“今天”。这个词本来是“今儿个”,现在天津地区一带,略“儿”成为“今个”,不如用“今天”。又如“宝贝疙瘩”,南方人认为“疙瘩”是不好的东西。何如用“宝贝”。

2.不合实际的话,酌予改正。例如“日落海面”,按照渤海方位,在东边。日落则在西,故改为“太阳落下时”。

3.不能引起读者联想的形容语句,也有些删改。例如形容洗被褥在手上激起的水花“有点像军舰激冲着海潮的样子”,这比喻太大了,不易联想在一起,同时也不是“即景生情”的“引譬取喻”的方法。又如“她的眼睛亮晶晶地像渤海的波平浪静的海水”，也“拟不于伦”。所以第一句索性删去，后一句改为“……亮晶晶地像一瓢渤海的海水”。

以上这些加工的地方，并不多。为了加快发稿，我们不再送你看了。

我的电话5·7827。

此致

敬礼

责任编辑 巴人

三月八日(1958年)

我反复地读这封信，并找来原稿，把巴人同志加工的地方跟前后文字连起来看。我很受启发，认识到巴人同志的这封信，不仅仅为了通知我改了什么地方，而且告诉我改的地方为什么要改。巴人同志这种字句推敲、一丝不苟地对待文稿的认真负责精神，对我影响是深远的，直到今天，我都在努力地学着他的样子做。

我草拟了一篇“后记”，寄给巴人同志的时候，附信要求去拜访巴人同志，想当面听听他对我今后怎么提高创作水平的教诲。

据我推断，巴人同志收到我信、稿的当天，就答复了我：

浩然同志：

后记和信都看了。后记可以用。来信约时面谈，因为我社反浪费反保守很紧张。而我又是运动、业务一手抓，实在很少时间。

你是有写作才能的。文章风格清新可爱，对新事物有敏感。你这小说集中，确实写出了我国新农村的新人物的新面貌。

以后，你应注意的是对人物的新的精神要更深入地加以挖掘，使每一个新人物都有自己的鲜明的个性。不仅是表现一般的新面貌和新精神。在这里，就需要有强大的艺术概括力量和丰富的生活基础。

希望你继续写。可能在你写作的再一步提高和跃进的时候，会遇到一些困难，或者写得更差了。但不要失却信心，突破这一难关，就会百尺竿头，更进一步！

匆匆，祝好

巴人

三月十一日（1958年）

在这封信里，巴人同志把我当时所急需的东西，都给了我：自信心，进取的方向，以及将会受到困难考验的精神准备。

我按照巴人同志的指导努力地生活、写作，刻苦地做艺术追求。果然不出巴人同志所料，有人议论我的新作的水平不如以前的作品了。对这样议论的准确性，我一时拿不准，就想挑几篇有代表性的新作求教于巴人同志。又担心他仍旧忙而顾不上，就未寄稿子，先写信问问可能。

巴人同志是这样回答的：

浩然同志：

去年十二月三十一日的信，怎么今天才收到。

去年一年，我经常生病，消化系统不良，大概这付机器已老朽了。曾经休养一时，现在又上班工作。

你的新作我很愿意看。《喜鹊登枝》出版后，“人文”杂志约我写介绍文章，我病倒了，没有履约。近来怕也不能写。他们也认为这册短篇很可爱。

叶圣陶已写了介绍文章，你大概也看到了。老作家是不容易称许人的。看来，他很欣赏你的作品呢！

希望你作更大的努力！

提高自己对生活的认识，从思想，从精神境界的深处去理解我国这个英雄时代的英雄人民，那你是会做出更大的贡献的。我这样相信着。

又，我现在负责人民文学出版社，“作家”分出去了。“人文”的新创作，出选拔本。但你的稿子尽管寄来。

此致

敬礼

巴人

一月八日（1959年）

我把两篇发表过的新作寄给巴人同志。他看了作品，把看法告诉了我：

浩然同志：

前次来信没有回复你，抱歉之至。《脚跟》和《苹果要熟了》都已看过。从形式上讲，我喜欢《脚跟》，因为它更多一些“中国作风”。念起来别人听得懂。这是文艺大众化的要着。但这篇的后半，却还与后一篇写法一样的。

形式是应该探索的。但更重要的是探索人物的精神世界。你的作品有一个共同的特点，写出了人物的一些精神状态，但不够深。这里的关键在哪里呢？仅从这两篇看，就可以看出你总是以一些“外来的条件”，使人物的“思想感情”突然转变过来了。看不出他内心的斗争和变化的真实基础。你能结构故事，但在转变过程的描写时总嫌简单化。可是，这也不是仅从写法上可以解决的。问题还是在于对生活的理解的深入不够。更多深入生活，不要以采访者的态度去深入生活，而要以一个生活者和工作者的态度去深入生活。在生活中，在工作中时时关心去发现生活的意义。

你大概还年轻吧。现在的工作岗位对你的写作有没有影响？自然，什么工作中都有生活。但更好的是同劳动人民生活在一起。

工作第一，写作是其次的。工作得好的人，也会写作得好的，如果他已有一定的表达力量的话。

匆匆，不多谈，祝你好

巴人

四月二十二日(1959年)

巴人同志是文艺理论家，是有真学问的。但他从未用高深莫测的“理论”分析我的作品和指导我的创作。他对我使用的就是“中国作风”和“大众化”的理论，所以我看能看懂、听能听懂，好似春雨落地，点点滴滴都渗进心田，启发着认识籽种的萌芽。

我按照巴人同志的指导，在生活中注意观察人物的内心斗争和变化的真实基础：结构作品的时候，努力克服简单化的毛病，把故事写得曲折而真实。为了锻炼自己“高难动作”的能力，我开始写中篇(《艳阳天》的前身)。这时期遇到一个无法解决的难题：调离了记者部，领导上不给我下乡深入生活的机会，也不给写作的时间，一天到晚坐在办公室里看稿子，十分焦急和苦闷。于是我给巴人同志写了一封诉苦、发牢骚的信。

巴人同志看到了信，既不是用唱高调的口气“说服”我，也不是用空话来搪塞我，而是设身处地地为我着想，给我出切实可行、行之有效的主意。他写道：

浩然同志：

来信收到。工作与创作，有时是会发生矛盾的，尤其是坐办公室的工作是如此。创作者必须生活在人民中间，以便不断丰富生活，吸取新的人民的思想感情。但在不能完全解决这矛盾的时候，我认为有两个办法（一）经常下去和劳动人民多接触一些，并在我们参加劳动的制度下争取下去参加。（二）此外以一定时间来积累生活，并在工作中多多注意关于劳动人民生产建设等等的报道（间接生活），加以深思熟虑，选取其中最有意义的生活，着手创作。这样可以做到少而精。不至于看到一点就写一点，流于肤浅了。这就是力求提高一步。

你是有创作才能的，特征是你的语言艺术是有基础的；但还须从古典文学作品吸取一些词汇。同时，你的创作构思，即编造故事情节是有本领的。但还须丰富生活基础。我倒有个想头，你现在还应该多下工厂，和工人同志多接触。对农民看来你是比较熟悉了。但你作品中还没看到有工人阶级特征的农民，而这正是我们农民将来发展的前途，农民也是要工人阶级化的。而在城市里工作，接触工人同志怕还是容易的吧。

你在写中篇很好。可是要避免其中的材料有在短篇里用过的，同时，人物的刻画也须更集中、更有代表性。

《人民文学》要我写一篇文章，谈谈你的创作。已经写了。你看到过原稿没有？

匆匆，此致

敬礼

巴人

九月十九日（1959年）

我接到这信之后，就照着巴人同志的指导做起来，果然，立见成效，不再那么苦恼。第二年春天，我利用了“劳动制度”，“争取”下放到山东省昌乐县劳动，以一个“生活者”和“工作者”的身份、态度去深入生活。结果给那部没有定稿的中篇小说丰富了新的、重要的素材，促我在后来把它重写成我的第一部长篇《艳阳天》。

巴人看到了它的一、二卷的问世，并为之喜悦。但他不一定意识到那是跟他对我创作学习指导有直接关系的一个果实！

1986年2月28日于通州镇

原载《新文学史料》1986年第3期

怀念任叔同志

王士菁

去年十月，中国作家协会、浙江省文联等单位在宁波召开巴人学术讨论会，我和杨立平同志也应邀参加了。我们主要是向到会的同志学习，同时也寄托我们对任叔同志的怀念，他在"十年动乱"中怀着无限悲愤离开我们已经15年了！

任叔同志是在1954年从外交部调到人民文学出版社工作的。刚来时一见面即笑着对我们说："这回又归队了！"那时我们同住在东单草厂胡同27号一座四合院里，他住南房，我们住西房，中间隔着几棵枣树，相距只有数丈之地。比邻而居，天天见面，真可谓朝夕相处。那时，雪峰同志因为担负着中国作家协会的领导工作，出版社的日常事务即由任叔同志主持。他每天起得很早，七点多钟就到东四头条去办公，中午回来休息一下，下午又去，傍晚六七点钟才回，几乎每天都是如此。

新中国建立后，任叔同志是以首任驻印尼特命全权大使的身份参加外交工作的，但他对于党和人民的文学出版事业也非常关心。可能是由于胡愈之同志（当时是出版总署的署长）的推荐，雪峰同志向领导去争取，他才从外交部调到人民文学出版社。一到出版社，他就一头扎在工作上了。我们都知道，任叔同志是一位著名的老作家，他来出版社之前，曾经写过许多小说、剧本、杂文和文学评论文章，来到出版社之后，却变成为一个名副其实的“业余”作家了。星期日，我们有时带着孩子到公园去走走，但他还是在家埋头写作。有时晚间十一二点钟以后，全院子的灯光都熄了，大人小孩都已入睡，我们还经常看到他的窗前亮着灯光。任叔同志也是很爱孩子的，那时他的女儿高高年纪很小。冬天他从外面回家，总要站在火炉旁边烤一烤身子，去一去寒气，然后才去抱她，和她玩一会儿，便又开始写作了。他的两巨册《文学论稿》以及许多篇文学评论文章，都是他在八小时办公时间以外写出来的。

任叔同志是从事新文学创作的，但他对于祖国的文学遗产也十分重视。一到出版社，从 1955 年起，在取得上级领导机关同意之后，人民文学出版社又以文学古籍刊行社的名义重印文学古籍，以供古典文学研究家、作家和古典文学爱好者的阅读和参考研究。当时曾陆续出版了一批文学古籍(后来通过协商和分工，这部分文学古籍分别由北京中华书局和中华书局上海编辑所出版)。在每本书之前都印有《重印文学古籍缘起》，这个《缘起》就是任叔同志在征求郑振铎同志等专家之后，由他执笔并经多次修改而成的。从这时起，在周总理亲自关怀下，人民文学出版社又出版了一套《中国古典文学读本丛书》，这套《丛书》也是由任叔同志和文学研究所的领导共同协商并制定编选计划的。后来，又有了出版中国古典文学“十大作家集”的倡议，据我所知，这个“倡议”也是由任叔同志最早提出并得到北京的邵荃麟、金灿然等同志和上海的李俊民同志赞成的。现在这个计划也分别逐步落实了，我们不能不想起其最初倡议者之一的王任叔同志。

任叔同志在人民文学出版社的工作重点仍是抓出版新文学的创作。他和雪峰、适夷同志的意见完全一致，主要是抓提高作品的质量。在 1959 年，人民文学出版社出版了一批“选拔本”，作为向国庆十周年献礼，这一套书就是从全国各地文学出版物中选拔或经过有关单位推荐的。这些“选拔本”中的作品，有不少也是由作家本人编选的,其中有些作品还经过作者精益求精地再次修改和艺术加工。比如杨沫同志的《青春之歌》,在收入“选拔本”时即作了较大的加工,比初版本增加了若干情节和细致的描写(这本书的许多外文译本即根据这个修改本)。这批“选拔本”为新中国最初十年(1949~1959)的新文学积累了丰硕的创作成果,今天看来,其中许多部仍然是光彩夺目、鼓舞人心的、可以传之久远的优秀作品。为了提高出书质量,人民文学出版社曾经在总编室专门设立了一个整理科,诗人刘岚山同志即担任过这个科的科长。这个科的主要任务即是改正某些作者的原稿中的错字和别字,以及某些文理不通之处。当时校对科的工作也较认真,在文学出版社出版的书中平均每八万字约有一个错字,但在任叔同志看来这仍是不够满意的。有一次,在一本书中把“帝国主义”错成了“爱国主义”,使他大为生气。

任叔同志主持出版社的工作是很认真、严肃的。他严格要求自己,也严格要求在他领导之下工作的同志。当时的出版社非常强调工作计划,每年都要编制发稿计划和出书计划,每月都由任叔同志主持检查各编辑室的发稿工作。由于《鲁迅全集》(十卷本)的发稿工作不能如期完成计划,我即经常受到他的批评,有时甚至是相当严厉的。同时,他还以自己在“孤岛时期”(1938年在上海)坚持出版《鲁迅全集》(二十卷本)的生动事实,来教育我要把这件工作做好。他说:“现在,你们的工作条件多好!那时,我就坐在三轮车上,跑工厂,看校样,出版了《鲁迅全集》。”后来,我对他解释说注释工作需要查考许多原始资料,而有些资料又不在手边,要跑到北京图书馆或外地的图书馆去找;有些注释稿件还要送请有关领导机关和文艺界有关同志审阅,往返过程中也耽搁了一些时间。他在了解了我们的工作情况之后,也体谅了我们的困难。1956年10月,在鲁迅先生逝世20周年时,终于出版了《鲁迅全集》1~3卷,他也表示满意了。

任叔同志不仅严格要求在他领导之下工作的同志，而且很爱护和培养这些同志。从1958年起，人民文学出版社成立了党委会，他任党委书记，我是宣传委员。在他领导下，我分工负责起草培养干部的工作规划。我参考当时出版的《文艺学习》杂志上发表的书目，编写了一份出版社编辑干部进修书目，其中关于马列主义经典著作和中外古典文学名著的部分，有些就是他亲自加上去的。后来，我们培养编辑干部，初步形成了一种制度大体是每年工作(看稿)八个月，接触社会(当时叫"开门办社"，外出组稿，以及参加各种社会活动，和作家、读者联系等)三个月，坐下来读书一个月，读书的范围大致根据这个进修书目。试行的结果，大部分的编辑同志是比较满意的。

联系作家，为作家服务，培养初露才华的新作家，也是人民文学出版社的工作任务。在这一些工作方面，任叔同志也花费了许多时间和精力。他重视别人的劳动更甚于自己的创作活动。前面说过，他在出版社工作时是一个"业余"作家，此时，他也培养了另一些"业余"作家。我记得有位青年作家浩然同志，当时他似乎是在《中苏友好报》工作，当他投稿到文学出版社时，立刻即得到了任叔同志的重视。他在办公室里(有时也在自己的家里)戴起老花眼镜，紧握毛笔，全神贯注地修改《喜鹊登枝》和《王大成翻身记》的情况，他那样严肃认真的神情，至今我记忆犹新。

当然，任叔同志的一生对于党和人民事业的贡献，如同志们在这次学术讨论会上所肯定的，不仅止于文学出版工作一个方面(即在文学出版工作方面也不仅止于我在这里写的零星的片断)。他首先是一个忠诚的共产党员，英勇的无产阶级革命战士，"以文学为党呐喊"，"鞠躬尽瘁，至死不渝，对党尽了神圣的义务"(柯灵同志在会上的发言)；他又是一个热情的社会活动家，赤忱的爱国主义者和崇高的国际主义者。胸中有一团火，要烧毁这旧世界，他是有着多方面成就的文学家,留给我们的近一千万字的文学遗产,也是异常丰富的。文学出版工作只是他的革命事业和革命生涯中的一个组成部分。我深切感到:即使在文学出版工作这一点上,任叔同志也是值得我们学习的。在十月八日,黄源同志带领着我们大家来到奉化县大堰乡参观任叔同志的故居,并在他的墓前献上花圈时,黄源同志含着热泪说:“任叔同志!我们大家来看你了。……”这时我也在心里默念着:“任叔同志!你的未竟事业,我们一定要继续完成的。……”

1987年1月28日　除夕于北京

原载《出版史料》1987年第3期

王任叔编辑生涯述评

王欣荣

中国现代文学家同外国文学家不一样,也同当代的专业作家不同——他们很少是做专业的纯粹作家的。严格说来,他们都是业余作家。原因有两方面:一、旧中国经济、文化落后,出版物销行量不大,读者范围不广,再加书商的盘剥,纯靠作品的版税、稿费养活自己的人,可说是凤毛麟角,没有温饱,何言生存,更谈不到在文学事业上的发展。二、中国的文化人有积极参与政事的传统,在中国现代历史大变动中,现代文学家不可能高蹈于时代潮流之外,他们或者不自觉地或者积极地参与了人事。粗略估算起来,现代作家们所从事的“本职职业”,一是教师,二是编辑。著名文学家、文艺理论家,无产阶级文化战士王任叔同志(1901~1972),既做过教师,也当过编辑,有时则教师兼编辑。考评王任叔同志的编辑生涯,不独可以钩沉出中国现代出版事业的史料,而且可以显示王任叔同志生平事业的一个重要侧面,以从中汲取宝贵的经验与精神遗产。

1924 年,青年王任叔所谋到的第五任小学教师职业——奉化松林高小教务主任又丧失了,这时他在文坛上已崭露头角,是文学研究会会员,有多篇诗歌、小说、评论作品在郑振铎编的《文学旬刊》、沈雁冰编的《小说月报》上发表。他寄居在奉化初中他二哥王仲隅处从事阅读和写作,与奉化剡社的同人往还,参与剡社与宁波雪花社的活动。宁波《四明日报》董事长孙表卿是奉化人,其工作人员严竹书、张乐尧、邬培因是剡社成员,再加王任叔的才名,遂被邀请到《四明日报》工作。10 月份,他到宁波后先任该报地方新闻编辑,不久又以雪花社文学组的名义为该报主编了一个副刊——《文学》周刊。那时军阀孙传芳的军队驻扎在宁波,兵痞骚扰地方的事已是司空见惯,但报纸一向缄口不言。有一次宁波市内一家粮食店被兵痞抢掠,王任叔立即将此事披露于报端,并加言论予以抨击。这给报社带来很大的压力。另外,王任叔在编《文学》周刊之前,由日月文学社王玄冰主编的《四明日报》的副刊在报纸上公开标明:"除专力于文学上之创作、批评、翻译、整理几种工作以外,绝不及于外此各种问题,除研究文学联络同志外,绝不稍带其他色彩。"而王任叔所编的副刊《文学》,从其作品或批评观点上看,都是体现着文学研究会的主张的。他在《给读者》中谈起办刊方针时说:第一,"创作选得严格些","礼拜六派的文艺(?)这么兴盛,未始非是新文学刚刚胎生时……对于一般文氓太宽容的缘故";第二,"对于文学原理,多能介绍或论及";第三,"对于翻译努力一下"。从现在仅存的几期实物上可看到徐雉、张孟闻、胡伯玄的作品。王任叔的小说《河豚子》,诗歌《梦须》,剧本《阶级》、《烦闷》(后者系与董子兴合作)也登在该刊上。它们一扫宁波文坛上颓靡不振的文风,给沉闷的浙东吹来一股清新的空气。这期间,他接触了代表上海党到宁波检查工作的张秋人同志,以及到宁波开展反基督教运动的恽代英同志，并正式加入了中国共产党。由于他在报纸上言辞过激，遂于次年解聘。

1925 年王任叔到奉化初中任教。该校为剡社左翼人物王仲隅、胡行之、庄公闾所创办，为全县最高学府，且作风民主。王任叔的职务是"言文课时事课教员兼教务系及出版科主任"。该校校刊《锦溪》(双旬刊)就是由王任叔编辑的。刊头亦出于他的手笔。该刊前 10 期为报张式(已不存)，从第 11 期起改为书装式，对外发卖。该刊除以一定篇幅记载校内大事外，主要是刊登学术文章，如王以仁的《中国韵文之变迁》、《心理分析与文学》，王任叔的《论独幕剧》、《小说论》等。他还在上面发表《绅士与教育》、《教育局诸董事先生心理与逻辑》等，对教育当局的腐败现象进行揭露。

1926 年 1 月 1 日，奉化剡社的《新奉化》月刊出刊，王任叔任主编。剡社成立于 1921 年，是以奉化文教界知识青年为主体，旨为推行奉化县地方改革活动的团体，组织成员比较复杂，但都拥护开明士绅、辛亥革命老人庄嵩甫以对付奉化县"法治协会"内的顽劣士绅。《新奉化》原为年刊，以刊登社员对地方行政的评论、调查、设计为主，1923～1925 年，各出一期。1925 年 7 月剡社第 4 次社员大会，推举王任叔为编辑股执行委员，由他主编《新奉化》月刊，当然也就成了顺理成章的事了。王任叔署名作《发刊词》说，该刊要"作本社主义的宣传，改革的参考"，"以批评地方时事"为宗旨，特别注重"时效性"，因为"欲改造社会，必当注意于这个社会所发生的每件时事的真相"。该刊现存 1、4、5 三期，设有杂文、文学等栏目，而于批评、揭发地方时政痼弊尤为犀利直截，一针见血。譬如，王任叔所撰的《万民生计岂容一人垄断耶》就是为贫苦农民伸张正义、揭露恶霸强占海涂罪行的文字。奉化松岙地处海滨，居民多赖沿海涨涂之水产为生，该村卓某向县府匿报开垦，将四五百亩海涂据为己有，致使四五千家农民断绝生计而千万农民奋起反抗。王任叔在文章中揭露法律的虚伪，"只为富人以及绅士说话,何曾能保护到平民身上”,“卓雨亭只转转以一举手之劳,竟将六七百亩之海涂划为己有,四五千家之生计,立即断绝;如此狼子野心,如此丧心病狂,竟尚有面目行走在人世间耶?”他鼓励农民团结斗争,“时至今日,平民倘有不知自卫,起而团结联合,以打倒此罪恶贯天之乡绅,则恐将来平民之地位益形低落,平民之生命益形危险矣”,“吾人敢一再高喊:‘起来,被压迫的民众!起来,被欺凌的民众!团结!团结!奋斗!奋斗!’”王任叔对地方豪绅的凌厉攻势,引起剡社内外的不安。剡社社员邬某来信说:“该刊(指《新奉化》月刊)措辞激烈,抨击尤甚,未免有违初旨,窃念剡社成立,经几许曲折,始有今日。同人等正宜力自振拔,俾得日趋光明。苟不自重,将贻后患。”王任叔回复道:“我们剡社不是学术团体,可以包括个别的思想。剡社是力行团体,思想不得不统一一下。”(均见《新奉化》第5期《通讯》)但剡社到底是个松散组织,经不住外部和内部的压力与磨擦,被人称为“雷雨先生”的王任叔是不会向顽固势力妥协的。如要其改变办刊的既定方向,他宁可退出剡社。事情果被邬某不幸而言中,就在该年6月,宁波镇守司令段承泽开始镇压革命力量,国民党员和共产党员多被逮捕,奉化县政当局与劣绅勾结在一起,要指控王任叔的“公然侮辱罪”。消息传出,党内同志(奉化县以奉化初中为中心有党的组织活动,除王任叔外,王仲隅、石愈白、庄公间均为党员)催他赶快离开奉化,他即由此赴广州,参加了大革命的实际工作。

1927年5月间,王任叔潜入宁波,任中共宁波地委宣传部负责人,为揭露蒋介石的背叛革命,他组织编发传单,其中包括郭沫若的《请看中国之蒋介石》(即后来所称之《请看今日之蒋介石》)、蒋经国在苏联所写的斥父书等等。被捕后,行将被由上海赶来宁波清党的杨虎、陈群杀害,幸被出任浙江省府委员的庄嵩甫闻知,他及时赶到宁波,将王任叔保释出狱。在沪杭流亡中,王任叔为诗友、战友——原中共奉化县委书记董子兴烈士收尸,发现手记一册，为之编辑《不曾腐烂的日记》一篇，翌年在上海的《白露》上发表。王任叔本人在《白露》上也发表过不少作品，据裘柱常同志回忆，王任叔还曾短期编辑过《白露》。

1928年5月，王任叔编辑的《革命文学论文集》由生路社出版，署名霁楼。内收郭沫若、郁达夫、成仿吾、鲁迅、蒋光慈、钱杏邨、李初梨等发表于《创造》、《洪水》、《文化批判》、《太阳月刊》、《泰东月刊》、《文学周报》、《生路月刊》、《秋野》等刊物上的革命文学重要论文18篇（包括他署名赵冷的一篇《革命文学的我见》），为革命文学理论建设做出了贡献。该年，他在浙江上虞白马湖春晖中学任教，与雪花社旧友张孟闻合编的《山雨》半月刊于8月创刊，在上海出版发行。事有凑巧，此时鲁迅支持的《语丝》停刊，而《山雨》就是仿效《语丝》以杂文为主要特色的刊物（据说在《山雨》之前，雪花社曾出版过文学刊物《大风》，有人说其编辑亦为王任叔。未见实物，不敢妄断，录以备考）。《山雨》提倡革命文学，在《发刊词》中说："在革命狂飙时代中，总有一个未来的社会的雏形孕育着，革命文学家能于其中看出意义来，于是所谓'艺术的武器'的话也可以成立了。"然而它也表现了一种艺术的宽容，如对非革命文学宣称"有意识地宣告小资产阶级的没落，或无意识地宣告小资产阶级的没落，我们都欢迎刊登"。王任叔与张孟闻曾将该刊样本寄呈鲁迅先生请教。鲁迅在《我与〈语丝〉的始终》一文中曾提及此事。《山雨》出至第8、9合刊，因王任叔东渡日本而终止。

以上，王任叔除在1927年任中共宁波地委宣传部编辑宣传传单是党所指派的工作外，其他都是以个人社会活动的方式在做编辑工作的。他在编《新奉化》月刊时，已经参加党的组织生活，虽然不是受党的委派办刊，但他能以国民革命的精神，热情支持农民运动，严厉打击土豪劣绅，发挥了革命报刊的战斗作用。这一史实在中国现代新闻史上亦有其研究价值。据说，在奉化农运潮流中，法治协会的俞飞鹏、朱守梅逃到广州投奔蒋介石，蒋介石不辨良莠，予以接待和重用。这对奉化农民运动的斗争形势，甚为不利。王任叔在《新奉化》月刊撰文向蒋提出正面警告，由此，蒋介石对王任叔有所属意。

1937年，王任叔在上海创办并编辑文艺性综合刊物《人间十日》旬刊。1931年被捕时他即已脱党，这时他尚在党外，其刊物在内容上是倾向进步与革命的，照他的话说就是：在党外为党的事业呐喊。"八一三"前夕，王任叔与章雨坪、潘念之在上海主编《中国》半月刊，这证之于1937年7月《人间十日》第14期的广告上。但我并未能看到过《中国》半月刊，对其内容、编务难作什么评价。据个人估计，该刊至多出过一两期，或并未正式出刊，因为"七七"与"八一三"的炮火是会打乱人们原有的工作程序的。8月24日，上海党所支持、领导的《救亡日报》出版，该报以郭沫若为社长，夏衍为主笔，阿英任主编，王任叔与邹韬奋、茅盾、胡愈之、郑振铎、巴金等共30人为编委。该报在上海出至11月22日，王任叔曾在该刊发表《给一切纪念我的朋友》、《谈中国共产党宣言志感》等文，大约他并未参与报纸的日常编务工作。

抗战时期在上海——即1937年8月至1941年3月他离开"孤岛"——共两年半的时间里，是王任叔回到党的怀抱从事统战工作、社会活动、文学创作、编辑工作最繁忙、最出色的时期，也是其影响最深远的时期。特别是他在编辑方面的贡献，是最值得纪念的。他除实际上主持并亲自主编中国第一套《鲁迅全集》20卷外，还主编了三个报纸的副刊，两个杂志，一套丛书，指导或支持刊物多种，培养扶植了大量新人新作。

鲁迅逝世后，立即成立了以蔡元培为主席、宋庆龄为副主席的鲁迅先生纪念委员会，并组成过一个小型编委会，成员有蔡元培、许广平、周作人、许寿裳、台静农、沈兼士、茅盾等人。为了《鲁迅全集》的出版，蔡元培曾亲与商务印书馆协商，但因国民党当局对

《全集》拟收的文集(——如《华盖集》、《伪自由书》、《二心集》、《毁灭》)和文章(——如《十四年的读经》、《太平歌诀》、《铲共大观》)横加砍伐,有些杂文集则被勒令改名(如要《准风月谈》改为《短评七集》,《花边文学》改为《短评八集》之类),完整地出版《全集》受到阻挠,再由于商务印书馆内迁,这件大事遂被搁置起来。在鲁迅逝世一周年纪念日,出席上海浦东大厦座谈会的人士呼吁《全集》要在短期内尽快出版,但会后不到一个月,上海中国地区即被日寇占领,《全集》出版工作又遭搁浅。鲁迅的文稿有的存之于银行保险箱内,有的只好藏在许广平所居的法租界霞飞路霞飞坊 64 号的煤堆之下。鲁迅思想的结晶不仅是中华民族最优秀的文化遗产,而且是民族、民主革命的火种,许广平先生为此忧心如焚。纸张寿于金石,保存鲁迅文稿的最好方式是尽快出版。承担《全集》这一巨大工程的,是党所领导的复社。复社成立于 1937 年 12 月,成员有胡愈之、郑振铎、许广平、王任叔、张宗麟、胡仲持、黄幼雄等 30 人。该年 11 月间,胡愈之得到美国记者爱德华·斯诺送他的一册刚在英国出版的《红星照耀中国》,胡愈之等救国会的朋友认为该书对全国人民了解陕北抗日民主根据地、了解党的领导人物很有好处,便临时起了“复社”的名号,组织翻译、出版。上海租界区有雄厚的印刷力量,战争使许多印刷厂不景气,纸张也因之跌价。复社利用“孤岛”的特殊条件,仅用了一个月就完成了自翻译到出版的全过程。这为出版《鲁迅全集》树立了信心。但是,出版《全集》的困难要比前者大得多,原来估计《全集》的字数为 500 万字,实际已达六七百万字,所需工本费就是个大问题。复社为筹集资金采取了两个办法,一是让复社成员认股,每股 50 元;二是采取预约售书的办法,除发行预约价 8 元、售价 12 元的普及本外,另印布面精装的纪念本和装以木箱的豪华本,每部为 50 元和 100 元。用纪念本豪华本的盈余,弥补普及本的亏损。在这项复杂、细致的工作中,王任叔协助胡愈之做了大量的工作。“1938 年上半年(有的资料确定为该年4月——引者),《鲁迅全集》各卷的编辑、出版工作陆续进行。由许广平、王任叔主持,百数十学者、文人及印刷工人,怀着对鲁迅先生的敬仰之情,日夜挥毫、排校,整个工作严肃认真,进行迅速。”(吴承琬《我国第一部〈鲁迅全集〉是怎样出版的》,《人物》1985年第2期)王任叔当时是上海文化界救亡协会秘书长、各界救亡协会联席会出席代表(有的资料称作“召集人”——引者)、地下党“文委”的成员,他在繁忙的社会活动中,确实是把编校《鲁迅全集》当作党的事业,当作向鲁迅学习的好机会来对待的。工作告竣后他曾这样说:“对于鲁迅先生的学术思想,那是越钻研得深越觉自己理解的浅薄,也就越无法把握了。因为上海成了孤岛,平日对于鲁迅先生了解得很深的朋友,全都走散。‘蜀中无大将,廖化作先锋’,鲁迅先生纪念委员会和复社,就把这帮同许先生编辑《鲁迅全集》的责任放在我身上。工作一开始,我就感到万分危惧,我的能力不够了解鲁迅先生。鲁迅先生所研究的范围和他研究所得到的成绩,是太广大,也太深奥了,我是仅仅作为一个校对员的资格都不够的,谈不到什么编辑。但居然咬着牙齿干下来。直到20巨册的著作送到读者面前,我才喘口气;然而我又仿佛觉得这20巨册的著作压在我的背上,成为‘负疚’的资料。我是想抗战胜利以后,这工作是得重来一次过的。”(《鲁迅先生的艺术观》,《文艺阵地》1938年10月,第2卷第1期)鲁迅生前王任叔从没有去过鲁迅的家,但在编辑《全集》工作中,他每天按时赶到许广平寓所伏案工作,夫人王洛华亦协助安排鲁迅遗族的生活,他们结成通家之好。太平洋战事爆发后,日寇进占租界,不久即将许广平逮捕,临离家时许广平叮嘱女佣,务将海婴妥交王师母——即王任叔夫人看管,于此可见两家的亲密关系。建国初期,许广平、周海婴曾同王任叔在京摄影一帧,以追怀这段战斗的情谊,此是后话。王任叔在半年左右的编辑工作中,研究、体会鲁迅生前汇编《三十年集》的精神、意图,整理各地陆续寄来的文章、佚文、资料，撰写《鲁迅全集总目提要》以作及时宣传，巨帙发排后又亲自义务承担理论与古文两部分的清样校对。《全集》普及本于1938年6月15日出齐，精装本于8月1日出齐，他立时做好内地、香港的发行工作，以及时发挥其战斗效用。毛泽东同志在陕北的一箱精装《全集》就是从武汉由周恩来同志转运去的。王任叔还托骆宾基同志为在浙江义乌家乡从事活动的冯雪峰同志带去一套《全集》。在半年左右的编辑工作中，除前面所提及的社会活动外，他还主持着《译报·爝火》、《译报·大家谈》，为上海各抗日刊物撰写时评、杂文二百来篇，还负担着上海社会科学讲习所的授课及组织工作。如果说《鲁迅全集》的出版，是中国出版史上的一大奇迹，那么王任叔在这阶段以惊人的高效率所奉献于抗日、奉献于革命的劳绩，也是他本人生命史上的奇迹。他常说要学习鲁迅"刻苦"的精神，"以时间为马"，"要赶快做"（鲁迅语），其实，这奇迹就是学习鲁迅的战斗作风所创造出来的。

挂了洋商名义出版的《译报》，实际上是我党地下"文委"的机关报，其本埠新闻由戴平万主编，国内新闻由梅益主编，国外新闻由杨帆主编，王任叔则先后主编文艺副刊《爝火》与《大家谈》。这两个副刊以时评、通讯、杂文为主，以"孤岛"上海的现实生活为主要内容，以店员、职员、青年学生、教员、市民为读者对象。王任叔取行者、八戒为笔名，撰写了大量的杂文、时评，以及指导青年学习的文章。《大家谈》的编辑特色可依《〈大家谈〉编辑者言》来说明：杂感——针砭末俗，讽刺世态，言简意赅，语短心长者尚之；问题讨论——行涉公众，事关国家，切实扼要，不说空话者尚之；建议与控诉——诉述个人痛苦，贵于忠实抒写，指责社会缺陷，尤在善意建议，不作无病呻吟，不开空头支票者尚之。其他——民歌小曲，三言两语，短小精悍，永隽有味之文字，亦极欢迎。这两个文艺副刊，王任叔主持半年之久，他以民族气节砥砺读者，以乐观主义精神鼓舞抗战情绪，以锐利的刀锋刻画日伪汉奸投降派的嘴脸，并选取孤岛严酷生活的实际事例予以评析,给读者以思想、行动的指导。缘此,该报成为广大读者的良师益友,得到群众的爱护与支持。在“七七”抗战周年纪念日,孤岛读者知道《译报》经济拮据,便自发筹资交给《大家谈》编者“八戒先生”。王任叔在该刊撰文说:“突然的接到八位报贩、卅二位工友、廿二位里弄居民送来了廿三元六角的节约捐,这使我感激得几乎哭了。是个人的感激吗?不,为了这受难的祖国,这临危的民族,我在这中间感到一种磅礴的不可遏止的民气的高扬!有人说真理是在地下,不在天上。在今天,在侵略者企图攻陷武汉的今天,若干家而忘国的‘社会名流’,竟而接受了侵略者恶毒的阴谋,奔走于港沪之间,接洽他们梦中的所谓‘和平’,而我们地底下的同胞,平日过着土拨鼠似的黑暗的生活,却以万分坚忍的酸苦的赤心,贡献给这伟大的抗战,从拯救受难同胞中,来拯救这祖国,这民族。把这两件事实来对照一下,我的心中积郁着的愤怒与悲痛,不禁一齐爆发出来,我确实止不住两眼的发酸!我真的想痛哭一顿呢!”时值炎夏,有一位在书社供职的读者觉得“八戒先生”体胖怕热,送来折扇一把,上题“八戒先生指正”,以为编者作拂暑之用。这两段有庄有谐的报坛佳话,足可以使中国编辑事业史生色,而流传永久。

1938年10月间,《申报》原总经理马荫良见孤岛文化界抗战情绪高昂,又有原《申报》职工的爱国热情可用,便返回上海筹备《申报》复刊。旧中国的报纸,副刊有一定的独立性,即报纸的言论、新闻是体现该报的宣传方向的,具有鲜明的阶级、政党、集团的倾向性,而副刊可由主笔决定稿件的取舍,在一定条件下可不受报社的直接干预。这一现象看起来似乎让人费解,其实这是报社主人为扩大报纸发行量所用的重要一招。因为很多读者订报不一定是为了看这份报的言论、新闻,而是为了看副刊。如果正刊副刊全部舆论一致,报纸的发行量就会下跌,乃至倒闭。如果副刊办得出色,发行量的增加带来广告费收入的提高,那么这家报纸就可以站住脚跟。《申报》副刊《自由谈》,自1932年由黎烈文、张梓生先后主持笔政以来,大量发表鲁迅、茅盾、瞿秋白、王任叔等革命作家的作品,为《申报》赢得了广泛的声誉,销量大增就是一个显然的例子。现在《申报》复刊,副刊主笔的人选是马荫良慎重考虑的大问题。在《申报》筹备言论部的胡仲持同志向他推荐了王任叔同志——当然,这也是组织上的意思。王任叔于10月10日《申报》复刊前应聘到职,他所主持的《译报·大家谈》由阿英接编。19日是鲁迅逝世二周年,王任叔在《自由谈》撰文《超越鲁迅》以为纪念。同日,阿英在《大家谈》上发表纪念文章《守成与发展》。由此展开"鲁迅风"的论争。对此,本文不多涉及,所要说的是,王任叔在稍后的《自由谈》上发表了金刚怒目式的杂文《"和平"云乎哉》。该文对国民党副总裁汪精卫的投降论调给予尖锐的讥评,这是不容于马荫良的办报方针的。马送上两个月的薪金,请王任叔自动辞职。王任叔很恼火,考虑到拿了薪金自动辞职就意味着向人们公开承认自己撰文揭露汪精卫是错误的,为严正立场,他在《文汇报》发表声明,宣布自己脱离《申报》。与阿英同志的关于"鲁迅风"的论争及脱离《申报》事件,都不是党组织的意见,而是党在非常时期,人自为战中,他作为一名战士所采取的理智的行动。时不逾月,汪精卫的"艳电",终于证实其"和平之门未闭"的论调实为投降叛卖的前奏。王任叔的言行是符合党和民族的利益的,其作为编辑的胆识谋略、凛然气概,于此可见一斑。

《公论丛书》是宣传党的抗日民族统一战线政策的大型理论月刊,是八路军驻沪办事处委托王任叔主编的。既是月刊,何以用"丛书"名义出版呢?因当时在"孤岛"出版期刊,需向英租界工部局警务处办理登记,得到执照方可出版,手续比较麻烦,而出丛书则可作为一般图书对待,便于通过。该刊自1938年9月至1939年7月,每月1辑,共出10辑。每辑都以其中重要文章的篇名作为书名,作者多为政治、军事、哲学、经济、文学、社会学方面的权威，如胡愈之、胡曲园、潘梓年、郑振铎、吴大琨、李平心、孙冶方等。各辑名称如下：《领袖论及其他》、《世界大战与中国抗战》、《思想家的鲁迅》、《青年的任务》、《论集体生活》、《论自由》、《天神之国》、《论精神总动员》、《社会思想论》、《城市陷落对于民族经济的影响》。它们还以一定篇幅转载延安党中央公开发表的社论和重要文章，如周恩来、叶剑英的文章等。王任叔每期都化名撰写编后记或发表感言，对读者进行指导。作为一个编辑人，王任叔对于“鲁座”的《思想家的鲁迅》的帮助与支持是值得在出版史与鲁迅研究史上大书一笔的。“鲁座”是鲁迅思想座谈会的简称，由孙冶方、许广平、李平心、卢豫冬等十余位社会科学家为纪念鲁迅逝世二周年连续举行从较高层次上来认识鲁迅思想价值的座谈会。作为鲁迅的研究家，王任叔确认了这一活动的重要意义，非常热爱这个座谈会的思想成果。座谈会的内容由李平心整理成稿后，王任叔立即在《公论丛书》第 3 辑发表，并以此文作为该辑的书名，除在编后记作评价外，还以苦夫为笔名在《文汇报》发文推荐。平心在此鼓舞下，相继写成《鲁迅的思想遗产——战斗的现实主义者的鲁迅》、《启蒙主义者与民主主义者的鲁迅》、《民族主义者与国际主义者的鲁迅》，以后集为鲁迅研究史上的里程碑式的著作《人民文豪鲁迅》。座谈会的成员高度评价这位既有学术眼光又有革命热情的编辑，对这段合作的历史非常珍惜。卢豫冬回忆说：“为了坚守‘孤岛’这个文化阵地，呼应全国的抗战，我们亲切地团结在一起，互相关怀鼓励，正所谓‘相呴以湿，相濡以沫’。这种真挚和深厚的同志友谊，至今犹使人难忘。”平心在 1946 年时写道：“静夜理稿，想起当年一同参加座谈会的好友云散各地，音问鲜通；而王任叔又衍教异域，海天遥隔，连一个小小的座谈会和《民族公论》（按《民族公论》即《公论丛书》——引者）一类的刊物也恢复不起来！怅怃之怀，又岂是重读旧作的喜慰之情所能排遣！”（均见《人民文豪鲁迅》，1981 年版）显然，这种编者与作者之间的友谊，是建立在革命事业的基础之上的,绝非一般编辑的拉稿与作者的投稿关系所能同日而语。

王任叔在孤岛创办的《鲁迅风》杂志是“鲁迅风”论争后的积极成果,为“孤岛”杂文运动乃至抗战杂文的发展起了重大作用。该刊由王任叔、许广平、郑振铎、柯灵、石灵、文载道等集股所办的同人刊物,发刊文章,概不付酬——据金性尧回忆,作家、画家曹白自战区来沪治病,编辑部破例送发稿费。自1939年1月11日至1939年9月5日,《鲁迅风》共出19期,王任叔在所写的《发刊词》中说:“……毛泽东先生说他‘是中国的第一等圣人’,而且‘是新中国的圣人’。我们为文艺学徒,总觉得鲁迅先生是文坛的宗匠,处处值得我们取法”,“探取鲁迅先生使用武器的秘奥,使用我们可能使用的武器,袭击当前的大敌;说我们这刊物有些‘用意’,那便是唯一的‘用意’了。”该刊的日常编务王任叔没有插手,但由他掌握了办刊的方向,为它供稿至少28篇。后来,刊物上发表了徐汙、苗埒、亢德呼应“抗战八股”、“要求与抗战无关的文字”的文章,王任叔为此甚是恼火,认为这是有违创办《鲁迅风》初衷的,遂在《鲁迅风》、《文艺阵地》发表多篇文章进行批驳,但该刊到底是集资而办的同人刊物,王任叔又不便干预过多,再加为“孤岛”形势所迫,《鲁迅风》遂告停刊。

与此相近,王任叔还指导自己的社会科学讲习所的结业学生编辑出版《学习》半月刊,以韩述之、方行、范秉黎、徐达、李铮、姚溱、贾进者组成的编辑班子,就是在他的主持下产生的。该刊是综合性的理论、政治刊物,自1939年9月16日出版创刊号,一直坚持到1941年2月8日太平洋战争爆发,共计5卷又5期。

1939年,王任叔与郑振铎、孔另境还为世界书局主编了一套《大时代文艺丛书》,以“大时代”名其丛书,我认为与鲁迅也有些关系。鲁迅曾讲:“中国现在是一个进向大时代的时代。”(《〈尘影〉题辞》,《鲁迅全集》第3卷)他们在总序中说:“文艺工作者在这个大时代里必须更勇敢、更坚毅的站在自己的岗位上，以如椽的笔，作为矛，作为炮弹，为祖国的生存而奋斗……一个光明的大时代，就将到来。”这套丛书共11册，为孔、王等人的《横眉集》、巴人的论文集《扪虱谈》，陈望道（笔名齐明、虞人）译卢那察尔斯基的《实证美学的基础》，柯灵的短篇集《掠影集》，容庐的《繁辞集》，王行岩的长篇小说《突围》，白曙、石灵、宗珏等人的散文集《松涛集》、郭源新（郑振铎）、韦佩（王统照）等人的短篇合集《十人集》，冯夷译微尔塔的长篇小说《孤独》，屈轶（王任叔）译格莱赛的长篇报告《和平》，石灵的五幕悲剧《当他们梦醒的时候》共11本（另《法国革命三部曲》，只见广告，未见出版物）。丛书被运往内地，未在上海发行。这套丛书很适合抗战的时宜，主编们为其付出的心血应充分予以肯定。

作为编辑，王任叔在“孤岛”为文学新进花去了很多心力。为了广泛培养业余文学、新闻人才，他与蒋锡金在《译报》、《文艺新闻》组织文艺通讯运动，大量发表业余作者的通讯（或报告文学）作品。著名作家谷斯范当时是《译报》的年轻的校对员，得知他有创作的欲望后便鼓励他写出新章回体小说《新水浒》，并立即在《大家谈》上连载。在百忙中，他还为苏苏（钟望阳）的《小癞痢》、笑萍的《牛皮阿狼》、程造之的《地下》、白曙等的《松涛集》、齐同的《新生代》等作品或作序跋、或作评介，诱掖奖励，不遗余力。受到他帮助的作者、理论工作者，如王元化、周而复、蓝瑛、徐开垒、何为、丁景唐等，真不可胜数，此外有的已在抗日战争中贡献了自己年轻的生命。当时，王任叔被“孤岛”知识青年视以“活鲁迅”（徐达《回忆上海社会科学讲习所》，《上海“孤岛”文学回忆录》），日伪敌特则对他恨之入骨，多方缧绁缉拿。

1941年1月，皖南事变爆发，王任叔又成了国民党上海特工人员的暗杀对象，形势愈加险恶。受党组织之命，王任叔携眷赴香港，原拟去美国办《华侨日报》，后因情势变化，他被组织派往新加坡协助胡愈之开展华侨界的救亡工作。有人据非第一手材料说，他在新加坡主编过《星岛日报》的文艺副刊，据我掌握的资料认为不确，但他支持《南洋商报》的《狮声》副刊、杨骚主编的《闽潮》杂志是确实的。

1942年2月，日军占领新加坡，王任叔流亡至印尼之苏门答腊岛。9月，他组织并领导了苏岛人民反法西斯大同盟。在密林中隐蔽时仍根据各方信息，编写手抄小报在盟员中秘密传递。次年9月，他进驻大同盟总部机关，其地下刊物《前进周报》，即由他亲自编辑。二次大战结束后，王任叔到先达，参加并领导了苏门答腊华侨民主同盟，该进步组织的机关刊物《前进周刊》亦由他亲自主编。期间，王任叔开展华侨的民主爱国运动，以与国内革命形势相呼应，并且以友人的身份支持印尼的革命运动。可惜以上所举三种珍贵的刊物无实物可征，不能在这里详作评述。

1947年8月荷兰军队进攻苏门答腊，将王任叔无理逮捕，国民党政府驻当地领事则暗中撺掇，企图将他引渡到南京。斗争形势十分复杂，王任叔生命危在旦夕。为使"瑞·巴人"(印尼人民对他的尊称)获得自由，印尼政府通过电台向全世界发出呼吁，胡愈之通过英国记者在新加坡的《海峡时报》发表抗议。迫于舆论压力，荷军只得将他作"驱逐出境"处理。10月，王任叔抵达香港，支持《华商报》、《文艺生活》，为其提供不少稿件，次年7月与茅盾、周而复创办《小说》月刊。该刊以发表解放区的文学作品为特色，在南洋、香港、广州造成很好的影响。但他于8月奉调回大陆解放区，实际上他编辑《小说》月刊的时间并不长。

1954年，他从外事部门调人民文学出版社任总编辑，(先兼副社长，后兼社长、党委书记)至1961年调离人民文学出版社在编辑出版工作岗位上连续工作了将近六年。王任叔一身兼文艺理论家、文艺批评家、翻译家、史学家、老作家、革命家、老编辑……多家之长，高瞻远瞩，游刃有余，领导制订了人民文学出版社近期及长远的庞大的出版规划。他经常结合自己对党的文艺方针、出版方针学习的体会,向全社工作人员作学术性的报告。其作风果断、泼辣、敢奖敢罚,从思想、业务上培养了一大批过硬的青年编辑人才。他又律己极严,除亲自率领编辑人员出发约稿外,在有限的工余时间写出了长篇小说《莽秀才造反记》、《冲突》,回忆录《旅广手记》等新作。他又有大量的杂文、文学评论作品问世。作为老作家,他拥有小说、诗歌、戏剧作品近三十部,杂文、文学理论、文学批评二十余部,翻译四部,史学专著四部,如果出一本选集之类,并不比其他老作家的选集逊色。但他从来未利用职务之便在自己主持的人民文学出版社或其他出版社出过一册书。任职期间,他所出的唯一一本杂文《遵命集》,还是北京出版社的编辑戚焕勋同志将散见于各报刊的文章搜集成册后,送他签订出版合同后才出书的。王任叔是编辑,他也尊重编辑。《遵命集》中的文章多是遵了一些报刊编辑的命而写的。惟其真正热爱编辑这项事业,他才尊重为自己编稿的编辑,这是真正的自尊自重与尊人重人。1935 年,他在《直立起来的〈科尔沁旗草原〉》一文中写道:“各自尊重各自的工作,相互尊重双方的工作。能自尊,知道自己工作的甘苦;自然也能尊人,知道别人工作的甘苦。”以上这是说批评家与作家的关系的,但这用到编辑与作家的关系上仍然很贴切,我以为这也就是他以编辑之身正确对待自己书稿问题的极好解释。

王任叔甘心作“杂家”,“乐于为人作嫁衣裳”——只要革命事业的需要。据人民文学出版社老同志说,他们对王任叔主持全社编务的那几年时光非常怀念,他领导制订的出版规划,至今仍有重要价值,那时出版的书籍有的再版不衰,已成为“保留节目”。有的老编辑称这段时期为人民文学出版社的“王任叔时代”。

1961 年,他以“反党反社会主义分子”被解除党内外一切职务后,调中共中央对外联络部亚非研究所任编译室主任。据资料,这期间他于翻译史料之外,还为所内一内部研究参考刊物作编辑或编审。可以说,王任叔的最后一个职业仍是编辑,他是在编辑的岗位上被“文化大革命”推到生命的终点。

在中国,编辑被看作无所归依的“杂家”,而许多从业者也以“杂家”自居。其实,编辑是项壮夫不乐为,懦夫为不来的行业。然而就在因缘时会之下,一些壮夫在编辑事业中作出了于人类文化大有增益的可彪炳于历史的煌煌业绩。说孔子是中国编辑事业的祖师爷并不过分,由于他的努力,中国古代的典籍《诗经》、《春秋》才得以保存、流传,为中国源远流长的文化长河注进了最初的脉流。中国近现代编辑出版事业,也有许多志士仁人为之栖身或献身,王任叔一自从事编辑,即接受了共产主义的思想,自与他们有根本的不同。但我们试将王任叔与他同时代的编辑相比较,我以为无论就所编报刊书籍的门类、品种来说,无论就编辑工作所处环境之复杂险恶来说,无论就读者对象之多种多样来说,在现代编辑出版史上都是极突出的。谓予不信,再概略言之:他编过公开报刊也编过秘密报刊,编过机关报刊也编过同人报刊,编过单行本也编过丛书、全集乃至总揽一个大型出版社的编务。“孤岛”情势的险恶自不必说,苏门答腊岛在编三种刊物中,他要对付日寇、国民党领事、荷兰殖民者、印尼反动派多种敌对势力。就所服务的读者范围来说,既有社会公众,也有组织内部(如《前进周报》),也有学者专家(如《公论丛书》),也有党和国家领导人(如在亚非研究所编的内刊)。当然,他作编辑除初入《四明日报》社之外,都不是为了谋食,而是为党的革命事业。即便是在《四明日报》任地方新闻编辑,他也是显示了激进的民主主义战士的风采,配合着党在当时的革命斗争路线的。附带说明,他在1922年即在宁波与友人讨论地方的建党问题了。

这篇文章无力对王任叔的编辑事业作全面总结。但编辑——作为读者与作者的中介,作为党的革命事业和建设事业的舆论者,我以为中年以后的王任叔在编辑作风上,有许多值得我们借鉴、学习与继承的方面——

第一,读者观念。《译报》出刊在抗日战争最艰苦的年月,国土相继沦丧,孤岛居民生活日蹙,焦躁悲观的情绪需要正确的舆论来开导。如何坚定广大读者抗战必胜的信心,则是一个真正的编辑所考虑的第一要务。王任叔在编辑副刊时,注重乐观主义精神的挥扬,这是很有见地的。他以广大读者十分熟悉、喜爱的古典文学名著及传说中的"行者"、"八戒"为笔名,讽刺犀利,调侃风趣,文笔常带家常之情,与广大读者沟通着共同的感情,建立着共同心理意向。所写文字,如《不仅是海关华员的事》、《救救小学教师》、《从包身工说起》等,多写与孤岛读者生活实际有关的眼前事,因而读者都能以《译报》当作自己知心的朋友,报纸的宣传、教育作用也就在这里建立了基础。他指导并编发谷斯范创作的《新水浒》,也是出于这方面的考虑。他对张恨水日产万言连载于报端的社会言情章回小说评价并不高,但这一形式却为城市读者所乐于接受。《新水浒》激励着民族自尊、自信,宣传了党中央为扩大和巩固抗日民族统一战线、动员一切力量争取抗战胜利而斗争的路线,形象地批驳了亡国论、"抗战只能靠国民党"、"游击战成不了大事"等谬论,并戳穿了装出抗日面孔,实际与日伪勾结的忠义救国军的反动面貌。作为精神食粮,这部连载小说对孤岛读者来说无疑是十分适宜的。

第二,爱稿爱才。彝族作家李乔在抗战前将自己的长篇处女作《走厂》寄交茅盾,茅盾拟编入《天马文学丛书》。"八一三"战事爆发后,茅盾撤离上海时把书稿交王任叔保存。王任叔于 1941 年初化装潜离上海,竟将这部"无名小辈"的书稿装入行箧带到香港,而后新加坡。战火燃及新加坡时,在火巷中登船漂至苏门答腊,他又将它携至苏门答腊。在苏岛日寇实行大检举活动时,他交郁达夫埋于地下。待到大战结束王任叔将其挖出,可惜书稿已变成一团烂泥。归国后,他打听到李乔的地址,赧颜致函,请求原谅。

李乔在一篇文章中说:“我拿着信笺的手不由得抖了起来,眼角噙着晶莹的泪花。这部习作是我的第一个长篇,根本不值得一说,更不值得巴人在兵荒马乱中带着走!”(《感激之余》,《文学报》1984年5月1日)在战乱的流徙中,王任叔的身家性命都难以保全,但他把别人的书稿放在与自己性命同等的位置。类似的情况还可举骆宾基的一部书稿,万幸的是这部书稿得以出版流传。王任叔爱别人心血胜过自己生命的这种高度负责的精神,不正是当前一些编辑人员,草菅“稿”命,视别人心血若粪土而不负一点道义责任之所为的一个强烈对比吗?要知道,现在到底是和平时期,而王任叔所处的是战乱时期!王任叔的爱才,可举对待浩然为例。浩然的第一个短篇集《喜鹊登枝》交到编辑部后,王任叔于“各编辑室古今中外的稿件都一一阅读”中发现了它的价值,他立即写信给这位素昧平生的文学青年,并亲自担任这部书稿的责任编辑。在工作中,除电话、面晤之外,他同浩然写信六通,从思想、生活、技巧诸方面进行指导、帮助。浩然回忆道:“巴人同志是文艺理论家,是有真学问的。但他从未用高深莫测的‘理论’分析我的作品和指导我的创作。他对我使用的就是‘中国作风’和‘大众化’理论,所以我看能看懂,听能听懂,好似春雨落地,点点滴滴都渗进心田,启发着认识籽种的萌芽。”“我和巴人同志之间的极普通的关系,是革命长者对一个后辈,一位文艺理论家对一个爱好文学的青年,一位出版社编辑部领导对一个无名作者的一般来往。正是由于这样的普通和一般,才特别显示出巴人同志的高尚的品德和真挚的热忱,才使我特别地珍惜而永生不忘。”(《巴人同志指导我学习创作》,《新文学史料》1986年第3期)联系当前,不正之风已侵入出版界,什么关系稿、交换稿、名人稿,不一而足,而不少有真才实货的书稿撇弃在一些编辑的视野之外。他们有的有眼光而无公心,有的既无眼光又无公心。而王任叔就是位既有眼光又有公心的好编辑。

第三,不谋私利。从抗日战争算起到建国以后,王任叔从事编辑工作，都是应着党的革命与建设的需要，受命于党的委派。凭他的革命资历、学识、能力，可以做高官、可以做专业学者、专业作家。但他的组织观念，使他几乎没有一天专门搞自己的研究或著述。《鲁迅全集》的编校，他是尽义务的。于编辑《译报·爝火》、《译报·大家谈》、《公论丛书》、《申报·自由谈》，主持《鲁迅风》、《大陆》，协调《上海周报》、《文艺新闻》、《学习》而外，他的著述时间是靠了鲁迅先生挤海绵的精神挤出来的。他在《生活、思索与学习》一书的后记中说："文字大半在夜间匆促草成，夺去我睡眠时间的三分之一。为此我白了半头的发，耳鸣不断的起伏。"这时，他才年仅 39 岁，而他在社会主义建设时期不考虑在自己从事编辑出版领导岗位上出书，当成为出版史上的佳话，永远流播。邹韬奋在编辑出版界的业绩，多得胡愈之同志的支持与襄助，作为我党伟大的文化战士，他甘为人梯，默作无名英雄，编辑出版界知情的前辈无不对他由衷地敬仰。王任叔在自传中曾说："一生中，为人处事给我以最大影响的，是胡愈之。"是的，他从胡愈之同志身上，就是学习到了不谋私利的精神。编辑这一行，我认为王任叔与胡愈之、邹韬奋一样，堪称后辈永远学习的楷模。

1987 年 3 月 13 日稿竣

原载《出版史料》1987 年第 3 期

王任叔和他的编辑思想

龙世辉

我在人民文学出版社工作了三十多年，从青年到白发苍苍的老头，一直在这儿工作、学习和成长。我的事业在这儿，我的朋友在这儿，我的欢乐和痛苦也在这儿。我的一切，包括精神和物质上的一切都是这儿给的。现在,我调离了人民文学出版社。虽然身子离开了,魂却丢在这儿,好像根本没有离去。

一个人有亲人、老师和朋友,朋友中又分密友、挚友、诤友和畏友。当我回顾往事的时候,首先想到的是人民文学出版社和我长期共同工作过的朋友们。譬如,我不会忘记教会我编辑技术的、1966 年患肝癌去世的师兄张奇。我至今仍然感谢我工作后的第一个上级对下级从严过苛的前整理科长刘岚山。我永远感激一位难得的诤友陈新。他从我发的一部长篇校样里,挑出一百多处错误,在三楼俱乐部刷了我一墙大字报,而且到我屋子给我一鞠躬说:"龙大编辑,您这样发稿,我们没法校对!"他的做法虽然使我很难堪,但却狠狠"打击"了一下我的粗枝大叶作风。还有一位至今不知名的朋友,在我 1953 年来出版社才几个月,就给我下了一个评语:"此人(指我)中国文学懂一点,外国文学一窍不通。"这话说得虽有点过分和刻薄,却也的确说中了我的弱点。它刺痛了我,也激励我下决心补外国文学不足的课。我在湘西偏僻的山城长大,中学时期外国文学书籍接触较少,上大学又年年搞运动,成了学生干部,不是我不想读、不用功啊!不过,在朋友和同志中,更使我常常想起的是另外一个人,那就是王任叔同志。

我在 1982 年第 4 期《当代》纪念王任叔的文章的编者按中写过这样一些话:

> 王任叔同志遭受"四人帮"迫害,悲惨地死去,逝世已经整整 10 年了!……
>
> 凡是 50 年代在人民文学出版社工作过的人,无不怀念王任叔同志。他每天按时上班下班,一来就伏案工作,各编辑室中外古今的稿件都一一审读。一篇审稿意见没写好,或一部稿件整理加工不足,他毫不客气地打回去让你重写重整。他经常在全社大会上阐述自己对工作和文艺的意见与观点。他

热情赞扬好的，也严厉批评缺点错误。共青团的墙报他戴着老花镜仔细看。已出版的作品，为检查编辑工作质量，他从档案室里调出原稿一页一页翻。编辑室推荐一部新人的稿件，他“抢”过来自任责任编辑，亲自加工润色，并写评论给以热情扶植。

任叔同志编辑工作的繁忙是可想而知的，他一面出色地完成编辑工作任务，还经常在报刊上发表评论和杂文。除了这些，直到他逝世10年后的今天才知道，仅在50年代，他利用业余时间，竟还写出超过百万字的作品。这连和他一起工作多年的同志也感到吃惊！“因为我是出版社的社长”，这些作品竟一本也没有拿出来出版。王克平同志回忆说：“爸爸性子急，他不愿意慢慢地去摸空气，打太极拳。”王任叔的一生，真是勤奋的一生！

随着时间的推移，对任叔同志的怀念愈益加深。姑且不论任叔同志在工作、创作上的成绩、贡献和功过，光他严肃认真、一丝不苟的精神，雷厉风行的作风，是非、爱憎分明的态度，就是我们编辑、出版工作者值得学习、继承和发扬的。

我在这里粗略地勾勒了作为编辑的王任叔的形象，只是概括一下他的工作面貌和作风，并没有接触到他的编辑思想。作为社长兼总编辑，他是用什么样的编辑思想领导全社工作的，这是更重要的问题。王任叔好像并没有写过编辑学方面的论文，也好像没有专门谈过编辑学方面的问题，但在他的言谈中，却经常阐述他对这方面问题的见解，时有触及，时有发挥。就我个人记忆所及，综合一下，大概有如下几点：

一、王任叔说过：作家是我们的衣食父母。我们是通过作家来为人民服务的。

王任叔是个杂文家，他行文说话，爱使用杂文手法。“作家是我们的衣食父母”这句话，我初听时有点别扭，觉得说得过分了。其实他是用杂文手法，强调作家对编辑的重要性。这和后来严文井说的“为作家服务”，其中心内容是一致的。无非都是强调联系作家、尊重作家的重要性。如果不联系作家，不尊重作家，拿不到作家的稿子，我们编辑就没有为人民服务的手段，就无从履行编辑的职责。

二、王任叔说过：编辑应该是“静如处子，动若脱兔”。

这里说的“静”，是指审读稿件、加工整理稿件一类案头工作。这里说的“动”，是指出外联系作家组织稿件和有关的社会活动。编辑应该能静下心来做案头细致琐碎繁杂的工作，又要像一个社会活动家那样去广泛、活跃地联系作家，开辟稿源。这一动一静，几乎概括了编辑的主要工作内容，比喻形象生动。作为编辑，二者缺一不可。偏废了就不是一个好编辑，就不是一个全能编辑。

三、王任叔说过：编辑好比厨师，你做的菜是给别人吃的，不要光做合自己胃口的菜。

这就是说，编辑不能凭个人爱好来取舍稿件，应该首先想到读者。文学创作，作家风格不同，流派迥异，题材多样，悲喜皆美，而读者的爱好、兴趣、目的、要求也不一样。编辑的责任是把各种各样的作品献给各种各样的读者。编辑的偏爱，对繁荣创作，对满足读者，都是不利的。单调、单一是文学艺术的大忌。偏爱容易产生偏颇。一枝独秀和万紫千红孰美，这是不辩自明的。编辑应该促使百花园中百花齐放。

四、王任叔说过：编辑和作家打交道，应该时刻记住：“大夫无私交。”

编辑代表编辑部和作家联系，这是公务，不管个人和作家的私人关系如何，都应该秉公处理，切忌感情用事，更不可搞那种拉拉扯扯的交易。王任叔是当过外交官的，他深知“大夫无私交”的含义，也深知不如此所带来的危害。当然，通过工作，编辑和作家建立了感情,有一定的交往,这是合情合理的,也是允许和应该的。这是另外一回事。王任叔在这个问题上说得严格一点,向编辑敲起了警钟,从现实情况看,只会有好处。

五、王任叔说:编辑应该是杂家。

文学创作内容丰富多彩,题材千奇百怪,历史的,现代的,上至天文地理,下至风土民俗,衣、食、住、行都可能写到。一个编辑如果没有各种各样丰富的知识,在有的稿件面前,就会束手无策,无法判断,甚至看不懂,有时还会闹出笑话。错判、错改的事难道还少吗!一个编辑是书刊报纸文字和内容的"清洁工",肩负着当前读者和子孙万代的教育责任,如果由于自己的无知造成了错误和笑话,就将成为贻误后代的罪人。编辑应该学得杂一点,懂得杂一点,这是王任叔经常议论的话题。

王任叔还说过编辑工作其他方面的意见,譬如他说编辑应该是评论家。一个编辑可以不写评论文章,但看稿实际上是在做评论工作。一部几十万字的长篇稿件,他要求用几分钟十来分钟的时间,既说明稿件内容,又要表达对作品的评论和处理意见。如果你结结巴巴说不清楚,他会叫你回去,准备好了再来。当时我都是事先做好充分准备才敢去找他的,开始还不免有点紧张。他就这样给编辑以理论、逻辑方面的锻炼。

上面是我个人记得的王任叔关于编辑思想的几个方面,并不是全部。这些话他不是一时一地说的,却也系统地反映了他的编辑思想。别的同志我不好代表,至少我个人,当时是遵照他的这种编辑思想进行工作的。前面说过,出版社对我有影响、有帮助的同志很多,我很感激他们,但有系统、有指导意义的恐怕只有王任叔,因而对我的影响和帮助就更大,所以我不仅感激他,而且怀念他!

人民文学出版社的编辑人员和各届领导人中,不缺名人大家,他们自身成就不说,光在编辑工作中也都做出了自己的贡献。但如果多几个像王任叔这样的同志,不只注重个人的著译成果,而且对编辑工作本身进行思考、研究和总结,那我们的编辑工作和编辑队伍的面貌就会改观,就会更加进步,也就更能促进文学出版事业的发展。这是历史赋予编辑的责任。有人看不起编辑,编辑看不起编辑,编辑看不起编辑工作,身为编辑的人不首先钻研编辑工作,一心只想跻身于另一支队伍,这不能不说是一种社会的误会,编辑的自贱!王任叔同志并不是没有缺点的,但作为编辑,他是我们应该学习和研究的前辈。

原载《编辑之友》1989 年第 6 期

悲剧的最后

——王任叔(巴人)之死

袁少杰

王任叔(1901~1972),著名作家、文艺理论家,新中国首任驻印尼大使。浙江奉化人。早年即开始对新文学运动发生兴趣,是早期文学研究会会员,创作过大量诗歌和小说,其中小说《疲惫者》被茅盾选入《中国新文学大系·小说一集》。他不仅是作家,还是革命战士,1923 年前后即参加过家乡的社会改革活动。1924 年加入中国共产党。1926 年,到广州任北伐军总司令部秘书处秘书,当他觉察到蒋介石要背叛革命,马上离开了蒋。随后,在宁波被捕。出狱后曾任中学教员并到日本留学。1930 年回到上海,加入"左联"。1931 年任海员总工会党团委员。抗日战争爆发后留在上海"孤岛",从事抗日活动和写作。曾先后编辑《译报》副刊《爝火》、《大家谈》、《申报》副刊《自由谈》,还和许广平共同主持过《鲁迅全集》的编辑工作,与此同时,还以巴人、八戒、行者等七八十个笔名写了大量杂文。有人评论说，他是留在“孤岛”的作家中，从事抗日活动最活跃、写作品最多的一个，也是党员作家中，团结党外作家最广泛、执行党的统战政策成绩显著的一个。1941年，“孤岛”沦陷，他远走南洋，协助胡愈之开展华侨抗日文化活动和统战工作。日本投降后，他在当地从事华侨爱国民主运动，并参加印尼人民的革命斗争。1947 年 10 月被荷兰当局驱逐回到香港。不久，即进入解放区，任中共中央统战部第二处副处长。新中国成立后，于 1950 年任我国驻印度尼西亚首任全权大使。1954 年起，负责人民文学出版社的工作。1961 年，因 1957 年发表的一篇杂文《论人情》，而被康生视为“人性论”典型，受到批判，被撤销职务，调到东南亚研究所编写印尼史。十年动乱中，他更是受尽折磨。最后被强行遣返原籍农村，精神错乱，含冤逝世。本文所记述的正是王任叔同志辉煌生命的最后的沉痛旅程。

——编者

车尔尼雪夫斯基曾说：“悲剧是人的伟大痛苦，或者是伟大人物的死亡。”王任叔曾把他的系列小说命名为《中国的悲剧》，而他自己，也成了悲剧中的人物。

1970 年 2 月，他在痛苦、寒冷和孤寂中，迎来了春节。除夕之夜暴烈的鞭炮声，艳丽的焰火，飘散在空中的火药的浓香，唤起了他对自己的亲人，特别是上海的克平（他的儿子）和小高高（他的小女儿）的思念。他再也不能带着高高去胡愈老等老同志家中拜年了。往日的朋友很少有敢登门来看望的，有的，甚至走在对面也早立即避开。环绕着他的是无限的寂寞、孤独与痛苦。他在这痛苦的孤寂中度过了他在北京的最后一个春节。3 月 18 日，终于被决定遣送原籍。遣送书中规定：一、不准参加群众大会，不准参加一切社会活动；二、不准随意听收音机（带回的一架收音机被封存）；三、不准出县外就医……

火车驶进上海站，看着这熟悉、亲切的城市，自己在 20 年代中到40年代初在这儿参加革命的情景一幕一幕在脑际映出。他多么想下车回上海的家去看看,但,这是不允许的,他是被遣送的戴“罪”之身。克平闻讯带着自己的儿子匆匆地赶到站台。王任叔已陷入了痛苦的麻木之中。克平只能是让父亲吃上一碗送行面,以表绵长的孝敬之情。

汽车行驶在通往大堰的丛山峻岭之中,这蜿蜒陡峭的山路,曾是他几次奔出又几次铩羽而归的熟悉的家乡的路。家乡的亲人热诚地迎接了他。侄儿梦林(王仲隅之子)安排了他的生活。

他仍住在自己幽暗的木屋里。随带的器物中,除了一床棉被和一条毛毯之外,主要是一箱印尼史手稿和参考资料。他每天修写印尼史或查看资料,力作不辍。梦林劝他不要再写了,以免再遭批判。他说:“人活着为了什么,还不是为革命。过去我的文章被批判是当时的形势、时代所致,错了,拿出来批判也可以教育大家吗。”于是,每每夜静更深,梦林所看到的,仍是从他窗口上放射出的长夜不息的灯光。这灯光,这不屈的圣洁的生命之光和天上的星光相辉映,伴着门前日夜奔流的溪水声,谱写着他的悲壮命运交响曲中的最后乐章。

这最后乐章中的唯一的一个欢乐音符是亲属和乡邻们为他举办的70寿辰庆典。夏历九月初八,人们在盛传着林彪折戟沉沙的爆炸性消息的喜悦中,庆祝他的寿诞。张福娥老人、梦林和侄孙们以及远村的亲属,童年时的朋友,欢聚一堂,献上了带浓郁乡情的寿礼,举杯祝他健康长寿。亲情、乡情给他带来了一瞬间温馨的安慰。在此之前,他的精神状况已经很不好。

他的家乡四面环山,只有那么大的一块蓝天,收音机又不准听,他觉得自己已与外面的世界隔绝了。谈工作,论研究找不到同志和知音。尤其是想到还没有给他作定案结论时,更觉得整个脑海里,充满了铅一样沉重的不能摆脱的苦闷。他认为,把他遣送回乡是对他的陷害。他曾多次往原单位写信,要求返回北京,甚至宁愿去干校。但去的信总是石沉大海。他焦思忧虑，日夜不得入眠，脑血栓、冠心病和严重的神经官能症侵害着他的健康，情绪也越来越坏。梦林是乡里的干部，从他那里读到《中华人民共和国宪法修改草案》和《叛徒、内奸、工贼刘少奇罪行录》的影印本之后，精神严重受挫，逐步发展为精神分裂。曾特别喜欢的烟也不吸了。晚上不睡觉，深夜里常常跑出去，敲打亲戚和邻居家的门，发出惊恐的呼叫。在冰天雪地的日子里，他不穿衣服跑出去，踉踉跄跄，倒在外面。他也常常癫狂地沿着溪畔行吟……散乱的满头白发，蓬草般的白须，目光呆滞，乞求似地仰望着苍天……

叱咤国统区，纵横海内外，跃马文坛，日试万言，热烈、坦诚、敏锐、拙直、睿智、不畏刀剑、嫉恶如仇的王任叔癫疯了！

只有儿子克平从上海赶来，才能有一点令人欣慰的安定。克平含着泪给老父亲修剪着乱蓬蓬的须发。这闭塞的山村，缺医少药，梦林看着正遭受精神分裂痛苦的老人，鼓足了勇气，毅然地向王任叔的原单位写报告，请组织允许派人来，安排去外地就医。委派的人来后，经商定，去宁波地区疗养院治疗。疗养院在奉化溪口，这是蒋介石的家乡。到溪口下车后，经武林门，王任叔看见大门上“武林”二字下有“蒋中正题”的落款，即说：“你们这是耍阴谋，把我送到蒋介石的老巢来了，简直是陷害，我要回去，我决不住这里。”单位派来的人说：“这是组织的命令！”他说：“别的命令我服从，这个命令我决不服从！不让我回去，我就跳楼自杀！”吵了一夜，无奈，第二天只得返回大堰。以后病情加重，梦林又两次写报告请求治疗。单位电告克平，由他找人安排，同意出县看病。克平经多方联系，才得以去杭州精神病院治疗。住院达半年之久，以为是不治之症而推手。不得已，又返回大堰。

1972 年春，王任叔病情日见加重，大小便亦不能自禁。常不穿衣服在街邻面前或溪畔颠行。梦林无奈，只得含泪用一条围巾将他捆绑在坐椅上。他可怜巴巴地叨念说：“我失去自由了，我已被绑架起来了……”病情恶化后，又不得不把他送到奉化医院。7月25日，逝世于奉化医院。弥留之际，身边无一熟人，他孤寂地离开了人间。第二天，梦林与侄媳英凤赶到县医院。二人置棺托遗体入殓。梦林吃力地拉着平板货车，与英凤扶灵走过返归大堰的蜿蜒陡峭的60里山路。横山上的苍松翠竹，伏首沉目，迎送着这位50年前曾在这横山上作诗，以鹰鸥自比，要飞出大堰、宁奉而翱翔于苍茫天海的游子。如今，这位游子魂归故里了。

故乡的习俗是停灵三日必须下葬。这时梦林想起了王任叔留在笔记本上的绝笔："一、我的病什么时候死是可想而知的！二、在我未死之前，希望组织上能给我政治上有一个明确的结论。三、编写的印尼历史，是否付印可由组织确定，近代史修改也即将定稿，是否录用也由组织决定。四、死后安葬，可用一堆干柴放在沙滩上烧掉，把骨灰分成两半，一半用一把小锄头在后门山上挖个洞，葬在后门山上；另一半托人带到上海撒在黄浦江上……"

在溪滩上火化，他在近半个世纪前所写的诗歌《余波》中(1923年4月1日《文学旬刊》第69期)，就为自己描绘了这样的身后情景：

床草在滩上烧去，
又不知什么人死了！
听说又是一个著作家了，
他的妻子，
悲哀他的两手，
再也不会拿笔抄写人间的事情，
把他在平日焦容枯发中所写的一堆著作，
与所常写的秃笔与白纸，
尽行放在他的棺材里；
好似死了儿子的母亲，

把孩子生前喜欢的玩具，
放在小棺材里一般，
聊以慰死者的苦心，
哭哭啼啼抬到山上去了！
可怜那不言不语的著作家，
再也不能写出他最后的悲哀，
只有震荡后的死血，
滴滴斑斑透过了著作里！

当地没有火葬条件，梦林不忍心在度过了他梦幻般的童年的溪滩上焚烧他的遗体。还是用寿材让叔叔安歇在了故乡群山的怀抱。一阵阵飘着野花芳香的山风，在抚慰着这颗返归故里的负着冤情的灵魂；天上飘来的朵朵白云，作为葬衣和墓土，轻覆着这位诗人，这颗文化巨星，更显出他的圣洁和纯净……

终于，历史的阴霾被扫除，中国出现了晴朗的天空，王任叔的冤案得以平反昭雪。自 1986 年至 1991 年，在短短的五年时间里，由文化、出版、教育、研究各界发起，先后召开了三次全国性学术讨论会，来纪念这位卓越的无产阶级文化战士。全国已有十几家出版社整理出版了王任叔的小说、散文、杂文、文学理论、戏剧、印尼史等著述二十余种近五百万字，以继承和发扬他“以血代墨，死而后已”的不朽的“巴人精神”。

原载《人物》1995 年第 1 期

巴人传略

戴光中

一

巴人,原名王任叔,1901年10月19日出生于浙江奉化西南边境的大堰村。王家是这一带的名门望族,相传为书圣王羲之的后代;其嫡系高祖王钫,明嘉靖二年进士,累迁至兵部右侍郎佥都御史督两广军务,由于抗击倭寇有功和镇压了两次农民起义,特诏奖荫一子,并升为右都御史掌两部都察院事,后因“风纪肃然,权贵敛手,改任南京工部尚书”,死后朝廷谥以“恭简”。[①]巴人祖父王开旦,系前清武举,但未曾外出做官;父辈六人,有两位考取秀才。其父王景舒,却没有功名,一生在家务农,兼管族中事务,表现出自力更生、吃苦耐劳、以身作则、正直骨硬的品性。巴人幼承庭训,深受影响,几乎全部继承了父亲的优秀品质。

1915年,巴人考取设在宁波的浙江省立第四师范学校。当五四运动爆发时,他全身心地投入这场划时代的革命运动,担任宁波学生联合会秘书长,起草全市学生总罢课的宣言,上街宣传,查禁仇货,干得热火朝天。不久,巴人从四师毕业在宁波地区的几所小学任教,开始关注以鲁迅为主将的新文学运动,由郑振铎介绍,加入著名的“文学研究会”。这段时期,他创作了大量新诗,其中的散文诗集《情诗》,于1923年由宁波春风学社出版,此乃中国新文学史上第一本散文诗集。还有一部八百余行的长篇叙事诗《烘炉》,则非恋人在花前月下甜言蜜语的情诗,而是叛逆造反者的绝叫,充满了男性的强硬狂暴,犹如一座炎炎赫赫的人生熔炉,腾跃着烧毁旧世界的烈火。可惜它未能在当时问世,不然的话,“巴人早就被尊为中国现代叙事诗的开拓者了”，因为《烘炉》对中国现代叙事诗的成熟，“作了全方位的展示”。②

青年巴人，就以如此不凡的身姿，从新诗起步，开始了他一生漫长曲折的文学道路。1923 年，省教育厅委任著名教育家、国民党左派人士经亨颐来宁波任省立四中（即今之宁波中学）校长，遭到宁波“六邑公会”的遗老巨绅们坚决反对，联名上书省政府，指责经亨颐是赤化头子，主张共产共妻，拒绝他来四中当校长。当时，巴人在慈城普迪小学任教，从报上看到这则消息，不禁勃然大怒。他不惧权贵、针锋相对地奋笔起草《欢迎经亨颐来四中》一文，遍请同志友好签名支持，然后公开发表于《四明日报》。顿时，宁波各界为之震动，“拒经”、“迎经”，争论得十分激烈。结果，经亨颐毅然来甬，主持四中，并且大刀阔斧地改革校政，聘请夏丏尊、朱自清、许杰等新派人物来校任教，使四中极一时之盛，添历史光辉。而巴人则因此失业了。

1925 年，巴人进《四明日报》任编辑，负责地方版和副刊，并团结一批志同道合的青年朋友，成立了宁波第一个新文学团体“雪花社”。与此同时，他经张秋人介绍，成为宁波早期共产党人之一。他利用报纸，大量刊登社会丑闻，以促使人民惊醒、愤怒，起来反抗。一次，他针对军阀段承泽放纵部下白日抢米事件，撰文详加报道，严厉抨击，再度轰动了甬城的三江六岸，因而他又一次失业了。

五卅惨案发生时，巴人适在上海，他亲眼目睹帝国主义暴行，义愤填膺，返回奉化，领导五卅惨案奉化外交后援会，日夜赶写《沪上血案记》、《朝鲜亡国一瞥》、《何处去》等剧本，供大家赴各地演出。不久，他接任奉化初级中学教务主任，以其卓越的组织活动能力，雷厉风行地进行教学改革。同时，又从宁波请来共产党人赵济猛和石愈白，建立党支部，在学生中开展思想政治教育。他还兼任奉化进步青年组织“剡社”机关刊物《新奉化》的主编，改年刊为月刊，并调整栏目内容，突出政治性、现实性。他带头撰文，攻击由奉化的土豪劣绅组成的“法治协会”。结果,竟遭官府迫害,不得不潜赴广州、投奔蒋介石,因为蒋介石看过他在《新奉化》上的文章,曾亲笔来信,邀请他去广州“襄助工作”。

巴人抵穗时,正是北伐誓师日。蒋介石没有食言,派他到总司令部机要科工作。在这里,他通过时任黄埔军校教官的张秋人,与党组织取得联系,先是每月参加两次小组会,后来因他提供的情报很重要,改为单线联系,定期向一个名叫黄平的同志汇报军事机密。1927年春节前后,巴人已任机要科代理科长,他从蒋介石和李济深的来往电报中,敏锐地察觉到:可能要发生第二次“中山舰事变”,他们将从“限共”而转到“反共”了。于是,巴人火速赶去向黄平汇报了电报往返的经过及自己的判断。——他是我党历史上获悉蒋介石反革命政变阴谋并及时汇报的第一人。

这个情报实在太重要了,周恩来立刻接见了他,并问道:“听说你是蒋介石亲自叫来的,为什么要帮助我们做工作呢?”巴人说:“我是为革命而来,不是为蒋介石而来广州的。”③

1927年3月,巴人根据组织决定,脱离敌人的心脏,返回宁波工作。“四一二”政变后,他受命负责宁波地委的宣传工作,但因俞飞鹏和朱守梅的指控,被捕入狱,幸而有蒋介石的老师庄嵩甫出面保释,才免于一死。

大革命失败后,“创造社”和“太阳社”在白色恐怖中挺身而出,开始倡导革命文学。这时,巴人转至上虞县白马湖畔的春晖中学执教。他敏锐地感到,这是时代的要求,也是新文学运动发展的必然,所以积极响应,用“赵冷”的笔名撰写论文和小说,投给《创造》和《太阳月刊》,又用“霁楼”的化名,迅速地编选了一本《革命文学论文集》,1928年5月由上海生路社出版(由于选文精当、很有参考价值,上海书店于1986年予以影印再版)。与此同时,他和张孟闻等友人携手创办《山雨》半月刊,仿效鲁迅主编的《语丝》,无所顾忌,任意而谈,发表对时事与文艺的看法。

在“革命文学”论争中，巴人对创造社同人的理论知识极为钦佩，“深感自己对马克思主义的无知，有再求深造的愿望”④。因创造社同人均为留日学生，于是他卖掉四部小说稿，筹足经费，也东渡留学去了。

巴人是文学研究会的重要小说家，其创作主要集中在二三十年代，计有短篇集《监狱》(上海光华书店 1927 年)、《破屋》(上海生路社 1928 年)、《殉》(上海泰东图书局 1928 年)、《影子》(上海励群书店 1928 年)、《在没落中》(上海乐华图书公司 1930 年)、《乡长先生》(上海良友图书公司 1936 年)、《捉鬼篇》(上海新城书局 1936 年)、《流沙》(上海商务印书馆 1936 年)、《皮包和烟斗》(上海光明书局 1939 年)、《佳讯》(上海商务印书馆 1940 年)；中篇小说《死线上》(上海金屋书店 1928 年)、《阿贵流浪记》(上海光华书局 1928 年)、《某夫人》(武汉日报社 1936 年)、《证章》(上海文学出版社 1936 年)、《一个东家的故事》(广西未明社 1942 年)；长篇小说《超然先生列传》(上海《求知文丛》1940 年连载)、《沉滓》(香港《华商报》1941 年连载)、《冲变》(黑龙江人民出版社 1983 年)、《女工秋菊》(北方文艺出版社 1986 年)等。

这些小说的内容，从农村到城市，从监狱到官府，三教九流，五光十色，凡是巴人经历过的，几乎无一不在小说中出现，形成了题材广泛、人物庞杂、视野开阔、产量丰富的创作特色，文学研究会中似乎无出其右者，但因此也造成了广而不深、杂而不精的缺陷，其中最为人称道，是描写浙东农村人民的乡土小说。

中国新文学的乡土小说，大都为侨寓者对故乡的怀恋，巴人则有所不同。他在《给破屋下的人们》一文中说过：“我是同情于你们的，你们的一举一动，虽则是极微细、极微细的，我都记在心里，深切地不曾忘怀过。我见到你们的生活，是在乡村的破屋里、凉亭下。我知道，你们是一无所有。……你们真是个耶稣啊！把一大部分的利益送给别人，留下一极小部分给自己用，而且，有时连这极小部分都得不到,你们真个是甘心的吗?”因此,他的笔下缺少一般乡土小说那种怀恋的甜蜜、凄婉的温馨,而多的是乡村社会不幸的苦难、绝望的挣扎,以至反抗的呼声,从中又涌现出一群别的乡土小说所没有的农村“光棍党”——运秧驼背(《疲惫者》)、白眼老八(《孤独的人》)、雄猫头(《雄猫头之死》)、王老三(《唔》)、阿召(《乡长先生》)、阿发(《族长的悲哀》)、柳英(《失掉了枪枝》)……

这些人物形象,全都是破屋下的人们,无产无业,无亲无爱,受尽压迫,却永远硬气,保持着浙东人特有的刚直和倔强,敢于大胆怀疑甚至反抗宗法制社会秩序和道德规范。诚如茅盾评论《疲惫者》所指出的“他已经没有悲哀,他有的是冷笑,有的是对阿三那种趋炎附势者的憎恨和蔑视。他虽然时时几天没有饭吃,然而他不肯偷,不肯拍马屁,他保持着高贵的胜利者的姿态”⑤。而一旦时代大潮冲击农村时,他们又会像王老三那样迅猛崛起、站在斗争前列,爱憎分明、宁死不屈;或者像柳英那样转化为工人阶级,变得热情开朗,心中永远闪烁着革命的火苗。——巴人所以能写出这类人物,正是源自他对破屋下穷人们的深刻了解、同情和敬佩。小说的艺术风格,虽然“缺乏许杰的气势,也缺乏王鲁彦、彭家煌、台静农的沉静和细腻,但却显示出舒卷从容、哀怜中夹杂诙谐的笔调,使人感到甘旨而微涩的滋味”⑥。

二

1930年初,巴人留日归来,在上海接上党的关系,被编入著名的“文化支部”。3月2日,中国左翼作家联盟成立,他是发起人之一,分工负责青年文艺研究会,但主要任务是从事党的地下工作,先后在浦江中学、建国中学、日商的绢丝厂和沪东的海员工会活动。翌年3月,巴人第二次被捕。4月16日,《中国左翼作家联盟为国民党屠杀大批革命青年作家致各国革命文学和文化团体及一切为人类进步而工作的著作家、思想家的信》在国外发表,其中特地提到:"当这篇宣言正在起草的时候,另一位左翼短篇小说家王任叔被捕——而目前的中国,逮捕差不多就意味着死亡,而且是最惨的死亡。"幸亏有上海律师公会会长、巴人的忘年之交沈钧儒为之出庭辩护,才只判了六个月徒刑。

1935年,巴人第三次被捕。他在南京参加了世界语小组和读书会,当年一起学习的劳荣在《缅怀王任叔(巴人)同志》中指出:"他年纪最大、阅历最广、读书最多,是我们中间的老大哥。读书会读的是李达所译苏联李昂诺夫的《政治经济学教程》,实际上由巴人主讲,外加国内外形势报告,对我说来都是闻所未闻的新词儿、新事儿,在我眼前打开了一扇扇新世界的窗户。鸡鸣寺内、玄武湖上、清凉山畔、中山陵园,他那眉飞色舞、娓娓而谈的神态,至今还印在我的脑膜上;他那高亢的宁波腔官话,至今还响在我的耳边。"读书会中,有个未来的电影艺术家瞿白音,当时组织了一个"磨风剧社",演出《玩偶之家》,却遭警察查禁,牵连到巴人,后来由蒋介石的业师毛思诚出面具保,方获释出狱。

抗战爆发后,上海沦为"孤岛",大批的文化名人纷纷撤退了,而巴人却奉命于危难之际,正式参加党的"文委"工作,留下来继续战斗,他自称是"蜀中无大将,廖化作先锋"。

鲁迅逝世后,许广平即开始整理先生遗著,上海沦陷,这600万字的手稿很可能毁于战火,为此,"孤岛"上的爱国文人齐心协力、着手出版《鲁迅全集》,商定由许广平、郑振铎和巴人负责起草编辑计划,并由许广平和巴人组织一个编辑全集的班子。巴人当时身兼多职,忙得不可开交,但他总是分秒必争,怀着最虔诚的崇敬,从事《鲁迅全集》的编校工作。蒯斯曛在《回忆〈鲁迅全集〉的校对》中指出:"王任叔当时好像在编《译报》和《大家谈》,此外还有别的工作,是一个忙人,但他在全集的编校工作上负着相当大的责任。他虽然不是跟我们整天集中在一起工作,但所做的工作是最多的，单就校对方面说，他总是随身带着清样，有空就看，每天能来跟我们一起工作多久，就来多久。直到现在，我还能记得他急急忙忙钻进许先生家二楼的亭子间、马上坐在他的桌子前、拿着清样就读的那个样子；我还能记得他有时突然放下清样、立起身来马上就走的那个样子。”而巴人通过编校，研读了鲁迅的全部原著，又写成《鲁迅全集总目提要》，对各卷内容作出提纲挈领、简洁扼要的说明，供预告征订时宣传之用。这份提要，如果没有对全集内容了然于胸的把握，无疑是绝难写好的。

1938 年夏，皇皇 20 卷《鲁迅全集》问世，三种版本，四个月内全部出齐，实在是中国出版史上的奇迹。它的出版，不仅为中华民族保留了一部最优秀的文献典籍，更为抗战中的人民及时提供了强大的精神武器。当然，这也是巴人在“孤岛”上奋斗的一大业绩，胡愈之说过：“这部 600 万字原著的编辑工作，他是出力最多的。”⑦

在鲁迅留下的文化遗产中，最富于战斗性、时代性的，自然是社会批评和文明批评的杂文。巴人在“孤岛”奋斗的另一业绩，便是捍卫和弘扬“鲁迅风”杂文。

巴人才思敏捷，是写杂文的高手、快手。1937 年，他发表杂文将近二百篇，1938 年，则翻了一番还有余，而文章的质量，常让敌人暴跳如雷，使人民欢欣鼓舞。他在自己主编的《译报·大家谈》上，先是化名“行者”，奋起千钧棒，痛打敌伪特，打得他们气急败坏，拼命诽谤。接着他摇身一变，化名“八戒”，举着九齿钉耙，横扫“孤岛”上的牛鬼蛇神，恨得他们直向租界工部局提抗议，非撤掉这个“八戒”主编不可。于是他又是一变，让“八戒”退席，“巴人”登场，继续发表匕首、投枪式的杂文。结果，他成了爱国青年的“大众情人”。因为“他替他们喊出了愤怒和痛苦，他替他们指示了生活的道路。他鼓励着大家，他赞美着抗战……可说风靡了整个上海的青年人，尤其是小店员和劳动者，《大家谈》上的指示，简直就成了他们的生活法则。'巴人'的影响,超越了他过去全部文学生活的总和"⑧。例如,曾有8位报贩、32位工友和22位里弄居民,出于热爱,自发凑集23元6角钱,捐给《大家谈》。巴人接到这笔捐款,感激得几乎哭了。他深情地表示道:"是个人的感激吗?不!为了这受难的祖国,这临危的民族,我在这中间感到一种磅礴的不可遏止的民气的高扬!"⑨

不久,巴人改任刚复刊的《申报》副刊《自由谈》的主编。《自由谈》与鲁迅有极深的关系,所以他决定多登鲁迅式的杂文,"不畏强权,不避强敌,不依附于权贵而歪曲事实,敢说,敢笑,敢作,敢当,以服务的精神,献身于事业、学问、民族、国家"。但没想到,同是革命者的阿英,却用化名撰文反对鲁迅式杂文,对"孤岛"文坛上"近顷模仿鲁迅之风甚盛""表示抗议"。顿时,引发了一场现代文学史上知名的"鲁迅风"之争,并使巴人失去了《自由谈》的阵地。时任《文汇报》副刊《世纪风》主编的柯灵,为了支持巴人,特向他和唐弢、金性尧、周木斋、周黎庵等人建议,每人选3万字的"鲁迅风"杂文,合出一集,以表示坚定不移地学习鲁迅、繁荣杂文的意志。于是,由巴人取书名、写序言的《边鼓集》就此问世,文学史上有名的浙东杂文派(六人中有五人来自浙东)也就此形成了。后人指出:"这一阶段'孤岛'杂文的兴旺,以《边鼓集》的出版为标志。"⑩

巴人的杂文,结集出版的还有《常识以下》(上海多样社1936年)、《横眉集》(上海世界书局1939年)、《扪虱谈》(上海世界书局1939年)、《生活、思索与学习》(上海高山书局1940年)、《窄门集》(香港海燕书店1941年)、《边风录》(重庆读书出版社1943年)等。他的杂文所以能得到读者的热烈欢迎,不仅仅在于思想内容的战斗性、时代性,还正是因为继承了鲁迅杂文的阳刚之美。巴人在分析鲁迅写杂文的方法时,曾揭示出这样两点:"第一,他专爱抓住一个小点,而说出其全体的意义。……但他所抓住的这个小点，却是事物的集中表现，正如污血之成毒瘤，他在这毒瘤上开刀”；“第二，他最注重事物的关节。关节是事物之运动的力量，因关节就是事物的矛盾点。……而现实则是矛盾的统一。一般人只见其统一，于是一切太平，无所感，亦无所爱，浑浑噩噩过去了。而鲁迅则能看出这矛盾之所在，他最爱暴露矛盾。”⑪巴人深知其中三昧。他的杂文也如老吏断狱，下笔辛辣，其特色不在辞华，而在其着眼的洞彻与犀利，且思想明快，下笔迅速，跌宕有致。因此，在万马齐喑的上海“孤岛”，血气方刚的年轻人格外欢迎这样一个不畏强暴、理直气壮的战士“硬气”地为他们说出心里话。

为了论战，巴人又花大量心血，“探取鲁迅先生使用武器的秘奥”，写成专著《论鲁迅的杂文》(上海远东书局1940年)。这部著作，至今仍有很高的学术价值，“不但是学术史上最早的一部鲁迅杂文综合研究专著，而且无论在深度上，还是在分量上，迄今为止都是叹为观止的”。⑫除此之外，巴人还撰写了《鲁迅先生的治学方法》、《鲁迅的现实主义》、《鲁迅小说的艺术特点》等一大批学术论文，从中国思想史、文学史的历史发展角度与辩证思维方法、现实主义艺术原理的理论高度，阐发了鲁迅作品的本质特征、产生渊源及内在因素。所以在鲁迅研究学术史上，巴人的地位仅在瞿秋白、冯雪峰之下，而在学术探讨方面，则可以说有超越瞿、冯之处。这是巴人在“孤岛”上奋斗的又一业绩。

作为无产阶级战士，巴人在抗日统一战线上，还是党和“孤岛”人民之间“一座真正的桥梁”。他是上海各界协会联席会的召集人，又主持着“星六聚餐会”，经常邀请滞留在“孤岛”的爱国知名人士出席。文化界的郑振铎、陈望道、周予同，宗教界的沈体兰、吴耀宗，工商界的胡咏祺、陈已生，司法界的严景耀等先生，都是他的座上客。他们团结在党的周围，一起讨论形势，研究如何进行抗日救亡，在安定社会秩序、调停工人罢工等方面做了大量工作。那些学者，还都亲自上课，支持巴人负责的上海社会科学讲习所。

国民党军队撤离上海后，党的“文委”讨论了如何联合各群众组织的力量，坚持长期斗争。大家认识到只有提高各界抗日救亡的理论水平，才能继续深入开展救亡运动，因而在1938年春开办了上海社会科学讲习所。该所先由胡愈之负责，5月初，他去武汉推销《鲁迅全集》，被周恩来留在政治部第三厅，讲习所便由巴人主持了。他聘请一批进步学者和共产党人来任教，自己也亲自上课，主讲哲学和国际时事。为了上好这两门课，他殚精竭虑，撰写这方面的文章，他曾自嘲道：“抗战以还，这世上要求我的笔向别一方面努力，这是我的悲喜剧。许多青年朋友，或有以为我是研究社会科学的，或有以为我是研究哲学的，却很少有人知我爱的是文学。”⑬他在这方面的著作有《读书的方法与经验》(上海生活书店1938年)、《青年的任务》(上海译报图书部1938年)、《学习与战斗》(上海杂志公司1939年)。讲习所的性质，类似于解放区的干部训练班，学员来自社会各界团体的青年骨干队伍，白天各自工作，晚上来校听课，人称“上海抗大”。当新四军挺进江南，建立了江南抗日游击队，讲习所先后输送了近百名学员。他们大都成为抗日骨干，有的还献出了宝贵的生命。

当年的学员徐达在《回忆上海社会科学讲习所》一文中认为：“是不是可以这样说，在‘孤岛’时期，王任叔是文化界的巨擘。我只写了他的一鳞半爪，我认为在这段文化史上，他被载入史册是当之无愧的。”巴人的战友蒋天佐也表示：“如果就他在‘孤岛’时期的贡献说，我作为亲历其境的后死者之一，愿不揣冒昧地发表一种看法：没有王任叔，也许就没有那个时期的革命文化工作和群众工作的巨大辉煌的成就。”⑭

三

1941年3月，巴人奉周恩来的电报指示，离开上海，前往香港，本拟去美国创办《华侨日报》，因未能领到护照，改去新加坡，协助胡愈之，加强对南洋侨胞的抗日宣传教育，扩大党在侨胞中的影响，发展抗日民族统一战线。

胡愈之是巴人老友，已先期到达新加坡，与南洋侨领陈嘉庚建立了良好的关系，时任《南洋商报》主编。他安排巴人进南洋华侨师范学校执教，以便于开展工作。而巴人也不负所望，首先在《南洋商报》上连续发表6篇致文学青年的通信，给狮城的文坛带来一股清新的气息，声誉鹊起；其次，他的教学非常出色，赢得了学生的信赖，不少人后来跟着他走上了革命道路，而更重要的是，他通过举行郭沫若50诞辰和创作25周年的纪念活动，团结了郁达夫，并打破了狮城文坛上对立两派——《南洋商报》与《星洲日报》——根深蒂固的隔阂。不久，太平洋战争爆发，新加坡华人文化界更加紧密团结起来，成立了战时工作团，公推郁达夫和胡愈之为正副团长。巴人则任宣传部长，协助团长培训青年干部，准备担当民众武装的政训工作。

1942年2月，新加坡沦陷前夕，巴人随同大家登上一艘破旧的电船，渡过炮火纷飞的马六甲海峡，进入印度尼西亚的苏门答腊岛屿。在苏岛首府棉兰市，有华侨青年组织的"华侨抗敌协会"和"苏岛人民抗敌会"，为了建立抗日斗争的统一战线，巴人费尽心血，终于使两个组织联合起来，成立"苏岛反法西斯总同盟"，实行统一领导。他以特殊身份参加总同盟领导机构，同时主持秘密刊物《前进报》。有人曾回忆道："《前进报》印的非常清晰，几乎和铅印一样，内容也较前充实。更令人兴奋和鼓舞的，是我们能经常看到以巴人（即王任叔）为笔名的社论。这些社论使我们更加清醒地看到世界反法西斯战争的大好形势，从而增强抗日必胜的信心。"⑮

1943年9月20日，由于"华抗"成员王桐杰叛变，日军在苏岛发动大检举，各族各界人士有数千人被捕。巴人侥幸脱逃、离开市区，但日寇很快就发现了他的真实身份及其化名，立刻通令全岛，必欲得之，大街小巷，到处贴上巴人的照片和通缉令。从此，巴人居无定所，东躲西避，经历了无数险难，最后隐蔽到苏岛东海岸原始森林中的泗拉巴耶村。他集中阅读大量关于印尼历史的书籍，包括日文的、印尼文的和由日文译过来的西方人的著作，开始着手创作长篇史诗《印度尼西亚之歌》。初稿写在两本没有封面的练习本上，全诗共375节、1504行，分为歌颂、排诬、追昔、述今、民族、世界、斗争、理想、现实和尾声等十章。这是中国学者所写、世界上迄今独有的印尼史诗，气势恢弘、热情澎湃，像一阵战鼓、一团烈火、一片汪洋，激荡着一位爱国主义者和国际主义者的伟大理想。

抗战胜利后，巴人重返棉兰，恢复出版《前进报》，虽然仍是油印，每天只发行数百份，可是影响甚大，促进了印尼人民与华侨的团结，制止了当时发生的排华运动。后来《民主日报》问世，他又专门主编印尼文版"KERAKJATAN"，怀着对印尼人民最诚挚的友情，以其深邃的目光观察局势，发表述评，受到印尼各界的热烈欢迎和高度重视。印尼的政界名流及各党派领导人，经常来报社拜访，交换看法、请教问题或接洽事务。"巴人"之名，妇孺皆知，甚至连刚成立的共和国政府，也打算请他当顾问，但巴人坚辞未就，只答应担任华侨联合会总会的顾问。

当时，棉兰有个新中国剧艺社，很想用戏剧来宣传各族人民联合反帝、支持印尼的独立运动，却苦于没有可供演出的剧本。巴人虽以小说、杂文和文艺理论饮誉文坛，但对戏剧创作也并不陌生。"孤岛"时期，他曾在半年内连续创作了两个剧本——《费娜小姐》（原名《前夜》）和《两代的爱》（又名《杨达这个人》）。因此他义不容辞，为新中国剧艺社写了一部四幕历史剧《五祖庙》。这是根据一个广泛流传在印尼华侨中的传说、再佐以历史著作《日里今昔》编写的，旨在表现"当时的迦耶人、马达人、马来人和中国人，是为共同的被掠夺、被奴役而联合起来进行斗争的，不论他们斗争的方法和策略是如何原始,但在最深刻的意义上,反映了各民族人民联合反帝的实质。……五祖庙里的五位英雄,是在日里土地上燃起了第一把各民族联合反帝的火炬”⑯。新中国剧艺社在苏岛东部巡回演出时,得到了华侨和印尼人民的普遍欢迎,增进了两个民族间的团结。那时候,印尼区与荷占区交通阻隔,进行演出,非常困难。可是印尼宪警,一听新中国剧艺社之名,都用军车送行,任何不易通过的关口,都通得过。

1946年,巴人移居先达,除了每周两个半天,指导由进步青年组成的“学习社”,讲授他自己写的《文学读本》外,其余时间,全都用来创作长篇小说《莽秀才造反记》。这是巴人酝酿多年、反映近代农民反教起义的巨著。他师承鲁迅、以深邃不凡的目光,观照沉默的国民的灵魂。他用辛辣的笔触、刻画农民出身的朱神父,借以批判在风云际会之时、凭借某种力量由寇而王的人物。“贯穿着中国历史,影憧憧地走过来的,正不少这样的人物。有人说得好,婆婆原是媳妇做的,被压迫的媳妇照样接受了婆婆的一套,而且后来居上,媳妇的时代比婆婆的时代,更精明也更狠毒了。这就是中国历史的进步。”他俯视起义领袖王锡彤,看透了这位农民出身的秀才,虽有一颗“仁爱之心”,不幸却包裹在传统的纲常礼法之中。“士大夫的智力永远不曾与人民正直公平的粗野力量相结合,中国的历史悲剧便永远演出不已了。”他揭示,农民起义失败的悲剧所以周而复始,也不能完全归咎于敌对阶级和起义领袖,这些奴隶身上历史因袭的重负,心灵中固有的愚昧落后、保守苟安、狭隘短视、封建迷信等“劣根性”,对于革命事业的破坏力也同样是怵目惊心的。而小说的艺术深度,则在于巴人理性和哲学的思考,能深入历史的深层,挖掘出带有本质意义的内涵。史学界直到80年代,才提出中国封建社会“超稳定结构”的理论,才发现农民在起义中不但没有改变自己的地位和价值,而且也未能汲取经验教训,抛弃一切愚昧和盲目。《莽秀才造反记》于1984年出版,荣获首届人民文学奖。

1947年7月，荷兰殖民军向印尼共和国发动突然袭击，并将巴人投入监狱。此事引起正义力量的严重关注。华侨总会天天向荷军交涉抗议；苏加诺领导的印尼共和国政府，通过电台向全世界广播呼吁；在新加坡的胡愈之，除了在《南侨日报》上严厉谴责外，又联络英国政府机关报《海峡时报》的记者，发表文章抗议荷军的暴行。消息传到中国，上海生活书店恰巧出版了巴人新著《论印尼的反帝斗争》，朋友们喜怒交集，马上以"中国文艺家协会"的名义发表了抗议书。这强大的舆论压力，使荷兰殖民军吃不消了。8月26日，他们释放了巴人，同时宣布驱逐出境。

1947年9月，巴人抵达香港，组织上把他安排在乔冠华领导的外事组，同时参加连贯领导的侨务委员会。这段时期，他撰写了《任生及其周围的一群》（上海海燕书店1949年）、《邻人们》（上海三联书店1950年）和《记郁达夫》等一批回忆散文。翌年8月，巴人秘密离港，由天津潜入解放区，任中央统战部第二室综合研究组组长、第二处副处长以及侨务委员等职，公开出版的学术著作有《印尼社会发展概观》（上海生活出版社1948年），和《远东民族革命问题》（上海南海出版社1948年），还有先期问世的《论印尼的革命斗争》。这些著作，对当时的印尼革命问题、国际问题、华侨问题等，进行了深入分析，有许多独到的见解。有关学者指出："事隔四十来年，巴人的许多见解，现在看来仍然具有参考价值。这不仅是因为他身历其境，是事件的目击者，更重要的是，他以具有理论头脑的学者的眼光，密切注视着形势的发展，并且有针对性地进行研究。因此，他对许多问题的分析，有的放矢，有深度，有说服力。"⑰

四

新中国成立后，巴人作为首任中华人民共和国驻印度尼西亚特命全权大使，重返他视为第二故乡的千岛之国，1952 年卸任，回外交部工作，但他的内心深处，向往着心爱的文学事业，所以在工作之余，着手修改一部文艺理论旧著《文学读本》及其续编。“孤岛”时期，毛泽东关于创造“为中国老百姓所喜闻乐见的中国作风和中国气派”的名言刚传到上海，巴人就尝试着运用这观点来系统地阐述文学现象及其发展规律，写成了《文学读本》(上海珠林书店 1940 年)，当时被誉为“新民主主义现实主义文学理论划时代的杰作”。解放初期，它被改名《文学初步》，连出七版，极受欢迎，于是巴人详加修改，易名为《文学论稿》于 1954 年出版，当即被国内高校确定为文科教材。它在中国现代文艺理论批评史上，占有一席重要的地位。因为此前尚无这样系统的文学概论著作，而此后出版的叶以群《文学基本原理》和蔡仪的《文学概论》，均为集体编写的著作。

不久，巴人如愿以偿，调往人民文学出版社，历任副社长兼副总编辑、社长兼总编辑、党委书记。他把编辑方针纳入到世界文学的整体观念来考虑，不予偏废，古今中外，当代为主。在他的主持下，《中国古典文学读本丛书》、《中国古典文学理论丛书》、《外国现代文学名著丛书》和《外国古典文学理论丛书》，源源不断地问世，至今仍在出版下去，并得到读书界的广泛赞许。现当代文学方面，则先后出版了《鲁迅全集》、《茅盾文集》、《沫若文集》、《巴金文集》、《叶圣陶文集》、《郑振铎文集》以及近五十位“五四”以来名作家的选集。“读书界和出版界的同志，往往回忆起这一段光景，常称之为人民文学出版社的黄金时代。”[18]

在此期间，巴人继续高举“鲁迅风”大旗，以治病救人的态度，向新社会肌体中的疮毒开刀。《况钟的笔》、《“等”和“拖”》、《上得下不得》等二十几篇杂文，全部切中时弊、激浊扬清、入木三分，令读者拍案惊叹。有些议论，即使今天看来，仍有强烈的战斗性、时代感，给人以教益和启示，可惜，这些杂文又给他带来莫大的不幸。特别是一篇题为《论人情》的随笔,竟被康生、姚文元之流上纲上线为“资产阶级人性论”、“修正主义文艺思想”而大加挞伐。1960年3月,曾为革命出生入死的巴人,就因这几篇杂文,被定为“反党反社会主义分子”,撤销党内外一切职务,所有著述不准出版、发表。也就是说,他被永远地逐出了文坛。

1962年,巴人转往中共中央对外联络部亚非研究所,主要工作是研究印度尼西亚历史。这是一项填补空白的科研任务,而他又非科班出身,其难度是不言而喻的,但他知难而上,以花甲高龄,在短短数年内,就编译了上百万字的资料,其中有范·希克伦的《印度尼西亚青铜器、铁器时代》和克罗姆的《印度时代》两部专著,后者乃是研究东南亚古代史的经典著作。与此同时,他也完成了100多万字的印尼历史初稿。为了写好这部历史,光是他应用过的参考书籍,就有中文88种,西文34种,日文7种,印尼文10种。更可贵的是,在编写过程中,巴人没有照抄别人的观点或现成的结论,而是努力运用科学社会主义的一般原理,分析资料,作出独立的结论。比如,他对印尼历史的分期法,便是与众不同而颇有说服力的;又如,关于印度人是否在印尼建立过殖民地这个史学界争论不休的问题,他也提出了独到之见。所以,当他的《印度尼西亚古代史》(上、下,中国社会科学出版社1981年)和《印度尼西亚近代史》(上、下,北京大学出版社1996年)相继问世后,面对这质量和数量都是沉甸甸的著作,谁都承认,巴人完全称得上“印度尼西亚历史学专家”的称号,在力图用科学社会主义理论来研究印尼历史方面,他是首屈一指的中国学者,是披荆斩棘的开路先锋。

“文革”期间,巴人遭到残酷迫害,1972年7月25日,他含冤死在故乡奉化。1979年6月20日,党为巴人平反昭雪,在北京八宝山革命公墓礼堂隆重举行追悼会,称他“长期在国民党统治区坚持斗争,为革命事业兢兢业业工作。坚持党的革命路线,为党的文化工作、统战工作和抗日救亡工作做出了贡献。在文学出版事业方面也做出了显著成绩。他在文学方面有很深的造诣,是一位十分勤奋的作家和学者。他留下许多文学作品和理论著作,为无产阶级革命事业贡献了自己的全部精力”⑲。

注释:

① 参见《奉化县志》王钫传略。

② 骆寒超《论巴人的叙事长诗〈烘炉〉》,见《骆寒超诗论集》,浙江大学出版社。

③ 参见巴人《旅广手记》,人民文学出版社,1984年。

④ 巴人《自传》,见《迟到的怀念与思考——关于巴人》,浙江文艺出版社,1990年。

⑤ 茅盾《中国新文学大系·小说一集导言》。

⑥ 杨义《中国现代小说史》第1卷,401页,人民文学出版社。

⑦ 朱顺佐、金普森《胡愈之传》,255页,杭州大学出版社。

⑧ 孔另境《记“廖化时代”的王任叔》。

⑨ 巴人《我感激着,我兴奋着》。

⑩ 钱今昔、钱朴、杨幼生《重振“孤岛”杂文》。

⑪ 巴人《论鲁迅的杂文》。

⑫ 张梦阳《论巴人对鲁迅研究的历史贡献》。

⑬ 巴人《皮色和烟斗前记》。

⑭ 蒋天佐《一篇不合规格的祭文》。

⑮ 李明清《我参加华抗的片断回忆》。

⑯ 巴人《五祖庙·第二稿题记》。

⑰ 周南就《巴人与印度尼西亚历史研究》。

⑱ 许觉民《四十年话旧说新》。

⑲ 悼词见1979年6月28日《人民日报》。

原载《新文学史料》2001年第3期

巴人与巴人精神

周而复

王任叔笔名巴人。20世纪30年代初期我和任叔相识于左翼文学活动中，同时是欧阳山同志主编的《小说家》的编委，每月要碰头座谈一次有关小说方面的问题，谈小说作品和作家。

那时他已经出版了十部左右的短篇、中篇和长篇小说集，有的已经绝版，有的很难买到，当时我没有机会读到。看任叔第一个短篇小说集是《皮包和烟斗》。我们当时都忙，见面的机会虽多，畅谈的时间却少，但他待人热情诚挚，对文学事业的执著追求，特别是对革命事业的献身精神，深深地感染了我，给我留下了平易又是深刻的印象。每次见面，我们无话不谈，肝胆相见。

抗日战争爆发第二年，他是中共江苏省委文委成员，参与领导上海抗日文化工作和统战工作。因工作需要，他留在孤岛上海，除参加编辑出版《鲁迅全集》的工作外，还从事进步的新闻出版工作，担任《译报》副刊编辑等职务。我离开上海，到革命圣地延安去了。临行前夕，我们在霞飞路一家餐馆里会面，他约我给《译报》写一些散文和特写一类的文章，介绍大后方和战地高涨的救亡图存的抗战热烈情绪，以鼓舞孤岛上的人民。我们一行数人，先到了香港，经过广州、长沙、武汉、西安，去了延安。记得写了一些从广州到西安的见闻，有一篇是在登了华山以后，住在北峰寺庙的客房里写的，随写随寄。后来，上海朋友来信，告诉我从《译报》上的文章，得知我的行踪。我在旅途上，任叔没法给我来信；到了延安以后，陕甘宁边区处于被封锁状况，无法和外边通讯，即使表面上通邮，但经过国民党的"邮检"，信件是很难收到的，甚至无辜地牵连到寄信人。我和任叔便鱼雁鲜通了。

再次见到任叔，是在香港，1946 年夏天，组织上分配我到香港担任文化方面工作，大概是 1947 年 11 月吧，或者 12 月，记不清楚了，任叔忽然到了我在英皇道的住处。当时我和冯乃超同志住在一起，事先知道任叔到了香港，但具体情况不大了解。这次见面，真是惊喜交集。惊的是他从天而降，不期而遇；喜的是久别重逢、快慰渴念之情。原来任叔 1941 年 9 月就从上海到了新加坡，在南侨师范当教员，领导文化工作，同时协助胡愈之同志做些统一战线工作。不久，他转到印度尼西亚去了，这对他后半生的生活、工作和著作有重大的影响。他参加苏门答腊反法西斯同盟，是这个组织的主要领导人，和印尼人民站在一起，共同反对日本法西斯军阀，从事组织和宣传工作，担任地下报纸的编辑工作。这当然不容于日本法西斯军阀。日本军阀妄图熄灭千岛之国反抗的烽火，开展了大检举。他在苏门答腊附近印尼农民家里隐蔽下来，耕田为生。8 月 15 日这个富有历史意义的日子终于到来了。荷兰又想继承殖民者的衣钵，企图仍然统治印尼，理所当然地遭到印尼人民的反对，受到正义者和进步人类的支持。任叔这时担任印尼华侨总会联合会的顾问，参加华侨爱国民主运动。这以后，他又参加印尼人民反对荷兰殖民者的斗争。殖民主义者贪婪的残暴的眼光注意到他的头上，终于对他下了毒手，逮捕了。度过三个多月的牢狱生活，华侨总会、中国文艺家协会和著名人士胡愈之等广播抗议，在强大的压力下，荷兰军队被迫释放，他才安全地到达香港。

我听他扼要叙述别后的经历，对他战斗在异国的英雄篇章表示深深的敬意，也对他曲折多磨的生活予以安慰。我希望他在香港多停留些时日，好生休息，迎接新战斗。1947 年冬，茅盾、适夷、以群和我发起创办《小说月刊》，我邀请任叔参加编委，他欣然同意，并且写了一个短篇小说《一个头家》，发表在 1948 年 7 月的创刊号上。以后，他还写了《〈诗意〉的破坏作用》，发表在第 3 期上。在香港工作不到一年，解放战争的捷报频传，1948 年 9 月，他到解放区去了。

1950年春，我代表华东局统战部出席中共中央全国统战工作会议。在会上，意外地碰见任叔，我们紧紧握着手，相视而笑，似有千言万语要讲，许久，却讲不出一句话来。那些彼此胸中无声的言语，不用说出，双方都可以知道：新中国成立了，我们要好好大干一番。这时，他担任中央统战部第二处副处长。

我们在文学事业上，是同一条战线；没想到在党的统一战线岗位上，我们又并肩前进了。这段路，我们共同走了没多久，便分道扬镳了。他到雅加达，出使印度尼西亚。他担任驻印尼大使不到两年，便回国了。外交工作也许不是他的所长，他的文人气质很浓，热衷文学创作和文学事业。1954年终于回到文学岗位，担任人民出版社副社长和副总编辑。可以大展他平生抱负了。他斗志昂扬，领导全社制定出版方针和近期远期出版规划，重视中国文学古籍整理，出版《中国古典文学读本丛书》和古典文学"十大作家集"，继承和弘扬祖国文学遗产的精华。出版外国名著和中国现代、当代优秀作品。他继冯雪峰任人民文学出版社社长兼总编辑。他将出版社的社会效益放在第一位，为文化建设、精神文明建设，为全民族的文化、文明素质的提高贡献力量。

他每年在社里工作（主要看稿）八个月，接触社会外出组稿三个月，在社内看书并了解社里各方面新的情况一个月。他工作勤勤恳恳，严肃认真，团结作家，尊重作家，重视作家劳动成果；培养青年作家；态度谦虚，从来不摆架子。青年作家听取他对自己所写的作品的修改意见，还不知道他就是著名作家、文学理论家、外交家、社长兼总编辑王任叔。

冯雪峰常和王任叔亲自向我约稿，希望我的作品交给人民文学出版社出版。我欣然同意。《上海的早晨》第一部在《收获》双月刊1957年发表后，王任叔立即要去，亲自审稿付排，于1958年5月出版，1964年第5次印刷，累计印数398,300册。我的其他作品，如《白求恩大夫》、《长城万里图》(六部),以及中短篇小说和散文集等,总计七百万字左右,都由人民文学出版社出版。这些作品能够比较广泛地到达读者手里,是和冯雪峰、王任叔、楼适夷、陈早春诸位社领导亲切关怀分不开的。

王任叔创作力旺盛,在编辑之余,写了大量文章,杂文更多。1957年反右扩大化的余波,牵连到他的头上。他所写的《关于集体主义》、《"多"和"拖"》、《关于"氏族社会"》和《真的人的世界》、《论人情》等杂文,1959年在"反右倾"当中被扣上"反党反社会主义的文章"的帽子,不幸的遭遇接踵而至。社长和党委书记的职务撤掉了,也不能执笔,即使写出文章也不可能发表了,降到编译所里当主任,后来又到亚非研究所编译室当主任。从此,销声匿迹,也很少和外界联系,我也不知他的去向,无从看望他了。但我没法忘记他,经常想念他,我不相信任叔这样一位长期在国民党统治区坚持斗争,为革命事业兢兢业业工作的人,竟然会"反党反社会主义"?我没有看到他写的那些杂文,也不知道他在人民文学出版社的具体情况,没法下断语,但我有保留,暗自说:且看将来的事实吧。

经常使我想起的是他在创作上执著追求的精神。他的著名的长篇小说《莽秀才造反记》(原名《土地》)1928年写出初稿,30年代修改上半部前面11章;40年代在南洋流亡时期重写11章;50年代初再次大力修改,前后花去了二十多年心血,才基本完成这部反映1903年宁海王锡彤领导的平洋党反抗洋教的故事,揭露清朝政府残暴压迫的历史事件,还描绘浙江东部沿海农村乡土民俗。初稿近四十万字,共18章,每章有小标题。全书有副标题:《50年前一幅中国江南农村生活风俗画》。任叔逝世前,没有成定稿。从1924年草稿,到人民文学出版社略加整理,使之前后统一完善,于1984年2月出版,将近漫长的六十年之久。这部长篇是他的代表作,是中国文学的收获之一。

除了长篇小说外，他还写了剧本《五祖庙》。《五祖庙》初稿写于1946年，他当时以反法西斯同盟成员名义，支持反帝反封建的民族革命和民族独立运动。爱国华侨大都是同情印尼革命的，华侨的职工、青年和妇女等团体同印尼相应的团体都有联系。华侨青年团体里成立了新中国剧艺社，希望以戏剧为武器支援这一伟大的革命运动。可是没有剧本，任叔毅然执笔了，写的是五位华侨英雄的故事。

1955年夏天，访问印度和缅甸之后，我又奉命和郑振铎同志一道率领中国文化代表团出访印度尼西亚。离开北京之前，我到人民文学出版社看望任叔。他兴高采烈地谈完了出版社的计划后，雄心勃勃地谈到他个人的创作，又提到《五祖庙》这个剧本。他大概没有到棉兰这个希望之岛上看过五祖庙，希望我这次访问印尼，找机会去五祖庙看看，还托我搜集一些有关五位英雄的事迹。

回到北京，我把所了解的情况告诉任叔。他如获至宝，特别是五位英雄在监狱中和法庭上的表现，令他肃然起敬，立即记了下来，笑容满面地对我说："太好了，这对我创作《五祖庙》有极大的帮助。原来剧中人物的姓名是虚拟的，现在有历史真实资料，可以放手去写，准备以真人真事为主，加上作者根据历史发展的想象，再把剧本从头到尾改编一遍。这是各族人民反帝反殖的第一把火炬，让它烧得更旺些，更旺些！"这次，我们谈了很久，从他热情洋溢的兴奋状态中可以看出，他多么盼望把这个剧本写得更好。

他的文学创作是多方面的，除小说、诗歌和戏剧外，还写散文、散文诗、杂文、文学评论和文学理论研究。他还翻译介绍苏联、德国、法国和日本的文学作品。他研究的范围也不限于文学，因为他先后在印尼多年，又懂得印尼文，把研究领域扩大到印尼历史方面。他曾送我一本《印尼社会发展概况》，这对我了解印尼有极大帮助。他对我透露：准备写一部印度尼西亚的历史巨著，预计一百万字以上。

十年动乱期间,以为任叔在1959年受到批判,当时对这样的人叫做“死老虎”,一般不算重点打倒对象,也许幸而能够免去又一场灾难。但真实的情况究竟怎么样?他是不是还活在人间?也有人以为他死在上海了。我在“牛棚”里是没法知道的,这十年,有点像苏东坡词所写的那样:“十年生死两茫茫,不思量,自难忘。”

有一天,收到一封信,寄信人是王克平,自我介绍是王任叔的儿子。我反复看了这封信,眼睛渐渐模糊了,字迹看不清楚了,忍不住落下了泪,濡湿了信纸的一角。读了那信,我好像见到任叔晚年的情景。信中只要我为任叔的《五祖庙》剧本写篇序。写序,当然义不容辞。希望知道任叔更多的情况。不久,克平给我寄来一些资料,其中有《五祖庙的故事》,任叔1925年写的《自叙》和“王任叔同志追悼会悼词”等。

任叔离开人民文学出版社以后,在亚非研究所编译室工作,潜心从事著作。空前未有的风暴把他卷了出来,“死老虎”当作“活老虎”打,因为他曾被捕三次,被污蔑为“叛徒”,实行“隔离审查”,妻子和爱女被迫与他分离了,使他精神上受到极大的打击。他身处逆境,还念念不忘他的工作,在给克平的信中写道:“但我还是打起精神,坚持搞派定的工作。现在改写《原始社会时期》,搞那一套我从未在学校里学过的‘考古学’方面的东西,这东西实在也花过我几年中二三年的时间。”“我的健康是到家了,夹在三种矛盾之中,健康情况与工作的矛盾,健康、工作与未定案的相互矛盾。而我现在,则只有抓住工作。为了工作,健康也管不得了。因为只有工作,才能表明我对党和人民的态度,因工作而倒下去我也心甘情愿,只是完成不了,仍然还不了人民的欠债而已。”他虽有凌云壮志,但健康状况日益恶化了。在连续三次中风,大小便失禁之后,1969年12月14日,任叔写了如下的遗嘱:

11月16日,11月28日,12月12日,三次突然晕倒,大便失禁,第三次情况相当严重,自6时到11时,尚未十分清醒。以后如何,很难逆料,为此,写了几句话于后。

……在处理书籍时,如果我奉化中学的图书馆缺书,可尽量选择拿去。说是参加革命吧,我是从那里教书开始的。

遗憾的是不能完成我希望搞的《印尼历史》,也是对人民欠下的一笔债……

这以后,他的病情越来越重了。他有时独自出去,不知怎么的撞倒在电线杆下,失去了知觉,经路人抬到派出所去,发现他是"专政对象",就无人过问了。深夜醒来,他茫茫然在黑夜中走去,神志已经不清,幸亏遇到解放军,伸出援助之手,把他搭救。但是康生和林彪、江青一伙,紧紧抓住他不放,康生亲笔"批示",勒令遣返浙江奉化大堰村山区。王克平因他父亲病情严重,生命垂危,不同意遣返山区。这有什么用呢?"造反派"一句话就是一个命令,何况还有什么"批示"哩!任叔回到家乡,病情发展了,脑血管严重病变,神志不清,甚至不穿衣服,赤身裸体在村中奔跑,半夜不睡觉,在零下几度的寒冷日子里,他却躺在雪地里。这样严重的病情,在山区卫生院和溪口人民医院的设备和医务人员的条件下,都表示无能为力。克平设法把父亲送到杭州精神院,本来以为可以有救了,但医院某些人发现病人是"打倒对象",竟然拒绝治疗,不通知家属,要病人出院,否则强行送病人回家。克平不得不把病人送回家乡。在无人治疗的情况下,任叔的病情进一步恶化了。1972年7月25日,任叔脑溢血,耳朵、鼻子和嘴流血不止,心脏停止了跳动,在寂静的山村里,悄悄地离开了我们。

任叔在18岁那年吟哦诗篇"在我梦底一角上组起花圈"算起,走过54个年头的漫长道路,给我们留下了一千万字左右的著作,在健康极端恶化神志还清醒的时候，仍然惦记工作和《印尼历史》（据说基本写完了），以表明他对党和人民的忠诚。诚如他在《自叙》里说的那样："……就是这样梦便告了终止，倒也落得个干净。然而疏了四五月的破琴，终难制止心中的要求，在那黄叶低吟的时节重复取下，弹起了梦曲，继续我底梦。"

革命道路不是笔直的，人生的道路也不是平坦的。盖西伯拘羑里，演周易；孔子厄陈蔡，作春秋；屈原放逐，著离骚；左丘失明，厥有国语；孙子膑脚，而论兵法。巴人献身社会主义祖国建设：在外交、统战、文学、文化革命事业中取得令人注目的成绩。一生四次被捕入狱，在印尼参加苏门答腊"人民反法西斯同盟"与反荷兰殖民主义斗争，出生入死，虽九死而不悔。这样的无产阶级革命战士，因为写了针砭时弊的杂文，1960 年 3 月被康生之流定为"反党反社会主义分子"，撤销党内外一切职务，降级降职。不管在印尼，还是在国内，也不论斗争多么激烈，身处逆境如何艰难，他坚信共产主义道路，以无产阶级革命战士和共产党员要求自己，继续奋勇前进。

他被定为："反党反社会主义分子"后，立下遗嘱，其中有这样一句："希望组织培养我的孩子成为一个真正的共产主义战士。"这时，他不能写文学方面创作和理论文章了——即使写了，也无处发表，但是他绝不放下作为战斗武器的笔，开始撰写印尼近代史和古代史。在 1969 年 11 月 14 日，他健康一天不如一天之际，再次写下遗嘱："如果允许的话，死后火化，分骨灰为两瓶，一送我出生的大堰，一投之于海，我依然关心印尼革命胜利。"他盼望他的骨灰能从大海流到印度尼西亚，关心千岛之国的革命胜利。

他含冤 19 年之久，坚信共产主义，以无产阶级革命战士的胸怀，不屈不挠，藐视一切艰难困苦，继续持笔战斗。1972 年 7 月逝世。160 万言的印尼历史皇皇巨著，是巴人精神的产品。套用司马迁的话，可谓巴人含冤，世传印尼历史。

历史是公正的,颠倒了的是非终于又颠倒过来。1979 年 6 月为王任叔同志平反昭雪大会在八宝山举行,悼词里说:“现在党组织已批准改正了王任叔同志的错案和冤案,推倒了对他的一切诬蔑和不实之词。恢复了他的政治名誉,这是可以告慰于王任叔同志的。”

“继续我底梦!”这是多么执著多么坚强的声音!第一个火把已经点燃,它就不会熄灭。梦的追求已变成和将变成灿烂的现实!

今年 10 月 19 日是巴人百年诞辰,研究和学习巴人精神和著作,是对他最好的纪念。

巴人精神不朽!

2001 年 9 月 22 日北京改稿

原载《炎黄春秋》2001 年第 11 期

纪念王任叔(巴人)百年诞辰

聂震宁

2001 年 10 月 19 日,是我国著名作家、文艺理论家、出版家、学者,卓越的革命文化战士王任叔(巴人)诞辰 100 周年的纪念日。我们深切缅怀王任叔同志革命的一生、战斗的一生,回顾他为中国人民革命事业,特别是为革命文化、现代文学和现代出版事业做出的杰出贡献。

王任叔同志 1901 年 10 月 19 日出生于浙江奉化大堰村,1925 年加入中国共产党,1938 年重新入党。他一生虽历尽坎坷,却不畏艰险,坚持真理,执著奋斗。自大革命时期起,他即从事党的地下工作,曾三次被捕遭监禁。20 年代,他加入文艺研究会;30 年代初,他参与发起组织“中国左翼作家联盟”,积极投身进步的文学运动。抗战期间，他在“孤岛”上海坚持文化界抗日救亡活动，之后又受党组织委派，辗转香港、新加坡、印度尼西亚等地，从事抗日斗争。日本投降后，他又同印尼人民一道反对荷兰殖民统治，遭到荷兰殖民者的监禁。新中国成立后，他献身党的统战工作和新中国的外交事业，曾任我国第一任驻印度尼西亚大使。自 1954 年起，他到人民文学出版社工作，历任副社长、总编辑、社长、党委书记等职，后因遭受错误批判，1960 年被调到亚非研究所工作。在“文革”期间遭受残酷迫害，1972 年病逝于家乡奉化大堰村。

王任叔同志是著名的作家，一生著作等身。他在小说、杂文、诗歌、戏剧及文艺理论和批评、外国文学翻译方面都有建树，并取得了很高的艺术成就。他坚持“为人生”的文学主张，是一位贴近现实与人生的写实派作家。他早期的小说集《破屋》、《死线上》等，广泛地反映了中国农村经济凋敝、官匪横行的社会现实，对乡村农民的贫苦生活和悲惨命运寄予了深切的同情。在“左联”时期，他的写作视野更加开阔，艺术上更加深沉老辣，特别是在短篇小说创作上成绩突出，被鲁迅、史沫特莱称为“左翼短篇小说家”。他的代表作之一《阿贵流浪记》成功地取法鲁迅的创作手法，以流浪汉阿贵的见闻，揭示了诸多社会丑恶现象。他的另一部力作《证章》辛辣地讽刺了 30 年代南京政府官场的污浊，是一部不可多得的佳作。他逝世 20 年后才出版的《莽秀才造反记》，以丰富的生活，圆熟的技巧，生动地描写了浙东农民 19 世纪末 20 世纪初反“洋教”斗争的故事，获得首届人民文学奖。

王任叔同志是一位继承鲁迅文学传统的杂文家。他的杂文写作时间之长，数量之多，战斗性之强，社会影响之大，均堪称是继鲁迅之后中国现代文学史上第一人。在民族危亡的紧要关头，他以杂文为武器进行战斗，在多种报刊上，用几十个笔名发表杂文，被誉为“活鲁迅”。他的杂文创作一直持续到建国后，名篇《况钟的笔》、《上得下不得》、《“多”和“拖”》曾传诵一时。《论人情》一文，切中当时文坛公式化、概念化的弊病，他也因此获罪，备受迫害。

王任叔同志对马克思主义文艺理论有着较深入的研究。早在1928年，他与人合出了《革命文学论文集》，以马克思主义为理论指导，研究各种文艺现象。1954年出版，以后多次再版的《文学论稿》更是一部系统、科学、实用的文艺理论专著，被高校选为文艺理论教材，影响极大，推动我国当代文艺理论的发展。

王任叔同志是鲁迅的忠诚学生。他后期所用的主要笔名巴人就是鲁迅发表《阿Q正传》时用过的。他不仅在创作上师法鲁迅，而且在鲁迅研究上也有卓著的劳绩。他的《论鲁迅的杂文》、《鲁迅的创作方法》、《鲁迅的治学方法》等一大批论文，紧密结合社会现实和鲁迅的创作实际展开论述，具有强烈的现实感和针对性，其涉及面之广和理论成就之高，是鲁迅研究学术史上不多见的。

除文学之外，王任叔同志还是一位具有开创性的史学家。他长期搜集印度尼西亚的历史资料，在晚年遭受政治迫害的极度困境中，竟撰写了160万字的印尼古代史和近代史，这是中国研究印尼史的开山奠基之作，至今尚未有超越者。

王任叔同志在出版事业方面的贡献也是巨大的。自1924年起，他编辑出版过许多报纸副刊、杂志和图书，特别是“左联”时期和上海“孤岛”时期，他的编辑出版活动，对于革命的文化运动和现代文学产生过重大的影响。他是1938年版《鲁迅全集》编辑出版工作的主要负责人之一。他不仅协助许广平先生主持工作，全面安排，还主动承担了《鲁迅全集》最为繁难的编辑和校对的重担，同时还撰写了《鲁迅全集总目提要》，对于鲁迅的创作、翻译和辑录的古籍，第一次提纲挈领、言简意赅、全面系统地做了介绍。新中国成立后，人民文学出版社出版了大量的鲁迅著作，编辑出版了1958年版《鲁迅全集》，同样也倾注了王任叔同志的心血。自1954年起，王任叔同志到人民文学出版社担负领导工作，他以其丰富的行政工作经验和出色的组织才能，领导初创时期的人民文学出版社开展建章立制工作,为出版社的管理和制度建设做出了基础性的贡献。他热情地联系和帮助广大作家,特别是以极大的热情发现和培养年轻作家和年轻编辑,著名作家李乔、浩然,著名编辑家王仰晨等对此均有过很深切的回忆。他以开拓进取的精神和渊博的学识,主持制订了出版社系统的近期和远期出版规划,其后出版社出版的大量的古今中外文学名著,如大家所熟知的长篇小说《青春之歌》、《林海雪原》,《中国古典文学读本丛书》、《古典文学十大作家集》、《现代文学作家选集丛书》、《外国文学名著丛书》、《外国文艺理论丛书》、《马克思主义文艺理论丛书》,等等,即为任叔同志在任时组织、开发和制订的选题计划。王任叔同志为新中国文学出版事业,为人民文学出版社成为国家一流的出版社做出了历史性、开创性的卓越贡献。

王任叔同志在出版事业方面的巨大贡献,更为重要的还在于,他通过实践,为我们留下了宝贵的精神财富:他坚持以民族独立、人民解放和国家先进文化建设为己任的出版宗旨;他坚持以主流文化为主导,兼容并包的文学和学术态度;他坚持开拓进取、精益求精的工作作风;他坚持不辞辛劳、淡泊名利、无私奉献、甘于"打杂"的奉献精神。我们知道,任叔同志在出版社担任领导六年,从未在社内出版过自己的著作,尽管比较起出版社出版的许多作品来,他的作品不仅是毫不逊色,甚至堪称出类拔萃;他还坚持培养、建设优秀的作者队伍和编辑队伍,不拘一格,广纳贤才,特别是大胆起用了许多有真才实学的年轻编辑,以此作为事业发展的根本保证。这一切,经过出版社几代人的共同实践和总结,现在已成为人民文学出版社的优良传统,有力地推动着我们的事业继往开来、发展壮大。我们这些后来人,每每想起任叔同志历史性、开创性的卓越贡献,心里就不由得充满了敬佩、感激、怀念之情。

我们永远缅怀王任叔同志的光辉业绩,永远学习、继承、发扬他的革命精神和高尚品格,深入研究、学习他留下的宝贵的精神财富,为贯彻落实"三个代表"的要求,做出我们应有的贡献。这就是我们对王任叔同志最好的纪念。

原载2001年11月8日《新闻出版报》

存目

著作

巴　人　《遵命集》

北京出版社1957年

王欣荣　《王任叔巴人论》

文化艺术出版社1991年

袁少杰　《巴人评传》

辽宁大学出版社1994年

戴光中　《巴人之路》

华东师大出版社1996年

论文

王克平　《王任叔(巴人)传略》

《晋阳学刊》1985年第4期

王克平　《王任叔(巴人)的编辑生涯》

《丹东师专学报》1988年第3期

王克平　《巴人书信汇编》

《新文学史料》2001年第3期

庄启东　《怀任叔同志》

《人物》1980 年第 1 期

谷斯范　《巴人之死》

《文汇增刊》1980 年第 6 期

南　溪　《王任叔和初版〈鲁迅全集〉》

《工人创作》1981 年第 5 期

唐　弢　《关于任叔》

《人物》1981 年第 5 期

王克平　《怀念我的爸爸巴人》

《西湖》1982 年第 7 期

楼适夷　《一位尊敬的战友——纪念巴人逝世十周年》

《北疆》1983 年第 1 期

丁景唐　《难忘的一面——忆王任叔同志》

《新文学史料》1986 年第 3 期

王仰晨　《革命文化战线上的实干家——记文化战士、作家、编辑家王任叔》

《编辑家列传》(一),中国展望出版社 1986 年

许　杰　《怀念、回忆与崇仰——为纪念王任叔同志诞生 85 周年而作》

《新文学史料》1986 年第 3 期

李军、王克平　《王任叔生平著作述略》

《出版史料》1987 年第 3 期

许　杰　《怀念任叔(巴人)》

1987 年 1 月 10 日《文艺报》

王士菁　《〈王任叔(巴人)论〉题记》

1989 年 11 月 5 日《解放日报》

袁　鹰　《〈况钟的笔〉作者的悲惨结局》

1991 年 12 月 13 日《新闻出版报》

浩　然　《怀念巴人》

《泥土巢写作散论》,河南大学出版社 1997 年

陈福康整理 《王任叔在“孤岛”上海——贾进者日记摘抄》

《新文学史料》2001 年第 3 期

郑尔康 《我所知道的巴人——两代人的情谊》

《新文学史料》2001 年第 3 期

王欣荣 《巴人及其现时代价值——为纪念巴人诞辰百年而作》

《新文学史料》2001 年第 3 期

贾祖璋

贾祖璋(1901～1988),浙江省海宁人。1914年以优异成绩毕业于家乡高等小学,1916年考入浙江省立第一师范学校,毕业后在家乡教书3年。1924年考进上海商务印书馆,先当生物标本检定员,后当编辑,达5年之久。1932年"一·二八"事变,商务印书馆被日本炮火轰毁,失业回家。当年夏天经同学傅彬然介绍到开明书店任编辑。在抗战期间,饱受战争之苦,先后在桂林和浙江温州担任中学教师,在桂林期间,曾兼任《中学生》杂志编辑。抗战胜利后,回到阔别8年的上海,再次回到开明书店做编辑,一直到1952年开明书店与中国青年出版社合并。新中国成立后,先后担任中国青年出版社副总编辑、科学普及出版社副总编辑。1970年初,被迫南迁到福建农村,晚年在福建继续从事科学普及写作及编辑工作。

贾祖璋是我国著名的科普作家、生物学家和编辑家。他是我国科学小品的奠基人之一,早在1931年就出版了《鸟与文学》一书，享誉文坛。他在商务印书馆和开明书店期间，编辑出版了许多著名的生物学教科书，这些书曾经影响了几代人。他长期从事科普创作和科普编辑工作，为我国的科普创作和科普编辑事业做出了杰出贡献。其著作有《贾祖璋全集》（共5卷）。

“科学小品”命名50周年

——忆望道先生

贾祖璋

1934年9月，陈望道先生（1890～1977）创刊《太白》半月刊，开辟“科学小品”专栏，到现在已经整整50年。天津科学技术出版社为了纪念望道先生创用“科学小品”这个名称的50周年，去年就约请叶永烈同志编选《中国科学小品选》（1934～1949）一书准备今年出版。永烈同志编完了那本书，曾来信要我写一篇序跋一类的文章。我思路狭窄，没有什么话可说，勉强凑了一篇，始终未能满意，寄出以后，又去信坚决收回。转瞬间，纪念日期真的到了，祝愿那本选集能够准期出版，带便也表示一点纪念的心情。

回忆当时一起为《太白》的《科学小品》栏写稿的作者，熟悉的刘薰宇、顾均正、周建人，知名的艾思奇和柳湜，已先后逝世；其他或存或亡，未能尽知。怀念旧雨，深感惆怅，但光阴流逝，正是后浪推前浪，前进不已。不仅科学小品，所有科普创作的各个门类，那时只是点点爝火，涓涓细流，现在已是群星灿烂，汪洋万顷。这个发展过程是值得回顾的。

我也算是一个科学小品的作者，创用“科学小品”这个名称的陈望道先生又是我的老师，倒是一种机缘。1919年望道先生从日本回国，受聘为浙江省立第一师范学校国文教师。虽然没有直接教我们这一班，但课余我们少数同学请他辅导日文。望道先生既授日文，也谈时事和新文化运动。他语调急促，热情洋溢，我们受益不浅。

当时校内有《校友会十日刊》，校外有《浙江新潮》，都是同学们自己办的。刊载的文章思想比较进步，触怒了反动守旧的浙江省教育厅。他们认为一师"非孝、非孔、共产、公妻"，祸首是"四大金刚"（四位国文教师：夏丏尊、陈望道、刘太白、李次九），于是对校长经亨颐下了免职令。同学们强烈反对，1920 年 3 月就掀起闻名全国的浙江一师风潮。结果正如鲁迅所说："看来经子渊、陈望道他们在杭州这碗饭是难吃了……不过这一仗，总算打胜了。"望道老师他们其实寒假就已离校。

1924 年以后，同在上海，却没有拜访过他，仅在筹办《太白》时，应邀叙晤一回。次年年底，《生物素描》成书，想请望道先生写一篇序，他已去广西大学教书，因而未能如愿。直到 1947 年，在上海的一师师生三十余人，集会摄影，才见到一面。1962 年参加《辞海》修订工作，到过复旦大学，但也没有拜访他。我一直不免过分疏懒。

《太白》以前，先是《一般》，后是《中学生》，更早一些，20 年代的《学生杂志》和《少年杂志》，有些文章已近似科学小品。有人认为 20 年代初期，《东方杂志》刊载的沈雁冰的文章，便是科学小品，不妨同意这个意见。近读夏丏尊先生的文集《平屋之辑》，内有《人所能忍受的温度》、《蟋蟀之话》、《春日化学谈》三篇，写作于 1932 年至 1934 年初，都在《太白》创刊之前，却都是科学小品。望道先生的功绩在于把文学家和通俗科学工作者这一类不自觉的、新的、独特的、文学和科学相结合的作品，给予一个总的、新的创作体裁"科学小品"的名称，这对于促进它的繁荣和发展，起到巨大的作用。

《太白》以后，《中学生》、《读书生活》等刊物都刊载这一类作品，涌现多数新的作者。尤其是高士其的文章，流利畅达，生动活泼，思想性强，独具风格。这是望道先生提倡“科学小品”立即获得的成果。

刘薰宇、顾均正、周建人等的科学小品，都汇集成书，在开明书店印行。开明书店当时在上海虹口梧州路桥堍，是一座西向的木结构旧厂房。楼下一统间是印刷厂栈房，中间一乘大扶梯，上楼是出版等部门的办公室，靠右，即向南那一边，用木板隔开，便是编辑部。大概是1936年春天的一个下午，一位同事告诉我：“高士其来看你！”连忙去迎接，走到扶梯口，他已在扶梯中间攀住栏杆慢慢地走上来了。

坐定以后，他说，董纯才向你问好，（董纯才是我弟弟的晓庄师范同学，他翻译的伊林著作，正在开明排印）语言还清晰，只是轻微而缓慢一些。他取出科学小品集《细菌与人》，问开明是否需要，当然不必多考虑，我们就把稿子留下，当年八月就给出版了。先是在刊物上零篇发表，后来可出版单行本，足见科学小品逐渐受人重视。

望道先生是杰出的思想家、教育家、语言学家，又是共产主义运动的先驱者之一。提倡科学小品，在他说来只能算是一件小事。望道先生没有写文章宣传科学小品，只开辟园地来培养科学小品，这种实践精神，更值得钦佩。

原载《科学与文化》1984年第5期

献身于编辑事业的贾祖璋

贾柏松

我父亲贾祖璋，1901年出生于浙江省海宁州（现为海宁市）东南钱塘江畔的黄湾镇,卒于1988年。父亲一生勤奋好学,从青年时代直至晚年,在科普创作园地辛勤笔耕,写下了大量科普文章,出版了《鸟与文学》、《生物素描》等二十多部科普著作。他于1924年进入商务印书馆,又是一位老编辑、老出版工作者,从旧中国直到新中国,六十余载献身图书出版事业,贡献了自己毕生的精力。

进入商务印书馆

父亲于1920年毕业于浙江省立第一师范学校,随后在本县的两所小学任教,并且开始向《时事新报·学灯》、《民国日报·觉悟》以及杨贤江主编的《学生杂志》投寄科普作品。

1924年春,父亲考入上海商务印书馆,开始在印刷所博物玩具部任标本模型检定员,撰写标本模型的说明。1929年转到编译所博物生理部当编辑,直至1932年"一·二八"事变。当时博物生理部的主任是杜亚泉,编辑有周建人、凌昌焕、程翰章等。这一期间,父亲与许心芸、林仁之等合编了《小学基本自然课本》一套,主编为杜亚泉。在编辑课本的同时,还写成了《鸟类研究》、《普通鸟类》两书,均系少年读物,先后在商务印书馆出版。此外,还在周建人编的《自然界》上发表了《法布尔昆虫之书》等科普连载。

第一次到开明书店任职

1932年"一·二八"事变后,父亲由浙江第一师范学校同学傅彬然介绍到开明书店当编辑。这时主持开明书店编译所工作的是夏丏尊、叶圣陶。当时开明书店出版的中学各科课本,都是版税制,书店每年为此要支付很高的版税,因此决定组织编辑部自身的力量,编辑出版中小学课本。根据这一决策,父亲与顾均正合编了《开明自然课本》,于1933年出版;与唐锡光、章嘉禾合编了《开明自然课本教学法》第一、二册，分别于1934年、1935年出版。父亲主持编写的《开明动物学教本》上、下册，《开明植物学教本》上、下册，分别于1936年、1937年出版。这两种教材销行很广，一直沿用到解放以后，直至人民教育出版社编出新的课本，才停止使用。

1936年秋天，父亲任《中学生》杂志编辑，处理青年读者的习作和稿件，在众多的读者中，结识了董纯才、高士其等人。董纯才的译作、伊林的《五年计划的故事》，高士其的《细菌与人》、《菌儿自传》等，都是在这个时期陆续出版的。除完成编写课本和《中学生》的编辑工作以外，父亲花了整整3年工夫，在叔叔贾祖珊的帮助下，利用业余时间编写了大型工具书《中国植物图鉴》，于1937年夏季在开明书店印行。

1937年夏，日本帝国主义发动全面侵华战争，继卢沟桥"七七"事变，又发动了"八一三"事变，把侵略战火烧到了上海。开明书店在虹口梧州路的编译所、印刷厂毁于战火，书店资产蒙受巨大损失，经营受到严重影响。书店决定留少数人在上海坚持业务，对大部分人员实行停薪留职，向后方疏散或转移。

在抗日烽火的日子里

父亲离开上海后，在家乡住了一个短期，于1939年2月去广西桂林师范任教。5月，《中学生》在桂林复刊，胡愈之、宋云彬任编辑，父亲和傅彬然兼任编辑，每周抽一定时间协助组稿，编辑处理稿件。

1940年夏，父亲离开桂林，计划返回浙西沦陷区接家眷去大后方。路途中，遇上日军发动打通浙赣线的战事，返回浙西的交通受阻，因而滞留在浙南山城青田，受聘于省立温州中学，在该校任教，前后达5年之久。这个时期，父亲应《浙江日报》、《东南日报》曹湘渠、谢岳等人的约请，为副刊《江风》、《笔垒》撰稿，先后发表了《"人之历史"诠解》、《人与己》、《沉渣的泛起》等抨击时局、激励抗战的文章,同时,将抗战以来发表在《中学生》的文章,集成《碧血丹心》一书,由桂林立体出版社出版;另一册《生物的进化》,由文化供应出版社印行。这两本书既介绍了生物方面的科学知识,又充满了爱国主义精神,通过《多难兴邦》、《生与死》、《碧血丹心》等文章,激励国人坚持抗战,与侵略者血战到底。父亲还结合教学,以当时授课的讲义为基础,写成《初中博物教本》和《高中生物学教本》,两本书稿分别于 1945 年、1947 年由开明书店出版。1944 年春,父亲受温州中学校长朱一青的委托,还编过《温州评论》。这个期刊,一、二两版为评论、杂文和文艺,三、四两版为地方新闻,作者多半是温州当地和浙江教育界、文化知识界人士,内容为配合时局,宣扬文化,评论经济,鼓吹抗战救国等。

第二次到开明书店

抗战后期,浙南与闽西北、赣南等地山区,偏处东南一隅,未被日军侵占,局势相对稳定。1945 年春,内迁重庆的开明书店总管理处决定在福建崇安设立东南办事处,主持人章士敏邀父亲前去负责编辑工作。父亲在暑期辞去温中教职,于 1945 年 8 月 7 日到达崇安县赤石镇任职。这时开明书店东南办事处主要有两项任务:一是印制课本、编辑或重版部分适销图书供应东南各地;二是协调和扩大长汀、永安、赣州等地分店的业务。父亲到达后,随即着手选编《中学生战时半月刊》,它面向中学生,配合教学,介绍各科知识,辅导学习;此外,利用内地和上海的纸型,重版紧缺适销的图书,供应市场。同时,还去建阳拜访曾任杭州第一师范校长、商务印书馆编译所长,当时内迁在建阳的暨南大学校长何炳松,通过他向该校的教授、讲师约稿。不久,由于日本宣布无条件投降,抗日战争胜利,与内地和上海等地的交通渐次恢复,在崇安的业务和印书计划就告结束。

1945 年 11 月,父亲回到阔别 8 年的上海,再次在开明书店当编辑。1949 年 5 月上海解放,1950 年 8 月父亲随书店编审部迁往北京,直至 1952 年底,该店与青年出版社合并为中国青年出版社为止。这一时期,开明书店编辑出版的《开明青年丛书》和《开明少年丛书》对青少年读者有很大影响,父亲参与了这两套丛书的编辑工作,审阅并校订了不少书稿。此外,编辑出版了《初中博物纲要》(1947 年)、《开明新编高中生物学》(1948 年)、《高中生物学纲要》(1948 年),1950 年受中央教育部和上海市教育局委托,跟顾均正合编了《高级小学自然课本》四册,一直印行到 1952 年底。1951 年主编《进步青年》,并担任编审部副主任。除在开明担任编辑工作以外,1950 年,上海自然科学工作者协会成立,担任了该会的出版委员,参与了《科学时代》的编辑工作。1952 年起,还应聘担任科学院《生物学通报》的编辑委员。

在中国青年出版社和科普出版社

1952 年底至 1957 年,父亲先后在中国青年出版社担任第四编辑室主任、编审委员和副总编辑。这一时期,正是我国开始贯彻执行第一个五年计划,号召向科学进军,掀起社会主义经济建设的新高潮。父亲参与主持了多种大型丛书的编辑计划的拟订和选题的组织实施工作。包括有《五年计划与科学技术》、《青年科学技术活动》丛书等;配合向科学进军,出版了《自修读物》、《科学家为青年写的一本书》;为了向工农青年普及科学文化知识,出版了《农村文库》,如《水稻丰产技术》、《小麦丰产技术》、《积肥》以及《我国的鱼类》、《我国的鸟类》、《我国的果树》等。还翻译出版了许多苏联和外国的科普读物和科幻作品:如《巴甫洛夫传》、《飞出地球去》、《米丘林》以及儒勒·凡尔纳的《80 天环游地球》、《海底两万里》等。此外,还主持了《旅行家》、《农村青年》的工作。

1958年3月,父亲调到科学普及出版社担任副总编辑,一直到"文化大革命"。科普出版社当时办有三个期刊《知识就是力量》、《科学大众》、《学科学》,父亲分管这几个刊物,从编辑计划的制订到每期选题的确定,父亲都参与研究讨论,并审阅稿件和看清样。为了提高具有中等文化程度的干部的文化科学知识水平,中央提出编印一套大型《知识丛书》,由三联、中华、商务、世界知识出版社等联合编辑。科普出版社承担科学技术部分的选题,计划出版三百余种。父亲兼任丛书编委,根据丛书的总体规划,分工组稿,落实选题,对每本书稿都认真进行审读,提出意见,或退还责编进行修改。正当这套丛书的编辑工作按计划顺利进展的时候,"文化大革命"开始了,林彪、"四人帮"一伙鼓吹"知识越多越反动",这套丛书因而被扣上反对毛泽东思想的大毒草的帽子,至1966年,《丛书》科技部分的选题仅出版八十余种,就夭折了。

1961年,《辞海》在上海定稿,父亲作为主要撰写人参加了《辞海》生物部分的条目编写和定稿工作。

"十年动乱"的岁月

十年动乱,父亲被迫中断了从事四十余载的编辑生涯。1970年初又被强令退休,并举家离京南迁福建省平和县农村。在这"白卷英雄,知识无用"的困惑年代里,父亲与当时许多知识分子的境遇一样,被剥夺了工作和写作的权利。这时,他虽已七旬高龄,但并不气馁、消沉,依然以更加顽强的毅力,克服困难,潜心读书。他广泛涉猎古籍,边阅读,边做笔记。几年间,父亲终日伏案,夜以继日,埋头摘抄,辑录了《后汉书动植物钞》、《苕溪渔隐丛话植物钞》、《辞源植物钞》、《辞源动物钞》、《福建柑橘谱》、《龙眼谱》、《荔枝谱》、《桃谱》和《水仙》、《兰花》、《茉莉》、《月季》、《牡丹》等花谱及《萤》、《蝉》、《蛙》、《金鱼》、《鸦》谱等三十余种。父亲用工整端正的字迹，密密麻麻地摘抄在64开统一式样的道林纸笔记本上，合计达五十余册，数十万字，做了浩繁的资料加工整理工作。以《蝉谱》为例，从甲骨文蝉形夏字开始，摘抄了《诗经》、《礼记》、《尔雅》、《庄子》、《离骚》、《荀子》、《淮南子》、《史记》、《神农本草经》、《搜神记》、《世说新语》，直到明清的《本草纲目》、《蠕范》、《尔雅义疏》等历朝数十种古籍中有关蝉的记载以及《辞源》、朱自清《荷塘月色》中描述的"蝉声"和陈毅《赣南游击词》中吟咏的"树间唧唧鸣知了"。由此，展示了古今文人、学者对于蝉的科学记叙和文学描绘，给人以丰富的知识。

晚霞辉映　壮心不已

1976年3月，父亲从平和县迁至福州定居。十一届三中全会以后，随着党对知识分子政策的贯彻落实，1979年经组织批准复职，由于种种原因，父亲未能重返出版编辑岗位，在当地担任了福建省科学技术协会顾问，并当选为福建省科普创作协会理事长、全国科普创作协会副理事长，1985年被聘为福建省出版工作者协会顾问。

科学的春天焕发了八旬老人的创作青春。直到父亲逝世的这10年间，他仍然把精力和热情倾注在图书刊物的编辑工作上，他与出版界以及许多报纸杂志社有着密切的联系和深厚的交谊，经常参加图书报刊社组织的各种座谈会，与他们保持书信联系，亲自复信解答他们提出的各种问题。这些年来，父亲为福建和外地许多家出版社和科普期刊、报纸写稿，还为他们在编辑工作上提供咨询。1980年福建科学技术出版社为繁荣科普创作，培养中青年作者，决定编辑出版《科普新作丛书》，约请父亲和叶永烈同志担任正副主编，老人欣然应允，并帮助修改编辑计划，协助组稿，为丛书写了序言。父亲还为福建科技出版社的《科学与文化》、《学艺》、《花鸟世界》等期刊审稿，有时责编向他请教工作中和稿件中遇到的问题，老人都详细地予以解答。

1980 年，父亲的《生物学碎锦》在福建科技出版社出版，这是父亲在解放后，继 1950 年《劳动创造了人》之后相隔 30 年出版的第二本书。这本科学小品集中，父亲汇集了解放后写的三十多篇作品，15 篇是三中全会以后写的作品，其中包括了获得全国新长征优秀科普创作一等奖的《花儿为什么这样红》一文。1981 年，父亲还把 20 至 40 年代的作品选编成《科普创作选集》，分为《鸟与文学》、《动物珍话》、《生物素描》、《碧血丹心》、《生命的韧性》、《生物学名著讲话》等 6 辑，由科普出版社和福建科技出版社联合出版。1987 年，父亲已是 86 岁高龄，仍然壮心不已、锲而不舍，把近年来发表的作品汇编成《花与文学》，由福建科学技术出版社出版。另一本《科普文选》交中国科普创作研究所由科学普及出版社出版。这本书分为：科普漫谈、科普争鸣、科普语文、回忆录四个部分。《科普语文》中的 4 篇作品：《花儿为什么这样红》、《南州六月荔枝丹》、《蝉》、《兰和兰花》，分别被编入现行初高中及中专语文课本。此书已于父亲逝世的同月出版。令人遗憾的是老人竟未能在生前亲眼目睹这两本倾注着他晚年心血结晶的集子出版。

在编辑和写作中奉献一生

父亲在六十多年的编辑生涯中，始终坚持把图书的社会效益放在首位。无论在编辑岗位上，还是在写作实践中，他都信守图书要对读者有益这一宗旨，努力普及和积累科学文化知识。1985 年 10 月，在福建省出版工作者协会成立大会上的即席发言中，父亲引述叶圣陶对于开明书店的经营说过的一句话："有所为，有所不为。"父亲说，"有所不为"是绝不出版对读者有害的书籍，过去开明书店能够这样做，现在的出版社负有建设社会主义精神文明的重任，要更加重视社会效益。他还呼吁地方出版社不仅要面向一般读者出版通俗读物，还要力争多出学术著作和地方文献。他认为就福建来说蔡襄《荔枝谱》、赵时璋《金漳兰谱》、屠本畯《闽中海错疏》、陈世元《金薯传习录》等，或是有关领域的第一本著作，或是海内孤本，都值得印行，俾能流传后世。

父亲对编辑工作兢兢业业，一丝不苟，始终不懈地为提高图书质量而努力。他对书稿的文字加工，逐章逐节地仔细推敲，连一个错别字、一个标点符号，也不轻易放过。对于图书的版式设计、标题字号、插图编排，从体例上力求统一、完整。

父亲热情培养青年编辑，放手让年轻人通过实践，提高编辑业务水平。中国少年儿童出版社编审陈天昌，50 年代是二十出头的青年，与父亲在开明书店同事。不久前，他在一篇回忆文章中写道："贾先生对青年人的培养教育，主要不是用话，而是用一颗赤诚的心。""我修改完书稿，他拿去再加工一遍，然后再递给我看。我领悟老人无言的教诲。他要对我说的话，全在他对书稿一字一句改动的字里行间了……我总是认真、虔诚地阅读贾先生替我修改过的书稿。有的地方，我没有改动，贾先生给改了，怎么经他一改就更通顺和确切了，有的地方我已修改，可是贾先生又重新改了，比较一下，为什么他改得比我好；有的地方我修改后，他没再改动，我知道这里贾先生认可了。就这样一本又一本，一年又一年，我主要是在细看贾先生用工整小字帮助我重新修改的书稿中，仔细揣摩体会，而逐步成长的。"父亲还提倡鼓励年轻编辑业余写作。他认为编辑、作者间没有鸿沟，调动编辑的创作积极性，有利于提高他们的文字表达能力，反过来一定有助于做好编辑工作。父亲说："出版社应当鼓励编辑写作，培养编辑成为作家，一个出版社能有几位编辑是作家，对出版社应是一件好事。"

父亲的一生是在编辑和写作实践中度过的。1988 年 6 月，直到他患病住院期间，在病榻前，他与前来探视的同志，还在探讨编辑出版与写作方面的问题。父亲的最后一本科学小品集《花与文学》的书名，就是在病房中与前来探望的编辑同志商定的。在病床上，老人仍然手不释卷，阅读书报，有位老同志来探望时说起，在书店见到叶灵凤的《读书随笔》，父亲托他代买，隔天，这位同志把书送来，父亲非常高兴，随手就翻阅起来。父亲一生编书、看书、写书、买书、藏书，一辈子与书打交道。不料，这竟是他最后购买和阅读的一本书。7 月 3 日清晨，父亲的病情急剧恶化，下午 6 时 35 分溘然去世。这本书还在他床头。

父亲毕生从事编辑工作和科普写作。他一生治学严谨，工作勤奋，作风刻苦，待人谦和，他的为人和作品，为后人留下了自己的足迹。

原载《编辑学刊》1989 年第 2 期

奋斗不息的八旬老人

——记科普老作家贾祖璋先生

叶永烈

当这一期的《科学与文化》出版之际，正值科普老作家贾祖璋先生已年满 80。“老牛已知夕阳晚，不用扬鞭自奋蹄。”我借用这句诗来介绍这位在科普园地中辛勤耕耘的作者。

从事科普创作半个多世纪

贾祖璋是中国科普创作协会副理事长、福建省科普创作协会理事长、福建省科协顾问。他与周建人、高士其、董纯才、顾均正等，是中国科普园地的第一批拓荒者。他从事科普创作，已经有着半个多世纪的历史。

1901 年，贾祖璋诞生于浙江钱塘江畔。他自幼喜欢花、鸟、虫、鱼。14 岁时，贾祖璋考入浙江省立第一师范学校。当时，夏丏尊、陈望道正在该校执教，夏丏尊教国文，陈望道在课外给贾祖璋教过日文。这两位老师，曾给贾祖璋的人生道路以深刻影响。

1920 年，贾祖璋毕业后，做过三年小学教员，使他熟悉了小学教学工作。后来，他从报纸上看到上海商务印书馆印刷厂所属的模型标本部的招生广告，便去报考。1924 年春，贾祖璋考中，到那里从事制作各种生物标本，深入钻研了大量生物学著作。此后，贾祖璋所写的科普作品，多数是生物学方面，可以说是渊源于这几年从事生物标本制作。

贾祖璋在《我写科学小品的经过》一文中，曾谈到他是怎样开始科普创作的："有一天，读到了密勒氏的《鸟类初步》和《鸟类入门》二书，觉得像他那样用浅明的文字并采取文学的材料来写初步的科学书，一定可以引起初学者的研究兴趣，对于科学的推行，当不无相当的助力。于是就把这两本书译了出来，并更换了一部分的中国材料，编成《鸟类研究》和《普通鸟类》二书。这是我想用比较有趣味的文字来写科学书的第一回尝试。"《鸟类研究》于 1928 年由商务印书馆出版，而《普通鸟类》由该馆于 1931 年出版。

以上两书，均属编译。由贾祖璋创作、富有中国民族色彩的《鸟与文学》一书，是他早期的代表作。此书写于 1927 年，而于 1931 年由开明书店出版。夏丏尊先生为此书写了序，把它与日本小泉八云著的《虫的文学》并列。

1934 年，陈望道创办了《太白》半月刊，在创刊号上开辟"科学小品"专栏。这是在中国第一次提出"科学小品"一词。创刊号上发表了四篇科学小品，其中的一篇便是贾祖璋的《萤火虫》。因此，贾祖璋是我国最早的科学小品作家之一。

贾祖璋非常勤奋，著译甚多。除了科普读物外，他还写过十几本中学教科书——《初中植物学教本》、《初中动物学教本》、《初中博物教本》(植物、动物、地质矿物各一册)和《高中生物学》，因此，在三四十年代，贾祖璋这名字是青少年们十分熟悉的。

解放后，贾祖璋任中国青年出版社第四编辑室主任、科学普及出版社副总编，辛劳地为科普出版工作尽力。在四凶肆虐的日子里，科普出版社被取消了，贾祖璋只得退休，到福建省平和县他大儿子下放所在地落户。贾祖璋在那里观察自然，采集标本，拜老农为师，与青年农民为友。他说，虽然身在异乡，却跟少年时代住在故乡一样。

旧著与新作

在贾祖璋的作品之中，我很喜欢《鸟与文学》一书，这本书问世已经整整 50 年了。最近，我又一次重读，仍感受益匪浅。

这本书堪称科普佳作。在今天，即使一字不易，把它重新出版，仍会给读者以新的有益的启示。

这本书的可贵之处，是把科学与文学共熔于一炉，既能给读者以科学知识，又能从中受到文学的陶冶。如《燕》一文，从科学的角度生动地介绍了燕的名称、种类、习性，燕与农业、燕窝等种种知识，又从文学的角度，娓娓讲述赵飞燕、燕子笺的传奇故事，广征博引李白、梅尧臣、杜牧、李商隐、刘禹锡以至丰子恺关于燕子的诗和画。从中可以看出，贾祖璋不仅对鸟类学极为娴熟，而且对中国古典文学的造诣很深。他曾对我谈起，为了写作这本书，花费了数年光阴，博览中国古籍，摘录其中与鸟有关的诗、词、童谣、民间故事、神话等等。正因为这样，这本书别有一格，50 年过去了，没有出现一本能与它匹敌的同类书。

贾祖璋曾说过:“一篇好的科普创作,好像一曲清泉,一江春水,涓涓不绝,滔滔东流。”《鸟与文学》,正是具备这样风格的好作品。

贾祖璋的科普作品的另一特色,是在科学上很有深度,很有见解。他的作品不是浮浅的,不是靠东抄西凑,而是经过自己的深入探索,详细考证。在今年《读书》杂志第1期上,发表了贾祖璋的《蚍蜉和蜉蝣》一文,他在文中便指出了英译本《毛泽东诗词》的几处动植物译名之误,并介绍了有关的种种生物学知识。如果不懂英文,不懂古文,不懂生物学,是很难写出这样独具见解的文章。

难怪此文发表之后,《读书》杂志于今年第5期又发表了江苏高邮读者戎椿年的《读〈蚍蜉和蜉蝣〉》一文,称赞道:“作者博古通今,引经据典,通俗地介绍了有关生物学的知识,文字生动风趣,有很大的说服力。”然而,要做到“博古通今,引经据典”,没有长期不懈的勤奋学习,谈何容易?然而,也只有真正“博古通今”,才能写出优秀的科普作品。

《鸟与文学》和《蚍蜉和蜉蝣》,整整相隔半个世纪。不论是贾祖璋的早期旧作还是晚年新作,都保持着他的严谨、清新、朴实、准确的风格。

可敬的老人

贾祖璋是我国科普界德高望重的前辈之一。可贵的是,他并没有躺在功劳簿上睡大觉,而是用有点发抖的手吃力地、不断地写出新作。

贾祖璋的新作《花儿为什么这样红》在《光明日报》发表后,受到一致好评,今年荣获全国新长征科普创作一等奖,是当之无愧的。另外,他还写了科学小品集《生物学碎锦》一书,由福建科学技术出版社出版。

更可贵的是，贾祖璋以极大的热忱，关心中、青年科普作者的成长。他曾说，“人梯总得有一个人站在地上”，而他愿意当“站在地上”的人。最近，他建议福建科学技术出版社出版一套我国中、青年科普作者的代表作选集，并愿为组织、编辑、出版这套书而竭尽全力。贾祖璋的这种人梯精神，是何等令人感动。他在耄耋之年，仍在为繁荣祖国的科普创作事业而操劳，为培养、鼓励中、青年一代科普作者而花费心血。

祝愿这位可敬的老人健康

长寿！

原载《科学与文化》1981年第5期

贾祖璋编辑实践初探

吴世灯

1988年7月3日，我国著名的科普作家、老一辈编辑家贾祖璋先生逝世，享年87岁。生前，贾老曾任中国民主促进会中央参议委员会常务委员，福建省政协常委，民进福建省委员会主任委员，福建省科协顾问，福建省版协顾问，福建省科普作协理事长、中国科普作协副理事长等职。他作为科普作家名闻遐迩，但是，作为编辑家，至今未被人们认识和重视。

1901年9月24日，贾祖璋先生出生于浙江省海宁县黄湾镇的一个中医家庭里。他8岁上私塾，13岁以全校第一名的成绩毕业于袁化镇口高等小学，15岁考入浙江省立第一师范学校，20岁毕业后在家乡教书3年，1924年考进上海商务印书馆，先当生物标本检定员，后当编辑。此后，在半个多世纪的漫长岁月中，他虽曾两次被迫离开过编辑岗位，但是，一生的大部分时间和精力都花费在编辑事业上,他是一位名副其实的编辑家。为了便于研究和分析贾老编辑实践的特点,笔者冒昧地把贾老一生的编辑活动分成四个时期:一、青少年时期(30 岁之前);二、中青年时期(30 ~ 52 岁);三、老年时期(52 ~ 70 岁);四、晚年时期(70 ~ 87 岁)。

青少年时期:勤奋饱学　打好基础

贾老的博学与文采是有口皆碑的,这跟他青少年时期勤奋厚积是分不开的。他上私塾时,就把《三字经》、《千家诗》、《孝经》、《论语》等背得烂熟。这大概是封建教育的一般特点,虽有它陈腐的一面,但幼时背下的这些东西,往往终生不忘,受用得很。他在初小、高小学习时,成绩优秀,高小毕业时才 13 岁,竟被留校当了半年"小老师"。当然,最关键的还是浙江省立第一师范学校 5 年的学习。浙江一师是当时全国有名的学校,鲁迅先生曾在该校任教,弘一法师李叔同出家前也曾在这里教书,陈望道先生当时在校任教。贾老在《忆望道先生》一文中说:"1919 年望道先生从日本回国,受聘为浙江省第一师范学校国文教师。虽然没有直接教我们这一班,但课余我们少数同学请他辅导日文。望道先生既授日文,也谈时事和新文化运动。他语调急促,热情洋溢,我们受益不浅。"①贾老的日文水平颇高,当时曾求教于陈望道先生。英文也是这个时候学的,他的英文功底较好,这些都为他日后博览大量日文生物著作和他日后从事的编译出版工作打下了基础。1928 年前后就编译出版了《鸟类研究》、《普通鸟类》、《法布尔昆虫之书》等译著。

贾老生在农村,长在农村,当时农村生态环境保护得较好,树木繁茂,绿草如茵,花香鸟语。他从小喜爱家乡的土地,尤其喜爱生物。尽管师范毕业后当了教师,但心中仍然不忘生物。17 岁那年,他在《言志》一文中写道:"我不欲生无益于世,死无闻于后地浑浑然虚此一生的心理,16 岁起就抱了。有这个心鞭策我,迫我总要择一种性近学问来研究。我很爱自然的,很喜欢动植物的,何不将这个个性去发展呢?于是就择定生物学为我终生研究的学问……”②1924 年初夏的一天,偶然看到报载商务印书馆标本部招工广告,他非常兴奋,毅然前往上海报考,并以第一名成绩录取。在标本部先是剥制各种动物、鸟类标本,后担任成品检验员,前后达 5 年之久。他如鱼得水,潜心钻研,极大地丰富了生物学知识。笔者以为贾老这种有意识的选择,对于他一生从事生物学的科普创作及编辑工作,有着决定性的意义。

贾老的文学功底得益于浙江师范时的国文教员、我国著名的教育家、文学家夏丏尊先生。在夏丏尊老师的教译下,青年贾祖璋对我国的诗词曲赋等都很精通。由于他既精生物又通文学,所以他于 1930 年写成的《鸟与文学》一书,得到恩师夏丏尊的很高评价,他说:“事物的文学背景愈丰富,愈足以温暖陶泽人的心情,反之,如果对于某事物毫不知道其往昔的文献或典故,就会兴味索然。故对于某事物关联地来灌输些文学上的文献或典故,使对于某事物得以扩张其趣味,也是青年教育上的一件要务。祖璋的鸟与文学,在这意义上,不失为有价值的书。”③

中青年时期:编创结合　大展才华

由于贾祖璋青少年时期打下的知识基础相当扎实,所以对中年时期的编辑和创作,不仅胜任愉快而且成绩斐然。中青年时期是贾老编辑与创作的黄金时代。时间从 1930 年至 1952 年,年龄从 30 岁到 52 岁,整整 22 年,这期间除了抗日战争时期被迫停薪留职,流落到桂林、温州等地教书外,其余时间都从事编辑工作,就是在桂林教书时,也参与《中学生》的编辑工作。应该说这 22 年中,前 7 年的成就特别突出。1930 年 11 月,贾祖璋由商务印书馆标本厂提拔到编译所博物部任编辑，从此开始了他一生的编辑生涯。两年后，1932年"一·二八"事变，商务印书馆被日本侵略军炮火轰毁，贾祖璋失了业，回家乡闲住了半年，这年夏天由同学傅彬然介绍到开明书店任编辑，一直到1937年"八一三"事变，上海被日本侵占被迫离沪回乡并转到桂林等地。这六七年正值贾老年富力强时期，在商务印书馆又与周建人同处一屋，两人志向相投，互相勉励，更激发了青年贾祖璋编辑和创作的热情。在开明书店，老板章锡琛是位开明人士，爱惜人才；主持编辑业务的又是恩师夏丏尊以及叶圣陶、王伯祥等有识之士。在这种环境下，青年贾祖璋的才华得到充分施展，终于厚积薄发了。在商务编辑所当编辑不到二年时间，就跟许心芸、林仁之等人合编出版一套《小学基本自然课本》（含《动物学》、《植物学》等书）。自己翻译或创作了《鸟类研究》、《普通鸟类》、《世界禽鸟物语》、《鸟类概论》等书。同时，还在周建人编的《自然界》上发表了《法布尔昆虫之书》的科普作品连载。在开明书店这5年间更是编辑、创作双丰收。他与顾均正合编了《开明自然课本》；与唐锡光等合编了《开明自然课本教学法》。还亲自编写了《开明动物学教本》上下册，《开明植物学教本》上下册。这两种教本经久不衰，重版达四十多次，一直沿用到解放后，整整影响了一代人。如今五十岁左右的人解放初读的动植物课本还是贾祖璋编的。在这期间他还乐于为人作嫁，编辑出版了董纯才的译作《五年计划的故事》（苏·伊林著）、高士其著作《细菌与人》、《菌儿自传》等。同时，还主编《进步青年》等，参与《中学生》编辑工作。这期间自己创作并出版了著名的科普力作《鸟与文学》，以及《动物珍话》、《果树》（百科小丛书）、《达尔文》（开明中学生丛书·三十五）、《笼鸟饲养法》（百科小丛书）、《生物素描》、《长江流域的鸟类》（周建人为主，仅译最后部分）等7种约80万字。而更加难能可贵的是这期间他还在弟弟贾祖珊的帮助下，花了三年业余时间，写出了大型种子植物的分类工具书《中国植物图鉴》约100万字。仅仅7年,贾祖璋在编辑之余写作的书稿就达13部约200多万字,等于他往后50年间写作的书稿总数的一倍(后来共写作出版书稿9部,约100万字)。

在贾老晚年的日子里,有一次笔者曾问过他当年为何如此才华横溢,他笑笑后说:“当时若请人编课本要付很高的版税,老板知道我会编书,就让我编,不必付版税唉!”老板重视人才,雇员愿意卖力,真是“人和”比什么都重要啊!

抗战期间,贾祖璋跟全国人民一样饱受战争之苦,为生活所迫,先后在桂林和浙江温州应聘担任中学教员,在桂林兼任《中学生》杂志编辑。这时候的贾祖璋,内心极不平静,对于日寇的疯狂侵略和屠杀,深恶痛绝,决心拿起笔作刀枪,狠狠反击日本帝国主义。在极端困难的条件下,写作并出版了《碧血丹心》、《生命的韧性》等著作,通过《多难兴邦》、《生与死》、《碧血丹心》等文章,把生命科学与爱国主义精神融为一体,用滴血的文字激励国人坚持抗战,与侵略者血战到底。请看《碧血丹心》一文中这段脍炙人口的文字:“血,血,血,不再会有懦夫见了它而发抖,而恐惧。心,心,心,千万个人一条心,非把敌人赶出国土,决不甘休。”“人心不死,热血未冷,不论强敌如何凶暴,终有把它驱逐出境的一天。惟有碧血丹心,能够写下无数保卫国土完整,维护民族独立的光荣伟大的历史。”④强烈的爱国主义精神虹贯贾祖璋的一生。

抗战胜利后贾祖璋回到阔别8年的上海,再次回到开明书店当编辑,一直到1952年该店与青年出版社合并为中国青年出版社为止。这几年是贾祖璋编辑生涯的稳定时期,特点是编辑经验更加丰富,编辑技巧更加成熟,编辑思想更加明确。从编辑思想看,更加明确开明书店出书办刊应为青年朋友服务。他担任主编的《进步青年》成为当时很受革命青年欢迎的刊物。在出书方面,他以开拓精神编辑出版的《开明青年丛书》和《开明少年丛书》对青年影响很大。他说:“以中学生为对象,就语文、史地、科学等方面提供一些课外补充读物，便不计盈亏，只看是否有一定质量，适于需要。《中学生》、《新少年》等杂志以及《开明青年丛书》、《开明少年丛书》等书籍，都是依据这样的意图而出版的。”⑤当时出版的《科学趣味》、《化学与我们》、《花鸟虫鱼》、《植物的生活》、《昆虫的生活》、《细菌与人》、《生物素描》、《疾病图书馆》以及译著《十万个为什么》、《化学奇谈》、《家畜的故事》、《趣味物理学》、《趣味天文学》等等，“内容充实新颖，科学性强，堪称是真正的趣味读物”。现今六七十岁的科学家、文学家们对这类读物都留下难忘印象。如我省昆虫学家赵修复、作家郭风等都有同感，难怪老作家巴金也在《随想录》中盛赞开明书店“不向钱看，只想勤勤恳恳地出几本书，老老实实地给读者送一点温暖”。

老年时期：编审上任　为人作嫁

1952 年底开明书店与青年出版社合并后，贾祖璋任第四编辑室主任、编审委员，后又任副总编辑。1958 年 3 月调任科学普及出版社副总编辑直到“文化大革命”爆发。1970 年初被强迫退休，逐出北京，南迁到福建其长子贾柏松下放的平和县农村。从 1952 年到 1970 年整整 18 年，贾老由 52 到 70 岁，可称老年时期。这一时期，贾老几乎没有创作和写作，仅仅在 1957 年以前，偶尔在《人民日报》副刊上发表一些描写花鸟虫鱼的文章。贾老把整个身心都倾注在社会主义编辑出版事业上。

中国青年出版社第四编辑室的任务是为青年读者编辑出版科技读物，并以普及读物为主。作为编辑室主任，他的指导思想是“无为而治”，充分发挥编辑的主观能动性；大家工作效率很高，每位编辑每年发稿，少则五种，多则八九种。在他的主持下，出版了《五年计划与科学技术》丛书，《青年科学技术活动》丛书等。还出版了一批很有影响的科普读物，如伊林选集，别莱利曼和费尔斯曼的一些作品,以及方宗熙、周明镇等专家教授的科普著作。为向农村青年普及科学技术,出版了《农村文库》,有《水稻丰产技术》、《小麦丰产技术》、《积肥》以及《我国的鱼类》、《我国的鸟类》、《我国的果树》等。1956 年,为配合当时向科学进军的号召,曾计划出版一套《请科学家为青年写一本书》的丛书,已草拟了十多个选题的内容重点和写作要求,后因反右运动等原因,没有实施。在中国青年出版社时期,还兼任《旅行家》和《农村青年》的主编。

科普出版社当年办有《知识就是力量》、《科学大众》和《学科学》三种杂志。贾老到任后分管这几个杂志的编辑工作,倾注了大量心血。从编辑计划的制订到每期选题的确定,贾老都仔细过问,并负责终审和看清样。1962 年到 1966 年间,还承担了中央布置的大型《知识丛书》的编辑任务。这是一部《百科小丛书》,而科技部分,则是一部《科学小丛书》。这部分就是由贾老负责组稿、审稿和编辑出版的。原计划科技部分出版三百余种,结果只完成八十种左右,就遇上"文化大革命",在"知识越多越反动"的年代,冠以知识之名的这套丛书,当然要受到严厉批判了。这期间还出版了竺可桢著《物候学》、傅连暲著《养身之道》等科普著作。因"文化大革命",重新修订的《物候学》无法再版,而《养身之道》则被诬为保命哲学,连作者都被迫害致死。23 年后的 1979 年,贾老在一篇文章中一针见血地指出:"'文化大革命'前,科普出版界也出现过从兴旺复归于沉寂的局面。后来,在周总理的亲切关怀下,以广州文艺座谈会为起点,使科普界重新活跃起来。但是,'文化大革命'一来,科普出版界再次陷于困境,万花凋零,直至斩草除根。……今天,彻底肃清极'左'路线的流毒,对于繁荣科普创作,仍然具有头等重要的意义。"⑥

事实说明,这一时期,在轻视知识和轻视知识分子的"左"的路线干扰下,贾老的心情是复杂的,时而压抑,时而振奋,聪明才智无法充分发挥。原因固然是多方面的,但我以为,"左"的路线的影响是最根本的原因。今天，我们从研究和总结贾祖璋编辑实践中悟出的一些道理，不仅使我们这代人受到启发，而且将对我们的下一代产生影响。

晚年时期：历经磨难　霜重叶红

在贾祖璋生命的最后17年，随着党和国家政治路线的变化，也戏剧性地划分为两个阶段。党的十一届三中全会之前，大部分时间被完全埋没在一个山村里，丧失编辑和创作的一切权利，在凄风冷雨中过着日子。而三中全会之后的9年，又日月生光，青春焕发，成就卓著，胜似当年。

贾祖璋的生命具有坚强的韧性，他常说："我从来没有想到过死。"他对生活充满着热爱和追求。在平和县山村的日子里，他个人生活接二连三遭受打击，好友叶圣陶闻讯来信慰藉备至。在叶圣老的鼓励下，他身处逆境而不消沉，频频与圣翁两地传书，互相勉励，并夜以继日潜心读书，整理古籍，边阅读边做笔记。五年如一日，辑录整理了各种花谱、果谱、药谱、虫谱等三十多种，五十多册，数十万字。其中有《福建柑橘谱》、《龙眼谱》、《荔枝谱》、《桃谱》、《兰花谱》、《茉莉花谱》、《月季花谱》、《牡丹花谱》、《萤谱》、《蝉谱》、《蛙谱》、《金鱼谱》等，以及《后汉书动植物钞》、《苕溪渔隐丛话植物钞》、《辞源动物钞》、《辞源植物钞》等等。贾老爱书如命，小时有钱就买书，家中藏书甚丰，虽遭"文革"浩劫，因是科技书，仍保留不少。藏书帮了贾老的忙，使贾老得以在这非常时期，从浩瀚的古籍中归纳出生物学的系统知识，为我们今天的科学工作者研究古代农业和古代生物学提供了珍贵的资料。可惜，这批资料至今仍然无法出版。

党的十一届三中全会之后，1979年，贾祖璋重新复职，由于种种原因，未能重返科普出版社，在福建担任省科协顾问，并被选为福建省科普创作协会理事长、中国科普创作协会副理事长等职。这时候贾老虽然已届古稀之年,但精神矍铄,壮心不已,很想多做事情,继续为科学出版事业贡献力量。我们科技出版社和《科学与文化》杂志的同志们,很理解他老人家的心情,就请他终审。《科学与文化》双月刊(每期9万字)的稿件,还请他自己选编《贾祖璋科普创作选集》。这期间贾老还担任《科普新作丛书》的主编,这套丛书先后出版了8种。1981年后我们集中力量办刊物,后来又增办《花鸟世界》和《学艺》,也都请贾老终审或看清样。他看清样很快,9万字的清样只要一天多就能看完,并能详尽指出其中谬误,连标点错误也能指出。

这时候贾老精力仍相当旺盛,又奋力创作科学小品,写出一系列精彩文章,其中以《花儿为什么这样红》为代表,此作被评为全国新长征科普作品一等奖,另有《南州六月荔枝丹》、《兰和兰花》,都被选入中学或大学语文课本。另外还给《科学与文化》、《花鸟世界》、《科学文艺》、《知识就是力量》、《科学24小时》、《中华文化纵横谈》、《福建日报》副刊以及《福建卫生报》等许多报刊写了近百篇文章。后来,这批作品也由他自己精心选择编辑成三本书出版,即《生物学碎锦》(1980年12月)、《贾祖璋科普文选》(1988年7月)和《花与文学》(1989年1月)。

这一时期贾老还为创建民进福建省委员会呕心沥血,特别是1985年后,他少有参与编辑书刊工作,主要精力花在民进建设上。这后10年贾老虽然没有重返编辑出版岗位,但却做了大量编辑工作,我们有幸与老人家亲密相处,耳闻目濡,受益匪浅,对贾老的人品文章、编辑思想、编辑作风和编辑技巧等诸多方面都有深切感受。对此,将在《贾祖璋编辑思想初探》一文中再作探讨。

注释:

① 贾祖璋:《贾祖璋科普文选》第107页。

② 韩仁煦:《老而益明,死而益光》,《福建日报》1988年7月13日2版。

③ 夏丏尊:《鸟与文学》序,上海书店1982年重印本。

④ 贾祖璋:《贾祖璋科普创作选集》。

⑤ 贾祖璋:《贾祖璋科普文选》第103页。

⑥ 贾祖璋:《贾祖璋科普文选》第14页。

选自中国近代现代出版史编纂组编《中国近代现代出版史学术讨论会文集》,中国书籍出版社1990年

花鸟鱼虫皆文章

——记著名的科普作家——贾祖璋

韩仁煦

花鸟鱼虫,是人类的良伴,它使我们的生活绚丽多彩。您若了解它的内在美,那就更能从深层增添生活的乐趣。

有一位作家,自小酷爱探索花鸟鱼虫的奥秘。后来,他巧妙地让科学同文学联姻,用渊博的知识,向人们解释生物世界的桩桩件件,启示人们去幻想,去开拓。从20年代发表作品至今,已经忙碌了60个春秋。

这位作家是贾祖璋。现在,他是中国科普创作协会荣誉会员,中国作家协会会员,福建省科协荣誉委员,福建省科普创作协会名誉理事长;同时,他又担任福建省政协常委,民进福建省主委等职务。

1934年,由陈望道主编的《太白》杂志首倡,中国文坛上第一次闪亮"科学小品"这颗新星。贾祖璋和其他几位作者同在《太白》创刊号上发表科学小品,他成为我国科学小品的创始人之一。

贾祖璋曾创作出版十多部科学知识读物和教科书。散见于各种报刊的科普作品究竟有多少,连他自己也说不清。前几年,热心的科普作家叶永烈曾经四处收集,加以复印,可惜仍难保没有遗漏。

但是,读者的心中有着永恒的纪录。《鸟与文学》确实是脍炙人口的佳作,以至于50年后还重新出版。然而,《动物珍话》、《生物素描》、《生物学碎锦》等等,又何尝不是受欢迎的读物。

在贾祖璋的作品里,花鸟鱼虫成了主角。作者以他独特的隽永的笔调,把千百种人们所常见的生物写得栩栩如生,既有丰富的科学内涵,又有无穷的诗情画意。很多文章,一看题目,就叫人非读不可。除了《花儿为什么这样红》、《南州六月荔枝丹》以外,像《吴刚捧出桂花酒》、《是花是鱼两不知》都是。这种富有趣味的标题形式,起源于早期写作的《鸟与文学》的章节小标题,如《为谁归去为谁来》、《望帝春心托杜鹃》等等。人们读了贾祖璋的作品,仿佛置身于落英缤纷,浅白深红,流莺百啭,蜂蝶纷飞的大观园中。不过,这座大观园是宝二爷和姐妹们所万万领略不了的。这里没有葬花的幽怨,化烟的哀叹,而是催人奋进的满园春色。贾祖璋是生活的强者,他总是用乐观精神去感染和影响读者。

有人说,读了贾祖璋的作品,如果不知道他的高龄,总以为是年轻人写的。贾祖璋说,他的早期作品,常常流露出消沉的情绪,年纪大了,对人生理解得更深了,作品里反倒没有这种消沉的成分了。华发赤子,贾祖璋的心跟青年总是相通的。

贾祖璋的确是属于青年的。30年代开明书店刊行的《中学生》杂志,抗战期内在内地复刊为《中学生战时半月刊》,新中国成立后在北京改名为《进步青年》,他都曾参与一个时期的编辑工作。他最早写作翻译的《鸟类研究》、《普通鸟类》和《世界禽鸟物语》,对象不仅是青年,更偏重于少年。直到现在八六高龄,他还经常关心着以青年为主要读者对象的《科学与文化》的编辑工作。

如今六七十岁的人,其中有的已是教授、作家、研究员、总编辑、名记者……他们在中学时代几乎都从杂志和课本上学过贾祖璋的作品,受到启蒙教育。而每当新学年开始,在960万平方公里的国土上,又有千千万万的中学生,翻开新课本,从贾祖璋的范文中得到教益。她们和他们,是贾祖璋的第几代学生?!

贾祖璋不只是科普创作的巨匠,而且是"为他人作嫁衣裳"的榜样。几十年间,他默默地用笔,不,应当说是用心,扶植培养了科普创作的一代又一代。春风化雨,大家没有忘记他,邮递员经常从四面八方传递来他们对贾老的问候和求教。还有那未曾相识的求教者,出版社的共青团员把拜访贾老作为团的小组活动,报社的青年编辑前来请教,学习他严肃的创作精神。

贾祖璋归根到底是属于人民的。1901年,他出生在浙江海宁县的农村。走向社会的第一站,是到商务印书馆所属生物标本厂当工人。几十年里,他历尽中华民族的衰兴,身经人民大众的悲欢。因此,他的许多作品,乍看似乎只谈花鸟鱼虫,其实寄托了他对人民对祖国的深沉的爱。加上精湛的写作技巧,往往在读者的心底引起共鸣。1934年8月,南方大旱,他写《萤火虫》一文时身居上海,却思念着灾难中的农民,文中写道:"最近乡间来信说,三个月没有下雨,田里的稻都已枯死,桑树也多凋萎。那末,小小的池塘,想必也已干涸,稻田树林都已改换景色,我那辛苦的邻舍们,在夜晚,还有心情纳凉?还能有一些笑声吗?"文章的结尾:"祝福我那辛苦的邻舍们,应该有一条生路可走。"据作者回忆,这里的"生路"是指中国共产党。当时,贾祖璋把解救人民的希望寄托在正遭国民党反动围剿的中国共产党。

贾祖璋今年已经86高龄,暮气未生,韧性不减。他的居室虽然简朴,生活却是十分充实。读书,古今中外无不涉猎;写作,字斟句酌从不疏怠。他毕生积累了大量资料,虽经几番战火和动乱,也还留下了不少珍贵的笔记,但至今他还是不断地剪报,增广见识。

当然，创作的源泉不只在书斋。于是，他尽可能挤出时间，或去农村，或去自然博物馆，或去花卉研究所，或去树木园，或去花鸟市场……还把狭窄的晾台当作实验室，不息地寻觅生命的信息，发掘最新的题材。

今年春天，贾祖璋为某报写过一篇“话老”的短文，结尾引用了马雅可夫斯基的诗：“生活/美好而新奇。/年龄直到百岁，/我们/没有衰老。/朝气一年比一年上升。”这篇文章的标题《朝气一年比一年上升》，正是贾祖璋创作生涯的真实写照，也是他性格的深刻反映。

我们衷心祝愿贾老和他的科普创作，朝气一年比一年上升！

原载《科学与文化》1987年第6期

贾祖璋和《科学与文化》

吴世灯

《科学与文化》是1980年创刊的，这年试刊两期。实际上创办这个刊物，酝酿了很久。早在1979年初，福建省科普创作协会成立之后，就跟贾老商讨过办科普刊物的事，贾老非常赞成。几经周折，在有关部门支持下办起来了，《科学与文化》这个名字就是由贾老选定的。贾老是《科学与文化》名副其实的顾问。起初，每期稿件均请他终审。后来，每期清样请他审阅，无论稿件还是清样，贾老都看得很认真、很仔细又很及时。一本9万多字的清样，他老人家往往只要用一天多的时间就审阅完毕并及时送来。有几次怕耽误发印时间，他老人家还乘公共汽车亲自送到编辑部。我们每回发给他的审稿费他都分文不取。有一次，我把审稿费送去，并劝他收下，他坚决不收，对我说：“现在我拿国家工资，没有做什么事情欸。”在他看来，审稿就是自己分内的事。经他审阅的稿件，避免了许多知识性的差错。如1984年第2期，我们发了一篇陈梦雷与《古今图书集成》的文章，作者把《古今图书集成》误为我国最早的一部词典，我们却没有发现。贾老看后把它改为“我国著名的大型类书”，这就准确多了。曾经担任过国民党政府主席的林森是闽侯人，作者把他误为长乐人，我们竟也没有发现，贾老一眼就看了出来，说：“林森不是长乐人。”贾老是浙江海宁人，可他对福建的历史人物，却比我们熟悉得多，可见他老人家学识多么渊博。

贾老不仅注意语言文字和知识的把关，而且相当注意内容倾向的把关。1983年第4期送审清样中有一篇题为《仿生经济学趣谈》的文章，贾老看后提出批评，认为文章观点错误，把生物之间的竞争套到人类社会，是牵强附会的，是机械唯物论，是早被马列主义所否定的东西。当时，刊物要马上付印，作者也接到稿件录用通知，怎么办？经反复研究，我们还是拉下这篇文章而换上别的文章。3个月后，有一天我去拜访贾老，贾老还记着这件事，问这位颇有名气的作者是否有意见，我说作者接受了您老人家的批评，贾老听后脸上露出微笑。1984年第5期，我们发表日本作家星新一的微型小说《喇叭的声音》时，配了一幅怪异的图，贾老看后很不满意，说：“插图应给人以美的联想，而不该给人留下丑的形象。”这话说得多好啊！这类例子不胜枚举，如今回忆起来，就像昨天刚刚发生一样。

贾老还经常应约为《科学与文化》撰稿。他先后在我刊发表了《蔡襄〈荔枝谱〉》、《苏东坡吃的“山芋”》、《宋家香古荔枝树》、《白猴婚配议》、《葵与向日葵》、《既新又古的猕猴桃》、《金凤花开色最鲜》以及《忆丰子恺》、《忆望道先生》等优秀作品。这些作品大部分为《新华文摘》这家权威刊物转载，从而扩大了刊物的影响，也提高了《科学与文化》的社会地位。

《科学与文化》创办两年之后，印数开始下降，读者也有点意见。编辑部的同志很焦急，有的认为专访文章太多，新闻性太强；贾老提了三条意见：1. 文化内容要增加，这样可以增强可读性；2. 可以请舒婷这样的青年女诗人写文章；3. 要争取改为月刊，月刊可以使读者有新鲜感。

由于势单力薄，办刊遇到不少困难，每当稿件送审的时候，我往往情不自禁地向老人家诉苦。贾老总是给予鼓励说："你的刊物停了，人家还可以看别的刊物。不过，一个省还是办一个科普期刊好。"关于赢利问题，贾老说"因为我们是文化单位，不是工厂商店，应该有所不同"。

后来，由于贾老的坚持和努力，也由于省科协领导的全力支持，从 1985 年起，《科学与文化》移到福建省科协来办了。

原载《科学与文化》1988 年第 6 期

贾祖璋的编辑风格

吴世灯

编辑风格应是指编辑家在编辑工作中表现出来的独特作风、气度和高尚的品格。认真考察贾祖璋的编辑工作实践，人们不难发现，他的编辑风格有一种与众不同的特点。现简述如下：

不惟书、不惟上、只惟实

1924 年初，贾老考进上海商务印书馆仪器标本实习所，半年后毕业，分配在印刷厂的博物部，担任动植物标本和生理模型的检定工作。一天，贾老在图书馆读到了密勒氏的《鸟类初步》和《鸟类入门》两书，是写给少年看的，文字浅显，容易看懂，就利用业余时间，从事翻译。但书中所讲的美国鸟类，对我国的读者，尤其是少年儿童，并不适用，他就采用我国习见的鸟类资料，加以改编，终于编写成《鸟类研究》和《普通鸟类》两书，这是1927年。这两种书文字相当生动，且通俗易懂，1928年初版之后，大受欢迎，获得成功。这两种书编译成功极大地鼓舞了青年贾祖璋，他也从中得到有益的启示，这就是，一定要从中国的国情出发，联系实际，洋为中用，不惟书，只惟实。此后，贾祖璋在长期的编辑和科普创作中始终坚持并发扬光大这种实事求是的作风。

贾祖璋自从1932年7月进上海开明书店任编辑起，至新中国成立前后，先后为开明书店和商务印书馆编辑了大量的教科书。同时还跟同事们一道编辑出版了《开明青年丛书》、《开明少年丛书》等等。在编辑图书过程中，贾祖璋始终坚持“不惟书，只惟实”的编辑风格。如，他在《初中博物教本》（第一册植物）“编辑例言”中说：“本书取材悉依部颁课程标准，但我国幅员广大，风土物产随地而殊。故教者宜斟酌情形，变更一部分材料及其排列的顺序，以适应就地风土时令。”在其他课本中也一再强调，一切从实际出发，因地制宜，实事求是。

贾祖璋坚持实事求是编辑作风的另一个特点则是不惟上，只惟实。在50年代初期，科普工作、出版工作也奉行“学习苏联老大哥”一边倒的方针，科普读物有70%是翻译苏联的，西方国家一本也没有。从1957年起，时任中国青年出版社副总编辑的贾祖璋极力倡导减少翻译品种，增加国内著作品种，避免“一边倒”倾向。1958年，社会上急躁冒进、高指标风也波及出版界，各出版社都纷纷制订高指标（多品种）的出书计划。作者们写不了那么多，只好用剪刀糨糊剪贴报刊文章拼凑出书。但是，贾老领导的中青社四编室不赶这个浪潮，从未出版过剪贴拼凑的书。他对同事们说：“教师是教书育人，我们编辑是编书育人。”显然，不惟上，只惟实，不仅是贾老的政治信仰，而且是他独特的编辑风格。

无为而治　无声胜有声

贾老是一位朴实无华的人，他的编辑风格也透露出他的人品、人格的特点。新中国成立后，他在中青社和科普出版社担任领导工作十多年，处处以身作则，埋头苦干。他说："我是无为而治。"实际上，他不仅自己带头兢兢业业地工作，而且放手让大家发挥各自所长，所以整个编辑工作效率比较高。当然，贾老的编辑工作，也有自己的一套"规矩"：选题无论是谁提出，都需要经他首肯。选题确定后，责编要提出组稿要求，经室主任认可后再交他审定，往往是他同责任编辑和室主任一同商定。他很重视遴选作者，他要了解作者及其情况，必要时提出意见，以确保书稿的写作质量。他很注意组稿工作，北京的作者一般是责任编辑亲自去当面详谈，外地作者要详尽写明组稿要求。组稿后要求作者先送详细写作提纲，经责编、室主任、副总编三审，提意见修改通过后再写样章。样章也要经三审同意。贾老对写作提纲和样章都十分认真地研读，同时及时与责编、室主任沟通，并提出编写意见。有时，特别是对重点稿件，他则亲自动手修改。

收到书稿后，责任编辑要提出具体的审读意见，再由室主任审读提出意见，然后将载有二者意见的书稿送总编审定。这时贾祖璋总是逐字逐句地通读书稿（不像现今出版社领导仅是抽查），仔细阅读一审、二审的意见，再同他们一起商谈自己的审读意见，然后退修。对退改过的书稿，贾老还要亲自阅读，如若没有改好，便再次退修，直到符合出版要求为止。

与其他单位总编不同的是，贾老还要亲自通读清样（这不是总编辑的职责，但却是开明书店的传统）。他在阅读清样时，不仅注意纠正错漏字，还特别留心注释、引文、图的文字说明、外文字母等这些易疏忽的地方以及插图是否雅观等等。贾老晚年担任《科学与文化》的终审,他仍然按过去的“规矩”严格要求我们,显然不是无为而治而是有为有治了。

贾老无为而治的再一个特点是无声胜有声。贾老是位谦和且不善言辞的长者,他对属下的教诲,全在无言之中。本人有切身的感受。80 年代初笔者刚进出版社工作时,责编的第一本书就是《贾祖璋科普创作选集》。对于如何编好这本书,他没有说什么更多的话,而是用实际行动来教诲。这本选集,从内容选择、体例安排到插图、插页设计乃至字体字号运用等等,贾老都亲自做了周详的考虑。特别是其中 48 幅插图,都是他精心选择的。有许多是从《古今图书集成》中挑选出来的。对于收入选集的原著中的一些差错,他也认真加以纠正,连标点符号都不放过。担任贾老选集责编,真是上了一堂编辑课,受益匪浅啊!后来,我责编的不少书稿和期刊都请贾老审阅,他也乐此不疲。有一本自发来稿叫《植物基础知识》,我初审后,觉得内容没有特点,不太适合作为中学教辅读物,但还是拿不定主意。贾老审阅之后,写了二十多条具体意见,总体评价是:“文字通顺,但比较平铺直叙,不生动。”“可精心修改一下,不必一定希望出版。向其他出版社征求一些意见,更好。”我觉得贾老所见跟我颇相近,心中窃喜,感到自己有进步了。

贾老这种师傅带徒弟式的编辑风格,在今天也许不合时宜了,但他高度重视图书质量的精神,则是值得我们永远学习的。

甘作人梯　奖掖后进

贾老一生淡泊名利,从不计较个人得失,总是把荣誉和成绩让给他人,对新人新作更是格外珍视,甘作人梯,扶持后辈。贾老是在开明书店任编辑期间认识高士其的,1948 年后,他在一篇回忆录中说,大概是 1936 年春天的一个下午,一位同事告诉我:“高士其来看你!”连忙去迎接,走到扶梯口,他已在扶梯中间攀住栏杆慢慢地走上来了。坐定之后,他说,董纯才向你问好,语音还清晰,只是轻微而缓慢一些。他取出科学小品集《细菌与人》问开明是否需要。当然不必多考虑,我们就把稿子留下,当年8月就给出版了。先是在刊物上零篇发表,后来出版了单行本。此后,他们交往密切,结下了深厚的友谊。在开明,贾老扶持的作者何止高士其,陶秉珍的《植物的生活》、祝仲芳的《昆虫的生活》以及董纯才译的伊林的《五年计划的故事》、《十万个为什么》等等都是贾老组织编辑出版的。

新中国成立后,贾祖璋先后担任了中国青年出版社和科学普及出版社的副总编辑,担负着繁重的编审任务。这个时期他少有写作,全身心地扑在编辑工作上,甘为人梯,大力扶持新人和新作。他极力主张请科学家来写作科普图书,曾经拟过一份“科学家为青年写一本书”的计划。著名古生物学家周明镇的《我国的古动物》、动物学家沈嘉瑞的《我国的虾蟹》、张玺的《我国的贝类》等都是按贾老的主张组稿的。这些图书曾被收入胡愈之主编的《知识丛书》中,后因“左”倾路线的干扰,贾老这个计划没有得到进一步实施。对于年轻作者的新作,贾老格外重视,只要书稿有点基础,作者还有潜力可挖,贾老总是不厌其烦地反复给作者提出修改意见,先让作者修改,再请编辑加工,最后由他审定出版。“扶植新人,挽救书稿”是这个时期贾老编辑风格的新特点。贾老慧眼识珍珠,著名科普作家郑文光的第一部长篇成名之作《飞出地球去》、著名科普翻译家王汶的第一部译作伊林的《人怎样变成巨人》等都是贾老首先发现并出版的。他领导的编辑室发现并出版的青年作者的处女作还有朱志尧的《太阳石》、丁守谦的《有永动机吗》(作者写书时是北大学生)、韩危石的《传播疾病的昆虫》等等。

党的十一届三中全会之后,贾老虽然没有重返北京的编辑岗位,但在福建仍然做了大量编辑工作,并直接参与了《科学与文化》等科普期刊的创办并担任终审工作。他为福建科技出版社编辑或审读了大量图书,他给《福建科技报》、《福建卫生报》、《花鸟世界》、《学艺》等报刊提出过不少建设性建议和意见。在从事编审和组织科普创作过程中,他特别注意发现人才,培养新人,扶持新作。这里举一例加以说明。这就是他亲自组织编写了一套《科普新作丛书》。他在这套丛书序言中写下了一段充满哲理的十分感人的话,他说:"中国历来尊老,尊老是中国人民的美德。但老年人都是从中青年过来的。所以对于一个人,与其老了以后,尊而敬之,不如当他还是青年、中年时期,就重视他,扶植他。后生可畏,是千真万确的真理。红日东升,霞光万道,皓日当空,万物竞长。新生事物,最可珍贵。祝愿科普新作,愈益焕发光彩。"著名作家叶永烈,作为当事人,也在他的回忆文章中写道:"贾老在 1981 年为了扶掖中青年科普作者,倡议出版《科普新作丛书》。他给我来信,要求我协助他做约稿工作。他的字,小若蝇头,一笔一画都端端正正。在福州时,我见他写字的模样,大吃一惊,原来他的鼻尖都快碰到纸上,好几秒钟才能写好一个字。他亲自制定《科普新作丛书》的约稿计划,着眼于'新秀'、'新作'。他亲自看稿,亲自定稿。他,向中青年一代,伸出了热忱的手。"

原载《编辑学刊》2002 年第 5 期

一位令人敬重的科普工作者

——祝《贾祖璋全集》出版

邵益文

在贾祖璋先生诞辰 100 周年之际,福建科学技术出版社出版了二百三十余万字的《贾祖璋全集》，并且在这里开出版座谈会，这是一件十分有意义的事。贾祖璋先生是我国当代著名的科普作家，但他首先是一位科普编辑。他的本职工作一直是编辑，创作则是他在工作之余的成就。贾祖璋先生和我都是浙江人，都生长在杭州湾。上个世纪50年代，在中国青年出版社还有过一段同事的关系。不过，那时候他已经是编辑室主任，后来又当了编委，我则是一个二十余岁刚刚踏进出版行业的新兵。那时他在自然科学读物编辑室，我在青年工作、思想修养读物编辑室。我们在同一个四合院办公，在同一个锅里吃饭。贾先生平时笑嘻嘻的，话不多，如果问他什么事，他会详详细细地告诉你，平易近人，有学者风范。

80年代初，我去福建出差，曾经去看过他。那时他已80高龄，但身体很好，很健谈，问了许多“中青”老人的情况，还问到现在出版社有多少人，每年发多少稿等等。谈到他自己，他说以休养为主，平时看看书报，偶尔也写点东西，有时还帮出版社看点稿子。但出版社照顾他，送他看的大都是不急着要的稿子，精神好就看一点。从谈话中，使人感到他身体挺好，心情也舒畅，对老朋友、老同事很关心，对出版工作也有感情，是一位乐观谦和的长者。

贾祖璋先生从1922年开始写科普作品，直至临终。六十余年从未辍笔，无论是战火纷飞的年代，还是史无前例的“文化大革命”时期；无论是社会活动繁忙，还是中年丧妻，既要编杂志又要扶养3个小孩的艰难岁月；无论是被迫闲居乡间，还是白内障、高度近视使得他看书认字十分困难的日子，他始终紧握他的笔，从不间断地在写科普作品。科普读物一般不是热门话题，不可能形成轰动效应，要一辈子坚持不懈地去做，没有一点精神是办不到的。贾祖璋先生为满足广大读者的需要，普及科学知识，为社会的进步，为国家现代化建设，为全民族文化科技素质的提高，始终不渝地艰苦工作，他的业绩将彪炳史册，人们是不会忘记的。

贾祖璋先生的科普作品，富有时代精神。他批判伪科学，反对迷信,其作品是进行唯物主义教育的好教材。许多作品的字里行间,闪烁着爱国主义、社会主义的亮点,把科学知识和自己的理想、追求紧密地结合起来。

贾先生写的作品,内容广泛,知识丰富,兼及古今中外,充分体现了作者深厚的学养;他的作品不仅有严谨的科学,而且有文学味,读起来既能获得知识,又可以接受艺术的熏陶;他的作品贴近生活,鼓励读者积极向上,充分体现了作者的创作观、编辑观和高度的社会责任感。

贾祖璋先生曾经说过:“科普创作,包括科普小品,都要注意三性即:思想性、科学性和艺术性。”又说“思想性是作品的灵魂”,“科学性是科普创作的基础”,“文艺性是引人入胜的一种手段,写得生动活泼,富有文采,为读者所喜爱,从而达到普及科学技术知识的目的”。

贾祖璋先生不仅这样要求别人,也这样要求自己,他的作品就是“三性”结合的结晶。这也是他留给科普创作、科普编辑的最珍贵的遗产,是我们应该珍惜和发扬的。

贾祖璋先生孜孜不倦、坚持不渝地从事科普创作,为普及科学知识,奋斗到最后一息,为我们当代科普工作者树立了光辉的榜样,是新一代科普工作者学习的典范。

现在是高科技迅猛发展的时代。我一直认为科学技术越发展,新的科学技术越是层出不穷,就越需要做科学普及工作。由于高新科技成果的出现,目前,科普作品不仅市民需要、工人需要、农民需要、青年学生需要,而且科学家也需要。隔行如隔山,科学家往往对本专业有很深的造诣,但对其他专业也可能只是一般水平、中等水平,也许不甚了了。因此,科学普及的真正意义,就在于既要提高全民族的文化科学素质,又在于为科学发展培养后备力量,还在于让已经有成就的科学家获得更多的知识,使他们触类旁通,融会贯通,受到更多的启迪,进一步促进他在本专业取得更大的研究成果。从这个意义上说,科普工作就是推进整个科学事业的一项重要工作。

科普读物的创作和出版,应该说领导上是比较重视的。前几年曾经专门组织一批第一流的科学家,请他们写科普作品,推出了《院士科普丛书》。新闻出版总署在国家图书奖系列中,专门设立了“全国优秀科普作品奖”和“优秀少儿读物奖”两个分支。最近又对科普读物的出版状况作了一次全面的调查。一些地方,如北京市科委,还设立了“北京科普创作出版专项基金”,这些都有利于科普读物的创作和出版。

但从另一方面看,在科普读物的创作和出版工作中,问题也不少。

首先,写科普读物的作家越来越少,能写出优秀科普读物的更少。原因是科学家很忙,没有时间写;或者说写科普读物也不像写科学著作那样有成就感,被领导和同事们重视,被社会承认,在晋级、分房、出国、奖励等方面都可以成为有力的筹码。就是说,搞科普创作得不到鼓励,不像搞科研那样有好处、能得到实惠。我的看法,我们要欢迎科学家写科普读物,搞科普创作离不开科学家,这是事实,科学家能够写科普读物,当然应该欢迎。但科学家的主要任务不是搞科普创作,这一点我们必须谅解。科普读物谁来写,我主张“专家脑袋编辑手”。就是由编辑和科学家合作,或者请记者、组织学校里有文字能力的教师,向科学家采访,与科学家合作,共同来完成。也可以就一些项目进行专题采访。科普创作与学术著作是有区别的,不能都要求第一流的科学家来写。这里,我想特别强调,科普工作的领导部门、有关组织和机构,要加强对科普编辑、记者和有关教员的工作。因为,实践证明:包括贾祖璋先生在内,许多科普作家都是从科普编辑和爱好科普的工作的记者、教员演变过来的。这一点无论如何不能忽视。

其次,有人认为现在科普读物没有人看。人们有了电视,有的还有电脑,读书的时间会受到影响,这是肯定的。但一个人知识的积累、巩固,主要还是靠图书,图书写好了还是有人看的,关键在于质量。有一本科普读物叫《宇宙与人》,已经重版了多次,印数也不算少了。

再次,有人说,科普读物本子薄,利润低,书店销售的积极性不高。这个问题,主要还是在作者和读者,如果有人愿意写,又写得好,也就有人看,书店也就愿意销,哪有有生意不做的道理。

当然,要加强对科普读物的奖励,要提高科普工作者和科普读物的社会地位,为科普工作多造点舆论,这种工作也是应该做的。

今天,大家在这里座谈《贾祖璋全集》的出版,纪念他诞辰100周年。缅怀他的业绩,重温他的著作,激励我们学习贾祖璋同志不为名、不为利、勤勤恳恳、埋头苦干、一辈子献身于科普事业的奉献精神。我们应该记住这样一位令人敬重的科普工作者。非常希望在我们的中青年科普作家当中,在中青年科普编辑当中,能够涌现出更多的贾祖璋、更多的科普作家。那么我国的科普事业、科学技术将会发展得更快,我国的现代化建设将会更加辉煌。

2002年6月

选自邵益文《编辑的心力所向——编辑工作和编辑学探索》,贵州人民出版社2004年

他首先是编辑

邵益文

应邀参加著名科普工作者贾祖璋先生的《全集》出版座谈会,出席者济济一堂,发言的大多称贾老为我国著名的科普作家,福建科技出版社出版的二百三十余万字的《贾祖璋全集》放在那里,是

谁也不能视而不见的。

遗憾的是,许多发言中,很少有人提到贾老的本职工作是编辑,而且是干了一辈子的科普编辑。科普创作只是他的业余工作。如果有人把他做编辑工作中写的东西——编辑计划、审读报告、退修意见、加工整理时写下的文稿手记、与作者的往来信件和答复读者的回信等等,收集统计一下,我相信肯定是二百三十万字的好几倍,而且有许多好东西,可惜没有人做这样的工作。

当前,推广科普作品,宣扬科普作家是非常需要的。我只是希望不要忘了科普队伍中的重要力量——科普编辑。科普编辑(包括其他学科的编辑)许多不出名,是因为他们的劳动成果都依附在作者的作品中,所谓"为他人作嫁衣裳"。这是不同的职业特点决定的。正如电视台的大小节目主持人,可以成为名人,而取舍稿件、加工整理的编辑又有几个人见过他们的庐山真面目!是因为编辑的劳动有潜隐性,但不能因此而抹煞编辑的成就,我们应该记住他们的功绩。而编辑自身也应该积累整理自己在编辑工作中的成就、经验和思想观点,为我们的事业留下一鳞半爪的时代记述,同时也可表明了编辑的社会存在。

2002 年 7 月

选自邵益文《编辑的心力所向——编辑工作和编辑学探索》,贵州人民出版社 2004 年

贾祖璋与书评

伍 杰

贾祖璋(1901~1988),我国现代科学小品的先驱和开拓者之一,著名的编辑家、作家、学者。他写了不少科普书评,是很有成就

的科普书评家。1920 年开始写科学小品，在《时事新报·学灯》、《自然界》等报刊发表。1924 年进入上海商务印书馆、开明书店当编辑，直至去世，终身勤奋，为科普事业笔耕不辍。

他从 1930 年开始写科普书评。第一次书评是 1930 年在《〈动物珍话〉序》中评达尔文的《进化论》，他说："自 70 年前，达尔文发表了他的进化论以后，人类的思想界，起了一个大变革；使人类的目光，也看到了种种动物的深心处，开拓眼界不少。"进而联系中国实际，批判我国的因循守旧思想，"比之我国古时，以人为'万物之灵'，又以我国领土为'中原华夏'狂妄自大，适见其鄙陋可笑的情景，优劣自判若霄壤了"。他以达尔文进化论的思想进行自我审视批判，这在当时是有相当进步意义的。

20 世纪 40 年代贾祖璋写了一系列科普书评，评了世界 10 种科学名著，这是他科普书评的辉煌时期，也是他科普书评成就最显著的时期。1943 年写了《达尔文〈物种原始〉》、《赫胥黎〈天演论〉》，1944 年写了《拉马克〈动物哲学〉》、《孟德尔〈植物杂种之研究〉》、《赫克尔〈自然创造史〉》、《赫克尔〈一元哲学〉》、《赫克尔〈生命之不可思议〉》、《达尔文〈人类原始及类择〉》、《洼勒斯〈生物之世界〉》，1946 年写了《克鲁泡特金〈互助论〉》。三年中共评价了十种图书。这些文章都比较长，很有分量，约有十万字。1949 年结集，由开明书店出版，书名为《生物学名著讲话》。实际上是书评专集。

除以上书评外，贾祖璋还写了许多其他科普著作的评论。40 年代还写了《〈教育生物学〉评价》等。五六十年代他没有写书评。70 年代才又重操旧业，评了竺可桢的《物候学》，评了《森林里的知识》、《茉莉花考》、《武夷山自然保护区初探》、《福建亚热带植物初探》、《知识丛书》、《养身之道》等。80 年代评了《荔枝谱》、《园艺史话》、《科普新作丛书》、《成语里的科学》、《植物基础知识》、《简明科学技术史话》、《古猿怎样变成人》等。七八十年代的科普书评，比较分散零碎，不如40年代的厚重。

贾祖璋科普书评的特色，第一，是一般都介绍作者的生平、成就，客观地概括地全面评介全书主要内容、特点、价值、时代意义、社会影响等。文章叙述平实客观，从评论中使读者了解全书的概貌。他评论达尔文的两本著作，《物种原始》和《人类原始及类择》，不仅介绍了达尔文航行世界，广泛搜集生物资料，调查研究的经历，还描述了他观察现代生物与地质时代生物的不同和他们之间的相互关系，写了达尔文思考生物逐渐变化的过程，肯定物种由自然淘汰而进化，进而产生了达尔文学说，形成了达尔文主义。贾祖璋对两书进行详细分析评介，认为达尔文的著作，肯定了人类的进化过程，肯定了人类与其他动物的区别，使人类认识了生物进化的真相，极大地影响了人类思想，是奠定进化论的名著。肯定了达尔文学说在人类发展史上的重大意义。

贾祖璋评论了德国自然科学家赫克尔三本著作，他在介绍了赫克尔的生平后，进而分析这三本书的联系：《自然创造史》、《一元哲学》、《生命之不可思议》是“最著名、最流行，对于进化论的宣传最有功绩的”通俗著作。他分析了三本书的内容，认为“达尔文的著作的特色是罗列证据，纯然作客观的叙述”，“赫克尔的著作的特色是反复推论，一定要把自己的主张去压倒和他相反的意见”。他认为赫克尔虽然是一个达尔文拥护者，但他并不是一个达尔文主义者，并指出了他们对遗传的不同认识。

贾祖璋在评论赫胥黎的《天演论》中说，《天演论》“是用进化论的观点来解释道德的一本通俗读物”。他与德国的赫克尔同样是动物学者而坚信进化论，同样善于撰写浅显平易、流利畅达的通俗文字，给进化论作广泛的宣传。达尔文学说在短期间内就能够引起各方面的注意，与他们两人的努力是有关系的。他在评论中，概述原著的内容，实际上起到了宣传科学，普及科学知识的作用。这对不熟悉科学著作的一般读者来说，是一种很好的书评形式和方法。

贾祖璋科普书评的第二个特点，是强调原著的科学性，阐述其在科学领域的地位，评得实事求是，毫不夸张。贾祖璋虽然十分肯定达尔文的历史作用，但因为有些科学家并不完全认同他的观点，甚至指出其理论的危害。他也指出帝国主义利用进化论思想压迫弱小民族和人民，他说，“19 世纪末，达尔文的进化思想风靡一时。帝国主义者任意侵略弱小民族，各国的支配阶级任意压迫无辜的平民，都拿了‘生存竞争’和‘优胜劣败’的理论来做借口”，指出了进化论的消极影响，这是很有见地的。

贾祖璋科普书评的第三个特点是将文学与科普相结合，有文采，不生涩，写得有趣，文学性很强，可读性很强。他评叶至善的《梦魇》，认为这是科普创作上的一种新体裁，是把科学家写成“科幻小说的姐妹篇”，很有趣，可读性强。贾祖璋虽然重视趣味性，可读性，但并不迁就庸俗，对违反科学的东西，再有趣，他也毫不含糊地批评。他评《生活自然文集 · 昆虫》时，说食虫植物和昆虫与花的关系，是两个有趣丰富的题材，但书中叙述不具体，也不生动。文章条理不清，并举出书中的一些语句：“苟全性命于乱世的艺术。有的谋杀者戴着面具，不断和死神眉来眼去的调情。蜻蜓突飞疾进，在飞行中把捕获物铲进用足造成的袋子。一只包藏祸心的姬蜂，青蛙张开了血盆大口。”他认为这些话看似生动，实际上都有毛病，“是不健康的趣味”。蜻蜓用足捕虫，不可能出现铲进，而且不是放进袋子，而是送到嘴里。姬蜂是益虫，说它包藏“祸心”是冤枉了它。青蛙虽张大口，但不是“血盆”。

贾祖璋科普书评的第四个特点是具有普及性，知识性，通俗易懂。有些书虽近乎专著，但在他笔下也都变得较为通俗好读了。他评北宋蔡襄的《荔枝谱》，他认为这是“现存的第一本有关荔枝的完整的著作”，有“一定的科学意义”。他除了介绍蔡襄其人，还将全书分成“果实构造”、“果实形状”、“果实大小”、“果实颜色”、

"成熟期"、"品种来源"、"生态"等几个方面,通俗浅显地向读者进行介绍。

中国很少有科普书评家,像贾祖璋这样毕生钟情于科普书评的人,绝无仅有,十分难得。他通过书评将科普读物推荐给读者,达到普及科学知识的目的,在这方面,他的贡献是很大的。他虽然仅只写了约二十万字的科普书评,但他突出科学普及,评人之所未评,开辟、坚持了书评的另一境界,因此在中国现代书评史上应有他的一席之地。

原载《中国图书评论》2005 年第 2 期

存 目

著 作

贾祖璋 《贾祖璋全集》

福建科技出版社 2001 年

吴世灯 《走近贾祖璋》

福建教育出版社 2003 年

论 文

陈天昌 《无声的动力——回忆和贾祖璋先生在一起工作的日子》

《魅力》1983 年第 2 期

任凤生 《贾祖璋与科普创作》

1986年3月20日《人民日报》

陈天昌 《贾祖璋先生的编辑思想——为纪念贾先生逝世周年而作》

《科普创作》1990年第3期

贾柏松 《知识·文采·情趣——贾祖璋〈科普文集〉编后》

《出版广场》1994年第6期

韩仁煦 《贾祖璋其文其人》

《炎黄纵横》1998年第3期

贾柏松 《科学文采积累——写在〈贾祖璋全集〉出版之际》

《出版广场》2002年第2期

韩仁煦 《向贾老学谦和——学习〈贾祖璋全集〉札记》

《出版广场》2002年第3期

胡 风

胡风(1902～1985),湖北省蕲春人。原名张光人,笔名胡风、谷非、高荒、张果等。青年学生时代,曾与同乡一起编辑《新蕲春》杂志。1927年,协助国民党湖北省党部编辑《武汉评论》。1929年赴日本留学,从事马列主义学习和革命文艺活动,参加日本反战同盟,并参加日本共产党。1933年春,在留日学生中组织左翼抗日文化团被捕,被驱逐回国。回国后,在上海参加"左联",任"左联"宣传部长,后改任书记。1935年,在鲁迅的直接领导和影响下创办编辑《木屑文丛》。1936年,在鲁迅提议支持下,创办综合性文艺刊物《海燕》。1937年,在上海创办了《七月》,后转迁至武汉、重庆等地,直至1941年停刊。由于《七月》发表了当时进步青年的作品,影响甚大,"七月诗派"即以此而得名。1945年在重庆又创办了《希望》。

抗战胜利后,胡风回到上海。1949年参加全国政协第一次全体会议。后曾任全国政协常委、全国文联委员、中国作协和中国艺术研究院顾问。1955年,因在中国作协刊物《文艺报》附属材料上发表了关于文艺问题的"三十万言书",受到文艺界的错误批判,遂由文艺批判上升到"反党"、"反革命集团"问题,被监禁。1980年中共中央下达了关于为"胡风反革命集团平反"的决定。

胡风是一位著名的诗人、文艺理论家,也是一位杰出的报刊编辑家。他从抗战初期,直到新中国建立前夕,十多年中,一直从事文学刊物的编辑出版工作。他所主办的《七月》、《希望》等刊物,是在党的帮助与支持下,与国民党的文化统治不断斗争中进行的。他视编辑工作为革命事业,具有强烈的使命意识和为革命斗争服务精神,他重视文艺刊物在推动进步文艺中的巨大作用;他重视发现、培养文艺新人。在编辑工作中,他坚持原则,重视刊物的个性与独特性。文艺理论家曾评价说:"中国那时的刊物谁都比不过胡风,胡风的刊物编得最好,好在什么地方?它有完整的对文学的观点,美学追求,而且政治上也不糊涂,是革命的,符合人类进步思想。"

我的小传①

胡　风

胡风,湖北蕲春人。本名张光人。笔名还有谷非、高荒等,做职业翻译时用过张果。1902年生。父亲初为做豆腐的手工小贩,母亲是雇农孤女,童养媳。幼年时从事过牧牛和拾柴草一类劳动,与穷苦儿童为伍。11岁才上村学,1920年到武昌进中学,被新文学所吸引。1923年改进南京东南大学附中,接受了革命思想和革命者为人品德的影响。积极参加五卅学生运动后,到北京进北京

① 本文系胡风同志应《中国文学家辞典》的征求而写的简历材料。——编者

大学预科。理想主义的追求得不到满足，一年后改进清华大学英文系，也仅数月即退。回本县参加革命后，受过一些波折，经过了迷误。1929年秋到日本东京。接受了日本当时蓬勃发展的普罗文学运动和苏联文学的影响，加深了对新文学中以鲁迅精神为主导的革命传统的理解。虽然进了庆应大学英文科，但主要精力是从事马克思主义和普罗文学运动的学习和革命活动。参加了日本普罗科学研究新艺术学研究会，与日本普罗作家江口涣、小林多喜二、普罗诗人等发生了友谊交往。在普罗刊物《艺术学研究》和《普罗文学讲座》上介绍过中国革命文学的情况。参加了日本反战同盟和日本共产党。1933年春，因在留学生中组织左翼抗日文化团体被捕。7月初，被驱逐回上海。即在左翼作家联盟任宣传部长，数月后改任书记。在鲁迅精神的激励下把主要精力放在辅助青年盟员的社会活动和文学实践与文学学习上面。1934年冬初，因某某自首后的造谣，在政治责任感上愤而离职。从此开始了职业作家的生活。这以前，在东京时已用谷非笔名译过苏联初期革命浪漫主义故事《洋鬼》(《在彼得格勒的美国人》)，还用这个笔名写了一些评论，如挣脱不掉机械论影响的《论主题积极性》和对第三种人的批判等。这时由于马克思和恩格斯关于文学问题的几封信的发现，和苏联清算“拉普”的斗争，对中国革命新文学传统精神和厄运有稍稍进一步的体会，只有在民族危机和阶级压迫双重灾难下的劳动人民和动荡的中间层的生活实际中继承即开拓现实主义道路，才能吸收无产阶级领导的斗争影响，并加以发扬，散播开去。对政治内容上的人民性和美学内容上的形象性的具体感受和综合分析，在教条机械论的包围中开始了社会主义现实主义的探求，对鲁迅的斗争起一点配合作用。1935年的评论集为《文艺笔谈》。编了一本地下丛刊《木屑文丛》，介绍了反映苏区斗争的小说和苏联社会主义的现实主义的理论等。无别人参加。1936年初，在鲁迅的创意和全力支持下，编辑了《海燕》，参加者有聂绀弩、萧军、吴奚如等。与在左联时辅助出版的半地下刊物不同,《海燕》冲出了地面,在文化读者中间引起了轰动。但出了两期被禁止了。翻译了《山灵》(朝鲜台湾短篇小说集)和《棉花》(写日共工人共产党员斗争的中篇,当时日本优秀普罗作家须井一著)。诗集《野花与箭》,只记录了一点找路中的知识分子的苦闷感情,其中通过苦痛的爱国主义到人民性的爱国主义,以致对集体主义同志爱的向往;后者还是借译出的日本女工的诗表现出来的。

1936 年 4 月下旬,参加了长征的冯雪峰被党中央派回上海,开展抗日民族统一战线运动。在他的创意之下,提出了“民族革命战争的大众文学”口号,得到了鲁迅的同意,在短文《人民大众向文学要求什么》里反映了出去。马上受到了想用“国防文学”口号统一文坛的、违反了统战政策和思想运动要求的作者们的攻击,引起了争论。思想分歧及其社会根源的大要,见鲁迅的《答徐懋庸并关于抗日统一战线问题》。(这个问题,近两年来又被“国防文学”派及其追随者重新提出,更把思想扰乱了,我已写成《历史是最好的见证人》,作了全面的说明和分析)鲁迅逝世前后,为日译《大鲁迅全集》不懂中文的译者做了大量的逐句解释和校正工作。为日本刊物《改造》等写过文章。鲁迅逝世后,在冯雪峰的授意和茅盾等的参加下,编辑了《工作与学习》丛刊,刊登了鲁迅遗作,出了《二三事》、《原野》、《收获》三本,全被禁止了。到抗战开始止的评论合为第二集《密云期风习小纪》。抗战起,“血誓”的喊声集为《为祖国而歌》。自筹印费编辑出版了《七月》(小旬刊),坚持通过生活实际反映人民性的真实和历史动向的现实主义道路,抵制了所谓标语口号的教条公式主义的浮嚣文风。当年十月,移到武汉改出《七月》半月刊。这时起,一直受到周恩来副主席的关注和指导。1938 年春,在汉口成立了“中华全国文艺界抗敌协会”,为四个常委之一,任研究股主任,一直到抗日胜利。《七月》上从实际生活中(特别是共产党所领导的部队和地区)来的作者,主要地以诗和报告文学冲破了文坛上热烈但却浮嚣的、正统的但却陈腐的文风，为现实主义开拓了道路，得到了读者的接受。武汉撤退后到重庆，先兼任复旦大学教授，后任郭沫若主持的政治部文化工作委员会专任委员。虽然在武汉起意的《七月》大众版更没有可能实现，又在国民党的言论统制之下，但还是把《七月》改为月刊艰难地继续出版了，对公式教条主义和加紧发展起来了的客观主义这两个倾向进行了抵抗。同时，在抗敌文协内，团结有正义感的真诚的现实主义作家老舍（总务股主任，等于总负责人），抵制了国民党任何分裂或利用的阴谋企图；在自己主持的一些活动（研究股）中传播了一些国际国内的进步革命的现实主义思潮；并监督会刊《抗战文艺》不致有反共反人民的作品或言论出现。到皖南事变止的评论合为第三集《剑·文艺·人民》（原题为《民族革命战争与文艺性格》）。另有列为第四集的《论民族形式问题》，对向林冰阉割新文学传统的民粹主义理论从历史性上和逻辑性上做了具体的说理斗争，打退了对新文学解除武装的一场有害的理论攻势。

皖南事变后撤退到香港。编成了译文集《人与文学》。从香港脱险到桂林（1942），由读者出资组织了只有一个工作人员的南天出版社。出版了《七月诗丛》，介绍了共产党领导下的区域和国统区的起过精神突破影响的诗人。出版了《七月文丛》，介绍了为现实主义增加了新的质量的小说散文。对抗战和进步文学中一时间泛滥成灾的颓废的精神状态进行了抵制。1943 年回重庆后，读到了包括《在延安文艺座谈会上的讲话》的毛主席和党中央的整风文件，空前地加强了在人民解放目标引导下的、从实际出发的、为现实主义开路的信心。1942～1943 年的评论合为第五集《在混乱里面》。对国民党企图利用抗敌文协的阴谋进行了坚决的斗争，把受击转成了反击。冯雪峰从上饶集中营中出来后，和老舍合计压服姚蓬子，由他接编了《抗战文艺》，在工作和稿件上积极支持了他，使《抗战文艺》从瘫痪状态中得到了更生，加强了革命的现实主义的总阵势。国民党因皖南事变禁止了《七月》。经过了一年多的面对面的斗争和一些间接援助，才准登记了《希望》。迟到1945年才得出版。在又得到了读者的热情接受之下，同时招到了文坛上颇大的阻力。由于失察并想引起论争扩大整风影响，我发表了舒芜的带唯心论倾向并寄寓反党情绪的哲学论文《论主观》等。反教条公式主义和客观主义一向引起的对我的不满，借这个问题发泄了出来，给我构成了一个流传了三十多年的主观唯心主义的罪名。以至弄到《希望》都不能出版。反映抗战胜利和斗争前途的第四期，还是自己设法排印出来的。到抗战胜利止的评论合为第六集《逆流的日子》。抗战后回上海，又出版了四期《希望》，重印并新加了共约四十来种作品的《七月文丛》和《七月诗丛》，也成为两个中国前途激烈斗争的一些反映。到离开上海进解放区止的评论合为第七集《为了明天》。又因为受到了在香港的作家乔冠华、邵荃麟诸位对抗战期间的某些观点的批判，写了回答列为第八集的《论现实主义的路》。这是综合评述抗战起十年间关于文艺思想某些争点的，但仅写成原定十章左右的首两章。还写了记事散文《人环二记》。

进解放区到北平，经过全国解放，只想摆脱文坛上人事纠纷，在党性引导下做一个普通劳动者。作为文艺界代表之一，参加了开国的人民政治协商会议后，在燃烧的激情中写了《时间开始了》，题为英雄史诗五部曲。但受到了宗派教条主义者的攻击，不能继续出版。写了记录新生活和英雄模范人物的《和新人物在一起》，杂文短记《从源头到洪流》。在抗美援朝开始时写了《为了朝鲜，为了人类》。又因为过去的文艺观点问题受到了有些人们的批判。但不愿(也不可能)在群众面前进行反批评，积压了两年多以后，在七届四中全会公报的启示之下，向党中央、毛主席写了关于文艺实践问题的分四部分的报告，也就是一般说的“三十万言书”。以自己们的问题和有关的其他情况为例，提出了对开国后文艺实践情况的看法及其思想根源与历史根源，并提出了仅仅供中央参考的，克服困难并开拓实践道路的建议。《红楼梦》和《文艺报》问题发生后，把周扬、沙汀、乔冠华诸位党员劝催我发言误会是党的决定，作了“攻击”文艺“领导”的“爆炸性”的发言，引起了轩然大波，成了全国性的不但是文艺思想上而且是“政治行为”上的“大批判”。参加了第一届全国人民代表大会第一次会议以后，就完全和社会隔离了，将近二十五年。1979 年 1 月才被解放出来，并被决定为四川省政协委员。

〔在这近四分之一世纪的隔绝生活中，精神世界经过了身外的天崩地陷，也经过了身内的火烧冰冻，但总是在被对党的原则的信心引导下的感情劳动拯救了过来。明确举得出的有：

一、《求真歌》——古风长短句十四节。

二、《怀春曲》——二百二十余篇，共约三千来首。（是自创的“连环对诗体曲”，以下皆同。）

《红楼梦·人物悲剧情思大交响曲》——分“反集”“正集”“合集”三十余曲。

《创世巨灵狂想大交响曲》——共十二曲。

《创世巨人理想大交响曲》——共十二曲。

《女性悲剧情思大交响曲》——共十二曲。

《创世英烈悲壮大交响曲》——共十二曲。等……

《过冬草》——律诗、词，约三百来首。

《报春草》——律诗、词，约百来首。

三、关于过去争论的问题和写呈中央的报告（三十万言书）所引起的问题，关于历史有关的文艺运动情况，粉碎“四人帮”以后我写了约有七八十万字。需待整理。〕

1979 年 10 月 5 日

原载《新文学史料》1981 年第 1 期

哀悼胡风同志

路　翎

我在1939年向胡风编的《七月》杂志投稿而认识了胡风同志。他来信告诉我，我投寄的小说可用，我便写信问他可不可以去看他。他回信约了时间，我便在他住的房子前徘徊着等那时间——早晨九时的到来，去到了一栋房子的楼上。那地点是重庆两路口转弯的地方，和我那时住的很近。

他的房间里光线很暗。除了床铺以外，只有一张桌子、两张椅子和一个洗脸架，显得有些空旷。他已经起床了，潦草地洗一下脸，便招待我坐下来。他说他昨夜做事睡得迟。我后来知道，他是欢喜夜间做事的。他介绍说，他住在乡下，这城里的房子是临时租的，每月要到城里来半个月，校对刊物，和出版《七月》的华中图书公司办交涉，有时还得亲自跑印刷所。他介绍着他的情况便抽起烟来，并且问我会不会抽。……我那时是一个孤独的、谋求着我的生活之路的青年。

从这时起，我和老师胡风的友谊经过了近半个世纪，现在他逝世了，我的感情是很痛苦的。

那天见面时，他对我说，小说看过了，还是可以的，有些新颖，并问我的家庭、籍贯等。后来几天我又继续到他那里去过，像一般处于孤独状况、探索着人生道路的青年在著名人物面前坐得很久一样，我坐得很久，观察着著名人物、著名文艺批评家胡风的动作和听着他的每一句话。我觉得他是诚恳而认真的，他想办好他的杂志。他说文坛上的老一辈人多半有生活和社会的拖累，文学进展迟缓。他说，希望文学队伍扩大，人多起来；这希望在于年青的人们。我在和他交谊的几十年间受过他很多的鼓舞，但这最初的相识，他对我的作品表示好感，强调青年人的开拓，对我是有重要意义的。他还说到要依靠新的思想阵营和多艺的人们。我向他谋求职业上的帮助，他信任地介绍我到陶行知办的乡间育才学校去当文学组的"艺友"去了。

那是抗日战争开始不久的重庆的阴暗的时代。重庆街头除了浮华腐败的官僚，便呈现着贫寒苦闷，也有破烂和褴褛，而特务横行着。那是忧郁、哭泣、奔突、摸索，幽暗中有着追求，谋生者有着羞涩和痛苦，而官僚腐化在恶笑和冷笑的时代；那是阴沉而人们、青年们的内心渴望着光明和理想的闪光，渴望着热情的指点道途，欢呼着突破阴暗而在闪光中呈现出来的中国的未来的时代。在那重庆山城也是有着这样的闪光，那便是生活书店、新知书店、读书出版社和这几家书店所发卖的书籍，以及这几家书店的有着和黑暗与幽暗的周围社会截然不同的言谈态度的店员们的言谈态度。这些给人以鼓舞。再便是国民参政会的民主人士的呐喊，和重庆舞台上能上演成功的爱国的戏剧。

在我的感觉中，在我的孤寂的街头蹀躞中，我终于遇到一个和这光明和向着未来的闪光相连的人了，便是著名的民主界的人士之一的胡风同志。他虽然有名，但我感觉他这个人是很善良的。他有着单纯地、热情地接受一个肯奋斗的青年的正直的态度。我从他那里出来，仔细地回忆着他的样子，身材有些魁梧，有些胖。回忆着他很沉着、很热情地讲话的样子，我便觉得快乐。我和他的最初见面，是我和他以后许多年的友谊中不断地回忆到的。这回忆于我是一种重大的印象。

后来我辗转到了重庆附近的煤矿区当一个小职员，又写了一篇小说向他投稿。这时我的居住地点离他的乡下的家北碚东洋镇很近了。他那时在复旦大学教书，兼编刊物，我则是住在附近的山里。在育才学校几个月也和他相距不远，去过他那里几次。这时便去得多起来了，也认识了他的夫人梅志。这时的印象是他很热情，高兴接待我。他有不少的书籍。他对我说，这是抗战开始很不容易地从上海拖出来的。我便向他借书看。他高兴地借给我，和我谈到对这些书的见解，我也热烈地发表我的见解。他对我说，我的描写煤矿题材的小说“可以”。并且问我，有办法可以和工人多接近一些吗？我说，有时候很困难，流氓和特务很多。由于自身的生活情况，进一步很有些困难。他便说，多观察观察好些。他询问了我煤矿的情形。他高兴地说，这煤矿的题材，也是社会和目前文艺界需要的。我在1939年得到胡风的帮助开始我的文学写作的道路，开始我和新思想的增加接触，而这时候我便感觉到我还是有为的，在胡风的支持下前行了。我去到他家里，他坐在桌子边上，点燃他的香烟，吹一吹桌面上的灰，和我谈着话。有几次他正在写作，那时他忙着文艺民族形式的论争，见我来了便说，写一点简单的东西，或者说，写一篇短文；他说，这民族形式，真也是一个复杂的问题。

但谈话大多是关于刊物的。他说，生活忙碌，办一个刊物，每月要进城去，有时跑几趟和书店交涉，有时还要跑印刷所，而且可恶的是差不多每一期刊物都要向国民党图书检查官送礼。“就是这样，提着烟和酒去，有时梅志去。”他说，为了我的作品的排印和出版，他和辛劳的梅志去送礼（这是以后我常相记忆的）。他说，担心得很，但我的煤矿工人题材的短篇还是终于能付排了，因为送了礼的原故，检查官只删了几块。他或者说，这回是向检查官增多了送礼；或这回倒霉些，被删掉多些。他叹口气，看着我的小说稿上被检查官画起的红笔的痕迹。他对我继续写去的小说，衡量着他内心的标准，带着温和平静，也有时带着热情，带着奋斗的辛劳，说：“就这样吧，这篇就这样吧。”“就这样可以了吧，就这样应该可以了吧。”有时他连着说到检查官的检查，他的面孔便显出深深的忧郁，他说：“试试运气吧。怕有点为难。”

对于我的作品的有一篇，他说：“看了，就这样可以了吧，不过有两处地方有小的意见,你看可不可以改一改?"于是我便改一改。我觉得他是认真衡量和严格的。

友谊渐增,这于我是很宝贵的。

他有时疲劳地、感慨地说:"刊物还要继续奋斗下去。"我便觉得我的责任。他说,因为要向检查官送审的原故,有些描写得隐蔽一些。他说,真很困难。社会上有许多人,许多青年,盼望着一点读物;人们希望多开辟一些路径,通向大的海洋的,然而,十分不简单。

他时常激烈地说:这些检查官可恶得很,文化水平又低,有时看不懂意思的他便要删,这也叫做"做到放心",如同我们编刊物一样。说完他便笑起来。在我的印象里,他时常发出嘹亮的健旺的大笑声。

胡风同志现在逝世了。这么多年来,他的伏案奋斗,凭着桌子抽烟,和我温和地、沉静地、热情地谈着话的情景,他给我的鼓舞,是我难忘的。

他是我所接触和向往的,奋斗的、充满热情的、精神境界高尚的人。

皖南事变的时候,我到他那里,他很忧郁地坐着。我问他有没有打算。他说,看来很紧急了,受到威胁了,这两天门前便经过一些不三不四的人;他想走,或者暂时到重庆的什么地方避一避。我依依告别,便说,假使你们走了,便再会了。我隔了几天又去,门上贴了条子:到重庆去了。后来知道得到党的帮助到香港去了。

于是我和他的友谊便又是一个新的阶段。他从香港的来信写得很热情,仔细地告诉我他到香港的情境。说弄刊物不容易,想弄一个副刊,看来也很难成功。这一时期我和他通信很多。在他的信里,也显出他的赤诚坦白,勤奋奋斗,有着丰富的感情的性格。他的信里的一些话,是我一直记得的。他说:"人生短促而艺术长生。""摆脱一个看马戏班女子的心情吧。""世界上没有一个人走的路。”“一步一个脚印。”他说：“努力下去，奋斗文学的前程吧。”“决不至于连破碎的镜子也不是的。”那时接到他的信封字样写得很整齐的信，是我最大的快乐。

我后来在矿区里当小职员不成了，和一个坏人冲突而打破头了，便到了别的地方。胡风来信说，离开了“山里”，很可惜，如能多呆一些时候，“当可以再挖出几块煤来”。

太平洋事变他从香港到了桂林，在桂林忙着将我的《饥饿的郭素娥》出版了。后来他回到了重庆。这个时期我在重庆的周围辗转当小职员。到 1944 年，我写成了我的《财主的儿女们》，将原稿带给他。我在重庆城里他的城里临时住处张家花园看到他，他说：“长篇看过了……好吧，就这样吧。这么长，也有麻烦。图书审查官也恨长的，再看看写篇序吧。”后来这书他找黄芝岗先生帮忙送礼，图书审查机构终于删去了很一些通过了。他寄来了纸张上写着很密的字样的序，我在小市镇上接到，一边走着一边看，是我记得的。

这个时期他在乡下住在赖家桥，是在郭沫若的文化工作委员会。他说，算是挂个名，领一份津贴的，工作很少，开过几次会。我常跑到他那里去，他高兴，快乐地接待我，坐在桌子旁边，抽起烟来，梅志便说：“你们两人一天要抽多少烟呀，看这屋子里的烟。”

这一段时期他心情很好，筹办《希望》杂志了。我们常谈的除了文学外，有苏联的反法西斯战争的军事情况，记得我有一日到他那里，公共汽车上有人看报，头条标题是：《苏军攻克明斯克》。我到他那里便把这消息告诉他。他高兴地说：“今天的报还没有看到。这个很好，很好，明斯克攻克了。”明斯克是苏联边境的城市。他又说：“这便快了，打入德国本土了。这是关系人类命运的整个形势的。”

有一段时间他的谈话是围绕着民族形式问题的论战的，有一段时期是围绕着他的《置身在为民主的斗争里》这篇文章，围绕着

《希望》杂志的出版的。《希望》出版的时候，他还是和以前一样说："现在的文坛上还是需要新的人的。没有大批的新的人，是困难的。"

我记得他在北碚东洋镇居住的时候，抽着自己卷的尖嘴的叶子烟，裁着一小条一小条的纸，后来一直到抗战终结，他也还多半抽着这种烟。他慢慢地卷着，冷静而温和地对我的作品发表意见，时常说："这样也可以了吧。"记得他在重庆乡间赖家桥的时候，我到他那里去，从汽车站下车看见他站在田坎间小路上的情景，他说："正在想到，今日你可能来的。"

我还记得他到我居住的码头来找我，住在我那里的情景。那次他说："戏剧是一个值得注意的题目，很有作用，什么时候写一个剧本吧。"

我在乡间的码头上住着，来到他那里，他常问到我码头上的人和事，我当小职员的国民党机关的各种事情。我喜欢谈我的生活情形给他听，我更谈很多正在想着和写着的小说。他是一个听我讲这些最多的人。他耐心地、温和地笑着听我说，有时还站起来在屋子里走两步，不断地抽着烟，有时笑起来，赞成我的所说。这种情形一直延续到后来我和他在生活变异中别离……

抗战以后，他回到了上海，继续编着《希望》刊物，情绪是不错的。我去上海，在他的两层楼的上海雷米路文安坊的房子里看到他。这是他和梅志抗战前租的，抗战期间梅志的母亲住着。我坐下来又和他谈论我的生活，主要的，我正在写着的作品。他也谈着他的工作。他和梅志正在办着"希望社"，预备出版书。这个出版社经费是自筹的，买了一些纸张。他对我说，这个出版社我的书籍最多，要算是最大的股东了。"希望社"也出版了我的《财主的儿女们》。我始终记忆着胡风同志编刊物和办出版社，他和冷漠的社会相撞击，企图争取一些出路，忠于他的理想；我始终记着他的认真的态度，他与梅志为这份工作付出的辛劳和辛苦。校对是他和梅志,发行算账也是他们,他是我的作品的编辑人和出版者。我觉得,在这辛苦的工作里,他也老起来了。这希望出版社后来在“十年浩劫”里丧失了,连同着一些稿件。

他在他的旧居里住下来,有些忧郁地说:“抗战算是胜利了,这胜利真是令人忧郁。上海是一个无底洞,探索下去真很困难,里面各种花样都有,青年们便在中间受着煎熬。”又说,“上海是一个炼狱,万头的妖怪在攒动着。”他说他想做大众化、通俗的工作。办《七月》刊物的时候想发行一个大众版,没成功;现在《希望》杂志也想办,但估计也很难成功。他说,有时间可以写篇简单的、大众化的作品试试看。他又对我说:“什么时候写一个剧本吧。”他有一次说,剧本能上演,也有着大众性。

我便写作我的剧本《云雀》。以后他来南京看上演。他说,能在南京上演一个剧本,也算是一件很有益、很有点振作精神的事。

解放了,我来北京开文代会,在北京饭店看见他,和他的信件里写的一样,他着重地说,要向老干部学习,有机会可以到部队里去,这支军队实在好。

后来我也来到了北京。这时期他住在《人民日报》煤渣胡同的宿舍里,在写他的长诗《时间开始了》。写完一节便拿给我看,仔细地询问我的意见。他的热情的长诗令我感动,我说,许多革命形象和奋斗的形象都表现在诗里了,我觉得是顶好的诗。他便站起来徘徊,说:“能写点东西,也还算是这段时间的成绩。”我又说他的经香港到解放区东北后所写的散文是极好的,很深刻的感情,文字也有力,他沉默地想了一阵说:“本来还可以写几篇的,现在耽搁下来了……”

1953年,他搬进新居太平街的房子,梅志和孩子们也来了。这个时期和煤渣胡同时期一样,我到他那里去很多,有时差不多每天晚上都去,和他谈我写的小说,看他的反应,也进行思考。我便想起来,三九年认识他和他谈我的小说,这经过了好多年了,也就是十年如一日，我们的友谊很深厚了，坐在我面前的这位朋友和老师，是一个诚恳、耿直，爱好思索和有着深刻的文化修养的人。

我的《洼地的战役》的小说原稿，他看过了之后说，后面还可以加一两句有力的句子似的。他说，我写的朝鲜妇女令他想到日本妇女，在遭遇到痛苦和不幸的时候，常静默着；没有多少动作，表现出她们的坚韧。

我深深地记得他着重地说到坚韧……

我们在1955年因生活变异而分离了。我始终记得他的温和的，诚恳的，深思的声音和笑容；时刻激昂起来嘹亮起来的他的嗓子；始终记忆着他对我的热情的友谊。

1955年分别，二三十年后再见到，我有着痛苦，便是他生着病，而且年龄是很老了，讲话和动作都不方便了。

他患了癌症，进病院了，这是没有办法医治的病，只好将病情瞒着他。我去到医院探视，他没有说很多的话，我也默默地坐着。去到病院几次，大半静默地坐着。他在逝世前曾问到我的《财主的儿女们》印出了没有，他要我先要两本样书看看。我拿去了样书。我便想起我最初的投稿的《七月》、《希望》和“希望社”，我便想起几十年来的历程……

终于他与世长辞，与我也离别了。

我写这些，表达我对他的哀掉。

1985.7.30

原载《文汇月刊》1985年第9期

记胡风

楼适夷

1979年6月,郭老逝世周年,在他的故乡四川乐山,举行纪念学术讨论会,吴伯箫同志约我一起去参加,同行的还有郭老女公子庶英、平英姐妹,会议前后,都在成都停留了一些时候,住在四川大学,也接触了四川文学界朋友,其中还有三十年代的老战友。那时已经二十多年失了影踪的胡风,实际已在成都,住在省府招待所,并当上了四川省政协委员,可没有人向我透露这个信息,直到经重庆,下三峡,返京归途,在武汉停留了几天,遇到吴奚如同志,我才知道,深悔失之交臂,未能一抒积悃。真奇怪,他冤狱已平,出了禁锢,早在省里登了衽席,好像还是个黑人,竟无人提起(或许人家还不知道)。

回到北京,我把这个好消息转告一向关心他而今天还闷在鼓里的朋友们,大家非常高兴。我还来不及照奚如告诉我的地址,写封"久违芝范、时切驰思"的问候信,他给我的信却先来了,地址当然是奚如告诉他的。这是一封约二千字的长信,依然是那密密的蝇头小字,纤细秀丽,令人见了又愉快,又感觉得沉重。人顶多也活不上百岁,有几个二三十年呢,二三十年的一场缥缈的契阔,该有多少的离情别绪,我多么想知道这段长时间他是怎样经历过来的,这回一定可以亲自告诉我了。

然而完全出乎我的意外,信一开头,就是寥寥几句:"从奚如信中,知道你的情况,甚慰,谢你的关怀……"可他自己的情况呢,却一句话也没有了:"此信除聊寄怀念之意,要提提几件事。"马上进入正题,就提两件大事。一是关于雪峰的,第二,则"听说要开文代大会"的事。关于雪峰,我首先挨了批评,我是常常挨老朋友批评的，像雪峰、傅雷，还有这个胡风。例如1931年刚从日本回来，"左联"派我去参加袁殊主办的《文艺新闻》周刊，我舞文弄墨，居然想学学日本人时髦，动手在报上写起连载小说来，以为反正每星期一千多字，可以胡编乱造，那就是《文艺新闻》发表了几期的《上海狂舞曲》，雪峰一看火了："你在日本学了些什么啦？你写的人物与生活你一点也不熟悉，怎么能写得下去？"被他一批，果然我再也提不起笔来了，袁殊可着了急，只好替我说谎，写了个《编者启事》，说是"作者有病，连载暂停"。把连载自行腰斩了。这一暂，一直暂到八十多岁，那病还没有好。胡风的批评，记得是一次闲谈，什么文艺理论上的问题，我发表了轻率的外行话，胡风毫不客气就说我："你这个人跑跑腿还差不多！"这话不错，我本来在上海钱庄里当过小跑街。正如荀子所说："非我而当者，我师也！"我有时写东西，就用"鲍介"这个笔名，用以自勉。这一回，他又批了。他是读了我在《诗刊》上写的《诗人冯雪峰》，先是褒了一句，说是"空谷足音"，立刻就说，对雪峰的评价大大不足。他在信中罗列了雪峰一生战斗的业绩，一共六条，认为雪峰是左翼文学运动中的关键人物，非给他应有的评价不可，否则，一定要歪曲整个的历史实际！我那篇匆匆急就的小文章，只从作为诗人的一点来写雪峰，仅仅谈诗人也谈得不足。胡风的批评我当然无可辩解。他要我"通盘考虑"，另写一篇，先起一个底稿，再找对党的事业有责任心的人（如聂绀弩、李何林等）看看，然后送中央领导审阅，不能让人伤害死者。他以为这工作"现在只有你一个人能做了"，天啊，我怎么能担任得了呢？

第二点，他讲"听说要开文代会"，怎样做到真正的拨乱反正，主张检查历史教训，全盘考虑今后文艺运动的组织形式，要成立一个真正民主集中机构，不要急于重建那种官僚式机构，让宗派头子们当武器。这一点，他又以为我可以和雪峰问题一起，向中央领导同志提出来请求考虑。

然后他告诉我关于他在写“口号问题”的情况，已得十来万字，大概还得二万多字，不久可以完工，直接提到“中央”，并声明“我只是为党尽心而已”。

好家伙，这不依然是上书三十万言的胡风吗？二十五年的烈火焚烧，严冰冻结，好像孙行者关进老君炉一点也没有损伤了他精神上的毫毛。他一句话也不提自己，满腔满脑还是想的文艺建设的大事业。读着这样的信，我全身的细胞都感到激动，当然，我是没有来完成嘱咐的，我只附了一个短简，把原信送交给一位中央的领导同志了。

这是胡风东山再起前我们所打的第一个交道。过了几个月，“文代会”还是举行了，可胡风并没有参加，一位同志关于胡风问题写了长篇发言稿准备作大会发言，但是被“劝退”了，没有发言。后来我写了一篇文章，是谈别的问题的，只在一个内部刊物上发表一下，没法公开，当然有许多理由，其中之一，说是“胡风问题”还在重审，不宜公开谈论，我便遵命删去，还删了别的，才在一个省的文艺刊物上与读者见面，说老实话，我心里一直在悬念胡风，一直到 1980 年 3 月，他被送到北京来治病，终于在医院的病床上见到了他。

*　　*　　*

知道谷非这个名字，是 1931 年开始在“左联”工作的时候，他在日本，与“左联”有关系，但我不管国外联络的事，没什么交道。可能他和《文艺新闻》通过信，但现在影印的合订本上，因不署名，找不到了，只读过一本苏联通俗长篇小说的译本，题为《洋鬼》，知道是他译的，很新鲜，有兴趣。1932 年十一二月吧，他回过国，是带了日共的委托，与上海地下党联络的，我是不是在上海见过，我记不得了。我只记得地下党中央宣传部的朱镜我，12 月派我去日本，与日共商谈 1933 年在远东举行泛太平洋反战大会的准备工作。告诉我到东京找张光人就找到日共。这事我在另一篇回忆文中写过。人的回忆不一样，两个人共同经历的事，甲记了这点，忘了那点；乙却忘记这点，而记了那点，因此后来大家一兜，可不一样，胡风就记得是我们二人同行的，不过规定路中不准公开接触。我记得只我一个人独行，到了东京驿由方瀚、王达夫两人来接，然后去见了张光人。与日共负责人的接触，我记得清楚的是笹塚池田寿夫家的一次，可胡风记得的却是郊外吉祥寺井之头公园小吃店里的一次；共同一致的，则在江口涣家里与几位日本作家的会见，和为留学生间新兴文化研究会与社研东京分会互相争执的问题作调处的事，我都在另一回忆文中写过了。总之，就那一回我算正式认识了这个还没有叫"胡风"的胡风了。

我 1 月份回国，胡风约 3 月就被日本警察逮捕，关押三个多月被驱逐出境，与聂绀弩、周颖夫妇一起到上海，是 7 月了。到 9 月我被国民党逮捕，约不到两月间，我同胡风有什么接触，也忘记了。倒是 1980 年他一家人定居在北京的接触中，讲起老话来了。有些进步青年自己组织起来文学小团体，主动请"左翼"派人去给他们指导，那事是阿英管的，他常要我去出席，一个是女青年的组织，我经常去，梅志是这组织的成员，我同她熟了。后来她已参加"左联"，一天不知为什么我同她一起到韩起家去，胡风就住在韩起那儿，于是梅志第一次与胡风相识了。这样一说，这对后来几十年共奋斗共患难像红宝石一样闪光的美丽而坚强的夫妇，我还是他们的"红娘"。我感到光荣，马上敲竹杠，要梅志请我吃饭，可那时胡风已经病得一天到晚坐在沙发里，像一尊石佛，我同他谈话都得请梅志夫人当翻译了。

总之，不管我的记忆如何，在他回国以后，我们的接触的时间是很短很短的。不久，不仅同胡风，还有所有一切共事的朋友，都长时间长时间地隔绝了。他追随鲁迅先生在"左联"工作，他以一个诗人、作家和新锐文艺评论家的姿态活跃于左翼文艺界，许多事情我都是以后才了解的，甚至偶然得到几本新刊物，读到以胡风署名的文章,我也还不能和谷非或张光人对上号。直到抗战开始,在一时成为抗战和文化中心的武汉,我到《新华日报》编副刊,这一版中有一个《文艺周刊》,报社里是请胡风编的,他每期编好了稿子亲自送来,在编辑部办公室见面,才知道:“原来胡风就是你!”这胡风在抗战文化运动中显出异常的活跃,独立主持有深远影响的抗战文艺刊物《七月》,好像还兼任不少别的文化工作,住在武昌的一个有点庭园的旧式小院子里,日本反战作家鹿地亘夫妇也住在那里。鹿地被军委政治部第三厅聘请为设计委员,在那段时期他所作反战对敌宣传的活动,几乎都由胡风给他大力帮助的。由老舍先生主持中华全国文艺界抗敌协会的创办,胡风也是热情奔走的一位。由于工作和友谊的关系,那一段我们的往来还比较多,一起商量工作,讨论问题,什么都谈,有时也吵嘴。他严肃、认真,深思熟虑,热情内含,而嫉恶如仇,爱冷冷地说几句讽刺话,又是毫不留情的。正如他那魁伟的像北方佬的身体,和会说话的智慧的眼睛一样,这一些都给我留下深深的印象。

但不久,我离开已濒危急的武汉,不想随众往重庆撤退,也去不成延安,便只身像一匹孤雁似的奔向南国,与大后方文艺界的友人一直暌别到抗战胜利,我从苏北根据地重新回到上海时为止。胡风早已从重庆转移到了上海。他的《七月》改为《希望》,还自己搞出版,总是在那里辛勤不息的默默地劳动着。我听说:在重庆时期,文艺界有过一次对胡风文艺思想的“论争”,那时两地隔绝,也看不到资料,没搞清是怎么回事。我不好意思直接问他,就问过也从重庆回来的雪峰,事情已经过去,雪峰好像也不大愿意谈了。他谈得很少,我只记得一句:“胡风嘛,还是懂得文艺的。”

我很感谢,在那一段时间,他对我工作的支持。当时我在苏联办的中文报纸《时代日报》工作,担任一个叫“文化版”的副刊编辑,从重庆复员到上海的文艺界的朋友是不少,但隔离了多年,我已不像过去那样爱跑腿了,在编辑上第一个大力支持我的是胡风,报社一位青年记者老往胡风那儿跑,每次从不空手,总是带来好些文稿,供我选用,用不着为发不出稿子发愁。这些稿子大部分是有分量的文学小评论,有的评论还相当尖锐。我觉得只要内容讲得有道理就采用,不管作者是谁,也没多少顾虑。这可得罪了一些人,有的人不作声记在心里,有一位就是打上门来,质问我为什么要发表批评他作品的文章。这质问真怪,"你写作品给人看,就不让人批评吗?批评得不对你可以写反批评,一样给你登出来,要这么气势汹汹干什么?"可他还是不甘休,闹起我的火气,就把这位名作家轰走了。这段时期的工作,十年后招来了后果,让我到后面再说吧。

却说解放战争深入开展,很多朋友在上海待不住了,在连天炮火中,也不可能所有的人都搬到解放区去,便陆陆续续转移到了香港。在香港,文艺工作一时蓬勃开展,相当热闹。后来胡风也到了香港。不知什么缘故,对胡风文艺思想的论争,又在香港重新燃起了火花,好像不见胡风发表什么新理论,论争还是重庆时代那一次继续。叫作"论争",实际也是后来所说的"批判"。我没什么理论头脑,好些问题搞不清,对于这种事情,可以不参加就不参加了。在香港工委管文艺工作的邵荃麟同志把我叫去,告诉我:"全国快解放了,今后文艺界在党领导下,团结一致,同心协力十分重要,可胡风还搞自己一套,跟大家格格不入,这回掀起对他文艺思想论争,目的就是要团结他和我们共同斗争。你同胡风熟悉,你应该同他谈谈!"

这是一个重要使命,我当然是坚决执行,保证完成。我特地把胡风请到九龙郊外的我的寓所里,和他整整谈了半夜。"左联"后期工作中一些内部分歧,发展到两个口号的论争以至"左联"的解散,我都不曾亲身经历,所知有限,但以为党的抗日民族统一战线的胜利,连整个抗日战争都打赢了,那些事情早已成为过去,文艺思想是学术思想上的问题,大家在党的政治领导下,不会有解决不了的矛盾。这一晚的谈话,大部分是我谈得多,他说得少。我谈得很恳切,很激动,他看着我一股真诚的样子,只是微微地笑,很少答腔。看来我的话其实没有触到点子上,当然说服不了他,使命算是失败了。那时大家都得写批胡风文艺思想的文章,一个刊物老催我,问我为什么不写。我就写一篇短短的文学评论,批的是路翎的一篇什么小说,内容已经忘记,说的倒不是违心话,我就是不大喜欢那个短篇,说了自己的看法,算是完成了一件任务。

* * *

新的时间开始了,在一片欢腾的气象中,和胡风一起参加了文代大会,参加了开国典礼,还作为作家去采访了战斗英雄和劳动模范的盛大集会。胡风写了大气磅礴的歌唱新中国的几百行几百行的长诗,和热情洋溢的表扬英雄模范的报告特写。那时他还住在上海,但在北京相见的机会还是很多。当我参加抗美援朝,离京两年重又调回北京,进了人民文学出版社,那时出版社的房子就在老文化部大院的旁边,我发现胡风一个人默默地住在文化部招待楼的一间屋子里,说是被召到北京专门由少数几个人结成小型座谈会同他谈文艺思想问题的。雪峰不知参加了没有,反正我和聂绀弩都是没有资格参加的。只是因为住得近,我有时跑到他的孤居的独室去看看他,见他一个人正在吃食堂里给他送来的一大碗蛋炒饭;也有时他跑过来,那就跑到聂绀弩办公室兼卧室那间屋子,见面大家瞎聊天,从来不谈正题,也不问他们在谈些什么,并且谈得怎样了。胡风或雪峰都不告诉我们,我们也从来不去打听。

可能是一段长时期谈话的结果,胡风举家从上海搬到北京来了,搞好了新居,有一天他约雪峰和我上他家吃饭,梅志同志把家安排得井井有条,饭菜做得很丰盛。我记得餐桌上没谈什么工作或文学界的事,尽随便聊聊相互的新生活。他那个小院子不错,还有庭木。讲到孩子,胡风说:“他来了,那就是爱他。”那孩子大概就指小三了。吃完了饭,我们告辞而行。胡风拿出两个包得方方正正的纸包,一包大一包小,都交给了雪峰。小的一包是钞票,是装修房子时向雪峰个人借的钱,现在归还,雪峰收下了;大的一包是稿子,一位七月诗人的诗稿,投给出版社的,雪峰当场转手交给我说:"你去处理!"说起来很抱歉,那诗稿后来被我退了。我本来不懂好诗坏诗,就是读起来读不懂,觉得别别扭扭,气味不好,就不要了。解放后胡风早已不办刊物,更不经营自己的出版事业,我这一退,稿子就冻结了。

有话即长,无话即短。却说到了1955年我离开工作约四五个月之久,又回到北京。才知道胡风出了大事了,就是上了那个"三十万言"书。这是大家都知道的,从文学流派的所谓"小宗派",一下子变成"明火执仗的反革命集团",这还得了!当然得积极响应。《列子》中有一条寓言,某翁丢失了一把斧子,怀疑是邻人某某所偷,暗中窥察,越看越觉得这某某很像是偷斧子的人。不管什么老朋友,大义灭亲,我就是这样,以为胡风真是偷了斧子了。应该感谢后来那场所谓"文化大革命",使好多人懂得了一种道理,大轰大嗡,是容易把人的头脑搞昏的,不但怀疑别人,有时甚至自己到底是好人是坏人,也搞不清了。于是不但被疑,还得自疑。我无意中发现藏在办公室抽斗里一本发信的复写留底本,不知何时到一位主持运动者的桌上去了,显然在查我是不是偷斧子的盗窃集团。信稿上查不出什么"现行",于是算旧账,查历史,有人召我谈话,1946、1947年在上海《时代日报》工作时,为什么发表了"胡风分子"那么多文章。果然"东窗事发",这一回不是隔岸观火,而是火烧到身上来了。其实那时《时代日报》除了我这个副刊,还有水夫编的一个《星空》,算起来也发表不少这类稿子。《时代日报》负责的是姜椿芳,三个人凑在一起,决定做检讨,由水夫起的草,洋洋洒洒一大篇,看来检讨得不坏,《文艺报》发表了,《人民日报》也转载了,而且都得到了稿费,便联合在北京的陈冰夷、林淡秋"时代"同人五个人到四川饭店大吃了一顿。吃得酒醉饭饱,高兴自己

“过了关”,可没想到胡风怎么在过日子。

这种老话本来不说也罢,可是经过一个世纪的四分之一,在北京的医院里见到胡风时,想到胡风落井,众人投石,其中有一块是我的,心里隐隐作痛,觉无面目重见老友。可胡风巍颤颤地从病床上坐起来,连他脸上肌肉都木然地不大会牵动了。他的似乎呆滞而又睿智的眼睛里还是微微地露出了可爱的笑意。一切过去的都已过去了,他不谈,我们也不谈,我们只望他重新健康起来,重新拿起他那支为文学为人民而斗争的笔。从 1980 年到 1986 年又是五年,在党的十一届三中全会天空晴朗的五年中,他病了,他写;他写,他病;他病,他又写,一直到他的身子和他的笔一起倒下。他给我们写了几十万字,这里没有一点个人恩怨,有的只是一篇历史的证言。一场悲剧终幕了,这不是个人的,而是时代的历史的悲剧,我们大家的心情都一样,祝愿这样的悲剧,今后永远不再重演!

1987 年 8 月 31 日

原载《新文学史料》1987 年第 4 期

胡风主编的几个刊物

徐霖恩

在左翼文化史上,胡风以文艺理论家、诗人、翻译家著称。然而,胡风的文化活动是丰富多样的,其编辑工作的显赫实绩,又向人们表明,他还是一名出色的编辑。

胡风的编辑生涯始自 1933 年 8 月间。同年 7 月,胡风在日本因从事反日左翼文化活动,被日本政府驱逐回国。8 月起,先后担任左联宣传部长、行政书记,在鲁迅的引导下,致力于左翼文化运动。同时,为了谋得一个“吃饭的职业”,胡风经左联党团同意,由好友韩起介绍,为《时事类编》选译外文报刊上的文章。《时事类编》是中山文化馆主办的刊物,16 开本,半月刊。主要是译载各国政治、经济、文化等时论,刊载最多的是各资本主义国家报刊的文章,也杂有革命的和共产党的文章。胡风为日文编译,每期译一至两篇文章。自第 1 卷第 1 期起,迄第 2 卷第 28 期止,胡风用“果”、“张果”的笔名,共翻译了 43 篇主要由日本学者写的时论性文章,二十多万字。这些文章取自《中央公论》、《外交时报》、《世界知识》、《改造》、《日本经济》、《俄罗斯事情》、《唯物论研究》、《国际评论》、《读书》等十多种日文报刊,如,《明年度的日本预算》、《对于日本国策协定的检讨》、《日满贸易的现状》、《苏联批评家所看到的日本》、《军国日本之经济的容貌》。其中包括用马列主义观点批判日本军国主义法西斯哲学“日本主义”的文章(后来方知是日本共产党人宫本显治的手笔)。尤为难得的是,胡风在第 2 卷第 22 期“革新特大号”上,译载了苏联作家加布里诺维支创作的短篇小说《勒觉尔金》。小说以劳改犯勒觉尔金改恶从善,在社会主义劳动竞赛中成为“新人”的故事,从一个侧面反映了第一个红色政权——苏维埃政府领导下,人民大众的生活面貌。这是当时为数不多的歌颂苏联人民新生活的译文,给人一种强烈的新鲜感。还有一篇译文是日本批评家小松清的《现代法国文学底转机》一文。胡风在《时事类编》的任职,后因别人暴露其左联成员身份而辞职。最后一篇《作为农民战争的太平天国革命》,目录上标明“张果”译,实际上已是别人的译作。这一年零二个月的编译活动,是胡风编辑生涯的滥觞。尽管《时事类编》载有大量资产阶级倾向的文章,但胡风则“尽可能选进步和革命的”,利用这“吃饭的职业”,宣传左翼文化。这也充分说明,胡风始终把编辑活动与左翼文艺运动相联系,为文艺斗争的大目标服务。

如果说胡风为《时事类编》工作时,因受制于刊物本身的性质,难以充分宣传左翼文化,那么他独自编辑《木屑文丛》时,就能借此直抒胸臆,按照自己的思想、文艺主张发表作品了。《木屑文丛》是一本专门发表"评论与作品的不定期刊",署"木屑文丛社出版"。第1辑于1935年4月20日出版。胡风在出版说明中写道:"有热心的朋友搜集了一些在公开刊物上通不过的或原来就不预备在公开刊物上发表的文章,又有热心的朋友从生活费里节省出了印刷费,这就是本刊的由来","对于极端压迫进步文化的现状,我们很想把本刊当作一个事实上的抗议"。正文前还引用一段列宁语录,共收录11篇文章。第一篇是署名"环"翻译的《苏联作家大会的两个决议》:一、苏维埃作家第一次大会关于高尔基的报告和附加报告的决议,二、苏维埃第一次全体大会关于拉狄克的报告的决议;有胡风(署名"谷非")所撰的《关于青年作家底创作成果和倾向》、冯雪峰的论文《〈子夜〉与革命的现实主义的文学》,胡风为此文写的"附记";还有何谷天的《退却》和吴奚如创作的以苏区生活为题材的小说。尤显珍贵的是,封底还印有胡风撰写的《〈准风月谈〉出版了》的广告。他在广告中写道:"这是鲁迅先生一九三三年下半年的杂文集","在这本杂文集里面,一九三三年下半年的社会情势,尤其是所谓文坛面貌,有了鲜明的反映。作者用他底战斗的笔锋,把那个时期的各种化装跳舞的'文学家'画出了一目了然的脸谱"。由于内容"太红",《木屑文丛》只得和《准风月谈》一起,由鲁迅转交内山书店销售,直至翌年7月才销尽结账,这表明鲁迅对胡风创办《木屑文丛》的支持。《木屑文丛》是胡风独立编辑文学刊物的尝试。就编发的文稿而论,它鲜明地体现了鲁迅文学思想的影响,自觉地把刊物办成宣传革命和进步文艺、发展左翼文化的阵地。因此,《木屑文丛》仅出一期,就受到国民党反动派的禁止。但这短暂的实践,为胡风日后的编辑活动奠定了坚实的基础。

胡风编辑活动的重要实践是创办文学月刊《海燕》。1935年底,萧军、聂绀弩、胡风都向鲁迅提议筹办刊物,鲁迅认为各自办刊会分散力量,不如集中办一个刊物。于是,在鲁迅的全力支持下,胡风与聂绀弩等人共同筹办《海燕》。第1期于1936年1月20日创刊,编辑人是用“史青文”的假名,发行人署“海燕文艺社”,总代售是“群众图书公司”。第1期,鲁迅提供了历史小说《出关》、杂文《“题未定”草》和《文人比较学》、《大小奇迹》两则杂感;还提供了瞿秋白(署名陈节)翻译的高尔基的文学论文。胡风撰写了《文艺界底风习一景》,还有奚如的《在塘沽》、萧军的《大连丸上》、萧红的《访问》、荒煤的《罪人》等。内容扎实有力,刊物形式上也与一般刊物不同。因刊名“海燕”两字横写,正文也采用横排,借鉴鲁迅编辑《奔流》时的方式;又全部采用小号字,即新五号字和六号字,同样的篇幅,多发了三分之一的文字。“《海燕》冲出了地面,在文化读者中间引起了轰动”,“印了两千册,出版当天就在上海本埠卖光了,鲁迅也很高兴,当即约请有关的人们在馆子里吃一顿饭”(胡风语)。一月之内,共印了三版。2月20日《海燕》第2期出刊。又发表鲁迅的散文《阿金》,杂文《“题未定”草(八至九集)》和《陀思妥耶夫斯基的事》,短评《难答的问题》和《登错的文章》。胡风撰写了《漫谈个人主义》。还有黎烈文的《邂逅草》、周文的《红丸》、欧阳山的《人物》等。出版后销路同样可观,而编辑人易名耳耶,发行人张仲。《海燕》是鲁迅与胡风、聂绀弩等文学青年合办的左翼文学期刊,取名《海燕》即有取用高尔基的《海燕之歌》的文意。两期因译载巴比塞和纪德的文稿,故两期封面分别印了他俩的照片。期刊的文章和作品,尤其是鲁迅的文稿,如铮铮利箭,直指国民党反动派的反动统治和御用文人的种种劣行。尤其是在读者中有如此反响,这自然为反动政府所不容。因此,《海燕》仅出了两期,就被迫停刊了。《海燕》虽然未能冲破黑暗的文网,继续搏击,但它那强烈的战斗精神和思想倾向,足使其成为重要的左翼文学期刊。而胡风从组稿、审稿到发稿,与聂绀弩等人一起,为《海燕》的问世殚精竭虑,四处奔波。重要的是,胡风由此得到鲁迅的直接指教,学到了运用文学刊物进行文学斗争的宝贵经验。

胡风独自编辑的文学刊物,是《工作与学习》文艺丛刊。鲁迅逝世以后,人们沉湎于深深的悼念之中,同时又在考虑如何宣传鲁迅精神和战斗传统。于是,在冯雪峰的授意和茅盾参加下,胡风创办了《工作与学习》文艺丛刊。其目的在于"用这个刊物和鲁迅的老朋友以及他晚年接近的新作者联系,取得他们的合作,在思想上和创作上学习鲁迅,发扬鲁迅精神"(胡风语)。此刊由生活书店出版,自 1937 年 3 月 10 日至 6 月 10 日止,只出了 4 期,就被国民党禁止而停刊。第一本名《二三事》,取丛刊中第一篇鲁迅的遗著《关于太炎先生二三事》而命名。这既适合了群众对鲁迅的诚挚深情,也直率地表明宣传、倡导鲁迅精神之意。第二本《原野》是用艾青翻译的凡尔哈仑自由诗的第一首命名的,开卷篇又是鲁迅的绝笔遗文《因太炎先生而想起的二三事》。但一出版就被国民党政府禁止。第三本《收获》是用力群的一幅木刻命名,于 1937 年 5 月 10 日出版,旋也受禁。第四本《街景》出版已面临"七七"事变,当时接到书店通知说前三本均被查禁,这一本虽排好版却无法付印,只好换了书名《黎明》于 1937 年 6 月 10 日出版了。《黎明》是用艾青的诗作命名的。该丛刊除鲁迅的遗作外,还刊载多篇鲁迅的好友悼念和研究鲁迅的文章,如许寿裳的《鲁迅的生活》,苦力的《鲁迅的美术活动》、武定河(冯雪峰)的力作《鲁迅在文学上的地位》等。茅盾也是积极撰稿者,写了《一个真正的中国人》和多篇杂文、书评。该刊还有艾青悼念龙华烈士的诗歌,胡风本人也写了《思想活动的民主性问题》和《反"沙漠化"的愿望》等文章,辛辣讥讽国民党的文化专制主义。《工作与学习》每期稿子都经过冯雪峰过目后发排,实际上是受党组织指导的文学丛刊。这些鲁迅的生前挚友,沿着鲁迅的战斗方向,奋笔疾书,发表了众多犀利的力作,必然触动国民党的痛处。因此,这套文学丛刊的原定计划被国民党扼杀而搁浅。胡风为宣传鲁迅精神所作的努力,却载入史册。

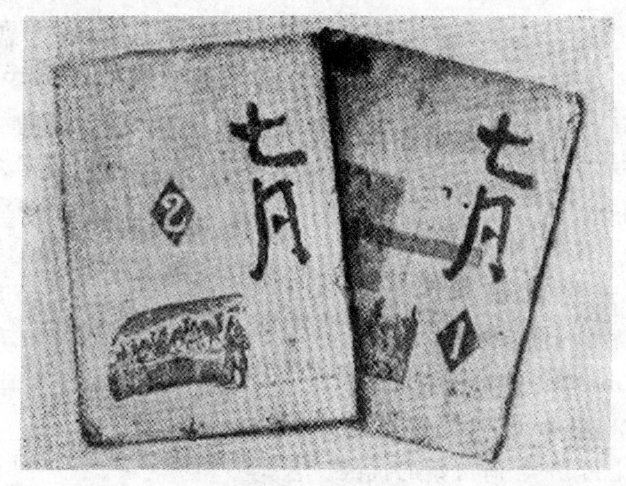

《七月》第 1、2 期

《七月》的问世,是胡风编辑生涯中光彩夺目的篇章,也是其文学历程中的新高潮。就在《工作与学习》丛刊最后一册《街景》被禁不久,抗战爆发。当时,上海不少文学刊物因战事而停刊。而胡风则认为,这种萧条景况是对抗战不利的,"这伟大的战争应该能够广大地在文学上创造出新声"。为此,他筹资编辑出版了《七月》周刊,由联华书店印刷和发行。《七月》刊名复印了鲁迅的手迹,以示纪念。《七月》创刊于"八一三"后战火弥漫的上海,以宣传抗战为主旨,在艺术上"坚持通过生活实际反映人民性的真实和历史动向的现实主义道路,抵制了所谓标语口号的教条公式的浮嚣文风"。因而,《七月》一问世,"就受到饥渴中的读者的欢迎"(胡风语)。9 月 11 日的创刊号,胡风撰有《愿和读者一同成长》的代致辞,鲜明地提出:"在神圣的火线下面,文艺作家不应只是空洞的狂叫,也不应作淡漠的细描,他得用坚实的爱憎真切地反映蠢动着的生活形象。在这反映里提高民众底情绪和认识,趋向民族解放的总的路线。”简洁地道明《七月》的编辑方向。《七月》第3期出版之后(9月25日),由于交通邮路受阻,刊物难以发往外地,作者也纷纷离沪,《七月》移至武汉,于10月16日重与读者见面。胡风将《七月》改为半月刊,由生活书店总代售,每月1日、16日出版。在复刊后的第1期上,胡风又撰写《愿再和读者一同成长》,他写道:“战争前进了,文艺运动前进了,我们当然希望《七月》能够更健康、更有力量,但同时也明白地知道,它不过是整个文艺战线上的堡垒之一,无论它的影响如何,在关联的形式上它只能是一个岗位。”进一步明确《七月》的战斗倾向。印行到第3集第6期(总18期)后,《七月》辗转至重庆,一度中断出版,直至1939年7月才改为月刊出版,1941年9月,第7集1、2期合刊时,由于皖南事变发生后白色恐怖笼罩着重庆,胡风撤往香港,被迫停刊。

《七月》是当时可数的抗战文艺大型刊物之一,“《七月》的编辑方针,是经过长江局文委讨论和指导的”(吴奚如语)。其作者阵容可观,党员作家占多数。这些都从根本上保证了《七月》的基本倾向与民族解放战争的主潮互相契合,具有鲜明的战斗性。《七月》刊登的诗歌、报告文学、散文、小说,包括不少延安与其他抗日根据地作者的作品,歌颂革命,向往延安,反对国民党政府的消极抗战的政策,产生了积极的社会影响,有不少青年因此而受到鼓舞,投向抗日队伍。同时,《七月》团结了一批文学新人,锻造了一支有战斗力的文学新军,形成了现代文学史上著名的“七月派作家群”与“七月诗派”。尤其是后者,成为中国现代诗歌史上享有盛誉的诗歌流派。据胡风在《七月诗丛》的一篇《引言》中说,先后在《七月》上发表过诗作的诗人有39位:苏金伞、方然、艾青、田间、孙钿、亦门、鲁藜、天蓝、冀汸、绿原、邹荻帆、牛汉、化铁、彭燕郊、贺敬之(艾漠)、庄涌、杜谷等。其中,少数人是抗战前已有诗作,但大多数是“初来”的诗人,他们以《七月》为发祥地,步入诗坛,日渐成为颇有建树的诗人。尽管“七月诗派”的诗人各有艺术个性,但在强调诗歌的时代精神与革命倾向，以灼热的情怀唱出抗日的赞歌，注重创作态度上的严肃性与社会职责，与人民荣辱与共，同欢共乐，以及形式上的自由体诸方面，形成了共同的创作风格，成为一支贡献昭彰的文学新军。《七月》还发表不少有社会影响的评论，尤其是第2集第4期刊载寄自延安的署名“大漠”的《毛泽东论鲁迅》文稿。使毛泽东同志这一重要讲话公之于世，成为重要的历史文献。因此，胡风创办《七月》的彪炳功绩是不容忽视的。

胡风编辑《七月》的一个硕大的副产品，是《七月诗丛》、《七月文丛》的问世。《七月诗丛》第1辑由南天出版社出版，1941年7月重庆初版，上海书店代售，1947年5月上海希望社又予再版。第1辑包括胡风选编的《我是初来者》、艾青的《向太阳》、胡风的《为祖国而歌》、田间的《给战斗者》、鲁藜的《醒来的时候》、天蓝的《预言》、冀汸的《跃动的夜》、绿原的《童话》、邹荻帆的《意志的赌徒》、艾青的《北方》、亦门的《无弦琴》。《七月诗丛》第2辑于1951年由上海泥土社出版。集有牛汉的《彩色的生活》、绿原的《集合》、冀汸的《有翅膀的》、化铁的《暴风雨岸然轰轰而至》、孙钿的《望远镜》、贺敬之的《并没有冬天》。这部诗歌丛书鲜明地体现了“七月诗派”的创作特色，规模之大，影响之广，在现代诗歌史上乃属罕见。《七月文丛》也有可观的规模，包括东平的《第七连》、丁玲的《我在霞村的时候》、胡风的《论民族形式问题》等17本作品和理论集子。一些延安和各根据地的作家的作品也被收录进去。《七月诗丛》和《七月文丛》是胡风文学编辑的得意之作，其中饱含着胡风的热诚和心血。为了丛书的出版，胡风从封面设计、版式、扉页、校对以及解决纸张问题，什么都干，付出了艰辛的劳动。

《希望》是胡风编辑的最后一个文学期刊。实际上，《希望》是《七月》的续刊，其艺术风格与《七月》完全一致，仍以诗歌见长，并加强了小说与理论文章的内容。除艾青、绀弩等老作者外，还有贾植芳、孔厥等一批新人。与《七月》不同的是，《希望》每期都有胡

《希望》第1期

风撰写的“编后记”,以点睛之笔,说明重点内容。第1期以胡风的《寄从“黑夜”到“天亮了”的读者们》打头阵,还刊载胡风的《置身在为民主的斗争里面》,对抗战后的文艺实践,提出了新认识。其中还有舒芜《论主观》一文;第2期又发表舒芜的《论中庸》。由此引来自己内部一些“朋友们”(胡风语)的批判。《希望》出至第2集第4期(1946年10月18日)停刊。

胡风曾经说过:“同人杂志是文学和生活当中的桥梁之一,积极地贯通进步的文学影响和人民大众底生活真实、合理要求。从这里可以有效地在最高的限度上实现文学对于生活的服务,也能够造成文学工作底预备干部。”这正是胡风编辑活动的基本准则,也是胡风关于期刊工作孜孜以求的目标:他把期刊视为文学和生活之间的桥梁,而自己则是辛勤的架桥人;他又把期刊作为培养文学工作底预备干部——文学新人的阵地,自己却不辞辛劳,为新人的成长竭尽全力。他以自己特有的方式编辑出版了《七月》、《七月诗丛》、《七月文丛》、《希望》等期刊和丛书,为现代出版史增添了熠熠光彩。唯此,胡风的编辑活动及其丰厚实绩,也将在现代出版史上留下浓重的一笔。

原载《出版史料》1987年第2期

文苑繁茂忆园丁

——胡风编辑活动纪略

华　然

胡风一生，追求光明，要求进步，热爱祖国，热爱人民，并努力为文艺事业做出了杰出的贡献，党和人民盖棺论定地给予他高度评价。他当之无愧地是我国现代革命文艺战士、著名的文艺理论家、诗人和翻译家。不过，我以为胡风同志还是一位卓越的编辑家。在他的一生中，从1933年在日本因参加抗日活动被日本帝国主义驱逐回国、参加左联、开始职业作家生涯以来，除了其间因众所周知的原因而与世隔绝的四分之一世纪外，几乎都与编辑出版工作紧紧联结在一起。30年代他创办编辑过《海燕》、《工作与学习丛刊》、《木屑文丛》。30年代末至40年代中叶主编过《七月》、《希望》，并编辑出版过《七月诗丛》和《七月文丛》。如果追溯或顺延得更早和更晚一点，那末早在1927年他就参加过邓初民主办的《武汉评论》的编辑工作和江西省《民国日报》副刊编辑工作。抗战时期他还在成都编过《蚂蚁小集丛刊》等，并积极支持过俞鸿模创办的海燕书店等出版社的工作。他有长期的编辑实践和丰富的编辑经验，并已形成了一套比较科学系统的编辑思想或曰编辑理论。很值得我们认真加以研究探讨，以为繁荣和发展我国新时期社会主义文化出版事业、开创出版工作新局面的借鉴和参考。

作为卓越编辑家的胡风，他在编辑刊物、出版书籍时是有他的宏观编辑构思、有他自己的总体编辑设想的。既有全局性的宏观总体构思，又有对每一卷每一期的中观与微观总体编辑构思，亦即既有坚定不移的办刊宗旨和编辑方针，又有具体的编辑措施，因此他办的刊物，有自己的个性、有自己的特色、有自己的风格，乃至形成了在我国现代文学史上有相当影响的“七月派”诗风和文风。胡风办的杂志，杂而不乱、杂而有章，无论刊物的质量、刊物的作者、读者、文风，乃至封面装饰都有其独特、鲜明的个性，时代感强烈。

胡风的总体编辑构思是什么呢？如用一句话来概括，就是它与抗日民族解放战争的大潮，紧紧地联系在一起。1938 年 7 月胡风曾在《七月》的编后记里说过这样意思的话，他从创办《七月》一开始就认为民族革命战争不会也不能抛弃文化工作，战争将使文化更被提高更被普及，而文化的提高和普及将同时提高战争，使它得到最后胜利的保证，使民族革命的任务（新中国的诞生）能够在最短限度的痛苦过程上得到完成。他办杂志始终坚定不移地贯串了这个信念，因此《七月》也好，《希望》也好，从它的基本态度、工作方法、发展方向上逐步形成了自己的“性格”。

具体而言，对于胡风的包括编辑思想和编辑实践在内的编辑活动，本文拟从下面五个方面进行初步探讨，这仅是粗浅的纪略。

一

胡风同志是在国统区办刊物的，当时国民党反动派推行法西斯文化专制政策，对书报检查控制极严。就是在这种情况下，他仍然克服一切困难、想尽一切办法，在自己的刊物上传播革命思想和反映延安等抗日根据地的生活。1938 年 3 月经胡风亲手编辑，在《七月》第 10 期头条地位发表了《毛泽东论鲁迅》一文。这是毛泽东同志 1937 年 10 月 19 日在延安陕北公学鲁迅逝世周年纪念大会上的讲话记录稿，由正在陕北公学学习的汪大漠同志笔录。大漠从陕北公学结业被分配到武汉八路军办事处工作，本来这份记录稿先交给《新华日报》的，《新华日报》以“因为是中央领导同志讲话，未经本人审阅，不便刊登”为理由退给了他。他又附了短信把毛主席的讲话寄给《七月》杂志。据胡风1981年10月在《一点回忆》中说，当时他看到了这篇文章十分高兴，想不到毛主席对鲁迅有这样恳切的同志感情和这样高的评价。虽然和后来在《新民主主义论》中的结论比，这还是初步的看法，但在我已是喜出望外，解除了多年来心头的重压，极其高兴地发表了。我没有附加按语……照我一贯的编辑态度，如果不作分析说明，就决不作简单的论断，使读者先入为主，而宁可直接诉之于读者的理性判断，这才有助于养成读者的理性感觉，并造成非盲目性的舆论。胡风还谈到《七月》在武汉出版后，每期交二三百本给八路军办事处，托他们带进延安，分送些，也卖些。毛主席曾给刘雪苇回信，谈《七月》很好。说明毛主席是看《七月》的，那"大漠"的记录他一定看到过，显然认为与他的原意还是符合的。胡风直到逝世前不久还认为，这是第一次公开发表的党的领导对鲁迅的评价，提出了在伟大的战争中更应该学习宝贵的鲁迅精神的要求，开拓了正确地研究鲁迅的道路。曾有这样一种说法，大漠的记录稿最初发表于阿英同志在上海主办的《文献》1938年11月号上。实际上此稿最早发表在胡风主编的《七月》1938年3月号上，比《文献》要早8个月。而且记录稿与1981年9月22日《人民日报》上正式发表的毛泽东《论鲁迅》，基本内容是完全一致的。《七月》上还刊登过白危的《毛泽东断片》、季米特洛夫的《反法西斯主义斗争中的文学》，以及延安和八路军生活的报告。如延安印刷厂工人集体写的《我们怎样生活的》描写全国追求革命的青年投奔延安的《走向战斗着的黄土层上》（骆方），在延安受到锻炼后再奔向各个战场去的《到前线去》（丁玲），以及陕北通讯、救亡运动特写、抗战英雄特写等文学创作。胡风认为，他编发的这些稿件，至少是表白了对于健康的或英勇的人生的礼赞，对大后方人民是有教育意义的。他说，这是先行者们的开路工作，为我们的新文艺已打下了薄薄的基础，足健者是能够从这里飞跨一步的。——这不就是我们赞颂的编辑甘作无名英雄的“人梯”的献身精神吗?

1936年10月,鲁迅先生逝世了。冯雪峰同志和胡风同志都更深切地感到鲁迅精神影响的伟大,非尽力接受这个传统,团结鲁迅直接影响下的力量进行工作不可。于是胡风在雪峰安排下筹办一个刊物《工作与学习丛刊》,用以在思想上和创作上学习鲁迅,发扬鲁迅精神。1937年3月10日《丛刊》第1辑《二三事》就是以鲁迅遗著《关于太炎先生二三事》命名的。从此以后,不论是《七月》还是《希望》,都把宣传鲁迅、学习鲁迅、继承和发扬鲁迅精神,作为刊物一以贯之的编辑方针,从未丝毫动摇过。在鲁迅逝世一周年纪念时,胡风撰文指出:鲁迅一生是为了祖国的解放,祖国人民的自由平等而战斗了过来的。但他无时无刻不在“解放”这个目标的旁边同时放着叫着“进步”的目标。在他,没有为进步的努力,解放是不能够达到的。在神圣的民族解放战争的今天,鲁迅的信念是明白地证实了:他所攻击的黑暗和愚昧是怎样地浪费了民族力量,怎样地阻碍着抗战怒潮的更广大的发展。为了胜利,我们有努力向他学习的必要。他认为,最好的纪念方法之一,是流布先生自己的著作,因为那是能够生火种的石,是能够放光吐焰的火种。他是这样说的,一生也是这样做的。我们从他主编的几种杂志的目录里,从他自己九十多万字的《评论集》和十几万字的《回忆录》中鲜明而突出地感受到这一点。无论《工作与学习丛刊》,还是《七月》、《希望》,几乎每期都有或鲁迅遗作,或鲁迅研究论文,或鲁迅逝世纪念日专辑。鲁迅精神之所以在抗日战争时期的大后方得到大大的传播和发扬,与胡风在编辑工作上机动灵活地采取各种形式,广泛宣传,是大有关系的。

二

胡风同志关于编辑工作有许多精彩的论述,今天读来依然感到亲切实在，富有启迪意义。抗战时期在桂林，当时的《创作月刊》编辑张煌先生曾向胡风提问：我是一个编辑，常常感到工作的艰难，不知道怎样才好，应该抱怎样的态度，有没有什么当编辑的秘诀？胡风回答说：我只能有三个字的回答：要心安。一篇稿子发下去要觉得心安，一期刊物编成功，也要觉得心安。编辑人员自己如果没有觉得心安的心情，那刊物的内容怎样能够有使别人满意的东西呢？无论做什么工作，第一个条件是诚实，当编辑也不能例外的。除此外我不知道有什么秘诀。有些编辑稿子不看过就发排，我不能了解他的心境。胡风这番话，的确是道出了编辑职业道德的一个起码条件，也就是我们现在常说的要有全心全意为人民服务的态度，对工作一丝不苟、认真负责的精神，力求把最新最好的精神食粮贡献给读者。如果稿子看也不看就发排或退掉，那怎么能"心安"呢？又怎么能向读者提供健康有益的精神食粮呢？说到编辑的工作态度，胡风认为，当编辑要有两个基本的态度，一个是估定读者要买些什么而编，一个是诚心要给读者什么而编。他谆谆告诫我们，当编辑并不是一件容易的事情。新文艺发展史的各种倾向放在他的前面，读者的各种要求放在他的前面，而且现实生活的各种发展方向放在他的前面。编辑不仅有责任满足以至培养读者的某些要求，而且有责任引导以至肃清读者的某些不健康的低级庸俗的要求；他不仅要发现以至提高某些创作素质，同时更要警戒和提醒某些不好的创作素质的滋长。"而这就要看他底存心和眼力，得不惑于私情，不囿于短见，因而他自己是得忍受自我斗争的。"说得多么恳切而击中时弊啊！他编刊、选稿就是严格遵循这条"不惑私情，不囿短见"，取稿为公的原则的。照笔者理解，所谓"不惑私情"，就是不以刊谋私，利用刊物拉关系搞交易、谋私利；所谓"不囿短见"，就是不以个人好恶、知识取舍稿件，不以为自己不知、不懂的，读者也不知、不懂，而要虚心求教，拜读者、能者为师。他要求作者写稿时注意，虽难免幼稚粗浅，但切忌抄袭模仿;虽致忠于民族与大众,但反对伪装或空叫;虽意见不求苟同,但论争不讲情面。申明门户之虽然不存,偏爱之心恐怕难免,希望读者严格要求、热情帮助。是的,他编《七月》、《希望》就坚决反对“自己人可以马马虎虎”的取稿作风,一再强调在稿件质量面前一视同仁的公道正派的选稿原则。那时,有的读者怀疑他的刊物只用“自己人”的稿子,不收外稿。胡风多次说明,这是误解。他诚恳地说,我们极愿和新的工作者携手,只不愿用这作为号召读者的旗帜罢了。评论如有创见,创作如有实感,我们是连性质和长短的限制都没有的。后来他又在《七月社明信片》上公开答复读者:请你们看,在过去的《七月》上有多少新的名字?事实上,《七月》上的文字,新作者至少占一半,而且十有八九是我们所不知道的人。平均我们有一半的精力花在审查投稿的上面。请你们放心吧,为读者为青年作家而工作,是不一定要大吹大擂地拿出什么幌子来宣传的。的确如此。许多年来,胡风用他一个乃至他们全家人的力量,独立支撑着这个刊物。因为他坚信,新文艺将有一个光华灿烂的将来,为这文苑搬运一瓦一石,从这搬运工作中寄托着他对于民族解放斗争的一瓣微忠。1940 年 3 月他曾谈过一点编辑方面的苦况,今天看了依然感人肺腑。他说:许多老实的读者以为七月社一定有一个堂皇的编辑部,有的甚至要丢掉自己的职业来参加工作。他们哪里知道,凡看稿、编辑、校对、跑街、退稿、回信……由一到十都是编者一个人“独裁”地“包办”(或者最多再加一个他的夫人梅志)。而且,就是编者个人,一方面得聊以塞责地负担一点《七月》以外的公民义务;另一面,为了口粮,也为了《七月》本身省下一点点消费,每天得拿出三分之二的时间去做换取工资的劳动。这已经够狼狈了,何况还有意外的困难,意外的责备,意外的纠纷。但是他视刊物如生命,百折不挠,惨淡经营,直到冒着性命危险也在所不惜。1938 年他在答《读书》半月刊问的“对于出版界的意见”时,就公开抗议国民党反动派查禁“良友”出版的《文季月刊》

和《文丛》的罪行，义正词严地提出："出版界，不，思想界最大的苦恼是出版的不自由。"坚决反对国民党推行的"民可使由之，不可使知之"的愚民政策。他认为，这个政策胜利的时候，就是中国文化"沙漠化"的完成。这需要多么的大智大勇啊！他为办好《七月》、《希望》不知绞了多少脑汁，花了多少心血。他把刊物当作一件有机的完整的艺术品，无论体例、编排、字体等都精心设计安排，力求让读者在心灵上有所收益。他尤为喜欢一切自然的、朴实的、由劳动的汗水升华出来的物质和精神产品。曾有五位读者建议胡风把《七月》的装帧搞得华丽一点，以吸引订购者。胡风说，你们的意思是好的，但我们不想采取那些办法。《七月》一开始就抱定了一个目标，那就是"朴素"两个字。所以，例如在排版上，除了点线以外，就不采用任何花头。照来信提议，也许可以使只看目录上的花头而买书的读者来多买几本，实际上早有许多杂志很注意这一点，但我们想，这些办法不一定对读者有益，而且《七月》的读者所要求的大概也不是这一方面。以质取胜，不卖弄小花头，一切为读者着想，这可说是胡风编辑思想的核心。

胡风的编辑工作经验是极其丰富的，这还体现在他于1935年9月写的《翻译工作与〈译文〉》，1946年1月在《新华日报》创刊8周年时写的《代替庆贺的话》两文里。前文对《译文》杂志的编辑工作提了六条十分内行的希望，这实际上也是他从事编辑工作的经验谈。如对刊物的内容方面，"弱小民族的东西希望能够再多一点"；"对于新的文学现象，希望能更多加一点注意"。如报告文学、讽刺诗、现代叙事诗等都是现代文学里面的重要的样式，而且是我们应该学习的，希望在可能范围内介绍一些；在选材上，他希望刊物能够更精细些，最好既有作品，又有评论，配置要适当；就是对刊物的"后记"、插图和刊物的"总目录分类索引"，也提出了十分贴切可行的建议。就说刊物的《编后记》罢，他认为，为了帮助读者的理解，为了杂志体态上的完美，应当予以充分重视，他常用胡风的本名，或“一记者”“校读生”的署名，在每期刊物上写一段《编后记》、《校读后记》、《编完小记》、《排印前记》。并利用补白地位，设置了《七月新明信片》、《这一期》等新颖别致的栏目。这一篇篇简明扼要的《编后小记》、《校读后记》和三言两语的“明信片”，记录着胡风为编辑工作所花的心血，使我们看到这位卓越的编辑家对读者是多么认真负责，他向读者是全抛一片心的。他有个贯穿始终的主导思想，就是刊物“愿和读者一同成长”。打开《工作与学习丛刊》或《七月》、《希望》，我们可以看到这些《编后小记》、《校读小记》，大都是讲选编某人某文的用意、评介、某幅插图的来历等等，有所希望，有所提倡。如《工作与学习丛刊》第3辑《收获》上发表了一个中学生冬青对艾思奇的《思想方法论》的书评。胡风在《校后记》中说，原来，我们很希望登载关于思想问题和一般文化批评的文章，但没有实行，所以在这里高兴地把冬青先生的寄稿发表了。艾思奇先生是劳绩最著的进步的哲学家，对于这样具体的讨论当表示欢迎的吧。听说冬青先生在学籍上还是一个中学生，艾思奇先生应该会感到一种高兴的。他在丛刊第4辑《黎明》的《校后记》中对该刊发表的贾植芳同志的小说《人的悲哀》，是这样向读者交心的：“《人的悲哀》是一篇外稿，也许读起来略嫌沉闷吧，但这正是用沉闷的坚卓的笔触所表现的沉闷的人生。没有繁复的故事但却充溢着画的色调和诗的情愫，给我们看见了动乱崩溃的社会底一图。”胡风在《七月》、《希望》上写的14篇《编后记》，已全部辑录收于人民文学出版社新出版的《胡风评论集》3卷中，从中我们看出胡风把编辑工作当作他最醉心的事业，是如何时刻关心着读者，以及编刊时的艰难困苦。今天读来依然令人非常感动。

如前所述，胡风的报刊编辑实践经验是异常丰富的，他对《新华日报》提的几点意见，我认为就是对今天的人民报刊的编辑工作也有现实的参考价值。好在不长，照录如下：

一、社论不必每天有。可以一连几天都有,也可以一连几天都没有。“夫人不信,言必有中!”次要的问题,尽可以在小评之类里面去谈,也尽可以在署名的文章里面去谈。

二、即使是现在的篇幅,也至少应该有二十个外勤记者,再加一两百个经常保持联系的通讯员。别的花费,例如八周年纪念招待费之类都可以省,这项开支却万万省不得。

三、副刊只能是综合性的,专门性的都不能要。专门性的副刊既不能免凑稿的困难,又限制了读者,而关于某一方面的必要的一般性的理论文章,当作专论发表,反而更可以扩大影响的。小的技术问题、修养问题之类,用不着在技术上婆婆妈妈去管。

四、不带新闻性或时论性的专门问题的文字,愈少愈好,少到没有更好。

五、要活泼,但不必打谜语,要把握得住方向,但不必注入式地说教。

六、独立性要明确不移,但包容量要尽可能地广。包容量尽可能地广,但不流于交际式,更不能让投其所好者浪费篇幅。

七、人民底报纸应该成为和读者共同编辑的报纸,编辑工作人员应该超出一般所说的编辑的意义,成为坚强而灵活的组织者、领导者。

这七条意见,尤其是对编辑人员的高要求,我以为是有普遍意义的。这个观点,直到全国解放后,他还不改初衷,借引述一位苏联作家的论点,来表达编辑之极端重要性,即“一个好的编辑,”有经验的、聪明的、能够感觉作者的个性的,并且能够帮助开展这个个性的编辑,不管对于刚开始的或经验丰富的文学家都是一个很大的帮助和支柱。这使我不由得想起刘少奇同志 1956 年说过的一段至理名言来，“编辑工作是一种高级创作，因为他要看作家的作品，鉴别作品，因此这个工作本身就是创作，只不过他不写就是了”。由此可见，胡风关于编辑的一系列观点，是多么稳定而富有远见卓识。

三

胡风同志在编辑工作中始终牢记30年代初“左联”成立时，鲁迅的造出成千成万文学新战士的教诲，并为此付出了艰辛的劳动，取得重大成就。抗战时期，有人提出：新作家很少出现，这是什么缘故？胡风说，事实上，战争以来出现的新作家是不少的，只要看一看桂林的许多编辑大半是新作家这事实就可以知道。在现在文艺战线上，新作家正是主力，因为他们从战斗的生活里诞生，带来了新的素质，创作的发展也一定靠新作家的继续出现，激剧变动的生活斗争对于它的参加者也一定同时发生诱发艺术表现要求的作用。在现在这样的大时代，我们不好轻视别人的。随便找出一个人，例如书店的店员或小学教师，他们大半有过不平凡的生活经验或艰苦的斗争历史。千千万万的这些青年知识分子中间，爱好文艺的，而且有相当文艺修养的，该有多少是他们里面的较有才能的，一旦得到了鼓励和发表机会，有的就一定会写出有真实的生活内容的作品。他还说，我有时不禁奇怪地发生了疑问：作者是这样年纪青青的，为什么能够突进到这样深刻的人生境界呢？从这里可看到我们的时代实在是伟大的，好像随地都有伏泉，只要一旦打开了出口，就会喷出光彩夺目的水柱。文坛正期待着强壮的新兵，正期待着勇敢的闯将。他一直认为，我们应该在广大的人民和读者中发现新的作者，这才能扩大我们的队伍，充实我们的力量，适合时代的要求，满足人民的需要。当他发现了、培养了一大批有为的文学新军时，他是多么的欣喜啊！他认定，这是我们所得到的宝贵的收获,靠着他们,新文艺的传统不但能够继承,而且还会得到发展。投身在战斗里的新作者,宛如被抱在黑土里的种子,现在我们已经看到在这里那里伸出了头的茁壮的秧苗,将来一定能够看到枝叶扶疏的、成林的乔木。

正是从这个真诚的愿望出发,他在主编《工作与学习丛刊》、《七月》和《希望》以及其他文学活动中,非常重视从生活的海洋里寻求作者,尤其是在实际工作岗位上的新作者。同时又及时给予热情的指导和善意的提醒,促进他们的健康成长。他分析了当时的旧中国知识界的现状后指出,在中国,新作家有可能成功得很快,但也可能堕落得很快的。因为中国新文艺的传统是很短的,只要略有表现能力,能够在某一程度上说出他所把握到的生活的真实,就有可能走上文坛(当然也有不少写得出真实的作品而被人压死的老实人,和没有写出一篇像样的作品而在文坛上功成名遂的能人)。但如果靠一两篇或几篇作品走上了文坛以后,就从此脱离了生活,戴着纸糊的桂冠趾高气扬地走来走去,失去了对于现实人生的追求的热情或搏斗的魄力,那他的一点生活经验的"本钱"过不几天就会用得精光,只好乞丐似的糊扎纸花度日了。再加上当时文坛如商场,一个新作家出现了,稍稍得到了读者的信任,就你捧一场,我拉一把,只看名字,不认内容,非把他所得到的一点信任"揩油"得干干净净不止。如果不受拉谢捧,自保清白之身,那他们就袭用故意抹杀或曲意侮蔑的老手段,气魄不强者常常会抑郁而死的。所以,他希望对于新作家的爱护不流为示恩和乱捧,对于新作家的严格不流为抹杀和摧残。热切希望加强对青年习作者的辅导工作,要求专业作家对青年文学爱好者进行亲切的个别谈话,对他们的政治品质、艺术水平(艺术个性)、生活和工作情况、创作要求等进行深入的了解,对他们的困难和缺点给以具体的帮助,对他们的长处给予如实的鼓励,使他们健康地成长和成熟起来。这种鞭辟入里的分析,以诚相见的奖掖劝勉,完全从爱护新作者着想，拳拳之心，溢于言表。

胡风扶植培养的有为的作者不下几十人。我们从《工作与学习丛刊》，到《七月》、《希望》以及《七月文坛》上可以数出的有曹白、贾植芳、萧军、萧红、端木蕻良、欧阳山、丘东平、艾青、田间、丁玲、胡兰畦、黄树则（黄既）、路翎、绿原、邹荻帆、贺敬之（艾漠）、阿垅（陈守梅）、鲁藜、天蓝等一大串名字，那时他们中的不少人都是第一次在刊物上发表东西的新作者。这里不可能一一介绍。仅举几个突出例子吧。

关于田间。对于这个歌唱了祖国黎明，勇敢地打破了形式主义束缚的诗人，胡风力排众议（包括联名的恐吓信），较早地有系统地评价了他的《中国牧歌》、《给战斗者》等诗篇，提出了他诗歌中萌芽的东西，肯定了他诗歌的认识意义和教育价值。用他那评论家的真知灼见写了《田间底诗—〈中国牧歌〉序》、《关于诗和田间底诗》和《〈给战斗者〉后记》等文章。在这些早在半个世纪前的文章中，胡风就高兴地说，我读了田间的诗以后，不禁吃惊了："这些充满了战争气息的，在独创的风格里表现着感觉底新鲜和印象底泛滥的诗，是那个十七八岁的眼色温顺的少年人写出的么？"他还明确指出，"田间是第一个抛弃了知识分子底灵魂的战争诗人和民众诗人"。抗战初期，胡风在武汉编《七月》，田间送来一首《给战斗者》。胡风一口气读完后，激动地吟诵着最后的几句："战士的坟场，会比奴隶的国家，要温暖，要明亮。"他提高嗓门说："马上在《七月》上发稿，马上，发头一篇。"关于这件有趣的往事，诗人田间直到 1985 年 3 月逝世前不久，还深情地回忆说：胡风的这篇序（指为田间的《中国牧歌》作的序），在热情的鼓励之中，提了一点问题，这我也很满意。这算什么，不是有句谚语吗："欲得蜜，当忍刺"，何况那不是刺，是希望啊！还说，在武汉期间，胡风办《七月》，不是给我很大的帮助吗？还为我受了一些委屈，这我又怎能忘啊！田间一直将胡风作为自己的"引路人"之一。其实在《七月》上发表头一篇诗文的并不只田间一人，还有不少不知名的青年作者。如《七月》第5集第2期用来打头的一首诗《母亲》作者雷蒙。这在当时对编者、读者都同样“是一个陌生的名字”。当时有人批评“这些幼稚的诗，连韵都不会押，怎么放在第一篇呀？”胡风在《编后记》里写道：他似乎不懂诗，也不会“押韵”，在批评家看来，当然是“幼稚”的，但我读了却有点感动。这当然是我的“幼稚”的欣赏力还只能接受这种“幼稚”的作品的缘故。与雷蒙情况相似的，还有一位叫侯唯勤的18岁的农村青年。侯在抗日救亡高潮的感召下，投身革命，参加了抗日战争，并把自己在战斗中所见、所闻、所感用粗糙的发黄的毛边纸写成诗篇投寄胡风主编的《七月》杂志。胡风说，我看第一次时，对它模糊的字迹，文理有些不通的句子，真感到吃力。但它对我有着某种吸引力，那里面蕴含着对敌人的深切的仇恨，对民族解放战争必胜的信念，打动了我。我想到作者是用全身心呼唤着斗争的胜利，投身在火热的战斗中，讴歌它。我试着给它加以修饰，将它重新组编了一下。剔除了外面的泥沙，稍加琢磨，玉石就显露出来了。我的面前出现了一首好诗，我就将它发表。而当时，胡风对作者是何许人也，一无所知。他就是这样默默地履行着编辑的崇高职责——剔除泥沙，显露真玉，把最精美的文学佳品奉献给读者。而不是首先考虑什么名人与否。晚年胡风同志回忆这段往事时还说：抗日战争时期，大家都满怀抗日热情，出版刊物进行宣传，恐怕很少有人想到将来成名成家，在政治舞台上占一席地位。我就是本着这种心情，与几个友人合作，办起了一个文艺刊物。当时我还想在青年中发掘点新鲜活力共同参加宣传抗战。我收到来自各方的各式各样的稿件，我也就在这些稿件中发掘寻觅。他是这样说的，也是身体力行这样做的。其实，何止在抗战时期，胡风同志终其一生，都是在编辑战线发掘人才，培养人才，关心青年，奖掖后进的。据统计，《七月》上刊登过39位诗人的作品，其中十之七八是第一次和读者相见，胡风根本不认识的文学新人。为什么要刊登他们的诗作呢？胡风认为这些新作者，他们各自从生活的深处唱出了真诚的声音，反映了时代和人民的心声。

关于东平。《七月》上刊登过他许多优秀的报告文学和小说。胡风认为东平是首创的和成功的报告文学家，这个英勇烈士的报告文学表现了抗战初期的严重局势和中国人民的坚强不屈的意志，表现了文学上前所未有的，体现了人民性的改造世界的力感。他的作品和他的大勇精神一样教育了读者。因此，东平生前，《七月》发他的作品，东平死后，胡风不仅写了许多回忆纪念文章，而且还为烈士编辑出版了他的遗文《第七连》和《东平短篇小说集》。胡风同志在《忆东平》一文中情真意切地回顾了他与东平的友谊和高度评价了东平作品的艺术价值和现实意义。不怀偏见的人们清楚地看到，胡风对这位在抗战前线英勇作战、才华横溢的作者是多么喜爱和钦佩。可是有位同志却在文章里说什么，东平的稿子是被胡风拉了去，登在他所办的《七月》杂志上。此人还在《编后记》上对东平加以吹嘘，仿佛东平是由他胡风培养出来的。这样一来，起了很坏的作用，使得不明真相的人把东平算到胡风一边去，妨碍了以后对东平同志及其《东平选集》作出确当的评价。等等。我不解，这些说法究竟有多少事实根据？更不解，胡风培养了一位作家或这位作家和胡风在一起，又有什么不可？时至今日，应该还事实的本来面目了。

关于曹白。当胡风编《工作与学习丛刊》时，曹白是头一次投稿。抗战开始后，他投入战斗，写了不少报告式散文，反映战争灾难下的日常生活。1937 年八九月间，胡风在上海酝酿筹备出版《七月》时，曹白以一个读者的资格非常“赞成”。不久，胡风就给曹白写了一封信，叫他写一点——报告一点难民的情形。但条件有三：第一，字数不得超过三千；第二，文章不要公式化；三呢，限三日之内一定要交卷。于是曹白就试着写起来了。曹白回忆说，胡风接到我的稿子,给了很大的鼓励。这真出乎我的意外,但我的勇气也就增加了,此后又陆续地写好了两篇,胡风笑着说:“《七月》里的文章,水平都差不多”,意思之间,他似乎把我排在《七月》的阵里了。但我总是牢牢记着自己是一个文艺的“读者”,这心境直到现在仍是如此。抗战期间,曹白由上海难民收容所做救济工作,转到内地,参加了江南地区新四军的抗日游击战争。在战斗间隙陆续给《七月》写了不少报告、散文。胡风看了这些文章,认为他笔下出现的那些人物,受难的人物,战斗的人物,或者在受难里面战斗、在战斗里面受难的人物,都是那么生动、那么亲切。一一被作者本人的情绪活了起来,好像呼吸在我们眼前一样。因此胡风不仅在《七月》上撰文分析评介了曹白的《杨可中》,而且还替作者收集、编辑出版了报告文集《呼吸》,热情地写了《〈呼吸〉小引》、《〈呼吸〉新序》,对有些高明的作家表示的不满,如认为曹白文章发表得太多呀,他并没有写出伟大的作品呀等嘁嘁喳喳的责难,作了正面的回答,满腔热情地支持和保护了这位新作者。曹白曾深情地回忆说:《七月》的编者常常给了我热切的真诚的鼓励,我就像孩子举步似的,不顾一切地写了。尤其在这艰难的荆棘的米珠薪桂的日子里,我的友人不顾一切,替我写序,编、校,保存和出版这《呼吸》,委实是吃力而繁重的。但是对于胡风,除了给予我的诚实的感激之外,我又能够给他们以什么呢?与曹白相似的,还有一位叫耶林的青年作者。仅仅因为他写过《村中》、《月台上》、《开辟》等几篇较好的作品,胡风就无私无畏地给予奖掖和扶植。他认为,“九一八”以来,一批青年作家接续地带着新的面貌在读者面前出现了,那里面有一位现在差不多被人忘记了的耶林。耶林是谁?我不知道,也无须知道,在这里所说的是他所写下的三篇小说。直到晚年,当胡风读到丁玲的回忆文章时,才晓得耶林进苏区后被诬为AB团而屈死的。他认为,评介作家应以作品立论,即使是《蜈蚣船》的作者后来有了变化,也不应“以人废言”。

关于路翎与绿原。他们与胡风交往时都还是青年。胡风很重视青年人的开拓精神。他说,文坛上的老一辈人多半有生活和社会的拖累,文学进展迟缓,希望文学队伍扩大,人多起来,这希望在于年青的人们。基于这种认识,他热情地鼓舞了路翎的长篇小说创作,在桂林出版了他的《饥饿的郭素娥》,并在序里指出,在这里,我们看到了刚过20岁的青年作家可惊的热情和才力,同时也就看到了被围绕在生活触手中间的,有时招架不来的他的窘迫。这是生活的洪炉养育了作者。因此"向文坛,向读者,我说出了这个介绍的诚意"。在他主办的《希望》就出版的《财主底儿女们》序里,他把这部长篇小说比作一首"青春的诗"。在这首诗里面,激荡着时代的欢乐和痛苦,人民的潜力和追求,青年作家自己的痛哭和高歌。他预言,时间将会证明,《财主底儿女们》的出版是中国新文学史上一个重大的事件。这部长篇已收入人民文学出版社选印的《中国现代文学作品原本选印》丛书,于1985年3月分上下两册出版了。路翎回忆说,这本书写于1940年,后来它在香港的炮火下丢失了。我的导师和友人,并且是实际的扶助者胡风先生,从炮火过后的敌人下面逃奔出来,来信说要结束一下过去。那时候他的心情,虽然看来很沉重,却似乎是特别健旺的。感染了这种心情,我又着手写起来了。因为时间的增长,又因了心情的沉重和斗争的迫切,它就有了现在的规模和分量。最近路翎还深情地回忆到当时的情景:到1944年,我写成了我的《财主底儿女们》,将原稿带给他。我在重庆城里他的城里临时住处张家花园看到他,他说:"长篇看过了……好吧,就这样吧。这么长,也有麻烦。图书审查官也恨长的,再看看写篇序吧。"后来,他寄来纸张上写得很密字样的序,我在小市镇上接到,一边走着一边看,是我记得的。

胡风非常注意从编选工作中发现和培养青年作者。他编辑出版的《七月诗丛》,曾为艾青出过《向太阳》和《北方》;为田间出过《给战斗者》;给鲁藜出过《醒来的时候》和《锻炼》;给天蓝出过《预言》;给绿原出过《童话》、《集合》和《又是一个起点》;给贺敬之出过《并没有冬天》(上下集)等不下二十余种。据绿原同志回忆:1942年,胡风先生从香港回到桂林,为我出版了第一本诗集,那就是《童话》。他为纪念七月抗战而创办的文艺刊物《七月》早已停刊,这位一贯热心培植新诗的理论家和诗人,正着手编印《七月诗丛》,《童话》就是那个《诗丛》中的一个生客。还说,我在当时要在写作上来一个突破还是很困难的,胡风这时给了我一些必要的帮助,他批评了我当时在苦闷中产生的伤感情绪、冷嘲笔法和追求"绮语"的倾向。胡风从自己长期从事文学评论和编辑实践中体会到一个新作者的作品一旦得到鼓励和发表的机会,他就会迅速成长。因此他总是想方设法为有作为的新作者、青年作家发表文章、编辑书籍。黄树则同志在抗战时期用黄既的笔名在《七月》上写过不少反映延安生活的作品。胡风直到临终前,躺在病床上还对前去看望他的黄树则同志抱歉地说:"很对不起,我没有把你的作品出个集子。"他就是这样,直到生命的最后一息还关心着作者。在晚年,他自豪而欣慰地说:我所评介的作者,有的开始就没有看准,有的凋谢退化了,但绝大多数是在困苦的遭遇中继续挣扎,劳动。事实上,在我们党拨乱反正,清除了极"左"路线,平反了冤假错案,还历史以本来面目的今天,他们中的许多同志已成为我国新时期社会主义文艺的中坚了。胡风还说,作为一名不能忘情的老兵,我还是希望多少能提供参考,还是希望新的不被人注意的作者能够保持不断劳动的勇气。——这可以说是这位老人留给新时期有志于文学的青年的遗嘱吧!让我们永远记取这"保持不断劳动的勇气"的谆谆教诲和殷切期望吧!

四

图书评论,是出版工作的延续,是编辑工作的重要组成部分,在我国现代文化出版事业上有着优良的传统。胡风在编辑工作中是直接地继承和发扬了以鲁迅为代表的这一编辑工作的优良传统的。他认为,书评工作十分重要,它是面向着等候摄取精神食粮的万千读者,有着迫切的意义。它可以“指出好的,剔去坏的,使读者有所选择”,使诚实的工作者得到切磋的刺激,也可以打一打抢先出版的投机家的气焰。他早在编辑《工作与学习丛刊》时就提出,想在杂文和书评上用点力。之后办《七月》和《希望》,在书评上的确用力甚勤,发表了很多内容扎实,见解深切、透辟,态度又诚实坦白的生动亲切的书评。如《工作与学习丛刊》开辟书评专栏,发表过茅盾的书评:评艾芜的中篇小说《春天》,评周文的长篇小说《烟苗季》和中篇小说《在白森镇》。发表过雪苇的书评:《从〈我的奋斗〉看希特拉》和楞斯的《关于〈善恶家族〉》。这些书评对优秀作品热情推荐介绍,对反动的希特勒这个国民党所师事的法西斯头子也敢于碰一碰。他把书评作为与反动派作斗争的武器。《七月》、《希望》上发表的书评就更多了,如萧红的书评:《〈大地的女儿〉和〈动乱时代〉》、欧阳凡海的《两个剧本的读后感》——评介了《飞将军》和《上前线去》两个反映战争题材的剧本。他在《希望》《编后记》中说道:关于书评。上一期没有,友人们表示了不满。其实我们手头本积有几篇的,但却没有付排的决心。这并不是因为过去为书评吃了不少苦头,主要的还是因为摸不清发表出去会不会得到相反的效果。但这回还是发表了一篇,那么就让它去闯一闯看看罢。可见即使在三四十年代重视书评也是要付出艰苦的代价的。但是胡风没有遇难而退,而是迎难而上,不仅在刊物上组织别人写书评,而且自己带头写书评。他在这方面的经验很值得我们出版编辑工作者加以研究探讨,总结发扬。

胡风认为,要写好评论,得广读刊物上的作品或专集,这才能选择出自己认为值得评介给读者的优秀的作品来,或者选出应该批判给读者取得教训的不好的东西来,以帮助读者认识作品中的真和假，也就是生活中的真和假来，帮助读者正视现实。他早在30年代初写的作家论《林语堂论》和《张天翼论》，虽然时间过了半个世纪，至今读来依然很有启发教益。就说对张天翼的评介吧。胡风很重视他在文坛上的地位，更担心他在读者中的影响。他通过具体的有影响的作品的分析，阐述作家的思想追求。他说："尽我能有的诚恳写出了我的看法，由衷地提出了我的希望，希望他克服旁观态度，正视历史的动向，正视劳苦人民的生活现实和他们的爱憎悲欢，希望他设身处地地把那些化成自己的内在体验，由这来改造他的创作道路。"《张天翼论》同样是一篇直叙胸臆的由衷恳切的优秀书评，它沟通了作者和读者的间隔，缩短了他们之间的距离，对作者言它是一个诤友；对读者言，它是一个良友。记得30年代上海万象书屋编印的一套"现代创作文库"中《张天翼选集》里，编者就在卷首收了胡风的《张天翼论》，并指出此文对作者创作思想、艺术价值的分析论述，有助于读者理解张天翼的作品。其他，如对澎岛的《蜈蚣船》的评介，对禾金的《副型忧郁症》的评介，对艾芜的小说集《南国之夜》的评介，以及对欧阳山的《新客》和《七年忌》的评介，等等，都是有他的独到见解的。至于他为别人作品写的序跋、题记、小引、后记等亦属书评范围的文章，不下二三十篇。直到他重病在身生命垂危的时候，他还不忘情于向读者推荐介绍优秀作家和优秀作品。1981年除夕之夜，他还为人民文学出版社与香港三联书店合编出版的《中国现代作家选集·萧红》一书写了代序：《悼萧红》，生动亲切地回顾了他与这位有着发光的才华的女作家的交往与友谊。称赞《生死场》这本书是一部写出了蓝空下的血迹模糊的大地和流在那模糊的血迹土上的铁一样重的战斗意志的书。这本书和《八月的乡村》一样为民族解放斗争增强了力量，也为我们左翼文艺工作者带来了新的气息。在"代序"中他告诉我们，这本书在鲁迅支持下由容光书店自费出版，列入《奴隶丛书》之三。他每次到鲁迅那里，总要夹一二十本去推销。在逝世前不久,他还写了《我读路翎的剧本》,对路翎的四个剧本:《云雅》、《迎着明天》、《英雄母亲》和《祖国在前进》的写作和上演的过程及遭遇作了评介。可以说胡风终其一生,对书评是十分重视的,在他留给我们的90万言的《胡风评论集》中有许多精彩的书评可供我们学习借鉴。他的书评有深刻的理论分析,丰润的语言,是理论文章,也是抒情散文。朱光潜先生说过:“真正的批评对象永远是作品,真正的好的批评家永远是书评家。真正的批评的成就永远是对于作品的兴趣和热情的养成。”胡风也是一位当之无愧的真正书评家呀!

五

胡风说编辑应该成为坚强而灵活的组织者、领导者,成为卓越的社会活动家。他不单单是编好一本刊物,而且应把自己的刊物编辑工作置于全局之中,为党的整个总任务总路线服务。胡风作为一个卓越的编辑家是身体力行地做到了这一点的,他不仅用自己的刊物为神圣的民族解放战争服务,而且发动国际进步力量关心中国的抗日战争,积极促进国际文化交流,以推动国内文艺事业的发展前进。他曾说过,中国新文学的发展,同国际文学遗产的接受是有很大关系的。虽然在战争时期的现在,主观的客观的条件限制了这项工作,但只要有可能,我们还不愿放弃这方面的努力。这努力不是一句空话。我们只要翻翻当时的《七月》目录,就可以清楚地看出,胡风为国际进步文化的交流是付出了多少艰辛的劳动和冒了多大的风险呵!在国民党文化专制主义的淫威下,他的刊物还是刊登了国际进步的革命的作家的作品。贝多芬逝世一百十周年时,他在刊物上发表了苏联作家写的《凡·贝多芬》,并在《编后记》中写道:我们介绍这篇短文,算是对于这位在人类文化史上留下了伟大功绩的巨人表示了一点追念。还在《七月》发表了罗曼·罗兰写的《艺术与行动:论列宁》,胡风自己翻译的《列宁与高尔基》,还有《高尔基论社会主义现实主义》和高尔基逝世三周年的讲话:《对于人的爱》。尤为难能可贵的是《七月》重登了对日本反战进步作家矢崎弹的回忆和关于国际革命作家大会的报道。他说,这是为了要表现我们民族革命战争中的国际主义的思想要求的。刊物上多次发表了日本进步作家鹿地亘、池田幸子、绿川英子的作品。胡风认为,中国抗日战争有日本的知名文人来参加,不管他能做多少工作,那对我们总是有利的。他亲自翻译了鹿地亘的《送北征》、《颂香港》两首诗,还写了《关于鹿地亘》的介绍文章。在1939年出版的《七月》第4集第1期上,他以显著地位刊登了绿川英子的长诗《失去了的两个苹果》,在《译后记》里郑重而热情地向中国读者介绍了这位日本革命作家和从事世界语工作的反战斗士:战争爆发以后,她英勇地和我们一道站上了反抗日本帝国主义者侵略战争的前线,虽然她为了达到这一愿望还经过了一番波折,除了依然用世界语向全世界控诉以外,每天晚上还站在无线电播音器前面,用越过大海高山的电波,号召她祖国的人民起来反抗日本军阀法西斯的犯罪行动,她的斗争引起了日本军阀法西斯的恐怖,终于在她脸上写上了"卖国贼"的标志,她依然默默地战斗着。所谓"卖国贼",1941年7月27日重庆文化界纪念郭老回国四周年的会上,周恩来同志对绿川英子说:"日本帝国主义把你称为'娇声卖国贼',其实你是日本人民的忠实的好女儿,真正的爱国者。"周恩来同志的话,使绿川英子受到很大鼓舞。后来胡风还把鹿地亘的诗《送北征》和绿川英子的诗《失去了两个苹果》编入他的《七月诗丛》第1辑《我是初来者》出版发行,使之广为流布。

其实,胡风之重视国际进步文化交流,完全继承了鲁迅的传统。鲁迅毕生为国际文化交流做了很大的贡献。远在本世纪之初,他在东京创刊杂志《新生》,不成,就改出了《域外小说集》,那用意是想介绍欧洲现实主义的文学思潮来兴起中国文学的思想革命运动。到晚年,鲁迅在困难的条件下创刊了专载外国作品的《译文》杂志,还因此引起了斗争。胡风认为,"五四"以来大有成就或略有成就的作家,没有一个不受到外国文学影响的。在今天改革、开放的新情势下,和政治经济生活一样,文化上的"闭关自守"的时代也一去不复返了,文化同样需要引进和开放,以推动文化现代化的进程。我们社会主义文学要更健康地更丰富地和物质文明建设同步前进,并且进而推动物质文明建设,就必须吸收外国文学中有益的营养,积极开展国际文化交流,全方位地考察和推进我们的中国文化,我们现在应当比30年代、40年代做得更好些,要超过以往任何时代。要有这样的战略眼光,要有这样的宏大气魄!这方面,胡风的经验同样对我们今天的编辑工作是有借鉴和参考的意义的。

原载《齐齐哈尔师范学院学报》1987年第2~3期

论胡风编辑思想的几个特征

(韩)鲁贞银

总的看来,胡风一生最活跃的时间都与编辑工作紧密相连,他是中国新文学史上一位杰出的文艺理论家,同时也是一位杰出的文艺编辑家,而且在相当大的程度上,他的理论活动是伴随和贯穿在他的编辑活动的。他并不是单纯地为编辑而编辑的,而是通过编辑活动,一方面实践自己的文艺思想、继承和发扬五四新文学的现实主义传统,另一方面也直接介入和参与现实战斗,完成自己作为一个进步知识分子的责任与使命。借办刊物,他不仅要在当时的中国文坛上培养一股继承五四传统的新的文艺势力,为中国新文艺增加力量，从而把中国新文艺推向前进，同时也要藉此唤醒民众，团结进步力量，引导青年读者，使他们投身于争取民族解放和追求社会进步的伟大事业中去。我认为，只有从这两个方面去理解，才能弄清楚胡风积极从事编辑活动的目的和动机，进而更好地把握他的编辑思想的核心内涵。

我认为，胡风编辑思想的核心内涵由如下两个部分组成：首先是他对鲁迅思想的全面继承，其次是他自己在继承基础上的发展，在"继承"和"发展"的项目下，我们分别可以得到三个方面的具体内涵。

首先让我简单地谈谈胡风对鲁迅编辑思想的继承。

其一，鲁迅一生的文学活动和战斗生活都与编辑工作紧密相连，他认为刊物登载什么、提倡什么，比作者个人写篇文章更有影响，更足以形成一时的风气。他从事文艺工作的目的，是以文艺为武器介入现实，"唤醒沉睡的国人的灵魂"，刊物为他提供了一个较为稳固的战斗阵地，在这里，他可以针砭时事、批评社会，直接对各种现实问题发言，"揭出病苦，以引起疗救的注意"；也可以言深旨远，从容论道，通过选载一些优秀的文学作品和理论文章表达自己作为一个知识分子对民族前途、文明发展等重大问题的关怀，从而对读者产生潜移默化的影响，改善民族精神素质。因此，他采取了一种以"文明批评"和"社会批评"并重的编刊方针，指导自己的编辑活动，既表现了他的历史使命感，也体现了他的战斗精神。在当时的情况下，他所说的"文明批评"即是对中国封建思想意识、传统习惯的批判；"社会批评"主要是指对当时的社会现象的批判，两者都表现了他作为知识分子对现实的关怀和参与。他不仅自己始终在这样做，同时也要求知识青年大胆地批判社会，在中国文坛造出良好的风气。如他创办《莽原》是"我早就很希望中国的青年站起来，对中国的社会，文明，都毫无忌惮地加以批评，因此曾编印《莽原周刊》，作为发言之地"①。《萌芽月刊》也设有"社会杂观"专栏,战斗的杂文直接对某些社会现象进行及时的批评。还有1935年,在鲁迅支持下创办的《太白》增设一个专栏《掂斤簸两》,每篇一二百字,"以子之矛,攻子之盾",对文化现象提出尖锐的批评。[②]当时,这些短小的文章引起了不小的社会反应,而且形成了中国革命刊物的进步传统。他作为一个知识分子在所在的历史环境的立场上推动社会的进步,发挥战斗精神。胡风早年在鲁迅的直接指导下从事编辑工作的时候,也正是这样做的。如《海燕》上的"短评"栏(第1期两篇,第2期六篇)所做的正是"文明批评"和"社会批评"工作;《工作与学习丛刊》每辑首页的《几点声明》中第一点便声明"本丛刊内容为文艺著作,翻译,介绍以及思想问题和社会批评",第1辑《二三事》的《编校后记》也说"《我们的毒舌》一栏,计划为多方面的社会批评,如不嫌渺小,肯赐以犀利而又含蓄的稿件,我们是非常感谢的"。鲁迅去世后,他独立编辑的《七月》、《希望》更是注重直接参与和反映现实战斗,强调从现实出发的真实感受,因而刊物的"简约"上常声明"特别希望前方的或后方的,在实际工作里面的作家和读者把身受的事件即时写成通讯或报告赐寄,就是几百字的短篇也好"[③]。

其二,鲁迅对刊物的存在方式和整体面貌有自己独特的理解,他当然首先强调文学创作中的思想力量,但同时也注意到刊物独特的艺术风格,充分地肯定它产生的艺术力量。他认为刊物里除了思想性以外还需要艺术个性,而它才能够产生强烈地吸引人们、感染人们的艺术力量。他办刊物时,比较注重这个方面。如编《奔流》时,在朴素中强调个性,"间有图画,时办增刊",对选登的文章规定要"出自心裁,非奉命执笔,如明清八股者"[④]。这些例子能反映他这个方面的注意和关怀。当时,有人批评《奔流》刊载的译者偏重"个人趣味",他在《编校后记》里谈到,文艺作为一种武器,应有吸引和感染读者的魅力,战斗性并不能排斥趣味性的看法。与此有关,鲁迅十分重视插图,凡是经他编印的书籍和期刊,几乎都有一些精美的插图。他认为“插图不但有趣,且亦有益”,“书籍的插画,原意是在装饰书籍,增加读者的兴趣的,但那力量,能补助文字之所不及”[5]。《近代美术史潮论》一书几乎可说是为了那140幅插图才翻译的。除此以外,他还费心尽力地注重刊物的封面设计装帧工作,这都体现了鲁迅艺术思想的审美观,也代表了以他为中心的五四新文化运动充满个性的传统。在这一点上,胡风做得更突出。他始终强调稿件的艺术个性,对它们的艺术水平要求很严,即使名人的稿件(如臧克家)[6],还有朋友的稿件(如冀汸)[7],如果它们没有艺术个性的话,胡风也总是不选用它们。另外,他努力使每本刊物都成为一个完整的个体,变成一个整体的艺术品。《七月》、《希望》的编辑工作从头到尾都由他一个人来做,不仅仅是因为客观条件的限制,而是很能见出他的编辑作风的,从选稿、核对到写“简约”、“广告词”他都要贯彻和体现刊物的“个人性”,封面设计和插图也是能够贯彻他的个人意图的,如广告词用短短的几句话就概括了一本书和一个作者在思想和艺术上的主要特点。[8]还有,胡风十分重视木刻及其他新美术,《七月》、《希望》每期都要登载一两幅美术作品,《七月》创刊之初,就着手筹办过一个木刻作品展览会。关于这样偏爱木刻艺术的原因,他自己做过充分表述:

> 绘画如诗道,写形为写心;色新因感挚,线动见情真;
> 眼闪悲欢色,唇含喜怒声;山河流热汗,草木哭苍生。[9]

从这一首诗,不仅可见出他对包括木刻和绘画在内的美术作品的基本认识,而且还可见出他独特的艺术审美观。

其三,鲁迅善于发现人才,曾倾注心血培植了一大批人才。他有各种丰富的知识,这使他具有发现人才的敏感性;他又有高度的革命责任心,愿意为培植人才而付出艰巨的努力。他的编辑思想的一个重要方面，便是不遗余力地发现和培养人才。很多人才，鲁迅是从第一次来稿、第一篇作品中发现的，这就是鲁迅的可贵之处。许广平在《鲁迅和青年们》一文中回忆说“鲁迅先生每编一种刊物，即留心发现投稿中间可造之才，不惜奖掖备至，倘可录用，无不从宽”[⑩]。《鲁迅日记》和鲁迅书信也大量地记载了他这方面的业绩，《鲁迅日记》中记下与他交往的人共1984位，其中绝大部分是名不见经传的青年读者和文艺著译者；现存的鲁迅书信共1457封，其中绝大部分是鲁迅指导青年阅读、写作、翻译，或为他们书稿奔走联系出版的见证。

鲁迅善于从编辑活动中发现人才，培养新生力量，胡风自己便是他一手培养起来的，在这一点上，胡风有理由更好地将鲁迅无私奉献的精神发扬光大。胡风非常重视生活在民众里，从实际战斗中成长起来的青年作家，和他们的真实感情与激情。他在《七月》创刊号中就提出要“源源地发现在实际斗争里成长的新的同道和伙友”[⑪]，实际上，《七月》几乎每期都发表新作家的作品，设制新作家专栏。胡风认为只有通过这样的持之以恒的实践活动才能最终形成一股力量，并进而使每一个作家在文坛上起到他应起的作用。可以说，胡风当时为这批青年作者写的序、跋、论文、书信，都给予了他们极大的鼓舞和支持。比如，在诗歌方面，前后两集《七月》诗丛的专集，便大多出于年轻诗人之手，以田间为代表，另有贺敬之、邹荻帆、孙钿、冀汸、庄涌、绿原、牛汉等等；再加上未在丛书内出专集，但在《七月》、《希望》等杂志上发表较多优秀诗作的，如杜谷、郑思、胡征等，这些诗人最初在杂志上发表作品时，都不足二十岁，而且大多是过去很少写作，或者从未写作的新人。小说、散文方面的情况也相似，在《七月》丛书出了三个集子的年轻作家路翎，便是突出的例子。胡风为他的每篇小说，跟他几次讨论，通过许多封信，细心地一一提出修改意见。可以说，他们的作品充分证明了胡风的文艺思想，而胡风也作为一个编辑不断地投入生命的热情，对这些青年作家进行了悉心的培养。

总的来说，鲁迅通过编印活动体现了五四以来充满个性的现实主义传统，实践了知识分子的文学使命。更重要的是，他以此给当时文坛初来的年青人造成了直接的影响，费心尽力地培养了一股新文艺势力，其中，最完整地继承他的整体风格的就是胡风。胡风的确是鲁迅的传人，在编辑刊物上，不仅仅是具体方面，尤其是从整体风格上更明显地继承了鲁迅。《七月》代表作家贾植芳回忆 1937 年在日本发现《工作与学习丛刊》的时候，就说："我一次在东京神田区的内山书店里接连看到了上海生活书店出版的《工作与学习丛刊》，头一本《二三事》，用的是鲁迅先生一份遗稿《关于太炎先生二三事》之名，第二本《原野》，用的是艾青翻译的比利时诗人凡尔哈仑的长诗的名字。连续两期都有鲁迅的遗稿，还有景宋、胡风、许寿裳、李霁野、艾青、茅盾、张天翼、萧军、端木蕻良等人的作品。我从它的编辑风格、撰稿人员阵营，喜悦地发现，这是继续高举鲁迅先生的战斗文学旗帜前进的严肃的文学刊物，因此抱着试试看的心情，把 1936 年底写的一篇小说《人的悲哀》寄给了丛刊的编辑部。当时我并不知道这个刊物是胡风主编的。"⑫其实，胡风创办这个刊物时，已经表明了在思想上和创作上以发扬鲁迅精神为刊物的核心。尽管当时有很多刊物以鲁迅"挂招牌"的，而真正在精神上体现其思想与精神的是胡风与其刊物。70 年代，有一位学者看到胡风的评论文章就说："鲁迅得到了一个绝顶忠实的传人，他的思想和主张不但得到贯彻发扬，连他的恩怨关系，笔锋脾气，也得到了继承和发扬。"⑬胡风是鲁迅的"绝顶忠实的传人"，这个论断虽夸张一些，然而也可由此一窥胡风创办刊物的宗旨与鲁迅的编辑思想和所提倡的刊物风格相吻合，即通过刊物培养青年，为中国新文艺增加新的力量，从而继承与推动中国新文艺的现实主义传统。

在中国现代文坛上，胡风是整体精神上真正的五四继承者，他不仅是第一个侧重于文学批评取得成就的作家、编辑家，而且也是最早具有独立意识的富于斗士气质和诗人气质的理论家。因为胡风并不是单纯的编辑家，而是具有诗人气质的理论家，在他的编辑活动中，还体现了许多属于他个人的创造性劳动的特点，但从总体上看，这些特点也是对鲁迅精神和新文化运动的现实战斗传统的发扬光大。就他在全面继承鲁迅编辑思想的基础上的创造性发展而言，他的这些编辑思想内涵与他的文艺理论是有着密切关系的，因为胡风的文艺实践（如编刊物），是为了贯彻他的文艺思想和文艺理论，而他的文艺思想和文艺理论又是从他的文艺实践中产生出来和不断地发展、充实、完善的，也就是说，他的文艺实践与他的文艺理论是互相联结、不能割裂地看待的。因此，在进一步探讨他编辑思想内涵之前，有必要先对他的理论作一个简单的梳理。

胡风文艺思想的基本点是现实主义，他一生所追求的正是"现实主义的原则、实践道路与发展过程"⑭。他对中国现实主义理论的探讨是从对左翼文学运动内部的两种非现实主义创作倾向所展开的不屈不挠、孤军奋战式的思想斗争而开始的，它们是主观公式主义的客观主义：主观公式主义是指脱离生活的公式化、概念化、标语口号式的创作倾向；客观主义是指屈从生活、缺乏思想内涵与感情力量的作品。但是，由于它们的表面带有一些进步倾向，从而掩盖了它们本质上反现实主义的特征；又由于它们直接反映了当前的政治形势，从而在观念上满足了读者，麻痹了他们的艺术感觉，致使读者很难把它们与真正的现实主义区别开去。胡风为了克服这种病态，为了树立正确的现实主义观，他提出了主体与客体之间的另一种关系，即"主观战斗精神"论。在胡风看来，创作时，作者主体与现实客体之间，应该是相生相克，互相搏斗的过程，他说"从对于客观对象的感受出发，作家得凭着他的战斗要求突出客观对象，和客观对象经过相生相克的搏斗，体验到客观对象底活的本质的内容，这样才能够'把客观对象变成自己的东西'而表现出来”[15],从而达到主客观“融然无间”的统一,“就产生了新文艺战斗的生命,我们把它叫做现实主义”[16]。在主客观统一的过程中,胡风认为最重要的是作家自身的主观因素,也就是说在创作中决定性的“源泉”、“动力”,其内涵是指着作家的“人格力量”、“艺术个性”、“锐敏的感受力”、“燃烧的热情”、“深邃的思想力量”等等。总的来说,他的理论与众不同的,就是在现实主义创作过程中充分体现人的主观性因素,把人的力量注入现实主义创作规律里面,充分肯定了五四新文学传统,树立了正确的、完善的现实主义创作规律。因此,胡风将自己的理论体系当做标准来引导《七月》、《希望》作家群,而且通过以编辑活动为主的文艺实践来实现和完善了他的文艺理论。

明确了这一点,我们才能够进一步探讨“发展”部分的胡风编辑思想的具体内涵:

首先,它一直坚持了“启蒙”任务。胡风不管在任何情况下,始终不忘自己作为知识分子的“启蒙”责任,把追求社会进步放在首位,体现在《七月》上,就是使这个杂志在“一切为了救亡”的共同话题下还能体现出鲜明的个性特色。究其实质,这一个性特色正是来源于胡风对“启蒙”立场的坚持。他在《七月》发刊词中说:

> 在今天,抗日的民族战争已经在走向全面展开的局势。如果这个战争不能不深刻的向前发展,如果这个战争底最后胜利不能不从抖去阻害民族活力的死的渣滓,启发蕴藏在民众里面的伟大力量而得到,那么,这个战争就不能是一个简单的军事行动,它对于意识战线所提出的任务也是不小的。中国社会好像一个泥塘。巨风一来,激起了美丽的浪花也掀起了积存的污秽。这情形现在表现得特别明显。不错,在今天,可以说整个中华民族都融和在抗日战争的意志里面。但这是一个趋势,一个发生状态;稳定这个趋势,助长这个发生状态,

还得加上艰苦的工作和多方面的努力。意识战线的任务就是从民众底情绪和认识上走向这个目标的。[17]

《七月》发刊词中所以会提出启蒙的任务,是因为胡风觉得许多人在战争的炮火的遮掩下忘记了旧制度的"黑暗和污秽";《七月》的这一办刊方针,充分体现了它与其他抗战初期创刊的杂志最大的区别,即于其他杂志基本上只在民族生死存亡的急迫形势下投入"救亡"的活动中去,以"救亡"为唯一的主题,而胡风和《七月》在"救亡"的同时还坚持了"启蒙"的立场,并在根本上把抗战时期视为一个"大时代",借抗战的机会推进中华民族的自我更新和社会进步("启蒙")的大好时机。发刊词给刊物规定的任务是双重的,而且在"救亡"与"启蒙"的双重任务中,更偏向于"启蒙"的任务。这正是使《七月》在众多抗战文艺期刊中独具特色的原因。坚持"启蒙",也就是继承鲁迅精神的一面,鲁迅在《出了象牙之塔·译者后记》中曾说:"扫荡废物,以造成一个使新生命得能诞生的机运",对此,胡风一直有着清醒的自觉,他在谈到鲁迅精神的基本点时,曾一再说:"鲁迅一生是为了祖国底解放、祖国人民底自由平等而战斗了过来的。但他无时无刻不在'解放'这个目标旁边同时放着叫做'进步'的目标。没有为进步的努力,解放是不能够达到的。"[18]为了这个"目标",他毕生努力做文艺实践工作,尤其在抗战时期通过编辑活动来实现了这个"目标"。关于《七月》其创刊号上所标示的编辑方针的贯彻情况,胡风再引用曹白的文章来强调知识分子的历史任务:

《七月》,它在反抗外来的暴力之外,倒是"不由的"揭出自家的黑暗和污秽来。那目的,想把这些黑暗和污秽无情地推入这战争的烽火中,与大众的鲜红的血同受洗礼。[19]

这就说明,胡风在抗战这样的非常时期清醒地自觉自己的任务。当时,“救亡”(即“解放”)成为压倒一切的任务,文艺界和思想界的人士普遍认为“启蒙”(即“进步”)可以暂缓,或干脆忘记“启蒙”的任务的形势下,胡风能够保持对时局的清醒认识,始终不曾忘记知识分子的着眼未来,关心民族和民众的利益的任务,是十分难能可贵的。

为了贯彻“启蒙”的理念,《七月》经常登载一些不仅基本与抗战无关,反而还揭露出社会阴暗面的创作,(正因为如此,它会受到诸如损害民族自尊和自信、破坏抗战之类的指责和中伤)。如周而复《开荒篇》(第 4 集第 3 期),欧阳凡海《巢》、青苗《马泊头》(第 4 集第 4 期),高咏《“保险”》(第 5 集第 2 期),何剑薰《肉搏》、肖萸《国文教员》(第 5 集第 3 期),钟夜《金刚及其他》(第 6 集第 3 期),黄既《岳王镇没有好风景》、路翎《黑色子孙之一》(第 7 集 1、2 合刊)等,这些作品都反映了挖掘社会腐败的黑暗面,或者揭露愚昧、落后的国民性,体现了胡风一直坚持的“启蒙”主题。胡风以较大篇幅登载这些所展开的“阴惨惨的世界”小说的原因,在第 4 集第 4 期《排印前小记》中有所说明,其主要之点是“我想,天堂是好的,但它大概还得在地狱底废墟上建起,至少它的由打基到落成是得和地狱底被破坏到全毁同时进行的。能有但丁底伟力,把我们由地狱一直引进天堂,当然是最可感激的,否则,倒不如让游过地狱者先唱出他的诅咒的歌罢”。另外,这个“启蒙”主题,在《七月》上诗歌作品里也得到了充分的体现。这些诗篇既表达了诗人对抗战的热忱的感情,也表示了对人民的苦难的同情,后一点在艾青诗篇上表现得尤其突出,如《七月》第 7 期发表的《雪落在中国的土地上》作为一首“时代的颂歌”(田间语,见《论我们时代底颂歌——一个诗歌工作者向中国诗坛的祝福》,《七月》第 8 期),对“时代”的了解和表述是全面而深刻的。在这首诗中,诗人对生养自己的民族的深沉感情得到了充分的表达。这样的境界和效果，正是胡风致力追求和热烈呼唤的，可以说极大程度上契合了胡风的“启蒙”目标。胡风曾经评价艾青说，“诗人是土地的儿子，对古国的黑暗和冷酷有深刻的感受，他唱的挽歌是非常深沉的。他对人民的苦难有深刻的同情，他描述的穷苦人的形象，使人禁不住感到伤痛”[20]。总而言之，胡风迎着一个伟大的“大革命”时期，通过杂志不仅贯彻了“救亡”的主题而且高扬了“启蒙”的主题，同时这个理念（即“启蒙”）从两个刊物的创作实践上得到了有力的支持。

其二，它起到了思想上的统战作用。当时，由于政治区域的割裂，知识分子也分居各地，胡风作为独立的知识分子通过杂志将他们联系起来，这使其刊物起到沟通中国思想界的作用。他编刊物时，在选择稿件上打破地域和“小集团”的限制，不管作者来自哪个政治地区，只要他认为是好的，都选用，因此，这两个刊物具有很广的撰稿面，既登载国统区进步作家的作品，也有来自抗战第一线的通信、特写、速写等报告文章，更重要的是，还发表了大量来自抗日民主根据地和八路军、新四军、游击队的活生生的作品。而且，从抗日民主根据地来的稿件中，大部分胡风连作者的名字都不知道，只要他觉得它们反映了真实生活与逼真感情，就登载了。后来，因为抗日民主根据地的稿件通过邮寄越来越困难以至完全阻断，在这种情况下，稿件只能通过其他渠道来传送，这个新的渠道便是共产党的组织渠道：八路军办事处的工作人员把稿件夹在周恩来的衣物中从延安带给胡风，或者由地下工作者带来交给他，如晋驼的短篇小说集《结合》，孔厥《受苦人》、《一个女人翻身的故事》，鲁藜和胡征的一些诗稿等，[21]便是这样来到胡风手中，发在他主编的杂志，或编入他主持的《七月》丛书的。这些情况说明，虽身处在国统区，实际上也与抗日民主根据地和共产党保持着紧密而广泛的联系。在这一点上尤其具有说服力的，是《七月》第10期上发表的大漠的记录稿《毛泽东论鲁迅》与第4集第1期的白危的

《毛泽东断片》。关于这方面，与当时国统区其他刊物相比，可以看出更明显的区别，如大型刊物有茅盾主编的《文艺阵地》和文协主办的《抗战文艺》等，虽然它们也以“团结各派文艺家”(《文艺阵地》)和“首先强固起自己的阵营，扫清内部一切纠纷和磨擦，小集团观念和门户之见，而把大家的视线一致集注于当前的民族大敌”(《抗战文艺》发刊词)为号召，但实际上，出于统一战线的考虑，它们往往更看重已成名的作家，头面人物，在通常情况下对活跃在“生活底层”的“小人物”兴趣不大，而胡风则恰恰相反，他是站在民间的自由知识分子的立场上来从事编辑活动的，在选稿上不仅不“惟大”、“惟上”、惟名人是趋，反而特别注重来自“生活底层”的新生力量。在这方面突出的例子是马希良。他当时是一所流亡中学(国立甘肃中学)的中学生，“由于《七月》的启迪，根据目睹身历当地的社会实感……写成课堂作《沙地的牧民》(诗)缴卷”，国文老师看后，鼓励他向文学刊物投寄，他通过《文艺阵地》投给茅盾，如石沉大海，毫无反响，于是转投胡风，“很快收到他的回信”，鼓励他“继续修改，努力写好”。[22]应该说，当时得到过胡风的这样鼓励的文学青年是大有人在的。另据绿原回忆，“在选稿方面，它们(《抗战文艺》和《文艺阵地》)是依靠大家来撰稿的，靠名人来‘挂招牌’的，而胡风不依靠名家，按照自己的意图，靠真正有希望能在中国文坛上产生影响的人”[23]。可以说，就作家群而言，当时在文学界真正起到了“统战”作用的是胡风与其刊物。

另外，就杂志的影响面而言，《七月》所起到的统战作用也是巨大的。这两份杂志不仅在国统区，而且在延安文艺界里也有广泛的影响，据胡征的回忆，“此时，延安尚无文学刊物，依靠‘大后方’供给精神食粮。能见到的读物不多，除了《七月》还有《抗战文艺》《文艺阵地》……这些刊物，寥若晨星，不易借到。《七月》最难借。偶借到手，常是破烂不堪”[24]。每期《七月》出版后，胡风都将二三百本交给八路军办事处，托他们带进延安，分送些，也卖些，希望在解放地区文艺界得到支持。总而言之,胡风通过杂志得到了不同政治地区知识青年的支持,不管他们站在哪一个地方,他们在心目中都把《七月》看成一种精神支柱,希望将自己的作品发在这个刊物上面,而胡风为他们提供发表作品的阵地,为他们检讨创作的得失,为他们供给精神粮食,为他们解决思想疑惑的许多问题,可以说,他是站在他们的前头,完成了知识界的"统战"任务。

其三,它特别重视作为战斗号角的诗歌。诗歌作品是《七月》《希望》上最有代表性、成就和影响最大,并出现了很多有特色的作家的创作形式。所以,有人将这些诗人作家群称为"七月诗派"。《七月》诗歌作品的成就,是与"大时代"有关,"在那样热情蓬勃的时期,无论是时代底气流或我们自己底心,只有在诗这一形式里面能够得到最高的表现"[25]。胡风迎着这个时代潮流,《七月》、《希望》上刊载了大量的诗歌作品,培养了大批杰出诗人。艾青和田间作为《七月》诗派早期的代表,后起的诗人大都受到了他们的影响,他们的作品在《七月》上发表得多,而且占有显著地位。胡风较早地发现了这两位的诗才,并及时地加以评价介绍。尤其是田间的诗歌当时受到很多人的批评时,胡风却肯定他诗歌的独特个性,替它辩护(如《七月》第6集1、2合刊《校完小记》上,胡风用尖锐的笔锋替这一期登载的田间的街头诗作品辩护[26]),又在《七月》第5集第2期《关于诗与田间的诗》里,就田间的诗创作坦率地进行了客观的评价:"田间是第一个抛弃了知识分子的灵魂的诗人和民众的诗人,他这一工作里面是有使他的生命发展的可能的。"同时,胡风特别重视培养诗歌创作的"新人",他发表作品不是看名气,而是看艺术质量,只要他们有希望,就给他们提供脱颖而出的机会,甚至为把不知名青年诗人推上文坛,不惜将他们"幼稚"的作品发在刊物的头条(如《七月》第5集第2期雷蒙的《母亲》)。还有,他曾经出过前后两集的《七月诗丛》当中大部分专集,都是由不足二十岁青年诗人写的;《七月》上刊登过39位诗人的作品当中,有相当多的人是第一次和读者相见,如诗集《我是初来者》中的作者,徐明、李又然、贺敬之、白莎(晁若冰)、罗冈、鲁莎、山莓等等,这些文学新人中有许多胡风根本不认识。

另外,《七月》、《希望》的诗歌当时在读者中影响非常广泛,尤其在知识青年当中,非常受欢迎。牛汉回忆绿原第二本诗集《又是一个起点》时说,“这些诗,在当时学生运动的群众集会上,在民主广场上,曾经广泛地被朗诵过,深深鼓舞了人们的斗志。1947年冬天,我从纱厂林立的沪西一个弄堂走过,听到一个中学校教室里传出女教师朗读《终点,又是一个起点》的因激动而颤抖的声音,我伫立在窗外,感动得流出了热泪”[27]。《七月》和《希望》上的诗作被朗诵的情况不止于此,罗洛曾谈及青年学生焦急等待新一期《七月》和《希望》,经常集会朗诵艾青、田间诗作的情景[28]。后来《七月》、《希望》上发表作品的不少诗人是在这样的影响下直接从读者中走向文坛的(如侯唯动)[29]。胡风当时把握住诗歌在读者中的影响力而积极提倡诗歌创作,不断地鼓励青年诗人的成长,胡风曾经在给绿原的信里谈及这方面的情况:

> ……你经常有一种渴求的心情,对时代渴求的心情,这是好的,但不应失于焦躁,几年来,你底影响是巨大的,那些不着边际的“批评”是算不得什么的。就我所知道的《复仇》、《谁》、《美国》、《起点》等在各处被朗诵,《复仇》在北大,且做过化装朗诵。昨夜在一个青年们(内有工人、店员等)的小集会上,《谁》被朗诵得非常有力动人。能有给予,而且是用着真诚的热情给予的,我们就有义务或责任(不是权利)自信。要给予得更多,要给予更好的,是从自信得来而不是从焦躁得来。我常常想看到你新的产品,但这一年来似乎有什么妨碍了你。培养你底渴求,但不要使它变成焦躁罢……[30]

胡风迎着一个革命大时代，在其编辑活动中，特别注重作为战斗号角的诗歌，《七月》、《希望》大量刊载诗歌作品，培养了大批诗人。因此，在争取民族解放和民主进步的时代大潮里，它们反映出了时代的要求，民众的渴望，在促进整个新诗歌发展上起到了极大的进步和鼓舞作用。

以上我们将胡风编辑思想划分为“继承”和“发展”两个部分，从六个方面探讨了其核心内涵。不难看出，不管是“继承”还是“发展”，胡风在其编辑活动中所坚持的原则，所采取的具体方式方法，所追求的目标等等，都是与他作为中国现代史上一位杰出的文艺理论家和一位优秀的进步知识分子的思想境界和人格风貌相一致的；他的编辑活动不仅是他的文艺思想的见证，同时也是他的思想和人格的见证，换句话说，了解他的编辑思想，实际上也是为了更好地了解他自己。

注释：

① 《〈华盖集〉题记》，《鲁迅全集》第 3 卷，4 页。

② 《太白》半月刊是在鲁迅支持下由陈望道于 1934 年 9 月创办的，编委阵容很强大，署名的就有：艾寒松、傅东华、郑振铎、朱自清、黎烈文、陈望道、徐调孚、徐懋庸、曹聚仁、叶绍钧、郁达夫。鲁迅是实际编委，但根据本人要求，未在刊物上署名。这份杂志既是陈望道等推行“大众语”的阵地，同时也是一份与林语堂等创办的《论语》，《人间世》，《宇宙风》等相抗衡的刊物。“掂斤簸两”一栏，专登匕首式的杂感，短则一二百字，长则一二千字，每篇都是针对《论语》等杂志，指名驳诘，其中不少是鲁迅的作品。1935 年 9 月终刊，共出版了两卷 24 期。参见邓明以：《陈望道传》，复旦大学出版社 1995 年 3 月版，140 ~ 147 页。

③ 《七月》第 4 集第 1 期，23 页；又见第 4 集第 4 期，151 页。

④ 《〈奔流〉凡例五则》，《鲁迅全集》第 7 卷，455 页。

⑤ 《“连环图画”辩护》，《鲁迅全集》第 4 卷，446 页。

⑥ 据耿庸回忆，臧克家曾多次向《七月》投稿，“积稿有一卷”，但胡风从未

采用过他的稿件。引自耿庸1995年9月20日与笔者的一次谈话。

⑦ 冀汸曾在一篇回忆文章里谈到胡风对于与他在文学工作上密切联系的年轻人总是持非常严格的态度。他说:"胡风自己编的刊物,自然更不会发表好朋友写的不好的作品。但是,对于真正的好作品,哪怕出自素昧生平的陌生作者之手,哪怕纸张零散、字迹潦草,胡风先生也不肯轻易放过,会将它排在刊物的显著地位,并在编后记里向读者推荐。"他在文章后面还举了几个亲身经历的例子:

> 1948年,我写过一首纪念在中原解放区突围战中牺牲的华侨青年的长诗《走在前面的人》,寄出后久久得不到回信。写信催问,信来了:
>
> "稿,早看过,觉得没有力量。作者只是跟着事底过程跑,情绪好像完全是被动的,那些近于抒情的词句好像是硬逼出来的,觉得应该有情绪的波动所以才那么写出的。别许写之前有着情绪的要求吧,但写的时候只凭着记忆中的那个要求来支持似的。因为这,虽然有着叙述,但南洋生活也不能使读的人感受到,要能感到而且拿出那生活内容底脉动来才好,被事迹所束缚,平叙加上控诉,是不能得到叙事诗所应有的力量的。也因为这,文字也没有一种情绪波动的旋律。这是我所感到的,但也说不确切。……"(按:着重点是信中原有的)。

见冀汸:《历史法庭上的证词》,《我与胡风》,396页。

⑧ 例如《希望》第1集第1期上艾青《北方》的广告词:

> "这是最能代表诗人艾青的一本诗集。作者在这里用最纯真的语言倾诉了对于祖国、对于人民的爱,对于祖国的解放的希望。诗人自己是农民之子,因而他的歌声是从广大的土地的深处发出的。"

又如《希望》第1集第4期上路翎《青春的祝福》广告词:

> "路翎先生底中篇短篇合集。作者抱着蓬勃的热情,向时代突进,向人生突进,在劳动世界的搏斗,残害,友爱,仇恨的合奏里,我们看到了时代底青春。但作者一贯地用着祝福的心,不但使读者感到炽热的时代的呼吸,更使读者得到对于人生理想和人生战斗的勇气。(重庆版,生活书店,作家书屋有售)"

⑨《悼念江丰同志》,《胡风晚年作品选》,140页。

⑩ 转引自倪墨炎:《鲁迅与书》,天津人民出版社 1984 年版,30 页。

⑪ 《七月》第 1 集第 1 期《愿和读者一同——成长〈七月〉代致辞》。

⑫ 贾植芳:《狱里狱外》(回忆录),上海远东出版社 1995 年 3 月版,137 页。另参见孙乃修:《苦难的超度——贾植芳传》,台北业强出版社 1994 年版,62 页。

⑬ 司马长风:《中国新文学史》,下册,346 页。

⑭ 《胡风评论集》后记,《胡风评论集》,下册。

⑮ 《胡风评论集》,下册,319 页。

⑯ 《胡风评论集》,中册,319 页。

⑰ 同⑪

⑱ 《关于鲁迅精神的二三基点》,《胡风评论集》,中册,11 页。另见《断章》同前,91 页;《如果现在他还活着》,同前,167 页。

⑲ 《七月》第 4 集第 3 期《排印前小记》。

⑳ 《胡风回忆录》,人民文学出版社 1993 年版,104 页。

㉑ 据贾植芳回忆,晋驼、孔厥等人的作品是王若飞从延安带来交给胡风的。晋驼的小说便是胡风委托他处理,挑出《结合》一篇在《希望》上发表,另结集为《结合》,列入《七月文丛》由海燕书店出版的。引自贾植芳 1995 年 10 月 14 日与笔者一次谈话。有关胡征的情况,见胡征《如是我云》:"延安与大后方的邮路一直不畅,我那些诗稿,是周恩来副主席从延安带出去的。"《我与胡风》,189 页;另见晓风《胡风创办〈七月〉和〈希望〉》,《新文学史料》1993 年第 3 期,187 页。

㉒ 马希良:《一个中学生心目中的胡风》,《我与胡风》,461 页。

㉓ 引自绿原 1995 年 7 月 5 日与笔者一次谈话。

㉔ 胡征:《如是我云》,《我与胡风》,188 页。

㉕ 胡风:《四年读诗小记》,《胡风评论集》,中册,345 页。此文初发表于《诗创作》第 4 期,后作为《我是初来者》的序和整个《七月》诗丛的引言。

㉖ "又是这么多的诗,而且又是讨厌的'街头诗'。看近来重庆文坛底舆论,诗要被认为是诗,非得写极长的行子,顶好是不留空白,否则要负浪费战时物资的罪名,一点也不浪费战时物资的公正人士就会出来大喊'救救纸张'了。也很想发表一些不留空白甚至不分行的真正的诗,表示一点尊重舆论的意识,无奈交游太窄,而且我们低稿费又低得不成样子,一时

还无法找到。而且,听说既然叫做'街头诗',就不应该在杂志上发表,犹如既然是一双泥足,就不应该在闯进文学家底沙龙里面一样。我想,这道理是非常对的,但也有一点辩解:这虽然是一个小刊物的形式,但实际上不过是和抒发私感的、练习写作的壁报相似的玩意儿。发表出来的'作品',如果也可以冒用'作品'这一个名称,只是为了供同好者底参考,犹如农夫野老底互相唱和,至于文艺法律上的金科玉律在文艺殿堂上发散着金光,神圣自然是非常神圣的,但对于卑小的我们,暂时间只是可望而不可即的东西。当然,纸张是不该浪费的,所以我们一向分栏就分得极短。可不可以当作小学生练习写字一样看待呢,公正的先生们?"(《七月》第6集第1、2期合刊《校完小记》)。从这段文字中,明显可以见出胡风的激愤心情和毫不退让的战斗态度。他是在以一种嬉笑怒骂的方式应答"先生们"对"街头诗"的鄙薄和横议。

㉗ 牛汉:《荆棘和血液——谈绿原的诗》,《萤火集》,中国华侨出版社1994年版,108~109页。

㉘ 引自罗洛1995年9月22日与笔者一次谈话。

㉙ 参见侯唯动:《从读者中走向胡风》,《我与胡风》,335页以下;另见《胡风回忆录》105页:"侯唯动是从读者中出现的当时比较突出的一个。"

㉚ 转引自绿原:《胡风和我》,见《我与胡风》,518页。

原载《中国现代文学研究丛刊》1997年第3期

关于“胡风编辑活动和编辑思想”访谈录

——访谈牛汉、绿原、耿庸、罗洛、舒芜

(韩)鲁贞银

关于“胡风编辑活动和编辑思想”访谈录的说明

我至今还牢牢记得1995年夏天北京街上热乎乎的天气。这不仅仅是由于当时天气实在太热,还因为我在那样的天气里怀有着能见到曾与胡风一起度过了艰难的历史风波的几位老先生的热切的期待与希望。在复旦大学,我从事着一项以《胡风的编辑活动与思想》为课题的研究,因研究内容的特殊与资料条件的限制,这项工作必须得到有关当事人或见证人的指导才能顺利开展,为此,我拟定了一项采访曾直接参与或以各自的方式配合过胡风的编辑活动的原“七月派”和“胡风集团”成员的计划,并随即实施起来。1995年夏天,我专程前往北京,先后访问了梅志、牛汉、绿原、舒芜先生;回到上海后,我又专题采访了耿庸、罗洛、王元化和贾植芳先生。这些接受我的采访的先生,大多是中国文艺界德高望重的前辈作家或理论家,但他们都没有架子,不仅热情地接受了我的采访,还容许了我就有关事项一次次的反复打扰;尤为重要的是,访谈记录整理成文后,他们又本着对历史负责的态度作过认真校订,其中有些先生还对最初的记录稿作出了较大面积的修改。现在交付发表的,便是经过这样的校订修改,同时也征得了被访问者的发表许可的五份访谈记录。这也算是我从事的课题研究的“第一批材料”吧,希望曾热情地接受过我的采访的诸位先生们能继续给予

我支持，使此后的“第二批”、“第三批”……材料能续有发表，以便为20世纪中国文学研究更多地保存一些关于“胡风的编辑活动和编辑思想”的珍贵史料。这样做，相信将不只是我一人的愿望和幸运。

作为文艺理论家、诗人的胡风早已有许多学者进行了卓有成效的研究，而作为一位有着独特思想和风格的文学期刊编辑的胡风，虽然早已为人熟知，却鲜有人做过具体的研究，他的这方面的特殊才能和活动成就长期不曾引起学术界的充分注意和重视。事实上，在胡风一生最活跃的时期，几乎都与编辑出版工作紧密相关。早在30年代，他就在鲁迅的直接指导和影响下创办编辑过《木屑文丛》(1935)、《海燕》(1936)和《工作与学习丛刊》(1937)；30年代末至40年代中叶，他又独立创办并主编了《七月》(1937~1941)、《希望》(1945~1946)两个大刊物，并编辑出版过《七月诗丛》、《七月文丛》和《七月新丛》。其中的《七月》、《希望》两刊贯串了抗战的全过程，时间最长、影响最大，胡风为此辗转于上海、武汉、重庆等地，断断续续坚持了近十年。

对胡风来说，编辑工作并不是一件单纯的技术性的劳动，而是一种体现自己文艺思想和精神力量的创造性的工作。首先，他是借助编辑工作来完成和体现自己作为一个进步知识分子的责任和使命的。他认为，要发展新文艺，首先必须大力培养新作家，他相信只有在中国文坛上培养一股继承五四传统的新的文艺势力，为新文艺增加力量，才能把中国新文学向前发展，而且也就是继承和体现鲁迅一生所坚持的道路。胡风本人也是鲁迅一手培养出来的，在这一点上，胡风有理由更好地将鲁迅无私奉献的精神发扬光大。因此，他在编辑活动之中以严格的选稿标准与作为批评家的敏锐的眼光来大力提拔出无名人才，而且通过很多方式(通信、改稿等)培养他们，在文坛上推荐他们。同时，他想通过这些作家的写作实践来证明自己文艺思想的可实践性，他之所以对所联系的这些作家的作品非常严密地从思想内容到艺术形式上进行全面分析,正是为了求得正确而实际的理论见证。这就是胡风除了自己从事写作以外,一直以来还花费心血从事编辑工作的原因所在;在他的努力下,被称作“七月派”的一批优秀作家能在文坛上崭露头角,与胡风的这样帮助显然也是分不开的。

其次,在相当程度上,他的理论活动是伴随和贯串在他的编辑活动之中,与编辑思想具有相辅相成的血缘关系。他的较有代表性的文艺理论观点绝不是书斋里空想出来的,而是从他的编辑工作的实际过程中产生的,又通过他所培养的作家的创作实践来完成与深化的,因此,这就使胡风的主要文艺观点具有带着很强的针对性和兼备力度与厚度的实践性的特点。总的来说,胡风的编辑工作从抗战初期到新中国成立前夕,涵盖了整个 40 年代,成为 40 年代文学史的重要内容。尽管他在文坛上一直受到歪曲的、不公正的评价,但无论如何,他的编辑活动与他的评论工作一样,在文学史上都是不容抹杀的存在。

从目前的情况来看,20 世纪中国文学研究界对“胡风的编辑活动和编辑思想”的研究远远不是太多,而是太少了。发表这些材料,也正是为了吸引更多的研究者关注这一课题,大家共同努力,以求达到一个较为理想的结果。

1997 年 3 月 23 日于复旦

关于“胡风编辑活动和编辑思想”访谈——牛汉

鲁(贞银):先生您好。今天来打扰您,是要请您谈谈对胡风编辑工作的整个看法。

牛(汉):胡风的编辑工作主要指的是解放前(30 年代后期到 40 年代)他编辑文艺刊物和丛书的经历。解放以后他基本上没有从事什么编辑工作。他在编《七月》之前也编过刊物，但都不重要。1937 年抗战以后，《七月》杂志是在上海创刊的，后来到武汉，又从武汉到重庆，继续编到 1940 年年底停刊。1945 年 1 月，《希望》杂志经过多方周折才得以创刊。我就是在这段时间受他影响（主要受他的刊物的影响）开始写诗的。

鲁：您在那个时候才开始写作？

牛：对！抗战那年我 14 岁，刚懂点事儿。我是 1923 年出生的。现在的年轻人不大注意研究胡风的编辑思想，认为他是左翼作家，是在共产党的影响之下，在拥护共产党的前提下从事文学活动。他确实是这么一个革命者。胡风主要是受鲁迅的影响。鲁迅的思想非常的丰富，他是一个完整的思想家、作家，党的一些理论不能代替他的思想；它们并不一致，至少不是完全一致。我这个看法也包括胡风在内。胡风有自己的一套理论体系。建国之后，周扬就曾以肯定的口气如此谈论过。胡风生于 1902 年，抗战时 35 岁，那时他已经是一个很有头脑（有自己见解）、经过各种考验的文艺工作者了。他具有他独立的姿态，对人生、对历史、对文学，对鲁迅，都有独自的见解。大体上与共产党接近，但并不是一切都服从，对好多问题他都有自己的看法。那时候文艺界大都认为胡风是鲁迅精神的继承人。左联在后期分化了，有一些人跟鲁迅是战友，关系密切。但另外一些党的工作者，包括周扬、夏衍等与鲁迅存在着矛盾。周扬他们跟胡风并不是没有共同的东西，胡风一开始跟他们关系还是不错的。胡风编《七月》，他还是文艺界里被共产党所相信和团结的作家。当时共产党对鲁迅的评价很高，而胡风、冯雪峰都是鲁迅的战友，应该团结吧。胡风在许多重大问题上有他的看法，他没到延安，有各种各样的原因，但有一点是可以理解的，在大后方他能独立思考，相对有一点个人自由，个性发展的条件。到延安去，那就要在一定组织下绝对服从某些领导（具体说是周扬）。这些领导说三道四，指手画脚，现在看起来并没道理，但对当时的胡风来说,就很苦了。我看胡风可能有这些顾虑,所以组织上让他去,他没去。没去他就编刊物。《七月》被迫停刊,他还是留在大后方。共产党对《七月》与《希望》这两个刊物的态度不同,对《七月》基本上是相信的,肯定的,对《希望》就有了批判。左翼作家,共产党的作家(包括刘白羽、何其芳、胡乔木这些人)那时就把胡风看成不是党完全相信的作家、理论家。胡风一辈子过得非常艰难,思想当然很不平静,很复杂。谈到他编的刊物,我认为是最好的。《七月》不论是从政治上,还是从作家队伍来看,都是这样。那些作家大都是当时最优秀的,包括解放区的(当时不是叫解放区,叫抗日根据地,延安的,太行山的,新四军的)一些作家,如丘东平、曹白、鲁藜等。他们写小说,写报告文学,写诗,这些作家当然有自己的看法的。向哪个刊物投稿,不是随随便便的,而是根据自己创作的美学观点选择的。胡风当时是受人尊敬的,他跟鲁迅关系很好,虽然鲁迅批评他,说他有些神经质,就算有这些缺点吧,有固执的一面,但他从事文学活动很投入、执著,他不随风倒,不投机。这应当说是他的优点。在当时的国统区(大后方)有很多刊物,有反动的,如国民党的嫡系刊物。但并不全是反动的或灰色的,许多文化人办的刊物就比较倾向光明和进步。抗战初期(1937~1940)的刊物大都好,包括茅盾主编的《文艺阵地》,叶以群办的《文学月报》,文艺家抗敌协会的《抗战文艺》,还有很多刊物,都比较不错。但真正能有影响并形成一个创作势头的,我认为是胡风的《七月》,至少一部分人是这么看的。我当时认为这个刊物首先是进步的、革命的、拥护共产党的,不像有些刊物消极、低沉,甚至风花雪月。《七月》没有那样的作品,都是比较有朝气,青年作家多,特别是有抗日根据地的那些作家。这很吸引我,我觉得这个刊物好,我也想到延安去,但没有去成,就在大后方接受了影响。抗日根据地的作家主要是通过《七月》对我发生影响。但创作理论对我没有发生影响(包括毛主席的理论)。我看不到,也没人组织我学习。我一向也不大看重理论,但胡风的那些谈诗的理论我看,我认为胡风的理论对年轻人很有吸引力,对刚开始创作的人很有指导意义。但现在中国大陆的年轻人不大看革命的理论,相应地对胡风也不太感兴趣。胡风当时的刊物和理论在抗日战争时期是冲在前线的最前沿,猛打猛冲,不是躲在后方、寂寞孤独那种形象。有不少人却是躲在大后方进行个人创作的。如何评论这个历史现象,现在的看法并不一致。但以我的观点看,当时胡风的刊物基本上是符合历史潮流的。特别是年轻人喜欢。老年人就复杂了,老年人带着各种各样的观点,各样的流派,一圈一圈的人。而我当时写作就是看了胡风的刊物上艾青的、田间的诗写起来的。我从第 1 期一直看,我所在的中学里看不到,生活书店无偿地给我看。建国之前我和胡风没什么联系,我没向他投过稿,我不敢,觉得没那个水平,幼稚。我向《希望》投过稿,没有用,那时已经停刊了。所以解放前我是胡风的一个读者、追随者。但胡风也看过我的诗。年轻时我很傲气,我到上海不找他。只去了一次,1947 年的夏天,他去看电影去了,见到了梅志,我就没等,年轻嘛,很独立,傲气,不愿巴结名人。我到华北解放区以前,把我全部作品(诗)寄给胡风,我内心是十分崇敬他的。那是 1948 年夏天,从北京寄到上海,他看了后很欣赏,替我编了一本集子《彩色的生活》,收到《七月诗丛》第 2 辑。绿原在《七月》上也没有发表过作品,但当时胡风给他编了一本到《七月诗丛》里,叫《童话》。我当时搞地下工作,但我编过刊物,请他写稿,胡风对我大概没什么了解,但他是关心我的,因为胡风身边的朋友都是我的朋友,他晓得我这个人有个性,有脾气,不随便巴结人。但我的作品胡风很注意的,我寄去的乱七八糟的原稿,他替我整理修改,编成集子。解放前(1948 年)就排好,到解放后印了出来。这就是《七月诗丛》第 2 辑,包括我、绿原、冀汸、孙钿、贺敬之的。“七月派”作为一个流派,我认为诗是主要的,理论不好谈,小说不多,大概就是死去的路翎了。那是很典型的，胡风就是这么一点一点地帮助他，把他拉扯大，像母亲带孩子一样。但我不是，胡风没带我，我不受人管，谁带我都不干，那时我 25 岁了，完全成熟了。我在国民党地区做过地下工作，经过些磨难。胡风看我政治上是一个好人，创作上跟着胡风那些人写诗，所以他看了很亲切，相信我，欣赏我。所以我是在胡风的理论、刊物特别是《七月》、《希望》影响下成长起来的。别的刊物也有影响，但较小。所以 1955 年我是地地道道的胡风分子。

鲁:实际上你没有在《七月》、《希望》上发表过文章。

牛:就只有《七月诗丛》有一本诗，胡风替我编的，当时大家认为胡风对我比较肯定。解放以后，接触就多了。

鲁:不过解放后的接触没有多长时间吧?

牛:解放后他没做什么编辑工作。解放前有《七月》、《希望》、《七月文丛》、《七月诗丛》、《七月新丛》。诗丛出了二辑:《七月》停刊后，1942 年《七月诗丛》出了第 1 辑，到 1948 年编了第 2 辑。他的刊物，《七月》、《希望》作者阵容不一样，如果说流派，《希望》更明显，审美观点，流派思想，更集中、更典型。

鲁:《希望》作者群也更集中，相对来说，《七月》时更广泛。

牛:对，《七月》的作者很广泛，有解放区的，有大后方的。皖南事变之后，大后方的作家处境十分艰难，党要胡风去延安，他没去，到南方去了。当时很多作家，转移到南方，萧红到了香港。当时有一些作家，要保留自己的创作天地，到解放区去就很难了，你要做许多工作，在党的领导下有组织地学习、改造思想，生活得不自在，写也写得困难。比如艾青到解放区去没写出什么优秀的东西。他 1941 年去的，不断地改造不断地受批判，没好日子过。胡风没去，去了麻烦。他不是反党，也不是反革命，他觉得应坚持自己的东西，不受干扰，也不是说不到延安就不革命。后来毛泽东《在延安文艺座谈会上的讲话》发表以后，分歧就明显了。我的看法，共产党对《希望》基本上不肯定、不喜欢。《希望》有自己的理论、作者阵容、范围较小,好像形成一个流派,本质上是一个创作群体,团结得很紧。《七月》比较宽泛,比较开放。抗战之后政治环境恶劣,胡风受到各方面的冲击,共产党批评他,国民党更批判他,他活得很困难,他编的《七月诗丛》,当时影响颇大。你看看中国新诗发展史就知道,"胡风派"是一个大家承认的流派,因为它有作品。有些诗歌团体不能算,因为它没有好的作品。"新月派"算,尽管它模仿欧美。"胡风派"是土生土长的作家。这两个流派,是抹杀不掉的,当然还需要研究。"九叶诗派"我认为也有影响,应当研究。

鲁:恐怕到现在没有人比较客观地研究过胡风的编辑思想。在韩国,我是第一个,他们主要研究胡风的文艺思想,但没有这样通过他的杂志来具体研究。

牛:你是开天辟地第一个了。七月派现在回过头来看是一个流派,它有自己一致的创作倾向,它比某些革命权威的理论要合理一点。我现在也不完全肯定《讲话》,我一直这么说,因为那理论是解放政治立场、观点问题,离创作远。创作内部的问题、困难、苦恼,没有谈。虽是大问题,但是概念的,是政治问题,解决政治立场问题。胡风的刊物和理论解决了我创作的实际问题,对我的创作有影响。他对艾青、田间的评论对我也有影响。胡风培养了一大批人,我是其中的一个。我在40年代作品没有多大影响,我的后劲大点,平反以后拼命写。早年我在大西北,大山里,比较闭塞(抗日战争时期流亡到大后方)。像绿原他们和胡风有联系,我不是这样,我受他们的影响,相互交流不多,我是他的读者,非常虔诚地、老实地、扎扎实实跟着他的刊物,艾青、田间、绿原、冀汸对我都有影响。现在看来,那时候胡风培养的一批作家现在各走各的路,都变化了。这是正常的。一个流派总是短暂的,不可能几十年不变。国外的也就是三五年、二三年,没有终身制,一辈子就属于这么个流派。特别是中国的历史变动很大,有的人创作思想后来完全不同。

鲁:他的工作对当时读者的影响呢?

牛:有许多作家相信胡风,但也有许多对胡风持批判态度。他影响很大,受影响的人并不都变成胡风分子,人家还有人家的创作思想,学习环境,创作追求哪。但胡风的刊物在40年代,抗日战争和解放战争的几年间,是最有读者的,艺术上有见解,不同于别人的。有些刊物四平八稳,没有个性,稳稳当当,不会碰撞任何人,规规矩矩,很听话。比如某某的刊物,它有它的好处,它活得自在啊。胡风刊物不是。但他也有缺点,比较固执,他编刊物,丛书,几十本书(报告文学,小说,诗歌都有)审美观点鲜明,有文学思想风格……当时胡风与周恩来关系还不错,胡风到死都信任他。但其实不是这样。艾青告诉我,周恩来认为胡风是一个革命者,但给延安的报告中也提到,胡风和共产党并不完全一条心。这胡风到死都不知道。1948年在香港的一些共产党人在《大众文艺丛刊》上批判胡风,邵荃麟、林默涵、乔冠华参加了。说明共产党不完全信任他。那时候对《讲话》的理论,你只要有一点分歧都不行,不能有一点怀疑,你应该完完全全地彻头彻尾地服从它。但胡风不完全信啊,有区别,不行。他硬以为自己是对的,我看这就是他,否则他就不是胡风了。

鲁:是办《希望》时有共产党的资金的吧?

牛:听说提供一点资金,共产党给点钱,周恩来对胡风有团结的一面,但团结不一定完全信任啊。周把胡风当成继承鲁迅传统的革命作家看,这是历史事实。但他的一些文艺观点,何其芳、林默涵等不信,把胡风当作批判对象。当然这是上面决定了要批判的,不是某一个理论家要批判胡风。胡风一直是个革命者,上面决定了要批判的,不是某一个理论家要批判胡风。胡风一直是个革命者,不管怎样说都是,他培养了一批革命作家,这个你该承认吧。他只坚持一些差别。但差别就是革命反革命的界限。你强调主观，强调作家的艺术个性，那是不行的；因为当时只讲阶级性，只讲革命与反革命，没有人性，人性是抽象的资产阶级的思想。邵荃麟，是“文革”中受折磨而死的，是共产党的一个理论家，比较诚恳的好人，对胡风不错的。他对我说：中国那时的刊物谁都比不过胡风，胡风的刊物编得最好。它好在什么地方？它有完整的对文学的观点、美学追求，而且政治上也不糊涂，是革命的，符合人类的进步思想，受罗曼·罗兰的影响，他不是个简单的没有知识的人。邵荃麟是肯定胡风的，他只针对胡风的刊物，不谈别的，说其最有特点。解放后的刊物都没有各自的特点，一般化。胡风的刊物不是这样，文丛、诗丛都是他认为当时最优秀的、最具艺术个性的作品。编刊物丛书，是工作，不是空话，不是号召、美丽的语言。他发现了好多作家，出了好多书，他做了好多工作，所以他有影响。

鲁：但实际上办《七月》时，只是作品上有一些共同主题，没有明显的一致倾向。

牛：对，当时有个座谈会，就有不同的看法，萧红也参加了。我当时读时觉得萧红这人不错，很有头脑，非常清醒，正确，但她的一些观点我不记得了。萧红和胡风关系不错的，胡风给她的《生死场》写序和评论，对萧红很有影响的，萧红比他小了七岁。但后来萧红和端木蕻良有了关系，胡风认为端木蕻良人品不大好，但萧红和他结婚了，所以胡风对她失望。我看过萧红写给华岗的信，对胡风有看法，认为他不该对她指手画脚，我的事不用你管。这一点谁是谁非，我倒觉得可各行其是。创作上萧红不强调为什么服务，她强调作家的个性，作家的自由。

鲁：这一点是不是胡风欣赏她的方面？

牛：不大一致，胡风主张高昂的、战斗的，和大的政治方向一致，反对蒋介石。萧红不大强调，胡风认为她思想落后了，有点区别。《七月》实际上就是胡风夫妻二人编的，就二个人，通信、联系、看校稿，复杂得很。非常困难，生活也困难，这就是中国作家的命运，革命作家，进步作家，有个性的作家的命运。办刊物，又没有钱，《七月》，国民党批准了，还要审查，这里有好多斗争，很复杂。

鲁：在那样艰苦的条件下，他坚持这样办杂志的最主要的原因是什么？

牛：解放后我问过胡风，问他是否想组织一个流派。他说他从来没有这个想法。由此可见他不是为了个人或者为了个人事业，招兵买马，形成自己的队伍。解放前他没有这个思想，他对共产党是信任的。但胡风这个人解放后毛泽东错误地斗争他，冤枉了他。比如我这个人，从小跟共产党干革命，我怎么会反对共产党反对毛主席？全部是个冤案。胡风信任共产党，他和国民党斗争也很厉害，这段历史贾植芳先生知道得比我多。

胡风这人有个性，他想有自己的刊物，他不属于哪一个理论，他根据自己对文学对革命和人生的理解，他有自己的理解，他是个理想主义者，像罗曼·罗兰一样，有时候比较狂热。他毕竟不是个政治活动家，他是个作家。

鲁：那他是不是通过办刊物，实现自己的文艺理论？

牛：是的。一个人总与社会有联系，他希望他的理论、理想能有人理解。至少在解放之前，他认为他没有流派，他从来没有这样说过，那只是别人那样说的。“胡风派”，是批判的口气说的。可他说他没有。他在对待作家和创作上很诚恳的，像邵荃麟说的，他是个最好的编辑。到现在为止，没有一个刊物像他的那样受到作家和读者的喜爱。现在的刊物路子太窄了，只贯彻一个观点，文艺刊物不是政治刊物，胡风从文学的立场来办刊物，他不是为了简单地宣传，而是期望他的作品能对中国人民的解放起好作用，其中有理想，不是那么简单的、庸俗的、实用主义的看问题。胡风挺了不起的。他受的苦难，说明他是正确的，但他在个性方面太固执了。作为编辑，以及创作，主要是在三四十年代，平反后写回忆录，就是

《胡风回忆录》。

1995年7月6日

关于"胡风编辑活动和编辑思想"访谈——绿原

鲁(贞银):我想请您回答四个问题,第一,您对胡风编辑工作的整体的看法、感受。第二,胡风编辑工作对您的文学的影响,最初你们怎么认识,然后怎么交流。第三,作为编者,胡风与作者的交流关系。很多人说胡风培养作家,怎么培养?第四,胡风的编辑活动对当时历史背景下的读者有什么影响?

绿(原):你说的第一个问题,是问我对胡风的编辑思想怎么看。这里我希望你注意,胡风不是一个单纯的编刊物的人,他是一个文艺理论家。首先要了解,他为什么要编刊物,他为什么要编《七月》,《七月》停刊了他又为什么要花那么大的精力,争取编《希望》,还同时出书。这个问题不了解,胡风的编辑思想就不好谈。他不是为编刊物而编刊物,更不是通过刊物来赚钱。这是可以肯定的。鲁迅先生在世时候,曾一再地通过他,或者通过聂绀弩办过一些小刊物。中国近代文学史的这些情况你大概了解一些吧?鲁迅在的时候(胡风)编过《木屑文丛》、《海燕》……都是些很小的刊物,那个时候他们编这些刊物,就是希望通过刊物在中国的文坛上培养一股新兴的文艺力量,这种文艺力量是代表他们的文艺见解的,反过来说,他们对当时存在的其他一些文艺见解是不同意的。因为鲁迅在世的时候,就已经有很多很多,各种各样的流派,各种各样的刊物,而鲁迅对这些东西是不以为然的。胡风那个时候很年轻,在鲁迅先生周围,因此鲁迅逝世之后,他就继承了鲁迅的传统,也认为有必要在中国继续办一个好的刊物,通过刊物团结一批青年作家,为中国的新文艺增加新的血液,从而能够把中国文艺向前推进。这是他的目标,如果忽略了这个目标,今天谈话就没有意思了,编辑工作就无从谈起了。鲁迅在1936年逝世了,接着日本人打来了,抗日战争开始了,全国整个都动员了,那不仅是涉及一个作家的问题,而是整个民族都出现了动荡。在这个时候,对抗战文学就提出了很高的要求,要怎么样地来反映我们的时代,反映我们的民族的呼声,所以在这个时候出一个刊物是非常重要的。胡风本人在文艺上从来有他的特殊见解,只有刊物,只有通过刊物,才能够让他的见解化为实际的文艺创作。所以,你写这篇文章,写到这里的时候,首先必须说清楚,胡风为什么办刊物……

鲁:就是继承新文艺的传统……

绿:对,鲁迅的传统,要使鲁迅的传统化为真正的创作实践,只有刊物——写文章也可以,但是写文章只是作家个人的事情,而只有办刊物才能团结起一大批青年作家。所以,可以说,在胡风刊物上写文章的那些作家们,都是多多少少、远远近近跟胡风的文艺思想相一致的。也就是说,如果跟胡风的文艺思想不一致的人,一般不可能在胡风的文艺刊物上发表作品。这样就形成后来的所谓"胡风派"、"七月派",这些"派"实际上是一个文艺思想的结合,而不是像后来解放后所说的一个政治上的派别,怎样怀着政治野心。胡风就是为了坚持实现自己的文艺思想,就是想通过刊物团结一批作家,形成一股力量,把中国的文艺向前推进。这一点不了解,谈论胡风的编辑思想就没有什么意义了,那就不过是一个会编文艺刊物的人,那就是个技术性的工作。可是,胡风的编辑工作不是一个技术性的工作。这是我想谈的第一个问题。胡风就是通过他的刊物来寻找、来团结、来培养一股力量,这股力量是希望而且事实上也在中国文学上起了作用,无论在小说上,在诗歌上,或者在其他的方面,这是文学史可以作证的。我不晓得你是否同意这个看法。

鲁:我同意。特别在当时的抗战背景下,通过这样的方法来培养作家，而且影响了很多读者青年，这是很大的作用。

绿：像小说家路翎等，起初都是一些青年，后来变成大作家，而且起了很大的作用。这是我回答的第一个问题。第二个问题是……

鲁：胡风编辑工作对先生从事文学写作的影响，还有最初接触的情况。

绿：我当时也是一个青年，胡风在编刊物的时候我还只有十几岁，我也曾经向胡风投过稿。我在《七月》上没有发表过稿子，但在《希望》还没有创刊时，我就跟胡风相识了。胡风那时从香港回来，日本人占领了香港，他回来想再办刊物办不成了，他就出书，出《七月文丛》、《七月诗丛》。此前我向胡风投过稿，没有用过，后来他主动写信叫我编一本诗集。他的丛书（所收）的都是他曾经发表过作品的那些作家，惟独我是一个从来没有被他采用过稿子的人，但是他觉得我这个时候的稿子好了，成熟了，就要。我当然非常高兴。我那时只有19岁，非常高兴，就编了我的第一本诗集《童话》寄给他，他编在那里头。这一套丛书，《七月诗丛》，包括艾青、田间、邹荻帆、天蓝、冀汸……那时候在国统区就是重庆、桂林等地起了很大的影响。假使历史能够倒流的话，就可以看到那时的读者是多么为这一批新生力量而高兴。当时有名的冯雪峰刚刚从监狱里出来，看到了这套丛书，说了一句话："国统区是一片沙漠，惟独《七月诗丛》是小小的绿洲。"可见它是起了多大影响。这个时候胡风极力地鼓励我继续多写，好像朋友一样，于是就成了朋友了。……后来我就一直跟他写。等到他回到重庆之后，就继续地办《希望》，《希望》是代表胡风在解放前出刊物的后期。我在《希望》上发表了很多东西，几乎每期都有，一直到最后《希望》停刊。《希望》在重庆四期，上海四期，我几乎是每期都有。这就是他经常要我写，我就经常写，写了就发的结果。按照他的意思来说，只有形成这股力量，才能把一个作家推出去，才能使这个作家在文坛上起作用。比方说你认识了胡风,胡风认为你不错,他就要尽量地发表你的作品,他要培养你,要把你形成一个力量,于是乎你就成立了。除了路翎和我,还有另一些小说家、诗人,加在一起,很快地在文坛上形成一股力量了。现在是很多青年人不知道——当时各地青年朗诵的,北京、上海化装朗诵的,大都是《希望》上面的诗。

鲁:就是说,在读者中间起了这么大的影响。

绿:是有影响的。在上海,工人、学生,那时不是"反内战、反饥饿"吗,不是反国民党吗,反蒋介石吗?这些作品都起到了一些政治作用。关于第二个问题可以这样说,我本是一个普通的青年,文学青年,还不是作家,胡风通过来稿,发现了我。他先觉得我的诗写得不好,没有用。我不是向他《七月》投过稿吗?他觉得我的诗不好,给我退回了。我那个时候很年轻,在寄稿时给胡风写过一封信,说了一些不得体的话;他回信就说:"请你看看我们的刊物有哪一个是知名的人士,都不是知名的人,所以我们向青年作者伸手,不要认为我不要用青年的诗,因为你写得不好。"他说得很坦率。后来等到我写得比较成熟了,他又托人,叫我编诗集。以我为例子,充分证明了,胡风办刊物,决不捧名人,不拉名人的稿,而一心在寻找,在普通青年中寻找真正的、有前途的那种力量。

鲁:先生,我看《七月》和胡风材料之后有一个感受,就是《七月》跟《希望》的风格不同,而且作家群也有点不同。

绿:这是时代不同所致。《七月》是从抗战初期到中期,生活气重,作家热情高;到了《希望》的时候,国民党的反动压迫厉害了,整个文化界气压低。在开头,《七月》的抗日性质浓一些,对不对?如战地报告,如阿垅的《第一击》、东平的《一个连长的遭遇》,都是写抗战的;等到《希望》的时候,国民党的压迫太厉害了,所以那个时候的一些作品,包括路翎的小说、我的一些诗,都是要求民主的。但是,那个时候低级趣味的东西也是很多的,还有公式化、概念化的作品。不看当时的情况，不知道胡风的《七月》、《希望》在那个时候起了什么样的作用，它的积极作用是跟另外的一些东西并列起来才显得突出的。那个时候，有的是风花雪月的，有的是为艺术而艺术的，有的是一些标语口号式的，各种各样，胡风坚持他的观点，在他的两个刊物上面，在他的丛书上面，同这些文学倾向形成鲜明对照。你只有通过这种对照，才晓得胡风在坚持干什么。当时还有一些大型刊物在出版，如茅盾的《文艺阵地》，延安出版的《文学战线》，还有郭沫若的《中原》，这些刊物发表了不少著名作家的作品，但是它们造就了、培养了，就用培养两个字来说吧，培养了哪些作家呢？似乎没有。在胡风的刊物上，却是一大群新人出来了。你赞成胡风也罢，反对也罢，对他的这个效果不能不考虑一下。是不是？这就是因为胡风在按照他的意图在编刊物。以我这个小人物为例，以一个小青年为例，就可以说明，胡风办刊物不依靠大家，不依靠名家，他所依靠的是真正有希望、有能力在文学上产生效果的人。这是个非常鲜明的对比。否则的话他找我干什么？他要拉的话，拉一些更高的人出书不挺好吗？胡风正因为这个样子，得罪了很多的人。……说胡风拉帮结派，搞宗派、小团伙、小集团，就是这样来的。今天的研究者们应当看出，他办刊物，完全是为了一个严肃的文学目标。

鲁：《七月》还有一些作家，如二萧，他们的作品也有，延安解放区的也有，给我们的感觉是比较开阔、自由、有个性。不过到了《希望》，作品更成熟了，而且理论文章增多，因此整个风格比较敏锐，尖锐，我自己觉得这样正能够反映《希望》的性格。当时胡风办《希望》，他是有意针对当时的主观公式主义（标语口号，从概念出发）和客观主义的，你说呢？

绿：所谓客观主义就是指缺乏激情，对生活毫无感动，客观地描写熟悉的东西。这种倾向和公式化、概念化的主观公式主义，严重妨害抗战文学的深入和发展。批判这二者概括了胡风当时的主要理论工作,也因此得罪了许多人。正如你刚才说的那样,《七月》生活气浓,刚抗战,大家一股脑儿救亡,国统区和解放区的作家都一致要打日本,这里头理论的东西少,就是他自己写一些。等到了《希望》时,抗战后期,人的头脑冷静了,热情也衰退了,就是想今后怎么办,而这时国民党的压迫也越来越强,文坛上主观公式主义和客观主义越来越严重,把文坛搞得一塌糊涂。《希望》是寄托了"希望"的,希望通过这个刊物,能够把文坛搞好一点。胡风办《希望》时,除了他自己写些文章,舒芜、路翎也写,这些文章在解放后就成为他们犯错误的根据,一直到现在这个账还没算清楚。胡风的这些批判意见究竟对不对?应由文学史家们作出公正的结论。解放后把胡风当反革命,认为他一切都是为了推翻共产党,这就完全是胡说了,就把胡风关了二十多年,我们这些人也关了十多年,为了什么呢,就是因为这些人想把中国的文艺搞好一点。

胡风首先是个理论家,以理论家的身份编刊物,他不是为了钱,为了名来办刊物的,有的人是为了钱,他不为,也不为名。要为名,他为什么不找大人物,专找我这样的一些青年人写稿呢?他是理论家,他要干什么呢?他认为中国的文坛需要一股力量来冲击,也就是鲁迅说的"闯将",中国的文艺需要闯将;鲁迅说的,他信以为然,他就要通过办刊物来推出一批闯将,以形成一股力量,这就是他办刊物的目的。你要把这一点写得清楚一些,才能使他办刊物区别于其他人,这是第一个问题。第二个问题,是跟我的关系,以我为例子,可以看出胡风办刊物不找名家,而把眼睛放在生活里头,寻找真正有希望,有潜在能力的那些小青年。第三个问题,他怎样培养,这个培养是要打括号的,他没有培养过人,"培养"二字是他所反对的。他认为,作家是自己生长起来的,从生活里生长出来,靠培养是培养不出来的,作家靠培养出来是个矛盾,是可笑的笑话。胡风从来没有说"我要培养人",他只是尽量使你生长起来。你是一个小青年,你有希望,他看出来了,他就想尽办法让你生长起来,自己开花自己结果,而不是你根本不会写,他有办法来培养你。所以,胡风没有培养我,但是,胡风帮助了我。很简单,我向他投稿,他用我的稿子,这是一个普遍的情况;我的作品他并不是每篇都用,也退过我的一些稿子,例如一些追求文字美,情绪消沉的,这类稿子他都退回来了。我因为是个诗人,不搞理论,也不懂什么创作规律;我今天这样写他觉得好,明天那样写他觉得不好,好的他就鼓励,坏的就退给我不用;他从来没改过我的稿子,只是个别地方动一下,他从来没有说,你这个稿子应该怎么写,从来没有像一些语文老师教学生一样。这就是他的观点:作家是自己成长起来的;作家如果是一颗种子,他就尽量让它晒太阳,给它浇水,给他提供发表园地,如果你不是那颗种子,再怎么浇水也没用。

我们通信很多,都是他为我的作品提意见,或者给我退稿了。对别人也是一样,如路翎的小说,他对他的书也提过意见,他非常欣赏路翎,他给路翎写信特别多,而且主要为他的作品写信,这就可看出他如何培养,帮助一个作家。你说的《七月》生活气息浓些,用的人广一些,《希望》就深一些,这都是些感觉。事实上,胡风一直想通过刊物为中国文坛起作用,这个思想是一致的。抗战初期,大家很激昂、热情,《七月》有条件组织多方面的作品和作家来烘托当时的热情;到后来由于国民党的反共、政治情况的变化……一些原有作家都分散了,有的到了香港,有的到了延安,《七月》上的很多人如艾青、田间都到解放区去了。以诗歌为例,《七月》的诗歌,最早是艾青、田间、邹荻帆,后来出现了鲁藜、彭燕郊,从这你可看出,胡风不是在拉小集团,人员是不断扩大的。关于作家群的变化,这个问题你还须深入一步研究,在文章里说不清楚,你就只好说“生活变化了”。

鲁:我看资料,胡风办《希望》时候,从作家群来说,不像《七月》那样具有广泛性,已经变窄了。

绿:《希望》也有解放区的文章呀。

鲁:《希望》时鲁迅那一辈的作家就没有了吧。

绿:是没有了。作家群的变化说明了什么,这是个大题目,不大说得清楚的。除了生活的变化,人员的变化,还有胡风本人思想的变化。《七月》时胡风写的文章都是关于抗战关于生活的,没有更深入、更系统的见解。《希望》时他的文艺思想更成熟更完整,他所反对的目标也明确了。那时候关于所谓主观公式主义和客观主义的意见,在《七月》上还找不到,到《希望》时明确地提了出来。同时,关于作家的正面意见也明确了:作家必须从生活中来,但作家不是生活的奴隶,主观客观应结合起来,用主观去抓住客观生活,回过头来利用客观加强主观战斗精神,这些都体现在作品里,并不是很多作家都做得很好的。有人问胡风,《七月》、《希望》怎样?他说,《七月》是年青的,生活气浓的,大有希望的;《希望》是成熟的,深沉的,性格很鲜明,每篇稿子都经过考虑的。不足之处是,人员少了,孤立了,为什么?因为他的思想越来越明确,与客观的矛盾越来越深刻。生活背景的区别,作家群的区别,胡风本人思想的演变,以及主客观矛盾的尖锐化,决定了两个刊物在风格上的差异,但他为中国文学鞠躬尽瘁的初衷是不变的。再讲第四个问题。

鲁:对读者的影响。

绿:这就很难说了。我只告诉你,到1949年全国解放为止,胡风和他的理论刊物丛书,以及他所团结的作家的作品在后方是起了很大的作用的,因为它们反映了当时民众的要求。这些人在中国文坛上,形成了"七月派",在后方大家知道,那批读者今天都六十多岁了,说起来都知道,现在的青年却不知道了。

1995 年 7 月 5 日

关于“胡风编辑活动和编辑思想”访谈——耿庸

鲁(贞银):胡风编刊物时的出版环境怎么样?

耿(庸):出版环境不说很是恶劣,也还是十分不佳。抗日战争前他编《海燕》、《工作与学习丛刊》就都受到国民党当局的查禁。战争期间编《七月》、《希望》和文丛、诗丛,在国统区里,既受限制压制(如出版登记和书刊审查),又有战时印刷、出版与发行的种种烦难的困扰。在文学战线上,在那时讲“抗日统一战线”有团结有斗争的条件下,情况的复杂也形成一种特殊的环境制约着编刊物的工作。比如,那时候,反现实主义和假现实主义的东西很多,有提倡创作“与抗战无关”的、有粉饰社会黑暗的、有主张公式主义的作品是时代需要的,等等。坚持鲁迅的现实主义的战斗传统的胡风不能不反对它们。据我看,他是以坚持、维护和发展现实主义作为他服膺于民族解放的人民文学的基本任务。

鲁:请您举个例子。

耿:他的理论著作大都就是例子。他编的刊物也表明他的现实主义的立场和态度。《希望》以“致读者”的方式提出的稿约有一条说,也许是很好的作品而我们却看不懂的就也不采用。我听说过有个诗人的稿子,他一篇也不采用,尽管知道这是要得罪人的。

鲁:他觉得这不是现实主义的?

耿:我想是的。胡风说那儿有生活那儿就有诗,据我的理解,也就是说诗真实地存在于现实生活之中,把它“掘发”出来使生活真实的诗再现为艺术真实的诗,人(诗人)就必应有真诚地对待激动他心灵的生活真实的思想立场和感情态度。胡风反对轻佻虚伪的态度。在我看来,这正是胡风的现实主义和一般词典(即被认为

“典范”的)里解释的现实主义有所不同的重点。历来都说文学是生活的反映,可是,从实践的观点看,生活不可能自动地反映于文学,因而更应当说文学是对于生活的反映。那种说“没有生活就没有文学”只说对了一半,忘记了没有文学,生活存在着可也就无所谓“文学是生活的反映”。文学不能不凭依生活,文学也不能不凭依人即它的创作者,而且在文学和生活的关系上,创作者是起作用的能动的主体。生活决定了文学的客观性,作者则赋予了文学的主观性,要排斥文学的主观性也有如排斥文学的客观性一样是不可能的,最认真于压制主观性的自然主义的作品仍然透出它的作者的主观素质,最坚持脱离客观性的现代主义作品也避免不了其作者置身其中的生活的客观内涵。只有在主观性和客观性融合的真实的统一的文学作品才是现实主义的。胡风在作者的主体地位至少是被模糊了的当时强调主观精神,我以为是他对现实主义的明确发展的一个贡献。在编辑工作上,他就也是根据他这现实主义精神和态度选择投寄来的作品的。

鲁:那他的编辑工作对读者的影响呢?

耿:胡风编的刊物,比较当时的别的文学刊物,发表青年作者的作品多,发表来自解放区的作者的作品也不少。战斗的热情、青春的气息、生气虎虎的人格力量,吸引和影响着众多的读者,并且在读者中培育一个又一个新生代的作者。

鲁:当时除胡风的刊物外,还有《烽火》、《文艺阵地》,那么对这些刊物的青年作家,您有什么看法?

耿:你提到的两个刊物都是抗日战争时期的。《呐喊》在“八一三”后不久创刊,似乎只出了二期就改名《烽火》,对开报纸一张折叠为32开本,巴金和茅盾轮换做发行人和主编人。那时我16岁,正在上海,很喜欢这个刊物和同时在上海出版的《七月》(一张对开报纸折叠为16开本)。后来,全国文学刊物很多,单在国统区就很不少。《文艺阵地》初期在香港编辑、广州印刷那时候,我大都看过,姚雪垠的《差半车麦秸》就在那里出了名,听说这人就是茅盾提拔的青年作家。茅盾后来在重庆还提拔了一个女作家,《遥远的爱》的作者郁茹,听说原是《文艺阵地》的一个编辑。这两个作品当时我都读过,没留下什么印象。还有一个吴蔷,就是吴强,那时也是《文艺阵地》的青年作家。此外还有谁,我不记得了。记得那里面还是成名的作家多。

鲁:他们也强调进步性,二者有何具体区别?

耿:区别就在于对现实主义的不同见解上。还在文学研究会标榜写实主义(即现实主义)时,对现实主义和自然主义的分野就相当模糊的,却综合为现实主义。稍后,这表现在创作实践上。《子夜》的初版本就甚至有自然主义的色情描写,《蚀》也是,影响到当时和后来的不少作品,例如《春暖花开的时候》(这些作品后来的版本都作了删改)。

鲁:在通过杂志培养作家方面,胡风是怎样的?

耿:举路翎作例。路翎本身有才能,他对他所处现实关系中的人们及其生活有锐敏的感觉和通过体验的了解,尤其是对受苦人们的命运有感同身受的热情。你从《胡风、路翎文学书简》就可以看到,胡风是怎样和路翎讨论各样的具体创作问题从而有效地帮助路翎的。我举个小小的例:路翎写作时总像是被各有其性格命运的人物追赶着那样,飞快地写,因而有的句子不完整,还有写错了写漏了的字,胡风会一处一处替他修补。胡风自己常常很少有自己写作的时间,他的不少带着心血的工夫用在青年作家那里了。

鲁:要在胡风身上找碴子是容易的,在他那种充满激情的、战斗性的语言中尤其是这样。

耿:是的。但他对别人的作品都是很慎重很注意细节问题。他看我的《〈阿Q正传〉研究》原稿,提出的就是用词方面的意见,例如我用"堕落"这词,他说"太刺激,改作'退化'怎么样";我用了他的用词"精神奴役的创伤",他说"香港理论家批评过,能换个说法就换吧”,我不换,对他说“精神奴役”原是列宁的用语。可是他自己写作起来在精神亢奋中有时就顾不得用词刺激不刺激了。例如被吹胀得可怕极了的“五把刀子”。但专要找碴偏要找碴硬要找碴,那是无碴也会给造出碴来的——何况还有怎样理解词意的问题。

鲁:你与胡风交往是什么时候,是因为什么原因?

耿:1938年向在汉口的《七月》投过一次稿,小说。那时另有一个和我差不多内容的作品已先发稿了,他写信告诉我,退还了我的稿。直到1944~1945年,向《希望》投稿,他约我相见,才认识了。

鲁:贾植芳先生也是因投稿认识胡风的。

耿:我当时主要是被《希望·致读者》吸引了。很早以前我读过胡风的《文学和生活》,也从鲁迅书里了解些他同鲁迅的关系和文学思想上的承传联系。他的现实主义文学思想可说从30年代初期就确定了。一生都没有改变过,只有发展,越来越深广和丰富。

鲁:越来越坚定,他追求的进步、解放,他自己看得越来越清楚,达到了相当程度的自觉。

耿:但他早期也受有苏俄拉普的影响。在中国受拉普影响的人很不少,我觉得他摆脱得较早也较干净,瞿秋白生前就没有来得及摆脱。

鲁:解放后您和胡风还交往么?

耿:我们住得很近,但我很少去看他。1953年他一家搬去北京,只通信了。直到80年代才又相见。

鲁:您和胡风基本上不是生活上的朋友?

耿:算是一道看过几次电影,偶尔在他家里吃顿便饭。

鲁:胡风有一批生活上的朋友,也是事业上的朋友,如果说这些人是宗派,有一些痕迹可以找的。像您这种情况,不是这种类型。

耿:是这样——如果一起谈谈文学不包括在生活范畴内的话。

鲁:在您编过的报刊中,有没有和胡风有关系的?

耿:有。1947 年编的《杂文、讽刺诗丛》,几个穷朋友出点钱办的。不向国民党政府办登记手续,装作是在香港出版的。

鲁:这样子不合算也不合法。《杂文、讽刺诗丛》怎样和胡风有关系?

耿:贾植芳参加编辑工作,发表阿垅的诗,也发了一篇舒芜的文章,这些人与胡风有关系。这是在上海的事。比这更早些,1945~1946 年,在重庆,我帮一个朋友编《热·力·光》,第 1 期就有胡风的《我也在走路》,是他后来出版的《在混乱里面》的序文。第 1 期是报纸形式,第 2 期就是 32 开本刊物,其中第一篇就开了天窗,那时审查很严。

鲁:这个刊物基本作者是什么人?

耿:这刊物出了 3 期就完了,说不上有基本作者。作者中还有许广平、耿济之、王亚平等人,有的稿子是彭燕郊拿来的。

鲁:出这种东西赚不了钱的。

耿:对,亏本。但本来也没打算赚钱。

鲁:《七月》好像也亏本?

耿:还可以维持,还可以发点稿费。《希望》可能艰苦些,不得不向人募捐。

鲁:胡风好不好打交道?

耿:有人说他骄傲、脾气大什么的,但我接触到的他是很诚恳很热情很和气的。

鲁:他年龄上大你们多少?

耿:大我 18 岁。

鲁:在你生活上的朋友读《七月》的多不多?

耿:多。而且因为都喜欢读它才成了朋友。这些朋友没有在

《七月》、《希望》发表文章,有的只因为喜欢读它就被说成是"胡风集团"的。

鲁:从这点说也是可以成立的啊。

耿:你可以这样理解。不是说在那里发表文章的人就是"七月派",曾卓没有在《七月》、《希望》和诗丛上发表过作品,但他是"七月派"。

鲁:我也想从这个意义上去理解,把胡风集团从广义、在思想上跟他们联系起来。

耿:在《七月》发表文章的不一定就是"七月派"。爱读它的人更是这样。否则就"扩大化"了。"七月派"是一个文学流派的概念,而所谓"胡风集团"是被人为制造出的。

鲁:当时进行文艺活动的,尤其搞批评的,除了对胡风的敬仰外,对其他人呢?

耿:搞批评的对胡风恐怕嫌和忌的比敬仰的多。就我来说,我对冯雪峰的敬重早于对胡风。后来我在关于鲁迅思想和《阿Q正传》的理解上批评了冯雪峰,可还是敬重他在文学上做出的积极的贡献。

鲁:胡风成为鲁迅之后国统区思想界的领袖之一,是有一定必然性的。

耿:对胡风的文学思想,我看还缺少充分和深入的讨论。50年代中期那么多人在那么多报刊上发表那么多文章对胡风文学理论进行一边倒的大批判,胡风在80年代只作了坚持他的理论的表示。胡风是诗人,胡风却由于他的文学思想而受难,如果他的文学思想——文学理论得不到实事求是和恰如其分的历史评价,我看所谓胡风的"命运悲剧"就不知怎么闭幕。在我看来,胡风的文学理论大都在马克思主义科学的意义上是正确的。但也有一些我不以为然的。例如,他长期讲现实主义,50年代中期以后又讲社会主义现实主义。1983年我在北京他家对他谈"社会主义现实主义”问题，我认为应该不再使用这个概念，因为它不科学，它不能体现反而限制了现实主义总是伴同着时代生活的发展，我告诉他1954年苏联就发生对这个概念的争论，到了60年代，这个概念内容已是变换为“真实地描写生活的历史的开放体系”了。1958年或1959年，批了苏联“修正主义”，我们这里不说什么社会主义现实主义了，另外提出“革命现实主义和革命浪漫主义相结合的创作方法”了。我说了许多，他全不作声（这和他当时的精神状况有关）。他后来还是使用这个概念。我觉得这起先是由于适应客观要求，后来是由于他——用他的话说——在“井”里时间长了加上疾病在身，对“井”外文学运动情况难得了解的缘故。

鲁：这个问题涉及很广。

耿：是的。但现在，在前苏联的国家里变成了一个未必还在谈论的历史问题了。

1995年9月19日

关于“胡风编辑活动和编辑思想”访谈——罗洛

鲁（贞银）：胡风的文艺理论和他的文艺实践联系得非常紧密，有很多理论观点如果是不看他编的杂志，不看他针对具体问题的发言就很难理解。一看了这些原始资料，就显得比较清楚。我的论文中主体部分是胡风自己的一些编辑活动，他的编辑过程中贯串了些什么样的指导思想，有一部分是写在胡风影响下的编辑活动，您是直接和胡风有关系的，想请您谈谈具体的情况。

罗（洛）：一般地谈谈呢，还是你有具体问题帮你解答？

鲁：一般地谈谈吧。您见到胡风比较晚，但您和胡风有关系的时间还是比较早的，在重庆时期就有联系了吧？

罗：重庆时期他在编《希望》杂志，当时我跟他通过信。胡风做编辑是十分严格的,特别对自己认识的人和认识的朋友。我给他投的稿子,他从来不登出来的。他认为不够水平,他就不往刊物上发表,但写信还是很认真的。我那时在成都,和胡风比较要好的两个朋友方然、阿垅,我们在成都办了个文艺刊物《呼吸》,可以说是《希望》的姐妹刊物,作者基本上后来成为胡风集团的成员了。我现在这个名字,也就是从《呼吸》开始的,《呼吸》第1期发表我一首诗,那是写李公朴、闻一多的。后来一共出了3期,到1947年,国民党占领延安后,大肆逮捕一些进步人士,这刊物就停了。总共出了3期,此后我们就变成散兵游勇了。当时我们都没什么稿费,而且不能正式到国民党去审查,所以自己有钱有稿子就去印,印了就到书店去寄售一下,用这种方式发行。

鲁:丛刊这种不定期的刊物也审查?

罗:不定期而且不正式,一般规定任何刊物都要送审,国民党时候,我们的刊物不能去送审,因为上面有很多解放区的东西,如鲁藜的诗,还有孔厥的小说。胡风当时编辑几个刊物,都是针对当时文艺实际的需要,他发稿子很清楚这一点。从他的考虑来说,当时中国的文艺界实际上是两大块,一块是在国民党统治区,一块是在解放区,所以他尽可能地拿出一定的篇幅来发解放区的稿子。这其中也有历史因素,因为原来解放区有胡风左联时代的老朋友,后来到延安去了的,他们本来就有联系。第2种是延安有些作家希望把他们的作品拿到国民党大后方发表,对革命青年有些影响。所以当时周恩来总理从延安到重庆常常要带一批稿子来,当时像胡征这些人根本不认识胡风,是周总理把稿子带来交给胡风的。胡风的刊物为什么有些解放区稿子,就是从这里来的。老一点的像萧军、丁玲,年轻的如鲁藜、胡征、孔厥、孙钿这些人。

鲁:孙钿也是原来不认识的?

罗:孙钿和胡风是40年代认识的,也是通过投稿。孙钿的稿子也是开始在《七月》后来在《希望》发表的。孙钿当时是地下党员，所以和外界不联系的。后来他有一本诗集，在香港印刷的，可是丢了。后来胡风又给他编了一本诗集，他一共给他编了二本诗集。至于刊物呢，第一，胡风很重视当时文艺实践的需要，针对当时文艺存在的问题他来发表作品。第二，中国文艺界过去和现在都存在着这样的问题，文艺作品有真的有假的。所谓真的假的，按胡风的思路和观念，真的就是作家把真实感情投入到社会生活中去，抓住生活的真实表现出来成为艺术，这就是真的东西，即鲁迅说的“血管里出来的才是血”。还有假的就是有些人自己生活一塌糊涂，品格也不高，但写的文章很漂亮，胡风很看不起这种人。他叫他们为“第二义的诗人”，诗写得很好，但在生活上不好。“第一义”则是人和作品是统一的，这还是鲁迅的思想。第三，他决不讲情面，胡风作编辑，他得罪很多文艺界的人都是由于这个原因，许多大作家、老作家、名作家的稿子他看着不好，就退掉。从《七月》到《希望》的每一期，都有些新的名字。符合他的文艺思想他就发表，和他的思想背道而驰他根本不发，不管是多有名的人。所以当时有些名作家没有在《希望》发表作品，这也是个原因。但《七月》不一样，《七月》是在抗日战争这个大的形势下，所以《七月》的作者面很广，到《希望》时面就相对地窄了，他是为了体现他的文艺思想，即“人”跟“文”要统一。他反对两个东西，一个叫客观主义，一个叫主观公式主义。凡是有这种倾向的，他一个字也不登，沙汀、臧克家这些名作家的诗文他都不登，就是体现他的文艺思想。他的来稿者许多都是不认识的年轻人，从来稿中发现一些作者。第四呢，他编刊物，要求刊物是个完整的东西，从封面到编后记，都与刊物的内容是一个完整的整体。他编辑的工作有美的地方，每一期刊物的封面他都很讲究，都有一定的含义。他所有的编后记都体现了他的编辑思想。从《七月》到《希望》他的思想和他的编辑工作一致，非常重视文艺实践。他认为光讲理论，理论再正确没人去看也没有用，在实践中，对文艺有作用，这个理论才有用。所以他发现了许多年轻作家,他们是从实践中起来的,像路翎,19 岁时第一篇重要作品在《七月》发表。阿垅也是。所以《七月》非常重视文艺与生活的结合,当时的报告文学,反映抗日战争非常迅速的,特别多。到《希望》时特别重视艺术了,艺术要有一定的水平。

鲁:《七月》到后期也登了些与抗战没有直接关系的稿子。

罗:对,也登些文艺性较强的作品,因为抗战,1937、1938、1939年是最艰难的,1942 年以后就沉稳了。抗日战争实际上牵涉到社会每个角落,牵涉到最底层的老百姓的生活,所以不只是第一线的战争才是抗战作品的。这样作家的生活也深入了,文艺作品也深入了,反映在刊物上也是如此。到《希望》就更明显了,他是看不惯当时一些现象,所以他提倡他的一套文艺理论。刊物实际上是编辑实践。曾卓,我们是很好的朋友,他的诗也没有在胡风刊物上发表,胡风也是不满意他的有些作品。实际是他最崇拜胡风,对胡风最有研究。他的诗我们看总觉不错的,但胡风总不满意,所以就不给他发。胡风的编辑工作主要分几个时候,开始时是左联时期,他刚从东京回来,在左联他编过一些丛刊,现在影印本还有。抗战时他开始在上海后来到武汉编《七月》,那是他编辑思想最成熟的时候。毛主席对《七月》评价很高。他就是最能联系读者和作者,很多作者都愿意把稿子给他,他在编辑上也是非常认真负责的。对《希望》有说好有说不好,说不好的,是作者面太窄了,就是后来成为“胡风集团”的那几十个人,其他就比较少了。

鲁:“胡风派”这个说法是从《希望》开始的吧。

罗:实际上,左联时就有“鲁迅派”的说法,到了《七月》,鲁迅逝世后,就有“胡风派”的说法。当时在抗日战争时期,自从胡风和周扬论战的那篇文章后,有这个说法。实际上中国文艺界在 30 年代有这样或那样的流派,也是历史事实。到了《希望》时代,更有这个说法,因为他所有作品都体现了他自己的文艺思想,这样就更容易给人造成这样的印象。连茅盾、郭沫若、老舍的稿子都不要的,他要的是体现他的文艺思想的作品,这是一方面。但喜欢他的年青人是很多的,当时是蛮有影响的。当时我是中学生、大学生,学生集会时朗诵的诗篇都是他的刊物上面的。这也是时代产生的,我们中国最杰出的两个诗人艾青、田间就是抗战时产生的。当时艾青的每一首诗发表对文艺青年都是一个节日。只要杂志上有艾青的诗,茶馆里的文艺青年都兴高采烈等读这首诗。田间的诗也有这样的影响,武汉、重庆都有这个情况。艾青的作品主要在武汉的《七月》上,田间的很多诗是胡风整理的。有一些诗是我们在其他地方给他发的。《呼吸》第2期给田间发了一首长诗《鼠》,后来我不知他编到哪个集子了,很长的,好几百行。

鲁:你们这个杂志现在还有存的吗?

罗:在上海没有,我后来在北大图书馆看到,"文革"期间封存了,专门供教师用的,我借出来看的,出了三期。现在我不知道开放了没有。《荒鸡》大概没有了,那是本身就不是正规刊物,我们委托联营书店(现叫三联书店)搞的,是一些朋友帮着卖,大图书馆不收藏。《蚂蚁小集》大约还有收藏,但不全。北京朱谷怀编了一个《泥土》,也不全了,我只看到有一本,第6期上面正好有我的作品,一个朋友拍成胶片给我了。当时王元化、满涛还编了一个《横眉小集》。到1947、1948年解放战争后期,整个中国作家协会("文协")只出版了一本机关刊物《中国作家》,其他刊物都是今天办了,被国民党封了,明天又办几期,就是在那么一个情况下出刊物的。没有系统完整地保存下来,所以现在很难找。我参加编了《呼吸》、《荒鸡》、《蚂蚁》,《蚂蚁》编了七期,我参加编了五、六、七。主要编辑是化铁。他被捕后就停了。解放后又在上海编了二期,叫《起点》,由梅志、路翎、欧阳庄、罗飞和我共同编辑,这在北京梅志家里可能找得到。

鲁:你们当时编这些杂志的时候,胡风给不给你们直接的帮助?

罗:没有什么直接帮助,但我要他稿子他就寄给我,编辑事务他不参与,也不联系作者。他的朋友后来都成了我们的朋友,大家联系很紧密。方然、阿垅、绿原、冀汸等,认识一个人,就认识了好些人。

鲁:当时没有多少钱,又要冒政治风险,具体事务全由自己跑?

罗:我们当时编《呼吸》就阿垅一个人,稿子都由他看,方然当时在重庆,就寄点稿子来(未参加具体编务),我和我的一个同学给他当助手。当时国民党控制他,不能出头露面,往外跑都是我们。胡风编《七月》、《希望》只有他和他夫人两个人,没有其他人,从头到尾全靠他,包括写广告,校对。胡风办希望社出了些书,《七月诗丛》等。上海的泥土社出了《七月诗丛》第 2 辑,没出全,出六本,因为解放了,我和阿垅的书都没出。每编辑一本书,胡风都很认真的。他对作家很严格,对不认识的朋友还能宽容,对认识的朋友绝对严格。阿垅和他那么要好,他的集子胡风都不给他印。阿垅的两本诗集,一本爱情诗,一本政治诗到现在都没有印出来,现在友人们重新编了交人民文学出版社,我写了长长的序,一万多字。现在还未出版。说到 50 年代后,胡风最大的心愿,给中央写了 30 万字,就是为了有一个自己的刊物,但一直没实现,后来倒因此而受批判了。他反对机关刊物,他想实行主编制,按自己的意愿编刊物,而不愿受作协、文联的领导。后来我们在上海编的《起点》,胡风一看就说不好,我们就没有再编下去。编得不好的原因是我们太紧跟政治了。当时上海一解放,我们满腔热忱,推销公债,也写诗,胡风认为我们不该写这些,但他很客气,说:你们真有劲啊,连这些东西都写。但当时确实什么都是政治第一,我们思路也这样。1949 年 10 月 1 日炮声一响,一切都不一样了,那一天对文艺的影响是很大的。但胡风他还是保持着他的思路,他也看我们的刊物,说不行,虽也是同一批人办的,阿垅、路翎也说不行。

《呼吸》倒不一样，1945、1946 年的时候重庆《希望》之后、上海《希望》之前，有些稿子就拿到《呼吸》发表，起到了填补空白的作用。《呼吸》第 1 期有阿垅的几篇论文，路翎的几篇小说，绿原的诗，冀汸的诗和小说。冀汸的小说胡风不登的，认为写得不好，但我们看在一般水平之上，所以我们在《呼吸》发了冀汸的小说。胡风在文艺思想上是寸步不让的，所以他就顶在那里，造成 1955 年事件。这些与他的性格也有关系，鲁迅批评他的八个字：胡风耿直，易于招怨。他太耿直了，不作让步，“文革”期间我们都写惯了假检讨，唯他不写。1955 年《人民日报》发的检讨是路翎给他写的，他自己看的，修改过。

鲁：您能谈一谈胡风的编辑思想对你们的影响吗？

罗：我们向他学习的。每一篇作品都是我认可的，符合我的思路的，相反的我不能发。许多作者到现在我们都不知是谁，只要好的稿子我们就发了，也不给稿费。当时登这些也冒着政治风险，后来失去联系之后就不知是谁了。胡风头脑里有两个字：心安。编了一本刊物之后我心里很安，没有违背自己的意愿，我这东西是值得看的。所以 1955 年之后他说自己“心安理不得”。第二个，我们要的是生活的真实与感情的真实，虚假的我们不要。第三点我们欢迎年轻作者，十八九岁刚步入文坛写的作品，还有我们欢迎方言作品，当时在成都用四川方言写的作品。这些东西应是在文学上有分量的东西，不像现在为钱为利的。还要冒风险，为了什么，就为了文学，希望这些东西能给文学留下一些反映时代面貌的作品，当时我们十八九岁，第一个为了革命可以什么都不要，第二条就是为了文学什么都可以不要。

鲁：你能不能谈谈您对革命的理解？

罗：在当时对革命的理解很实际的，当时国民党统治下民不聊生，一睁眼就可以见到；另外地下党工作得很细，用各种方式启发学生，认清国民党。当时国民党许多机密都是胡风传过来的，他和许多党的领导人都有很好的私交。胡风在政治上跟党走，在文艺上坚持自己的一套，他用他从日本接受的马列主义思想。

鲁：他实际上坚持的是鲁迅的传统。

罗：马列主义文艺思想的中国化就是鲁迅，这是他的观点，鲁迅的道路就是马克思主义和中国文艺思想相结合的产物。因为鲁迅非常了解中国，当时有些作家是从理论到理论，这使鲁迅和左翼作家有矛盾的。解放前绝大多数作家都是左倾的，国民党没出过一个好作家。共产党是正确的，国民党是腐败的，当时我们都是这样的思路。

鲁：您是何时入党的？

罗：我是解放初期。我解放前没入党，因为文艺思想不合格，受胡风影响，（插话：这个事情影响到入党？）当时他们认为胡风的文艺思想不是党的文艺思想。胡风在重庆时就民族形式批评过陈伯达、刘白羽、何其芳，当时他对毛主席文章有他自己的解释。

鲁：胡风自己好像一直把自己当成毛主席的知音。

罗：他认为毛泽东最好的书是《矛盾论》和《实践论》，他认为这才符合文艺规律。他不赞成"政治第一，艺术第二"。我们都受胡风影响，在政治上是可靠的，在艺术上都不行。我参加革命也不为了入党。文艺思想不行，不行就算了。到解放后这个问题才淡化了，因为当时受党的统一领导。谈到胡风对我的影响，其实每一个在他的刊物上发表作品的人都受他影响。他编刊物时的严谨、认真、负责的精神对我们影响也很大。我们那些作品到现在仍可以拿出来印，它确实反映了当时的时代。我们比较注意吸收国外新的进步传统，我们英文比较好，能直接读外文，绿原的全部行李就是一个破箱子，里面大部分是英文版的《国际文学》，苏联出版的。接受国外的东西比较快。

鲁：您能谈谈在您心目中对当时文坛上其他杂志的一些看法？

罗：当时有个想法，认为：凡是搞文艺的都是进步的。我看的很多，喜欢《诗创造》，凡是诗刊我都看。也看茅盾编的大型刊物。影响比较大的是后来上海出版的《中国新诗》，"九叶派"我还是蛮欣赏的，他们以另外一种方式在写，更受西方影响，也注意到和中国结合。我一直认为40年代是中国文艺的高潮，出了许多好作家好作品，当时我们在阅读上不受限制。但有些作品我们一直不喜欢，如臧克家的诗，一直到现在我都不喜欢。这是没有办法勉强的事。

鲁：您这时候的创作接受了哪些影响？

罗：我在1943、1944年中学时就翻译过泰戈尔、欧美诗人的作品，受他们的影响。受艾青影响也较多，受鲁迅的影响自然不在话下，中学毕业就读完了《鲁迅全集》，他是我们心中的伟人和奋斗目标。

鲁：您第一次知道胡风是什么时候？

罗：很早。1943、1944年读《七月》就知道了。后来很喜欢《希望》，每期都读，上面的诗经常被我们朗诵。

鲁：在青年中影响最大的可以说是胡风编的杂志吗？

罗：在文艺青年中，其他政治性杂志，国民党办的没人看。其他如《文艺阵地》还是有一点影响。单纯从文学方面看，40年代真正形成流派的主要是胡风，"九叶派"是以后了。

鲁：实际上胡风从事文艺实践的不仅是出于文学的目的，他还有追求进步、解放，知识分子关心社会这方面。

罗：这也从鲁迅那里来的，文学要唤醒国民灵魂。他提出"民族革命战争的大众文学"这样的口号，提倡文学一定要走进大众中去。

鲁：当时你们有没有注重纯文学，文学自身的问题？

罗：战争环境没有这样的问题，不允许文学独立，1937年的抗战把作家从书斋中赶出来，不可能回到文学自身。当时外面生活非常苦，睁眼一看都是非常悲惨的事情，作家不能闭着眼睛不看社会。胡风要求作家不仅要描写现实,更要把感情投入进去,不要很冷淡地写作。他强调的更多的是文学自身的东西。他最核心的理论是:客观的素材怎样通过主观变成一个作品,他想解释这个过程,用了许多从日本来的名词,解释得不清楚,别人不理解,他自己也没有完整地把这个体系阐述清楚。茶杯就是茶杯,没经过作家主观加工就不成其为艺术品。这就产生了分歧。

鲁:作为一个文学集团,"七月派"确实是40年代最有活力的。

罗:这有几个因素,一是这些作家确实是在生活里头,另外他们确实有追求有激情。路翎在15年内写了几百万字,每本书都有新的东西。大家都在不断探索,不断进步,所以这个流派是自我生成的,以一定的理论作基础,能阐述自己作品,阿垅的《诗论》就有一百多万字,凡看到文坛上不好的就批判,好的就推荐。他有自己的理论,不过还不成体系。所以,有这样一群作家、刊物、理论、作品,就形成了一个流派。

鲁:当时那些争论爆发时你们是怎么样的情况?

罗:实际上争论对我们创作没多大影响。我们年青,也不清楚这些理论,所以我从来不参与。阿垅和胡风、方然、路翎都很投入。我们其实也不是如别人说的按照胡风理论来写作的。作品都是生活里来,从感情里来,从实践中来的。

鲁:再请您谈谈胡风的编辑活动对于今天的借鉴意义。

罗:一,他把编辑作为一种事业,不为个人名利,他还贴本,没钱,只为了有一个阵地发表他欣赏的作家的作品。二,在编辑中,我们需要把一个刊物作为整体来看,它不是拼盘,而应有一个总的思路,编出来看非常完整。三,绝对的是凭作品水平来选择作品,不看私人关系。当时他得罪了许多人,但也发现了许多谁都不知道的作家。《七月》的另一个作用,是提高了诗的地位,常把诗作为第一篇来发。再有,他不关门编刊物,而和作家、读者相互联系,常自己写编后记,广告都自己写。他这些特点,都值得学习。虽然现在没有胡风设想的主编制，都是机关刊物，但今后说不定会发展起来。我觉得流派有利于推动文学的发展。

1995年9月22日整理

关于“胡风编辑活动和编辑思想”访谈——舒芜

鲁（贞银）：我正在做一项关于“胡风编辑思想”的研究，今天来，是想请您就胡风的整个编辑工作和与您有关的问题谈谈。

舒（芜）：抗战前他的编辑工作我不清楚。抗战中他编的杂志是《七月》和《希望》。我没有在《七月》上发表过文章。我认识他是在《希望》时代，在《希望》上发表文章。作为文学理论家，他的文学理论，很多地方体现在他编辑的刊物上，这是他的力量。这跟别人不一样。过去所讲的“七月派”“希望派”，所谓派，其实也就是刊物。有些作家也编辑过刊物，但胡风的编辑工作在他整个文学工作中占的比例比别人都大。所以你选这个题目是很有意思的。他的编辑工作有一个很大的特点，他对文艺的感受非常敏锐，稿子一来，是不是好的，能不能用，有没有前途，他都有很敏锐的感受。这一点在《七月》与《希望》还有区别。《七月》的作家基本上是跟他年纪差不多的那一辈，萧军、萧红、聂绀弩等等，这些人原来都是鲁迅身边的青年人，跟胡风也都是老朋友，他们出现在《七月》上，当时都算中年作家了（也有少数几个青年，像路翎就是在《七月》后期已经出现了）。《希望》就不同。《希望》主要都是一些青年作家，所以他对文艺对稿件的敏锐的感受特别表现在《希望》上。茫茫来稿中间，用现在的话说是“自然来稿”，他就能抓得哪个作家有他的特色，有发展前途，哪怕暂时还不成熟，他一下子就能抓得住。这是他作为一个文艺理论家，一个编辑家很大的特色。当时像我们这些人，都是刚刚二十岁上下，年纪差不多，像曾卓、绿原、我，有些有人介绍，有些没人介绍，直接投稿给他，如果完全看作者的名气，都是没名气的青年，他就能抓得住；但不是所有来稿都用，有些不行的不用的也有；也有有名气的作者屡次投稿给他，他就是不用。粉碎“四人帮”以后，聂绀弩告诉我，周扬在一个会上说过这么一句话：“讲到对文艺的感受的敏锐，我们这些人都不如胡风。”聂绀弩对此也很有同感。我觉得不仅是编辑思想，这是作为文艺理论家很可贵的东西。有些文艺理论家可以讲一辈子文艺理论，对文艺并没有多少敏感。胡风文艺理论的表达，并不是很严密，不像欧洲文艺理论家那样有一套严密的逻辑构成，所以那时候要批他就很容易抓住毛病，但他就是有一种敏锐的感受，他的理论里面充满了这种艺术力量，给人以启发、指引。他作为编辑的特点与他作为理论家的特点是一致的。以欧美的眼光看，他的文艺理论也许还不很完整，但在中国他的作用就很大。由此进入第二点，就是他善于发现新人，他的《希望》尤其以这个为特色，当时重庆文艺界也都有这种感觉，胡风特别能够发现新人。第三点是他作为主编，有一种凝聚力。他在公开发表的论文之外没有成套理论教导他们，而主要就是对具体稿子提具体意见。路翎的成长过程我是知道的，他的领悟力很高，对胡风每一个具体意见的一次领悟，就能提高一步。他凝聚力量在我看来有两个方面，第一方面就是当时文艺界情况，我们认为他是最高举鲁迅大旗的，当时我们这些青年人都敬仰鲁迅，但鲁迅已经去世了，最高举鲁迅大旗的，我们认为就是胡风，（当时还没有高举谁谁的大旗这种说法）本来雪峰也是，但他前一段不在大后方，也不编什么刊物，只写自己的理论，自己编刊物的就是胡风，这是他的凝聚力的根本一点，我们找胡风都是把他当作鲁迅的继承人。另外一方面就是当时他办刊物就是一个人，不像现在有主编、副主编，还有编辑室主任、副主任什么的，一切事都是他一个人做，他给许多投稿的青年人回信谈对具体稿件的意见，有时候也没有很多意见，笼统地说觉得这个不太好，不太好什么原因也没有详细说明，从这些指点当中大家都感悟到有那么一个方向，这个方向就可以把大家凝聚起来，团结起来。1955 年批判胡风时，人家问那时候胡风跟你们讲了些什么，我就觉得没有讲什么，想了半天，好像有两点印象很深，只记得他对我谈过，他看的什么书很好，有两部书他讲的至少对我印象很深，一本是《约翰·克利斯朵夫》，他说这本书好，值得看，另一本是勃兰兑斯《十九世纪文学主潮》，现在想起来这两本书都体现了他的文学思想，他说好，我们就看，看的时候就有所感受。这也就是他有一种凝聚力量。前天有一个青年人跟我谈，他是研究路翎小说的，他把路翎的小说跟当时解放区小说对比，说当时解放区小说都在歌颂工农兵英雄，路翎的小说不是。我说你这样比不太妥当，不应该跟解放区的小说比，应该跟国统区的文学比，现在的青年人读解放后的文学史，往往不知道国统区文学，就知道解放区文学，国统区文学、文学史讲得很简单，好像只有一个马凡陀山歌，其实，国统区文学内容很复杂，很多很多，研究胡风的编辑也应该跟国统区的其他刊物比，当时中华全国文艺界抗战协会的机关刊物是《抗战文艺》，茅盾的《文艺阵地》，他们的编辑思想和胡风的就不太一样，特别像刚才说的发现新人，别的刊物就不明显。胡风主编的刊物都有一个比较一致的方向，就是强调个性解放，在当时国统区的其他刊物里缺少这个东西。他的编辑工作抓得很细，实际上就他一个人嘛，从看稿、发稿、编稿、校对、跑印刷，都是他一个人，他自己力量用得很大。他听说打仗有一种战法，把几个手榴弹捆在一起，集束手榴弹，打出去力量更大，他就是想用这个办法，但是自己就变成一根没有爆炸力的绳子了。这就是说牺牲自己很多时间，若用在别的上面，"个人成就"会大得多了。大致上我能想到的他的编辑思想就是这么一些特点吧。

鲁：我可以提一些具体问题吗？

舒：可以。

鲁:因为我看过《希望》上您写的《论主观》这篇文章,后来引起了很大的矛盾,我自己觉得当时胡风发您这篇文章时,这个关系是比较复杂的,可后来他又简单否定它。

舒:整个情况变化了嘛。

鲁:不过当时胡风对这篇文章有没有肯定的态度呢?

舒:有一点很明显,问题不是《希望》第 1 集第 1 期上《论主观》这一篇文章,后来有一系列文章,第 2 期《论中庸》,第 3 期《思想建设与思想斗争的途径》;第 2 集第 1 期《个人·历史与人民》,第 2 期《关于思想与思想的人》,第 3 期《论"实事求是"》,第 4 期《鲁迅的中国与鲁迅的道路》,这些文章互相支持,是一个系列,都是胡风连续发表的。

鲁:那当时他实实在在是怎样评价您的文章的?

舒:实实在在评价是比较高的。

鲁:这个评价什么时候变了?

舒:这个中间有缘故,你们可能了解也可能不了解,就是解放以后,1952 年我不是发表了检讨文章《从头学习〈在延安文艺座谈会上的讲话〉》吗?原来,一解放我就在地方上被吸收参加思想改造运动的领导工作,成了"改造者"的身份,自己的思想也完全适合于那一套,处处以"改造者"的眼光看问题,看自己,看自己过去被批评的文章,觉得确实应该改造,于是自己就检查承认《论主观》是反马克思主义。这样一来,使胡风很难说话。如果你当时肯定这篇文章,不就是肯定反马克思主义吗?所以后来胡风只能说他是"失察",就是看走了眼,让反马克思主义的东西混进来。现在让我来看,是不是反马克思主义只是当时 1952 年时的一个想法,因为当时所谓马克思主义,是我自己学毛泽东思想自以为有所得的马克思主义,是和苏联的一套连在一起的。我承认过去反马克思主义,实际上指的是 1952 年我自以为经过重新学习懂得了的马克思主义。本来我对马克思主义有自己的看法,写《论主观》那个时期我认为我是马克思主义的，人家批评那不是马克思主义的，当时心里不服，解放后在思想改造形势下就不能不服了。我努力学习毛泽东思想，回顾《论主观》，觉得这和毛泽东思想是不合，既然毛泽东思想是马克思主义，我先前自以为马克思主义的文章自然就是反马克思主义了。是这么一种逻辑推下来的。所以，后来，胡风自己检讨时不好说别的，只能说是"失察"，又说发表文章是为了提供讨论的，这当然不是当时的事实。

鲁：这是后来这样的政治背景下造成的吧。那当时胡风，除了这个以外，您跟胡风两个人的关系怎么样？具体的他怎么评价您，怎么选用您的文章，(私下里)对您的一系列文章怎么评价？

舒：我认识胡风之前，先认识路翎，太平洋战争后，胡风从香港回到桂林，又从桂林回到重庆，我是这时经路翎介绍认识他的，在此之先，我已经写过几篇哲学论文，这几篇哲学论文路翎要我带给胡风看，胡风看了替我介绍几个杂志发表了。后来他又来一封意见信，说现在谈哲学最好不要谈抽象哲学，最好能谈一些具体的文化问题。他这意见对我影响很大，我再也没有写过抽象的哲学文章，可以说整个方向的不同。《论主观》是这个背景下的第一篇文章。在这里，还有一个过程，胡风的回忆录也提到当时重庆有一个事件，外面一般不大知道，党内批评三个人：陈家康、乔冠华、胡绳。后来在延安把这些人叫"才子集团"。当时陈家康发表一篇文章，叫《唯物论与唯"唯物思想"论》是在党的公开刊物《群众》上发表的，很有权威的。乔冠华在郭沫若主编的《中原》上发表一篇《方生未死之间》。胡绳发表什么记不清楚了。在当时来说都有共同倾向。延安当时正在整风，整教条主义，重庆的人也感觉到有教条主义，但觉得重庆的教条主义与延安不是完全一回事情，延安的反教条主义具体针对王明路线的，重庆的反教条主义针对30年代从上海以来的机械唯物论，陈、乔的文章是反对这些东西，在党内受了严厉的批判，但还没到政治问题，只是思想问题。胡风告诉我们这个情况，我们为他们不平，《论主观》是支援他们的观点，反对教条主义，发扬个性解放，反机械论，在这样的背景下写出来。《论主观》现在看来很幼稚很幼稚的，当时为什么会引起注意呢？因为当时重庆的知识分子普遍感觉到这个问题，都对当时的左翼主导理论的机械、教条倾向不满，这时有一篇比较集中强烈要求解放的文章出来，就很有影响。在写之前，当然有一段酝酿，有一次，与路翎闲谈。他忽然问："你说，中国现在需要什么？"我说不清。他说："需要个性解放。"他这一句话给我印象深极了，把我酝酿的东西一下子集中起来，好像一份催化剂，就写出了《论主观》。1952 年我检讨时说"主观"就是"个性解放"，并未说什么新东西，《论主观》等文章本来就明明白白这么说的，只是 1952 年"个性解放"成贬义词了。《希望》是文艺刊物，发表哲学论文《论主观》看似奇怪，其实这个哲学论文不是抽象的哲学，是在胡风指导谈具体文化问题的情况下谈的，后来批判时说是"纲领性文件"什么什么的，言之过甚，但是当时是很突出的东西。《论主观》出来不久就受了批评，第一个发表的是黄药眠《约瑟夫的外套》，在南方发表，那是当时重庆已经内部开会批评了，黄药眠在南方听到消息发了文章，重庆批评了，没发表文章，说是反马克思主义，而且后来越说越高，说是对抗延安整风，1946 年胡乔木找我谈话，讲得很清楚："你要知道，毛泽东同志对中国革命最大的贡献之一就是把小资产阶级的革命性和无产阶级的革命性划分开来，而你恰恰把这个混淆起来。"这就是说，《论主观》是以小资产阶级的革命性来代替无产阶级的革命性；讲个性解放，不但不革命，而且甚至于妨害革命。

鲁：这样就是说胡风还是支持和满意你的观点的。

舒：胡风当然支持，他给我的信上说得很清楚，我是想把他所有给我的信全部发表。这些信全部还在我这里，《论主观》发表不久，重庆召开座谈会，实际是党的西南文委召集的。是少数人，胡风参加了，我们都没参加。胡风马上把情况告诉我，然后说怎样答辩,答辩文章怎样写法,他是一直都支持这个的,这个情况,比较客观的了解情况的人都知道,比如曾卓,前年还跟我说,后来胡风说当初是为了批判,这不是事实,他是知道这个情况的。

鲁:我作为研究者,想了解当时的情况。

舒:后来的形势就发展到很难说话了,因为作者本人都检讨说是反马克思主义了,你要赞成他,就是赞成反马克思主义。胡风始终不说是反马克思主义的,所以说是“失察”。还有一点可以看出来,《论主观》后面有两个附录,路翎的意见,胡风的意见,就是商量怎么使这个文章写得更好,可以看出他始终支持我写这些文章,不但发表之后支持,发表之前他就提过好多意见,怎么可以写得更好……

鲁:《希望》和《七月》的性格不同,《七月》对作者范围开得宽一点,有鲁迅周围的、重庆的、延安那边的都有,像国内统一战线,有一点这样的态度。但到了《希望》,整个风格上有独立的感觉。

舒:我也有一点看出来。《七月》虽不是广泛的统一战线,至少是在晚年鲁迅周围的一些作家的统一战线,他们里面本来也不太一致,后来有一些矛盾,胡风以后也有这样的文章,说是对于穿捷径而去者予以决绝告别什么的,这些矛盾我也不清楚。皖南事变,胡风出走香港,《七月》就停下来了。《希望》就不一样了,《希望》上胡风的色彩更突出了,因为这些人都是胡风培养下的青年人,当然也有一些延安来稿,但是那个时期我们对延安的东西当作一个遥远的新东西,跟重庆当时的矛盾斗争不一样。胡风提的口号一个是反对主观公式主义,一个是反对客观市侩主义,后来批判胡风的人说这两个口号具体所指就是郭沫若和茅盾,胡风并没有这样说过,公开文字和谈话、通信中都没有。但是,他把许多作品都归到主观公式主义和客观市侩主义里面去,所以就叫人有孤立的感觉。

鲁:当时延安有毛泽东讲话,后来延安的几个人到重庆传达讲话的内容,好像与胡风有一些矛盾。

舒:延安与胡风的矛盾不大,国统区进步文艺界中一些人物与胡风的矛盾大。他尊重延安那一套理论是党的权威,总觉得周扬有点借这个东西打人,对周扬不信任。

鲁:胡风其实不是针对延安,他想继承鲁迅,保持阵地,有点自主性的吧。

舒:是这样的。胡风对周扬持什么态度,没听他说过,但是感觉起来对周扬不信任,但也不一定要反对他。对延安的消息知道一点点,比如王实味的《野百合花》事件,实际上是延安的一个整风运动,重庆就很难知道详细,也听说萧军、丁玲似乎有一点关系,后来才知延安也是用大字报,小字报。说当时针对延安,好像没这个想法。你提出反教条主义,我也是反教条主义,但我的反教条主义跟你的反教条主义不太一样,结果我的反教条主义就被认为是反对你的了。

鲁:写论文之后,你和胡风之间的关系怎么样?

舒:一直都保持密切联系,后面几期《希望》上,他接着发表了我的一系列的文章,都是围绕《论主观》来的,但是因为后来批的,着重的是《论主观》,所以就变成好像孤立的《论主观》一大公案,其实不是的。我就记得1946年胡乔木找我谈话的时候,《论中庸》也发表了,他就把两个一块儿谈,他说毛泽东同志有一个伟大的说法,通俗的说法,"唯物论就是客观,辩证法就是全面",你这恰恰和他的相反,《论主观》就是反对客观,《论中庸》就是反对全面。可见他是把两篇放在一起批的。

鲁:当时你写的时候,是针对具体倾向:主观公式主义和客观主义的吧。

舒:所谓客观,就是把马克思主义变成冷静的、没有激情与理想的,而我们当时要把理想、激情灌注进去。用现在的语言来说,就是追求主体性,追求个性解放,我们感到他们所讲的马克思主义缺乏个性解放,缺乏主体性,其实胡风坚持的就是这些东西,他一贯反对客观公式主义,强调主体性。有的人把胡风理论与卢卡契比,其实不一样的,卢卡契不强调主体性、激情,而他强调这个。所以 1955 年批判他的时候,说他的东西是克利斯朵夫、厨川白村,其实指的是他坚持的五四传统。本来在中国思想界,这是个大问题,我不赞成说五四搞得太过,而导致了"文化大革命"的观点。二者根本不是一回事。五四的传统逐渐衰弱,衰弱到不许你有主体性和个性解放,在"文化大革命"达到登峰造极。可是也很难说。在解放初期一个强大的思想阵线之下,使大家的思想都要往上面调整,当时客观上的那么大一个胜利也是事实,你说它不对,但它胜利了,比来比去觉得自己是和毛泽东思想不符合,原来批评的不服的东西,你说你不服,人家那么大的胜利怎么来的,这样一来,思想逐渐就异化了。

那时候胡风一个人,顶多有一个助手,把整个一期刊物配成一个整体,插图、文字都非常讲究,很细,哪一家印刷厂好与不好,他都很讲究,办一期刊物就像完成一个大作品,这一点可以看出鲁迅的特点。但鲁迅选稿比较宽,特别是外国的翻译作品,有一点可取就行了,不能要求什么都好,要很开阔的。

鲁:那就是体现他的编辑风格与精神的一方面……

舒:编辑精神,他把这个当成一个文学事业,主要是要体现一个思想、倾向,这和鲁迅不一样,鲁迅主要是比较开放的,但他也有绝对不登的。胡风把这当成一个事业,是从鲁迅那里继承下来的。(我对鲁迅没有直接接触,从小崇拜鲁迅,只是从书中看过他的作品,他编的《莽原》我是后来才看到的)他不把编刊物当作一种应酬啊、门面啊,商业气、市侩气也没有。

鲁:在当时的文艺背景下,您作为文艺理论家,对胡风的文艺理论怎样评介?

舒:纯粹抽象的学理式文艺理论也许也有它的文艺价值吧,但我总觉得脱离具体的文化现实来谈理论，我不大喜欢。胡风的理论，应作为一种现实的文艺思想来看，在当时起的作用很大，“左联”以来几个马克思主义文艺理论家里面，最强调主体性的是他。

鲁：对你建立文艺理论，他的影响怎么样？

舒：很大的。当时我写过几篇论文，纯粹理论的，他都介绍发表了。但他说，最好还是关心现实问题。这一点他对我的影响很大，到现在还在。现在国内有人认为过去谈思想的多了，谈学术的少了，提倡国学。我好像有些格格不入，纯学术的也有价值，但总不能脱离时代文化背景。

鲁：我认为他的刊物、杂志，他的文艺思想的实践精神很强，有很独特的特色，办杂志也体现这样的精神，你也还是欣赏他的这种精神，在文艺理论方面你也是受他这方面的指导的吗？

舒：对，对。更明确的思想就是讲马克思主义要有主体性。（当时还没有“主体性”的概念）我们反对不讲主体性的教条主义的马克思主义，延安反对不结合中国实际照搬苏联经验的教条主义，这两种反教条主义就发生了矛盾，其实我们并不反对他们，但多少有些不满，比如对思想改造就不太满意，对不从主体入手，只是接近工农兵啊有些不满，但重庆不比延安，在重庆这成为迫切问题。

鲁：我从刊物上看，《七月》、《希望》上的小说里有很浓的知识分子的味道。

舒：是，这就是关键所在了。延安是要改造知识分子，你是要歌颂知识分子。延安知识分子改造，进行小资产阶级改造，小资产阶级革命到后来就是反革命了。革命和知识分子的关系，鲁迅很早就提出了这个问题，我们那时还不懂，总以为革命后这些问题都解决了。革命后知识分子改造，原以为主要是针对右翼的改造，可是到后来左翼也改造了。写胡风的编辑思想，你可以从每一期的后记中发掘出来。

鲁:我主要是想客观地评价当时的过程,想发掘他为什么选稿,为什么培养那些作家来体现胡风的文艺思想。

舒:胡风对我说:路翎这人很特别,好像讲一句他就很清楚。胡风对他的作品提过许多意见,其作品采用率也较高,胡风非常欣赏他。他主要写两种人,一是知识分子,一是下层劳苦人民。……后来批判他有点疯狂性,痉挛性,他有点陀思妥也夫斯基的传统,托尔斯泰和陀思妥也夫斯基这两个人对他的影响很深。他追求激发性,像陀氏,在最平凡、最停滞的生活里竭力搅动发掘出激发、暴动性。

鲁:这个也是体现了胡风的典型人物看法的。

舒:胡风不赞成机械的,把众多人物归结在一起就是典型的机械主义,冷淡客观的客观主义,他不赞成。

鲁:但诗歌很明显地有追求光明的主题。

舒:但追求光明,也有个性的。反对郭沫若式的空洞叫喊;也反对茅盾的客观、冷静,这在路翎的小说里都有表现。

1995 年 7 月 6 日

原载《新文学史料》1999 年第 4 期

胡风的编辑思想与七月诗派

吴井泉

在中国现代文学史上,胡风是独特的。他不仅是一个真诚而热情的文学批评家、诗人,也是一个清醒而有所建树的文艺理论家,而且更是一位杰出的文学编辑家。他最卓越的文学功绩在于他通过编辑出版《七月》、《希望》等刊物组织并形成了在“在中国现代文学史最后一个十年里最有影响的诗歌流派”[1](P515),七月诗派。说来也真令人惊叹,在那样内忧外患纷纭复杂的社会和文化环境下,胡风竟然能以他出色的组织与非凡的创造领导并形成一个具有深远影响的标领风骚、独树一帜的诗歌流派,这在中国现代文学史上也是罕见的。那么是什么原因促成和造就了这一流派呢?我认为主要原因之一,是与胡风的编辑思想有关。本文试图从胡风编辑思想的构成、胡风编辑思想的表现形态和对七月诗派的形成和发展所起作用等几个方面入手,进一步对胡风的编辑思想进行一次梳理和考察。

一

我们要研究胡风编辑思想的构成,那么还是先要从他的编辑工作谈起。胡风的编辑工作早在1935年底就已开始。他在左联时期曾独立编了一本地下丛刊《木屑文丛》,介绍了反映苏区斗争的小说和苏联社会主义的现实主义的文艺理论等。1936年初,在鲁迅先生的倡议和全力支持下,他与聂绀弩等合办了《海燕》刊物,刊物一问世便在文化读者中引起了轰动,由于所刊的内容具有很强的思想性与针对性,《海燕》仅出两期,便在国民党高压统治下,不得不停止了歌唱和呼吸。1936年10月19日,鲁迅先生逝世了,在文化阶层和先进人民中间涌起的哀悼热潮震动了整个社会。为了纪念鲁迅先生,在思想和创作上学习并发扬鲁迅先生的精神,当时在党中央派回上海恢复领导工作的冯雪峰的授意下,胡风编辑出版了《工作与学习丛刊》,分《二三事》、《原野》、《收获》和《黎明》四辑,刊登了鲁迅的遗作等。这四期丛刊内容有反映人民生活中的抗日要求和抗日斗争的,也有关于鲁迅研究的。新人艾青的诗作,进一步引起了读者的注意。而端木蕻良、贾植芳、曹白等的小说和散文,也是在这里与读者初见、崭露头角。这丛刊在当时的文艺界团结了一大批作者起了相当大的作用。

1937年7月7日,“卢沟桥头一声炮响,中国人民抗日的狂飙爆发了,一百年来的民族郁愤,在一个巨大的决口上奔涌出来了”[2](P7)。“抗战开始了,硝烟弥漫,战火纷飞。当时上海原有的一些刊物的主办人都认为现在打仗了,大家没有心思看书,用不着文艺刊物了,所以大都纷纷停刊。只剩下一个缩小的刊物《呐喊》,却陷入了一种观念性的境地,内容比较空洞。我认为这很不够,不符合时代的要求,这时候应该有文艺作品来反映生活、反映抗战,反映人民的希望和感情。因此,我就和朋友们凑了几个钱,在上海创办了《七月》周刊(是用一张纸折叠成的16开本),这就是《七月》创办时的情况和办《七月》的主要宗旨。”[3](P355)实质上胡风能在战火笼罩的上海创立了《七月》周刊,其举动和行为就具有了非凡的意义和魄力,而“七月”的命名就更有了一种鲜明的意义指向和标识,体现其办刊思想的明确性和进步性。在上海仅出三期,因战事紧迫,胡风等人不得不撤离上海奔赴武汉。到了武汉他立即投入《七月》的复刊工作。10月16日,新的《七月》半月刊正式出版。在新的《七月》创刊伊始,胡风便在《愿和读者一同成长》的代致辞中,提出了编辑愿望和意图:“在神圣的火线后面,文艺作家不应只是空洞的狂叫,也不应作淡漠的细描,他得用坚实的爱憎真切地反映出蠢动着的生活形象。在这反映里提高民众底情绪和认识,趋向民族解放的总的路线。文艺作家的这一工作,一方面要被壮烈的抗战行动所推动,所激励;一方面将被在抗战的热情里面涌动着生长着的万千读者所需要,所监视。工作在战争怒火里罢!文艺作家不但能够从民众里面找到真实的理解者,同时还能够源源地发现实际斗争里成长的新的同道和伙友。我们愿意献出微力,在工作中和读者一同得到成长!”[4](P26)

胡风的这种编辑意图,我认为至少包含以下几个方面的内容:一是体现其对艺术创作上的要求即他反对以空空洞洞去表现轰轰烈烈。二是体现其怎样对待生活的态度,他希望把工作进程放在民族革命战争和人民的生活实际里面,这样才能够坚持并推进文艺上的现实主义道路,警戒着脱离人民生活实际的主观公式主义和漂浮在生活表面而失去了思想斗争立场的客观主义,这样作家在工作过程中才能在能有的条件下和人民和读者群众相结合,接受人民的教育和监督,这样才能在推动读者前进中自己得到改造和成长。三是体现出怎样对待读者和作者的问题上,即建立在对读者群众的诚意和一定能够得到读者群众关心和支持的信心上面,愿和读者一同成长。

这一期《七月》的“代致辞”可以说就是胡风编辑思想的显现。胡风就是抱着这样的编辑思想在艰难的条件下编印着刊物的。而《七月》的内容能够坚持反映生活,反映抗战,反映人民的希望和感情,因而受到了读者的热烈欢迎,对人民起到了积极的鼓舞作用。

1938 年 9 月底,武汉战事紧张。胡一家三口撤离武汉,经宜都、宜昌、万县,历经艰辛,于 12 月 2 日到达重庆。在重庆期间,胡风为了《七月》的复刊,他到处奔走,不辞劳苦。好不容易找到了出版社。阅稿、选编、送审、跑印刷厂和校对等繁重的工作,除了梅志帮他做些外,所有的事情几乎都是他一人在做。

就这样,一连忙了好几个月,到 1939 年 7 月,《七月》才出了复刊的第 1 期,也就是说,中间停刊了 11 个月。胡风写了复刊词,表达了“愿再和读者一同成长”的编辑意图,并在《编完小记》中进一步说明了自己为什么要办这刊物。他写道:“好心的友人给过了忠告:《七月》在挣扎的时候,文艺活动还很消沉,现在不同了,阵势堂堂的刊物继续出现,没有再为一个小刊物费尽力气的必要。这好心曾经使我们在困难中动摇过,然而,每当一看到敌国的文艺杂志或综合杂志的文艺栏被鼓励侵略战争的‘作品’所泛滥了现象的时候,总不免有一种不安之感。而且,就杂志说,有的能够凡名家都兼收并纳,组成一望惊人的阵线,也有的只愿用微力在读者里面开辟一条小路；就作者说，有的看到全天下的杂志里面如果有一种没有自己的名字就觉得难过，也有的愿意向自己所偏爱的杂志投稿；就文艺活动和现实内容的丰富的对照上说，不是还没有达到万花缭乱，多一朵少一朵都毫无关系的地步上？所以我们还是复刊了……”[4](P28—29)

复刊后的《七月》扩大了内容，增加了篇幅，改为月刊。诗仍是胡风偏爱的重头部分。除老作者艾青、田间、阿垅等继续给它写稿外，还出现了一些新面孔：彭燕郊、鲁藜、孙钿、路翎等。《七月》的个性越来越鲜明，它的作者渐渐地形成了后来被人们称作“七月派”的一个作家群体。《七月》也成为活跃的抗战时期最受欢迎的刊物之一。《七月》在重庆共出刊14期。

1941年年初，爆发了举世瞩目的“皖南事变”。为了表达对国民党的背信弃义的抗议，胡风等一批进步的文化人士取道去了香港，在港期间，胡风计划出的《七月》(香港版)因注册不好解决而未成。想出《七月文丛》和《七月诗丛》也均未成。12月太平洋战争爆发，香港沦陷。胡风一家和其他文化人一起，脱险离开了香港九龙，辗转回国。他于1942年3月初到桂林，并在那里参与创办了“南天出版社”，并为出版社编辑出版《七月诗丛》和《七月文丛》等。

1943年3月，胡风重返重庆。重出《七月》显得更紧迫了，但这可不是个简单的事。按规定，刊物领取登记证重新登记，需有3万元的保证金，这笔钱对于胡风来说简直是天文数字。最后还是周恩来帮他解决了难题。直到1945年的元旦，新刊物《希望》第一期才得以问世。这创刊的过程历时一年零九个月，被胡风形容为如同一只小蚂蚁爬过杂有乱石、树根的小水沟一样地艰辛。

《希望》和《七月》相比，篇幅扩大了好多，也不再是纯文艺性的了。文艺作品中增加了小说的比重，诗自然还保有重要的位置，除此之外，增加了一些思想理论方面的文章和书评等。尽管这样

《希望》仍然是《七月》的继续和发展,胡风的编刊的思想还是没有变的。这本新颖大胆内容丰富的刊物,仍然如《七月》一样得到了广大读者的欢迎,销路非常好。因国民党的黑暗统治和文化的高压政策等,《希望》在重庆仅出版了四期便停刊了。抗战胜利后胡风重返上海,回到上海后,他着手编在上海出版的第 1 期《希望》。在这里编刊所遇到困难与重庆不同,虽然出版和印刷条件要好得多,但上海的读者群较为复杂,文艺现状也很复杂,要把握住大方向,又为读者普遍接受,实非易事。在这期里,胡风发表了杂感《上海是一个海》,明确了自己的任务。他说,"回到了上海以后,宛如掉进了一个海里。茫茫滔滔,一望无际。有深不可测的无数洞窟,有各自长着特别爪牙的无数的水兽,有此起彼伏的无数的风涛变幻……"但是,"在上海有无数的对文艺爱好的文艺青年,这是新文艺在此时此地的基本力量,可以宝贵的。……文坛风气可以影响他们,他们也可以改变文坛风气"。"在今天的上海,革命的新文艺所占的比重是太小了,然而,大海总是由细流汇成,开发有抗毒素的清洁的细流,将是我们的任务"[4](P40),可见胡风的编辑意图始终是明确的一以贯之的。和在重庆一样《希望》的周围又团结了一批进步的青年读者,再一次实践了胡风提出的"愿和读者一同成长"的编辑承诺。

由于国民党政府的种种阻挠,上海的《希望》出了四期就再也出不下去了,只得永远地停刊了。1945 年在重庆的四期,合成为第 1 集;在上海出的四期,合成为第 2 集。

刊物出不成了,只得另外设法出书,胡风先是用"希望社"的名义,将过去出过的书修订重印,后来又应出版商俞鸿模之约,为他的海燕书店新编了一套,《七月文丛》和《七月诗丛》。

在《七月》和《希望》停刊的两个时期内,重庆的《诗垦地》、桂林的《半月文艺》、北平的《泥土》、成都的《呼吸》、上海的《蚂蚁小集》等刊物实际上也都是七月派活跃的阵地。如《诗垦地》还采用了许多胡风编辑的稿件,实际上这些刊物的办刊意图也都是与胡风的编辑思想一脉相承的。

七月派创作、编辑、出版的杂志、丛书数量巨大,累计为杂志近 90 期,丛书共 40 册,发表的各种文学体裁的作品其字数以千万计,而诗歌创作活跃于七月派的整个活动年代中,被公认为最能体现七月派的风格特点;由胡风编辑出版的《七月诗丛》共 19 册,其中除第 1 册为多人合集外,其余皆为个人专集。

综上所述,我们可以看出胡风在长达十几年的编辑实践中,积累了丰富的编辑思想。正如邵荃麟所言:"中国那时的刊物谁都比不过胡风,胡风的刊物编辑得最好,它好在什么地方?它有完整的对文学的观点、美学追求,而且政治上也不糊涂,是革命的,符合人类进步思想。"[5](P87)实际上邵荃麟所说正是胡风的编辑思想。那么什么是胡风的编辑思想抑或说胡风的编辑思想的构成是什么呢?

我认为胡风的编辑思想主要构成还是在于他那最著名也最引起争议的主张就是强调自觉"突入"现实生活的"主观战斗精神"。胡风认为作家不能旁观地冷淡地把所谓现实、所谓生活看做自己身外的东西,以为"只要看到、择出、采来就是",而是一切都"非得透进艺术家的内部,被艺术家的精神欲望所肯定,所拥有、所蒸沸、所提升不可",[8]飘浮于、屈服于客观的客观主义,则在实际上取消了对作家的要求。但就创作而言,取消了对作家的要求,或者说否定主观在创作中的作用和意义,等于取消对艺术区别于生活,区别于自在的客观的一切要求,取消艺术本身。艺术无论如何不能走上这一步。在这一点上,作家的主观,决定着创作的面貌。因此胡风非常有针对性地说,作家必须养成"主动精神"和"独立负责精神",从而能够"猛烈地向赤裸裸的现实人生深处搏斗","而这样的搏斗才是真的艺术创造的根源"[6]因此他呼吁"游泳须在水里,诗人首先必须是战士",强调要保持风格与人格的高度一致。

值得注意的是胡风的“主观战斗精神”的提出，不是标新立异也不是革命浪漫情绪的简单表现，而是有着重大的现实意义，他主要是针对当时文坛上盛行的公式化概念化倾向。他认为只是在一旁空洞叫喊，而不是亲身投入到现实斗争中去，这正是文学创作中“标语口号”式作品屡屡不绝的根本原因，要彻底解决这一问题，就必须强调“主观战斗精神”。因此胡风在编辑实践中主要就贯串了这种思想核心，但是构成胡风编辑思想还有两个基点。那就是：一是作家要有一定的生活体验即强调客观现实与创作主体主观感情的融合统一，二是有广泛的作者读者群。唯有这“一个中心两个基本点”的结合才构成胡风完整的编辑思想。

二

胡风的编辑思想主要呈现出以下几个方面的表现形态：一是鲜明的爱国主义的思想形态。1937 年 7 月 7 日举世瞩目的“卢沟桥事变”，全国人民掀起了反击日本帝国主义侵略的全面抗战，一场伟大的民族解放战争开始了。这是一场空前的民族劫难，也是一场民族团结、民族存亡的大考验和大搏斗。所有爱国的、有血气的中国人无不团结在这面大旗下，投入到火热的斗争中去，正是在这样的历史背景下，一切爱国文艺工作者纷纷走出书斋、走出课堂，投身到民族解放的行列中去。对于诗人胡风来说爱国不仅是一种赤子对母亲的情感，而且更应是一种实践。当时大的文学刊物都停了，由《文学》、《中流》、《作家》和《译文》合成了一个由茅盾主编的小周刊《呐喊》。但篇幅太小，影响不大。胡风感到，不能让时间白白流过，应该将大家的激情转移到实际工作中去，写些东西反映抗战热情鼓舞人民，起到文学应起的作用。于是他在上海自费筹办了文艺周刊《七月》。《七月》的刊名题字用了鲁迅先生的笔迹，它有两层含意，一是纪念鲁迅，二是纪念抗战、号召抗战,并且坚持团结抗战。

在胡风的编辑理念里,始终把爱国主义意识贯串于他的编辑实践中,无论是《七月》,还是《希望》,总是弥漫着爱国主义的精神氛围,为"祖国而歌"一直是胡风的基本文学观念和精神支柱。

二是精神启蒙的人文思想形态。在胡风的编辑思想里精神启蒙一直是他关注的视点。他从五四先驱者鲁迅先生那里承继了更多的这方面的思想因子。如果说救亡是一个民族迫不及待的任务,那么对于启蒙来说则需要更深入更持久的探险。后者更具艰难与坎坷。胡风就是一位这样自觉衔接五四新文化的人文精神的知识分子,他敢于"铁肩担道义",他敢于让作家去描写"精神奴役"的创伤。这是他十分强调的当时中国现实的一个重要的历史内容。他说:作家"应该去深入或结合的人民,并不是抽象的概念,而是活生生的感性的存在。那么,他们的生活欲求或生活斗争,虽然体现着历史的要求,但却是取着千变万化的形态和复杂曲折的路径,他们精神要求虽然伸向着解放,但随时随地都潜伏着或扩展着几千年的精神奴役底创伤。作家深入他们要不被这种感性存在的海洋所淹没,就得有和他们底生活内容搏斗的批判力量"[7]。在这里作者强调了思想启蒙的重要意义,而"精神奴役底创伤"我认为这恰恰与鲁迅先生所批判的"国民劣根性"是一脉相承的。早在1937年10月,当《七月》在武汉出刊时,他在《愿和读者一同成长》中就敏锐地指出:在"今天抗日的民族战争已走向全面展开的局势。如果这个战争不能不深刻地向前发展,如果这个战争底最后胜利不能不从抖去阻害民族活力的死的渣滓,启发蕴藏在民众里面的伟大力量而得到,那么这个战争就不能是一个简单的军事行动,它对于意识战线所提出的任务也是不小的",这里所提出的"抖去阻害民族活力的死的渣滓"和"启发蕴藏在民众里面的伟大力量",正是中国现实主义文学的一个长期而又艰巨的重要任务,它也是"五四"以来中国新文学的光荣传统。胡风之所以一再强调“民族解放”与“社会进步”有机统一起来，强调中国民族战争不能够只是用武器把鬼子赶走了事，而是需要一面抵抗强敌，一面改造自己，是因为他尖锐地意识到，具有浓厚的封建买办色彩的国民党政府当局，正在“一致对外”的口号下，拒绝人民实行民主政治，加速社会改造的民主主义要求。因此，他在《论现实主义的路》一文中，一再指出，抗日战争的本质是将“反帝反封建的伟大的斗争在民族危机下面达到了全民性的高度”，“并不是反帝反封建的斗争，现在仅剩下了反帝，而是以反帝来规定并保证反封建，把反封建提到了反帝同等的地位”，他提醒人们，“要从抽象的爱国主义解放出来”，防止在爱国主义旗帜下偷运“国粹主义”的私货。因此胡风就是带有这样的重负和使命感来编辑刊物的。

三是校正不良创作倾向的思想形态。胡风作为一个具有一定的文艺思想的编辑家和诗人，他始终关注和校正着创作思潮。他以创作主体为本，针对当时的创作实际，主要反对两种主义即主观主义和客观主义。胡风注重客观对象与主观情绪的融合，因此他反对热情离开了生活内容，没有能够体现客观的主观，即所谓主观主义。他反对诗人把哭泣或狂叫照直吐在纸上，主张要压缩在、凝结在那使他哭泣使他狂叫的对象的里面，使他哭泣使他狂叫的对象的表现里面。离开了具体的抒情对象而呼喊狂叫的现象，在20年代后期及30年代的革命诗歌中是曾经存在过的，其严重的甚至发展到标语口号化。因而胡风反对诗歌创作中离开客观主义的主观主义。

胡风也反对“生活形象吞没了思想内容，奴从地对待现实，离开了主观的客观即所谓客观主义”。胡风所指出的客观主义，在诗歌创作中，主要表现为“灰白的叙述”，也就是诗人的感觉情绪不够，非常冷淡地琐碎地写一件事、生活现象本身。胡风诊断，这是诗歌创作的致命伤。

胡风在他的编辑实践中始终在校正这两种不良的创作倾向，

《七月》和《希望》之所以能在三四十年代独树一帜，标领风骚，这不能不体现其编辑家胡风先生的睿智和胆识。

三

七月诗派的形成和发展是与胡风的编辑思想密不可分的，这是不容置疑的。那么胡风的编辑思想到底是怎样对七月诗派发生作用的？我认为主要有以下几方面的原因。

首先，《七月》的创刊，所以能在现代文学史上形成一个流派的发轫，重要原因之一是它一开始便有一个具有共同倾向的、相对稳定的作者队伍。这不仅仅表现在编者胡风对作家群体的组织与团结上，而且更重要的是胡风对新人新作的敏锐发掘，重视新生力量的发现和培养上。胡风在青年作者中享有很高的威望。这不仅仅是来自鲁迅晚年对他的器重与信任，“那时候文艺界大都认为胡风是鲁迅精神的继承人”。[5](P81)而更重要的是胡风有自己的一套理论体系“他具有独立的姿态，对历史、对文学、对鲁迅，都有独自的见解”[5](P81)，而“胡风的那些谈诗的理论对年轻人很有吸引力，对刚开始创作的人很有指导意义。据统计，七月诗人在七月派有关杂志上发表作品时年龄一般都不足20岁。胡风以极大的热情关怀着这批刚刚走上文学道路的年轻人。在他主编的《七月》、《希望》杂志，《七月》丛书及其有关刊物上，大量发表青年诗人的作品，随时给予中肯的指导和评价，对这些文学幼苗茁壮成长起到了关键性的作用。譬如诗人绿原多年后还满怀感激之情地提到：“1942年，胡风先生从香港回到桂林，为我出版了第一本诗集，那就是《童话》。他为纪念七月抗战而创办的文艺刊物《七月》早已停刊，这位一贯热心培植新诗的理论家和诗人正着手编印《七月诗丛》，《童话》就是那个诗丛中的一个生客。”诗人牛汉也曾说“我到华北解放区以前，把我的全部作品（诗）寄给胡风，我内心十分崇敬他的。那是1948年夏天，从北京寄到上海，他看到后颇欣赏，替我编了一本集子《彩色的生活》"[5](P82)。此外，还有许多，这里不一一列举。可以看出胡风对那些初露锋芒锐气十足的青年诗歌爱好者是十分爱护并情有独钟的。而这些青年诗人对胡风显然又有着一种感情上的亲和力，他们之间的关系类似于师生之间的情谊。因此，不仅仅是在文学创作上，更重要是在精神气质上，他们自觉自愿地以导师为楷模，逐渐形成了这一诗派所独有的精神品格和艺术个性。

《七月》、《希望》是半同人杂志，这独特的杂志形态是从编辑上有一定的态度，基本撰稿人在大体上倾向一致说的，胡风实现，"愿和读者一同成长"这一编辑愿望的。当时在胡风的周围，团结了一大批文学爱好者和文学作家。他们踊跃地向《七月》和《希望》投稿，"如丘东平、曹白、鲁藜等"。"他们写小说，写报告文学，写诗，这些作家当然是有自己的看法的。向哪个刊物投稿，不是随随便便的，而是根据自己创作的美学观点选择的"[5](P82)。这些作家如田间、东平、孙钿、鲁藜、天蓝、冀汸、阿垅、邹荻帆、曾卓、绿原、牛汉、路翎、化铁等都与胡风保持着精神上的联系和拥抱。

其次，胡风是一个学者型的诗人，或者说又是学者型的编辑，在具体的编辑实践中，胡风有他自己的选诗标准。他认为诗应当从生活中来，不是从诗到诗，不是从艺术到艺术。他主张作者直接面对生活，与生活没有距离；他把做诗与做人看成是一致的，不能写诗唱高调等等。他认为，一篇诗作既要真实地反映斗争生活，又搏动着诗人的心灵和时代的脉息……很显然，胡风是反对那些空虚的作品，是指作者的感情并不是对人民的生活内容感受到的内在的要求，而是一种浮在生活表面上的兴奋。或者，作品中的形象并不是从他所深知的现实人物的性格融化成的或生动起来的，而是为了表演某种概念而制造出来的。例如庄涌的诗。当时正在徐州大会战，"他寄来了《颂徐州》。作者是一个中学生，很容易被一种激情所征服，但他的激情是被战争概念或政治概念所刺激起的兴奋，并不是从和人民的生活实际相结合的内在要求出发的，所以这里面的苦难主义不能不是一种表面的形象。他继续写了下去有的气概更雄壮，但基调没有大变化。1939 年在重庆，我把他的诗编成一本《突围令》，寄往上海出版了。我认为这种空虚的声音可以结束了"[9](P107)。

胡风特别强调，诗歌创造应保持情绪的自然状态，而反对矫揉造作。关于这个问题，绿原曾回忆说："在写作方面，我当时脱去了《童话》时期的天真和明朗，一度热衷于一些雕琢而又朦胧的意象；胡风也是几次来信，叮嘱我注意保持情绪的自然状态，不要把它揉了又揉，揉到扭曲的程度……正是这样，我陆续写出了一些仿佛从心里流出来的政治抒情诗，大都由他编在《希望》上发表了"[10](P32)。

胡风是位诗人编辑家，"很少有编辑像他那样具有敏锐的诗的审美能力"。他曾敏锐地指出："诗人的力量最后要归结到他和他所要歌唱的对象的完全融合。在他的诗里面，只有感觉，意象、场景的色彩和情绪底跳动……诗不是分析、说理、或者是新闻记事，应该是具体的生活事象在诗人的感动里面所搅起的波纹，所凝成的晶体。"(《田间的诗》)这里提出的诗歌创作的感觉，意象，场景的色彩和情绪的跳动等问题，确属行家之言。对七月诗的创作和发展具有指导和规范作用。

毋庸置疑，胡风的这些观点是正确的。然而，这些观点如果没有作品来印证，那也只是一种理论形态，这里就看具体作品了，就得从具体作品来检验理论本身的正确程度了。"艾青、田间以及后来的七月诗派，当时在党的影响和感召下，为苦难的祖国和人民写诗，各自发生了激越的、真诚的、充满血肉气息的声音，这首先是他们的艺术生命活跃在神圣抗战的洪流中的表现；但作为一个流派来看，这些不同的血肉之音形成一个合唱，则又不能说同胡风作为

《七月》编者和文艺理论家的一些主张和要求完全没有联系”[11](P63)。

最后,胡风的编辑思想对七月诗派的影响还体现在他那独具特色的“旗帜意识上”。胡风是一个重要的文艺理论家和批评家,也是青年诗人们的良师益友,虽然他也是一位重要的诗人,但他的有限创作实践和艺术经验不能满足年轻人的创作冲动和要求。“因此七月派的青年诗人就不得不根据自己的意趣去寻找艺术上的导师,这个导师是有的,而且是令人信服的,他就是艾青”。那么是谁发现了艾青并把他推到了七月诗派中的首席地位?当然是胡风。胡风是最早发现诗人艾青的,并为他写过《吹芦笛的诗人》评论,胡风对艾青推介早在他编的《工作与学习丛刊》上就已开始了。自《七月》创刊后,艾青就是该刊的重要作者。艾青的许多重要作品大都发表在《七月》上面,如《雪落在中国的土地上》、《乞丐》、《北方》、《向太阳》等等。在胡风的编辑意识里,艾青是一个特殊的作者。胡风有意使艾青的优秀创作成为七月派诗人的榜样和楷模,成为一面鲜活生动猎猎飘扬的旗帜。在胡风的这种旗帜思想的烛照下,艾青确实担负起了这一崇高的历史使命,与胡风珠联璧合,对七月诗派产生了不可估量的影响。胡风为了强化诗人艾青的形象,他曾来用连续传播的手段、集中时间连续编辑出版艾青的诗作、诗论,发表关于艾青的文学评论,由艾青主持回答文学爱好者的文学问题等。据统计艾青是在《七月》上发表诗作最多的一位诗人,也是“七月诗丛”中少数几个连出两部诗集的作者。胡风这一做法,无疑强化了诗人的形象,巩固了他在广大文学爱好者中的地位。七月派中很多诗人都承认受到艾青的影响。如牛汉、绿原等。绿原曾在20人集《白色花》的序言里,对艾青这种率先垂范的领头精神做了这样的概括:“中国的自由诗从‘五四’发源,经历了曲折的探索过程,到30年代从沉寂的书斋里、从肃穆的讲坛上呼唤出来,让它在人民的苦难和斗争中接受磨炼,用朴素、自然、明朗的真诚的声音为人民的今天和明天歌唱:这便是中国自由诗的战斗传统。本集的作者们作为这个传统的自觉的追随者,始终欣然承认,他们大多数是在艾青的影响下成长起来的。"由此可见,胡风的这种旗帜思想已经得到充分的体现。

胡风对七月诗派的另一位"领头雁"田间也是情之所向的。胡风也像推介艾青一样推介田间,他的诗发表在《七月》上计 30 首之多。也是在"七月诗丛"中连续出版两部诗集的诗人之一。特别是《给战斗者》一诗传播很远。有许多诗人也深受田间的影响,牛汉认为:"田间昂奋的激情、奔跑的姿态,只有短促而跳跃的节奏才可相应地表现出来……田间当年的诗是健壮而红润的,粗粝的语言有很大的爆发力,我有两三年光景沉醉在他的战鼓声中。"[11](P63)由此可见,胡风的这种编辑思想是成功的。可以看出艾青和田间在当年对七月派年轻诗人产生的积极贡献。

总之,七月诗派的形成是一群进步的作家与文学青年在胡风的"主观战斗精神"的旗帜下的自觉选择和集合。《七月》和《希望》等出版物是他们的发表园地。胡风的编辑思想既有力地促进了七月派成员的创作,又及时地避免了创作上的偏差,引导着现实主义诗歌流派——七月派健康而勇敢地向前发展。

参考文献:

[1] 张松如主编.中国现代诗歌史论[M].长春:吉林教育出版社,1995.

[2] 公木主编.新诗鉴赏词典[Z].第 7 页,上海:上海辞书出版社,1991.

[3] 晓风选编.胡风书话[C].北京:北京出版社,1998.

[4] 梅志,晓风编.胡风死人复活的时候[C].中国青年出版社,1999.

[5] 牛汉.散生漫笔[C].太原:北岳文艺出版社,1999.

[6] 支克坚.胡风与中国现代文艺主潮[J].文学评论,1988(5).

[7] 胡风全集.第 2 卷[M].第 189 页,武汉:湖北人民出版社,1999.

[8] 绿原.人之诗自序[M].北京:人民文学出版社,1983.

[9] 胡风.胡风回忆录[M].北京:人民文学出版社,1997.

[10] 刘扬烈.诗神·炼狱·白色花[M].北京:北京师范学院出版社,1991.
[11] 牛汉.学诗手记[M].北京:生活·读书·新知三联书店,1986.

原载《北方论丛》2000年第5期

胡风报刊编辑艺术论略

胡正强

胡风不仅是现代中国一位个性突出的文艺理论家,而且是建树颇丰的文艺报刊编辑,曾先后主编过《工作与学习丛刊》、《海燕》、《七月》、《希望》等著名刊物,在中国现代文学发展史上产生过很大的影响。作家邵荃麟说过:"中国那时的刊物谁都比不过胡风,胡风的刊物编辑得最好,它好在什么地方?它有完整的对文学的观点、美学追求,而且政治上也不糊涂,是革命的,符合人类进步思想。"①鉴于学界至今未见有人对胡风的报刊编辑思想进行系统研究,故本文仅就胡风的编辑方法和艺术略作管窥。

一 注重刊物的整体性

期刊设计中最基本的科学性要求是整体性,任何一个游离于期刊整体之外的环节都是期刊操作中的败笔和失误。期刊设计的整体性要求报刊编辑从整体意义上设计、规划刊物运作,从宏观的思维层次上塑造刊物的面貌。对于报刊编辑工作,胡风的观点是:"一本杂志也是一篇创作,那里面的文章就是题材。"②他主编刊物时,要求刊物是一个完整的东西,从封面到编后记,都与刊物的内容是一个有机的整体,尾花和插图都要讲究与刊物内容的协调一致,甚至在哪家印刷厂印刷,他都要思量一番,因为印刷厂的实力和技术条件常常制约着编辑整体设计意图能否实现。《七月》4集4期的封面木刻是庄言的《争取奴隶的解放》,在重庆制版后寄到印刷厂的路上耽搁了十多天还没有寄到,只好另把同是庄言的木刻《前线归来》赶印制版,但目录及全部内容早已印好了。胡风"看着那里面错印着《争取奴隶的解放》也无法可想"③。这虽是一个失败的例子,但其背后所透露出的胡风整体编辑思想还是清晰可见的。1935年9月,胡风在《翻译工作与〈译文〉》一文中,曾委婉地指出,虽然《译文》已是内容和形式都很上乘的刊物,但在"杂志体态上的完美"④诉求方面还有不少可以改进的地方:"例如介绍了拉玛尔丁的《秋》,波得莱尔的散文诗,关于他们的评论却没有,因而读者也就不容易得到比较正确的理解了。"⑤

胡风所编刊物的整体性首先表现在刊物的风格前后一贯,虽然允许期刊风格的变化和流动,但胡风主张它们前后之间继承和联系应该是明显的。他曾指出《译文》由于参加编刊人数的加多和新的译手的出现,"一方面各人依着他的爱好选择材料,免掉了由几个人义务似的凑集的毛病,但同时也就难免现出了略略芜杂的色彩,不论在译笔上或内容上,都不及先前那么齐整了"⑥。1946年1月11日,《新华日报》创刊八周年,特向胡风等文化界知名人士征求意见,胡风提出了七条改进意见,其中一条就是建议报纸要谨守自己的编辑方针:"独立性要明确不移,但包容量要尽可能地广。包容量要尽可能地广,但不能流于交际式,更不能让投其所好者浪费篇幅。"⑦不能因为其他因素的干扰而破坏刊物的整体风格。他编辑刊物时,曾多次向作者和读者表示:"为了内容的调和,我们保留选择的自由。"⑧只有编辑有了自己处置稿件的权利,刊物的整体性风格才有可能形成。

刊物的整体性具体地表现在刊物的材料选择和配置方面。发表什么作品,如何处置稿件,编辑都要有通盘的考虑和设计。《希望》1集3期,原定于1945年5月1日出版,所以胡风编发了刘北汜的《机场上》、漠青的《悲歌》等小说。这几篇小说的主人公都是工人，由于作品主要展示的是工人们生活的苦难，因此作品给人的感觉是压抑的。为了使读者的阅读心理获得平衡，鼓舞人们乐观向上的情绪，胡风特地编发了解放区作者邵子南的报告文学《李勇和他的地雷阵》，并在《编后记》中写道："战斗的力量，战斗的自信，战斗的欢乐。李勇者，虽然是一个实际的人，同时也是敌后广大战斗海洋里面的无数的这类英雄的一个象征……《新华副刊》上的韦明和史梨的报告，是值得对照着读的。"[⑨]虽然这里仅仅是简短的几句，但既恰如其分地概括出了作品的特色，又向读者提示参看的阅读方法，启发读者从更广阔的视野里面去阅读作品，充分显示了胡风编辑刊物时成竹在胸的整体构思。与《七月》相比，胡风在编辑《希望》之初就有意识地增强了刊物的思想力量，刊发了一些哲学性论文，"由于相似的心情，就有了'杂文'和'书评'。原来的意思不过是收集一些匕首式的短文，让麻醉的神经受一点刺痛"[⑩]。因为杂文的现实针对性太强，容易给刊物招来是非，因而有的读者提议不如取消杂文专栏，腾出篇幅多登纯文艺性的作品。一向尊重读者意见的胡风这次却拒绝采纳："把文艺当做忘忧草，把文坛做成好像是乐园，我们没有这种本领，也没有这种福气。"[⑪]因为如果认可了读者的提议，显然就破坏了刊物原来的设计思想。

期刊的整体性要求编辑不能忽视任何一个微小的环节。例如每一本刊物都会碰到补白这个问题，现实生活中不少编辑对补白是不大看得上眼的，认为这无关宏旨。其实，补白问题虽然很小，但与刊物体态上的完美很有关系。胡风在上海编辑《希望》2 集 1 期时，校样看得非常仔细，"并在空余地方加上短小的补白，不使它因空白而显得难看。这补白很难选，因要使它和整体协调一致"[⑫]。胡风这一编辑思想在编辑《七月诗丛》时也充分体现出来。《七月诗丛》是一套丛书，每本书的作者、内容都不一样，但都统一于“七月诗丛”的名目下,具有一定的联系。为了体现它们之间的联系,胡风在诗丛的每本封面上、右边角都放了一个小木刻图案。这个小木刻是丛书的标志,具有美化的作用。胡风在请人设计这一图案时,因为“要和诗的内容多少有点联系,这很费了一番心思”[13]。支配这一举动的正是整体性编辑。

二　善用组合传播方法,充分发挥专栏优势

拟用、已用的稿件,通过作者的创作劳动已自具首尾、自成系统,表达一个相对完整的主题意义,但在期刊编辑家的整体思维中,它的功能与存在是与一个尾花、一幅题图相等同的。只有在专栏的范围内,通过一定的编辑技术手段与相关文章、图画等其他结构要素结合一处,它才在期刊编辑意义上具有相对完整的内容。在专栏层次上,篇章只构成短语或句子。胡风主编刊物对专栏的策划和设置是颇具匠心的。他主编的《七月》,就设置了七月社明信片、简约、致读者、这一期、启事、文艺答问、校完小记、排印前小记、书刊广告等栏目。这些小栏目的设置,使刊物显得生动活泼,是贯彻他依靠广大作者和读者办刊物思想的生动写照。他在这里向读者作些言简意赅的介绍,沟通读者和作者、和编辑之间的联系,在很大程度上拉近了作者、读者对刊物的感情认同。《七月》、《希望》的周围团结了一大批青年作家和文学青年,不是没有道理的。

期刊编辑的创造性,主要表现在打破各篇稿件独立自为的封闭性,把它看成构成未来新系统(专栏)的结构元素,同时认定稿件之间的联系性、相关性,将使它们构成一个崭新的意义单元。这样,稿件便在新组合的整体层次上输出信息,释放能量。胡风曾经称道《译文》编辑艺术上的一个优点:“关于一个比较重要的作家,有他的作品,同时有他的照片或画像以及评论他的文章。从作家

的为人去了解他的作品，再从他的作品去了解他的为人，我想这对于读者是一个非常有益的办法。”⑭让作品与作者介绍、特色分析共处一个传播空间，从传播学的角度讲，是组合传播。这种形式的组合传播不仅能使原有的信息量增值，而且具有更大的宣传强势。胡风以后编辑《七月》、《希望》等刊物时，就借鉴了《译文》这样的编辑方法。《希望》2集3期丘东平纪念特辑就集中而典型地体现了胡风在这一方面的编辑努力。胡风所编的刊物，几乎每一期他都花很大的精力撰写《编校后记》，或解释稿件编排的目的，或阐述稿件的内容和美学意义，力图对读者的阅读产生某种导向与暗示。

期刊稿件的编排方式作为一种编辑语言，可以能动地增强刊物内容的表现力。通过稿件巧妙的编排组合，含蓄地传达有声语言所难以传达或不便传达的意见，这往往正是编辑艺术的高妙所在。胡风1945年初创办《希望》伊始，就设定了刊物为民主运动鼓与呼的宗旨。他认为抗日战争已经露出胜利的曙光，经过战争炮火的洗礼，一个旧的中国已经死去，一个新的中国就要到来。中国正处在新与旧两个时代的交会点上，民主的要求与黑暗势力斗争激烈，追求民主应该成为刊物的纲领。他竭力寻找反映民主要求或揭发沉重的封建黑暗的作品以配合当前的斗争。在《希望》第1期中，他编发了贾植芳的《我乡》、孔厥的《郝二虎》、骆宾基的《一个坦白人的自述》、路翎的《罗大斗的一生》等几篇小说。这几篇写农村的小说，从国民党统治下的黑暗农村，经过抗日游击战的农村，到共产党领导下的农民翻身做主的根据地的农村，反映了从旧中国到新中国的改造过程。通过作品的编排，生动地体现了“一个时代两个中国”这个大时代的特点。这种阅读效果的取得，源于编辑方法使读者能从稿件的编组列阵中产生联想，从而获知被组合稿件的“弦外之音”。

对照是胡风在编辑刊物时常用的编辑手法。对照的实质是刻意利用稿件之间存在的反差,把事物的矛盾性质淋漓尽致地揭示出来,从而取得更好的传播效果。他主编的《希望》2 集 2 期,这个特点非常突出。四篇小说虽然写的都是农民,然而,《回家》是在抗战前的东北农村那种黑暗情形下面的农民的遭遇;《胆怯的人》和《王炳全的道路》则是抗战期间后方农民的受牺牲的形象,前者死于无告的冤屈,后者经验着深刻的心理变化,在走向工人阶级的集体生活的道路上克服着悲剧的命运;到了《凤仙花》,我们就接触到了解放的过程和被解放了以后的景象。这四篇小说,说明在当时的中国,一切都现出激烈的变动,一切都现出鲜明的对照。这期《希望》还刊发了两篇关于知识分子的散文,编者也是从对照的视角去处理它们。"《忆李邦梁》里面,一个上升,一个坠落;《地狱中的塑像》里面,一堆渣滓,一个铁人。"[15]诗歌栏的处理同样体现出这样的编辑思想。为了使这种编辑意图更为显赫地被读者接受,胡风在"编后记"中特为拈出:"如果我们能够感受得到这样的对照中间包含了多少的痛苦,多少的斗争,我们就可以明白这对照于中国的前途将有什么意义罢。"[16]

胡风 1945 年 1 月 18 日在致舒芜的信中说:"多年来,我用的是集束手榴弹的战术。"[17]所谓"集束手榴弹的战术",其实就是传播学中的集中传播和连续传播方式。对于一些重要作家,胡风往往采用超常规的编辑手段以便尽快地将他们推向文坛。艾青是公认的"七月诗派"的领军人物,奠定艾青在"七月诗派"中的地位,应该说离不开胡风的大力推介。胡风是最早发现诗人艾青并为他写过《吹芦笛的诗人》的评论的。《七月》创刊后,艾青就是该刊的重要作者之一,许多重要作品大都发表其上。在胡风的编辑意识里,艾青是一个特殊的作者,他有意识地使艾青的优异创作成为"七月派"诗人的榜样。为了强化诗人艾青的形象,胡风使用了集中传播和连续传播的编辑手段,在短时间内连续编发艾青的诗歌、诗论,发表关于艾青的文学评论,由艾青主持回答文学爱好者的问题等。据统计,艾青是在《七月》上发表诗作最多的一位诗人,也是《七月诗丛》中少数几个连出两部诗集的作者(《向太阳》和《北方》)。胡风这一做法,无疑强化了诗人的形象,巩固了他在广大文学爱好者中的地位。

三 图文并茂

注重刊物的艺术设计,力争做到图文双美,相映生辉,是胡风编辑刊物时一个非常自觉的努力方向。《希望》1 集 1 期的封面版画《麦哲伦通过海峡》,是从刘铁华的藏品中挑选出来的。原画为六色版画,因为是复印的,而且没有说明,原来的大小亦不详。重庆没有制这种版的技术条件,胡风只好请余所亚仿刻。又因为要节省三道的印工,就由六色变成了三色,色彩也不能完全与原画一致了。从这期刊物的封面制作过程中,我们不难体悟到胡风对刊物外在形式的美学追求是十分强烈的。胡风这一编辑思想既是他学习《译文》的结果,也与他师承鲁迅先生,对新兴木刻运动及其他新美术一向十分重视有关。《七月》、《希望》每期都要登载一两幅甚至多幅美术作品,有江丰、力群、李桦、马达、赖少其、李可染等人的作品,由于受战时物质条件的限制,这些作品多是木刻、炭画、墨画以及漫画,尤以木刻为最多,并多数用作封面。当然,这也与他对文艺报刊具有美学功能的认识分不开。他认为报刊尤其是文艺性刊物,是内容和形式的有机统一体,内容要给人以美的启迪,形式也要给人以赏心悦目的美感。

胡风认为图画等美术作品由于具有直观形象性,因此用图画来传播某种信息,可以让读者大大地减少生疏之感。“和文字有关系的图画,不但可以大大地帮助读者对于被介绍的作者和作品的理解,还能够提高读者对于美术的素养。”⑱胡风对于文艺刊物的美学设计有这样几个原则:一是非常强调美术作品与刊物的内容有关，美术作品主要是为了增加刊物的美学色彩，只能起到对刊物内容的服务、配合作用，而不可喧宾夺主。1944年5月他在致伍禾的一封信中谈到，由南天出版社出版的《第七连》，著作的封面设计创意“并不坏，可惜与内容无关”[19]。所以他重视刊发美术作品，又非常认真而慎重。二是注重美术作品本身的思想内容对现实的配合作用。如《七月》6集1期和2期合刊的封面，用的是王朝闻的墨画《被囚的民族战士》。之所以选用这幅画，主要是胡风当时从徐冰那里听说国民党当局又在蠢蠢欲动，经常有很严重的摩擦。想到国民党只知残害自己人的反动行为，胡风觉得有必要使广大读者知道，敌人是那么凶残，甚至用“老虎凳”拷问我们的民族英雄。用这幅画做封面有揭发国民党当局阴谋的意义。三是刊发美术作品是为了推动美术运动向健康的方向发展，“在艺术的园地上培养出美的花朵”。[20]胡风还在他从上海撤退武汉前，便在江丰、力群等人的帮助下，开始搜集木刻作品，以便在《七月》上选登，介绍和提倡木刻。到武汉后又继续搜集，有了三百多幅，便起意举办一个“抗敌木刻画展览会”。在筹备和展览期间，田间、李又然、萧军、萧红等参加了工作。胡风自己审查作品，做了画名编目，还写了《抗敌木刻画展览会小引》，发表在《新华日报》上。这次展览从1938年1月8日起共开了三天，规模虽不大，但却是抗战期间的国统区举办的第一个抗战美术展览。

胡风是一位具有很高美学素养的报刊编辑。他对报刊的版面设计很有研究，非常讲究版面的整体美。《七月》5集2期上的一篇小说《伪警》，校对时因版已排成，“《伪警》被割下尾巴挂在另一个地方，虽然不喜欢这样的排法，也无从改动了”[21]。他特在编校后记中无奈地予以说明。《希望》1集2期的印刷条件好一些，胡风几十年后的回忆录中有这样一段文字：“改正了《希望》的版式，并写第2期的编后记。我将化铁的《暴雷雨岸然轰轰而至》这首诗放在首篇，是因为它表现了抗日战争的胜利一定是暴雷雨似的人民革命的迸发。”[22]这反映出他对刊物版式语言的体悟和利用已臻化境。1938年4月,洪倩等五位读者致信胡风,建议为了扩大刊物的销路,应向当时流行的刊物学习,可在封面和目录上做一些能够一下子吸引住读者眼球注意力的“文章”。胡风很有礼貌地回绝了。他说:“《七月》一开始就抱定了一个目标,那就是‘素朴’两个字,所以,例如在排版上,除了点线以外,就不采用任何花头。”[23]他认为过分复杂的形式对信息传播并不一定有益处,刊物形式要有利于内容的传播,特别是要以方便读者阅读为基准。他与朋友讨论版式时曾有言:“小题目如用五号,易和正文相混,如用了新五号,也许很别致。”[24]可见,他对报刊编辑艺术设计要素考虑得周到而全面。

1983年,已年逾八旬的他,在致人民文学出版社编辑部的信中,对《胡风评论集》一书的封面设计发表看法:“前些时看到四川出的《老舍选集》。那封面设计和每卷中的书名目录页的设计,我觉得很好。大方,显著醒目,色彩也鲜明而朴素。回忆评论集的封面设计,我觉得琐碎。我觉得也应该采取图案式,不要那花纹,作者名字也不必用签名,用和图案谐和的字体好了。书脊的上、中、下也不必用一朵花,用比书名小些的黑体字,是不是更醒目些?”[25]前后所体现出的美学观点是一致的。

四　追求个性

著名作家、学者贾植芳回忆道:1937年的春天,还是二十多岁的他留学日本时,在东京神田区的内山书店里接连看到了上海生活书店出的《工作与学习丛刊》头一本《二三事》、第二本《原野》,“我从它的编辑风格,撰稿人员阵营,喜悦地发现,这是继续高举鲁迅先生的战斗文学旗帜前进的严肃的文学刊物,因此我抱着试试看的心理,把1936年写的一篇小说《人的悲哀》寄给了丛刊编辑部”[26]。文艺理论家朱寨曾把《七月》和当时另一重要文学刊物——茅盾主编的《文艺阵地》比较,从两者发表作品上看,认为在总的艺术水平上,《七月》恐怕不及《文艺阵地》,没有发表像姚雪垠的《差半车麦秸》、张天翼的《华威先生》那样的名作。但是他同时也客观地指出:“《七月》又独具个性,深受青年读者的喜爱。”[27]在《七月》的扶持下,一大批文学新人出现了。在这一点上,《文艺阵地》等其他刊物不免稍逊一筹。著名作家曹白甚至有一种不肯向《七月》以外的地方投稿的固执脾气。这些都充分说明,胡风主编的文艺刊物风格和特色是非常突出的。

胡风曾赞扬《译文》的内容虽然完全是翻译介绍,然而却并不是一堆杂乱无章的材料,“它有自己的个性,它有自己的欲望”[28]。他认为追求刊物的独特个性应是刊物编辑主体意识中重要的内容。刊物个性需要各方面条件的玉成。胡风指出,办刊物首先要给刊物定位,这是刊物风格和个性形成的先决条件。他曾向青年编辑讲述自己的编辑经验,认为刊物要办得成功,最重要的因素是先明确编这个刊物的目的是什么。一个宗旨不明确的刊物,犹如没有航行方向的小舟,只能在浩瀚的大海中触礁沉没。1939 年,胡愈之曾向胡风建议《七月》与《文艺阵地》合并出版,胡风虽然当时急于复刊《七月》,但考虑到两个刊物的性质和读者都不同而婉拒。胡风创办《七月》的目的非常明确,就是为新文学接一点儿元气,不使之因战争而打断它的正常生长的进程。楼适夷曾评价:“我觉得《七月》的一贯的态度正表现了文学不肯让位。当东战场败退《烽火》停刊的时候,几乎没有一本文艺的刊物,表面上显出了文艺活动的极度的落退,而《七月》能在最艰苦的环境凛然屹立,这正是《七月》最大的功绩。”[29]

正是在努力实践刊物的办刊宗旨过程中,胡风主办的刊物凝聚并形成了自己独有的风格。胡风写于 1954 年的《关于解放以来的文艺实践情况的报告》中也不无自豪地说:《七月》和《希望》,和同时其他刊物比较，在青年中的影响要大些的，“那是因为在内容上尽可能地刊登反映生活斗争的作品，而且尽可能地不让旧的美感态度混进来麻痹了歪曲了读者的斗争感觉；也尽可能不让公式主义的作品混进来弄虚浮了读者的历史感受，这就比较能够使读者的朴素的斗争要求得到一些引发，受到一些锻炼，向斗争走进了一步”[30]。具体地说，胡风编刊物时，始终坚守“五四”的启蒙传统，反对文学简单地服从救亡斗争，强调应把启蒙注入救亡之中。为坚持这一原则，胡风非常重视来自生活底层的新生力量，非常重视青年作家，认为他们的感觉力也还没有被文坛的气流所侵犯，所以他们的作品有时能使读者感到一种健康的气息。从 1937 年到 1941 年，胡风在《七月》杂志上相继推出了丘东平、彭柏山、曹白、路翎、田间等一批年轻作家的富有激情和战斗精神的作品。而《文艺阵地》出于统一战线的考虑更重视老作家和成名作家，更重视文学的救亡功能。两者的分野是明显的，因而也就风姿各异。

胡风是主张办同人杂志的。他认为同人杂志是文学修业的一种基本形态。他所说的由文学爱好者组织起来的文学同人团体，因产生于特定的生活环境，所以带有浓郁的生活气息。“一个理想的同人杂志应该尽量地反映这样有特性的团体活动和它所能关联到的生活环境的色调、动态，反映那些环境的生活也推动那些环境的生活。”[31]社会生活千姿百态，寄生其中的文学团体也性格迥异。真正的同人杂志应该是风格鲜明的刊物，这就是胡风对同人刊物青睐有加的原因。胡风指出：“这样的同人杂志也许是一张壁报或传观的抄本，也许是几十份的油印，也许是七八百份以至三四百份的铅印刊物，但我以为，比较现在号称行销几千份的乱拉文章而没有个性的同人杂志，那意义要高十倍百倍。”[32]因为这样的同人杂志能够使生活走进文学，使文学走进生活，将文学创作与社会斗争紧密地结合在一起。

期刊个性是期刊编辑主体独特文化追求的定格，胡风认为，并不是所有诉诸期刊内容的文化选择方面的特点都是值得肯定的，还要看刊物个性所体现的社会意义。作为文化发展的历史产物，《礼拜六》等定期通俗文艺刊物，以主张文艺的娱乐性、消遣性、趣味性为标志，在中国近现代期刊史上产生了较大的影响。胡风严正指出，这些《礼拜六》派的出版物，没有能够脱出小市民的低级趣味，刊物编者游戏人生的态度，迎合了病毒，散布了病毒。林语堂提倡小品文的《论语》及其姊妹刊《人间世》，也拥有广泛的读者，这是不容抹煞的事实。《论语》的幽默和《人间世》的小品文都是在林氏的独特的解释之下被提倡被随和了的。胡风断言这种个性或风格是不足取的，认为其本质是一种极其庸俗的"犬儒主义"，在玩世嫉俗的表面色彩里面，把人民中间的不满现状的情绪消解了，实际上是替投降主义作了准备。这种刊物的风格与个性所表现出的政治意义与社会发展的大方向背道而驰，它不能激发读者奋斗的上进心，而只能消磨其意志，造成历史的倒退。

胡风主编的《七月》，在中国现代文坛上造就了众口皆碑的"七月"流派，对文学史做出了重要的贡献。他主编的《希望》出版后，立即引起了广大读者的注意和欢迎，仅重庆市第一天就卖出几百份，不几天就卖光了，是那时几年来重庆期刊界所没有的情况。外埠发行很少，后来在昆明竟出现了读者排队买《希望》，甚至用比定价高十倍多的黑市价来买的现象。这些显然都是与胡风高超的编辑技巧分不开的。虽然斗转星移，时代变迁，但他当年所使用的一些成功的编辑方法，今天看来仍然还是有效的，对我们目前的报刊编辑工作具有较大的参考和借鉴意义。

注释：

① 转引自吴井泉．胡风的编辑思想与七月诗派．哈尔滨：北方论丛，2000(6)：133

②④⑤⑥⑭⑱⑳㉑㉘㉛㉜ 胡风全集(2)．武汉：湖北人民出版社，1999．218、

220、219、227、216、217、218、691、218、404、405
③⑧㉓㉙ 胡风全集(5).武汉:湖北人民出版社,1999.284、259、261、338
⑦⑨⑩⑪⑮⑯ 胡风全集(3).武汉:湖北人民出版社,1999.289、296、292、295、446、446
⑫⑬㉒ 胡风全集(7).武汉:湖北人民出版社,1999.654、670、628
⑰⑲㉔㉕ 胡风全集(5).武汉:湖北人民出版社,1999.497、583、583、470
㉖ 贾植芳.狱里狱外.上海:上海远东出版社,1995.137
㉗ 范际燕,钱文亮.胡风论——对胡风的文化与文学阐释.武汉:湖北人民出版社,1999.7
㉚ 胡风全集(6).武汉:湖北人民出版社,1999.321

原载《中国编辑》2003年第1期

存 目

著 作

胡 风 《胡风回忆录》

人民文学出版社 1997 年

胡 风 《胡风全集》

湖北人民出版社 1999 年

晓 风选编 《胡风书话》

北京出版社 1998 年

晓风、梅志编 《胡风——死人复活的时候》

中国青年出版社 1999 年

马蹄疾 《胡风传》

四川人民出版社 1989 年

刘扬烈 《诗神·炼狱·白色花》
北京师院出版社 1991 年
戴光中 《胡风传》
宁夏人民出版社 1994 年
贾植芳 《狱里狱外》
上海远东出版社 1995 年
范际燕、钱文亮 《胡风论——对胡风的文化与文学阐释》
湖北人民出版社 1999 年
牛 汉 《散生漫笔》
北岳文艺出版社 1999 年

论 文

胡 风 《〈七月〉作者与海燕书店》
《出版史料》1982 年第 1 辑
胡 风 《关于〈七月〉和〈希望〉的答问》
《书林》1983 年第 2 期
胡 风 《致梅志——1965 年 9 月 9 日上午 ~9 月 11 日上午》
《新文学史料》1987 年第 4 期
晓 谷 《没有忘却的记忆——回忆我的父亲胡风》
《新文学史料》1996 年第 1 期
晓 风 《胡风和〈七月〉、〈希望〉撰稿者》(一)(二)(三)(四)
《新文学史料》1994 年 1、2、3、4 期
华 然 《胡风编辑思想和编辑实践初探》
《编辑学刊》1986 年第 4 期
沈永宝 《作为文学编辑的胡风》
1986 年 5 月 3 日《文艺报》
巴 金 《怀念胡风同志》
《文汇月刊》1986 年第 10 期

骆宾基 《怀念胡风先生》

1986年1月15日《人民日报》

黄树则 《最后的一面——怀念胡风同志》

1986年1月26日《光明日报》

贾植芳 《片断的记忆——悼念胡风同志》

《新文学史料》1987年第4期

艾　以 《可贵的友谊——记胡风与华岗的交往》

《艺谭》1987年第5期

力　群 《你永远活在我们心中——怀念胡风先生》

《新文学史料》1987年第4期

夏振国 《缅怀我的良师益友——胡风同志》

《新文学史料》1987年第4期

张　禹 《杨逵〈送报伕〉胡风——一些资料和说明》

《新文学史料》1987年第4期

朱谷怀 《回忆和胡风的交往》

《新文学史料》1987年第4期

冀　汸 《初见和永诀》

《新文学史料》1987年第4期

王尧山 《痛悼胡风》

《新文学史料》1987年第4期

黄　源 《我所知道的胡风同志》

《新文学史料》1987年第4期

雪　苇 《我和胡风关系的始末》

《新文学史料》1987年第4期

马蹄疾 《嘹亮的七月之歌——抗战时期胡风的编辑生涯》

《抗战文艺研究》1988年第2辑

朱微明 《柏山和胡风及胡风事件》

《传记文学》1988年第4期

绿　原 《胡风和我》

《新文学史料》1989 年第 3 期

林默涵口述　黄华英整理　《胡风事件的前前后后》

《新文学史料》1989 年第 3 期

马蹄疾　《胡风主编的〈木屑文丛〉》

《新文学史料》1993 年第 3 期

晓　风　《胡风创办〈七月〉和〈希望〉》

《新文学史料》1993 年第 3 期

李德友　《胡风编辑实践评述》

《重庆师院学报》1995 年第 2 期

鲁贞银(韩)　《牛汉先生谈胡风》

《东方文化》1997 年第 4 期

晓风整理　《胡风日记》(下)

《新文学史料》1999 年第 1 期

黎　辛　《关于"胡风反革命集团"案件》

《新文学史料》2001 年第 2 期

范　军　《胡风的书刊广告艺术》

《出版科学》2002 年第 4 期

彭燕郊　《回忆胡风先生》

《新文学史料》2002 年第 4 期

胡正强　《胡风和他编的几个刊物》

《出版史料》2003 年第 3 期

胡正强　《试论胡风的报刊编辑素质观》

《编辑之友》2003 年第 1 期

胡正强　《胡风在最高限度上实现对文学的服务》

《中国现代报刊活动家思想评传》,新华出版社 2003 年

鲁　煤　《我和胡风:恩怨实录——献给恩师益友胡风百岁诞辰》(一、二、五、六、七)

《新文学史料》2002 年第 4 期、2003 年第 1、4 期、2004 年第 1、2 期

鲁　煤　《我和胡风:恩怨实录——为缔造新中国,战斗在解放

区》(一、二、五、六)

《新文学史料》2003 年第 2、3、4 期,2004 年第 1 期

金得存 《编辑家胡风的作者意识》

《编辑学刊》2005 年第 2 期

冯雪峰

冯雪峰(1903~1976),浙江义乌人。原名福春,笔名画室、洛扬等。1921年秋,在杭州与柔石等参加受朱自清、叶圣陶指导的新文学团体晨光社,次年与汪静之、应修人等组织湖畔诗社。1927年加入中国共产党。1929年10月,受党组织委派,有效地促进了鲁迅及周围作家与创造社、太阳社的联合。1930年"左联"成立后,曾任"左联"党团书记、上海中央局文化工作委员会书记、江苏省委宣传部部长等职。在"左联"时期,主编了"左联"机关刊物《萌芽》、《前哨》,与鲁迅合编《十字街头》,协助丁玲编辑《北斗》,主编《世界文化》。1933年到中央苏区,任瑞金中共中央党校教务主任、副校长。1934年10月,随中央红军参加长征。1936年4月,受党中央派遣,以中央特派员身份至上海开辟工作。1942年2月,在浙江被国民党反动当局逮捕,囚江西上饶集中营,1942年11月,经党组织营救出狱,之后,在重庆、上海从事抗战和文化工作。

新中国成立后，历任华东军政委员会委员、上海市人民政府委员、上海市文艺协会主席、上海市文学艺术界联合会副主席、鲁迅著作编刊社社长、中国文联常务委员、中国作家协会副主席、《文艺报》主编、人民文学出版社社长兼总编辑等。他还是第一届全国人大代表、第一届全国政协代表。

冯雪峰一生致力于文化出版事业。早在 1926 年就从事马克思主义文艺理论的介绍与传播工作。其后，在鲁迅的指导和帮助下编辑、出版了“科学的文艺理论丛书”多种。作为“左联”的负责人之一，他曾和鲁迅一起，团结了大批进步革命作家，对当时国民党发动的反革命文化“围剿”，进行了英勇的斗争，由此与鲁迅建立了深厚的战斗友谊；特别是 1936 年他从陕北回到上海后与鲁迅的秘密交往中，使鲁迅加深了对党中央各项政策的理解以及对毛泽东同志的敬仰与信赖。

冯雪峰在主持人民文学出版社工作期间，曾提出了“中外古今，提高为主”的方针，出版了许多中外优秀作品。他亲自主编了《鲁迅全集》、《鲁迅译文集》各 10 卷，并主持了《鲁迅日记》、《瞿秋白文集》的出版工作以及中国古典小说名著的注释出版工作，五四以来无产阶级革命作家的作品，也在他倡导下陆续得以出版。

冯雪峰同志对革命事业忠心耿耿，无私忘我，为我国的文化出版事业做出了不可磨灭的贡献。尽管他历尽坎坷被错划为右派，在“四人帮”横行之时，又备受折磨，但他依然坚持原则，实事求是，对党充满坚定信念，并多次提出重新回到党的队伍中来的强烈愿望。在他逝世 3 年之后，1979 年 4 月，他的错案终于得到了改正，并恢复了党籍和政治名誉。其著作主要有《冯雪峰文集》、《回忆鲁迅》等。

父亲雪峰

冯夏熊

我父亲是中国作协的第一任党组书记。他一直任中国作协副主席,他的主要工作也是在中国作协,直至中国作协党组扩大会议把他打成右派为止。在这之前,他是左联的创始人之一,也是左联负责人之中最主要的一个。

他出身自普通农民的家庭。他在得知李大钊被绞杀之后立即加入了中国共产党。他从头至尾参加了二万五千里长征,后来又在国民党的上饶集中营里历经九死一生。再后来又被自己的同志打成"右派",还被认定是一个大叛徒,一直到他死后3年,才被恢复名誉,才被定论为是一名真正的优秀的共产党员。

我父亲的经历,对他个人来说,是奇特的,但如果从他所从事的文学事业的角度来说,那却是一个典型。

从1925年下半年开始,直到1930年左联成立之后的这一段时间里,我父亲几乎是专门从事于马克思主义文艺理论的介绍与传播工作。这项工作起初是独自进行的,从1928年底开始,则是在鲁迅先生的直接指导和帮助下进行的,这是一项为中国共产党主导中国文学事业发展打基础的工作,我父亲做得最早、做得最多、做得最认真、做得最扎实,但也被埋没得最深。

1921年至1923年期间,我父亲所写的新诗使他获得了"湖畔诗人"的桂冠。湖畔诗得到了郭沫若、叶圣陶、郁达夫、朱自清等文学界前辈的赞许;据胡乔木回忆,毛泽东曾经向他推荐过雪峰的湖畔诗;1979年11月胡风说,雪峰是"二十年代初报春的纯真的人民诗人","我个人青年时期的诗情诱发者"。

我父亲1941年至1942年在上饶集中营里所写的诗(结集为

《真实之歌》,再版改名为《灵山歌》)由于战争的原因,当时读到的人很少,不为诗歌界所悉。但据当时在重庆的邵荃麟说,1945 年 9、10 月间,毛主席在会见雪峰的时候说:"好几年来还没有看到过像《乡风与市风》、《真实之歌》这样好的作品了。"(《乡风与市风》是雪峰的散文集。1994 年钟敬文先生把它收入他主编的《中国现代小品经典》之中予以再版)

后来,著名诗人绿原在通读了他的诗后说:"雪峰一生的诗作就是这几本,作为高纬度地区的电离层的极光现象,其罕见的悲壮美已足以奠定他在新诗史上的地位,是值得后人永远景仰的。"

我父亲先后创作了大约二百则寓言,不论从质量上还是从数量上看,在中国新文学史上都算得上是第一人。他自己选编并由黄永玉配图的《雪峰寓言》,以好几种语言出版,非常精美,在国内外都有一定的影响。我自己也在苏联的报刊上,在以色列的报刊上看到过他的寓言和关于他的介绍。胡风则说他是"中国现代寓言的呕心沥血的创作者"。

从 20 世纪 20 年代后期开始,一直到 20 世纪 50 年代中期,他因为《红楼梦》评论问题受到批判为止,几乎在每一场有关文学运动的重大论争中,他都发表了关键性的,或者说是定论性的文章,现在已经可以说,比较起来看,他的意见是最接近正确的。例如 1928 年创造社批判鲁迅时,他的《革命与知识阶级》一文,不但指明了创造社同仁们的错误,而且还在革命文学运动内部第一次地从正面肯定、从而公开维护鲁迅,维护鲁迅的反封建的伟大功绩,在实际上终结了对鲁迅的攻击。李何林指出这"实在是一篇这一次论战的很公正的结语"。

例如,在与"自由人"和"第三种人"的争论中所发表的《关于"第三种文学"的倾向与理论》、《"第三种人"的问题》,不仅深刻地批判了胡秋原、苏汶所代表的理论上的错误,同时还深刻地批评了"左"倾关门主义的错误倾向。他的文章,在反右以后被认定是

“认敌为友”,在后来反“左”时又被指摘为是在搞“左”。值得注意的反倒是被批判对象的反应。苏汶说,雪峰“这样的一篇文章,无疑地要算是这一次迁延到一年之久的论争的最后的而同时是最宝贵的收获”。而胡秋原在1985年回内地访问时对宦乡说:“雪峰一直是我的朋友。”

例如,在两个口号的论争中所发表的《对于文学运动几个问题的意见》,事实上是对这一论争的总结。此文随即受到刘少奇(莫文华《我观这次文艺论战的意义》)的肯定。

又例如,在20世纪50年代初他关于反对“写政策”,反对公式化、概念化的主张,他对老舍先生“写政策”倾向的批评,对刘白羽的作品《人民战士》公式化、概念化的批评,虽然当即受到误解和曲解,但是他所反对的主要倾向却是客观存在的事实。

雪峰自上世纪20年代末直到他在文坛上消失之日,一贯反对文艺运动中的关门主义、宗派主义,文艺理论中的庸俗社会学和教条主义,创作实践中的公式化和概念化。

他最早地(1946年1月)指出,用政治标准第一或者艺术标准第一的方法来衡量评价艺术创作,无论如何是不正确的,那样做的结果一定会把艺术创作引导到狭隘的道路上去。为此,他对艺术创作提出了自己的批评标准,那就是统一的社会价值。

同样是在1946年1月,他写成了《论民主革命的文艺运动》一书,是对左翼文艺运动的科学总结,而且明确地把民主与文艺这两个概念连结在了一起,这就是马克思主义指导下的民主,与普罗的,也就是大众的文艺相互结合。

从这里,是不是可以看出他与毛主席后期所犯严重错误之间(包括在文艺问题上)的理论分歧来呢?

1975年10月中旬,周扬亲口对我说:“是你父亲介绍我入了党,培养提拔了我。”在周扬最困难的时候,我父亲对他非但没有落井下石,反而主动承担起了自己的一份责任。我父亲的最后一则寓言(我为它加了《锦鸡与麻雀》的名字)写在周扬去看望他、向他表示了歉意与友谊之后。

用丁玲的话说,我父亲不但提拔重用了周扬,同样提拔重用了胡风,最初地把他介绍给了鲁迅。对胡风,我父亲曾经不止一次地给予过严肃的批评,但始终不同意对他进行公开批判与斗争。在重庆乔冠华他们批判胡风的时候,他向周总理提出了自己的意见并为总理所采纳,在香港再批判胡风的时候,他依然保留了自己的看法。1955 年上半年,据我亲眼所见,他拒绝了让他执笔来写揭批胡风的主旨文章。这篇文章后来是由林默涵写的。他的保持沉默成了他的重大罪状。

同样可以说丁玲也受到了我父亲的提拔重用和培养。她说,我父亲是她的成名作《莎菲女士的日记》最中肯因而也最令她难忘的批评者,也是她最后的长篇《太阳照在桑干河上》最深刻的批评者。也是我父亲派她去主编《北斗》并且把她引荐给了鲁迅,最终指派聂绀弩护送她去了延安。

我父亲对一系列重要的作家和他们的作品进行过评论,其中包括巴金、艾青、柯仲平、欧阳山、柳青、马加、赖少其、杜鹏程等等。他不但对他们的作品从艺术理论的高度,做出了深刻的、比较正确的评价,而且对作家本身给予了很大的爱护。

陈望道、朱自清、叶圣陶是他青年时期的老师,他自始至终尊敬他们,他也始终受到了他们的爱护。

他在力所能及的范围内,默默地对周作人、沈从文夫妇等人予以尽可能的照顾。他的这种做法得到了周总理首肯,在此后一段时期内也成为了人民文学出版社的习惯做法。

在左联决定开除郁达夫的时期,唯有鲁迅和我父亲表示坚决的反对。上世纪 50 年代末期,我父亲在自己最困难的时期,仍然坚持收集、整理郁达夫的作品,亲自编订了《郁达夫文集》及其生平年谱、著作目录。

他对一些有过严重政治问题的人,如韩侍桁、姚蓬子、冯达等等,一直保持善意的对待。对他的这种态度,周总理、董必武、冯乃超同志不但不反对,反而要他尽可能地保持这种关系。

骆宾基说,在重庆的时候我父亲曾经和老舍先生、姚雪垠先生分别有过彻夜的长谈,非常严厉地批评过他们。但解放之后,就我亲眼所见,他却非常尊重他们,也非常关心他们。

原载 2003 年 6 月 4 日《中华读书报》

冯雪峰简历及著作

曲　维

冯雪峰同志是"五四"以来我国新文学运动中的一位久经征战的英勇斗士。他是我国最早的马克思主义文艺理论介绍者之一,是鲁迅的战友和学生,也是权威的鲁迅研究者和有卓识远见的文艺理论家。为了和国民党以及形形色色的敌人作斗争,他写了大量的战斗的杂文,和一些思想深邃的寓言,以及以他的亲身经历为题材而写成的著名影片《上饶集中营》等。他在我国革命文学事业发展方面,做出了巨大的贡献,献出了毕生的精力。

他 1903 年出生在浙江义乌一个偏僻的小山村。自幼儿放牛,干各种农活,受过劳动和生活的艰苦磨炼。父母都是农民。他在早期的诗作中,曾含着眼泪描绘他母亲这样一辈妇女的不幸命运。雪峰同志和旧世界有不共戴天的仇恨,他血管里流着劳动人民的鲜血。

在"五四"运动的浪潮中,他受到新思想的洗礼,1921 年在杭州参加了由朱自清、叶圣陶、柔石、潘漠华、魏金枝等组织的文学团体"晨光社"。这时他仅 18 岁。1922 年 1923 年,和应修人、潘漠华、汪静之等结成“湖畔诗社”，合出了白话诗集《湖畔》、《春的歌集》。这诗集以它清新真挚的风格，立即打动了许多青年读者的心。1925 年春，这位 22 岁的青年诗人到了北京。但是，“文化古都”迎接他的却是屈辱、穷困与饥饿。他拿上潘漠华的旁听证，在“北大”听课。他租不起房子，常常趁友人外出，连忙爬上别人的床铺睡上一阵儿。为了换大饼果腹，他就当校对、当家庭教师，赖以维持生计。虽然如此，他还在应修人编的《支那二月》上发表过诗和散文。1926 年开始从事翻译工作，至 1928 年，先后翻译有《新俄文学的曙光》、《新俄的戏剧与舞蹈》、《新俄的无产阶级文学》、《新俄的文艺政策》，以及中篇小说《我们的一团和他》等。在北京期间，他见到了鲁迅先生，与“未名社”有交往，并在《未名》等刊物上发表过文章。这时，毛泽东同志在南方看到他的诗文，告诉别人说，他喜欢雪峰的诗，希望他到南方来参加革命工作。

1927 年 6 月，在蒋介石叛变革命的腥风血雨的岁月里，在李大钊被绞杀的极端恐怖的日子里，他毅然参加了共产党，从此成为一个为共产主义奋斗终生的革命战士。当年 11 月，因他在被抄查的一部译稿上写有“这本译书献给为共产主义而牺牲的人们”而被追捕，这位 24 岁的叛逆者，只好逃往上海。

1928 年 12 月，柔石把雪峰同志介绍给鲁迅先生，他即在鲁迅先生指导下继续从事翻译和编辑《萌芽》月刊等。稍后，在鲁迅先生指导和帮助下编辑出版《科学的艺术论丛书》，对党领导的革命文艺运动起了积极的促进作用。在暗无天日的时代，传播马克思主义文艺理论，翻译了普列汉诺夫、卢那卡尔斯基等许多重要的文学论著。他和他的战友，这种劳绩，可以和普罗米修斯窃火与人间相媲美。1929 年 10 月参加中国左翼作家联盟筹备工作，他为“十二个基本成员”之一。他作为“左联”的负责人之一，团结和组织大批进步作家、革命作家，对国民党反动派的文化“围剿”进行了英勇顽强的斗争。1931 年任中国“左联”党团书记。1932 年任中共中央领导的文化工作委员会书记。1933 年任中共江苏省委宣传部长。

1931 年 4 月，为揭露万恶的国民党在上海龙华秘密枪杀 23 位革命青年的血腥罪行，奋起反抗白色恐怖；为纪念“左联”五烈士，以鼓舞生者踏着死者的血迹前进，雪峰同志在鲁迅先生的指导和协助下秘密编辑出版了《前哨》杂志。至 1933 年，他在鲁迅的旗帜下，写了不少批判反动派以及“第三种人”等的文章，和文化界许多共产党员及进步作家一起，与国民党反动派的文化围剿作了英勇的斗争。

1933 年底，他秘密离开上海，到了红色根据地江西瑞金，任中共中央党校副校长。在中华苏维埃等二次全国代表会上，被选为中华苏维埃政府中央执行委员会候补中央执行委员。此时，以王明为首的“左”倾机会主义者，把毛泽东同志从领导岗位上排挤下来。这时，主席不算忙，他看到雪峰，便一见如故，过从甚密。有时中央党校杀了猪，雪峰就请毛主席来会餐，有时发了津贴两人就一道下小馆。两人一起散步交谈，不下数十次。他们畅谈文学，畅谈诗歌，畅谈上海文艺界的活动，畅谈共产党员的文化人和进步作家反对反动派残酷野蛮屠杀和压迫的英勇斗争。但是，这些谈话中心总是围绕着鲁迅先生的革命文学活动而展开的。对鲁迅先生的斗争，写作，身体状况，结交的友人以及生活习惯等等，毛主席都非常关心，反复询问。有一次交谈中，主席不无气愤地说：他们（指王明等人）想叫鲁迅来这里当教育部长，我看鲁迅还是当作家好。长征途中，毛主席对雪峰同志非常关怀。有好几次，毛主席搞到纸烟，就派人送到后边，交给雪峰同志——那时他和董老一起行动。红军过了大雪山以后，毛主席看到雪峰同志还活着，就非常高兴。他跳下马来，把地图铺在路边，给雪峰同志讲了半个多小时，说明这一段行军路线选的不好，如果选的好，就可以少牺牲一些同志。主席讲话时，感情很不平静。总之，从 1934 年开始，雪峰同志从江西瑞金出发,参加了举世闻名的二万五千里长征,1935 年 10 月到达陕北。这是他生活斗争史上伟大的一页,中国作家中有这种光辉经历的人,是屈指可数的。

红军到了陕北之后,毛主席看到墙上贴着的一张国民党的旧报纸,上面登载着瞿秋白被杀害的消息。毛主席指着报纸对雪峰同志说:“你失去了一个朋友,我也失去了一个朋友!”说话时,神情黯然。此时雪峰同志在“红军大学”等单位工作。后来红军部队又渡过黄河,举行东征。他率领的一个工作小组,在征战中和部队失掉联系,经过十几天的艰苦战斗才回来。毛主席在一次会议上说:“谁说书生不会打仗?雪峰同志就会打游击。”

1936 年中共中央自陕北瓦窑堡派冯雪峰去上海工作。临行前,毛主席给他讲了当前形势和我们党在新的形势下采取的方针政策,要他大胆放手地去工作。周恩来副主席和张闻天同志仔细给他交代了去上海工作的各项任务,周恩来同志亲自交给他密码本和两千元经费。他立即化了装,和遣派护送的人员一道,秘密乘马到了张学良部队里,然后转乘张学良部队的汽车,两三天之内便到了西安。由西安立即上火车,这样四五天之内便由闪耀着历史光辉的陕北瓦窑堡到达敌人的反动堡垒上海了。

1936 年 4 月 25 日到了上海的次日,就见到鲁迅先生。他首先向鲁迅先生传达了毛主席提出的抗日民族统一战线政策,以及红军长征的胜利和遵义会议等情况。鲁迅先生听了之后,非常兴奋。接着他有整整两个星期就住在鲁迅先生家里,两人日夜倾心相谈长征的奇迹,红军的无敌,毛主席、朱德和周恩来等杰出人物的活动和风采。鲁迅先生对这一切不仅至为关切,而且深受感动。为了表达他的敬爱之意,还想买点东西寄到陕北去。他问雪峰同志陕北缺什么?寄点什么东西好?雪峰同志说,陕北缺盐,天气也冷。于是他们决定买一些火腿;在帮助鲁迅购买物品时,雪峰给中央领导同志买了十几条长而大的毛围巾。他知道毛主席爱吸纸烟，而陕北纸烟奇缺，于是他又买了铁筒的“三炮台”香烟。然后，就把这些火腿，围巾和香烟一块交给交通，通过上海、西安到陕北的秘密交通线送到陕北的中共中央，送到毛主席、周副主席和朱总司令等中央领导同志手里。在此期间，冯雪峰同志在完成党交给他的任务的同时，和鲁迅先生过从甚密，经常交谈，建立了深厚的革命情谊。笔录了鲁迅先生的《论我们的文学运动》、《答托洛斯基派的信》；在鲁迅先生起草《答徐懋庸并关于抗日统一战线问题》一文时，雪峰同志曾予以协助。1936 年 10 月，巨星殒落了，鲁迅先生病逝于上海。冯雪峰同志主持丧事，在他和宋庆龄、蔡元培等商量拟定并报请党组织批准的治丧委员会名单中有毛泽东的光辉名字。

当时，由于国民党的封锁，关于红军长征的详情，外界一概不知。雪峰为了扩大我党我军的影响，一到上海，就在鲁迅先生家中和美国进步作家、著名的新闻记者斯沫特莱整整谈了两个下午。斯沫特莱把这次谈话，写成新闻稿子发出。这是第一次比较系统地报导红军长征情况的重要文章，影响至为巨大。不久，又一美国先进作家和著名的新闻记者埃德加·斯诺，到了上海拜访宋庆龄女士，说是他很想到陕北的红色根据地去采访。宋庆龄女士便找到冯雪峰同志，转告了斯诺的愿望。雪峰同志报告了周副主席，经党中央研究后，总理回电说欢迎斯诺先生去陕北参观访问。这样斯诺便回到北京，然后由北京转到西安。在西安自称“牧师”和斯诺接头的人，便是雪峰同志派去的秘密交通。当时，著名的红军将领邓发同志等，化装住在西安张学良和杨虎城将军那里，所以斯诺到了西安，只要和我们的交通接上头，陕北之行，便会成功。后来，斯诺先生从陕北带回来的巨大收获便是当时震动中外的巨著——《西行漫记》。

在江西瑞金，在长征途中，在陕北的窑洞里，毛主席多次和雪峰同志谈烈士杨开慧，谈到杨开慧同志牺牲之后，几个孩子在上海失落的情况。因而1936年,雪峰同志从陕北瓦窑堡回到上海之后,便和很多共产党员、进步人士,到处打问这些孩子的下落。经过长久寻找和奔波,终于在一个和我党有关系的人士家里找到这两个孩子——毛岸英和毛岸青。然后他派人把这两个孩子送到国外,途经巴黎,转到莫斯科学习。

1937年1月到2月,雪峰同志秘密化装后,从上海动身,途经西安,回到陕北红色根据地,向党中央报告工作。他见到毛主席,两人谈了十几个夜晚。在陕北的黄土窑洞中,他们回忆长征,谈"双十二"事变,谈到中国革命的新形势,谈到鲁迅的追悼会,谈国民党统治区的文艺界的斗争,谈到上海各个方面的情况以及找寻毛岸英等的过程,等等。毛主席非常高兴。

冯雪峰同志曾任中共上海办事处副主任,后任中共中央东南局文化工作委员会委员。他曾在周恩来同志直接领导下长期从事党的地下工作。在党的路线斗争中立场坚定。抗日战争时,他对投降主义路线作过激烈的斗争。

1941年,雪峰同志被捕,被敌人关押了两年的时间,他受到敌人百般折磨和摧残,但始终坚贞不屈,敌人始终连他的共产党员身份也没闹清,还以为他是一位叫做冯福春的冬烘老先生。后来有几位同志从上海到了延安,谈到冯雪峰被关押在上饶集中营的事情,毛主席和陈云同志发电报给周副主席和董必武同志,希望设法营救雪峰同志出狱,后来几经周折,总算经过宦乡等同志设法保出来了。他一出狱,就到了桂林,周恩来副主席立刻派人给送来钱,并要他到重庆去工作。他立即到了重庆,此后,即在周恩来副主席领导和教育下,在国民党统治区,为党为人民做了许多有益的工作,进行了英勇的斗争。雪峰同志在抗日战争期间的作品有:《鲁迅论及其它》,《真实之歌》(在敌上饶集中营写的诗集,即《灵山歌》),《乡风与市风》,《有进无退》,《跨的日子》等。

1945年重庆谈判期间,冯雪峰同志在重庆看到毛主席,两人回顾往事，并谈到当前对国民党反动派进行的斗争。谈到文化工作方面的事时，毛主席说："好几年来，没有看到过像《乡风与市风》、《真实之歌》这样好的作品。"

1946 年 2 月冯雪峰同志回到上海，周副主席仍要他在上海做统战工作、文化工作。1947 年 3 月"联络处"撤退，周恩来同志指示他坚持在上海工作。其间，他的作品有：《过来的时代》，《雪峰文集》，《论民主革命的文艺运动》，《雪峰寓言》等。他含着激动的眼泪迎接了上海解放。全国解放后，曾任上海文联副主席，中国作家协会党组书记、副主席，鲁迅著作编刊社社长，人民文学出版社社长兼总编辑，《文艺报》主编，以及第一届全国政协委员、第一届全国人民代表大会代表。作品有：电影剧本《上饶集中营》，《论文集》，《回忆鲁迅》，《鲁迅和他少年时候的朋友》，《论〈野草〉》，《论〈保卫延安〉》等。1957 年以后他没有发表作品。但是在不管怎样的逆流里总是坚忍不拔，即使批斗审查中以年老之躯在干校里劳动，也是坚忍耐劳，心中有数，而内心的信仰是火，在熊熊燃烧。在此期间，他用了十几年的时间搜索和研究太平天国史料，准备写一部长篇巨著；还准备写一部研究鲁迅先生的主要著作。但这一切均未能完成，就在 1976 年 1 月 30 日被癌症夺去了生命。

今年 4 月，党中央恢复了他的党籍和政治名誉。他的冤案得到了昭雪。

我国已进入新的历史时期，全国人民正在为实现四个现代化而英勇奋斗，开始了新长征，我国文艺事业也欣欣向荣，这是可以告慰冯雪峰同志的。

原载《延河》1979 年第 11 期

回忆雪峰同志

杜鹏程

一

“春蚕到死丝方尽，蜡炬成灰泪始干。”我提笔写悼念冯雪峰同志的文章，这诗句，总是在脑子里萦绕。是的，这诗句和他战斗的艰难的一生联系起来，并不十分确切。说他为中国人民革命和新文学事业燃烧净尽，到死方休，那也是千真万确的事实。但是，“丝”并未吐尽，“泪”也未流干啊！

他是带着满腹的不尽之言，离开了终身向往的事业；他是带着对党和祖国深深的忧郁，离了人间！

然而，每一个为创建我们国家而历尽艰险的战士，绝不会不留踪迹地离去，最少在我的心目中是如此。

二

那是1953年冬～12月初，我接到冯雪峰同志的一封信：“你的信及《保卫延安》打字稿，我都收到。心里很感激。你几次找我没遇见，我都不知道，这是很惭愧的。你的作品，我一定挤出时间在最后一星期看完。本月15号左右你来找我如何？”过了两天，我又接到他的信：“你的小说，我兴奋地读着，已经读了一半以上，估计很快可以读完。我因事多，否则，我一定一口气读完，不愿意中断的。如果你有时间，11日五时半到我家吃便饭，趁吃饭，我们谈一谈。”反复看这信，心情很不平静。我已经发表过一些作品，有些作品印成了小册子，有些剧本上演过，因而不像有些初学写作的青年人想到自己写的文章将要印成铅字时那样激动。可是,现在我要去见的这位前辈,这位著名的诗人、作家和有着光辉革命阅历的马克思主义文艺理论家,心里还是又兴奋又不安。在我眼里,他是我国文艺界别具一格的权威。我读过他早期翻译的马克思主义文艺理论书籍,读过他的《论文集》,读过他的诗集,散文,寓言著作和那理解伟大的先驱者鲁迅先生的最宝贵、最重要的书籍之一的《回忆鲁迅》等等。声名和地位对我这多少经历一些斗争生活的人来说,不会有多大的吸引力。而卓越的战士、革命家的业绩和用生命写下的著作,却可以在我心里掀起巨大的感情的波涛。其时,他住在北京崇文门内苏州胡同16号。那是很小的一个院落,有五六间小房子,以他的地位以当时北京住房条件来说,确是很简朴的了。我是傍晚去的,一按门铃,他就亲自来开门,也不寒暄,只是谦逊地点了一下头,便领我进了他的房子里。灯光下,我才看清楚这位年近半百的长者,瘦而高,身板硬朗,面孔微黑头发苍白,一双不大的眼睛里闪着诚挚的光芒。你一眼就可以看出,这是一位铁骨铮铮和具有献身精神的人。雪峰同志他操着浓重的江浙口音,他没有任何客套,指着茶几上放着的《保卫延安》打字稿,开门见山地问:“你觉得你写的作品怎么样?”我疲惫不堪地望着身边火焰熊熊的大铁炉子,一时不晓得如何回答。我从遥远的边疆来到这京华之地,人地两生,整天埋头于大堆稿子中,可以说常常是寝食俱废。而且经过四年之久的苦苦摸索,身心交瘁,像害了一场大病的人似的。当冯雪峰同志再一次问我时,才说:“我心里很矛盾,甚至可以说很痛苦,我简直说不清……”他深深地弯下腰,用手按着那一大堆稿子,和蔼而关切地说:“这是可以理解的。一个运动员集中全部精力向前跑的时候,终点和周围的事物,他都是顾不上看的。”他问我多大年纪?我说:“32岁”。他思索了一阵说:“那还是青年。不过,你这样年纪就能写出这样的作品,尤其是能写出描绘彭德怀将军形象那样的文章,真是很不容易。要我写我也不一定能写得出来。这是一部史诗,当然在艺术的辉煌性上它比不上《铁流》、《水浒》和《战争与和平》。只能说这是一部史诗的初稿,将来你还可以不断修改。我之所以说修改要在将来,而不是现在,是因为这个作品不足之处反映了我们现有的文学水平,等待将来我们水平提高了,你的经验也多了,你自然有能力把它搞成和古典杰作争辉的作品。我认为你是有才能的,是个很有前途的人。你一定读过很多作品,像列夫·托尔斯泰的《战争与和平》等等书你都读过,这是从作品中可以看出来的。当然,我并不是说你模仿他,我是说你读书很多。这是一本好书,我读了这样一本书,非常兴奋。当然,你不要骄傲,这本东西生活比艺术多。但是什么是艺术?什么是技巧?生活是最主要的。这样的东西只能这样写。文艺界粗糙的东西很多;并不是有缺点的东西就一定不好,就不能存在。像陀斯妥也夫斯基,他的作品有很多不好,但是还存在着。搞创作的人,意见要听,但是不要为那些意见所左右,不要乱改,不要把这部作品破坏了。我和出版社的同志们商量,要尽快地让这部作品出版。我也准备写一篇文章。因为我看了这作品,有话要说。"最后,他翻着稿子,关于作品的精神,关于人物、叙述、描写、语言以及抒发感情的方式等等方面,指出许许多多毛病,连一句不确切的话、一个生僻的方言字眼也不放过。他说:"你写东西是创作,读者读作品时也在进行创作。要相信和尊重读者。要含蓄,要让人有回味余地,不要一有机会你就跳出来讲一大套道理,而且不管人物处境怎样,都要说到'党的培养呀'等等,这是不必的。你我谈话,没有说到党的培养,难道这能说明我们忘记自己是共产党员,难道就忘记了党的培养吗?不会的。生活的实际情况是怎样的就怎样写;尊重生活,对一个作家说,没有比这更重要的。再拿写作手法说,第六章第一节第一句话,描写无定河。你写'无定河呜呜地向东流去!'你去看看中外的那些好作品,人家绝对不会这样去写一条历史上有名的河流!"他爽直、精辟而又十分耐心地举出好多这样的例子,我浑身是汗,满脸通红。他转过头,瞥了一眼,意识到这是第一次和我见面,为此率直的言词我是否吃得消?于是推心置腹地说,他虽然指出了一些缺点,但是这些意见可以听,也可以不听,最重要的是这部作品为我们的新文学事业带来了一些新东西,因而他很高兴,非常高兴。我们谈话时,他的夫人何爱玉,一直静静地坐在一边,慈祥而亲切地望着我们。她察觉到我的窘状了,指着雪峰同志对我说:“这几天,他不断地向家里人谈到这作品,仿佛是他自己写了一部好作品似的。他这个人性子急,又容易兴奋,看了这作品,他夜里睡不着。”我转过身望着雪峰同志,长久地望着他。

深夜三时,我从他家出来时,街上行人和车辆都已很少,辉煌的灯火照着路上的积雪。我走在长安街头,时而疾行,时而深思,时而高声说话。虽然天气异常寒冷,而我心里却充满了火一样的热情。冯雪峰同志的高而瘦的身影,坚毅的面容,苍白的头发,时时显现在我眼前。那直率而热情的谈话,也时时在我耳边回响。他,这从“五四”运动以来就活跃在文坛的英勇战士,对我这文学战线上的后来者的鼓舞,是多么巨大而难忘啊!他使我懂得文学是严肃的艰巨的事业,是需要献出毕生精力而奋斗而学习的事业;浅尝辄止和沽名钓誉的人,注定要碰得头破血流的!如果光说书的印行,那么总政文化部已经把它列为《解放军文艺丛书》之一,决定出版了,我想知道的是这本书是否给中国文学带来了一点什么。为此,我拜访过一些人,但是没有什么结果,因此我心里充满了焦灼、苦闷和不安。今晚,雪峰同志的一席话,把我的积虑一扫而光。他和我素不相识,只是看到一部作品,觉得这作品还有某些可取之处,便为我们文学事业而那样激动,仿佛给他自己以及对他全家人都带来什么欢乐似的。这种胸怀和情操,给我留下了永生难忘的记忆。雪峰同志当时担负着许多重要的工作,难道会消闲吗?别人告诉我说,他在作家协会开会时,他坐在会场里低着头看这稿子;在东四大街的有轨电车的颠簸中,他聚精会神地坐在那里看这稿子。还有人好几次地看到他——冯雪峰同志,穿着一件旧呢子大衣,腋下夹着这部稿子,在东单附近的人行道上边思索边走路——12 月北国的寒风,吹拂着他苍白的头发。后来,当我离北京时,我从他贤惠的夫人口中得知:一天夜里,家里人全睡了,他坐在写字台前的台灯下看《保卫延安》打字稿,深夜时分,他的夫人听见他咳嗽得很厉害,起来一看,炉火熄了,他又没有披大衣,结果手脚快冻僵了,而头却烫烧,患了重感冒。雪峰同志若无其事站起来,搓着手,来回走着,说:“这位作者在哪里住着?现在,我很想和他谈一谈。”他的夫人说:“夜里四点了,你到哪里去找人?我马上给机关打个电话,让车子开来,把你拉到医院去看病。”雪峰同志立刻焦急起来,厉声说,“看什么病!”然后他就激动地对她讲述作品的内容,讲到有些人物和场景时,眼里滚着泪水:“我们的战士多英勇!中国人民付出了多么大的牺牲噢!”

三

第二天,我又接到他的电话,说昨天谈话似乎犹未尽兴,希望我晚上去他家再谈一次。傍晚时分,我到了他家。他和他夫人热情地接待了我。他的夫人说,这几天只要来了客人,他就向人家谈这本书。雪峰同志挥挥手,坐下来,立刻又热情地谈起来。说是他已给《人民文学》编辑部作过推荐,希望他们能选发一部分。还说,他和人民文学出版社几位负责同志商量了,让我用两个星期时间把我认为需要改的地方修改一下,元月 10 日左右交给出版社,打算很快印刷,希望 3 月份能和读者见面。还说,读了这作品,他突然产生了强烈的创作冲动。他长期以来就打算写两部长篇小说,一部是关于“长征”的,另一部是关于“太平天国”的。关于红军二万五千里长征的小说,在国民党白色恐怖下,他埋名隐姓,写了几十万字,后来丢失了！他的夫人在一旁说:“在那苦难的日子里,逮捕、屠杀、饥饿、困苦,时时威胁着人,那是背着灵牌过日子噢！别说一部稿子,连生命随时都可能丢掉！解放前,我们一家人跟上他,颠沛流离,受尽了艰难!”雪峰同志摇摇头,不让谈这些,仿佛这一切都已成为过去,都不值得一提了。他说,那部丢失的稿子,并没有很好地反映“长征”那一段伟大的历史。现在他设想的这部小说是:一位农民出身的人,长征开始时他是一个普通红军战士,后来成为一名师长,通过这个人物的经历来从侧面反映不朽的长征。他吸着烟,时而坐在那里弯下腰讲,时而站起来讲,时而沉入遐想之中,时而又长久地沉思默想着。这时候,出现在你眼前的是热情奔放的诗人,是高瞻远瞩胸怀大志的作家。时代的风云,宏伟的构思,罕见的场景,片断的对话……我一边听着,一边望着身旁的炉火,完全沉浸到庄严的向往中。我情不自禁地想,关于伟大的长征,关于中国革命,只有这些身临其境为之牺牲奋斗而且具有非凡的经历的人,才能写出来;比起他那种丰富曲折的阅历以及深厚的文学修养来,我这样的后辈只能算是文艺战线上一个小小的新兵。我望着他刚毅而倔强的面容,问:“你为什么选一个农民做主角?”他说:“我们的红军战士,主要是农民噢！其次,一个作家乐于写什么,选什么人物做主人翁,那是和经历、和他熟悉的生活分不开的,和他的生命分不开的。只有随意乱编的人才是抓住什么题材都写。随意乱编的作品我们见的少吗？能有什么生命?”他仰起瘦棱棱的脸,望着手里的纸烟冒起的白烟柱,像回到遥远的童年时代似的。他说,他是浙江东部义乌县一个小山村的人,自小就放牛,下地干农活,中国农民的困难生活,艰辛的劳动以及坚韧的生命力,都深深地影响了他的一生。严格地说,我们这样的知识分子的血管里流着农民的血液！说罢这些意味深长的话,他问起我的出身和经历。他是前辈,我是后生;他生长在大江之南,我生活于荒漠的北国,但是农民子弟的遭遇和不幸如此相似。此种情怀,使我们心灵相通，使我们相互间充满着难以言传的信赖。虽然这是我和他第二次见面，相识仅只两天，可是仿佛是相识了许多年似的。这也许就是那种肝胆相照的忘年交吧！夜已很深，长城外刮来的风，卷着雪片在小庭院里呼啸着。我们都沉浸在无言的激动的深思中。过了好一阵工夫，他说："其实你不讲，也能大致想像到你所走过的路程。因为通过你的作品，清楚地可以看到你的出身、经历、气质、爱好和志向。任何好的作品都有这个特点。"

四

一天夜里，我又到了他家。他伏在台灯下，正在深深地埋下头，奋笔疾书，那充满倔强力量的身姿，那满头苍白的头发，那种忘我的神情，使我想起了战斗生活，想起了战斗中指战员们的勇猛冲锋的身姿和形象。他的夫人怕打扰他，手托下巴静静地坐在一旁，无可奈何地望着他。当雪峰同志发现我站在那里时，以手示意，要我坐在桌旁的凳子上。他的夫人连忙说："你还没有吃饭！"雪峰同志焦躁地摇着头说："开了一天会，刚刚坐下写了几个字，吃什么饭！"接着就把一堆草稿推到桌边，说："这是我写的文章，你看看。"我把这篇题为《评〈保卫延安〉的地位和重要性》的洋洋近二万言的大作捧读之后，非常激动。这不仅是因为他对这本书评价高，而是他卓越的见地，犀利的眼光，独特的论断和出自内心的热情，使我看到：只有具有久经考验的革命家，知识渊博的学者和对中国革命以及新文学具有强烈而深厚感情的人，才能写出这样的文章。文如其人，一点不错。我说："作品是我写的，但是读了你的文章，我仿佛才对它看得更清楚了。你指出的东西，有些我写作时并没意识到。"他说："真正从生活中来的作品，常常会带来许多作家自己意识不到的东西。文艺评论的任务之一，就是要指出形象显出来而作家本人尚未意识到的东西。那些言之无物的文章，面目可憎,常常引起我的愤慨。我忍不住要说出来,可是一说出来就得罪人。有什么办法?得罪人也得说。”接着他又说:“看了清样,看到你把作品修改得更好了。作为一个作家,我对你把稿子反复修改,非常赞成,可是编辑部的同志说吃不消。这是一个矛盾!”他爽朗地笑了,笑得那样开怀和真诚——显出他不失赤子之心的诗人气质。

原来,雪峰同志和出版社编辑部同志们,给“打字稿”提了意见,我用了两个星期把稿子加以修改之后便付印了。第一校清样,我几乎通篇作了大修改,以致只好重排。编辑部的同志说,二校清样千万别大改。可是拿到二校清样,又改得非常乱,于是不少章节又得重排。他们嘱咐我,三校清样,绝对不要大动了。可是我又做了改动,还有一些页码,必须重排。因此,原来这书三月出版,结果六月份才改完,预计七八月份才和读者见面。这就是说,发稿之后,又琢磨了将近半年。回想起给编辑部和工人同志带来的麻烦,心里十分惭愧!雪峰同志察觉到我的心情了,他说:“别把这些事情放在心里,一个作家就得这样。果戈理初稿很粗糙,也是经过多次修改,一次比一次更好——这从别林斯基的评论文章中可以看出来。”

正说话间,老诗人柯仲平同志进来了。他向雪峰同志挥了一下手,一转身便把我紧紧地拥抱起来,热情洋溢地说:“好兄弟,祝贺你。昨天我在作协开会和雪峰坐在一块,他把你的作品的情况仔细地向我讲了。”

雪峰同志的夫人给柯老倒茶水,招呼他就座,柯仲平同志全没有注意到,他来回走着,双手搓着,扬起头,略微思索一下,声如洪钟似的喊:“我给你们朗诵我最近写的一首诗。”他朗诵着,时而抡着拳头,时而挥舞手臂,时而仰望顶棚,热情奔放,声震屋瓦。朗诵完,已满头大汗。当他正朗诵诗时,雪峰同志坐在沙发上聚精会神地听着,时而脸色严峻,时而眼里喷发热情。朗诵结束好一阵儿了，他还坐在沙发上，微微弯着腰，眼睛望着一边，严肃而激动地深思着。

柯老和雪峰同志肩并肩坐在沙发上，要雪峰同志讲意见。雪峰同志讲了这首诗充满着热情，但从艺术上说，也有一些可以改进的地方，他率直而诚恳地讲出自己的看法，毫无保留，也不转弯抹角。柯老很激动，好几次都要跳起来争辩，可是雪峰同志压住他的膝盖，依然严格地讲下去。最后说："我们是老朋友，看到不足的地方，就一定要说出来，而不考虑你高兴不高兴。"柯老放声大笑，看了看我和雪峰同志的夫人，猛击茶几，大声呐喊："诤言难得。雪峰就是雪峰！"我望着他俩那苍白的头发，望着中国文学界的两位前辈和老诗人，真是抑制不住自己激动的感情。我想，战士的真诚，心地的坦率、正直而深沉的性格，多么令人神往啊！

五

1954 年初夏的一天，我去向雪峰同志告别。他、他的夫人和孩子，像送别自己的亲人一样聚集在一起。雪峰同志把两函刚出版不久的影印本《鲁迅日记》和他的《论文集》第 1 卷、《雪峰寓言》送给我。他问我关于今后创作的打算。我说，全国轰轰烈烈的大建设开始了，我要到建设工地去，准备书写新的历史时代。雪峰同志非常高兴。他说："到斗争生活中去，这是最根本的；离开群众，不管怎样有才能的人，也一无所为。你看我坐在北京能写出东西吗？"而且还谆谆告诫："不要当了作家，就坐在北京当'新闻人物'；什么作报告啦，介绍创作经验啦，这种风气很不好，会毁坏人！"

当我离开时，他说他要去看一个人，于是我们一道出来，到崇文门那里，又顺着行人和车辆较少的东交民巷走去。他穿着布鞋，普通的蓝布制服，顺着人行道信步走着，不明内情的人一定认为他是一位普通职员或者上了年纪的教师。的确，在他身上没有一点“当官”的气味，他始终是一个党的普通干部，是人民群众中的一分子，是牢牢铭记着自己使命的作家。公家给他配有小车，但是，我和他相识半年多，几乎没有看见过他坐小车。有一次，我们一道到很远的一个旅馆去看望《把一切献给党》的作者，他也是像一个普通劳动者一样质朴，穿着一件旧呢大衣，挤在长长的人行道上，以步代车。此时，我们又是这样挤在人群中步行。他时而站下来看路旁新修的建筑物，时而谈文学，时而谈学习和工作。一直到了前门大街，这才分手。我走了好远，还看到他在街头伫立着。这时我才意识到，他并不要去看什么人，不过是想和我走一走，随意谈一谈而已。这位在生活的道路上，经历过严酷斗争、担任过许多重要职务的前辈，看上去脾气倔强，对丑恶的东西态度凌厉，可是他有着一颗热烈的诗人的心啊！

后来几年，我去北京开会或送什么稿子，多次见到他。他一见面就问深入群众的情况，问到工人们的生活，问我在偏远的工地上买书困难不困难？而且总是立刻就谈起我新发表的作品；当谈到作品的缺点时，总是非常严格，毫不客气。但是我知道在这似乎严厉的外表下，蕴藏着对我们文学事业的巨大的关怀和期待呵！因而，哪怕是暂短的会晤，简短的交谈，也能使我铭记于心、历久不忘。

记得“反右派”斗争的后期，我和柳青同志奉命去北京开会，任务是把全国作协“反右”斗争情况带回来向同志们传达。我们一去就参加大会。大会上宣布了冯雪峰等同志的“反党罪行”。坐在我身边的人民文学出版社的同志给我说：冯雪峰是他们的社长，在他们那里过党组织生活，可是把他定成“右派”，出版社的许多同志全不知是怎么一回事；有的同志听到这事之后甚至哭了！我集中全力听他们宣读的雪峰同志的“反党罪行”，其荒谬可笑，使人难以想像。

会后,我和柳青同志回到和平饭店。我一声不吭,躺在床上。柳青同志气得脸色发青,他嘴唇抖动着说道:“怎么能这样毁灭自己的同志!中国参加过长征的作家,一共有几个嘛!全国解放不久,中国作家代表团访问苏联时,雪峰同志是我们的团长。他为人正直,疾恶如仇,深受我们大家尊敬。”我说:“作一个正直的人谈何容易?1954 年秋天,我从外地刚回到北京,那时雪峰同志在关于《红楼梦》研究问题的那一场批判中,作过检查,还被撤销了《文艺报》主编的职务——罪名之一是‘压制新生力量’。可是在几个月之前他还废寝忘食地帮我看稿子,奖掖我这个文学新兵哩!”

次后,有十几年工夫,我再没有见到尊敬的冯雪峰同志和他贤惠而善良的夫人以及他的孩子们。在漫长的岁月里,会有多少人去看望他们呢?大约,他们饱尝了那种“交游莫救视,左右亲近,不为一言”的辛酸滋味吧——更不要说有人落井下石了!听说,他成了“反革命”之后,党籍开除了,职务撤销了,工资降低了,便从那个我所熟悉的小小院落里被赶了出来,一家三代人,多少年来就挤在极其简陋的房子里。他心爱的书籍,经过再三处理,还是没地方放置,只能堆在地上或塞在床下。生活之屈辱和窘困,无以复加。试想,他在这种情况下,怎样去写“长征”和“太平天国”的大部头小说?怎样进行鲁迅研究?冯乃超同志在《新文学史料》第 1 期上发表的《鲁迅与创造社》一文中说:冯雪峰是“把党和鲁迅关系沟通起来做出贡献的人”。冯雪峰与鲁迅接近,自 1928 年 12 月到 1933 年 12 月,1936 年 4 月到 10 月,共计五年半的时间。党组织要成立“左联”的想法是由他去和鲁迅商量的。又如李立三约见鲁迅,陈赓去见鲁迅,瞿秋白住在上海期间与鲁迅的联系,以及方志敏烈士信稿转交,等等,都是由冯雪峰负责进行的。冯雪峰在瑞金多次与毛主席谈话,其中一个主要内容就是介绍鲁迅的情况。1936 年 4 月,冯雪峰由陕北到了上海,他把党的领袖毛主席的活动、抗日民族统一战线政策、长征的英雄事迹介绍给鲁迅先生。其后鲁迅先生在病中，还托冯雪峰送书和火腿等物品给毛主席和周副主席。鲁迅的丧事是冯雪峰等同志主持的，在他们拟定的治丧委员会的名单中列有毛泽东的名字。像如此等等的重大的文学史实，让他写出来难道是可有可无吗？造就一个有用之材，谈何容易——何况他这样一位中国文学史上的重要人物？他临终耿耿于怀的是："……我没有能写一本关于鲁迅的比较完整的书……我心里难过。"现在他永远离开了我们，这空白谁来弥补！再如，冯雪峰同志从陕北到上海，在鲁迅家中给美国进步新闻记者史沫特莱谈了两个下午，史沫特莱首先把红军长征的真实情况报导出去，影响颇大。美国进步作家斯诺，1936 年到上海找到宋庆龄同志，宋庆龄同志找到冯雪峰，冯请示了周恩来同志，并派秘密交通在西安与斯诺接头。这样，斯诺才能完成他的旅行，给我们留下一部巨著——《西行漫记》。至于毛主席的两个孩子毛岸英、毛岸青，也是冯雪峰同志及别的共产党员和进步人士在上海找到了下落并加以安置的。如此等等的情况，让冯雪峰这些当事者，给我们记录下来，岂不是宝贵的吗？如今，时逝人去，我们活着的人想起这一切，只能撕心裂胆地仰天长叹了！……至于被错误地划为"右派"，其妻子儿女受到歧视，本人精神上痛苦，那是无以用笔墨表达的！"悲莫痛于伤心……"司马迁说，"……是以肠一日而九回，居则忽忽若有所亡，出则不知其所往。每念斯耻，汗未尝不发背沾衣也！"我读这类文章，想到雪峰同志的处境，热泪夺眶而出！可是，作为献身于共产主义理想的雪峰同志，比起我想像中的样子要坚强十倍，百倍。他受到如此的打击，还是那样坚定，还是那样忠诚，还是那样艰苦朴素，还是那样坚忍不拔，还是那样充满信心和热情。叫他去当普通编辑，他就兢兢业业地埋头工作；叫他去劳动，他就极其认真地劳动；叫他去农村搞"社教"，他和人民群众相处得如同家人一般。不灰心丧气，甚至连幽默感也没有丧失。特别是 1961 年，在总理亲自提名给他摘了帽子，他更是对中国革命和新文学事业，满怀着热烈的希望。他到祖国南方去考察“太平天国”征战过的地方，回来之后又钻在陋室之中秉笔疾书，他要使那一段壮烈的历史复活起来，要从他们覆灭的血与泪中为子孙后代找寻一点什么！特别是在“四人帮”统治时期，他即使受到怎样的迫害和折磨，也是心中有数，泰然自若，头脑清醒，坚持原则，保卫党，保卫同志，保卫中国新文学的历史。但是，他未能看到“四人帮”的灭亡，便在那千百万群众以鲜血和生命捍卫周总理功勋和声誉的严寒日子里，溘然长逝！（他的夫人何爱玉同志，一年多之后也默默逝去！）其时，我正为了“苟全性命”而躲在黄河边的一个偏远农村。当我得知雪峰同志离开人世的噩耗时，已经是开过追悼会十多天之后了。我手攥着电报，站在黄土崖壁之上，临风挥泪！任凭脚下万丈深谷里的黄河之水奔腾咆哮，狂呼怒吼……

1976年1月31日，他被癌症夺去了生命！这不奇怪，毋宁说必然如此。我以一个与医学无缘的人，敢于断言：得“癌”的原因固然多种多样，但巨大的刺激，巨大的悲痛，巨大而长期的精神折磨，很可能使人得这种“恶疾怪病”！这种例子，我们任何一个人都可以举出十个八个。试想，一个把毕生都献给人民的忠心耿耿的革命者，被诬为“反革命”；一个1927年6月入党的经过长征的坐过监牢的受尽千辛万苦的人民功臣，被诬为骗子；一个著作等身、中外闻名的作家，被诬蔑为一无所能的伪君子，而且千口皆谤，万人皆指，你却丝毫不能分辩！这是怎样的“千古奇冤”啊！

但是这位忠诚、耿直而内心富有的革命者，这个坚定不移的共产主义者，虽然被赶出党近十八年，可是一直到临终时，留给他的友人、子女和这个世界的遗言是：“希望回到党的队伍中来。”是的，到他死后三年的今天，这个愿望实现了，在党中央关怀下，他的冤案被纠正了，他的名誉恢复了，他的作品又要和读者见面了。可是，这一切，他都看不到了，听不到了，他已经离开了这个他为之征战终生而对他并不仁慈，并不公平的世界。但是，知他爱他的人，依然铭记着他艰苦奋战的一生,总结着历史的教训,思考祖国的未来,为了中华民族的尊严,为了我们国家富强,为了人民生活幸福,为了雪峰同志毕生为之苦斗的理想的实现而不息地思索着,前进着。

尊敬的雪峰同志,你如地下有知,当会以老诗人的激情为我们现在正在进行的这一场史无前例的新的进军而引吭高歌。

尊敬的雪峰同志:革命者是不朽的。——让我把这镌刻在我心头的话,奉献于你的灵前!

1979 年 7 月写于西安,
9 月修改于北京。

原载《延河》1979 年第 11 期

一个无私的忘我的人

——纪念雪峰同志

王士菁

一

雪峰同志逝世快到五周年了。

五年的时间不算短,而在我的感觉里却仿佛只是一瞬。

最近,我找出了他在 1950 年至 52 年间由于工作上的需要而写给我的一些信,在经历了十年浩劫之后,重读这些被抄去又发还的信,更感到亲切。信中所讲的都是日常的具体的工作,这些事情已经过去将近三十年了,但我仿佛觉得这是他在不久之前写的,他仍然和我们在一起工作。他那朴素的真挚的语言,坦率的平等的对待在他领导之下工作的同志,按照实际情况办事和克服工作上发生困难时的求实精神……这一切从他的书信中,同时也是从他的生活中和工作中得来的印象,仍旧留在我的记忆里。

鲁迅先生说过:一个死去的人如果很快地就被人遗忘掉,那他就是真的死去了。

雪峰同志不是这样的人。他和那一些曾经为着党和人民做了有益工作的革命前辈一样,是不会被人们忘记的。经过时间的过滤,他的形象在我的头脑里,反而更加清晰起来。

随手写下一些片断,以作为纪念吧。

二

我最初知道雪峰同志的名字,是在学校里的课堂上。朱自清先生在讲授“五四”以来的新诗时,列举了中国新诗发展初期许多诗人的名字,其中就有“湖畔诗人”应修人、潘漠华、冯雪峰、汪静之。朱先生后来在闲谈中,又向我推荐了当时正在刊物上发表,后又收入《乡风与市乡》集子的一些杂文,这更加深了我对于雪峰同志的印象。但是,我和他第一次见面,并在他领导之下工作,却是全国解放以后的事了。

抗日战争胜利之后不久,1946 年的春天,我来到了上海,住在黄洛峰同志主持的读书生活出版社。由黄洛峰同志介绍,我怀着 20 年代青年人景仰鲁迅先生那样的心情,到当时的霞飞路霞飞坊去看许广平先生;看过了许先生,又到作家书屋去看冯雪峰同志。但这次却没有看到他。据店员说:他夜间写作,白天正在楼上睡觉,因此我就不去打扰他。只给他留下一张字条,第二天我即动身回解放区去了。

解放战争胜利之后不久,我又来到了上海,分配在华东新华书店编辑部负责文艺组的工作。1950 年初夏的一个下午,通联科的倪鼎元同志带我到横浜路兴立邨二号去找冯雪峰同志,在他的家里,我第一次看到了他。他仍是在夜间工作,下午刚刚起来。凡是和他有过接触的人都会有这样的感觉:"寒暄"之类的客套话是没有的,开门见山就谈工作上的问题。当时他是《华东文艺创作丛书》编委会的负责人,这套丛书是由华东新华书店出版的。我们谈过了丛书的编辑工作之后,他就问我最近读不读鲁迅的作品。我说:"因为工作关系,看新创作的稿子较多。业余有时间,也看鲁迅先生的作品,但有些杂文,没有看懂。要弄懂,很困难。"他说:"是呀,应该想个办法,使大家都能看得懂。"我说:"是否可以注释一下?"他说:"这很好,我正考虑这个问题。"他停了一下又说:"如果你现在工作还不太忙,有工夫,先想一想,写点意见出来。"第一次谈话,就这样结束了。

过了一段时间,大约两三个星期吧,我把准备编入《华东文艺创作丛书》的稿子送他审阅并作最后决定时,也把注释鲁迅作品的一些幼稚的想法写成书面意见,带去给他看看是否合适。他收下了,几天之后,便写了一封信给我:

士菁同志:

关于注释鲁迅,你所提的意见,我看是很好的,但开会讨论和开始工作,我觉得恐怕还需再酝酿一个时候。我们尽力策动以便早日实现罢。同时我觉得你如有时间就可以先看一些他的文章,把需注释的记下记号。

隔天我们再谈谈。即致

敬礼!

雪峰　六月二十六日

我接受了雪峰同志的意见,在看新创作稿子的同时,又在业余开始系统地阅读鲁迅的作品。

三

当时雪峰同志的工作是很忙的,除了主编《华东文艺创作丛书》之外,还担任上海文协的主席,还有其他许多社会工作,有时去找他,他总是不在家。隔了一段相当长的时间,有一天,我去看他,他把自己亲笔写的《鲁迅著作编校和注释的工作方针和计划草案》(一共 14 页)拿了出来,一面交给我,一面说道:"你看,这行不行?如果还可以,你又愿意,就先试试罢。"

这是第一次,雪峰同志交代给我的工作任务。这是他的工作习惯,也是他的工作方式,他对待比他年轻的工作同志,总是采取商量的语气,平等的态度。有人说"冯雪峰做事总是简单粗暴的"。这完全是一种误解。我从第一次和他接触开始,以后又在他领导之下工作多年,这所谓"简单"、所谓"粗暴",在我看来是不存在的。

这一份《计划草案》如下:

鲁迅著作编校和注释的工作方针和计划草案

一、编校

1. 先把著作中最主要的和读者最需要的部分重行校订,以便迅速重印单行本。

2. 在半年内(即在 1951 年 6 月之前)把已经印行的全部作品(翻译在内)都校订完毕,并在一年内全部以单行本出版。

3. 尚未印行的全部日记,在 1951 年内编校好,并在 1951 年内出版。(为了注释工作上的查考用,或须提前出版。)

4. 尚未印行的汉碑和古书两种的编校工作,放在 1952 年内进行。

5. 在不久后的最近，登报再搜集从前还没有搜集到的书简。

6. 我们觉得鲁迅著作将来在国内可以下列五种版本由国家出版发行：

甲，单行本（著作的全部，翻译和考证及编辑的则选重要的和对现在与将来还有需要的。）

乙，著作部分的全集本（即不收翻译部分。这有两种编法：一即叫《三十年集》，照现在《三十年集》样子而加上考证的古书两种。二是考证部分拿出而把书简全部和遗文收进去。两种编法，待大家考虑和讨论后决定一种。至于是否把注释作为附录，再作决定。）

丙，最完整的全集本（即把鲁迅的全部文学工作可以收印的东西都编进去。编法以现在的全集为底子，而加进全部书简、全部日记、编选的画集和其他著作与翻译的遗文。此种全集本，主要的是为了保存和供给研究者之用，印数不要多，只够供全国图书馆、大学和高等学校及个人研究者具备就是了，但印刷装帧和校对都必须讲究，以便保存长久并能作为查考之根据。至于是否要把注释作为附录，则再作决定。）

丁，注释单行本（以著作部分中的主要作品为主，即小说、散文和杂文的单行本中挑出最重要的附以注释出版。）

戊，注释选集本（从鲁迅的小说、散文和杂文中选出最重要和能代表他思想与文学的各方面的作品，编辑鲁迅选集，并附以注释。）

但是，如果觉得版本太多，则在一年和二年之后，在全部注释告成时，普通单行本可停止印行，而全部单行本一律附注释，即只以注释单行本的一种版本印行。为此，则只有四种版本了。

我们现在暂定将来发行的版本是如上所述，则我们进行的步骤拟定如下：

a. 普通单行本的编校工作，在1951年6月前完成。

b. 注释单行本的编校和注释，在1951年内完成一部分，到1952年内全部完成。

c. 著作部分的全集本的编校工作，在1952年内完成。

d. 最完整的全集本的编校工作，1952年内完成。

e. 注释选集本，1952年内完成。

二、注释

1. 注释工作是繁重而困难的，必须一边工作，一边作谨慎的深入和广博的学习和研究，并且还必须把这样的学习和研究算作我们工作中重要的部分。

学习和研究：首先是毛泽东思想和思想方法，最近三十年来的中国革命史和中国近百年史，等。

其次是鲁迅著作的内容和思想，近代世界文艺思想，中国古文学知识，等。

2. 注释必须绝对严守科学的客观的方法态度和历史的观点，正惟如此，事实上就不能不有关于时代环境的说明和带有历史评价的意义。这不仅是关于鲁迅本人的，而尤其是关于和鲁迅有关联的一切人物、事件和思想学说。

因此，注释的方法和观点，必须是马列主义、毛泽东思想的科学历史的方法和观点。

立场和标准，是中国人民革命的利益和前进方向。而注释的目的固然在于使读者能够更容易地读鲁迅作品，但还必须能起一种对于鲁迅思想的阐明作用，使鲁迅思想的进步的、革命的、新民主主义的本质更昭明于世。

3. 注释以普通初中毕业学生能大致看得懂为一个大概的标准，因此不仅注释条文的文字必须浅显而简要，并且注释的范围也不得不相当广：

a. 古字、古语和引用古籍的文句与掌故之不易懂者和不常见者。

b. 外国语、外国人和引用外籍文句、学说与掌故之不为一般人所熟识者。

c. 引用民间俗语和故事等等之不为一般人所熟识者。

以上三种,除注明出处及原意外,有必要时还须指明引用者之用意。对于被引用的古人和外人,有必要时也略加介绍,如有指出他们思想之本质的必要时并也加以简单的指出。

d. 鲁迅著作中所涉到的当时的人物、掌故与引用的说话和文字,以及一切被鲁迅加了括弧的用语,等等。

此项注释的注意点同于上面的三项,但必须说明得更详细些。

e. 因文字简练和为了讳忌而隐晦曲折,一般读者不易了解的地方,略加点明和解释。

f. 为了讳忌而以暗示和以×××隐指的当时的人与事,加以索隐和考证。

g. 作品发表时的时代环境和写作的真实用意所在,不为现在一般读者所明了的,加以扼要的说明。

h. 其他。

4. 以上的注释的范围是以关于鲁迅的小说、散文和杂文的著作为主。此外:

关于他的书简、日记中的人与事,以及一切序文、后记中所涉到的人与事,也尽可能地加以查考和注释。

关于他所考证的古书等,和编抄辑录的古文等(如《唐宋传奇集》、《小说旧闻钞》等),以及文学史著作,本文和内容都不加注释。如有必要和可能,只关于他工作的经过和年月等等加以按语和考证。

关于翻译,一般的不注释。如有必要,关于原作者和原书如有说明或补充说明的必要时则加以按语。

5. 注释工作,主要的依靠调查研究的广博和精确可靠。

a. 物证:

和鲁迅著作有关的古今中外的文籍和文物。

尤其重要的是五四以来,甚至是本世纪初以来的报纸、杂志和书籍。

鲁迅出生地和他一生所经历的地方对鲁迅有影响的人情风俗文化等等的调查研究,也很重要。

b. 人证:

一切现在还活着的、熟识鲁迅或与鲁迅直接有过来往的人,都须作为我们访问的对象,进行访问以作解决的帮助。

和鲁迅最亲近和最有直接密切关系的人,如许广平、周建人等先生以及其他的鲁迅老友和来往密切的先生们,都须作为我们经常的必要的顾问。

c. 各方面的学问家,也是我们所需要的经常的顾问。

d. 因此,我们调查研究的工作,拟分三方面进行,即㈠查书查刊物查报纸和其它,尽量借用图书馆和私人藏书。㈡访问人和地方。㈢经常请教顾问。

6. 注释初稿以至二稿三稿,都先印刷多份,送给文化界各大家和鲁迅各老友和中共中宣部、中央出版总署审阅修正和补充;大约总须经过二三次以至四五次六七次的修改纠正,然后近于定稿,再由中宣部和中央出版总署最后审定批准出版。

7. 注释先从最重要的几个单行本开始,以期先完成可以先出注释单行本。

8. 待注释工作全部完成后,全部注释文可独立印行。

三、几项可以附带地准备和进行的工作

1. 鲁迅传记的可靠的材料收集和整理。

2. 更详细和更正确的年谱的编写。

3. 鲁迅文学词汇的统计或鲁迅词典的编辑。

1950 年 10 月 23 日

雪峰拟于上海

从这个《计划草案》看来，他为了系统地整理鲁迅著作，特别是要把鲁迅著作普及到广大读者中间去，确实已经考虑很久很久了。我现在保存下来他写给我的几十封信，主要内容就是谈的这项工作。

四

全国解放后，我回到上海时，许先生已经不在上海了。她到北京在中央人民政府政务院(即现在的国务院)工作，同时又担任全国民主妇联和民主促进会的领导工作。她的工作任务是很繁重的。因此，她在解放前承担了许多风险和花费了许多心血而惨淡经营起来的鲁迅全集出版社，就无法兼顾了。她和有关领导同志商量并征得出版总署的同意就把鲁迅著作的出版发行等工作全部交给国家代管，1950 年 11 月间，在上海成立了一个鲁迅著作编刊社。

这个编刊社一成立，于是收集、整理、注释、编辑、出版鲁迅著作的全部工作都落在雪峰同志的肩上了。1950 年年底，许先生因事回到上海，又推荐了杨霁云同志和孙用同志；雪峰同志也和当时西南军政委员会文教部负责人楚图南同志商量，请来了林辰同志，我们大家在雪峰同志领导之下共同来做一些具体工作。

全国解放了，人民掌握了政权，建立了自己的国家，出版和发行鲁迅著作以满足广大人民的文化生活需要，这是当时一项必须完成的迫切任务。

1938 年由许广平、胡愈之、王任叔以及其他许多同志共同努力，在极端困难条件下，出版了 20 卷本的《鲁迅全集》，这是解放前唯一的全集。这部《全集》的前十卷，许先生又曾以《三十年集》的名义出版过。在全国解放前，这部《全集》在上海共印过四次，在大连印过一次，总数约在九千五百部左右，《三十年集》的印数也大致相同。在那时，许先生和其他同志虽然多次和国民党反动政府的公开禁止和暗中破坏进行了不懈的斗争，但鲁迅著作还不能在国内广泛流行。因此，在解放以后，迅速地把鲁迅著作送到广大读者手中，就成为当务之急了。所以雪峰同志那么迫切地在他的《计划》中，和在信中多次提出重印鲁迅著作的单行本，就是由于这一个原因。

1951 年初，由于当时工作上的需要，雪峰同志调到北京担负新成立的人民文学出版社的领导任务。那时出版社刚刚建立不久，许多具体工作都要他亲自过问，因此，他就很少有时间回上海来了。但他总是放心不下，时刻不忘鲁迅著作的编辑和注释工作。在 3 月 8 日的夜间，他在信中写道：

> 我没有办法，已经答应负责人民文学出版社社长兼总编辑的工作了，为了要配合干部和研究计划等，我必须延期回上海。我希望能在二十日左右动身回来。

但是，这次他却未能成行，十天以后，3 月 17 日，他又写了信来。信上说：

> 我因出版社人事配合和房屋两大问题都未能有初步的解决，必须再留若干日。这两大问题原是北京所有工作部门共有的两大困难。拟在二十五日前先把总编室搞出一个眉目，在二十五日或二十六日开一编辑会议，先发一批稿子付印，则在月底前可脱身回沪。

这之后，又过了一个星期，在3月24日，又来信说：

我今天已去定车票，定二十八或二十九动身，三十日或三十一日回沪。

雪峰同志回到上海之后，和我们在一起愉快地工作了一段时间以后，他又回北京工作。在6月4日，他给我来信，信上说：

我仍尽量争取六月下旬至七月初之间回沪一次。

可是，他在北京的工作实在太忙了，看来是不可能再回上海了，6月22日，又写信给我说：

我无论如何不能在最近抽身回上海一次了，大概下半年可能空一点，那时再来上海和你们住一起做一个时候注释工作。现在我不能来，假如你能抽身来一下，则许多问题可当面讨论，不知你能抽身否？在这里住一星期，主要的是关于在北京方面的材料（关于鲁迅研究的）理解和运用问题，我想将来（从下半年起）请林辰同志长住北京，以便京沪两地能经常联系，因为我实在忙不过来，不但无暇去注意这方面的材料（但非常重要，有些材料非赶快收集不可了），而且我有了计划也无法去进行，无人帮助我。现在，各界对《鲁集》的事很注意，有的人还以为我来负责文学出版社，一定很快就出全集了。事实上，我们的工作繁重，可是又须早日做好。因此，我急需你来一次，事先研究讨论一下。如果没有太要紧的事，请决定来一下。如来，请注意下列各事：

1.《鲁迅日记》日记原稿请亲自带来。

2. 方志敏的原稿（请你保存的），请带来，由我再看一遍，弄好后再带回上海请唐弢同志拿去做版出版。

假如来得及，请殷同志抄一份留沪（但不要把原稿弄污了），请留心！那封信已经破烂，由你自己抄，或者先拿去拍照也好。（信可先拍照，但文章原稿不必先拍，因内容有一两处须斟酌。）要把原稿带来京，不是抄稿。

3. 关于鲁迅注释问题，你们讨论一下，可把目前就须解决的问题整理出带来我们商量解决。

4. 关于《文艺创作丛书》问题，你来时也可商量一下以后如何办法。

你是否能来，请即日先回我一信。

1951 年 7 月，雪峰同志的全家从上海搬到北京，我陪着何爱玉同志，还有雪明、夏荣、夏森同志一同来到北京。雪峰同志不可能再回上海工作了，他于是要我和大家商量，克服生活上的一些困难，把编刊社迁到北京，作为人民文学出版社的一个组成部分，这也是为了把鲁迅著作的编辑和注释工作进行得更快一点。

五

至今记忆犹新，每当我接到雪峰同志来信，不论长的或短的，总感到有一种激动人心的东西藏在字里行间。他为什么对于鲁迅和鲁迅著作怀着那么深厚的感情？这一种感情同样地也蕴藏在他编辑和出版《瞿秋白文集》工作之中，也蕴藏在编辑和出版方志敏同志遗著《可爱的中国》之中。这是一种人与人之间最可珍贵的无产阶级的感情。

这里，我想谈一下雪峰同志在编辑《鲁迅全集》工作的同时，所做的瞿秋白同志和方志敏同志遗著的编辑整理工作。这也是值得我们怀念的。

鲁迅著作编刊社刚成立不久，长期在上海做党的地下工作的方行同志陪着杨之华同志到武进路309弄12号上海文协（也是鲁迅著作编刊社借用的地方）来看雪峰同志，并交给他一大批瞿秋白同志的手稿。为了避免当时敌机轰炸的危险，我们在方行同志的帮助之下，出了相当高的租金，把这批手稿，和方志敏同志的手稿、鲁迅先生的手稿，一同存放在上海外滩金城银行的地下室保险柜里。雪峰同志对于瞿秋白、方志敏著作和手稿如此珍爱，和他对于鲁迅著作和手稿的珍爱一样，这绝不是一种出于个人的爱好或私人友谊，这中间贯串着的是他蕴藏在心灵深处对于党的感情，对于同志的感情，对于一切为着中国人民解放事业不惜流血牺牲，贡献出自己生命的革命者的感情！

在他为《可爱的中国》所写的《说明》中，他深深地表达了这种感情。为了使这部手稿得以广泛流传，他征得了中央负责同志的同意，先在上海影印3000本。其后不久，又根据手稿，在人民文学出版社排印，很短时间内就销行了一百万册以上。在这部手稿影印过程中，虽然他当时不在上海，出国访问和在北京的工作都很繁重，而他却考虑得十分周到，并时刻记挂着这件工作。他深怕把已经有点损坏的原稿弄脏了，于是指定我必须亲自抄写一份留底；在《说明》上，他一次又一次地修改，付印了，又深怕有错漏的地方，又指定我必须亲自去校对；如何印，印多少，怎样发行，分送给哪些单位和个人，他都一一交代清楚；全书出版之后，又指定我必须亲自把手稿送到北京交给他，由他交给党中央。这决不仅仅是一般的工作上认真负责的精神。这是他对待党的极其深厚的感情啊！

在编辑和出版《瞿秋白文集》工作中，他同样地也表达了这样深厚的感情。包括《海上述林》在内将近二百万字的《瞿秋白文集》在短短的一年（1953～1954）时间之内就完成了。当时他除了担负人民文学出版社的日常行政、编辑等许多领导工作之外，又担负着文艺界的一些具体的领导工作。由于他白天忙于上述这些工作，编辑《瞿秋白文集》就占用了他许多不眠的夜晚，有时，夏天的清晨，我们早早到东四头条胡同人民文学出版社来上班，而他却还没有"下班"哩！为着把这个工作做得周到一些，他把没有解决的问题一个一个开列出来，由他自己，或者是要我，或者是要我写信给上海的谢澹如同志、方行同志、或鲁迅纪念馆的同志，帮助他把每一篇文章的最初出处，从《北斗》、《十字街头》、《文学月报》等刊物上查明。他真是像捏着一团火，急于要把《文集》赶快编印出来。这决不仅仅是一般的工作上认真负责的精神。这是他对待自己战友和同志的深厚的无产阶级感情啊！

六

从雪峰同志给我的信中和许广平同志给我的信中，可以看到在他们之间也存在着革命的友谊。这种友谊是由于鲁迅先生而连接起来的，也是由于党的事业、人民的事业而连接起来的。

平时，雪峰同志对于在他领导下工作的同志很少谈到有关他自己的事情，有时偶尔也谈到，但是很少很少。

1950 年年底，那次许先生回到上海时，住在外白渡桥附近的上海大厦。雪峰同志和我前去看她，谈话时间很久，谈得非常高兴，她留我们吃饭，饭后我们才回来。当时我正把许先生多年来写的纪念鲁迅先生的文章编成一本文集：《欣慰的纪念》。许先生要求雪峰同志为这本书写一篇序言，我对书中不太了解的地方也趁此机会向许先生请教。他们谈到了这本书里面的一篇《鲁迅和青年们》，其中提到"一位朋友""曾在北平旁听过先生讲书的青年 F，后来在闸北和先生住在同里，而对门即见，每天夜饭后，他在晒台一看，如果先生处没有客人，他就过来谈天。……有时听听他们谈话，觉得真有趣。F 说：'先生，你可以这样的做。'先生说：'不行，这样我办不到。'F 又说：'先生，你可以做那样。'先生说：'似乎也不大好。'F说:'先生,你就试试看吧。'先生说:'姑且试试也可以。'于是韧的比赛,F目的达到了。对庄严工作努力的人们,为了整个未来的光明,连自己的生命也置之度外的,先生除了尽其力所能及之外,还有什么需要坚持?"这里所说的"青年F"就是冯雪峰。雪峰同志在回家的路上,回想当时那一段他和鲁迅先生在一块儿工作时的情景,一面带着玩笑的口吻,一面也像是在批评自己,对我说:"你看,我当时这样做党的地下工作,对鲁迅先生,是不是有点'强迫命令'的样子?"说罢又笑了起来。

又一次,可能是我们已经搬到了北京以后,在闲谈中,谈到了在鲁迅先生逝世以后,他对于许先生和海婴同志在生活上一些照顾的情况。这时,雪峰同志很严肃地说:"这是当时党组织的意见。我只做些具体工作。"他不想再多谈下去。

许先生对于鲁迅著作,从来不曾看做是自己的"私有财产"。她认为:这是属于人民的精神财富,解放以后,许先生从来不收鲁迅著作的"版税"(即按国家规定应得的稿酬)。雪峰同志几次想说服她,她仍不肯收。雪峰同志又要我去说服她,她仍是不肯收。她对于我们工作的支持是全力的、无私的、没有保留的。她对于雪峰同志是很信赖的。1950年,她从上海搬家到北京,我们去帮助她整理东西时,她把鲁迅先生的遗物一分为三:一份送到上海鲁迅纪念馆,这是鲁迅在上海时的纪念物品;一份带到北京,交到北京鲁迅故居(那时鲁迅博物馆尚未成立),这是鲁迅在北京故居时的一些纪念物品;一份交给鲁迅著作编刊社,这是和鲁迅著作注释有关的手稿和剪报、别人写给鲁迅的信件、鲁迅生前收集的碑帖等物。她想得十分周到,甚至比我们还要周到。1952年7月,编刊社搬到了北京,我们离她的住处北海公园东边大石作10号较近,雪峰同志和我曾一同去看她,并把《鲁迅日记》手稿交还她。我们到了北京以后,编刊社改为人民文学出版社的鲁迅著作编辑室,向她请教就更多了。她是我们工作上最好的最亲切的顾问。

七

平时,雪峰同志很少谈到自己。他是我党的1927年入党的老党员,在党内生活了几十年,和党内不少负责同志曾经有过比较密切的交往,但他很少谈到这方面的事情。他更少谈到在红军长征中和在上饶集中营里艰苦斗争的光荣事迹。在我的印象中,他只着重讲过一件事,这就是他在《回忆鲁迅》一书中,和在别的文章中写出来的关于毛泽东同志论及鲁迅和鲁迅对于毛泽东同志的景仰之情;以及他在书中没有写出的,在中央苏区和在延安时,毛泽东同志谈到的关于鲁迅和鲁迅作品的一些评论的片断。雪峰同志对于作为党和人民领袖的毛泽东同志始终怀着崇高的尊敬的感情。

此外,偶尔有一次,他谈到从上饶集中营出来以后,当他来到重庆,第一次见到周恩来同志的时候,周恩来同志紧紧地拥抱着他,并且很高兴地留他吃了一顿饭。他没有更多地描述当时的情景,只是用他的朴素的语言叙述了事情的经过,但说时他的情绪是很激动的。又有一次,我在他的书架上看到一部印得非常精致的美国诗人惠特曼的《草叶集》,问他是从哪里买来的。他笑着说:"这是董老在1945年作为中国共产党的代表,出席旧金山会议时买来送我的。"他也是用那朴素的语言,说了说他和董必武同志在中央苏区和长征中,一同在中央党校时工作的情况,说时他的神情是非常愉快的。

解放以前,雪峰同志长期做党的地下工作,他的写作时间多半是在夜晚。党的地下工作方式,使他习惯于采取和同志们个别交换意见,而不是依靠开会来解决工作上问题的办法;又因为他经常在夜间工作或写作,白天需要休息,所以他不喜欢多开会,尤其不喜欢开长会。因此,给人一种印象,说他似乎是比较"散漫"的,甚至有人认为他的"组织观念薄弱","有点自由主义";这是一个很大的误解。

1950年12月间,有一天清早,雪峰同志托人带了一封"急信"给我,这样写道:

士菁同志:

昨晚弄了通夜,写完了《鲁迅小传》,因头两天没有工夫写,挤在一天中写了七千多字,所以文字很松,可是我已无力气修改,现在又要去开会。请你给我看一遍,可删的句子则删,可缩的更应缩,如何?

现在已超了一半多字数了。如可能请殷同志快打,以便早点寄去,现在已延迟了半月多了。

雪峰　二十七日晨八时半

这是怎么一回事呢?原来是苏联大百科全书出版社通过我党中央宣传部约请雪峰同志为《苏联大百科全书》(第2版)写一条《鲁迅》,这工作当然只能承担下来,可是他没有时间写而交稿日期却过了。因此,他便在一个夜间把稿子赶写出来。当他把这篇稿子交给我的时候,同时又附有一封信要我立刻寄出去。这是寄给中宣部长陆定一同志的,大意是说:任务没有及时完成,请组织上提出批评吧,这封信虽然很短,但给我的印象却很深。我至今还没有忘记:一个老共产党员是怎样对待党组织,怎样对待组织上交给的工作任务,又是怎样严格地要求自己。

八

1951年6月,雪峰同志写信给我,要我"化一天时间"帮助他家整理书籍等物,从上海运往北京;真的,我只"化一天时间"就基本上整理就绪了。

他在这封信上,这样写道:

士菁同志:

我怕回沪时只能停两三天,太匆促,不能办很多事。因此想麻烦你,化一天时间,代我整理一下我的书籍和文稿等。

①书分五类:

a. 对我个人有纪念性的书、画等归一类,请装箱子内,托你保存在编刊社内。

b. 我的孩子们——雪明、夏荣、夏森,让他们在所有书中选择他们所要的书,挑出送他们,免得再买,不过不能太多,因路上带太重是不行的。

c. 有重要性的书,如马列经典、文艺名著、研究资料等,归一类,将来放原屋书架上或移放编刊社再说。

d. 你们认为你们参考上有用的书,一概由编刊社借用,存编刊社。

e. 其他不大重要的和没有价值的书及杂志,一概用绳子打捆,放在屋角保存就是。

以上a、b、c、d四类,请你指导我的小孩们有空时抄一目录。如殷同志有空,也请他帮忙抄目录。爱玉有空也一定能协同抄目录的。

②华东军政委员会及上海市人民政府和协商会及代表会的文件,以及参考资料,则请找出,另外打包保存,这些必须存好,因有保密关系。

③我的一切信件请打包保存,其中怕也有保密关系的信。

④我的原稿都在书桌上、书桌抽屉内、玻璃书柜及其下抽屉内。又请从《文艺新地》一两期中撕下我的文章放原稿一起。至于编刊社的东西一概不动。祝你好。

雪峰　六月十二日

可能是因为他的工作太忙了，仍然不能回沪，这次搬家，他也没有回来。十天以后，又给我来了一封信，信中写道：

你帮我整理事中，请注意：

1. 一切书可保存编刊社或原屋中。

2. 我的原稿及一切关于长征和鲁迅的资料，清理出带给我。

3. 放在抽屉中有《关于若干历史问题的决议》一小册（党中央的秘密文件），请放在原稿一起带给我。

雪峰同志在长期从事党的地下工作中，养成了非常简朴的生活习惯和工作作风，他搬一次家，就是这么样的简单。

有一次，大约在1950年春节前后，他和家属应友人的邀请，全家都去杭州。兴立邨2号的房子空起来了，他要我在下班之后，晚上住在他家，替他看门。兴立邨2号是上海普通弄堂里的一楼一底房子，和普通的居民一样，他的家里没有一件像样的家具，更没有任何豪华的陈设和贵重的衣物。他指着两张矮脚柳条椅子，开玩笑地对我说："你不用担心，这些东西是不会有人来偷的。如果失火，也不必抢救。只是我抽屉里有党内秘密文件，手提箱里有长征材料，你带着跑就是。"晚间，我睡在他的床上，薄薄的旧棉被只有一条，盖在身上并不暖和。

雪峰同志是从来不向党伸手谋取私利的。他公私分明，从来不占公家的便宜。为公家办事，需要请客吃饭，如果是由他个人出面的，也是由他自己付钱。他编了一个电影剧本《上饶集中营》，是由上海电影制片厂拍摄的。1951年3月，在上海放映时，他已调到北京工作了，特地写信给我，信上说：

编刊社几位同志及你爱人，如要看《上饶集中营》，票钱由我出，请你代我替他们买票罢。

他毫不考虑这个电影剧本是他编的，可以利用这种关系去搞点什么方便。不仅这一件事是如此，在我和他一起工作的二十多年当中，在我的印象里，他从来不曾有过一次由于自己的社会地位以及在文艺界的资历和声望，为自己以及子女谋取过任何“特权”。

雪峰同志关心别人的事情要比关心自己的事情为重。《上饶集中营》这个电影剧本是由别的同志提议编入《华东文艺创作丛书》的，但如何出版，出版后的情况怎样，他很少过问，只是在给我的信中略提一笔，而对于编入这套丛书的其他作家的作品却是经常关心的。他从上海调到北京后已经不管这套丛书的具体工作了，但他在信中有时还要问及作者和作品的情况。哈华同志的《浅野三郎》出版后，他听说有人对这本书有意见，他就在信中问我这是指的什么具体意见。山东有位王安友同志写了一本《李二嫂改嫁》，编入这套丛书。他在信中也要我和出版社联系，希望把这位工农作家的作品早日送到读者的手中。特别是对于那些第一次出版自己作品的青年作家，他更是关心，经常委托我在他们的作品出版以后，早日把样书寄给他们。当时也有人认为某些作品还不成熟，不应编入这套丛书，和老作家“并列”。他不同意这种意见，说：“不成熟，不要紧，多出几本，就会成熟起来的。”也有个别的作家不愿把自己的作品编入这套丛书，“羞与某些作者为伍”的。他说：“这也不要紧，由他去吧。尊重他自己的意见。”他从不把自己的意见强加给别人。

雪峰同志对于过分强调等级观念是十分反感的。他从来不摆“领导”或“权威”的架势，他的平易近人、平等待人的生活作风和工作作风是每一个和他有过接触的同志都感受得到的。解放以后,在评定工资级别时,他听到某位级别相当高的同志仍感级别太"低",有几天卧床不起,觉得十分好笑。人民文学出版社评定级别时,他被评为一级编辑,有的同志认为不恰当,应该评得更"高"一点,但他自己却不同意这样的意见。有一次,在雪峰同志的家中,有一位作家因为自己的工资级别问题来向他申述意见;可能是这位同志所在的单位对于他的问题处理不当吧,他临去时还面有愠色。在这位同志走了以后,雪峰同志笑着对我说:"何必这样生气哩。这又有多大的关系。唐代大诗人杜甫也只是八品小官呀。"说着又爽朗地笑了起来。过了一会儿,他渐渐有点严肃起来了,接着又说道:"在长征中,在敌人的监狱里牺牲的同志,不是什么级别也没有评上吗?他们拿的是几级工资呢?……像我们这些人,拿这么多钱,国家和人民给予我们的,已经是够多的了……"

九

在我的记忆里,以及在我们许多人的心目中,雪峰同志始终是一个普通的劳动者,他和我们在一起工作、生活、学习和劳动;他始终是一个严格要求自己的共产党员,在正常的情况下是这样,在不正常的情况下也是这样。他的心里深深埋藏着的只有一个字:"党"。党和人民的利益,在他看来,这是高于一切、重于一切的。这就是他一生所要维护的和所要追求的。

大家都知道:在1957年反右派的斗争中,雪峰同志曾经被错误地划为资产阶级右派分子,现在是完全改正了。按照当时党内的规定,凡是被划为右派分子的,都一律开除党籍,现在雪峰同志已经恢复了党籍,实现了他生前未能实现的愿望。这是一个十分沉痛的历史教训!对于雪峰同志来说,这是一个不应有的极大的不幸遭遇!对于我们党的文艺事业来说,也是一个不应有的重大损失！

自从1957年之后，在那种不正常的情况之下，我也看到了一个暂时失去了党籍的共产党员冯雪峰同志，他是怎样对待党组织和怎样对待自己的。在一场疾风暴雨式的斗争过去以后，1958年要作组织处理时，他正式向党表示了自己的意见：在党内生活了30年，在艰苦的战争年代里，在和敌人严峻斗争中，和党已经结成了生死与共的血肉关系的老党员，怎么能够离开那哺育他、培养他，而他又为之工作和为之战斗的、自己的亲爱的党哩！作为基层党组织的人民文学出版社支部也把这个意见反映了上去，上级的有关领导单位对于这个意见也作了郑重的考虑。但是，在最后决定传达下来的时候，在一次支部会上通过决议："开除冯雪峰出党。"在那次支部会上，通过决议的时候，雪峰同志服从党的决议，他自己也举起手来，但是在那次会上却没有人对他再进行批判了。支部会议结束了，他仍像一个正式党员那样对支部书记说："支部书记同志！决议上说的不符合事实。我从来不反党反社会主义。但我服从决议。我希望，今后有一天，事实证明是这样，我再回到党内来。"就这样，大家在默默无言中散会了。

这之后，有一段相当长的时间，对于这个错误的处理，他感到非常悒郁和苦闷。有时我到苏州胡同16号他的宿舍去看他，他躺在书桌旁边的藤躺椅上，脸色铁青，半天不说一句话。后来，王任叔同志告诉我，雪峰同志当时的确曾想到过要毁灭掉自己。然而，他毕竟是一个久经锻炼有着坚强意志的老党员，他在战争年代，经历过二万五千里的长征；也经历过敌人监狱的铁窗生活；而在一个和平的环境里，他又经历了对于一个革命者来说是极大的委屈，在最痛苦最艰难的时刻，他想到的也还是党，党和人民的事业，他还要坚持为党和人民工作。党给予他以错误的处分，这使他感到痛苦；仍然是党也给予他以力量，他没有毁灭掉自己。这之后又经历了一段时间，他自己提出了要求退掉苏州胡同的宿舍（按照制度规定，他的一家是可以继续单独住在那里的），搬到草厂胡同27号，和我们大家住在一起，他的心情也逐渐开朗起来了。这之后，他又主动提出和我们大家一起到八达岭去劳动，从山脚下挑水到山半腰去浇灌苹果树，休息时和同志们聊天，他的心情更加开朗了。

1959年，我下放劳动锻炼，在高邮县委组织部工作了一年，回到人民文学出版社时，雪峰同志已经摘掉了“帽子”，这时他的精神更加振奋起来了，他已经向党提出一个完全合理的要求：坚决要回到党内来。他和一个普通的编辑一样，整天埋头在编辑工作中间，经过近两年时间，编选出了两百万字的从“五四”到“左联”时期的短篇小说，接着又编选出了一部近百万字的《郁达夫文集》。这些稿子，有一部分是由他亲手抄录的。他那样忘我地劳动，比我们这些年轻人做得更多，更勤快，更起劲。

在任何情况之下，雪峰同志总是想有所作为的。1957年之后，有位同志劝他不要再写关于长征的小说了，这件事很伤了他的心，他于是就想写一部关于太平天国的历史小说。为了写这部历史小说，1962年，他亲自到广西桂平金田村等地进行访问。1973年，我到广西工作时，还听到过广西文艺界的同志谈到在这一带太平军到过的地方，也留下了他的足迹。当时他已是六十出头的老人了，但仍和年轻人一样，不怕爬山涉水，实地观察当年太平军安营扎寨的地址。1965年冬至1966年上半年，他又坚持到河南安阳去参加社教，和大家同睡在一个炕上，和老乡们同吃同住同劳动，他简直和老农差不多，没有人知道他就是“大右派”冯雪峰。

1966年6月16日，人民文学出版社所有的负责人，和文化部所属其他各单位负责人一样，“犁庭扫院”，被关进了社会主义学院，“交代自己的反党反社会主义的罪行”，十年浩劫从此开始了！1969年9月，雪峰同志和文学出版社的绝大部分同志（我也在内），一同被送到湖北咸宁文化部五七干校去搞“斗批改”，实际上就是在监督之下进行劳动改造。在这种情况下，雪峰同志也并不气馁，他有时也到稻田里和我们一起去收割稻子，烈日下昏倒在地，休息一下，爬起来又干，毫不在乎。1971年，他被当作老弱病残安置到丹江口，我们不在一块了，据有的同志说，他在那里还是"主要劳动力"哩。他真心实意地"斗私批修"、"检查自己"，坚持劳动，在劳动中锻炼和改造自己，他没有忘记自己是一个共产党员——虽然，他在那样的条件下，还是一个没有党籍的共产党员，他充满着希望，接受"再教育"，那么严肃认真地接受"再教育"——虽然，他对于某些人的粗暴和无知是很不满意的。

1973年，我在干部廉价"大拍卖"声中，由当时向"四人帮"靠拢的某领导人批准，从干校被分配到广西去工作，暑假期中回北京搬家时，到东四北大街17号人民文学出版社的宿舍去，在一间堆满了零乱杂物的房子中间，又看到了雪峰同志。这时，他苍老得多了，分明地显出孤独、失望的神情。这是我和他最后的见面！他伸出瘦骨嶙峋的手来，和我握一握，也没有从前那么有力了。大家相对无言之后，只谈一谈他生病的情况，他的喉咙有些暗哑了。他仍有点幽默又不胜感慨地苦笑着说道："现在的事情，没法说了。你走在大街上，什么人都可以走过来，骂你一顿的。"

1975年的11月间，他又写了一封信给我，信中又充满了一些希望。他说：现在又要重新出版鲁迅著作了。人民文学出版社的一位负责同志告诉他，不久要把我调回来参加这个工作。他也感到欣慰。他在信上说：他的病情也似乎有些好转，托我买一种广西玉林制药厂用蛇胆制成的药丸，带回来给他。真的，这时国家出版局派了两个同志来广西和领导上商量，调我回出版社参加这个工作。但是，不久，形势迅速发生了变化，一股反对所谓"复辟"、"回潮"，反对"右倾翻案"的妖风又刮起来了，又有人在反对"请隐士"、"举逸民"了。

1976年2月6日，我在从湛江回南宁的火车上，从那令人厌恶的广播中，听到在"追查风源"了。在阴霾的天空下，在沉闷的空气里，我踏进了广西大学的校门。我的儿子迎面走来，拿着一封从北京发来的电报，他沉痛地告诉我：冯雪峰同志在1月31日逝世了！

在他逝世以后，这几年来，在打倒了万恶的祸国殃民的“四人帮”以后，一些同志又重新见面的时候，总要谈起这位曾经领导过我们工作并且和我们坐在一块儿工作过的雪峰同志。如果这位无私的忘我的满腔热忱对待自已同志的雪峰同志还活着；这位对党坚贞不二、对共产主义事业坚韧不拔的光明磊落的共产党人现在还活着，那是多么好啊！

可是，他离开我们已经快有五年了！

1980年10月19日

原载《新文学史料》1981年第2期

缅怀冯雪峰同志

刘哲民

我和雪峰同志相识，是从1951年影印《鲁迅日记》开始。《鲁迅日记》的影印，首先是方行同志出的点子，经过郑振铎先生征求许广平先生同意。这时，许先生已将鲁迅先生全部著作捐献给国家，中央出版总署特地设立鲁迅著作编刊社，主管编辑出版鲁迅著作工作，雪峰同志是负责人。因而《鲁迅日记》的影印出版，除许先生同意外，还须取得鲁迅著作编刊社的许可。经过唐弢同志与雪峰同志的联系，介绍我去访问雪峰同志。正是1950年秋天，我来到闸北青云里，找着一幢石库门房子，临大门是一个天井。进入客堂间，是用木板隔成的一间前室，大概十一二平方米，曲尺式摆着三块铺板，两条长凳搁成的两只床铺，一只漆色斑驳的台子，颠角地排了两只椅子,台上放着饭碗和应用的器皿,左面窗隔角落里有一只煤炉,矮几上摆着一些蔬菜。面对着这环堵萧然的住舍,我怀疑这是不是雪峰的家,可能是摸错了门户,再走出了门外对证了门牌号数,重又回到屋内,一位好像农村装束的女同志接待了我,问了才知是雪峰同志的爱人。她很和蔼地告诉我,雪峰还未回来,要我等一会儿。不多久,雪峰同志回来了。他看了唐弢介绍信,问我吃了饭没有?我说已吃过了。他亢爽地说:我还没吃饭,吃了饭再细谈。边说边捅开煤炉上封煤,安上锅烧开了水,拣了一把青菜,加上油盐调味,敲进了一只鸡蛋,加上熟饭。我看他这么简单的一餐饭,真有点出乎意料之外。我将我们预备的《鲁迅日记》影印计划详细和他谈了。可能他知道我们对影印有过一点经历,所以没有提出什么意见。但是叮咛:"《鲁迅日记》的影印,是解放后出版的第一部鲁迅著作,一定要把它印好,更希望不要作营利打算,把定价订得高。"当时我们确是认为搞文化工作,不能孳孳谋利,后来是照着做了。

我离开青云里后,一路上在想,以雪峰同志当前的地位,至少能有一套或一幢住房,可是他进城一年多,简单朴素的起居生活,还是当年在苏北如西见到的和战士行军时一样,真是一尘不染,对这样一位共产党人,我是起了无限敬意。这次印象,三十年来,一直在脑子里盘旋着。

过后不久,许广平先生来到上海,曾招待她在锦江小餐吃了一次饭。席间,雪峰同志谈到方志敏烈士遗著《可爱的中国》手稿,在抗战前曾请谢澹如同志保存,现已交还,预备在上交革命博物馆保存以前,把它影印出版几千册,作为一个可贵的纪念品。

1951 年 5 月,《鲁迅日记》出版后,我们就把这个问题提出来。方志敏烈士遗著《可爱的中国》和《清贫》的原稿,就由王士菁同志交给了我。经过打样印制,装订成样本,由鲁迅著作编刊社寄去北京,请雪峰同志审定。中央宣传部曾考虑党内革命烈士著作,是否交由私营出版机构出版？后来终于因已有成议，同意委托上海出版公司影印3000册（以后又续印700册）。这和雪峰同志努力促成是分不开的。

对《可爱的中国》印制上，雪峰同志关心备至，也是非常认真的。《说明》是他撰写的。所有全书内部的设计以及编务工作都是他一手完成的。他这样一丝不苟的详细规划，可是他在给我们信上还是说："有些问题是可以照你们决定后改正的。"这样虚怀若谷的治事精神，也很使人折服的。

上海出版公司是唯一得到鲁迅著作编刊社信赖做一点对鲁迅著作编辑补遗和出版的。雪峰同志对我们的工作从不因为有一点成就而对错误缺点马虎过去。《鲁迅日记》精装本问世后，为了面向广大读者，续印了毛边纸普及本1000部。上函成书时，先赠送雪峰同志，请他提提意见。他来信说："我看印刷和装订、函套都很不错，真感谢你们的费神。"可是当一本《鲁迅书简补遗》（日文翻译）到达他手中的时候，他毫不客气地给我们一封信。提出了几个缺点：一、"……主要是关于语气和用词。有的因为译者不明了当时政治情况与文艺界情况而领会错了，还有如雅各武莱夫（《十月》作者）珂勒惠支等译名也没有照鲁迅用的译名"。二、"这些，日本人发表时自加注解，而现在翻译就一概依样翻译，这也是不对的，这太忠实于日本人了，为什么不可以把日本人的注释当作参考而自行注释呢？"三、"校对也太马虎了"。我看到这封信，大有汗流浃背之感。雪峰同志提出三点错误，正是我们知识性缺乏，而且政治认识不够的反映。再说这本书的翻译，完全是从友谊上着眼，根本对鲁迅著作不够郑重。他是知道我们是想做好工作的，所以还是要我们订正后再版。说明他是通情达理，是非分明的。我们除了心悦诚服外，还有什么可说呢？

建国初期，鲁迅著作研究者，每感鲁迅少年时代的资料很少。雪峰同志考虑周作人是掌握第一手资料的，由他来写最适合。因为我们曾为周作人出版过《希腊女诗人萨坡》，所以建议我们去向他组稿，终于写了《鲁迅的故家》和《百草园》两书。

1953年3月中旬，郑西谛先生给我信，要我把珂罗版印刷留在上海两个月（当时上海两家珂罗版印刷厂已归入故宫博物院编制），因为人民文学出版社为了纪念诗人屈原2230周年，要在短期内印制两部书。不久，许觉民同志带来一部南宋端平本《楚辞集注》和郑振铎编《楚辞图》要代为用珂罗版印制各500部，关于版式、装帧、用纸、印刷等一切均由我擘划决定，不需信件往还。最重要的是这部端平本《楚辞集注》是国内仅有的孤本，也是所有古籍中的瑰宝，价值是无法估计的，而且在影印中必须拆页后重装。我因责任太重，要求由他社上海办事处保管。许觉民同志不同意。他说：这对工作不方便。此外一切费用支出，不需审批，完全凭我签章支付。这样放手授权给一个非干部的党外人。除了有郑西谛先生的介绍外，不是雪峰同志知我有素，是不可能这样做的。我对雪峰同志知遇之感，也是毕生难忘的。

1957年，从报纸上看到雪峰同志也被批斗，戴上帽子，我当时是很讶异的。我不相信这样一位艰苦朴素、忠诚党的事业的党员会反党。到这年底，我自己也被罗织进去了。甚至我自己迷信群众的批判，组织上不会错，因而“低头认罪”。但对雪峰同志的反党，我是一直不相信的。终于雪峰同志也得到改正了。

1981年《书林》第3期，刊有胡子婴《我交接〈可爱的中国〉手稿的经过》一文（以下简称胡文），叙述方志敏烈士遗著《可爱的中国》原稿接交问题，认为：“前言中说到这是鲁迅先生千方百计保存下来的。事实并非如此。”又说：“出版前言中的话不是事实。”在《胡子婴给〈书林〉杂志的一封信》中，更证实了这一点。从上面摘录的胡文中可以得出这样一个结论：《可爱的中国》原稿不是由鲁迅先生交给冯雪峰的。1951年10月出版的《可爱的中国》的印制工作，是我一手经办的。我对全书是比较熟悉的，《可爱的中国》正文前面有冯雪峰同志撰写的《说明》,看来就是胡子婴同志误为“前言”的。后边是一篇《清贫》也是方志敏烈士的遗著。以后才是《可爱的中国》本文。最后还附有方志敏烈士的《遗信》。从《遗信》对照了《说明》,觉得雪峰同志的《说明》,不仅符合事实,而且合乎逻辑。反之以胡文对照,却有许多问题无法解释。

1981年3月,方兰同志从南昌来到上海,要我写一点关于《可爱的中国》印行经过。我病在医院,没有条件接待他。6月中他第二次来上海,重申前议。不意我7月下旬又第二次住入医院,方兰同志连续挽人来催索。到12月我才写了寄给他,并对胡文写了我的一些看法。方兰同志回信鼓励我把“质疑”写出来。最近包子衍同志来访,也谈到这个问题,他同样督促我。我因为这个问题涉及到冯雪峰同志对这一重要革命文献撰写的说明是不是事实问题。当时能看到《可爱的中国》全文原稿的,我是少数人中之一,为了澄清这一问题,有必要把我的看法写出来。同时,雪峰同志生前遭到了不幸的波折,我不愿他在这样重要革命文献上的《说明》再蒙上一层灰尘。

一,首先是《可爱的中国》原稿到达胡子婴和鲁迅手中年月的差异,胡文:

> 在前言(按即《说明》之误)中说到这是鲁迅先生千方百计保存下来的。事实并非如此。因为这个文件到我手中,鲁迅先生已故世一个多月了。我是十一月十八日得到文件。

而雪峰的《说明》却是这么说的:

> 这两篇文稿和这短信(即《遗信》)中所说三封信,送到鲁迅先生手里的时候,大概已经在方志敏同志就义后很久,即一九三五年临末或一九三六年初,因为我在一九三六年四月从

陕北到上海，鲁迅先生立即把它们交给我的时候，他说收到已几个月了。

从上面引文对照，胡子婴同志接到的《可爱的中国》，是1936年11月18日。但是冯雪峰同志1936年4月从陕北到上海，鲁迅先生已把两个文件交给了他。鲁迅先生说：收到已几个月了。大概在1935年末或1936年初。两者相差将近一年之久。《可爱的中国》后半部曾经有过删节，在删节文中有完稿日期，写的是"你们挚诚的祥松，五月二日写于囚室"。而《清贫》的文尾也有"一九三五年五月二十六日写于囚室"句。这样，证明两篇文稿是1935年5月先后脱稿，带信的朋友按照方志敏烈士谆谆嘱咐（原文见《遗信》）经历了几个月，通过禁区，冒着生命危险带到上海，送到鲁迅先生手中，这是合情理的。我们有什么理由能说它不符合事实呢？

差异之二，乃是胡子婴接到的只是《可爱的中国》文稿一件，而雪峰从鲁迅先生手中交接到的却有文稿两篇，信二张，（其中无孙夫人一信）《遗信》一件。这里就必需要将《遗信》和《说明》摘要节录如下：

《遗信》　故我将你的介绍信写好了。是写给我党的中央，内容是说明我在狱中所做的事，所写的文稿，与你的关系，你的过去和现在同情革命帮助革命的事实，由你答应交稿与中央，请中央派人来与你接洽等情。写了三张信纸，在右角上点一点作记号。（给党中央的）另一封信给孙夫（下落人字），在右角上下都点了一点，一信给鲁迅先生，在右角点了两点。请记着记号。

从《遗信》来说：方志敏烈士从狱中带出来的是文稿、三封信、及给带信人一信，共五件是组成一个整体的。而雪峰同志在《说明》中也是针对着《遗信》作了交待。

信一、给党中央的信是密写的,我当时就送到陕北中央了。

信二:“在鲁迅先生转交来的信件中,我记得没有给孙夫人的信,我当时是否向鲁迅先生问过信的下落,现在已经记不起来;我今天想,可能由那带信的朋友直接送去的,或者早由鲁迅先生交去了,因为那时候鲁迅先生和孙夫人是有往还的。”

信三:“给鲁迅先生的信,鲁迅先生是说过的,他洗出看过后就把它烧掉了,信的意思是请他设法把信和文稿转交给党中央。”文稿:“至于这两篇文稿,当时中央的指示,是要我在上海设法保存;后来我就交给一个已经替我们保存着瞿秋白同志一部分遗稿的朋友谢澹如先生一起保存了。”

《遗信》:“另外这封不是密写的信,是由鲁迅先生一起交来的,大概是带信的那位朋友为了表明方志敏同志的意思起见,就一起留下了。”

从《说明》可以看到雪峰同志对鲁迅先生交接文稿、信件的经过,来龙去脉,交代得一清二楚。而且对照《遗信》是完全吻合的。又有什么理由可以说它是不符合事实呢?再说,《可爱的中国》的出版,是中央宣传部决定在上海印制的,雪峰同志的撰写《说明》也是党交给他的任务,对这样一本有关革命烈士的重要文献,能设想他写的说明内容不是事实吗?

差异三,胡文中说:

这个文件是用毛笔写的,也是写在十行纸上的。我看字迹与上一年我看过的信上的字是一样的。当夜我看完了它,题目就叫《可爱的中国》。

可以看到胡子婴同志交接的文件,只是《可爱的中国》一种。而雪峰同志从鲁迅先生手中交接到的却有《清贫》、《可爱的中国》两篇。在影印出版前,原稿是由王士菁同志亲手交给我的。《清贫》、《可爱的中国》确是用朱丝栏十行纸写的。两稿合在一起,《清贫》在前,《可爱的中国》在后,是用薄牛皮纸包背装的。订线是在左上角用一寸半长淡绿色丝线结成小辫子两眼装的,这一种装帧样式,在上海从来没有见过,可以说完全是从南昌带出来的原始装订。开卷是《清贫》4 页在前,《可爱的中国》64 页(印本有删节)在后。但是胡子婴同志接到手中当夜看完了的,也是《可爱的中国》。这就很难解释了。那么《清贫》又怎样会和《可爱的中国》订在一起由鲁迅先生接交给雪峰同志的呢?

也可能有人说:《遗信》中只提到文稿,这文稿不一定就是《可爱的中国》,这也可能是问题。但是《说明》中:“至于这两篇文稿,当时中央指示是要我在上海设法保存。”中央的指示,必然是雪峰同志上报请示的答复。对这样一个重要文稿,我们能设想在上报中央文件中可以把不是鲁迅先生交接的说是鲁迅先生交接的,不是《可爱的中国》说是《可爱的中国》吗?何况这个文件在抗战前确遵照中央指示在上海交给谢澹如同志保存,解放后交还影印又正是这《清贫》和《可爱的中国》呢。这是不辩自明的。

遗憾的是:胡子婴同志为了避免“争功之嫌”,未能在《可爱的中国》印行之后,1957 年前把这个问题提出来,那些时候,只要写一封信给雪峰同志,问题就能澄清了。

我听方兰同志说:他先人方志敏烈士在南昌狱中带出来的文稿,不只是《可爱的中国》一件。在国民党统治时期,凡是为方志敏烈士传递交接文稿或书信的人,都是值得尊敬的,也都是对革命有贡献的,不一定就是《可爱的中国》。当然,《可爱的中国》是一部辉煌的革命烈士文献！

原载《新文学史料》1983年第2期

我所知道的冯雪峰

胡愈之

物换星移，光阴似箭，弹指间，我已年近九旬，垂垂老矣。而雪峰离开我们也快十个年头了！回想雪峰在那些含冤负屈，病魔缠身的日子里，是我们家里的常客。他的住处离我家不远，他喜欢步行来作夜访，我们对坐抽烟，闲谈，一谈就是半夜。往往是兹九在沙发上听着听着睡着了，又蓦地惊醒过来，笑道：

"你们还在谈哪！真有精神，恕我少陪了……"

兹九起身走向卧室，也提醒我们确实该休息了，雪峰这才依依告别离去，约定明晚再来。

我认识雪峰，是我在商务印书馆编《东方杂志》的时候，大约是1923年前后。那时我还是个二十几岁的青年编辑，对文学怀着浓厚的兴趣。雪峰更加年轻，大概二十刚出头，他是"晨光"文学社的成员，也是我联系的作者，我们的关系谈不上密切，但我知道他是一位颇有才气的青年诗人。他与应修人、汪静之、潘漠华等结成"湖畔诗社"，专写白话诗，如"我们歌笑在湖畔，我们歌哭在湖畔"；他们几个合出的《湖畔》诗集、《春的歌集》，风格清新，情感真挚，受到青年读者的欢迎，被统称之为"湖畔诗人"。我约他们写稿。至于雪峰曾投了些什么稿，又发表了哪些，我都忘记了。只记得他后来去了北京，就在李大钊先生被绞杀的血雨腥风中，加入了中国共产党，随后因躲避反动派追捕又重新回到上海。这是1927年，当时，我和郑振铎、周予同等联名写信给国民党元老蔡元培、吴稚晖、李石曾等抗议四一二大屠杀，不得不远走法国。这以后我们三四年都没有联系。1931年，我离开巴黎，经德国、波兰、苏联回到上海时，雪峰正负责“左联”的工作，主要是代表党联系鲁迅先生。我仍回到商务印书馆工作。一面把自己在莫斯科游览七天的所见所闻如实地记录下来，书名就叫《莫斯科印象记》。当时国民党反动派不许出版有关苏联和社会主义的书刊，《莫斯科印象记》侥幸得以出版发行。物以稀为贵，此书受到各界读者欢迎，行销国内、香港及南洋一带。“九一八事变”以后，我被聘为哈瓦斯通讯社编译员，同时积极参加抗日救国运动，在各报刊发表反日文章。雪峰这时也写了不少批判反动派及“第三种人”的文章，反对国民党“文化围剿”。

1932年1月28日，日本侵略军向上海北站及江湾等地发动武装进攻，驻沪第19路军奋起抗战，上海民众积极支援，这就是有名的“一·二八”战争。自“九一八事变”以来，这是日寇遇到的最强硬的抵抗。日军兽性大发，日本陆战队及飞机二十余架，在上海闸北、江湾等区域狂轰滥炸，并肆意摧毁文化机关。我和雪峰以及邹韬奋、鲁迅、郁达夫、叶圣陶、丁玲、周扬、夏衍等43人签名发表了《上海文化界告全世界书》。2月7日，在43人的基础上，又联合129名爱国人士发表了《为抗议日军进攻上海屠杀民众宣言》。这年下半年，商务印书馆从废墟中站起，并把《东方杂志》包给我，由我主编复刊后的《东方杂志》，我忙得不亦乐乎。雪峰这时已接手潘汉年的“文委”书记工作，更忙得不可开交，我们只能不时在一些公众场合碰面，当然我也忘不了向他拉稿子。

1933年前后，由于王明“左”倾机会主义路线的影响，上海党中央、江苏省委等受到严重破坏。就在党中央秘密迁往江西瑞金前后，周恩来同志还在上海时，我加入了中国共产党。后来才知道，潘汉年和冯雪峰都参加了这次转移党中央、保卫首长安全的工作。当时白色恐怖严重，暴露党员身份就有性命之忧。所以我的组织关系放在绝密的中央特科,只有单线联系,就是特科只有一个人知道我,我也只知道一个人。直到"文化大革命"以后的1979年,中央统战部公开了一批秘密党员的名字,我的党员身份才正式公开。1933年以后,将近三年时间,我在上海就再也没碰见过冯雪峰了,原来他在三三年底秘密去了江西瑞金,随后便参加了举世闻名的二万五千里长征,到达陕北,就留在党中央所在地瓦窑堡工作了。

我再一次见到雪峰是1936年5月间。5月初,我和潘汉年刚刚从莫斯科经巴黎回到香港。汉年到港不久即接到雪峰的信,告知他已从陕北出发到上海,希望与他取得联系。汉年把信给我看了,并叫我回上海会雪峰,因为雪峰离开上海好几年,对上海地下党的情况不了解,而我是了解的。

恰恰是雪峰和汉年离开上海后的这几年,白色恐怖特别严重,一些党员叛变了,上海和大江南北的党组织连续遭到破坏。但到了1935年底,两广的国民党地方势力正准备反蒋抗日,国内形势变化发展很大,党中央派冯雪峰到上海来,是为同各界救亡组织和领袖取得联系,建立关系,同时也寻觅和了解上海地下党组织情况,以便开展有组织有领导的工作。

我到上海时大约是1936年5月中下旬,住在我的兄弟胡仲持家里,仲持是《申报》主编,很有名。雪峰当时住在鲁迅先生那里,由他找我方便得很。我们在仲持家会面了,久别重逢,两人都很激动,更何况我和雪峰,已由编辑和作者的关系,进而为生死与共的同志关系了呢?谈到上海地下党的情况,我第一个告诉他,夏衍是可靠的。雪峰第二天就找了夏衍,但后来夏衍很有意见,说雪峰"先找党外,后找党内",这是夏衍的误会。之后我陪雪峰到香港与潘汉年面谈。我则忙于《生活日报》的出版工作。《生活日报》于三六年六月七日"开张",共出了55天,终因经费困难,限制重重,不得已自动停刊后,我返回上海。雪峰从香港回到上海,忙于同上海各界救国团体和领袖,如沈钧儒等等频繁接触,向他们传达党中央关于建立最广泛的抗日民族统一战线的政策,了解情况,收集情报。到六七月间,上海各界抗日救亡运动有了很大发展,群众的抗日救亡热情空前高涨,形势很好。而文艺界在"左联"无声无息自行解散之后,关于"国防文学"和"民族革命战争的大众文学"两个口号的论争也在六七月份达到高潮。鲁迅先生和冯雪峰都是维护"左联"的,而"左联"还是被解散了。在党呼吁"大家都应当有'兄弟阋于墙外御其侮'的真诚觉悟",号召全民抗战,建立最广泛的抗日民族统一战线之时,文艺界却纷争不休,互相指责,而且把矛头指向最坚决、最热烈拥护统一战线政策的鲁迅先生。(当时先生正在病中!)冯雪峰当时是作为党中央特派员到上海来寻觅、恢复、联系地下党组织的,而上海那几个党员却不接受他的领导,不听从他的劝告,甚至连面也不肯见,而这在当时的影响是可想而知的,无论是对党的事业,还是对全民抗日救亡运动都是不利的。我当时主要管救国会的事,救国会的同志没有一个卷入这场论争。大敌当前,国亡无日,为什么要互相对立分散力量,不能无条件地团结起来一致对外呢?

1936年10月19日清晨,鲁迅先生溘然长逝的不幸消息,就是冯雪峰打电话通知我的。我们一起筹备葬仪,一起扶椁下葬。事隔月余,11月22日深夜,发生了震惊中外的救国会"七君子"事件,我陪同宋庆龄先生等一起去苏州高等法院看守所,要求与"七君子"一起坐牢。我们说:"七君子要抗日救亡被逮捕拘押,我们也要抗日救亡,把我们也抓起来吧!"发起了广泛的"爱国入狱"运动,营救"七君子",使反动派无所措手足,最后不得不释放了"七君子"。这时,潘汉年是上海办事处主任,冯雪峰是副主任,我们彼此联系较多,有关党的事情我都找雪峰。但是,"七七"事变前后,有较长一段时间我没有见到雪峰了。有一天晚上,雪峰突然到我家来了,我高兴地问他:"好久不见了,你到哪里去了?"

他气色很不好,赌气似地说:

“我到南京(也可能是杭州)去了,现在不去了。他们要投降,我不投降。我再也不干了,我要回家乡去。”

原来他随中央代表团(雪峰不是代表)同国民党谈判第二次国共合作问题,与博古吵翻了,气得跑回来的。那时为联蒋抗日,共产党要的条件是很低的,如取消苏维埃政权、改编红军等等,这对于这个农民的儿子,血气方刚的雪峰也确实不容易接受。

第二天我找到潘汉年,问究竟怎么回事?潘说:“雪峰这样子不对,谈判还未成功,怎么就说是投降呢?这是中央的事情,他是共产党员,怎能自己说跑就跑掉?组织纪律呢?他说再也不干了,他不干什么?不干共产党吗?”

但是雪峰脾气倔,总是坚持自己认为对的。后来,他真的跑回义乌老家“隐居”去了。回家后,他深居简出,埋头读书,整理资料,准备写一部反映二万五千里长征的回忆录,书名就叫《卢代之死》。可惜书没写完,就发生了“皖南事变”,在又一次白色恐怖大搜捕中,雪峰被抓进了上饶集中营,关押了两年。他在集中营里传染上了“回归热”,险些送命。因身体极度虚弱,后来又患化脓性肋膜炎,手术后又久不封口,经受了难以想像的痛苦。但是,他在狱中一直坚持斗争,帮助同志越狱,自己一直未暴露身份,敌人连他是不是共产党员都不清楚,只知道他叫冯福春,是个读书人。后来经党组织多方营救,由宦乡出面保释就医,得以脱离这人间地狱,后来他把这段亲身经历写成《上饶集中营》搬上了银幕。出狱后,雪峰经桂林到重庆,在周恩来同志领导下工作,这些都是我后来听说的。自从雪峰1937年离开上海,我和他就失去了联系,因为我在上海沦陷前后也离开上海去了武汉,后又到桂林、重庆,最后经香港去新加坡办报,直到临解放、建国前夕,我才从新加坡回到离别了八年多的祖国。

建国以后,我做了出版总署署长。与冯雪峰暌隔多年,也不知

道他怎么样了。忽然有一天,周总理打电话给我讲:

“叫冯雪峰做人民文学出版社社长,但待遇要比普通社长高一点,工资要高一点,要给他一辆私人用小汽车。”

当时文学、人民、美术、教育等都是大出版社,人民文学出版社是最大的,全国的文学书籍都归它出。但我心里想:其他出版社长都没有专用小车,总理为什么对冯雪峰这么重视呢?

过了两天,雪峰来看我,见面没有寒暄,脾气倒不小。他以无可奈何的口气说:

“我不想搞文学出版社,更不想当社长,但是总理要我搞,我也没有办法。看看中宣部那几个人,叫我怎么工作?”

因为出版社的上级领导是中宣部,而雪峰对周扬特别不满意。我劝他说:

“不管怎样,总理已经决定了,你无论如何也要搞,而且要搞好。”

雪峰走马上任了,人民文学出版社搞得很不错,雪峰有眼光,有魄力,出版了许多优秀的文艺书籍,也拒绝了不少“有来头”的不够出版水平的书稿。而他自己则把主要精力放在研究鲁迅著作上,放在整理、出版《鲁迅全集》上。可惜《鲁迅全集》刚出了两卷,就来了“反右”运动,周扬他们说他在《鲁迅全集》里加进了他自己的东西,派性的东西,他搞宗派主义。具体是指鲁迅先生那封著名的公开信——《答徐懋庸并关于抗日统一战线问题》,他们怀疑此信是冯雪峰写的,至少有一部分是他加进去的,他们希望冯雪峰承认错误,或加以删改,或加注说明。但是冯雪峰宁愿戴上“右派”帽子,也不肯违背事实,承认错误。五八年十月,《鲁迅全集》第6卷出版时,冯雪峰已被划为“右派分子”,开除党籍,在人民文学出版社当一名普通编辑。

雪峰五七年被划为“右派”以后,跟我没有中断来往,不过很少走动了。以他那样的脾气,在遭受这样不公正的处分以后,对党没有怨言,也不自轻自贱,表现沉着而冷静,仍然一如既往,热心党的文艺事业,继续研究鲁迅,和我见面的话题都是关于文学研究方面的,我觉得这是很难能可贵的。

六一年十一月,雪峰摘掉了“右派”帽子,他马上欢天喜地来告诉我,并着手写一部关于太平天国的历史长卷,连写作提纲都详详细细拟出来了,甚至还要去广西金田村体验生活,进行实地考察。后来又开始同我谈起重新入党的问题,他以为自己既然已摘掉“帽子”,就不是“敌人”,而是同志了,应该可以重新入党。殊不知事情远没有这么简单。六五年雪峰又主动要求下乡搞“四清”。

“文革”中,雪峰被关进了“牛棚”,除了天天“请罪”,挨批斗,就是不停地写“交待材料”。那时,“30 年代的文艺黑线”是首当其冲的“火力靶子”,雪峰一下子成了各外调单位的争夺对象,人人都想从他嘴里得到攻击对立面的枪炮子弹。尽管雪峰对“四条汉子”一向不满,但他为人正直,决不肯乘机报复,落井下石。雪峰被“造反派”们“勒令交待”,威逼不过,特意把 30 年代“左联”那一段历史认真详细地写了一份交待材料,复写多份,谁来外调,就给一份,使人无机可乘。这份材料没有歪曲事实,也决不诬陷任何人,包括那些整过他的人在内。这份材料在《新文学史料》第 2 期公开发表以后,感动了不少人,我本人就很佩服他的正直和胸怀。但是,雪峰却因此在“摘帽右派”之外,又加上了“叛徒”、“修正主义分子”的帽子。他戴着这三顶吓死人的帽子,被送到文化部干校劳动,那时他快七十岁了。听干校回来的人说,他能干得很,他会下田插秧,会放鸭子,还能挑百几十斤的担子,他总是豁出命地干。

七二年,雪峰从干校回到北京,马上就跑来看我和兹九。那时我们都“靠边”,清闲得很,他就常来夜访长谈,三句话不离本行,谈的还是文学问题,谈得最多的当然还是鲁迅先生和《鲁迅全集》的注释问题。他说,中国现代文坛,自鲁迅先生以后,还没有出过像先生那样有世界影响的作家。那时出版社部分恢复业务,他又开始做一个普通编辑的工作,并且越来越经常提到“希望有重新回到党内的一天”。

七六年一月周总理逝世不久,雪峰也死于肺癌。我在他死后,就写信给当时的出版局长石西民,希望考虑恢复冯雪峰的党籍,实现他最挚诚的最后的遗愿。我认为雪峰尽管有这样那样的缺点或不足:如脾气不好,工作方法简单,有点主观,单凭感情用事,但雪峰是个耿直的好同志,他为党工作多年,出生入死从不迟疑,做了许多重要的事。尤其在对鲁迅先生的问题上,是在冯雪峰负责联系鲁迅先生以后,鲁迅和党的关系才越来越好,融洽一致的。建国后,雪峰为《鲁迅全集》的编辑、整理、注释、出版等等做了大量工作,付出了很大精力。他在遭受残酷打击,身处逆境之时,没有抱怨,没有自暴自弃,一心想到的还是繁荣党的文艺事业。在十年浩劫,人性扭曲的非常岁月里,他宁肯自己吃苦头,也要坚持原则,坚持实事求是,决不混水摸鱼,乘机打击报复,表现了一个共产党人的高贵品质和博大胸襟。而且他至死念念于心的是重新回到党内来……但是身为出版局长在当时也是爱莫能助。现在,雪峰早已在七九年恢复党籍,予以平反,明年一月是他逝世十周年纪念,人民文学出版社和作协等将发起纪念和研究冯雪峰的盛会,据说还将出版雪峰纪念文集等,我觉得很高兴。我希望有关冯雪峰的一些尚未解决的问题,通过明年的研究会、纪念会得到彻底解决。我预祝会议成功!并以此文表示对这位与我认识近六十年的朋友的怀念之情。

1985 年 6 月

周健强整理

原载《新文学史料》1985 年第 4 期

夕阳，仍在放光发热

——追忆雪峰的晚年

陈早春

一

冯雪峰这个名字，当我还是学生的时候，就很熟悉了，仅他在解放初期发表的那篇《中国文学中从古典现实主义到社会主义现实主义的发展的一个轮廓》的长篇论文，就是我学习文学的一份难得而又学习不完的教材；而且他的名字也常在我们的讲义中出现。可是，没过多久，被正面称引的冯雪峰，忽然成了批判的靶子，所有讲义，好像不批判他一番，就不足以显示其革命性。我们在课堂下议论这些授课教师的无特操，年少气盛的青年人，怎能理解这些教师的难处。

1965年初，我来到人民文学出版社工作，见到了对我来说像谜一般难以猜透的冯雪峰同志。他当时已是六十多岁的老头了，瘦高个儿，总见他穿着一身褪了色的灰不灰、蓝不蓝的卡其布衣服和一双布底鞋，走起路来急匆匆，腰板硬朗，精神矍铄，如果不是那双睿智的眼睛表明他是个知识分子，从总的神态看，很像是一个农民。

这年夏末秋初，雪峰争着参加了我们去河南安阳"四清"的工作队。出发之前，在社内集中学习了几次，每次学习时，他总是第一个到会，一一与后来到会的打招呼。会上就数他的发言最多，他总是笑眯着眼，像与人谈家常一样，有时在别人发言时，也即兴插上几句。可惜他的话有浓重的浙东口音，我几乎一句也听不懂，只得靠近会议记录员坐着，时时去瞟看记录。有一次讨论的题目是“人民内部矛盾中是否包含有阶级斗争的内容”，有的同志持否定的意见，我则根据当时报刊的文章，说了肯定的话，引起了别人的反驳。这时，雪峰同志笑脸向我说了几分钟，我瞟看记录，才知道他是在补充我的发言，并列举了当时报刊上这类文章的作者和篇名，可见他对时事政治的关心程度。

这是我与雪峰同志的第一次接触，是平凡的接触，但留给我的印象却很深。大凡政治上蒙受冤屈，受过苛待的人，要么萎靡麻木地偷生，要么愤世嫉俗而厌世。雪峰不属于其中的任何一种类型，他有健康的人生态度，能与群众亲密无间地相处，受过政治迫害却仍然热爱政治。

这年年底，我们都从河南安阳回到北京过春节。大年初一，我所在编辑部的一位副主任请我和另一单身同事去他家做客。他家住北新桥，与雪峰隔壁相邻。晚饭后，我与这位同事就要否顺便去冯家看看，商量了很久，也犹豫了很久。因为我们早已听到传言，雪峰化名冯诚之在安阳“四清”，因他表现不错，地方工作队不知他曾是“大右派”，要选他为模范工作队员，这就使我们带队的韦君宜同志受到了“阶级路线不清”的非难。我们去他家，会不会招惹是非？这是一。第二，我俩刚到社不久，与雪峰不在一个部门，“四清”也不在一个大队，相见甚少，他不见得能够叫出我们的名字，忽然去他家，会不会成为不受欢迎的不速之客？但我们的这位副主任力劝我们去他家看看，并介绍了雪峰在出版社的许多逸事，帮助我们打消了顾虑。据他说：雪峰身上集中了许多红军老干部的优点，不少群众把他看作党的干部的化身。1957 年，上面将他划为右派分子，不少人号啕大哭，有一位老作家、社的副总编辑甚至说：“我是雪峰派，他到哪里，我就跟他到哪里！”

我们刚站到雪峰家的门口还没来得及敲门，门便开了。主人一迭连声地说“欢迎、欢迎”，并说：“我知道你们早来了。你们在北京没有家,应该到同事家过节,热闹热闹。”看来,他好像早已做了迎候我们的准备,我们怕受冷遇的顾虑立即消除了。

这是一间不到二十平方米的老式房间,陈设简陋。这种寻常百姓家的陈设,倒使我们这些没有见过大世面的穷学生少了几分拘束。

主人谈锋很健,在他的引导下,我们也谈得很多,谈了来社后的工作,“四清”工作,家庭环境和学生生活。虽然我们还是初次聊家常,但总感觉到已很亲近了;虽然他比我们的父辈还要年长,但彼此之间有如平辈,心是真诚的,坦率的。我素来在生人面前讷于言辞,而在名人面前又较为矜持,可是在他面前,没有丝毫这种情况。

夜深了,我们不得不告辞了。主人送我们到大门口,在我们走上公共汽车之前,一直频频向我们招手。

他的热情使我们高兴,也使我们内疚。他如此对待我们,可我们却曾把他看做不洁之物,怕连累了自己。这是怎样的人生呵。我们刚才那一闪念,但愿他能宽恕,也愿那重人为的人间障壁快点拆除!

二

十年浩劫开始不久,雪峰就作为“右派分子”、“反革命修正主义分子”住进了牛棚,与群众隔绝开来。当时文化部及其直属单位是需“犁庭扫院,深翻三尺”的,他在牛棚中的处境就可想而知了。但是,他比起一般“专政对象”来,却较少地受到冲击和折磨。这也许是他作为“死老虎”已不成为林彪、四人帮的夺权障碍,但主要由于他与广大群众有着血肉般的联系。这些群众不得不奉命对他“专政”,却又暗暗地在保护着他。加上他那一贯的凛然的人格力量,跳梁小丑在胡作非为时也不得不有所顾虑。

不知是从什么时候开始，雪峰从牛棚中放到群众中间来接受审查和监督了。他来到了小说南组，我作为联合小组的组长，便成了他的顶头上司。1967 年初夏的某一天，雪峰同志找我汇报："人大三红（群众组织名称）在一楼贴了一张大字报，说我 1942 年在上饶集中营时曾登报自首，是个大叛徒。"当时社会上正掀起揪叛风暴，几乎一切为革命蹲过国民党监狱的志士仁人都被这股风暴席卷了进去。既被席卷进去，即使没有灭顶之灾，也会被砂石打得鼻青脸肿。我知道问题的严重性，因此装出"革命"的样子，要他"如实交代"。他颇为冷静地向我叙述了被捕被囚以及被保释出狱的经过，并列举了好几个可供证明的人名，其中有中央的领导。他说得相当具体，确凿，只是他那属于个人光荣史的在狱中的斗争却一字未提。我相信了他的话，并立即转告了我所在的群众组织的勤务组。他们研究后决定：不与对方去争揪叛的旗帜，冯雪峰是否叛徒，不予表态。过了一两日，他与社内其他一些"叛徒"被另一群众组织揪去批斗了。会后他回到办公室，我即问他被批斗的情况，他说没有多批斗，只是"亮了一下相"就完了。可见两派群众都在暗暗保护他。

后来，军宣队、工宣队进驻出版社抓斗、批、改，大大小小的批斗会如爆豆一般。雪峰也参加了这样的会，有时作为听会的群众，有时又作为陪斗者。有一次他悄悄地与我谈自己的心情和要求："如果要说有一条反革命修正主义文艺黑线和出版黑线的话，我作为 30 年代左联的负责人之一，作为文学出版社的第一任社长，应负主要责任。现在看着这么多人为我受过，感到很难受。请求批斗我！"不知为什么，此时此刻，我忘记了装出"革命"的样子，也与他交起心来："批谁不批谁，你不用去管，更用不着去争。事情到底是怎么回事，你应该比一般群众看得更清楚。"其实，大多数群众也是看得较清楚的，以他为主要对象的批斗会，一次也没开过。

在内查外调中，曾有一位穿军装的外调人员向文学出版社要挟地说:“冯雪峰这样臭名昭著的反革命修正主义分子,在你们这里还是如此逍遥自在,社会上不答应!你们应该成立他的专案组,最好是向中央文革请求,为他成立中央专案组。”这个人的“阶级义愤”,看来在出版社颇缺乏代表性,冯雪峰专案组只是到了落实政策阶段,才照例成立了起来。

在整个“文化大革命”中,特别是在斗、批、改阶段中,由于冯雪峰同志的丰富经历,与党、政、军各界的老干部都有着广泛的接触和联系,因此,向他了解情况的人,总是络绎不绝。他几乎成了一部写材料的机器。白天写不完,晚上还得开夜车。1968 年,全社人员集中社内吃住,我们见到他总是当大家熟睡时,还在楼道中一张乒乓球台上,就着高悬在天花板上一盏若明若暗的电灯抄写材料,有时直到天亮,久而久之,眼睛熬红了,右手五指卷曲得伸张不开,捉笔时吃劲的中指上突出一层厚茧,慢慢地长成了肉瘤。他写材料特别认真,自己留一份底稿,另外复写三份,一份交外调人员,另二份交社内两大派组织。有一次,一派群众组织将他所写材料的全部底稿抄走了,他很为不安地说:“我写的材料,都关系到人家的政治生命,如果有人歪曲利用,就没有对证了,我怎能担当得起。”1971 年我从干校回来,从废纸堆中把他的这批底稿清出绑扎好送还他时,他才如释重负地舒了口气。又有一次他被外调人员打了一顿,回到办公室不敢发火,只是向我诉说他的愤怒:“他们非要我把×××说成为假党员。我向他们耐心解释战时环境的特殊情况,入党手续与解放后不同,那时这样入党就算党员了。他们不听,一定要我根据他们的口径写。我不写,他们就打……就是打死我,我也不能这样写!”我听了这一情况,想马上跟出去找这伙凶手。雪峰同志连忙扯住我说:“千万不能去,有理说不清!我没有什么,这类事情太多了!”

雪峰同志即使在“文化大革命”的乱世中,也不做害人的事,由此可见他的为人,并由此也可大致理解到群众对他的态度。可是在那动乱的年代中,好人也得受气受折磨。即使大部分群众有保护他之心,也无保护之力。

三

1969年9月,人民文学出版社被"全锅端"到湖北咸宁文化部"五七干校"劳动改造。作为"专政对象"的雪峰,自然是这种被改造的重点对象。他在"五七干校"中,更显出他的农民气质和本色。尽管他的身体不太好,曾作过胃大部切除手术,半夜三更当大家已经熟睡时,还得悄悄爬起床来嚼几块饼干,以补充维持生命必需的热量,但他劳动时完全像个老农。他那在泥泞道路上矫健而稳重的步履,怎么也摔他不倒的形象,以及他在我的"领导"之下放鸭子,一见鸭子跑着觅食就紧追不舍的认真劲儿,给我留下了深刻而亲切的印象。

1972年秋天,雪峰同志可能是由于年老体弱,也可能是由于他过去的地位和影响,而直接的原因是出版鲁迅著作的需要,他被恩准从"五七干校"调回北京。我是1971年夏天回来的,与他相别一年了,便与孙用同志一起去看他。自此之后,我与孙用夫妇几乎每隔一个礼拜就去看他一次,他也经常于傍晚来我们的住地红星胡同14号回访。从他家到这里,一共有六站地,他每次都是步行往返的。这样,我们的交往就多了起来,并成了可以随便谈谈的忘年之交。

当时,他的心情是愉快的,因为经社、局革委会批准,他可以参加鲁迅著作的出版工作。然而他哪里知道,就是这份工作,还是王仰晨同志几经争取才得到的,而且还有许多附加限制:一、不能参与编选、注释等重要工作,只能做一般资料性的工作;二、不许对外,不要来社办公,以防"不良"影响;三、凡外来向他了解鲁迅情况的人,须经组织批准。这些限制,王仰晨同志不忍心向他传达,我也不忍心向他透露半句,他一直以为自己与大家是享有同等工作权利的。

他不能享有与别人同等的工作权利,可他的工作的出色,却远非别人可比。开始,上面没有交给他具体任务,工作没有明确的职责,只是为社内有关工作及社会上鲁迅的教学和研究起一种咨询作用。为此,他通读《鲁迅全集》,翻阅大量资料,经常通过我向社内资料室索借各种与鲁迅有关的报刊和图书,同时也利用孙用、唐弢等老朋友收藏的资料。他常常以羡慕的神情向我夸耀他这些老朋友的藏书,并且遗憾自己过去因生活颠簸没能好好做学问。他在翻阅这些资料之后,不管是自己的记忆得到了证实或是否定,都感到特别高兴,总禁不住要向我诉说一番,让我与他同享工作中的愉快。本来,他有非凡的记忆力,可是从不自信,记忆有相当把握的事,也要通过查阅资料得到印证才放心。无资料可查的,即千方百计寻求人证。有一天晚上,我在他家向他请教鲁迅所编《译文》停刊一事的原委,当时他说了一些自己的看法,但临末声明道:“当时我不在上海,所说的情况,只是耳闻,待我向当事人了解一下再说吧。”第二天清早,他即托人给我带来了一封信,展开一看,是一张有关此事的相当全面的索引,可见他当晚就熬夜通检了一遍《鲁迅全集》和《鲁迅书简》。当我过了一礼拜见到他时,他即向我详细谈了前几天先后访问茅盾、胡愈之同志时所得的情况。同时提醒我,为了弄清此事,还得向身在浙江的黄源同志函询。又有一次,当社会上大批瞿秋白同志时,鲁迅在《辱骂和恐吓决不是战斗》一文中所批评的芸生的《汉奸的供状》那首诗,被罗织为瞿秋白同志的一项“罪证”。这些人认为,芸生是瞿秋白的化名,芸生既受鲁迅批评,那么瞿秋白就是坏人。雪峰得知此事时,微微一笑地说:“这不是什么新鲜事了,早就有人以当事人的身份证明芸生即瞿秋白。不过这人的目的与时下的这些人不同,他是想以它来证明鲁迅的不是:瞿秋白是党的负责人,又是烈士,鲁迅批评他,不是很明显的失察吗？现在可倒过来了，又说瞿秋白坏了。其实这是瞎嚷嚷，举纸糊灯笼打人。芸生根本不是瞿秋白的化名，他实有其人，本名叫邱九如，浙江宁波人，是我们党内的同志，后来好像到了新四军中去工作了。知道这一情况的，还有很多人健在。”隔不了多久，他又告诉我，芸生是邱九如而非瞿秋白的事，他从茅盾、葛琴那里得到了证实，并遗憾地说：“可惜荃麟去世了，不能从他那里得到证实。他是最了解邱九如情况的人，周扬也了解，可惜现在无法去找他，也不知今后能否有见到他的机会。”1975 年冬天，他与周扬同志意外地相见了，彼此要谈的事很多，可是他仍没有忘记向周扬同志取证芸生即邱九如的事。这次相见后的第二天，他就把这一情况告诉了我，并作出判断说：“到目前为止，芸生即邱九如而非瞿秋白，得到的都是确证，还没有一个反证。新版《鲁迅全集》补上一条芸生的注，该是有把握的。”从这两件小事当中，也可见他工作态度和治学精神的一斑。

大约到了 1973 年，雪峰同志才接受了与孙用同志一起校订《鲁迅日记》的任务。他在完成这一任务的过程中，这种工作态度和治学精神表现得更为突出。有些错字和标点的校正，涉及多种学科的学问，而且还需有直接的生活经验。他每每校正一处，总忘不了要告诉我，以共尝工作中的甘苦。也可见他完全沉浸在工作之中。这部《鲁迅日记》的校订本，原先拟附一人物小传，他为此四处奔波，找取活证，并自费广发函调信件，向一切知情人探询情况和线索。本来，他是习惯于理论思维、长期从事理论研究的人，这样的人，一般对搞纯资料性的工作缺乏兴趣，但他觉得这也是工作，是对读者有益的工作，而且又是组织交给他的工作，他就全力以赴地去做，并从中得到快慰。

雪峰以其丰富的阅历，广博的知识，与鲁迅的亲密交往和对鲁迅的深切了解，的确称得上是研究鲁迅的“通人”。我们有些完全摸不着边际的问题，只要请教他，就可迎刃而解。有关鲁迅生平和思想的重要问题,目前已有他的文章行世,不必多说了,就是鲁迅著作中的注释,他也称得上是个活的资料库。"'バンダン滑倒公'是谁?"他可以马上回答你说,"是章雪村",并连带说明何以如此叫的一段原委故事,同时还可告诉你说:"《高老夫子》中高尔础在课堂上的那段精彩表演,也有章雪村的一点影子在。""首甲是否像社会上广为流传的那样,是田汉的化名?"他也可以不假思索地回答你:"首甲是祝秀侠,不是田汉。"《半夏小集》中的"半夏"是否像有些专家所断言的那样,是指写作时令,或写作环境即"半租界",他以第一手的资料告诉你:"都不是,半夏是指一种含微毒的中草药。"文章还未发表时,他就从鲁迅那里得到了这个回答。……现在流传的新版《鲁迅全集》的不少疑难注释,都是他提供的材料。

雪峰同志逝世前几年,以相当多的时间和精力,为中青年鲁迅教学和研究者释疑答难。他是鲁迅精神的传人,对没有社会地位的中青年特别爱护。有一次,他接待了陈鸣树同志,并热情为他提供了一些有关清代秘密会党的资料。事后他告诉了我,并要我奉劝陈鸣树:"要爱惜身体。他身体太差了,瘦得很可怜,完全像个老头,看来手还有些发抖。现在的中年人很辛苦,工资低,负担重……"我以为他不知道陈鸣树曾批判过他,便说:"这位同志曾经写文章批判过你,你知道吗?"他说:"知道,在那时,不批判我能行吗?"对他这种不计个人恩怨的大度和对中青年的拳拳之心,我由衷地感到敬佩。他多次向我推荐山东济南一位研究《鲁迅日记》的中学教员,要我与他交朋友。他说:"在中学这样的环境里,要研究《鲁迅日记》,谈何容易!可是这人坚持了下来,作了大量有益后人的工作。"这人就是当时还默默无闻的包子衍同志。后来,包子衍准备自费来北京查访材料,他叹服不已:"自费做研究工作,这种精神太可贵了。我想多少为他减轻一点负担,来京吃饭问题还算好解决,他可以来我这里吃。可是住宿,我家里实在腾不出可以安下一张床的空位。"1975 年，朱正同志与雪峰同志联系上了，他又把这位文字之交的新朋友介绍给我。他充分肯定了朱正所做辨别资料工作时的胆识。并说这项工作本来是应该由老年人来做的，可是由于一来这些老年人不太关心这些事，二来又碍着情面，明知陈说不对，也就懒得去说了。他并自我批评地说："我是这两种情况都兼而有之。"他很想为朱正的稿子张罗出版，可是他又颇为犹豫地说："在我们社里出版，恐怕不合适，不知地方出版社能否接受？……也许现在还不到出版的时候，将来总有一天会出版的。"他就是这样爱护中青年，这样爱护人材的。然而他也毫不客气地指出他们的缺点，如他曾说包子衍的研究有点烦琐，而朱正却有一种掩饰不住的骄傲情绪。他打算在信中提醒他们。

四

雪峰当时虽然被限定只能为鲁迅教学和研究、鲁迅著作的出版作些纯资料性的工作，但他到底是个善于也惯于理论思维的人，是个不管在任何情况下，都与人民保持着思想和精神联系、时时刻刻为他们苦思竭虑地思索问题的人。在他生命的最后几年中，对鲁迅研究中的许多重大问题，特别是对"四人帮"歪曲利用鲁迅所制造的舆论，表示了自己的意见和义愤。

有一次，他忽然问我："你们湖南民间信门神吗？"我说小时候在门上见到过这样的画。他立即描述一番这位门神的模样：破帽、蓝袍、角带、朝靴……并说："这门神就是钟馗，相传他会捉鬼，能辟邪。现在鲁迅也被当作了捉鬼的钟馗。什么棘手的事，都得把鲁迅请出来。这既糟踏了鲁迅，也表现了自己门庭的不幸：闹鬼；要么就是自己心虚：心中有鬼。"

当年，有一本叫做《鲁迅的故事》的书，大出风头，书店大量抛售，电台轮番广播。雪峰翻阅大半之后，向我冷冷地说："本想看完的,看不下去了。我看你也不必浪费时间去看它了。‘鲁迅的故事’,不错,纯粹是编的故事。”他知道这本书有姚文元插手的背景,并连带对姚的变泰发迹表示了极大的轻蔑。雪峰解放前由于工作的需要,曾在姚蓬子所开的书店中常住,而解放初期,姚文元又视他为父执,常有书信往还,因此相当了解姚文元的底细。他说:姚文元写文章,只是为了给领导看的,不是为研究而写作,为广大读者写作。解放初期,姚写了一篇文章(篇名我已失记),毛主席曾在一次谈话中肯定过,姚闻讯后,就接连写信要求他打听清楚,并要求转告原话。沾沾自喜之情,溢于言表。后来,姚文元靠笔杆子打人出了名,本来脑子有毛病,再也写不出什么东西来了。那些署名的文章,大都是写作班子捉笔的。最后他愤愤地说:“白痴统治文坛,最好是大家都作白痴,才能相安无事。”

鲁迅的什么“秘密藏书室”,当年曾闹得沸沸扬扬,好像煞有介事。我感到怀疑,便去请教他。他不无气愤地说:“有时,我们把鲁迅看得太高了,有时又把他看得过小了。难道鲁迅连看几本书的勇气都没有吗?什么‘秘密藏书室’?鲁迅曾领我去过那地方,大摇大摆去的。里面有各种图书,还有不少线装书,‘秘密’书倒没有多少。凡是鲁迅不常用的书,大都搁在那里。”由此他还感慨地说过这类意思的话:鲁迅本来是金子,可是有些人还嫌不够亮,要去切磨一番,粉饰一番。

当年,有一位德高望重的老同志,常在报刊上以显著标题发表一些配合政治运动谈论鲁迅的文章。每当这些文章发表时,雪峰都要表示一次遗憾。他认为,这位老同志以自己的地位和威望,来写这类文章,是很不合适的。鲁迅已经被肢解得不成样子了,何必再去推波助澜。我感到他这种遗憾心情的真挚,曾劝他以老朋友的身份,去提醒一下这位老同志。对此,他感到有点为难地说:“这位老同志是很老实的,也可能是有人利用了他的老实可欺吧。如果是这样,我去劝阻,就会招致大祸。再说,我与这位老同志由于解放后的升降荣辱的处境各不相同,多年断绝往来了,也不好去劝阻。”

当年,中国现代文学的教学和研究,几乎只有鲁迅一个课题,因此向他了解鲁迅的中青年教师和研究工作者特别多。其中有些往访者,在正式访谈的前后寒暄时,少不了要按江青《纪要》的口径数落一番“四条汉子”的“反革命修正主义”罪行,而把雪峰的遭遇归之于“四条汉子”,并说雪峰如何正确。这种情况,我曾目睹过好几次。对此,雪峰总是解释说:“我一点也不正确,左联时期我是决策人之一,应该负主要责任。当时大家都很天真幼稚嘛。至于在解放后我的遭遇,‘四条汉子’可能起了一点作用,但是起不了决定作用。”这样的寒暄多了,还引起了他的反感,在访问者走后,少不了要向我发几句牢骚:“现在鲁迅被肢解得不像样子了,如果他还活着,肯定会翘胡子的。鲁迅当时的正面敌人是国民党反动派,他文章的主要矛头也是在这方面。现在可好了,什么都往‘四条汉子’身上推。鲁迅在答徐懋庸的信中,的确说过‘我甚至怀疑过他们是否系敌人所派遣’的话,但这是鲁迅气愤时说的,而且也只是‘怀疑’过,怎么能坐实呢。他们有这样那样的缺点、错误,对鲁迅也很不尊重,但他们还是要革命,也是一直在干革命的。”类似的话,在他见到了一本以三结合方式编注鲁迅著作的征求意见本后,又重复了一遍,而且更为生气。当时他肺癌手术后癌细胞已经扩散,身体极为虚弱,虚汗淋漓,声音也嘶哑了。他摊开这本书,指着其中的一篇题解和注释要我先看。没等得及听我的反应,就一边用手敲打着桌子,一边嘶哑地说:“每节都被说成是针对周扬的,周扬哪有那么大的本事,担当不起嘛。真是天下奇谈!”他还要将有类似问题的书页翻给我看。我怕他劳累,也怕招惹他生气,就把话题岔开了。但等我告辞时他又重提了这个话题:“好了,今天就不说了。等我身体稍为好一点,就请王仰晨同志来一下,我要向他详细说说对这本书的意见。它把一切污水都往‘四条汉子'身上泼,这怎么行呢? 如果我来不及说出自己的意见就完了,也不要紧,那些我认为有问题的地方都画了出来,有些地方还写了自己的意见。"没过多久,他就逝世了。后来我多次在编辑室翻找他看过的这本书,可惜没有找到。

所谓"四条汉子"的最大罪状,莫过于"国防文学"口号的提出了。对此,我曾多次请教过他关于两个口号之争的一些情况。他向我说过不少,有些在他的交代材料和与别人的谈话中也说到过,而这些大都已整理成文字,在他逝世以后公开发表了。但有几件事,似乎还未见诸文字。第一,据他说,胡风首次提出"民族革命战争的大众文学"的口号的文章,其实茅盾是没有看过稿子的,更没有与闻其事。因为当时茅盾还站在"国防文学"口号一边,与鲁迅也有些隔阂。后来鲁迅的文章说"茅盾先生就是参加商议的一个",完全是为了团结争取他而说的。后来茅盾也默认了这个不是事实的事实,想把它纠正过来也就不容易了。第二,雪峰承认,1936 年他到上海后掀起两个口号的论争,闹得文艺界不团结,自己也负有责任。他说,当时左联领导人与鲁迅的关系极为紧张,他到上海时,鲁迅与他见面的第一句话就是:"这两年他们把我整苦了!"(《回忆鲁迅》中所说"这两年来的事情,慢慢告诉你吧"雪峰说那是为了团结,不得不改为比较含蓄的说法)后来鲁迅又向雪峰谈及他搜集瞿秋白遗文、编《海上述林》,为的是"纪念死者,同时也纪念自己"。当时鲁迅以为自己与瞿秋白一样,都受到党的排斥。雪峰听到鲁迅这些话之后,又看到鲁迅那阴郁的神情,多病的身体,很是焦急。这种焦急的心情影响了自己的情绪,没能耐心细致地做好左联领导人的思想工作。虽然他们拒绝他在这方面的一切努力,但是如果不是自己因焦急引起的偏激情绪作怪,也不是毫无办法的。第三,他说:在两个口号论争中,双方都有对立情绪。开始,他对"民族革命战争的大众文学"一派,还能施加影响,劝他们不要再就论争写文章,特别是制止胡风再写文章。可是,即使他干预,也起不了作用。鲁迅逝世时,鲁迅派的几个青年闹得很凶,不许所谓周扬派的人参加吊唁活动,以致他不得不准备动起武来,对其中一个闹得较狠的作家说:“你如果再胡闹,就得把你绑起来。”第四,他说两个口号之争,当时以为是自己内部的争论,后来也就没有重提它了,直到反右时期。当然内部之争也是有是非的。他坚信,瓦窑堡会议逼蒋抗日的统战政策是对的。鲁迅对这样的政策能心悦诚服地接受,可是对国防文学派的有关解释,鲁迅接受不了。开始时,由于“国防文学”一些不正确的解释,鲁迅对党的抗日统一战线政策曾产生过怀疑,认为这是“共产党向国民党投降”,并多次以福建事件的教训为例,企图说服雪峰。这也是雪峰考虑重提口号的原因之一。

雪峰就鲁迅研究领域中一些带倾向性的问题所谈的不少意见,虽然当年没有也不可能公开发表,但它们在不少大学和研究机关中口耳相传,产生了相当深刻的影响。在“四人帮”统治时期,它们是空谷足音。

五

我与雪峰交谈最多的,莫过于当时的时事与政治了。每当只有我们两人在座时,谈的大都是这方面的话题;孙用夫妇在座时,也主要谈这方面的话题。孙用平生讷于言辞,总是很少讲话,他看到自己的老朋友还坐在那布幔隔开的房间一隅的书桌旁,也就心满意足了,而把大部分时间让我与雪峰纵谈天下大事。他总是坐在旁边听听,偶尔插上一两句颇为风趣的话,有时却与自己的老伴陪着冯师母何爱玉同志聊家常。

雪峰同志是个随时都将国家和人民的命运萦系于心的人,是个政治头脑清晰,政治神经特别敏锐的人,不愧是我们党内一位斗争经验丰富的老同志。他能从报纸的字里行间预测即将来临的政治风云,从一些正在飞黄腾达的跳梁小丑的妄行中看到他们必将败落下去的迹象。

他对祸国殃民的林彪、"四人帮"一伙充满了无比的愤恨。本来,他是个相当大度的人,在我面前从未说过人家的长短,就是那些被公认为加害过他的"仇人",他也从未说过一句坏话。可是当林彪正在肆虐的时候,他顾不得那些"鼠有牙、墙有耳"的古训,高声地斥责道:"庆父不死,鲁难不已。"当林彪已死,"四人帮"继承其衣钵,正在呵斥八极、颐指气使的时候,他借用鲁迅的话,一个个地予以指斥。如他说江青(他习惯称之为"三点水")是个"惯行妾妇之道的嬖倖";王洪文是"上海滩上的浮尸";而对姚文元,有时称之为"文痞",有时又称为"破落户的飘零子弟"。1975 年邓小平同志在主持中央日常工作时,与"四人帮"进行了曲折而激烈的斗争,小道消息广为传播,人心大快。雪峰虽然已在病中,可我们见面第一件事就是互相转告小道消息,分析这些消息的可靠程度。我记得在他病情严重、话已失声的情况下,还以笔助的方式向我说:"'三点水'这伙人,日子长不了!既没有枪杆子的支持,笔杆子也很拙劣,民愤太大,受蒙蔽的老干部人数微乎其微,成不了气候。他们是些梁上君子,只能偷偷摸摸地行事。你可以看到他们的末日,我也要争取活到那一天。"

在我们那些有关政治问题的交谈中,雪峰给我印象最深,使我深受教益的,是他对毛泽东同志一生所作的公允评价。当年,我像许多知识分子一样,对毛主席在"文化大革命"中的一些举措不能理解,颇多怨言。我于 1974 年 4 月 5 日下午向他作了倾诉。他没有因此责备我,反而说我的这些想法有一定代表性。并说,毛主席百年之后,是非功过将引起争议。如何正确评价毛主席,将关系到我们党和国家的命运,在这方面不能夹杂任何个人的情绪。他耐心地向我介绍了毛泽东同志一生的功绩,娓娓谈来,一直谈到夜晚十点。雪峰说,在新民主主义阶段,毛泽东同志是我党当之无愧的领袖，党内的杰出人物不少，但谁也不能与他相比，陈独秀、王明不用说了，瞿秋白也书生气质太重，比不上他；就是大家爱戴的周总理也不能取代他。的确，总理是个很好的管家，但还得毛主席当家。毛主席是个全才，他的旧诗写得很好，词写得更好，新诗也在行，有很高的艺术鉴赏能力。

他说到这里时，唯一例外地附带谈到了自己。他说："还在国内大革命时期，在广州工作的毛主席曾向一位在他身边工作的我的同乡（同学？）打听我的下落，说他很喜欢《湖畔》诗，认为写得很好，要我去南方与他一起工作。以诗会友，可见他的诗人气质。"说到这里时，雪峰又说到毛主席曾写过一首打油诗，"以蒋干宋美龄"开头，下面两句是分别调侃林伯渠、李维汉同志夫妇的。全诗只有三句，第四句要求同座的人续上。结果没有任何人能够做到，因为其中的动词必须是小说中的人名，又必须富有幽默感，还必须与调侃对象沾上边，这是很难的。雪峰叹服道："这样的才智和机智，一流文人也赶不上，开玩笑能开成这样，很不简单。"

雪峰说，毛主席不仅是个伟大的政治家、理论家，还是个伟大的战略家。他往往能挽狂澜于既倒，拯救革命于危难之际。他又是个执行群众路线的楷模，能虚心听取群众的意见，善于集中群众的智慧。任何人与他交谈，都不会有拘束之感，都想把自己所知道的一切倾吐出来。

说到这里时，雪峰又说了一些自己在瑞金时与毛主席秉烛夜谈的情况，也说到了毛主席与瞿秋白同志在瑞金时的友谊。他说："那时，毛主席对瞿秋白很有感情。有一次，他们彼此谈了一个通宵，话很投机，两个都是王明路线的排挤对象，有许多共同语言。后来瞿秋白死了，毛主席认为这是王明、博古他们有意把瞿秋白当作包袱甩给敌人造成的。毛主席曾气愤地说：'将来要跟他们算账，为什么不把瞿秋白带到长征的大队伍中去！'"

雪峰无限深情地回忆起战争年代同志之间的战斗友谊。他说了瞿秋白送给他的长衫,也说了他于1936年回到上海时思念战友的感情。他说:"当时陕北很苦,同志们生活得相当艰难,我进入上海,总想给他们捎点什么吃的或用的去。只要是吃用的东西,我都想买,但身边钱不多,只买了一些廉价的围巾和香烟。当时鲁迅有一笔稿费在我手头,我就先斩后奏地用这笔稿费代鲁迅给毛主席买了火腿。可惜火腿和香烟在西安就被别的同志瓜分了,只有那些围巾是送到了的。"

这天,雪峰的谈锋很健,谈正经事,又夹杂了许多生活小故事。他介绍了毛主席的思想、学识、道德、文章、工作作风和生活作风,也谈了毛主席的性格特点和生活嗜好,毛主席那喜欢向身边同志开些比较豪爽的玩笑的事,他也没有隐讳。我听到了这些,毛主席的形象在我的脑海中便立体地呈现了出来。它像鲁迅所描述的伟大战士一样:"不是神道","仍然是人","唯其如此,所以他是伟大的人"。

雪峰留我在他家用了便饭之后,又继续分析毛主席在解放之后,特别是1956年之后所犯的一些错误。他列举了一些错误事实,然而重点是分析造成这些错误的原因。他分析了中国社会的历史背景,国际共运的时代背景,分析了毛主席的哲学思想、政治思想、经济思想和文化思想。令人感到惊讶的是,他的这种分析,大都与后来党中央所作《关于建国以来党内若干历史问题的决议》相吻合。

雪峰在分析毛泽东同志所犯错误时,对毛主席首倡群众路线而后又自己违背群众路线一事,深表遗憾。他说,毛主席后来由于地位变了,逐渐脱离了群众,既脱离群众,下情不能上达,两眼漆黑,就容易受坏人包围。这是主席晚年犯错误的主要原因之一。为了强调这一问题,他引述了鲁迅著作中有关的一些言论,如《现今的新文学的概观》中所说的洋场上的翻译,《略谈香港》中所说元代官府裁判犯人时所用的"通判",是如何作弄主子,又如何假借主子的威严去欺压百姓的。他特别引述了《扣丝杂感》中所说“猛人”被“包围”得滴水不进的一大段言论，指出被包围者的可悲和包围者的可怕，并就此发出感慨说：“中国社会由于民主制度不发达，‘包围圈’总在出现，就是主席也难免被包围，这是个惨痛的教训。鲁迅打算作《包围新论》，他说没有作成，其实已经在作了。只是这样的文章，后来者还得继续作下去。鲁迅说，打掉这样的‘包围圈’中国有五成希望得救，我看可以基本得救。”

雪峰说，由于毛主席已经这样被“包围”，加之他目力所注，又主要在中国过去的二十五史，而不在当今飞速发展的外部世界，所以就很难意识到自己的错误。雪峰认为毛主席所犯错误，主观上应负责任，但这是旧中国社会的痕迹。要我由此看得更深一些，并要我不要把对“三点水”和“海派”的不满，转嫁到毛主席身上。他说被包围者与包围者是有区别的。目前，大家都以为包围者的形象代表着被包围者的形象，通过包围者去看被包围者，其实是不对的，还是鲁迅说得对。包围圈外的看客，通过包围圈看到的并非“猛人”的本相，“而是经过了包围者的曲折而显现的幻形”。

雪峰的这席话，对我来说，的确是一堂很好的政治课，使我受益不浅，在当时，使我从迷茫中清醒过来，其后也在指点着我如何分析人事。同时，也使我更深地了解了雪峰的为人。我知道，毛主席曾经对雪峰有过苛刻的批评，可是他对毛主席的评价，却是那样地冷静，而不夹有任何个人恩怨，胸襟是如此的坦荡和开阔！这席话给我的印象实在太深了，本来我是个没有时间观念的人，可我牢牢地记着他给我谈这话的日期：1974 年 4 月 5 日。它是我心灵上经受的第一次“四五运动”。

六

在雪峰生活的最后几年中，他与我谈及自己的，唯独只有下面三件事。

大约是在1973年初，当时他的身体尚好，出版社没有交给他什么具体工作任务，在接待来访者、并为他们查找资料之余，想重新捡起有关太平天国的长篇小说的写作。他把有关资料，从尘封的书堆中挑了一些出来，而有些还可能夹在堆码于阶沿上的书山中。他几次向我指着这座书山，摊开手，无可奈何地说："我真想动又不敢去动它。"看来他对这部长篇小说的成功，具有相当的信心。他告诉我，大纲已经弄好了，有些章的细目也出来了，并已写好了好几万字的初稿。他习惯于断章断段地写，何时对何章有灵感，就赶快将它写下来。他说：有些作家就是用这种方法来写长篇的，而另外一些作家，却从头写到尾。他对后一种写法表示怀疑说："写短篇、中篇也许应该这样，但写长篇，特别是篇幅很大的长篇，恐怕还是先把零部件准备好，然后再装配一下，调整一下，较为得手。"看来，这时他正沉浸在这部小说的写作中。我私下认为，他是个善于理论思维又长期从事理论写作的人，改行从事小说创作，是否适合？而且他的语言也不见得适宜小说创作。我委婉地向他提出了我的怀疑。他说："语言的确是个问题，但是可以学习，长期和概念打交道的习惯，也是可以改变的，写多了，也就慢慢地改过来了。我对已写的那些，还是感到满意的。"既然如此，我鼓励他写下去，而且希望他争取时间，快点完成。他指指那三代同房的局促狭小的房间，很感为难地与我商量说："在这里写，实在无法安静下来，不知社里能否将我那在前几年被人家占去了的房子，再拨一间给我，借也行。如果左右都不行，不知能否让我回到浙江老家去住一段时间，把它弄妥了再回来。"他的要求，我向社里头头转达了，王仰晨同志并为之奔波了一阵子，但是毫无结果。后来他有了具体的工作任务，个人的写作计划又搁置一边，只是到了临死之前才再一次向我提及。

雪峰从"五七干校"回来不久，我给他送去了一大捆从废纸堆中捡回来的他在“文革”中所写的材料底稿。我认为这些材料很有价值,希望他得空整理一下,写成文章。他说:“跟鲁迅有关的,是应该整理一下。还有不少内容,这些材料中没有涉及,也是可以写出来的。我将试试看。写出来了,在我活着的时候,是发表不出去的。这个我不在乎,能为后代留下一点可信的资料,也就心满意足了。”1975 年,当他得知自己身患癌症时,他为此与我商量道:“如果有一位同志帮我找找资料,抄写一下,这个工作也许可以完成。可是现在已经迟了,待我动完手术后看病情发展情况如何再说吧。”我听到这席话后,感到很内疚。我想如果自己早就毛遂自荐给他当当帮手,他是会同意的,虽然社里的头头不见得能够派我去给他做帮手,但这样的事,是用不着汇报而祈求批准之后才能干的。他的这一计划终至未能实现,我是负有相当责任的。

在雪峰生活的最后几年中,关于他的重新入党问题,不知道向我说过多少遍。1975 年邓小平同志主持中央日常工作,各方面情况因已着手整顿正在好转时,他那重新入党的要求就更为迫切了。有一天晚上,这个党龄比我年龄还要长的老党员,像一个准备入党的共青团员一样,向我倾诉了重新回到党组织中来的真挚感情。他告诉我,那几天他正在准备清理自己一生的问题,以便写重新入党的材料,并打算向出版社党组织正式提出申请。我听到了这一切之后,禁不住流出了眼泪。这固然是为他的情怀所感动,同时也为他的这种情怀不能为党组织所理解感到难受。党为什么要把这样的同志抛弃,让他长期处在有如弃婴的境地?我知道,他的这种处境,在当时,十之八九是不会改变的。由于让他作了一点不出面的纯资料性的工作,社内已有一些“沙子”在议论了,说这事应从什么路线高度来认识。我不忍心将这一切告诉他,只是委婉地劝他说:“1958 年将您开除党籍,是上面的决定,出版社党组织只是奉命履行开除手续。今天您这个问题,社、局党组织都不见得有这个胆量为您解决,为您说话。我看您不必让他们为难了。”他像小孩一样问我："那么你看还有什么别的办法吗？"我告以走上层路线的办法，即通过他的老朋友像胡愈之等有影响的老同志，直接向中组部或党中央提出申请，即使中央不直接受理，也可以通过此举看出一些动向。他对当时主持中央日常工作的同志相当信赖，答应将按我这办法去试试看。

在这一年中，我也在他这片诚心的感召之下，积极向党组织提出了入党要求，初秋便得到了解决。不知是由于一种什么样的心情，在我入党后的半个多月中，都不敢去向他报告这个喜讯。10月中旬，我到底还是去了他家，因为总得去看看他的病情了。去之前，我提醒自己，不要让他知道我入党的事，因我怕他联想到他那个几乎是无望的要求。可是万万没有想到，我们刚刚见面，他就从书柜里拿出一本单独平放在那里的特大精装书，端端正正地送给我，并马上翻到扉页。我一看，只见上面正楷写着："早春同志入党纪念。一九七五年十月。冯雪峰。"这是一部德文版的《马克思纪念册》，是德意志民主共和国马恩列斯学院在社会统一党指导下编的，于1953年"马克思年"由狄茨出版社出版。我知道他送这书给我的深意，也知道他此举的神圣感情，以前他送我的书，包括他一直珍藏着的1937年许广平送他的特精装本《鲁迅书简》，他都不肯签名，唯独这一本例外。我深为他对党的情怀所感动，不知说什么话好，只是异乎寻常地紧紧握住了他那干瘦得有如枯柴的手，而我平素与他没有握手的习惯。

这年年底，我将回湖南老家探亲。临走的前一天下午，我去告别雪峰。他躺在那张破旧的沙发上闭目养神，身体虚弱极了。当时我倒也没有觉得特别，因为这种情况已有好几个月，就不以为怪了。他得知我的来意后，似乎预感到有什么不测的事情发生，神情颇为阴郁。这种神情，以前从未见过，就是他冒着很大风险走进肺癌手术室的前几个小时，还故意把我们说及他的病的话题岔开，开怀大笑地说些别的事。这时，他不得不说及他的病了："看来，我怕不久于人世了,吃什么药也不顶用。”他强装笑容地说:“人总得一死,这是自然规律,没有法子的。只是我以前从未想到死,生平还有三件事没有赶着做完……”他话已失声,说起来很费劲,但还是强打精神,一口气把这未了的三件事说完:“第一,看来,我难以等到自己的组织问题得以解决的那一天了!我如果能够多活几年,相信是可以得到解决的。第二,关于鲁迅的文章,这几年把写的文章,刚想出了一个眉目,一篇也没有动笔写。本来是有话可以写的。第三,关于太平天国的小说,我是总想弄完的,现在怕只能撒手不管了。中国这么大,作家这么多,有无我这本书,也没有什么关系,只是我始终相信,这本书写成了,多少可以给创作界添补一点新东西。”我听到这些近似遗言的话,不禁抽泣起来。他怕我难受,又马上转而问到我的家。他问我的大小孩几岁了,该上学了吧。1973年当我家属来京探亲时,他见到过,并曾送给他一架玩具飞机。待我告别时,他抱愧地说:“你看,家里又没人,不能给你的家属送一点礼物,代向他们问个好吧。”

当我的探亲假还未满期时,我在老家就收到了他长子夏熊拍来的电报,告以他逝世的噩耗。我发呆了好久,旁人没有一个知道死者冯雪峰是谁的,包括一些中学教师和业余文学爱好者,这更增加了我的悲痛。待我赶回北京时,他的遗体已经火化,未能看到他的遗容;而为他举行的不准致悼词的追悼会,也因我应在当天重下五七干校未能获准参加。这是我的两重遗憾,终生的遗憾!

1985年3、4月

原载《新文学史料》1985年第4期

略论冯雪峰的编辑出版工作

陈早春

冯雪峰一生的业绩是多方面的，尽管历史投射的阳光有时要遭到某些行星或恒星的阻挡，使庞然存在的东西也黯然无色。但存在终归是存在。雪峰作为革命家、诗人、作家、文艺理论家、鲁迅研究专家的存在，现在已在冉冉升起的曙色中显露出来了，得到了公正的承认。但他作为著名的编辑，堪称为无产阶级出版事业开创者之一的功绩，曾经笼罩着它的那层夜色还未完全褪去，需要我们睁着眼睛去分辨。

曾几何时，冯雪峰在现代编辑出版史上的地位和影响被抹得一干二净：是他主编的刊物，要么大换动头术，把主编的头衔安到别人的头上；要么避而不谈，好像刊物这玩意是路旁的自生自灭的野草，无需人去料理。其实，冯雪峰一生在编辑出版事业中耗费了大量的心血，编辑出版过大量有影响的书刊。他的编辑出版活动是与他的革命活动、文学活动相始终同命运的。他在这方面的业绩不容抹煞，也是抹煞不掉的。

早在20年代初，湖畔诗社所出的诗歌集和刊物，都是雪峰和他的诗友们自行编辑出版的。20年代末至30年代初，正当他从事马克思主义文艺理论翻译的鼎盛时期，在鲁迅指导下，他主编了我国第一部具有相当规模和影响的《科学的艺术论丛书》，较为系统地介绍了马克思主义经典作家的美学著作以及苏联的文艺政策。"左联"时期，他主编了"左联"的机关刊物《萌芽月刊》（后名《新地》）、《前哨》（后名《文学导报》），与鲁迅等合编《十字街头》，帮助丁玲编辑《北斗》，还编辑过"文总"的刊物《世界文化》，主持过党的对外宣传的通讯社，并团结和影响众多的刊物和出版单位，以它们作为团结广大革命和进步作家反对国民党反革命文化“围剿”、发展无产阶级革命文学的强大阵地。鲁迅逝世后，为了学习并发扬鲁迅精神，他授意并安排胡风编辑《工作与学习丛刊》，并亲自向鲁迅的亲友和学生们约稿。抗日战争和解放战争时期，他为了革命工作的需要，在党内和党外不承担任何职责，只是以个人的名义从事统战工作和文化工作，但他仍与革命和进步文化、出版界保持着广泛的联系，并给一些中间势力以革命的影响。如他曾义务地为《东南日报(丽水版)·笔垒》审稿和撰稿。他是全国抗敌文协机关刊《抗战文艺》的作者，也是其后一阶段的主编。他指导和支持了《文萃》周刊、《文汇报·笔会》等的编辑出版。在国统区，为革命作家丁玲编辑文集，输送解放区革命文学的稿件，为识与不识的革命和进步作家的文稿写序，为他们联系出版以至帮助他们解决生活困难。1948 年至 1949 年间，党组织安排他在苏联塔斯社上海分社办的时代出版社从事编审工作，帮助和培养了不少翻译家。在这里，他还代罗果夫编了《鲁迅论俄罗斯文学》一书，并写了长篇序言。在这段时期中，他对促进中苏文化交流做出了贡献。

中华人民共和国成立后，冯雪峰的主要工作是在编辑出版方面。1950 年 7 月，任《文艺创作丛书》编辑委员会主任委员。11 月，任鲁迅著作编刊社社长兼总编辑。1951 年 2 月，与唐弢合编《文艺新地》月刊。同时在北京筹建人民文学出版社，4 月任该社社长兼总编辑。1952 年 2 月，兼任中国作家协会机关刊《文艺报》主编。他在人民文学出版社任职时间最长，主持工作至 1957 年，一直工作到 1976 年逝世。

冯雪峰是以革命家的姿态、理论家的素养，诗人和作家的经验来从事编辑出版事业的。因此他在这方面的工作，无不具有宏伟的目标、出师必果的战绩。他孜孜以求的，是开创和建立无产阶级革命文学和社会主义文学。

1928 年他着手编辑的《科学的艺术论丛书》，就是基于这样的目标，以此作为他的编辑思想的。

"五卅"运动之后，雪峰就感觉到"在青年和先进的工农群众中激荡着的，对于革命理论，对于生活和现实社会及历史的理解等等思想问题和要求，正式作为主要的课题提到文化和文艺运动的日程上来了"。① 他狠狠地抓住这个时代的主要课题，自 1926 年起，倾注全力从事苏联文艺和马克思主义文艺理论的译介工作。1928 年初他到上海时，正值"革命文学"论争激烈展开，他冷静地观察到了革命文学倡导者理论修养的欠缺，深深感到理论建设的必要性，要"用马克思主义的 X 光线去照彻现存文学的一切"。② 这时，他就有了系统地介绍马克思主义文艺理论、编辑出版这类丛书的打算，而且感到要完成这个工作，光凭一己的力量是不行的，所以他反复劝导周围的朋友要出版一些"有意义"的书，以致戴望舒、苏汶、刘呐鸥等都在他的影响下，试探地从事这类工作。这年年底他从故乡义乌折返上海时，这一计划立刻提上了日程，并联系好了水沫书店作为这套丛书的出版单位。

当时鲁迅也以给起义的奴隶们输送军火的革命抱负，和以普罗米修斯将天火盗给人类而自己甘受戕害似的牺牲精神，正在从事马克思主义文艺理论的研究和译介。雪峰为了实现自己的计划，便去争取鲁迅的指导和帮助。1928 年 12 月 9 日，他在柔石带领下去见了鲁迅，据他在《回忆鲁迅》中说，他去见鲁迅时的谈话中心，是翻译和编辑这套丛书："我去见他的主要目的，是那时正从日本文翻译转译马克思主义的文艺理论作品，碰到的疑难，没有地方可以求教，知道鲁迅先生也在从事马克思主义文艺理论的翻译工作，所根据的也是日本文译本，所以我去见他，是想请他指教。并且同他商量编一个马克思主义文艺理论的翻译丛书。"

---

① 《论民主革命的文艺运动》，《雪峰文集》第 2 卷，人民文学出版社出版。

② 《〈社会作家论〉题引》，《雪峰文集》第 2 卷，人民文学出版社出版。

这套丛书的书目，是雪峰与鲁迅共同拟定的，最初拟定12种，后来增至16种，实际出版了8种。其中雪峰译的有4种：苏联卢那察尔斯基的《艺术之社的基础》，苏联沃罗夫斯基的《社会的作家论》，俄国普列汉诺夫的《艺术论》，卢那察尔斯基的《文艺与批评》，俄共(布)在1924年至1925年间的有关文艺问题的文件汇编《文艺政策》。他们两人的翻译几乎占去了这套丛书实际出版的全部。其他拟约请的译者还有夏衍、冯乃超、林伯修等。后来他们的计划因各种原因未能实现。

这套丛书自1929年5月起陆续出版，由水沫书店、光华书局承印。排印美观，校对精审，差不多都是译者亲自校的。装帧设计也很讲究，封面是由著名书籍装帧家钱君匋统一设计的，面料用浅灰色布纹纸，套用红黑两色，一律毛边装帧，显得端庄、朴实。书发行出去，反应颇好，有些书店争相承印。更为重要的是，它的选目是经过严格挑选的，从几次不同的预售广告中可以看出，计划曾不断地修订，一些已成型并发出预告的书，最终还是被剔除了。它所侧重译介的，是普列汉诺夫、卢那察尔斯基等马列主义经典作家的著作。这些作家大都是第二国际中的翘楚，他们的著作代表着时代的水准。把他们的理论遗产译介过来，对我国无产阶级文艺理论的建设，无疑起到了开源的作用。尽管这种译介工作由于国民党当局的压迫，没能按计划完成，于1930年就中断了，已刊行的也多遭查禁，流布受到了限制，但它毕竟是左翼文艺运动中的一项壮举，而所出的几种，也还是具有一定规模的。

冯雪峰编辑的这套丛书，对于统一当时左翼文学运动的指导思想，无疑是起过重大作用的。它为“左联”的成立，至少在理论准备上奠定了基石。同时，它也教育了一代年青的革命作家。据丁玲说，“左联”五烈士之一的胡也频“接触革命理论，是从1928年在上海阅读鲁迅与雪峰翻译的苏联文艺理论开始的。他的革命实践是从1930年春在济南高中教书时开始的"①。他在济南高中"成天宣传马克思主义,宣传唯物史观,宣传鲁迅与雪峰翻译的那些文艺理论,宣传普罗文学"②。这里反复说到的"鲁迅与雪峰翻译的那些文艺理论",就是雪峰在鲁迅指导下编辑的《科学的艺术论丛书》。

当雪峰正在翻译马克思主义文艺理论,编辑《科学的艺术论丛书》时,就已着手筹备并编辑文学刊物《萌芽月刊》了。这也是一份着眼于无产阶级文艺理论建设和创作实践的刊物。

还在1929年冬季,冯雪峰考虑到革命作家内的纷争已经结束,新的阵营即将形成,便萌发了为此新阵营提供一个活动园地的决心,开始在筹办《萌芽月刊》了。他积极奔走于朋友之间,组织稿件,而有关翻译的稿件,准备了好几期,以至后来刊物出版时,基本上没有用过外稿。

《萌芽月刊》于1930年1月正式创刊,自第3期起成为"左联"的机关刊物,出至第5期时遭国民党当局禁止,第6期改名《新地月刊》仅出一期。这六期为第1卷,原拟续编第2卷,但未能实现。

顺便说一句,冯雪峰是《萌芽月刊》主编的身份,自50年代末期起,竟被公然"取消"了。在我们出版物中,包括像富有文献价值的《〈萌芽〉影印本出版说明》中,都施行着"换头术",避谈冯雪峰的名字。好在早于30年代,鲁迅、茅盾在编《草鞋脚》小说集时,附上一份由他们两人署名的《中国左翼文艺定期刊编目》,其中说及《萌芽月刊》时,特别点明"这个刊物是冯雪峰主编",这才使我们敢于恢复原来面貌,也庶几可以使冯雪峰免去"专擅"、"掠美"之嫌。

《萌芽月刊》的编辑出版,是得到过鲁迅的支持和指导的,也受到了鲁迅的重视。它还在出版时,鲁迅就在给友人的书信中,称

---

① 《也频与革命》,《丁玲文集》第5卷,湖南人民出版社出版。

② 《一个真实人的一生》,《丁玲文集》,第5卷,湖南人民出版社出版。

赞它"较急进","销行颇多",并常常将它赠送友人。

这个刊物在左翼文学运动中,是起了相当大的作用的。

首先,正如茅盾、鲁迅《中国左翼文艺定期刊编目》中说:"这个杂志对于马克思主义文艺理论以及外国普罗文学名著的介绍是尽过力的。"它创刊伊始,就郑重声明其宗旨说:"翻译方面我们预定了一个计划,就是想将新俄的几个优秀的作家,给以介绍。但同时,西欧诸国度的作品,也想择其倾向比较正确的,介绍一些论文则专限于关于'科学的'艺术论的论著,和论述各国新兴文艺的文章,及社会的文艺批评等,加以介绍。"①该刊每期都贯彻了这个宗旨,它先后介绍和翻译了苏联高尔基、法捷耶夫、革拉特柯夫、雅各武莱夫和法国巴比塞等著名作家及其作品,特别是连载的鲁迅所译法捷耶夫的《毁灭》,更是无产阶级文学建设时期一本"很合时宜"的书。至于"科学的"艺术论的翻译和介绍,更为编者所重视,几乎每期都载有好几篇这方面的文章。特别值得注意的是,当时在无产阶级文艺理论领域内,国际上普遍崇奉着普列汉诺夫的"正统地位",而普遍轻视马克思、恩格斯对文艺学的建树。在此情况下,冯雪峰接连摘译了马克思的《政治经济学批判导言》、《评普鲁士最近书报检查法》和《第六届莱茵省议会的辩论(第一篇论文)》,全文翻译了列宁的《党的组织和党的文学》,把他在文艺学方面的翻译重点转移到了革命导师方面。他的这些译文,主要刊载在《萌芽月刊》上。

其次,它"对于胡适博士所领导的'新月派',加以猛烈的攻击"②。成为"左联"与新月派斗争的前哨阵地。新月派是从"五

---

① 《〈萌芽月刊〉第一卷第一期编者附记》,《雪峰文集》第2卷,人民文学出版社出版。

② 茅盾、鲁迅:《中国左翼文艺定期刊编目》,见《草鞋脚》,湖南人民出版社出版。

四”文化新军中分化出来的资产阶级文化派别，是攻击无产阶级文学运动最早出阵也最为猖獗的一个文化派别。《萌芽月刊》以排炮式的文章对它进行了反击，充分揭露了它依附国民党的阶级本质，批判了它那资产阶级“人性论”的文学主张。鲁迅那些使论敌铩羽而去的重要文章，如《新月社批评家的任务》、《“硬译”与“文学的阶级性”》、《“丧家的”“资本家的乏走狗”》等，都是在这个刊物上发表的。雪峰也发表了《常识与阶级性》、《讽刺文学与社会改革》等文章，参与战斗。

另外该刊在创作方面，提出了比较切合中国社会现实和作家现实情况的主张：“‘萌芽’登载创作（无论小说、诗歌、戏曲以及其他）的标准，是比较宽大的，在形式方面，我们也不嫌平常和幼稚，在思想——即作品内容方面，我们容许作者底世界观或人生观及意识底比较不正确和不纯粹。只要成为一篇文章，而在思想上，不开倒车的，或像一条缚足的绳（例如颓唐的，绝望的东西）似的东西，‘萌芽’是一概要登的。”①这比起当时某些左翼文学理论家的主张来，的确缺少高昂激越的调子，但却能团结作家队伍中的大多数小资产阶级作家，汲引他们参加到新民主主义的文化建设中来，同时也给那些自认为已经“奥伏赫变”为无产阶级作家的人们，撤去了傲慢或懒惰的凭借。这种切合实际的要求，也就必然获得实际的成果。这个刊物所载柔石，张天翼，魏金枝等人的创作，完全脱出了过去“革命文学”那套“革命加恋爱”的窠臼，为读者开辟了新的视野。而柔石的小说《为奴隶的母亲》、殷夫的诗《一九二九年的五月一日》等名篇，更是无产阶级革命文学的可喜收获。

《萌芽月刊》发表创作的这一编辑思想，是在研究了中国社会现状、中国革命性质和总结了“革命文学”论争经验的基础上形成

---

① 《〈萌芽月刊〉第一卷第一期编者附记》，《雪峰文集》第2卷，人民文学出版社出版。

的。早在1928年,雪峰就主张对资产阶级、小资产阶级作家采取“宽容的态度”①。这种思想,实际上是新民主主义革命阶段文艺战线上的统一战线思想。雪峰从他从事革命文学活动、编辑革命文学书刊的第一天开始,总是以坚持无产阶级文学的方向,尽力寻求建立文艺界统一战线的途径以造就大批反帝反封建的文艺战士作为自己的职责。

冯雪峰主持“左联”工作期间,他的这一思想得到了充分的体现。

在此时期,他除主编“左联”的机关刊物如《前哨·文学导报》以作为革命文学阵营反对国民党文化“围剿”的主要阵地之外,还利用和影响一切中间势力以配合革命主力的斗争。

在“左联”刊物已被完全取缔的情况下,他率先在并非“左联”刊物的《文艺新闻》上发表文章,揭露国民党秘密杀害“左联”作家的罪行,一反过去“左联”盟员一般只在自己的机关刊物上发表文章的惯例。接着,雪峰又派出“左联”盟员直接参加《文艺新闻》的采访、编辑工作,使它接受“左联”的影响,但又不改变它那“客观报导”的方针,让它在白色恐怖中安处公开合法的地位,曲尽革命的作用。雪峰利用和影响《文艺新闻》一事,为以后“左联”作家打入敌阵、利用合法斗争、增广战线、扩大影响提供了范例。

雪峰为丁玲主编的《北斗》杂志所制订的编辑方针,更能说明这一问题。1931年五六月间,雪峰为了扩大革命文学的影响,在文艺界造成生机蓬勃、四面出击的局面,他授意丁玲主办《北斗》杂志。丁玲就此回忆说:“冯雪峰对我说,中央宣传部研究了,说有个工作要找我来做比较合适。他说,现在有的人很红,太暴露,不好出来公开工作;说我不太红,更可以团结一些党外的人。……冯雪峰说,《北斗》杂志表面上要办得灰色一点。”②《北斗》在这思想

① 《革命与知识阶段》,《雪峰文集》第2卷,人民文学出版社出版。

② 《关于左联的片断回忆》,《丁玲文集》第5卷,湖南人民出版社出版。

的指导之下，争取到了公开出版的合法地位。它以发表创作为主，作者的队伍极为广泛，除左翼作家外，还包括了像谢冰心、陈衡哲、凌叔华、沈从文等许多非左翼作家。它所组织的读者座谈会，广泛地联系和引导了读者，扩大了革命文学的影响。

冯雪峰领导“左联”的重要功绩，是重整了几乎溃散的队伍，团结了小资产阶级作家，逐渐从“左”的路线下挣脱出来，改变了原来佝处一隅单一作战的状况，在理论和组织路线上作了不少策略上的调整和改变，形成了颇具声势的四面出击、灵活多变、实际有效的战斗局面。所有这些，大都是通过刊物的编辑出版取得的。

革命文学是在斗争中产生的。国民党反动派总是以非文化的手段来对付无产阶级的文化，它用以“抵制左翼文艺的，只有诬蔑，压迫，囚禁和杀戮，来和左翼作家对立的，也只有流氓，侦探，走狗，刽子手”①。雪峰编辑革命文学书刊，无不以大无畏的革命精神，与国民党反动派及其反动文化展开血刃战。

如果说，他在编辑《萌芽月刊》时与新月派的斗争还属于思想斗争范畴的话，那么，他在编辑《前哨·文学导报》时所进行的斗争，就要复杂艰巨得多，它既是思想斗争，也是政治斗争，是革命文学生死存亡的斗争。

1931 年 2 月“左联”五烈士牺牲后，“左联”面临着严峻的形势。当时，“左联”的一切活动遭到取缔而中止，许多盟员被捕被杀，在幸存者中，有的动摇而退缩，有的消极而右倾，有的甚至叛逃而附敌，坚持斗争的寥寥无几，“人数从九十多降至十二”②。正当此危急时刻，雪峰出任“左联”党团书记。他起手第一件事，就是重建自己的舆论阵地，使受压至窒息状态的“左联”苏醒和振奋起来。为此，他与鲁迅商定，秘密编辑出版“纪念战死者专号”的《前

---

① 鲁迅《二心集》:《黑暗中国的文艺界现状》，人民文学出版社出版。

② 茅盾:《关于“左联”》，《左联回忆录》上册，中国社会科学出版社。

哨》,用以突破国民党的高压政策,揭露蒋介石大批屠杀青年革命作家的罪行,并激励一切踏着烈士血路前行的继起者。

在“左联”完全被打入地下的情况下,编辑出版这样的刊物,困难是相当大的。组稿、写稿、搜罗烈士照片等等属于编辑方面的事,有他和鲁迅、茅盾等几个人,也就可以对付了,但印刷却很困难,没有印刷厂敢于承印。雪峰好容易通过一个本家的介绍,找到了一个小印刷厂。老板的条件是相当苛刻的:要几倍的排印费;不准印正报头和照片,以免在印刷过程中万一引起外人的注目,招致危险;从排版到印刷必须在一个晚上完成,天亮之前务必将成品搬出厂门。这些条件,雪峰均一一答应了。烈士的照片,是在雪峰家印的,报头“前哨”两字由鲁迅手书后,将两字分开,分别找两处木刻工刻制。然后将这些秘密地运往安全地带,由雪峰、适夷、江丰和应修人等,一一敲印报头,粘贴照片,与正文装订成册。

《前哨》刊头上大书“中国左翼作家联盟机关杂志”,表明了“左联”傲然卓立的存在。作为“纪念战死者专号”,发表了烈士的小传,刊登了他们的照片,宣传了他们的功绩;发表了“左联”的宣言,以及鲁迅、雪峰等人的纪念文章,指控了国民党反动派残杀作家,摧残文化的种种既残暴又卑劣的罪行,号召全世界的革命文学和文化团体以及一切为人类进步而工作的著作家和思想家,声援“左联”的斗争。这一期《前哨》虽是秘密发行,但由于它揭露和控诉了骇人听闻的惨案,一下就销行两三千份,产生了深刻的影响,有如大夜弥天时炸响了惊雷,透出了曙色。刊物又经史沫特莱传到了国外,有关文件译成了英、日、俄等各种文本,得到了国际革命作家联盟以及德、英、奥、日等国革命作家的声援。就这样,冯雪峰通过《前哨》,把“左联”与国民党反动派的斗争,轰轰烈烈地搬上了国际斗争的舞台,从而产生了国际影响。从此,“左联”加强了与国际的联系,使它的运动日益具有国际的声势和愈来愈加壮大的威力。

《前哨》所产生的国际性的影响，编者也许没有完全预料到，但他们编就之后，感到这是做了一件可以告慰死者、激励后人的事，是革命者冲破“铁屋”、大张正气的事，也是他们蔑视反动派淫威、检阅自己力量的事。为了纪念它，鲁迅和雪峰均各违惯例，两人都举家同往春阳馆照相。相片洗出后，鲁迅在照片下端，亲笔写上了他们留影的时间和地址：“20，四月，1931，上海。”从而为无产阶级革命文学一段可歌可泣的斗争经历留下了历史的见证。

冯雪峰、鲁迅及其家人在一起

“前哨”两字有着耀眼的光芒，为避免敌人注意以减轻印刷上的困难，从第2期起，就改名《文学导报》，于1931年8月15日出版，同年11月5日出至第8期停刊。“《文学导报》出版的时候，正值白色恐怖非常严厉，各种公开的左倾刊物被禁光的时候，也就是国民党的所谓‘民族主义文艺运动’开始活动组织的时候。……《文学导报》对于国民党的民族主义文艺运动连续给以尖锐的攻击；对于‘大众文艺’的建设有过热烈的讨论和建议。左联对于文学运动的重要决议案也在这刊物上发表。”①这个刊物是左翼文学运动中的重要文献，因它记录了左翼文学运动在斗争中求发展的

① 茅盾、鲁迅：《中国左翼文艺定期刊编目》。

重要史实。

斗争，迎来了全国人民的解放，也迎来了社会主义文学的繁荣。冯雪峰作为编辑出版家，在新民主主义革命阶段，是革命文学的开路先锋，在社会主义革命和建设阶段，是培植社会主义文学的园丁。他在主持人民文学出版社工作期间，充分展示了自己作为园丁的抱负和才能。

人民文学出版社是我国规模最大的文学专业出版社。当它草创时期，冯雪峰就高瞻远瞩地根据列宁有关无产阶级文化建设的学说，制订了“古今中外，提高为主”的出版方针，充分表现了无产阶级要利用一切文学遗产以建设和繁荣自己文学事业的宏伟抱负。在建国初期，提出这样的出版方针是需要相当胆识和胆量的。那时，人们往往囿于对文学与政治关系的机械理解，急功近利地要求文学为当前的政治运动和指导运动的政策服务，而且认为文学中的“名洋古”有碍无产阶级新兴文学的发展和民族自尊心的发扬，主张文学出版事业应以当代为主，普及为主。冯雪峰不为时论和习俗所左右，坚持着自己所确定的出版方针。

在他的这一方针的指导下，古今中外的文学作品有如雨后春笋，在人民文学出版社相继出版了。新创作有《中国人民文艺丛书》（解放区优秀作品）、《文艺建设丛书》（建国后重要新作）。现代文学有《鲁迅全集》、《三十年集》（再版）、《瞿秋白文集》以及著名作家的选集和优秀作品的单行本。古典文学有《水浒传》、《红楼梦》、《三国演义》、《西游记》的新校本，以及屈原、李白、杜甫等人的全集或选注本。外国文学首先出版了苏联和东欧社会主义国家的革命作品，如《毁灭》、《铁流》、《恰巴耶夫》、《钢铁是怎样炼成的》、《绞刑架下的报告》等。同时也注意普及读物的出版，为此编辑出版了《文学初步读物》九十余种，《文学小丛书》一百五十余种。1954 年王任叔来社协助冯雪峰的工作，继起开拓了雪峰的路线，“古今中外，提高为主”的方针得到了全面的贯彻。

冯雪峰为了贯彻自己制订的这一方针，身先士卒地抓了许多影响全局的工作，编辑了许多重要书稿。

针对当时读书界普遍存在的不能正确对待古典文学遗产的现象，雪峰在发表有关理论文章的同时，还面命耳提地帮助编辑端正业务指导思想，要求他们在整理古籍时，不得将现代人的观点强加于古人，对作品进行随意的增删。（这在现在已成了常识，但在当时却是一个未曾认识的真理）编辑整理要有“科学家的精神”，而整理的目的，只在于“给读者一个可读的本子”。他还具体指导了《水浒传》、《三国演义》、《红楼梦》等古典小说的整理工作，包括底本的确定，体例的制订。这方面的工作，当时在社会上产生了广泛而深刻的影响。当 1952 年《水浒传》整理本初次面世时，《人民日报》发表了社论，各大学、中学、报馆、图书馆、研究所、甚至一些演剧队都纷纷邀请该书的责任编辑聂绀弩去做报告，北京旧书摊上早曾廉价抛售的古旧小说，价钱顿时提高了，人们普遍议论，“看来共产党还是需要过去的文化的”。仅仅《水浒传》一书的出版，就改变了社会上对古代文学遗产的糊涂观念，对当时以及后来的古典文学的教学和科研，产生了有益的影响。

冯雪峰是浴血奋战过来的革命战士，他对革命烈士怀有深厚的感情，也深知他们的遗文在社会主义革命和建设时期具有巨大的精神力量。中华人民共和国刚一成立，他就着手搜集和整理烈士作家的遗文。人民文学出版社出版的方志敏的《可爱的中国》、《应修人潘漠华选集》，都是他一手编辑的，4 卷本《瞿秋白文集》的编辑，虽然成立了一个编辑委员会，实际上是他一个人在挑大梁。他在编辑这些书时，倾注了深厚的感情和不知疲倦的精力，经常不分昼夜地在搜集、整理、编辑、作注、撰写前言和出版说明，装帧设计，包括用料等等琐细工作，他也一一过问，或亲自操劳。除此之外，他还主持整理编辑了“左联”烈士胡也频、柔石、殷夫和“左联”作家叶紫的选集。

冯雪峰在编辑出版鲁迅著作方面，更是寄托了出版家的抱负，倾注了大量的心血。在他看来，鲁迅是中国新文学的鼻祖，一生体验着革命现实主义文学的产生和发展的全过程，鲁迅的著作，是可以充当人民教科书的宝贵的精神财富，是社会主义文学的历史源泉。在人民当家做主的新社会里，应该刻不容缓地将鲁迅的思想和文化财富交还给人民。为此，他在解放初期艰难的物质条件下，多方奔走，争取到了鲁迅家属和出版者的全面合作，仅在三个月内，就影印出版了以前未曾面世的《鲁迅日记》，且根据不同读者的需要，设计了三种不同的装帧。鉴于当时出版商时有滥印、偷印鲁迅著作的情况，他在征得鲁迅家属的同意后，请求政府将鲁迅著作的全部版权归国家所有，以便有计划、有系统、高质量地出版鲁迅的著作。为应读者急需，他再版了 1946 年版的《鲁迅全集》，并以《三十年集》的旧纸型，大量翻印鲁迅著作的单行本。与此同时，组织力量重编附有注释的《鲁迅全集》。在短短几年中，他主持搜集了鲁迅的大量书信和佚文；对鲁迅的全部创作、翻译、书信、日记，都根据手稿或初版本作了认真的校勘；创作、书信部分均作了相当详实、严整的注释，其中绝大多数注文，都经过他字斟句酌的审订，不少思想性强、涉及面广的注条和题解则由他亲自撰写；初步搜集和整理了鲁迅辑录和校勘的古籍；调查了《鲁迅日记》涉及的大部分人物。在此基础上，相继出版了 10 卷注释本《鲁迅全集》、10 卷本《鲁迅译文集》和 24 种注释单行本。注释本《鲁迅全集》的出版，集中了鲁迅研究的成果，包罗了中国现代文化史和文学史的重要史实，具有很高的学术价值，引起了国内外学术界和出版界的普遍重视。

“古今中外，提高为主”，“提高”体现在新的创作上。如何奖掖新进，培养青年作家，提高创作水平，繁荣社会主义文学，是雪峰办社的主要目标，也是他工作的主要着力点。他一手所抓杜鹏程的《保卫延安》的编辑出版，充分表现他对出版目标的执着，和对青年作家的爱护和关怀。

1953年冬,冯雪峰主动从编辑部要来《保卫延安》的书稿。这种稿子由于写了党的重要史实和彭德怀这样的高级将领,看过稿的出版单位不少,但谁也拿不定主意,不敢签发。雪峰接读这部稿子,他以思想家的深邃眼力和艺术家的敏锐感觉,肯定它是一部具有史诗性的作品。他在审读过程中,未待审读完毕,就多次去信约作者面谈,与作者同享创作成果的喜悦,并坦率地交换意见。在这段时期中,他完全沉醉在兴奋和喜悦中。他在家里熬夜看,也按捺不住地向家人说。据杜鹏程《回忆雪峰同志》中所记:"一天夜里,家里人全睡了,他坐在写字台前的台灯下看……深夜时分,他的夫人听见他咳嗽得很厉害,起来一看,炉火熄了,他又没有披大衣,结果身脚冻僵了,而头却烫烧,患了重感冒。雪峰同志若无其事地站起来,搓着手,来回走着,说:'这位作家在哪里住着?现在,我很想和他谈一谈。'他的夫人说:'夜里四点了,你到哪里去找人……'然后他就激动地对她讲述作品的内容,讲到有些人物和场景时,眼里滚着泪水:'我们的战士多英勇;中国人民付出了多么大的牺牲噢!'"

雪峰仅花了个把礼拜的业余时间,就处理了这部在别人看来是炙得烫身的稿子,交付编辑部签发。他对签发的同志说:"你们可以翻翻,也可以不翻,尽快发排。"他还为它写了《评〈保卫延安〉的地位和重要性》的洋洋近两万字的论文,高屋建瓴地对它进行了评析。当该书轰动、作家成名之后,雪峰又谆谆告诫杜鹏程说:"不要当了作家,就坐在北京当'新闻人物';什么作报告啦,介绍创作经验啦,这种风气不好,会毁坏人!"

雪峰在对待《保卫延安》时所表现的编辑道德观,编辑责任感,以及编辑"为人作嫁"的牺牲精神,只是无数事例中的一例。他一生的事业和成就是多方面的,有关他的编辑出版工作的情况,这里也只能挂一漏万地说个大概。但他不管在何种工作岗位上,不管是处于顺境或逆境，不管有多大的困难，他都能埋头苦干，不尚叫嚣，不计较个人得失。他曾经对人说过："我是前进中一块铺路石子。"这种"铺路石"的精神，特别表现在他的编辑出版工作中。

1986年5月6日

原载《编辑学刊》1986年第3期

在政治大批判漩涡中的冯雪峰[1]

史 索 万家骥

一

1957年8月6日，中国作协党组扩大会议第十二次会议，在对"丁陈反党集团"斗争"告捷"的情况下，已将矛头转向了冯雪峰等人。7日，《人民日报》用赫然醒目的大字标题，在第1版的版面上，以"文艺界反右派斗争的重大进展　攻破丁玲陈企霞反党集团"为正副标题，通报了作协党组扩大会议的情况。该文侧重揭露和批判的是丁玲、陈企霞，也点了冯雪峰、艾青、江丰等人的名，把他们包括在"丁玲陈企霞等人反党小集团"的"等"字之中。就在《人民日报》报道"攻破丁陈反党集团"的当天，冯雪峰所在的人民文学出版社奉命："对冯雪峰的斗争，主要在作家协会进行，在本社则配合作战。""配合作战"于当日就揭开了序幕：该社整风领导小组召集全社大会，宣布撤销冯雪峰的整风小组组长职务，号召大家

---

① 这里选刊的是《冯雪峰评传》的第十二章，该书将由重庆出版社出版。——编者

揭发冯雪峰的“反党罪行”。

冯雪峰感到突然,但并不惊恐。在“批判胡风文艺思想”和斗争“胡风反革命集团”时,人家不是老在说什么“胡风是雪峰派”或“雪峰是胡风派”吗?硬想把他与胡风反革命集团扯在一起,株连定罪。虽然他不得不在党内作过一次检查,但组织终未据传言和流言定案。现在又把他与“丁玲陈企霞反党小集团”扯在一起,他想,既是“小集团”,总得有组织联系,而这点,他自信是经得起反复调查的。至于要批他的“反党罪行”,他的某些言行是否“反党”,是否为“罪行”,在当时情况下,却看不清,说不准。从1957年6月6日开始的中国作协党组扩大会议,前三次会议本是为1955年作协党组所定“丁陈反党小集团”平反的,说明丁陈不反党;7月29日第四次会议,周扬忽然重申过去对“丁陈”的批判没错,丁陈忽又“反党”了,要继续批判。7月30日的会议即开始把冯雪峰扯在一起,但所扯的也是一些鸡毛蒜皮的小事。8月4日第十一次会议,他作了一次没有准备发言稿的即席检查,在当时舆论的压力下,他不得不承认:“我过去认为我只是反对周扬而不是反党,这在认识上是错误的,反对周扬其实就是反党……今后要接受周扬在文艺工作上的领导,团结在周扬的周围,把文艺工作做好。”(摘自1968年8月6日冯雪峰的交代材料,下引未注明出处者,均据此。)他检讨到此,有人说,“团结在周扬周围”这说法不对,应该说:“团结在党的周围”;可另有人又认为他的检讨还不深刻,实际上还是“只承认反周扬,不承认反党”。“但周扬当天是表示满意的,邵荃麟也表示满意。在散会时,周扬在会场出口处同我握手,说:‘你的检讨发言,我倒认为还好的,肯承认错误就好;过去有些问题以后是可以搞清楚的。’”

如果说反周扬就是“反党”,他就只好认错了。

冯雪峰有着中国旧知识分子的“清高”,对下谦和,待上却有时相当傲慢。只要与自己意见不合,特别是当他感到对方有居高临下的官架子时，不管对方职位多高，资历多深，他那浙东人的倔脾气就会发作起来。1937 年他与博古吵架并拂袖而去，就是一例。1951 年，他受周总理的任命，出任人民文学出版社社长兼总编辑时，就毫不掩饰地向当时国家出版总署领导胡愈之说："我不想搞文学出版社，更不想当社长，但是总理要我搞，我也没有办法。看看中宣部那几个人，叫我怎么工作？"（胡愈之：《我所知道的冯雪峰》）他主要是对周扬不满。30 年代，他就在文章中讥笑过周扬，有些措辞近乎训斥。在他看来，中国无产阶级文学批评中的庸俗社会学、教条主义，创作中的公式化和概念化，文艺领导上的随意干涉、违背创作规律的瞎指挥，对待作家的宗派主义，周扬是负有很大责任的。

当人家提到他"反对周扬，就是反党"时，他认真思考过这一问题。从 30 年代起，就与周扬形成了对立面；40 年代，虽然不是公开论战，但也是明里暗里的对峙。

1949 年全国解放之后，这种对峙和对立就更为频繁了。1953 年 7 月，他为第二次全国文代会起草的工作报告（后题为《关于创作和批评》收入《雪峰文集》中），对文艺界的现状和领导进行了尖锐的批评。他不讳言，批评的矛头没有放过周扬。而对立或对峙的情况更多表现在工作关系上。

1951 年他出任人民文学出版社社长，是违背他的意愿的。他把自己的意愿告诉过他的朋友：他不愿住在北京，一心想定居上海，在解放后的安定环境中，专心从事自己的理论研究、现代文学和鲁迅研究，以及各种文体的创作。他一生最大的希望是踏踏实实地做些实际工作，"做铺路的碎石子"，而"不愿在客厅里去应对宾客，只愿当个烧火做饭的灶下婢"。在文学事业上，他充满了自信。他曾经说过："如果组织把我安排在这样的岗位上，是可以为后人留下一点东西的，不至于像鲁迅所批评的那种白蚁，一路吃过去，只留下一些粪便。"因此当组织要他主持人民文学出版社工作时,他曾推荐巴金代他出任。有人认为他出任一个“区区的社长”,是嫌官小,可能是一种以己度人的猜测。

他上任之时,曾向组织明确提出:“要我干,就得按我的意见办。”的确,他的见地不凡,作风泼辣,一切都出自自己的心裁,不搞“等因奉此”那一套。在干部问题上,他看重的是那些既有写作、翻译经验,又不厌烦琐的学者、专家。为此,他从全国各地物色了一批这样的人才,作为出版编辑队伍的骨干。

他上任之后,就狠抓了出版方针。根据人民文学出版社在国内的地位,他大胆提出其出书方针是“中外古今,提高为主”。他认为,普及读物的出版,各地方出版社可以多作一些工作。当时,在如何对待“名洋古”特别是中国古典文学遗产的问题上,人们往往囿于对社会主义文学的褊狭理解,认为这些东西有碍无产阶级新兴事业和民族自尊心的发扬,而中国的文学遗产中又充满了封建的毒素。凡是封建时期的文学古籍,要出版就得加以删改重编,以配合当前的政治斗争。1951 年在“推陈出新”的口号下,戏曲界就曾经出现了反历史主义、公式主义的倾向,出台了一些不伦不类的《新白兔记》、《新天河配》、《新大名府》等剧本。冯雪峰却坚决反对这样做。他告诫整理文学古籍的编辑,要有“朴学家的精神”,整理的目的,只在于“给读者提供一个可读的本子”,不得随意删改。至于如何正确引导读者去其糟粕,取其精华,可以在前言中对作品进行分析。为此,他具体指导了《水浒传》、《三国演义》、《红楼梦》等古典小说的整理工作。他主持的这一工作,在全国起了示范作用。1952 年整理本《水浒传》面世时,《人民日报》发表了社论,各大学、中学、报馆、图书馆、研究所,甚至演剧队,都纷至沓来邀请出版社去作报告,北京旧书摊上一直在廉价抛售的古典小说,顿时身价陡涨。为此,他还在报刊上写过几篇有关《水浒传》的长文,大大地纠正了时弊。

据当时主管他的工作的胡愈之说:“人民文学出版社搞得很不

错，雪峰有眼光，有魄力，出版了许多优秀的文艺书籍，也拒绝了不少‘有来头’的不够出版水平的书稿。”(《我所知道的冯雪峰》)的确，他在出版方面所作的工作，既得到了社会的肯定，也得到了领导的赞扬。

但是，由于他在用人和采用选题方面，有自己的主张，因此人家就说他“不听周扬的指挥”，搞“独立王国”。他承认，自己对周扬有偏见，也时有不敬之处，但他并不是盲目反对周扬。1954 年文化部批准了社内出书的六个侧重面，冯雪峰感到很高兴，曾向人说过：“现在方针明确了，好办了。”他巴不得周扬来管。可是周扬并不怎么管，并到处说“管不了”，怎能说他“搞独立王国”？再说，他也并未把出版社当作自家的宅基地，在这里营造自己的建筑，有关出版方面的重大问题，都是向当时中宣部其他领导请示汇报的。

其次，说他主持制订的出版方针，只强调“提高”，反对“普及”；只出版现代文学作品，不出版解放区和当代作家的作品。这是反对以周扬为代表的正确的文艺路线。对此，他颇感委屈。诚然，在如何看待“普及”与“提高”的关系时，他与周扬是存在分歧的。但他并未将两者看成是对立的东西。他既抓了“提高”读物的出版，“普及”读物并未被忽视。在“普及”方面，他抓了两套丛书的出版，一是《文学初步读物》，计九十多种；一是《文学小丛书》，计一百五十余种。1953 年起，还出版了《中国民间文学丛书》。至于所指责的后一点，也不合乎事实。他一上任，就抓了选拔解放区自延安文艺座谈会以来优秀作品的《中国人民文艺丛书》，专收建国后重要著作的《文艺建设丛书》和专收描写战争题材的《解放军文艺丛书》。

冯雪峰还承认，在日常言谈举止中，他对周扬是不敬的，有时态度近乎粗暴。虽然他不是傲视一切，轻视所有地位在他之上的人，对其他的“顶头上司”，还是严守下级服从上级的组织纪律的。

当人家提到他“反对周扬”时，他承认这一事实，而且也想今后改变这种状况。他深深感到,他与周扬的紧张关系,也影响了他与社领导成员之间的关系。在当时的社领导成员之间,被划成了"周扬派"和"雪峰派"。他常常与一位副社长闹矛盾,也许这是工作方面的矛盾,但人家却看成是"周扬派"和"雪峰派"的矛盾。1954年王任叔(巴人)调来人民文学出版社任副社长,开始,他与王关系融洽,配合默契,有人出来反对王任叔,他还出来做工作,说这些同志对王任叔缺乏了解。但慢慢也疏远了。王来社不久,就将靠近冯雪峰的聂绀弩等人打成小集团,这使冯闷闷不乐。1954年冯雪峰在《文艺报》受批判,其时中宣部第二次宣传工作会议指示各出版社年终总结"个人崇拜与个人作用"问题,而王任叔却布置检查"脱离政治、脱离实际"的问题。冯雪峰认为这是在他后院放火。王还亲自去文化部要求明确部对社的领导关系。冯认为这是利用他与周扬的矛盾,偏袒或是投靠周扬。

他与周扬的矛盾,不仅影响了社领导成员之间的关系,也在群众中产生了很不好的影响。社内一些信服和尊敬冯雪峰的人,曾公开在黑板报上对王任叔进行过讽喻和挖苦。此事惊动了文化部,不得不派一位副部长前来批评教育,为王任叔的工作撑腰。

对所有这些情况,冯雪峰认为自己要负一些责任。这种状况如果再继续下去,不仅在文艺界会使多年积累下来的矛盾更为深化、复杂化,也会对党的出版事业造成损失。他在会上承认了反对周扬的事实,不仅是迫于形势,也出自一番真情,即希望与周扬搞好关系,从而做好工作。至于他所承认的"反对周扬实际上就是反对党",那是迫于形势的违心之谈。

《人民日报》在1957年8月7日的报道中点了他的名,而社内又马上撤销了他的整风组长的职务,开全社大会对他进行揭发,搞"配合作战"。他预感到凶多吉少。这自然使他想起了震撼全国的《文艺报》事件。

1952年2月,冯雪峰接替丁玲兼任《文艺报》主编,他确定其宗旨是:“《文艺报》是一个以宣传和捍卫马克思列宁主义文艺思想、积极开展文艺批评为主要任务的刊物”,“它的原则,就是组织和发表一切有利于人民、为社会主义建设服务的文艺事业的发展的评论”(分别见《雪峰文集》第3卷第575页、第2卷第814页)。他深感该报作为党在文艺上的喉舌的重要地位,兢兢业业地为宣传党的文艺政策、宣传马克思主义文艺理论而废寝忘食地工作。他在该刊上发表的社论和文章不计其数。刊物是办得活泼而又有内容的,当然在当时正风行政治化的文艺批判的大背景下,在讲求学理的批评中也夹有过“左”的色彩和杂音,以致一直被某些人认为是“雪峰派”的胡风,也暗暗地将他划入了“左的宗派主义”。胡风的书信称冯为“二马”,甚多微词。附带说一下,冯雪峰在解放初期,也许是受当时大气候的影响,在文艺批评中,时也有简单化的倾向。1951年萧也牧发表过一篇有缺点的小说《我们夫妇之间》,文艺界的批判本来已经很失分寸,冯雪峰还跟随其后,说作者的态度“在客观效果上是我们的阶级敌人”的态度(《文艺报》第4卷第5期),挥起了他历来厌恶的简单粗暴的政治批判的棍子。

尽管这样,冯雪峰在以简单粗暴的政治批判取代文艺批评的大潮中,仍然是落伍者。

《文艺报》1954年第18期转载了李希凡、蓝翎两位青年评论工作者批评俞平伯“红学”研究的《关于〈红楼梦简论〉及其他》。在转载时,主编冯雪峰执笔写了一则“编者按”,以示郑重。按语说:

> 这篇文章原来发表在山东大学出版的《文史哲》月刊今年第九期上。它的作者是两个在开始研究中国古典文学的青年;他们试着从科学的观点对俞平伯先生在《红楼梦简论》一文中的论点提出了批评,我们觉得这是值得引起大家注意的……作者的意见显然还有不够周密和不够全面的地方,但他

们这样地去认识《红楼梦》，在基本上是正确的。只有大家来继续深入地研究，才能使我们的了解更深刻和周密，认识也更全面；而且不仅关于《红楼梦》，同时也关于我国一切优秀的古典文学作品。

这则按语很简短，无非是两个意思：一、充分肯定两位青年作者文章的意义和价值。“值得引起大家注意”、“不仅关于《红楼梦》，同时也关于我国一切优秀的古典文学作品”这两句话，是从观点和方法论上作出肯定的。二、指出作者的研究并不是“红学”研究的终结，这是一句大实话，也符合作者文章的实际。大家认为，作者在批评俞平伯时，忽略了俞在“红学”研究上的进步，评价不够中肯；而曹雪芹的世界观，特别是其“色”、“空”观念对其创作的影响也被忽略了。冯雪峰看到了这些问题，但他说得是如此委婉。这说明他着意肯定的是文章的大方向，即“科学的观点”，没有求全责备。

冯雪峰的态度是积极的，意见是中肯的，对两位作者也特别热情。据当时在《文艺报》的两位目击其事的编辑说：冯雪峰“非常热情地接待了李希凡、蓝翎这两位青年文艺工作者，而且送到大门外，替他们叫三轮车，还付了车钱……”（转引自丁玲：《悼雪峰》）

真是“天有不测风云，人有旦夕祸福”，就是为这么一件事，掀起了一次全国性的大批判，文艺界批，学术界也批，从中央到地方都在批。

1954 年 10 月 28 日，《人民日报》发表袁水拍的《质问〈文艺报〉编者》的文章，指责《文艺报》对“唯心论观点的容忍依从”和编者的“资产阶级贵族老爷态度”。紧接着，全国文联和作家协会主席团连续召开联席会议，冯雪峰不得不写出《检讨我在〈文艺报〉所犯的错误》（载《文艺报》1954 年第 20 期）。根据上面下达的口径，承认自己“是立场上的错误，反马克思列宁主义的错误”。12

月8日全国文联和作协主席团联席会议作出《关于〈文艺报〉的决议》,决定改组《文艺报》的编辑机构,免去了冯雪峰的主编职务。

这事闹到如此严重地步,是冯雪峰始料未及的,事后也仍然想不通,虽然他根据组织的需要,公开作过检讨,但一直认为这是“有苦说不出,低头挨闷棍”。

对这一闷棍,开始,他怎么也猜不透。

李希凡、蓝翎的文章9月刚发表,10月就在中央报刊上转载,一转载就掀起了一个运动。这到底是为什么?待到毛泽东同志抓住这个问题,并从整个意识形态领域阶级斗争的需要来部署战斗时,冯雪峰才稍有觉悟。他知道,对他的批判,只是为更大的战斗打开一个缺口。紧接着就在哲学界、历史学界,以及整个学术界,开展了对胡适学术思想的批判。冯雪峰对毛泽东同志的这一战略部署是理解的,但也难免有点牢骚,1957年揭发他的“右派言行”录中就有一条:“对批判《文艺报》不满,说那是‘城门失火,殃及池鱼’。”

尽管批判《文艺报》的主要目的不是整冯雪峰,但因有毛泽东同志的过问,于是冯雪峰便成了一个可疑人物,而对他有成见并想整治他一下的人就心实胆壮了,他的日子也就越来越难过了,几乎每次运动都把他当作异己力量捎带上,即使找不到证据把他打下去,也得把他当作嫌疑犯挂起来,火烧一番。这次批判“丁陈反党集团”,也许是“在劫难逃”了:他不时在这样想。

二

未出冯雪峰所料,这次他的确是“在劫难逃”了。

尽管冯雪峰的检查是有相当诚意的,“周扬当天是表示满意的,邵荃麟也表示满意”,但一场大规模的揭发、批判冯雪峰的斗争,正在紧锣密鼓声中酝酿着。就在冯雪峰这次“检查前后,周扬召集了一次小会,有林默涵、刘白羽等参加。周扬提出揭发冯雪峰历史上的叛党等问题不是主要的,‘主要关键在1936年上海那一段,要有个有力量的发言。他提出要夏衍来讲’。夏衍发言之前,又开过一次小会,讨论夏衍发言。为夏衍发言定了基调。当周扬讲到鲁迅答徐懋庸信时,周肯定地说:‘这封信的原稿就是冯雪峰的笔迹,鲁迅只改了四个字。’”(见邵荃麟在“文革”中写的一份交代材料)。看来,部署的内容还不只这一些,斗争冯雪峰的决战之前,就有了一些周密安排的行动。就在“丁陈反党集团”通报全国的当天,人民文学出版社不是就在奉命“配合作战”了吗。

作为“主战场”的作协党组扩大会,在8月9日之后却忽然休会了。大家感到这是大雷雨前的沉闷,冯雪峰的感觉更甚。

8月11日或12日下午,周扬叫冯雪峰去文联大楼会议室,接受“帮助”。当时谈话的情况,冯雪峰事后有回忆:

> 我到文联会议室时,周扬、林默涵、邵荃麟、刘白羽四人已等在那里,当时我觉得空气是很严肃的。周扬先说话,他说:“叫你来,就是要告诉你,也要把你拿出来批判,同批判丁玲、陈企霞一样。你那天检讨,我当时认为还可以,但大家不满意。批判丁玲、陈企霞,不批判你,群众是通不过的。你要摸底,这就是底。”这开头的几句话,虽然不能说是原话,但意思我记得是这样。接着,我记得他主要说了这两点:一,他说这一次必须把我许多问题搞个彻底,包括清查我的政治历史;他说这是阶级斗争,大是大非的斗争。二,他说,我的包袱太重了,总以为自己“正确”。就在说第二点中间,他很忿激地提到三六年的事情,说他和夏衍等人在坚持地下斗争,而我却和胡风勾结,给他们以打击。他说,这段历史也必须在这次批判中搞搞清楚。记得周扬当时还特别忿激地说,我三六年在上海还曾经说他和夏衍是蓝衣社、法西斯,要我当面回答他(这

点我当时就回答了，说请调查）。

这次谈话主要是周扬讲，其他三人或说其胡风问题、丁陈问题；有的只是说："我一向敬重你，但必须对你斗争，这是为了党的利益。"有的却说："不批判你，党内党外都有人有意见。"

周扬的谈话，已明确告诉了他，1936 年的问题将是这次批判和斗争他的重点。也许是其他人说到了别的问题，也许是当时"反右"的重点是现行的反党反社会主义问题，在这次谈话后，他仍然猜不透自己到底在哪些地方出了问题。冯雪峰认为，他 1936 年在上海的工作，不说他有功，至少也不能说有大错；胡风问题，虽然一些人揪着他不放，组织上没认为他与胡风是"反革命同伙"，至于丁陈问题，报纸上也只是捎带提及，没有把他正式列入"反党集团"。有人已揭发他在"大鸣大放"中有"现行问题"，主要的是说他"号召向党进攻"，"煽动大家'有冤报冤，有仇报仇'"。可这话是在社内团员请他吃烧饼的晚餐上，当作笑话说的。说时他笑了，团员们也笑了，难道人人都失去了幽默感？他左思右想不得其解，他为此问过与他同去开会的人："这次到底要批判我什么问题？"回答是："你有什么问题就检查什么问题。"这样更让他摸不着头脑。

8 月 13 日，作协党组第十六次会议，一面继续批判丁玲、陈企霞，一面将斗争重点转向冯雪峰，但关键的 1936 年的"两个口号"论争问题还没有提到。虽然周扬已向他交过底，他仍无思想准备。

其实，他早就应该有这方面的思想准备的。周扬等人对 1936 年的问题一直耿耿于怀。1956 年 9 月，鲁迅博物馆筹备就绪，进行内部预展，在陈列的后一部分中，展出了鲁迅《答徐懋庸并关于抗日统一战线问题》一文的原稿。9 月 30 日，周扬去审查陈列。当他看到这文稿时，立刻对陪同他的同志下令："这篇文章不能陈列，说不清楚，撤掉它！"过一会儿又补充说："文艺界内部的斗争暂不表现，等将来有了充分的材料，经过仔细的研究以后再说。”其实，这一问题他早就通过别人在说了，而且说得很离谱。1955年第14、15期《文艺报》连载的《胡风反革命理论的前前后后》，周扬亲自校阅过。该文借反胡风为名，说鲁迅提出的“民族革命战争的大众文学”口号，是“抗拒党的抗日民族统一战线的政策”，“制造进步文艺界的分裂和纠纷”，“破坏当时已经走向开展的文艺界的抗日大团结”，是“与国民党奸细，托洛茨基分子里应外合”，是对“国防文学”这一口号的“猛烈的、超‘左’的攻击”。也许是周扬在看到了鲁迅手稿时感到过去这套言论太离谱了，还须“经过仔细的研究”。可是，他们“仔细研究”的结果，仍然没有离开这个谱。

8月14日，作协党组扩大会议进行第十七次扩大会议。从此，对冯雪峰进行了歼灭性的打击，并通过对他的打击，来“改写文学史”。关于这情况，冯雪峰的回忆是这样的：

> 会议是从8月14日（第17次）夏衍的发言开始，立即转为以揭发我在三六年怎样进行“分裂活动”以及“打击”、“陷害”和“摧毁”当时上海地下党组织等等为中心的。也就是，以揭发我为幌子，从8月14日第十七次会议到8月20日第十九次会议之间，形成了一个进攻鲁迅、为“国防文学”……翻案的“高潮”了。我记得这8月14日、8月16日和8月20日这三天会议上，发言的人都非常多，都集中三六年上海的问题，会场空气很紧张，参加的人也比过去多次会议多得多。这三天会上许多人发言，作协在五七年9月间铅印的《对丁、陈反党集团的批判》（中国作家协会党组扩大会议上的部分发言）中都没有收入；但收有夏衍、陈荒煤、周立波、郭小川等人的发言，可以说这四人的发言也可以概括所有人的发言的。所有人的发言内容，这里都不必详细叙述，查看夏衍等人的发言就可以了。

周扬等人如何策划布置这几天会议，我当时当然不知道……当时我也根本没有想到过他们如何策划布置的事情。8月14日会议之后，15日休会一天；16日会议到20日会议之间又休会三天，这也显然都为了策划和布置起见的……当时周扬等人布置所有发言都集中于三六年上海问题，这分明是为了要打破我这个缺口，使我承认三六年我怎样“欺骗和利用鲁迅以打击和陷害周扬等人”，同时“进行分裂活动”，等等，以达到他们攻击鲁迅，篡改历史，为“国防文学”……翻案的目的……

说到8月14日会场的空气，使我很震动。……8月14日第十七次会议上夏衍发言对三六年两个口号问题的所谓“揭发”，不但在我当时是感到十分“突然”的，对于大部分到会人我觉到也很意外，加以楼适夷忽然号啕大哭，许广平忿怒地站起来痛斥我，使整个会场非常紧张。我确实很震动。（许广平在夏衍发言中间站起来痛斥我，说我欺骗了鲁迅，是一个“大骗子”……后来她开始识破周扬等人的阴谋，她就从别的角度来批判我了。）

这里所谓“别的角度”的“批判”，据当时的记录，是指许广平针对发言者所说鲁迅“受骗”，《答徐懋庸并关于抗日统一战线问题》一文是冯雪峰勾结胡风、假用鲁迅名义所写一事而说的一些话：

……找了一个死无对证，死了二十多年的人，今天把一切不符合事实的情况，完全安到鲁迅的头上。

有一天鲁迅写了一封信给胡风，我就说：周起应和胡风不对，是他们的事，与你有什么相干？鲁迅跳起来说：“你知道什么，他们是对我！”

关于两个口号论争的文章,你(指冯雪峰)说是你写的,这篇文章,我已送到鲁迅博物馆,同志们可以找来看看……两个口号的文章是你写的,但是鲁迅亲笔改的,在原稿上还有鲁迅亲笔改的字。你真是了不起!这要是鲁迅不革命、鲁迅不同意——鲁迅不同意怎么发表了!?发表以后鲁迅有没有声明说这篇文章是雪峰写的,不是我写的?……

许广平的这些话,打在冯雪峰身上,却落在周扬、夏衍等人的心上。所以作协党组扩大会议发言打印稿没有收,不得不将记录转录于此。

尽管许广平的发言在一定程度上戳穿了这场演得轰轰烈烈的假戏的真相,但轰轰烈烈的程度一丝不减。冯雪峰说:

在夏衍的发言中间,周扬也站起来,忿怒地质问我,说鲁迅《答徐懋庸》一文中"……轻易诬陷别人为'内奸',为'反革命',为'托派',以至为'汉奸'者……老实说,我甚至怀疑过他们是否系敌人所派遣……"的一段话,底稿上留有我的笔迹,这不是对他们的"政治陷害"又是什么?又说,左翼内部争论公开发表,这也等于"公开向敌人告密"。这也使会场更紧张,我也更震动。

还有其他好几个人接连站起来质问我种种问题。

邵荃麟当时也站起来说过这样的话:二十年来的现代中国文学史必须重新写过了。

由于我远离党的原则,不能正确地、坚决地站在党的立场上去认识所发生的现象的实际,事前又没有思想准备,当天我确实感到震动和意外。

于是当天晚上我就打电话要求同周扬见一次面。经过是这样的:周扬让我到文化部他当时的住处去见他。我要求见他，是想问一问清楚，我的问题究竟是在过去；还是同丁陈反党集团的关系等问题。同时也想问一问他，我是不是可以把一些事实进行说明和解释。我到他那里后，他先说："今天会场的激动情况，我也没有预料到。……夏衍的发言，事前没有商量。他昨天电话上是告诉过我的，要提出三六年上海的问题以及你脱离组织回家乡的事情，我同意他提。"（……事实上，夏衍的发言显然是他们事前经过策划的）我于是向他提出我的问题究竟是在过去还是在现在。他说："什么问题都让大家揭发嘛，批一批，对你也有好处。"我说，有些事实，我可不可以申辩。他说："可以，你可以在会议上发言。"我记得当晚他对我只说了这几句话……他说话时态度很平静，同白天在会场上的态度不同。我感到很茫然，很快就走了。

……

这一天白天的会议，我感到震动和很大压力，心里很沉重；主要的是我竟然"欺骗了鲁迅"，又"陷害了周扬"，这像两块石头压在心上。晚上我去听了周扬谈话，当时觉得茫然，回来后也还是很茫然，心里只觉得沉重。但同时我也还这样想：错误我应该承认，事实也应该辩正，弄清楚。……

第三天——8月16日第18次会议上，何其芳、陈荒煤等人发言之后；会场上有人要求主席团叫我发言，交代一些问题，特别是夏衍那天提的问题，我一则没有准备，谈话次序很乱，二则只说到一些事实的经过，有的则加以否认（如说周扬、夏衍是蓝衣社、法西斯和摧毁上海地下党组织等），有的则加以解释（如关于两个青年问题），给自己进行辩解，中途被轰了下来。

8月20日第19次会议上周立波、郭小川的发言，完全不合事实的问题更多，在会后我向邵荃麟提出。他说：事实是可以查对核实的，重要的问题是"勾结胡风，蒙蔽鲁迅，打击周扬、夏衍，分裂左翼文艺界”。同时叫我准备好作检讨，彻底交代。

“勾结胡风，蒙蔽鲁迅，打击周扬、夏衍，分裂左翼文艺界”的结论已经成立，而“事实是可以查对核实”的，这样的逻辑很奇特！结论所赖以成立的主要依据是，鲁迅那篇有关两个口号论争的《答徐懋庸并关于抗日统一战线问题》的文章，是“冯雪峰代鲁迅写”的；冯雪峰“蒙蔽”着鲁迅，在文中对周扬、夏衍等进行“打击”；在“国防文学”口号之外另提“民族革命战争的大众文学”则是“分裂左翼文艺界”：这倒合乎形式逻辑。但关键的一点，即这个形式逻辑的大前提，“冯雪峰代鲁迅写”或“假鲁迅名义写”是否合乎事实。当时慷慨激昂批判冯雪峰的人，都没有去“查对核实”过，虽然周扬、邵荃麟等说已经看过，“原稿是冯雪峰的，鲁迅只改了四个字”，这根本不符合事实，只是为了煽动需要而编造的。要“查对核实”也很容易，周扬知道，会上许广平也提醒过，这篇文章的原稿就保存在北京鲁迅博物馆。

8月20日第十九次会议之后，连续休会三天。说《答徐》信鲁迅只改了四个字的周扬，忽然想到了去“查对核实”。21日，他叫中宣部办公室去鲁迅博物馆“借用答徐懋庸的信的原稿”。介绍信原注明“借用一星期”，实际借用3天，23日，周扬签字并盖章具函说：

> 从你们这儿借阅的鲁迅先生答徐懋庸的信原稿（共十五页）已用完，现退上，请查收。
>
> 此致
>
> 敬礼

看来，周扬“查对核实”是有结果的，借用介绍信只说“借用答徐懋庸信的原稿”,用后归还时的信上却明确写了这原稿是“鲁迅先生”的。这也难怪,因为原稿15页中的4页约一千七百多字,完全是鲁迅的笔迹,夏衍在“爆炸性发言”中指责冯雪峰“不真实”的那段有关“四条汉子”的文字,恰恰是鲁迅写的。前面11页是冯雪峰的笔迹,但是经过鲁迅修改过的。从原稿中完全可以得出结论。该文是鲁迅授意,冯雪峰拟稿,经鲁迅修改补写而成的,是鲁迅的文章。

这原稿,周扬是否给作协党组、给批判冯雪峰的中心发言人看过或说过,不得而知。但有一位参与批判冯雪峰决策的同志,在1986年3月举行的冯雪峰逝世十周年学术讨论会上,曾说到过一件事:当他被“四人帮”迫害而“流放”在外地时,在红卫兵小报上看到了周建人说及这篇文章的情况:“这文章是鲁迅躺在病床上写的,而且写了两三天。”(按鲁迅自说是“花了四天功夫”)这使他“很震动”。他为此作了许多猜测,待他得到自由后,就给周建人去信,并得到了明确的答复。这时,他才认识到1957年对冯雪峰是“搞错了,心里很难过”。由此可见,周扬的调查结果,也许是秘而不宣。

如果真是“调查核实”了,那么,其结果只能完全推翻了冯雪峰“勾结胡风,蒙蔽鲁迅,打击周扬、夏衍,分裂左翼文艺界”的结论。因为这结论的前提条件是:《答徐懋庸并关于抗日统一战线问题》是冯雪峰借用鲁迅名义写的,批判冯雪峰的发言,都建立在这个他们虚拟的前提条件之上。

如果这一“调查核实”的结果一宣布,斗争队伍的阵脚必然会大乱特乱。为了稳住阵脚,会议照样进行。8月23日召开第二十次会议,冯雪峰照例到会去听对自己的批判。可是很奇怪,“会议已转到批判其他人为重点了”,以后的批判会,豁免了他,叫他不要去了,坐在家里写检查。本来,周扬在8月15日的一个小型会议上已作过继续斗争的布置,他说:“党组已下定决心,各单位也要下决心，要搞多久就搞多久，目前斗争正在刚刚开始深入。参加这次斗争是对每个人的考验，我们要在这次斗争中把我们的基本队伍建立起来。”可是“党组”的决心却忽然变成了这样，斗争不准备“深入”了，而且戛然而止了。

可是检查的口径还是邵荃麟布置的那样，即“勾结胡风，蒙蔽鲁迅，打击周扬、夏衍，分裂左翼文艺界”。对此，冯雪峰总是翻来覆去想不通，为此，他多次找邵荃麟。他回忆说：

> ……对于说我三六年在上海“欺骗”鲁迅、进行“分裂活动”和“损害”以至“陷害”周扬等问题，我思想上仍然总是搞不通，所以总是写不下去。于是我就一次又一次地去找作协党组书记邵荃麟。我记得找过三四次，都是我去找的，有一两次邵荃麟在态度上有过不愿意见我的表示。……谈话要点……主要的就是翻来覆去都围绕在三六年上海问题上。我记得我几次问过他：我的问题的重点究竟在过去，还是在同丁陈反党集团的关系等问题上。他说：主要的当然是在现在和最近一些年来我的一系列的反党言行，但过去——如三六年的“分裂活动”也是十分严重的反党行动。我记得我几次说到，说我“欺骗”了鲁迅，我总想不通。我说，因为鲁迅在病中，我帮他笔录了《答托派信》等两文及《答徐懋庸》一文的一部分，这在政治上既然没有错，而且也是党的工作，同时又没有违背鲁迅自己的意见；特别是《答徐懋庸》一文，后半篇是鲁迅自己写的，前半篇也是他自己修改定稿的；这怎能说是欺骗了鲁迅呢。邵荃麟反问我说：“但是，许广平又为什么那样不满意你，说你欺骗了鲁迅呢？”我说：我也不知道她为什么那么说。邵荃麟说，“有些话是胡风、周文等人告诉鲁迅的，你也是听胡风、周文等人说的”。邵荃麟几次强调说，我当时同胡风先谈了“民族革命战争的大众文学”口号，又“用鲁迅名义”提出，

> 以打击周扬，形成左翼文艺界的对立和“分裂”，这是事实；我应该站在党的立场上和从党的利益上认真考虑这个问题。这些，都是我还记得的他在几次谈话中反复“说服”我的话。他特别强调的是，我应该从“党的利益”上去考虑问题；……“蒙蔽”了鲁迅，“损害”了周扬，这都是损害了党。他说，“党不是抽象的”，“周扬总是代表党来领导文艺工作的”。他说，我应该有“勇气”承担自己的责任；不要把自己的责任推到鲁迅身上去以“损害”鲁迅。“保护”鲁迅，这是“党的利益”。……邵荃麟所说的我应该承担的责任，是指所谓“分裂活动”和鲁迅批判了周扬的所谓“损害”周扬的责任；这责任应该由我负。又因为在谈话中我多次说到了事实的经过，为自己辩解，邵荃麟还特别指出过，说我“自我保卫”的本能太强了。

邵荃麟是冯雪峰的老朋友，周扬安排他来作冯雪峰的说服工作，是个合适的人选。他在履行这一职责时，的确是“晓之以理，动之以情”，虽然冯雪峰也据理力争过，指出它逻辑的荒谬，但还是取得了相当效果的。据牛汉 1986 年 3 月 12 日在冯雪峰逝世十周年学术讨论会上说：邵荃麟在说服冯雪峰时，也可能是说服者为了成全朋友又便于向上交差，也可能是蓄意为之而作的一笔不准备兑现的政治交易。据牛汉回忆，1958 年冯雪峰案结而终被开除党籍时，冯雪峰几次在办公室里哭泣过，诉说过自己被“说服”的过程。其时，邵荃麟反复暗示过，只要他按周扬的口径承认错误，“为了党的利益”牺牲自我，就可望保留党籍。当他按周扬的要求作了一切而终被开除党籍时，就觉得受了骗，也骗了人，并损害了鲁迅。他为此曾发出过“暗无天日”的感慨，觉得自己已无脸面见人，多次萌发过毁掉自己的念头。他的受骗是情有可原的，但到底丧失了原则！

正当他在按既定口径写检查时，1957 年 8 月 27 日《人民日报》头版，以“丁陈集团参加者　胡风思想同路人　冯雪峰是文艺界反党分子”为正副标题，以“丁陈反党集团的支持者和参加者”、“人民文学出版社右派分子的青天”、“三十年来一贯反对党的领导”、“反马克思主义的文艺思想和胡风一致”、“反动的社会思想”等为分标题，历举了冯雪峰的“罪行”。仅隔一个晚上，文化部出版事业管理局奉命书面通知人民文学出版社：

> 你处　月　日报来冯雪峰的材料，报经文化部整风领导小组审核后，决定：列为右派骨干分子。

这通知是打印的通用件，“冯雪峰”“列为右派骨干分子”是在空白处用圆珠笔填写的。将冯雪峰定为“右派骨干分子”，人民文学出版社的整风领导小组未与闻其事（王任叔一人已去世，无法核实），没有上报过什么材料，所以月日没填。冯雪峰的检查材料是9月3日写好的，而需要出版社补办的手续，却直到1958年1月才补齐。

1958年1月15日，文化部出版局整风领导小组给部整风领导小组报告，将冯雪峰列为“极右分子”，但未见批复。1958年3月21日，文化部整风领导小组办公室行文，宣告组织处理结论：“右派分子冯雪峰的处分已经中央国家机关党委批准：撤销人民文学出版社社长兼总编辑、作协副主席、全国文学艺术界联合会常务委员、全国人民代表大会代表等职务，保留全国文学艺术界联合会委员、作协理事，由文艺一级降至四级。”

在他得知组织即将对他作出处理之前，已预感到即将失去母爱，他以婴儿似的啜泣之声，向党组织郑重地提出了自己的意愿。他说，自己在党内生活了三十多年，已经和党结成了生死与共的血肉关系，他难以想象离开党的痛苦，希望继续留在党内。只要如此，不管给他什么处分，他都能承受。人民文学出版社党支部把他的意见反映了上去,上级的有关领导单位也对此作过考虑。但最后还是决定开除出党。人民文学出版社奉命履行了手续,召开了党的支部大会。谁也不敢违抗上面的决定,每个党员都举起了手,"表决通过"。冯雪峰也举起手。这次会没有对他进行批判,是次无言的会,倒是冯雪峰在会议临结束时发了言,他像一个正式党员那样对支部书记说:"支部书记同志!决议上说的不符合事实。我从来不反党反社会主义。但我服从决议。我希望,今后有一天,事实证明是这样,我再回到党内来。"(王士菁:《一个无私忘我的人——纪念雪峰同志》)当时冯雪峰显得很沉着,也很具信心,因为他在会前听到过传言:中央研究作协党组上报有关他的材料时,曾有一位领导同志说过:看来不开除出党不行,只要他今后表现好,还可以重新入党。

三

冯雪峰的问题刚揭露、批判完,并已见了报,戴上了"右派分子"帽子,周扬即叫邵荃麟代他去看冯雪峰。说冯雪峰到底是位文艺界的老人,要关心他一下。

关心他,也还需要他。1957 年 10 月,尽管冯雪峰已完全离开了人民文学出版社的工作和《鲁迅全集》的工作岗位,尽管他的身份已不适宜作重要的文字工作了,但邵荃麟却交给了他一项任务,为《鲁迅全集》第 6 卷的《答徐懋庸并关于抗日民族统一战线问题》的题头注拟稿。据邵荃麟在一份材料中说:周扬向他说:"'鲁迅答徐懋庸信的注释问题。……所说的哪些事实不符合真相,就应由冯雪峰自己来更正。'11 月间,即找冯施加压力,冯只好接受。"邵荃麟受周扬指示,找冯雪峰说:"还是由你先拟一个稿吧,你熟一点。"冯雪峰由于早受邵荃麟的"说服"和暗示,希望保留党籍,不敢违抗,便根据作协党组扩大会议批判他的口径,也就是他检查的口径去写。由于他写得太琐碎也太直白(如他将会上“周扬、夏衍的对证”都写上了),没有采用。最后由上面亲自动手去写。11月间,冯雪峰看到了由邵荃麟托人送他的注稿:

> 徐懋庸给鲁迅写那封信,完全是他个人的错误行动,当时处于地下状态的中国共产党在上海文化界的组织,事前并不知道。鲁迅的答复是冯雪峰执笔代写的,他在这篇文章中对于当时领导“左联”工作的一些党员作家采取了宗派主义的态度,做了一些不符合事实的指责。由于当时环境关系,鲁迅不可能对那些事实进行调查和对证。

冯雪峰看了这条注文,向来人生气地说:“既然是别人写的文章,又何必编进全集里去呢!”本来是叫他“一阅”的,他却仍然拿起粗铅笔来,把“代写”两字改为“拟稿”;又在“鲁迅”下加“当时在病中,他”六个字,以说明由他“拟稿”的原因;在最后一句中加“在定稿时”四个字,说明文章是鲁迅自己的。尽管冯雪峰费尽苦心作了这些改动,但基调并未改变,以致1981年版的《鲁迅全集》将它完全抛弃而重新拟稿了。

这条歪曲了历史事实的注,却成了经典。凡写现代文学史、现代文学论文、鲁迅研究论文的作者,都得按它去统一口径。冯雪峰的问题一定性,全国的现代文学史和文学概论都重新写过。为了打倒冯雪峰这个“权威”和清除他的流毒,文艺界、鲁迅研究界、甚至文科教学方面,整整作了近十年的文章。

历史开了一个大玩笑,周扬等为30年代所作的全部文章,在“文革”中,在“四人帮”统治下,完全反过来写了。众所周知,他们受到了残酷的迫害。当时,冯雪峰也为他们打抱不平,曾忿激地说过:“‘四条汉子’在鲁迅文章中,无非是说‘四个男人’,现在成了政治概念,一切坏事都往他们身上推。他们哪里有那么大的能力!

不管怎么说，他们当时都是党员，都是干革命的嘛！”

1981 年版《鲁迅全集》的这条注，在“拨乱反正”的形势下，排除了各方面的干扰，扳正了出自不同目的的歪曲，以科学的态度，忠实地描绘了历史，对 50 年代和 60 年代的两极端作出了严正评判。由于这条注，不仅仅是涉及鲁迅、冯雪峰、周扬、夏衍等个人，也涉及历史，不妨抄录如下：

> 鲁迅当时在病中，本文由冯雪峰根据鲁迅的意见拟稿，经鲁迅补充、修改而成。
>
> 一九三五年后半年，中国共产党确定了建立抗日民族统一战线的政策，得到全国人民的热烈拥护，促进了抗日高潮的到来。当时上海左翼文化运动的党内领导者（以周扬、夏衍等为主）受中国共产党驻共产国际代表团一些人委托萧三写信建议的影响，认识到左翼作家工作中确实存在着“左”的关门主义和宗派主义倾向，认为“左联”这个组织已不能适应新的形势，在这年年底决定“左联”自动解散，并筹备成立以抗日救亡为宗旨的“文艺家协会”。“左联”的解散曾经由茅盾征求过鲁迅的意见，鲁迅曾表示同意，但是对于决定和实行这一重要步骤的方式比较简单，不够郑重，他是不满意的。其后周扬等提出“国防文学”的口号，号召各阶层、各派别的作家参加抗日民族统一战线，努力创作抗日救亡的文艺作品。但在“国防文学”口号的宣传中，有的作者片面强调必须以“国防文学”作为共同的创作口号；有的作者忽视了无产阶级在统一战线中的领导作用。鲁迅注意到这些情况，提出了“民族革命战争的大众文学”的口号，作为对于左翼作家的要求和对于其他作家的希望。革命文艺界围绕这两个口号的问题进行了尖锐的争论。鲁迅在六月间发表的《答托洛斯基派的信》和《论现在我们的文学运动》中，已经表明了他对于抗日民族统一战

线政策和当时文学运动的态度，在本文中进一步说明了他的见解。

我们不厌其烦地抄录了这条注，除了上面所述的考虑之外，还考虑到，该注涉及的问题，都是1957年批斗冯雪峰的主要问题，也是令冯雪峰"震动"、"茫然"，甚至想自杀的夏衍的"爆炸性发言"的主要问题。当时就这些问题所作的结论是：冯雪峰"勾结胡风，蒙蔽鲁迅，打击周扬、夏衍，分裂左翼文艺界"。从这条注中可以看出：这四条结论全部被推翻了。

冯雪峰作为无产阶级的忠诚战士，鲁迅的学生和战友，杰出的马列主义文艺理论家、著名的诗人和作家、光明磊落廉洁奉公的党的优秀干部，却遭到了如此不公平的待遇，这虽然有些个人的人为因素，但主要是一种历史现象，是个历史的悲剧。在这一悲剧中扮演各种角色的人，都应该去总结历史的经验教训，以免今后重犯，而不应该去纠缠历史的旧账。

冯雪峰是这样做的。本书中已多次说及。就是对夏衍，他也不念旧恶。据夏衍说："五七年以后，他和我还常有往来，并不因我作了那次'爆炸性发言'而疏远。六〇年，他曾到文化部找我，承认过去有错误，并诚恳地希望重新回到党的队伍……六三年，他为了写长篇小说《太平天国》，在我的办公室里，从下午二时同我一直谈到天黑后公务员来收拾屋子，我帮他出了些点子，他的情绪很欢畅。"(《一些早该忘却未能忘却的事》)唐弢，还有许多与雪峰晚年有过接触的人都说到，"文革"中有些青年教育工作者和鲁迅研究者向冯雪峰了解情况时，无不先行数落一番周扬、夏衍，说些冯如何正确的好话。在这种情况下，冯雪峰很不高兴，总是说："那时，我们都很年轻，周扬他们犯了错误，我也犯了错误！"有人还为他抱不平，说1957年把他打成"右派"，是周扬、夏衍他们一手干的，他却说："他们可能起了一点作用，不能全怪他们。"

冯雪峰如此坦荡、纯真的胸怀,周扬也感受到了。周扬向楼适夷说过,冯雪峰在他受"四人帮"迫害时,没有落井下石;唐弢在《我所知道的冯雪峰同志》中也曾提及,周扬向他说过这样意思的话:"听我的儿子讲,雪峰同志没有把三十年代左联时期许多问题推到我一个人身上,他也承担责任。"

周扬、林默涵等也没有纠缠旧账,都各自在总结经验教训。

1975 年 10 月,在冯雪峰重病期间,周扬去冯家看望了冯,他说:"冯雪峰同志病中,我去看望了他。我预料他在人世间的日子只能以日计算了,我将和他永别。我对他说,我们相交数十年,彼此都有过过失,相互的批评中也都有说得不对或过分的地方,我们要从过去经验中吸取教训,互相砥砺。我一时抑制不住我的情感,他也被我的情感所激动。"(1979 年 5 月 1 日周扬致楼适夷信,载《新文学史料》1980 年第 4 期)据冯雪峰事后向友人说,周扬当时拥抱着他,握着他的手哭了。冯雪峰很受感动,并很高兴,认为"文艺界的团结即将在望"(参看郑育之:《无私无畏的冯雪峰同志》)。

林默涵是 1957 年参与批判冯雪峰的决策人之一。1956 年《鲁迅全集》第 6 卷《答徐懋庸并关于抗日统一战线》题头注的主要定稿人,当他后来得知了事情真相后,就坦诚地对待过去所发生的事。1977 年 11 月,中央指定胡乔木和他主持新版《鲁迅全集》编注工作。他在第一次与编辑室工作人员见面时,就对 1957 年特别是对《答徐》信的题头注,勇敢地承担了自己应该承担的责任,诚恳地作了自我批评,使编辑室的工作人员深受感动。1986 年 3 月,他在纪念冯雪峰逝世十周年学术讨论会上,再次对冯雪峰的遭遇表示"内疚",并谈了自己对他总其一生的认识:"我觉得,雪峰同志确确实实是一个对党、对革命忠诚的革命战士,这是一;第二,他确实是杰出的无产阶级文艺理论家;第三,他是一个十分正直的人,从他一生的行动中表现了出来。"(据听会人记录,未经本人审阅)前面所引 1981 年版《鲁迅全集》那条题头注,就是在他的主持下，各方征求意见，向上汇报请示的情况下定稿的，其中也反映了他本人对这一问题的认识。

邵荃麟过早去世，没有来得及谈论这问题，但他的家属葛琴为1979年11月冯雪峰的追悼会送去了“曾由患难感知己　岂以得失论英雄”的挽联。邵小琴却参加了护送冯雪峰骨灰至八宝山革命公墓的送葬行列。

而造成“爆炸性”事件的夏衍，却至今还在写文章，重复着他在1957年8月14日作协党组扩大会第十七次会议的“爆炸性发言”，事实上仍认为冯雪峰在30年代犯了“勾结胡风，蒙蔽鲁迅，打击周扬、夏衍，分裂左翼文艺界”的错误。为此，不少老同志写文章进行规劝，一些学者则进行辩正，本来“安定团结”局面可望的文坛，又不得安宁了。

为冯雪峰恢复名誉，夏衍是很有保留的。1979年，人民文学出版社和国家出版局两级党委通过的《冯雪峰悼词》，去征求他的意见。他见到《悼词》，就从北京医院的病床上跳了起来，激动地说：“人死了，说几句好话是可以的。”接着他着重就《悼词》中的两句话发了一通牢骚：“说他‘沟通了鲁迅同党的关系’，恰恰是他破坏了党同鲁迅的关系！”“说他‘在总理领导下工作’，我也不能同意。”去听意见的人，抖抖索索退出了病房。本来这次追悼会是这年4月就准备开的，主要由于夏衍的态度，拖到11月才开成。

也许是对《悼词》有意见，夏衍在5月间就写了《一些早该忘却而未能忘却的事》，5月，正是向他征求《悼词》意见之后不久。在这篇文章中，重复了他那“爆炸性发言”的观点，并且声明说：“那次讲话（指爆炸性发言），现在想来，除了有点感情激动之外，讲的全是事实。”1991年《新文学史料》第4期，又发表了《夏衍谈“左联”后期》，涉及冯雪峰时，虽然火气少了些，但仍然在重复着过去说过的一些话。

我们没有必要与夏衍龃龉争辩这些文章中的观点，那是现代文学史研究者的任务，这些学者实际上也在这样做，一直与夏衍在争论。但由于夏衍文章中涉及冯雪峰传记材料中的一些问题，而且他又反复声明“我对各派文艺团体没有偏见，掌握情况较全面，而且我的记忆力一直不错，我相信自己不会记错”（《夏衍谈“左联”后期》）。所以有必要鉴别一下他的记忆力的可靠程度。别人已经鉴别过写有专文的不赘。

“爆炸性发言”曾经说到中央交给冯雪峰一个任务，要他在离陕北途中寻找一支与中央失去了联系的游击队，而雪峰不找；这支游击队终于因失去与中央的联系而被国民党全部消灭。因冯雪峰而丢失了一支部队，这可不是一件小事，夏衍同志是不能信口说的。但他说了，当时听会的可以作证。可是作协党组扩大会议夏衍发言的打印稿却见不到了。是不是他当时就已对自己“不错”的“记忆力”产生了怀疑？

“爆炸性发言”最能煽动人的话，还有一段：“章乃器等本来是向我们联系的，见了你（指冯雪峰）之后，他向外公开说，我已经和‘陕北来人’接上了关系，今后你们不要来找我，‘陕北来人’说，上海没有共产党组织。我还听人说，这位‘陕北来人’曾告诉原来由我们领导的外围人士说，周扬、沈端先等假如来找你，‘轻则不理，重则扭送捕房’。”这件事，到了1991年，“记忆力一直不错”的夏衍，却把它描述成这样了：“冯雪峰来了以后，带着毛主席给章乃器几个人的信找他。我去找他的时候，章乃器讲：你们中央有人来了，跟我联系了，今后不要来找我了。而且章乃器讲：冯雪峰说了，轻则不理，重则扭送捕房。”1957年，“轻则不理，重则扭送捕房”这两句话是夏衍从他们“领导的外围人士”那里听来的，不是章乃器直接向夏衍讲的；可是到了1991年，却变成了章乃器面对面地向夏衍讲的了。是不是因为1957年章乃器还健在，不好瞎说，而到了1991年，章乃器早作古了，已死无对证了！？

在《夏衍谈“左联”后期》中，又冒出了一桩不大不小的公案。

夏衍在该文中说,1943 年 6 月初,冯雪峰从上饶集中营出来到了重庆见周总理时,“总理批评他几点……第三件事情是他(指冯雪峰)删改了方志敏的《可爱的中国》”,这是多么胆大妄为的事呵。夏衍说,总理批评冯雪峰时,“还有徐冰、冯乃超也在”,意谓有“人证”;还说,“我有笔记”,意谓有“物证”。人证物证俱在,是不好怀疑的了。可是这事还是很玄乎。证人已成古人,死无对证,只能取信于“笔记”那物证了,可这物证尚未公布。读者不免要产生疑窦。

一、冯雪峰对烈士的遗文,历来是抱着极其神圣的感情来对待的。前面章节中我们已经说过,他对待瞿秋白、方志敏、应修人、潘漠华等的遗文莫不如此,并为它们的刊布传世作了严肃认真的工作。在这方面,他与鲁迅同样有着共同的感情和心态:“收存亡友的遗文真如捏着一团火,常常觉得寝食不安,给它企图流布的。”(《白莽作〈孩儿塔〉序》)他对待《可爱的中国》,当不致那样草率地“删改”吧。

二、有关《可爱的中国》原稿的保存情况,冯雪峰在 1951 年 9 月为这书影印本所写的《说明》中已作了详细交代。原稿原由鲁迅妥善保存,1936 年 4 月,冯雪峰从陕北到上海时,鲁迅就将它交给了冯雪峰。冯雪峰即向中央汇报,很快就奉中央指示,“在上海设法保存”,便把它“交给已经替我们保存着瞿秋白同志一部分遗稿的朋友谢澹如先生一起保存”。从这时起,直到 1951 年,冯雪峰无缘再见到这原稿,即使他想“删改”也无从下手。而且原稿尚在,有无“删改”,不妨去调阅一下。

三、《可爱的中国》和《清贫》原稿两篇,在上海孤岛时期,曾经由谢澹如抄出,以《方志敏自传》为书名在上海铅印过一次。当时,谢澹如担心兵燹毁灭烈士遗文,为了使它留传后世,就擅自将它付印了,同时还印了由他保存的瞿秋白的《乱弹》。这次付印,是否有技术上的改动,不得而知,但即使有改动,当时冯雪峰在白区身陷囹圄,不可能与闻其事。

四、1951 年 10 月,上海出版公司影印出版了《可爱的中国》,冯雪峰主持其事。这个影印本以及后来的排印本,的确作了删节。前面删了两千来字,是叙述祥松在囚室中如何为友人写信,后面删去了照应前面开篇的几百字。被删的文字小说成分居多,烈士很可能是为了迷惑敌人而这样写的。据王士菁所引冯雪峰 1951 年 10 月 15 日写给他的信说,作这样的删节,当时完全是按组织程序办的,是"经中央同志看过,商量之后才如此决定的"。不是擅作主张。夏衍所指的很可能是这一件事。很显然,如果指的是这件事,在时间上就大有出入。1943 年怎能预见到 1951 年发生的这件具体事?再说这件事是按组织程序办的,周总理怎能投夏衍之所好来横加指责呢!

夏衍的记忆力也许是不错的,他的确为现代文学史提供了许多宝贵的资料,但如果我们不是为贤者讳,为尊者讳,他提供的一些资料,特别是有关冯雪峰的资料,其中不少的可靠程度是颇令人怀疑的,所以他的有关文章一发表,辩正的文章就会接踵而来。这是否像他自己所说,是因为"有点感情激动"了的缘故?

有这种感情色彩的,也还有人在。以致冯雪峰的传记很难写,不断地横生枝节。

冯乃超生前向楼适夷说了一个故事。

80 年代初,北京大学召开关于 30 年代文艺问题座谈会。与会的不少是"左联"成员、久负盛名的老作家。冯乃超也在座。

一位老作家忽然记起了夏衍 1957 年的"爆炸性发言",引经据典地说:"冯雪峰在重庆,一直住在叛徒姚蓬子家里,光凭这一点,就说明冯雪峰不是个好东西!"

冯乃超应声质问:"你知不知道,这是为什么?"

这位老作家傻了眼,不得不语塞地承认:"不——知——道。"

冯乃超近乎训斥地说:"告诉你,我知道!这是董必武同志的主意,叫我负责的,我亲自陪他去的,是组织为了保护他。你不知道就不要瞎说!不知道还要瞎说,我就要出来说话了!”

冯乃超是创造社的元老,与冯雪峰不同宗,不同派,他之所以能挺身而出,仗义执言,说明他对纠缠文艺界几十年的宗派主义已极端厌恶。看来,文艺界绝大多数人,包括受害者和曾经加害于人者,都能正确地对待过去所发生的一切不正常的现象,都在认真地总结经验教训。周恩来同志1960年春节向文艺界同志说的“忘掉过去,咸与更新”,是值得永远铭记在心的。

四

在批判冯雪峰的运动中,根据上面的安排,冯雪峰所在的、在那里工作生活、群众对他最了解的人民文学出版社,只能“配合作战”,“主战场”安排在中国作协。有关对他的斗争部署,批判的内容,如何定性,如何办理手续等等,当时该社整风领导小组(除王任叔未及核实情况外)都不得而知。是文学社没有批判冯雪峰的力量吗?显然不是。当时,该社的职工中,有好几个是20年代的老党员,有活跃于“左联”时期的“左联”成员,有鲁迅生前的友好,有冯雪峰的老同事。这些干部,有的来自革命根据地,有的斗争在白区。在编辑队伍中,有全国著名的作家、理论家、诗人、学者和翻译家,当然还有工作在基层的办事员、公务员。这些人对冯雪峰的一生情况,可以充当活证了。而且这个队伍的力量相当雄厚。然而他们却只能“配合作战”,只能奉命行事。

1957年8月7日,《人民日报》通报了作协党组扩大会议批判“丁陈反党集团”的情况时,只是附带提到了冯雪峰的名字,并未给他扣任何帽子。这日早晨,社内有人听到了广播,来社上班时,就传开了。全社为之哗然,痛哭流涕者有之,捶胸顿足者有之,呆若木鸡者有之,痛斥传播消息为造谣惑众者有之。可是,当日《人民日报》证实了这并非谣言，而当日上午举行的社内大会还需大家对冯雪峰进行揭发批判。这样的会在社内共举行了八次。大多数会议是该社领导小组奉命安排的，有些会议则由文化部派出副部长级干部前来督阵。冯雪峰有时到会，大部分会是缺席“审判”。

为了要给“主战场”的作协党组会议提供炮弹，该社奉命每次会都得给上级写出《情况反映》。从这些“情况反映”中，我们倒可看出冯雪峰在群众心目中的形象，是冯雪峰传记材料中很可宝贵的一页，不妨摘录在此。当然这些材料有一部分是为了迎合上级的需要而写的，读者自可鉴别。（摘录时，将人名略去）

《情况反映》之一：

一、大吃一惊以后：

8月7日上午大会后，普遍的反映是大吃一惊。有人不相信自己的耳朵，有人呆立不语，少数人在早上听到广播，但以为听错，××到社曾提起此事，同志们斥她造谣。而在大吃一惊之后，就各有各的反映。

1. 恍然大悟，不足为奇

…………

2. 伤心落泪，感叹惋惜

有不少同志听到此事后，整个上午安不下心来。有些人甚至伤心落泪，有人感到冯平日在文艺界威望甚高，如何今日落到这般地步，实在为他惋惜。但伤心之人虽不少，却也有几种情况：

(1)与冯长期相识的人，如××（群众）便哭了，×××（党员）说：“……雪峰同志，我一贯很尊敬他。”讲到这里就哭了。而还有一些人像×××（老编辑）等说，听到此事后的心情，宛若听到莫洛托夫小集团事一样沉重伤心，久久不能凝神工作……

(2)另一些同志，如一编室的同志，还有一些青年也感到伤心，情感上一时扭不过来，追究起原因来是个人崇拜。×××（群众）说，平日觉得鲁迅死后，就是雪峰，想不到如此；有些是由于雪峰平日的作风，貌似忠厚长者，朴实艰苦，但不认识他的本质；有些青年是盲目崇拜，如××（团员）认为全中国只崇拜冯……

3. 沉默不语

有一部分人在听到此事后一直不表示态度，还有些人，问他，他也不说，有些人只表示要看看事情发展。他们的态度是将信将疑；看看再说。

4. 想不到，也想不通

×××（团员）、××、×××等明确表示想不通。×说，如果真是如此，情感上也还斩不断。冯一向是为青年所热爱的，想不通。

这一“反映”材料是呈交上级整风（即反右）领导小组看的，他们需要侦察火力和自己队伍的实力，撰稿人理当投其所好，多反映一些能表现诸如此举深得民心，群众斗志如何旺盛之类的“正面”材料。但令人极为扫兴：这哪里像是在批斗冯雪峰，完全是在为他辩护、申冤，为他评功摆好，而且居然犯上点了周扬的名，而且又从材料上反映出了这些群众的普遍性和代表性。持如上态度的，既有党团员，又有一般群众；既有学者、编辑，也有行政人员和勤杂人员；既有老年人，也有青年人，而且他们的人数都“不少”。

上面也许感到这种“配合作战”的不力，8月12日，文化部特派来了一位副部长，来社作了动员报告，“宣布对冯雪峰进行斗争”。但斗争形势并不见好转，据《对冯的问题之反映》披露：

但仍有一些同志在态度上有保留，如×××（团员）说：

很痛心，冯在任何地方都叫人同情；×××说：冯在生活作风上不像××一样腐化堕落，这点可贵……×××（团员）说：冯对革命贡献是大的，比周扬对人民有功，所以对周扬不服，并反对周在文艺界的领导，他犯错误原因在此，同时也不能因为他犯错误，就认为他的文艺思想全部错了；有些小青年仍觉得想不通，他生活作风很好，怎能如此？×××（团员）认为冯是错了，但×部长说得好，要独立思考，不要随大流；×××（党员）说，冯在整风中贯彻了大鸣大放的方针，说的话至少是符合了我的思想情况……

这些同志的发言，在当时反右的背景下，有点“肆无忌惮”。但他们都属于“左派”或“中左”，上级似不好追究言责。至于“右派”和“中右”的反映，在这“反映”中是不便录入的。原出版社副总编辑，“右派分子”聂绀弩在向党汇报自己的真实思想时，就说过这样的话：

把我划为“右派”，开始想不通，现在通了。既然冯雪峰是“右派”，我自然也是“右派”，我是“雪峰派”嘛。不过我不是资产阶级右派，而是无产阶级右派。雪峰愿意去北大荒接受改造，我也去。雪峰走到哪里，我跟他到哪里。

至于冯雪峰被定为“右派骨干分子”在全国的反映，可以说是造成了“全党共诛之，全民共讨之”的声势，报刊上连篇累牍的批判文章，大都在版面上获得了“双头条”的显要位置，然而不少是凑热闹的应景文章，“只是跟在别人后面丢石块”（巴金：《纪念雪峰》）。不少作家却忧忿交加，杜鹏程在《回忆雪峰同志》中曾追记了他和柳青当时的心情：

记得“反右派”斗争的后期，我和柳青同志奉命去北京开会……大会上宣布了冯雪峰等同志的“反党罪行”……我集中全力听他们宣读的雪峰同志的“反党罪行”，其荒谬可笑，使人难以想象……会后，我和柳青同志回到和平饭店。我一声不吭，躺在床上。柳青同志气得脸色发青，他嘴唇抖动着说道：“怎么能这样毁灭自己的同志！中国参加过长征的作家，一共有几个嘛！全国解放后不久，中国作家代表团访问苏联时，雪峰同志是我们的团长。他为人正直，嫉恶如仇，深受我们大家尊敬。”

具有柳青、杜鹏程同样心情和情绪的作家，为数不少，当冯雪峰的冤案平反昭雪后，都记录在他们的有关文章中。特别是那些对冯雪峰有深知和深交的老作家、诗人、理论家、美术家，他们几乎无一幸免地遭到了与他同样的命运。后来他们的回忆文章，无一不是掺和着泪水写成的。中国文史出版社曾于1986年出版了一本厚厚的《回忆雪峰》。

作为“主战场”的作协党组扩大会议，批判冯雪峰的目的，除了要“揭上海这个底”（邵荃麟语），“戳穿”冯雪峰“以中央名义，以鲁迅名义”给周扬、夏衍的“打击”、“陷害”，从而解除他们的“‘冤狱’之感”之外（周扬语），还想对他进行全面清算，诸如历史问题、现行问题、人品问题，特别是要卸下冯雪峰以为自己“正确”的这个“太重的包袱”（周扬语），要打掉他这个“权威”，消除他在群众中的影响。正如周扬向冯雪峰“交底”那样，这一次必须把他的所有问题“搞个彻底”。夏衍的“爆炸性发言”就是这样做的，这个发言给人的印象是，冯雪峰是个“大骗子”，是历史上的“大奸”。其他一些中心发言人也合着这个调子唱：冯雪峰“毫无心肝”，他怀的是“黑色的心肠”，“思想相当阴暗”。

冯雪峰到底是个什么样的人，他的人品是否如此之坏，上面所引材料大致可以作出否定的回答。

的确,冯雪峰并非完人,在性格、气质方面有许多缺点,如前面所述,他对周扬的态度就是如此。对此,与冯雪峰相交甚多的唐弢有过描述:“……农民气质在雪峰的性格里也留下某些弱点:严格而不免执拗,朴素而失之偏急。我曾经和他发生过几次争论。这种时候,雪峰嗓门转高,语气转急……你说他刚正不阿也罢,说他桀骜不驯也罢,总之,他沉下脸,摆出准备搏斗的公鸡一样的姿态,令人望而生畏。不过,他的诚实仍然使你相信:这个人决不会弄虚作假,暗箭伤人,甚而至于只要相见以诚,满天乌云,随风消逝,反过来还会设身处地的接受别人的意见。”(《追忆雪峰》)与雪峰共事多年的楼适夷,也有个类似的评价:“雪峰同志这个人,的确缺乏恂恂儒雅的绅士气。而且对这种气味非常厌恶,照他农民的倔脾气,他得罪的同志是不少的。”有关他性格气质方面的优缺点,极为信赖他的鲁迅,早就指出过,说他“是浙东人的脾气”、“为人太老实,要吃亏的”。前面我们说过,即使在鲁迅面前,他也不讲长幼尊卑之序,碰到急事时,总是近乎命令式地要鲁迅做这样,做那样。他对极为信服和尊敬的瞿秋白也是如此。在上海时期,他的文章可以交给瞿秋白改,而瞿秋白的文章,他也可以径改;如斗争需要,他也不奉守作为下级的本分,为瞿秋白分配任务。对他的上级张闻天,也出现过类似的情况。

由于他厌恶俗套,缺乏恂恂儒雅之风,在解放之后,也碰过不少有地位、有名望的人。据姜椿芳回忆:1949 年冬天,潘汉年的夫人董慧为叶以群的婚事张罗,想搞得热热闹闹的,发了许多请柬,冯雪峰也接到了请柬。他一见请柬就生气,批评董慧说:“共产党人结婚闹成这个样!为什么要大请客!”弄得董慧不敢见他。上海文化系统开会,冯雪峰被邀到会。一次被门卫纠缠着不让进。他火了,一进入会场,就冲着主持会议的人,劈头劈脑一顿大骂。骂他们“是官僚主义!搞文化的人也高高在上!我都进不来,老百姓怎能进来，怎么去向他们做宣传工作！”在北京，去文化部开会时，他当着部长、副部长的面，指名道姓提意见，有些意见极端尖锐，以至弄得会都开不下去（见姜椿芳在冯雪峰逝世十周年学术讨论会开幕式上的发言记录稿）。第一次文代会他与赵树理初次见面时，就尖锐地批评了其作品描写落后面太多，使对方接受不了。本来他对赵树理的《小二黑结婚》和《李有材板话》等作品，是十分肯定的，对赵树理本人也是信赖和倚重的，稍后，他就曾与人商量，拟将赵树理调来社内，主管通俗读物的出版。丁玲多次说过，他有几次把她批评得哭了。老舍刚授予“人民艺术家”称号时，他就狠狠地批评过《春华秋实》，说这作品是失败的，没有艺术构思，是奉命写作的东西。尽管他十分看重和尊重老舍的才华，1956 年他想调离人民文学出版社时，就考虑要求老舍来担任社长。对权势高贵如江青者，他也发过“浙东人的脾气”。1954 年，江青去过问过《文艺报》，对他指手画脚，要他这样，要他那样。他却毫不客气地说：“你不懂的事，别多管！”

像他这样性格和气质的人，如果对他不是很了解，就会结怨结仇。但从这种性格和气质中，另一些人却看到了他的耿直和光明磊落的一面，觉得这样的人，至少是可信赖的。

作为“配合作战”战场的人，之所以那样想不通，或为他哭泣，或沉默不语和直言抗辩，与作协党组对抗，正是这样去看待冯雪峰的性格和气质的。当然，他们也并非完全着眼于这一点。他们从冯雪峰的经历、事业和这样不平等的遭遇中，感觉到这是一个不应该发生的悲剧，这不仅是冯雪峰个人的悲剧，也是现代史上的悲剧。有人竭力要打倒冯雪峰这个权威，清除他在群众中的影响，结果是适得其反，对冯雪峰更为同情、更为尊敬了。这种情况的出现，如果不能概括所有人，至少是大部分人。

群众之所以对冯雪峰抱有这样的深情和同情。那时是把他当作党的化身来看的。他虽然享受高干的待遇，但一直保持着艰苦朴素的作风。尊重人、理解人、同情人。见到一般的勤杂工，新来的大学生，都是他先打招呼。在社内，不分工种、职别，都处于同等地位。刚从旧社会过来的人，对此感到特别亲切。他一生扑在党的工作上，“是一个没有个人娱乐”，不谋个人享受的人。多余的钱，他不知如何花费，在农村的兄弟姐妹，没有因为他“当官”进过一次城，他的儿女上学，只是扣着数字给他们的公共汽车票钱，多一个零花钱也不给，但对那些工资低廉的公务员，家中有病人或出现了变故而缺钱用的职工，却极其大方；往往背着人，将自己剩余的工资和挣来的稿费，一把一把地硬往人家兜里塞。在社内，至今还流传着一些有关他的美谈。他虽然有专车，有专配司机，但他几乎不用车，除非要去远处办理公务。上下班，去文化部开会，都是以步代车。一次，他坐车去远处开会，碰上滂沱大雨，回来时，他住宅所在地的苏州胡同满路泥泞。车到胡同口，他就跳下车来，叫司机绕道回社。他冒着大雨，脚穿一双白底新布鞋，溅了满身的泥，步行到家。家人问他为什么这样，白白糟蹋了鞋子？他解释说：“车子进来，司机得花半天功夫冲洗车子；车子一过，路人还不挨溅！”他就是这样，关心别人甚过关心自己。为他服务的公务员，他教育儿女，要他们以叔叔相称，吃饭要同桌共席。

他不仅对社内职工如此，对作者也是如此关怀备至。有一位作家，原是延安鲁艺学生，后到东北解放区工作，曾写过《大裤裆的故事》出版。解放后来到北京，热心创作，脱离组织单干，在一个中学代课，曾向社寄来稿子和书信，要求冯雪峰帮助出版。冯雪峰叫牛汉去看看他。牛汉去看了，人不在，只在窗外看到他室内的情况，很清贫，初冬尚未安火炉。冯雪峰得知这一情况后，立即拿出一把钱，要牛汉送去。怕他不要，说是“预支稿费”；并写了一封很恳切的信，指出寄来的稿子无甚基础；劝他搞创作不要脱离组织，不然，一事无成。（据牛汉 1980 年 1 月 13 日谈话记录撮述）冯雪峰这样关心体贴别人，一贯如此。在他处于逆境、工资连降三级的

1963 年，于初夏某天在公共汽车上见到迎面步行的吕荧，脸色苍白，像生病的样子，衣服也未换季，还戴着冬天的皮帽子，裹着风衣。看到此情此景，他感到心酸，但由于他与吕荧都“有问题”，不便直接联系，就辗转托牛汉到吕荧家去拜访：“问问他有什么困难，需不需要点钱，过几天我可以送一点给他。你最好能到他住房里面，瞧瞧他生活的实际情况。他的自尊心很强，决不向谁诉苦的……”（牛汉：《以心灵关怀心灵》，载 1986 年 2 月 8 日《文艺报》）

冯雪峰扎在人民群众中的根须，是拔不出、斩不断的。在革命战争年代是如此，在解放后的顺境中是如此，在“反右”的一片杀伐声中是如此，在“反右”之后的逆境中也是如此。

关于人民文学出版社党支部奉命开除他的党籍付诸表决时的情况，前面已经说过了。在这次会议之后，他回家开了家庭会议，要他的家属不要因他的遭遇而动摇了对党、对社会主义的信念，要他们振作起来，好好做人、待人，好好学习和工作。

从此，他没有怨艾，也毫不卑怯地过着平民百姓的生活。他主动让出了居住多年的苏州胡同小院和公家配给他的全部家具，搬入梯子胡同一个狭隘而拥挤的集体宿舍中，与大家比邻而住。在社内，则作为一名普通编辑，自 1958 年至“文革”前的几年中，先后从事《文艺辞典》、《叶紫选集》、《郁达夫选集》、《郁达夫文集》、《新文学三十年集》短篇小说卷的选编和校订工作。在编辑工作中，他那种敢于坚持真理、公而忘私的奉献精神至今仍被传颂着。在如何看待郁达夫的问题上，他与当时的舆论界和社领导是存在分歧的。他认为，郁达夫是一个有才华的作家，统观一生及其整个创作，表现的是真诚，而并非颓废。人民文学出版社只出版他一册薄薄的选集，是与他在文学史上的地位极不相称的。他坚持应将《郁达夫文集》列入社的十年规划中，并自告奋勇地承担它的编订任务。1959 年底，他即全力以赴地从事这一工作。他认真地阅读原作，反复比较，决定取舍；几乎不参考别人的选本，以免干扰了自己的编辑思路。为了准备发稿,他将自己的藏书拆开黏贴,无可黏贴或舍不得拆书的就亲自抄写,如日记部分就是他亲自抄写的。本来,这部一百多万字的书稿已全部编好,出版说明及所附资料也都写就,"文革"中被散失了,至今未能问世。另一项工程更为浩大的工作是编选《新文学三十年集》的短篇小说卷。为此,他阅读了1919~1949年的全部短篇小说,基本上编就了三四百万字的选本。在这一工作中,同样表现了他那敢于坚持真理和公而忘私的奉献精神。

冯雪峰虽是"戴罪"之人,但周围的人都没有这种感觉。他的工作是最积极的,劳动是最卖力的,照样关心时事政治学习,讨论会上,发言最为踊跃,不担心别人抓他的辫子。他照样堂堂正正、光明磊落做人,处处以党员条件要求自己。业余时间,他虽然已"不宜"写评论文章、从事学术研究了,他却孜孜不倦地阅读马克思主义的经典著作,《资本论》就看过两遍,以便从更高更广更深的层次上去思考一些政治和文艺理论问题。本来,他想完成反映红军长征的《卢代之死》,1961年奉命不能写,便将原稿毁了。经请示领导批准,便着手从事反映太平天国革命的长篇小说《小天堂》。为此搜集阅读了大量资料,并经周扬同意,去广西等地作了实地调查。为了写作的需要,他还练习写旧诗。

由于他各方面的表现不错,社内同志不仅没有把他看做"敌人",反而十分尊敬他,爱护他。1961年春,出版社党组织为他上报了有关材料,1961年11月,《人民日报》通报全国,摘去他"右派分子"帽子。

他高兴,社内群众也高兴,个别对他曾保持距离的人也亲近了。他第一件事是去找组织要求重新入党,这为领导出了一道难题,大家傻了眼,但为了不伤害他,只是含含糊糊地说:"再等一等,以后再慢慢想办法解决吧。"(韦君宜:《纪念冯雪峰同志》)

冯雪峰同志也许是太单纯了,没有想到他虽然摘了"右派"帽子，可在某些人那里，仍属于“另册”中的人，这事没少为难基层领导。他不断地提出重新入党的要求，却不断地使受理人伤心。

1965年，他又使基层领导为难了一次。这年，社里派干部去河南安阳“四清”。冯雪峰已是62岁的人了，而且有胃病，做过胃大部切除手术，是不应去的，但他一定坚持要去，带队的韦君宜无奈，只好让他化名冯诚之跟着大家去了。由于他的工作表现特别好，地方干部一定要评选他为“四清工作团模范干部”，韦君宜反复做工作，但又不能告诉他们底细，不管怎么说，还是将他选上了。为此，韦君宜在“文革”中被加了一条“招降纳叛”的罪名。

1976年1月30日，冯雪峰由于肺癌晚期，又患肺炎并发症，导致心力衰竭，经抢救无效，于31日（农历丙辰年元旦）上午11点逝世。弥留之际，他的家属在组织和父执面前，代他又一次表示了要回到党内来的愿望。2月7日下午，他的亲属和不足十人的生前友好，默默地向他的遗体告别。楼适夷偷偷地在他遗体前放了一束鲜花。2月16日，在姚文元下令“不见报，不致悼词，一百至二百人规模”的情况下，草草地默默地开了一个追悼会。好在上面没派人来监督，在没有通知的情况下，参加追悼仪式的超过二百人，其中有茅盾、叶圣陶、胡愈之、沈兹九、楚图南、杨东莼、曹靖华、冯乃超、李一氓、陈其通等。出版社的同志，由于受上级控制“规模”的限制，要去的不少人都被劝阻了。

1979年2月，在冯雪峰逝世后三年，由于党中央十一届三中全会后的形势，人民文学出版社同国家出版局党委会联合上报了《关于冯雪峰同志右派问题的改正决定》。上报之前，社内召开过会议，会上念了1957年划他为右派的结论，以及为改正所做的调查核实报告。与冯雪峰共事过的人，其高兴心情自不要说了，都说这个错案早就应该平反。一些不曾与冯雪峰共事过的新来的年轻人，当听到原右派定案材料时，不少人哈哈大笑，笑当时作协那些笔杆子的拙劣，“怎么编造得那样漏洞百出”！

这年4月4日，中共中央组织部正式批准《关于冯雪峰同志右派问题的改正决定》，恢复党籍，恢复名誉。他生前的愿望终于实现了，二十多年的错案得到了改正。特别是他回到了党内，尽管这时他已成了古人，只能欣慰于九泉了。

由于社内同志和社会各界的要求，1979年11月17日为他补开了正式的追悼会，因为第一次不准有声音、又限制规模的追悼会，实在不像样，人民无法寄托哀思。这次补开的追悼会，由人民文学出版社独家操办。追悼会原定15日在八宝山革命公墓礼堂开，因为第四次文代会的不少外地代表提出，他们必须在会议结束时参加这个会，至于定在八宝山革命公墓礼堂开，这是谁都可以理解的。但是这一时间、这一地点，都被中国作协占住了，他们要为周立波等补开追悼会，冯雪峰的追悼会不得不让路，改在文代会散会后第三天开，在一个不能开追悼会的西苑饭店礼堂开。为此，主持人和社内的职工都很担心，一是怕会议代表走光了，冷清；一是怕饭店礼堂起座出进，弄得椅子乱响，影响了气氛。但结果却出乎意料地好。外地的不少代表留下了，有的说："他们想赶我们走，我们就是不走！"还有不少外地的人，也自费赶来，北京文艺界、教育界、科研单位、政界、军界、民主党派、群众团体都来了，礼堂里坐得满满当当，过厅里也站满了人。据新华社记者统计，到会的有党政领导和知名人士一千多人。这是很少有过的。挽联、挽诗、唁电（有长达千多字的）在大过厅里挂满了二层。会前，不少人含泪在看，还有不少人泪流满面在写。这时，萧三打来电话，叫追悼会一定要给他代书一幅挽联，字好坏不管。他以老年颤抖的声音口授这幅挽联："尊敬一个忠诚正直的人　鄙视所有阴险毒辣的鬼"。据不完全统计，追悼会收到来自全国的挽联、挽诗40幅、唁电77通、唁函21封。中央领导叶剑英、邓小平、陈云、宋庆龄、邓颖超、周建人、王震、胡耀邦、宋任穷、王首道、茅盾、胡愈之等送了花圈。中央有关部委、人大常委会、全国政协、中国文联、中国作家协会、总政文化部以及浙江、上海市等党政机关、人民团体也送来了花圈。王震、胡耀邦、宋任穷、周扬、邓力群、巴金、叶圣陶、丁玲、欧阳山、谢冰心、艾青、贺敬之等出席了追悼会。大会由全国政协副主席、人大常委会委员胡愈之主持、中宣部副部长朱穆之致悼词。会开得肃穆庄严,全体起座肃立时,除了有人呜咽之外,没有一点磕碰椅子的杂音。

从大家步入会场到走出会场,不少人在呜咽、流泪,特别是他那些上饶集中营的难友们,悲痛更甚。这些人的悲痛和眼泪,有的是因死者的遗爱、遗德而发,有的却由于悲愤而发。冯雪峰的为人,诚如《悼词》所说,他"是经过长期革命斗争锻炼和考验的老党员、老干部。他的一生,忠于党,忠于人民。他的一生,是革命的一生,战斗的一生。对党的事业,他忠心耿耿,勤勤恳恳,任劳任怨,无私忘我。他坚决执行党的路线、政策,敢于坚持真理,修正错误;为人光明磊落、爱憎分明;作风艰苦朴素,平易近人"。至于他的事迹,《悼词》虽然由于个别人的反对,在某些提法上,作了让步和妥协,但仍然洗刷掉了某些人泼在他身上的污秽,肯定了他是"著名的无产阶级文艺理论家和作家、诗人",20 年代,就"对党所领导的革命文艺运动起了积极的促进作用"。30 年代,"他作为'左联'的负责人之一,团结大批进步作家和革命作家,对当时国民党反动派的反革命文化'围剿'进行了英勇顽强的斗争"。他"既是鲁迅的忠诚学生,又是他的战友",由于他的工作,"使鲁迅加深了对党中央、对毛泽东同志的敬仰和信赖","在维护并捍卫……鲁迅的光辉旗帜等方面做出了不可磨灭的贡献"。在苏区和长征中,"在周恩来同志直接领导下"的白区工作中,"在党的路线斗争和对敌斗争中,立场坚定"。他在敌人的监狱中,"坚贞不屈,团结难友,坚持斗争,表现了共产党员的英雄气概和高贵品质"……至于他一生如何正确坚持马列主义原理,发展无产阶级文艺理论,英勇地反对机械论、教条主义、公式化和概念化,以维护无产阶级文艺理论和创作健康发展所做出的杰出贡献，在那时是不便提的。

这一《悼词》是并非完全的盖棺论定，并非像夏衍所说，是“人死了，说几句好话可以”的例行套话或溢美之词。当时远处外地、尚未完全获得自由的胡风，花了三天时间，站在文学史的高度，以理论家深邃的眼光，在拍来的唁电中，对冯雪峰的一生，作出了类似《悼词》的评价。他称“冯雪峰是二十年代初报春的、纯真的人民诗人；二十年代末鲁迅的共产主义的人道主义精神和社会主义的现实主义实践道路的学习者和力所能及的保卫者，并继李大钊、陈独秀之后成为党和鲁迅之间多年的诚实的联系者；左联时期鲁迅战斗实践的协力者——与群众和战友同艰共险的无私的组织者、启蒙的诚实的现实主义文艺理论批评者、苏联文学理论和实践经验的努力介绍者、对敌友我界限慎重区别的共产党员战斗者；鲁迅和瞿秋白的战斗友谊的结合者及其联合斗争的参加者；在艰险卓绝的红军长征路上党内路线斗争中对毛泽东思想的景仰者、学习者；确立毛泽东思想领导优势的参加者、坚持者；在鲁迅逝世前使鲁迅精神汇合到毛泽东思想中的必然道路的开辟者，在民族危机和组织危机的内外复杂条件下对政治上的毛泽东道路和文化、文学上的鲁迅方向的力所能及的坚持者；抗战前期对国民党招贤礼遇的鄙弃者，在反动派集中营的残酷压迫和艰苦生活中不畏不屈不苟的共产主义模范革命者；抗战后期到解放前的沉闷处境中对社会文化的日常性斗争形态的孜孜不倦的探求者、劳动者，中国现代寓言的呕心沥血的创作者；解放后在文艺领域的思想路线上和组织路线上的复杂斗争和严重压迫下，还为党性领导下的人民的社会主义文艺事业勉力探求的苦斗者和牺牲者……半个多世纪以来中国革命文艺战线特殊条件下的、布尔塞维克式的社会主义文化战士……”

胡风的唁电曾两易其稿，分两次寄达，是以高度的历史责任感写成的，也许同样难为某些人所接受。但对一个人的逝世，各界著名人物如此伤心、落泪、愤激抒怀、深沉思索，却是历史将对他作出公正评价的先兆。

原载《新文学史料》1992 年第 2 期

老社长冯雪峰二三事

文洁若

冯雪峰离开我们已经整整 20 年了。他在冷落与冤屈中溘然长逝后，我不断地读到怀念并描述他的文章，从而使我对人民文学出版社这位德高望重的首任社长更加深了理解和尊敬。

50 年代我曾在他手下工作过，“文革”期间我们又在“牛棚”里共过 3 年患难，那以后还在湖北咸宁干校一道劳动了两年。

人民文学出版社成立于 1951 年 3 月，当时在文化部旧楼借几间屋子办公。冯雪峰只身从上海来京，住在该楼的一间小屋里，筹划创社事宜。入秋后，简陋的三排筒子楼才竣工，我们遂搬进去办公。一天，身穿中山服、足登布鞋的冯社长走进了我们总编室整理科的办公室，满脸漾着慈祥的笑容，同科里刚从大学分来的男女助编们一一握手，亲切地问及大家的工作和生活情况，他的质朴坦诚、平易近人，给我们留下了深刻的印象。

按规定，冯雪峰上下班应由出版社派汽车接送，可他一向搭公共汽车。夏季到了，总务科买了一台华生牌电扇送到他家。次日，他便雇了一辆三轮车，把电扇退了回来。

冯雪峰还兼任人民文学出版社的总编辑，不但亲自抓鲁迅编辑室的业务，还要过问古典部、现代部、外文部的工作。1954 年后，刚直不阿的冯雪峰就因《红楼梦》研究问题和“胡风事件”受到批判,在接二连三的运动中一再挨整。他写的寓言被斥为“毒草”,他被扯进了“丁陈集团”,最终,一顶“右派”的大帽子压到了这位1927年入党,1934年参加长征,1941年被关进上饶集中营的老同志身上。

一连串的惩罚纷至沓来:他本人连降好几级还不算,他的子女也受到株连,或被赶到外地,或被调到基层。冯雪峰老两口也由原来的小独院搬进大杂院中勉强能容身的两间小屋。

冯雪峰一向律己甚严。解放初期,身为领导者为妻子及亲属安排工作的事相当普遍。冯雪峰的夫人何爱玉比他小6岁,高中毕业,30年代以来协助地下党做了大量工作,完全有资格调入社里工作。然而,冯雪峰只让夫人在编制外当一名不拿工资的秘书。

1952年深秋,冯雪峰到外文局去看望萧乾,那是胡乔木派他去征求萧乾对回归文艺队伍的意见。萧乾对冯雪峰心仪已久,那次见面,感到他为人谦逊和蔼,胸怀磊落。几个月后,萧乾就调到人民文学出版社,筹划创办《译文》杂志事宜。

冯雪峰戴上“右派”帽子后,降为一名普通编辑,被安排到人民文学出版社编译所。1961年冯雪峰被摘了“右派”帽子,次年春天,他被邀列席政协会议,出版社这才把他的住房调整到北新桥的宿舍里。这时,他提出请创作假,完成他那部于1937年就开始写的,以长征为题材的长篇小说《卢代之死》,但未获批准。于是他准备写一部以太平天国为题材的长篇小说,还为此到广西和湖南去实地考察过。然而,小说刚开了个头,就又奉命赴河南安阳参加“四清”。

“文革”开始后,他又被关进了“牛棚”。有个时期,“造反派”顾不上管我们,我每天完成了指定的劳动后,便在桌上摆本《毛主席诗词》,一首首地背诵,倒觉得比校改译稿省眼睛。那时候我们中间最忙的是冯雪峰,成天有人向他外调,他片刻也不得清闲。

1969年,人民文学出版社只留下少数人搞“样板戏”,其余的人全到咸宁五七干校，去围湖造田。早在1941年，冯雪峰被囚在上饶集中营的时候，就害上肺病，奄奄一息，幸而被营救出狱。1959年又患胃病，胃切除了五分之四。“老弱病残”四条，他都占全了。然而纯粹是由于政治上的原因，67岁的冯雪峰也佝偻着腰，不由分说地被赶到干校。当时，最脏最累的活儿都摊到那些在“牛棚”里受过审查者的身上，动辄就是：“派几个右派。”冯雪峰出身于农民家庭，干活卖力气。这位奔七旬的老人往往被当成壮劳力使用。例如，有一次修桥，冯雪峰、萧乾和另一个“右派”被派去挑石头。雪峰挑得又多又快，萧乾比他小7岁，却不如他，第三位是个文弱书生。下工时，领班把冯雪峰留下，叫另外两人自次日起，“不必再来了”。

由于冯雪峰劳动得格外出色，有一天军代表和连干部派他在四排“讲用”，还指定由我去奉陪。

自从1957年在文化部小礼堂听冯雪峰作大鸣大放的动员报告以来，已经多年没听见他当众讲话了。他用浓重的浙江义乌口音开腔了，但嗓音再也不像50年代作报告时那么洪亮、那么充满自信了。他只谈了谈自己对党对人民犯下过严重错误，表示今后决心通过劳动来改造世界观，重新做人。冯雪峰讲毕，军代表绷着脸申斥他，说他对自己所犯的错误认识不足，态度不够端正。说实在的，不论冯雪峰怎么讲，也过不了关，因为他还是“摘帽右派”，他的命运不会有实质性的改变。

那之后不久，在“拉练”中，冯雪峰又受到一次摧残。“拉练”本是部队练兵的做法，军代表把它搬到干校来了。不定哪天，半夜里突然吹号，要求这些大多数已年过半百的人，像棒小伙子那样，5分钟内穿好衣服，叠好被，紧急集合，然后沿着崎岖山路跑步行军。一天晚上，冯雪峰和萧乾都跌了跤，因而远远落在队伍后面。这位年近古稀的老人哪里经得起这么折腾！

1971年6月，冯雪峰随着一批老弱病残到了丹江。拉着大车去购买粮油肉菜的任务落在了他身上。亏得转年秋季修订《鲁迅全集》的工作上了马，冯雪峰被调回人民文学出版社，他才避免了像评论家侯金镜那样在干校驾辕时猝然倒地身死的命运。

1973 年 7 月至 1978 年，我们蛰居在东四北门楼胡同的 8 米“门洞”，那里离冯雪峰住处不远。一天，萧乾去看望老友孙用，孙用送给萧乾一包红艳艳的宁夏枸杞子，萧乾马上蹬自行车给冯雪峰送去一半。第二天，冯雪峰又步行到我家回访，并且还送了一包黄豆。可惜那阵子我“以社为家”，住在办公室里，无缘同这位老领导再见一面。1975 年 3 月，冯雪峰就因肺癌在协和医院动了手术。大夫说是由于他体质过弱，又由于多年的劳累，再加上心情长期郁闷造成的。术后一个多月就被迫出院；及至发现癌细胞扩散，再住进医院，就已经回天无术了。

1976 年 1 月 31 日，冯雪峰去世的消息传遍了人民文学出版社的各个办公室，大家都十分哀伤。尽管“四人帮”下令不许念悼词，并规定参加追悼会不得超过 200 人，然而自发地前来参加悼念的还是突破了 300 人。追悼会由胡愈之主持，茅盾、叶圣陶、宦乡和不少民主人士都参加了。及至冯雪峰的冤案正式平反后，又重新开了一次隆重的追悼会，聊以告慰九泉之下的冯雪峰。

1995 年，当中共湖北省咸宁地委政策研究室的李城外向我们采访五七干校的情况时，我对他说：“当年在咸宁干校洒下汗水最多的，是中国文艺界唯一的长征干部冯雪峰，他已去世 19 年了，但是跟他一起劳动过的人有不少还健在。”我当即拨通了几个人的电话，替李城外联系了严文井、牛汀、陈早春等人，他都一个个地采访了。

如今，《雪峰文集》（共 4 卷，1981 ~ 1985），还有他的论文集、寓言集、诗集以及几部关于他的论著和研究资料（《雪峰评传》、《雪峰年谱》、《冯雪峰与现代中国》）已陆续出版，足以使后人了解这位曾历尽艰辛、冒着生命危险在上海做过多年地下工作，并代表中国共产党与鲁迅先生建立联系的杰出的老革命家毕生所做的贡献。

当冯雪峰带着太多的遗憾于20年前离开人世的那一刻,反映长征的长篇小说《卢代之死》想必是他最为挂念的未竟事业之一(前几年故去的老作家骆宾基曾看到过《卢代之死》前半部的手稿,可惜抗战期间冯雪峰的老家被日寇纵火烧掉,手稿也化为灰烬)。为此,现代文学史上留下了永远无法填补的空白:根据亲自体验写出的一部以长征为题材的长篇小说。

1996年3月5日于北京

原载《人物》1996年第4期

冯雪峰:为毛泽东和鲁迅相知架桥

余广人

毛泽东曾经说过:"我与鲁迅的心是相通的。"毛泽东终生不曾见到过鲁迅,鲁迅也终生不曾见到过毛泽东。在这种互未谋面的情况下能够做到心心相通,主要是在共同的事业和共同的理想的基础上所形成的高度思想交融与人格景仰。另外一个不可低估的因素是,冯雪峰为毛泽东与鲁迅的相知起了搭桥的作用。

今年,是鲁迅先生诞辰120周年的日子,毛泽东逝世25周年的日子,也是冯雪峰逝世25周年的日子,将鲁迅与冯雪峰的交往以及毛泽东与鲁迅心灵的相通告诉读者,是对其最好的纪念。

因一场争论而相知,因柔石的引见而相识

1903年6月,冯雪峰出生于浙江义乌南乡一个名叫神坛的山

村。9岁那年,他以第二名的成绩考上了设在金华的浙江第七师范学校。1919年的“五四”运动波及金华,发生了反对学校当局专横压制的学潮。冯雪峰是学潮的带头人,被开除学籍,来到杭州。1921年秋,他考入了浙江第一师范学校,有幸得到叶圣陶、朱自清、陈望道等名师的教诲,与同学柔石、潘漠华、魏金枝、汪静之等组织“湖畔诗社”,成为湖畔诗人之一。1921年18岁时出了两本诗集,受到了郭沫若、郁达夫、叶圣陶等的赞誉。

1925年,冯雪峰在北京大学旁听学习。正值第一次国共合作时期,在广州出任国民党中央宣传部长的毛泽东,很需要得力的干部,他读了雪峰的新诗非常喜欢,于是写信给在北京的雪峰,希望雪峰能到南方去工作。雪峰当时正迷恋于文学,陶醉于“湖畔”,结果未去广州。

1927年,蒋介石发动“四一二”反革命政变,大批共产党员惨遭杀害,全国一片白色恐怖,不少人对革命前途失去信心。正是此时,冯雪峰毅然加入了中国共产党,之后,受党安排,在上海等地从事地下工作。

此时,在上海的文坛上正发生着一场关于无产阶级革命文学的论争。争论的双方,一方是太阳社、创造社,一方是鲁迅。在争论中,太阳社、创造社把鲁迅、茅盾等一些新文学作家当作革命文学发展的障碍加以批评,宣布阿Q时代过去了,鲁迅思想已过时。论争初期,冯雪峰就十分关注,他对一些革命者盲目地参与对鲁迅的批判表示不满。1928年,他以画室的笔名写下了《革命与智识阶级》一文,表示了对鲁迅的支持态度。他认为:“在文明批判方面,鲁迅不遗余力地攻击传统的思想——在‘五四’‘五卅’期间,知识阶级中,以个人论,做工做得最好的是鲁迅。”“我们在鲁迅的言行里完全找不出诋毁整个革命的痕迹来。”因此,他认为,创造社对鲁迅的攻击是由于向来狭小的团体主义的精神,是十分要不得的。

鲁迅自然注意到了这篇文章。以此为契机,冯雪峰的朋友、与鲁迅关系很好的左翼作家柔石便把他引见给了鲁迅。

他们的初次见面话不多。冯雪峰对着第一次会面是这样记载的:

鲁迅先生的老规矩,对于初次见面人,话是极少的。我记得,柔石把我带去后,他自己有事就先走了,鲁迅先生除了回答我的问题之外,就简直不说什么话,我觉得很局促,也很快就告辞了。

但是,随着见面的增多,鲁迅的话也多起来了。当时两人都在翻译马克思主义文艺理论,这就成为谈话的热点。"刚才我把卢那卡尔斯基的《托尔斯泰之死与少年欧罗巴》译出来了。"一次鲁迅请雪峰坐下后,便愉快地这样告诉他。"我已把片上伸的《无产阶级文学诸问题》译出来了。"又一次鲁迅高兴地说。在谈起自己译了什么文章或看了什么书后,往往还紧接着说:"实在受益匪浅!"于是两人就谈开来,谈社会意识,谈文艺问题。

为了谈话和求教的方便,雪峰也搬到了景云里 11 号甲,与鲁迅作了邻居。雪峰迁入景云里后,去鲁迅家更勤了,往往晚饭后,他在晒台上一看,如果先生处没有客人,他就过来谈谈,说是谈谈,其实主要是谈工作。

在这时期,雪峰主要精力放在翻译马克思主义文艺理论,他出版的译著有 12 本,加上刊物上发表的翻译论文,共约七十万字上下。可以说,数量之多从"五四"以来的 30 年代初,没有一个译者可以同他相比。

其中,1929 年一年里,雪峰出版的译著就有 6 种,翻译论文发表了 7 篇。

他与鲁迅合编的《科学的艺术论丛》共出 8 种:其中雪峰译的 4 种,鲁迅 3 种,几乎占了丛书的全部。丛书在 1929 年 5 月起由水沫书店和光华书局陆续出版。在翻译和编辑过程中,雪峰得到了鲁迅"最大的帮助"。

鲁迅在译作“后记”中对雪峰帮他校勘补译，也写了“感谢雪峰君”。

鲁迅和冯雪峰的友谊，也在这样愉快的合作中加深了。仅1929年的《鲁迅日记》有关冯雪峰的直接记载，就有34条之多。当时雪峰还从事地下党工作，经济十分拮据，常靠朋友接济。鲁迅就用预支稿费等办法资助他。他们常作深夜长谈，从上半夜直谈到下半夜两三点钟。

谈话中，雪峰甚至可以“强迫命令”先生。许广平把这种谈话比喻为“韧的比赛”。她回忆说：

听听他们的谈话，觉得真有趣，F（指冯雪峰）说：“先生，你可以这样这样的做。”先生说：“不行，这样我办不到。”F又说：“先生你可以做那样。”先生说：“似乎也不大好。”F说：“先生，你就试试看吧。”先生说：“姑且试试也可以。”于是韧的比赛，F的目的达到了。

鲁迅对这种“强迫命令”是感觉到了的，但并无反感，而且还赞许地说：“有什么办法呢，人手又少，无可推诿。至于他，人很质直，是浙东人的老脾气，没有法子。他对我的态度，站在政治立场上，他是对的。”陈望道当时就明白地说过：“今天许多青年受鲁迅的影响，但他（指冯雪峰）不但受了鲁迅的影响，也时时刻刻企图影响鲁迅的。”

于是，共产党组织就委派冯雪峰——一个能够影响鲁迅的人，作为本党与鲁迅之间的联系人了。

联系鲁迅，成立中国左翼作家联盟

1929年秋，太阳社、创造社与鲁迅的论争引起党中央的注意，周恩来、李立三、李富春等中央负责人对论争的起因和过程作了分析研究，确认这是一场发生在革命文学阵营内部的争论，双方在坚持革命文学的方向上并无原则分歧，批评了创造社、太阳社成员所犯的教条主义、宗派主义错误，要求党员作家首先停止对鲁迅的批判，结束论争，争取把一切进步文艺力量团结在党的周围，共同对敌。

作为联系人，冯雪峰的第一个任务是受当时任中共中央宣传部干事兼文委书记潘汉年之命，去同鲁迅商谈成立左联之事。潘汉年说了两点：一、中央认为，创造社与太阳社批评鲁迅的做法是错误的，应该是立刻停止论争。鲁迅是位老战士，老前辈，是一位先进的思想家，应该团结他共同战斗。二、要以创造社、太阳社和鲁迅这三方面的人为基础，成立一个革命文学团体，团体名称拟定为“中国左翼作家联盟”，听听鲁迅先生的意见，包括“左翼”两个字用不用，也由先生决定。

大约在1929年10月的一天，雪峰去景云里鲁迅家“做工作”了。鲁迅表示完全同意成立左联，并说“左翼”二字很好，旗帜可以鲜明一点。当然，鲁迅之所以爽快地答应，原因也是多种的，一是他早已觉得这场论争是唱“空城计”，是自己人扭打给敌人看笑话。二是他对雪峰有一种信任感，觉得他的话很在理。三，更为重要的是，雪峰在平时与先生谈话中，已多次讲到先生对“革命文学”倡导者的缺点错误看得过重了些，没有看到“革命文学”口号的提出不仅是挂一块招牌，而是有社会基础、有现实要求的。鲁迅接受了雪峰的这个意见，他后来在《上海文艺之一瞥》一文中，就修正了自己的看法，说“革命文学”之所以旺盛起来，自然是由于社会的背景，一般群众，青年有了这样的要求。

1930年3月2日，中国左翼作家联盟在窦乐安路中华艺术大学(今多伦路201弄2号)举行成立大会。会上鲁迅作了简单的讲话，由于左联成立大会是秘密举行的，没有作记录，三四天后，冯雪峰搜索记忆，将鲁迅在会上谈到的，以及平时谈话中涉及的有关内容，整理成《对于左翼作家联盟的意见》一文，经鲁迅过目并修订了两处后,发表在他主编的《萌芽月刊》第1卷第4期上。

中国左翼作家联盟宣告成立后,鲁迅等左翼作家为冲破国民党反动派的政治压迫和文化摧残作了不懈的努力和斗争。而作为党与鲁迅联系的冯雪峰则与鲁迅并肩战斗。

1931年2月7日,左联作家李求实、柔石、胡也频、殷夫、冯铿被国民党秘密杀害。为了抗议敌人的暴行,纪念革命的同志,冯雪峰与鲁迅商量秘密出版了左联机关刊物《前哨纪念战死者专号》。鲁迅写下了《柔石小传》和《中国无产阶级革命文学和前驱者的血》的悼文;冯雪峰写下了《我们同志的死和走狗们的卑劣》。这期还刊登了《中国左翼作家为国民党屠杀大批革命作家宣言》、《为国民党屠杀同志致各国革命文学和文化团体及一切为人类进步而工作的著作家思想家书》等。《前哨》的出版,使国民党的残暴真相大白于天下。

在当时的白色恐怖下,冯雪峰和鲁迅编辑《前哨》,是冒着生命危险的,但他们无所畏惧。正是在编辑《前哨》的过程中,鲁迅和冯雪峰两家人留下了惟一一张合影。4月20日的鲁迅日记中记载说:"下午同广平、海婴、文英及其夫人并孩子往阳春馆照相。"这是他们编完《前哨纪念战死者专号》以后,对胜利的庆祝(《前哨》于4月25日出版),也是他们并肩战斗友谊的最好纪念。

冯雪峰:第一个向毛泽东全面介绍鲁迅的人

1933年秋冬之间,冯雪峰在上海被特务盯梢,他用巧计甩脱,幸免于难。由于他已暴露,党组织决定让他暂离上海。12月底,冯雪峰抵达江西革命根据地、中央工农民主政府所在地瑞金。1934年初,毛泽东为了筹备召开第二次全国苏维埃代表大会,从汀州回到瑞金,住在沙洲坝。冯雪峰很快见到了毛泽东。这是他们第一次正式会晤,两人犹如多年不见的老友,十分热情。冯雪峰向毛泽东汇报上海的工作和左翼文艺阵营的活动，他特别详细地向毛泽东介绍了鲁迅先生的情况。毛泽东对冯雪峰讲述鲁迅的事情尤其感兴趣。冯雪峰告诉毛泽东，有一个日本人说，全中国只有两个半人懂得中国：一个是蒋介石，一个是鲁迅，半个是毛泽东。毛泽东听了哈哈大笑，在经过一番沉思之后，他说："这个日本人不简单，他认为鲁迅懂得中国，这是对的。"

冯雪峰告诉毛泽东，鲁迅对于毛泽东的了解并不比哪个日本人多。他说，鲁迅看了毛泽东写的几首诗词后，认为有一种"山大王"的气概，毛泽东听后，不禁开怀大笑。他的"山下旌旗在望，山头鼓角相闻，敌军围困万千重，我自岿然不动"等名句，确有梁山好汉占山为王的气概。

苏维埃代表大会结束后，毛泽东又把冯雪峰找去，进一步详细询问上海的工作，询问鲁迅的事情。有一回，他亲自来到冯雪峰的住处，见面以后，风趣地说："今晚约法三章：一不谈红米南瓜，二不谈地主恶霸，不谈别的，只谈鲁迅好不好？"毛泽东接着对冯雪峰说：他很早就读了鲁迅的作品，《狂人日记》、《阿Q正传》都读过。阿Q是个落后的农民，缺点很多，但他要求革命。看不到或者不理会这个要求是错误的。鲁迅对群众力量有估计不足的地方，但他看到农民的要求，毫不留情地批评阿Q身上的弱点，满腔热情地将阿Q的革命要求写出来。我们共产党人和红军干部，很多人看不到，对群众的要求不理会，不支持。应该读一读《阿Q正传》。毛泽东还对冯雪峰说，他自己也想重读一遍，可惜当地找不到书。他问冯雪峰，鲁迅这几年写了些什么。冯雪峰扼要地介绍了鲁迅到达上海后所写的文章，尤其是几次论争中的文章。

毛泽东对鲁迅的倾心向往，给冯雪峰留下了深刻的印象。若干年后，冯雪峰对当年谈话的场景仍记忆犹新：在昏暗的灯光下，毛泽东靠床坐着，一边用旧报纸在桌角上卷旱烟叶子，一边全神贯注地倾听着，并有过几次插话。当雪峰谈到自己曾经代表"左联"

去请鲁迅写文章的时候,毛泽东抬起头来,缓缓地、一字一句地说:“哦,你们还给鲁迅出题目!不出题目岂不比出题目更好吗?”

此时,冯雪峰又向毛泽东讲述了上海的党组织希望鲁迅将苏区的斗争写成小说,由他陪着陈赓将军到鲁迅家里。陈赓讲述了红军艰苦英勇的战斗,谈了一天。鲁迅非常重视这次谈话,以后一再提及,认为确实比《铁流》、《毁灭》里写的生活更动人,打算继续搜集材料,并深以自己没有实际感受为苦恼。

毛泽东没有吱声,陷入了沉思。过了片刻,冯雪峰继续说:“‘独立房’(当时中央局所在地)有人主张请鲁迅到苏区来。”“干什么?谁主张的?”毛泽东问。“不是正式主张,只是随便说说。”冯雪峰解释说。“这些人”,毛泽东微微摇头,接下去说:“真是一点不了解鲁迅!”

冯雪峰所说的“独立房”的主张,是在一次闲谈中“随便”说起来的。1933 年初,中共临时中央从上海迁入中央苏区瑞金。在中央苏区,谈论在上海的左翼文艺运动和鲁迅是经常的话题。有一天,张闻天、博古、冯雪峰在中央党校谈起中央苏区一些部门的工作情况。张闻天说到有人反映教育部门的工作忙于琐碎的事务主义,打不开局面,应该充实该部的领导。博古提议,可以让鲁迅来当教育人民委员,主持中央苏区的教育工作。冯雪峰不赞成博古的意见,认为博古不了解鲁迅,低估了鲁迅在白区文化工作中的重要作用;提出还是让瞿秋白来主持教育工作为好。张闻天赞同冯雪峰的意见;随后征求毛泽东的意见,毛泽东也认为:“鲁迅当然是在外面作用大。”

在继续深入议论鲁迅的时候,冯雪峰将鲁迅不想离开上海,谢绝到苏联去,认为在岗位上,总能打一枪两枪的想法,原原本本地告诉毛泽东。毛泽东听了很感动。他说,这才是实际的鲁迅!一个人遇到紧要关头,敢于不顾个人安危,挺身而出,坚决将艰巨的任务承担下来,是符合人民愿望的最可贵的品格。我们民族几千年来多次濒临危亡，终于能够维持不堕，就因为人民有这样的品格，这点在鲁迅身上集中地体现出来。毛泽东在这段时间里心情沉重，说话很少。但那天晚上与冯雪峰谈了很多，显得轻松、愉快、充满信心。他俩一直交谈到深夜。

此时，毛泽东已被“左”倾机会主义者调离红军，被排斥在中央领导之外，正受到王明势力的冷落、打击，而冯雪峰讲述的鲁迅，恰恰在上海对王明等人的做法一直表示不满和抵制。

以冯雪峰为媒介，毛泽东和鲁迅在感情上有了沟通和共鸣。作家李辉写道：

> 不可低估这一共鸣在毛泽东内心的影响。一个人，即使伟大政治家也不例外，当他身处逆境时，当他被误解、被冷落的时候，来自他人的理解与共鸣，最能给他以温馨。他会从一些细节中，一些言谈话语中，寻找到精神的知己，并以此来充实自己，来加强自信。

受党中央指派，冯雪峰又回上海，与鲁迅并肩战斗

1934 年 10 月，中央红军被迫撤离根据地进行长征，1935 年 10 月到达陕北根据地。1936 年 2 月，红一方面军东渡黄河进入山西，取得了东征战役的重大胜利。鲁迅闻讯后极为欣慰，他和茅盾联名致信中共中央及红军将领：“英勇的红军将领们和士兵们！你们的勇敢的斗争，你们的伟大胜利，是中华民族解放史上最光荣的一页！全国民众期待你们的更大的胜利。全国民众正在努力奋斗，为你们的后盾，为你们的声援！你们的每一步前进将遇到热烈的拥护和欢迎！”5 月中旬，毛泽东、张闻天等党中央领导人联名致

电红二、四方面军领导人:“红军的东征引起了华北、华中民众的狂热赞助,上海许多抗日团体及鲁迅、茅盾、宋庆龄、覃振等均有信来,表示拥护党与苏维埃中央的主张……我党与各党各派的统一战线正在积极组成中,所有这一切都证明,中国革命发展是取着暴风雨的形势。”毛泽东、张闻天用鲁迅等的贺信来激励广大红军指战员奋勇前进,争取抗日救国的更大胜利。

1936年4月,党中央派冯雪峰从陕北回到上海工作,先任中央特派员,后任党中央上海办事处副主任。临行前,毛泽东、周恩来、张闻天分别和他作长谈,交给他重要任务。张闻天并叮嘱说:“到上海后,务必先找鲁迅、茅盾等,了解一下情况后再找党员和地下组织。”这表明,毛泽东、张闻天等党中央领导人把鲁迅看成是党在白区最可靠、最亲密的战友。4月下旬,冯雪峰到达上海第二天,即去鲁迅寓所找鲁迅,把以毛泽东为首的党中央的新方针政策精神传达给鲁迅,并向鲁迅介绍了红军长征、遵义会议、抗日统战政策等内容。这时的毛泽东在鲁迅心目中已经不再是“山大王”了。他说:“干革命,总是人多一点好,我想过了,M(鲁迅对毛泽东的称呼)的政策是对的……”他对毛泽东为代表的党中央深表敬意,他说:“我想,我做一个小兵还胜任的,用笔!”

这样,冯雪峰就在毛泽东与鲁迅之间、毛泽东思想与鲁迅精神之间架起了一座桥梁,开始了相互之间的联系与沟通,捍卫了作为文化斗争主将鲁迅的光辉旗帜。

到上海不久,冯雪峰受鲁迅委托,将鲁迅在病中所编的瞿秋白的遗作《海上述林》,以及火腿送给物质生活极度匮乏的在延安的毛泽东和周恩来,还购买了十几条半线半毛的长围巾送给中共中央的其他同志,以御西北高原的寒风。此外,他还单独给毛泽东送去几听纸烟。他说:“当时陕北很苦,同志们生活得相当艰难,我进入上海,总想给他们捎点什么吃的或用的去。只要是吃用的东西,我都想买。但身边钱不多,只买了一些廉价的围巾和香烟。当时鲁迅有一笔稿费在我手头，我就先斩后奏地用这笔稿费代鲁迅给毛主席买了火腿。可惜火腿和香烟在西安就被别的同志瓜分了，只有那围巾是送到了的。”

冯雪峰用鲁迅的稿费购买火腿的事情，后来显然得到了赞成，用许广平的话说，这是鲁迅对毛泽东和红军战士的“丹心一片”。

冯雪峰初到上海的工作，得到了中共中央的赞许。1936 年 7 月 5 日到 6 日，毛泽东、张闻天、周恩来等中共领导人在安塞召开会议，听取中共驻东北军代表刘鼎的汇报。在刘鼎即赴南京、上海之际，让他带走了一封致冯雪峰的长信。信由张闻天亲笔，周恩来修改，主要布置有关统战方面的任务，同时也谈到鲁迅，谈到冯雪峰到上海之后开展的文化活动。信中说：

“关门主义在目前确是一种罪恶，常常演着同内奸同样的作用。但这些人同内奸是不同的，解决的方法也完全不同。解释还是第一。你对周君所用的方法是对的。”

“你的老师（即鲁迅——引者注）与沈兄（即茅盾——引者注）好吗？念甚。你老师送的东西虽是因为交通的关系尚未收到，但我们大家都很熟悉。他们为抗日救国的努力，我们都很钦佩。希望你转致我们的敬意。对于你的老师的任何怀疑，我们都是不相信的。请他也不要为一些轻薄的议论，而发气。”（载《新文学史料》1992 年 4 期）

电文中涉及鲁迅的话不多，却蕴含着张闻天、周恩来等党中央领导人对鲁迅的深挚敬意与殷切关怀。当时，鲁迅正遭受到革命文学阵营内部一些人的宗派主义的指责而给他带来了伤害和刺激，使鲁迅的心情很不平衡；加之他的病情日趋恶化。冯雪峰及时向鲁迅传达了党中央张闻天、周恩来来电对他的问候，对身心交瘁的鲁迅，无疑是莫大的支持和鼓舞。

由于冯雪峰卓有成效的工作，鲁迅对党中央的抗日民族统一战线政策有了更多的理解。在鲁迅逝世前不久，还在《答托洛斯基派的信》中写道:“那切切实实,足踏在地上,为着现在中国人的生存而流血奋斗者(指以毛泽东同志为首的中国共产党人——引者),我得引为同志,是自以为光荣的。”“我不相信你们(指托洛茨基派——引者)会下作到拿日本人钱来出报攻击毛泽东先生们的一致抗日论。你们决不会的。我只要警告你们一声,你们的高超的理论,将不受中国大众所欢迎,你们的所为有悖于中国人现在为人的道德。”“你们的‘理论’确比毛泽东先生们高超得多,岂但得多,简直一是在天上,一是在地下。但高超固然是可敬佩的,无奈这高超又恰恰为日本侵略者所欢迎,则这高超仍不免要从天上掉下来,掉到地上最不干净的地方去。”

远在陕北的毛泽东,成为鲁迅治丧委员会的一员

1936 年 10 月 19 日凌晨 5 时 25 分,鲁迅在上海寓所溘然长逝。冯雪峰代表党中央主持了治丧工作。他回忆说:

我是尊奉我党的指派去参与丧事处理的,但我只能藏在周建人先生的家里同沈钧儒先生以及许广平先生、周建人先生等商量问题,连出殡我都不可能参加。

在与宋庆龄、蔡元培、沈钧儒、茅盾、许广平等商量治丧委员会名单时,冯雪峰想到了远在陕北与鲁迅相通的毛泽东。他提议,把毛泽东列在名单里面。上海一家报纸登载了这个名单。这是惟一一次公开把毛泽东和鲁迅联系在一起的报道。现今,这份由冯雪峰起草的治丧委员会名单,珍藏在上海鲁迅纪念馆。

党中央对鲁迅的逝世深表哀悼。张闻天代表中共中央、中华苏维埃中央政府起草《为追悼鲁迅先生告全国同胞和全世界人士书》,沉痛地宣告:“鲁迅先生的死,使我们中华民族失掉了一个最前进、最无畏的战士,使我们中华民族遭受了最巨大的、不可补救

的损失!”张闻天在信中指出:“鲁迅先生在无论如何艰苦的环境中,永远与人民大众一起与人民的敌人作战。他永远站在前进的一边,永远站在革命的一边……他在中国革命运动中,立下了超人一等的功绩。”同时,张闻天还代表中共中央、苏维埃中央政府起草了《致许广平女士的唁电》及《为追悼鲁迅致国民党中央、南京政府电》。

鲁迅的丧事办得很顺利。在幕后默默工作的冯雪峰既不能到万国殡仪馆吊唁,也不能参加出殡队伍。10 月 23 日,也就是鲁迅出殡的第二天,他一个人来到鲁迅墓前,强抑悲哀,向他所敬重的老师和挚友告别。

但是,冯雪峰与鲁迅交往近十年,鲁迅的一切已深深植根在他的生活里。此后,冯雪峰以研究鲁迅、宣传鲁迅为己任,一直到生命最后的一刻。

原载《百年潮》2001 年第 9 期

胡风和我所认识的雪峰

梅　志

雪峰同志,实在应该算是我的老上级了,因为,1932 年我参加左联时,就是他找我谈的话。记得是在静安寺西摩路附近一处三角地带,离培成女中不远,那里有几张石凳,我们就坐在那里低声谈话。他问了我的一些情况,我都一一回答了。后来他说了一大段话,大意是帮助我提高认识。虽然我听不大懂他的浙江官话,只是点头。但他却严肃认真,很有长者风度,对我这个刚刚步入社会的 18 岁少女是那么的和蔼可亲,看得出他对我很重视,一点也没有嘲笑我年轻幼稚的意思。我感到他是可敬的、可信任的,也使我首次感到了革命大家庭的温暖,为自己能参加左联而高兴。

我和胡风结婚时,雪峰已经去了江西苏区,没有见到。不过,胡风告诉我,他在与我恋爱时,曾把我们的事告诉给雪峰,并征求意见,雪峰为他感到高兴并对他说:“我见过她,还同她谈过话,是很单纯的一个女学生……”后来,我从胡风的谈话中也逐渐了解到他二人间的友好关系。

原来,胡风早年就爱读他的诗,晚年曾称他为“我个人青年时期的诗情诱发者”(见《致冯雪峰同志追悼会唁电》)。在东京留学时期与他开始了通信。当时胡风是东京左联支部的盟员,和另一些盟员编印了《新兴文化》刊物,却遭到了他人的攻击,只好请求上海文总的调解。雪峰作为上海文总的负责人,完全承认并支持胡风他们的工作,并给胡风去信希望他能回国参加文总的工作。当时,胡风自觉没有这方面的能力没有同意。不久,他因事回国一次,在上海见到了雪峰,两人如同久别重逢的老朋友一样地友好交谈。雪峰没有一点官气,十分亲切自然,赢得了胡风对他的信任。

胡风从日本被驱逐回国后,雪峰虽不再负责文总的工作,改任江苏省委宣传部长,但他们仍有机会常常见面。尤其是在 1933 年筹备远东反战会议的那段时期,由于雪峰总负责这方面的工作,常约适夷到胡风的住处来碰头商议。关于会议的一些书面工作,都是由雪峰、适夷和胡风三人一道编定付印的。往往是,当工作到深夜告一段落时,三人都累了也饿了,就请房东烧一壶红茶,买一个俄式的大圆面包当宵夜。恢复精神后,大家便聊开了闲天。从这些谈话中,胡风了解到雪峰和他一样,也是农民的儿子,也有着和他一样倔强的脾气。

雪峰离开了上海,由于胡风和雪峰的友谊,更由于鲁迅先生对胡风的信任,胡风受到了周扬他们的排挤,不得不辞去了左联的工作,又失去了职业,只好干脆以卖文为生。

到了 1936 年 4 月下旬,雪峰带着使命从中央苏区回到了上海，住在鲁迅先生家中。胡风常去听他讲长征的故事，他对毛泽东的热爱和崇敬给胡风留下了深刻的印象。就在这时，出于共同对“国防文学”口号的不满，一起商议定了“民族革命战争的大众文学”这一口号，并征得鲁迅先生的同意。最后由胡风写了《人民大众向文学要求什么?》一文，经先生审阅后发表了出去，这就引起了现代文学史上著名的“两个口号”之争。在这场论争中，由于雪峰要求胡风保持沉默，说一切全由他来调整处理，所以胡风始终没有再写一个字。但雪峰的“调整处理”并不能从根本上解决问题，还是由鲁迅先生写了《答徐懋庸并关于抗日统一战线问题》一文，事情才得以稍定。而这一论争遗留下来的无穷“后患”，是我们在当时想像不到的。

胡风回国后，文总方面始终没有承认他的日共党籍。雪峰这次回到上海，便想着手解决此事。他曾三次通知胡风说“你已是党员了”，但又两次告诉胡风说“党内更难搞。还是留在党外好些”。胡风体会到他的难处，也就没说什么。看来，雪峰对党内的斗争深有体会，依他的性格即使委曲求全也还是处理不好复杂的人际关系，他也实在是不懂政治，以致后来发生了一气之下回到老家去的事。

鲁迅先生逝世后，雪峰为了宣传和继承先生的传统做了大量的工作。在他的领导和支持下，胡风主编了《工作与学习丛刊》，给鲁迅以后的文学界增添了一线生气。

抗战爆发后，我们从上海撤退到武汉，后又撤退到了重庆。雪峰则回到了老家金华。彼此间无法通信，只听说他对胡风主编的《七月》刊物有很高的评价。不久，就听说他被国民党反动派关进了上饶集中营。1942 年，我们从香港脱险来到桂林，听邵荃麟同志告诉我们，他在集中营里英勇不屈，与国民党斗争十分顽强。后来，党中央设法将他保释了出来，在家乡养病。我们赶紧将已出的《七月诗丛》和我自己的第一本书《小面人求仙记》寄给了他。

1943 年 6 月，他终于来到了重庆。胡风找到了他的住处，多年的情况是一时说不完的，两人作了彻夜的长谈。过两天，他又到“文协”来看望我们。几年不见，他变得沉稳多了，也更加和蔼可亲了，虽经过集中营的非人折磨，但看去身体还好。他对《七月诗丛》的评价也很高，甚至猜出了《小面人求仙记》就是我写的。

在重庆时期，他按照组织的安排，住在姚蓬子的作家书屋里，尽可能地做着一些统战工作和“文协”的工作。胡风常去找他聊天，他们在文艺思想和理论上都有共同的看法，彼此一如既往地谈得来，对由于《希望》上发表《论主观》所引起的麻烦，他也很表同情。

抗战胜利回到上海后，胡风和雪峰经常见面谈天，对于即将到来的革命胜利感到欢欣鼓舞，但对文艺界的现状也有所困惑。到了香港党内发动对胡风文艺思想的批判时，他简直是气愤了。他对胡风说：“难道又要重演创造社的旧伎？让我们在内地的人怎么做事！”胡风当时没和他多说什么，只是写了《论现实主义的路》作为对香港批判的回答。可是，这本书后来却成了胡风不接受批评的例证。

建国后，由于地位和身份的变化，胡风和他很少能见面长谈了。我们搬家到北京后，曾请他和适夷来家中吃饭。他和适夷想请胡风翻译一些日文的好作品，这自然是由于知道胡风的处境不好，想从旁帮点忙。胡风很感谢他俩的好意。

1979 年胡风恢复自由后，得知他已于几年前去世了，既未能恢复党籍，更未及看到平反，心里很是悲痛。在与雪峰多年的交往中，胡风虽然对他的某些做法有意见有看法，但在大的方面对他有着极高的评价。那年，胡风曾在给适夷的信中详尽地说到了他对雪峰的认识。现在这儿摘要如下：

> ……听到关于追悼雪峰的极简短消息。我意雪峰是左翼文学运动中的一个关键性的人物，非给他应有的地位不可。否则一定要歪曲整个历史实际。

1. 作为湖畔诗人,他是新文学的新生力量的代表之一,我自己就从他们受到了对生活的锐敏的感受力的影响。这要和同时代的诗人比较才突出。
2. 最重要的是对左翼文学运动的贡献。这就是他以党员名义抵制了创造社太阳社对鲁迅的围剿,使鲁迅精神和鲁迅开创的社会主义现实主义传统不致完全被淹没(这个斗争还要进行)。因他的斗争,组成了左联,在暂时休战的条件下,使鲁迅得到了更多对敌斗争,培植新的力量,介绍国际无产阶级文艺理论的机会。毛主席就有了有形的根据称鲁迅为无产阶级巨人。这是他一生中作为一个共产主义者的主要功绩。肯定这个不是为他个人。这里有深远的历史意义。但这一点,一定要受到巨大的阻力。我以为每一个诚实的共产党员,非斗争不可。
3. 对他的文艺理论,也给以一定的肯定的评价,特别是在和周扬的假理论比较之下。
4. 对他的杂文和寓言,要有充分的评价。要作过一定的研究之后给以如实的评价。我想,这里面一定有宝贵的东西。
5. 要强调他的反宗派主义,爱惜文艺新生力量的品德,特别是和那些宗派主义的棍子王伦们比较起来。我以为这些是主要的,长征要提,对毛主席的忠诚态度也要提。他不是迷信,更没有讲毛主席的话打人捧己。……
6. 应强调他在集中营的经历,一个共产主义者的品德。……

果然,后来在关于雪峰的悼词措辞上出现了"权威人士"的不同意见。当得知第四次文代会后要举行雪峰的追悼会时,胡风虽然收到消息已晚,但他还是赶着发去了一份几百字长文的唁电,并在这唁电中高度评价了雪峰作为诗人、鲁迅和党的联系人、文艺理论家和作家的历史功绩。

今年是雪峰的百年诞辰,谨以此短文作为对他的纪念。

2003 年 1 月

原载《新文学史料》2003 年第 2 期

阅读冯雪峰

许觉民

我曾在一篇纪念冯雪峰的短文中写过他的一些性格上的特点,他“秉性豪爽,处事果断,具傲骨,易怒,人不敢近。众人在谈笑间,他一到,便肃然无声”。可是从他先前《湖畔》诗中流溢着的对女性的那种空旷的柔情相比,几乎不能相信是同一个人,可见文如其人之说是不尽然的。不过我又相信,人的性格有两重性,“静如处子,动若脱兔”便是,我也常见到雪峰那种长者常有的温良的一面。

我虽在上海解放前认识雪峰,但没有做过深谈,要做深谈也不可能,他是位“左联”的老作家,我这个一知半解的青年很难去找他做什么深谈。1952 年春,人民文学出版社成立,到夏天时他来了。“人文社”最初由沙可夫负责,沙可夫的兼职多,以后由胡乔木提名请雪峰来当社长。雪峰来时,将上海成立的“鲁迅著作编辑部”一起搬了来,人员还有杨霁云、孙用、林辰、王士菁等人。雪峰当时给我的印象是一位很和蔼的长者,交办一件事总要问一句“你看行不行”,只是商量口吻而不是一味的指令,其实领导人愈是这样也愈令人敬服。他给我的印象是极好的。

人民文学出版社归文化部直接领导。文化部部长是茅盾,但主要管事的是副部长周扬。当时,由周扬每两周召开一次由各单位负责人参与的工作汇报会,一面汇报,一面经交换意见后解决问题。“人文社”去参加这会的，自然应是冯雪峰，但雪峰与周扬在30年代的上海时就不和，他不想去，会上因为有不少行政事务要谈，每次会议雪峰就叫我去参加，我当时是“人文社”经理部主任，他认为是合适的。我第一次到会后，发现各单位到会的都是第一把手，如田汉、欧阳予倩、王冶秋、袁牧之、马彦祥、光未然、蔡若虹等，我总觉得我参加这会不合适，我对雪峰说了，他笑着说，又不吃掉了你，为什么不能参加？每次会后，我就将有关事项和周扬的讲话向雪峰汇报了，雪峰有什么意见和对出版社有什么设想，也由我在会上转陈，我便当了一个“中转站”的角色。人民文学出版社的方针任务和重要决定，雪峰并不向周扬请示，而是与胡乔木相商而定的。例如关于出版方针，雪峰认为应不同于地方的出版社，应以提高为主，实行“提高指导下的普及”。乔木也很同意。于是提出了要出版中外文学名著，不仅要有延安以来的工农兵优秀文艺，还要整理出版“五四”以来的新文学；不仅要有现代的文学，还要着手古代文学遗产的整理；不仅要有苏联文学，还要有欧美等国家的古典名著和现代名著的系统介绍。这个出版方针，在50年代新中国初期时提出是很新鲜的，是文学出版工作的中外古今全面发展的开端。我也照此在文化部的会上向周扬作了汇报，他表示首肯，同时还提出应为此作出一个详细的规划来。

有一次会上，文化部主管人事的领导说，中央指示要精简机构，他宣布人员的进用开始冻结。周扬要求各单位照此执行。我知道雪峰正在为实现规划而大事罗致人才，倘冻结人员必将使规划搁置起来。于是便走出会场打电话告诉雪峰，他说马上到文化部来。他到了会场，讲了一大段话，声调激昂，力争出版社必须进人，他认为当时出版社内够格的编辑只有刘辽逸一人，怎么弄得下去？那位主管人事的说，进人是以后的事，此刻必须冻结。相持不下时，周扬说话了，他说人民文学出版社的进人问题，照雪峰同志的意见办。雪峰听了，平静了下来，因为事情已解决，就转身回去了。

此时我得一印象，在这样的场合，雪峰的焦躁、激动、易怒的性情就会随着爆发出来，他说话的那种使人可怕的神态，会上的人一个个眼瞪瞪地看着他，似乎觉得有些异样。我得的另一印象是，周扬的平静，他采取了退让的办法，本来这件事是容易引起争论的，为了使矛盾不致激化，依顺了雪峰。在周扬当时所处的位置上，这一态度不失为是明智的。而且自此后我发现，“人文社”的工作，周扬从不过问。“人文社”设在文化部大院内，与文化部近在咫尺，周扬也从未过来看看。以后冯雪峰主编《文艺报》，并任作家协会党组书记，周扬是中宣部副部长，是主管文艺的，在那一段时间内，他对作协和《文艺报》的工作很少过问。周扬那回避的做法，原想是避开可能出现的矛盾，但是隔阂却无法得到消解。

那时有一个中国作家代表团访问苏联，团长是冯雪峰，成员都是来自老解放区的作家，如康濯、田间、陈企霞、萧殷等等。他们回来后，我听陈企霞说，雪峰很果断，很有魄力，也很厉害。我问他何以有此印象，他说，代表团除团长外，还有一个党支部，支部有支

1951年冯雪峰(右三)率中国作家代表团访问苏联

委,有些问题支委的意见与团长不尽相同,不同时便有些争执,雪峰起先是冷静的,以后就很严厉,说代表团由团长负责,支委要保证团长履行职责,严厉地批评了他们,他们的印象雪峰是很厉害的。

雪峰从苏联回来时,国内正值开展"三反"运动,我在出版社负责经理部,自然要经手钱财,也当然会受到运动的冲击。冲击无非是要彻查账目,经过核查后,幸而证明我没有贪污的问题。于是有人在官僚主义问题上找我的茬,我因为患有肺结核未愈,经常买母鸡炖汤喝。有一位老区来的女同志,认为喝鸡汤不但是一种奢侈,而且是一种资产阶级的习气。竟为此揪住不放。在一次会议上,我检查到官僚主义,就说经常喝鸡汤的事,今后要注意改正。雪峰在会上听到了,就马上发话,说这和官僚主义有什么关系?你有病,吃鸡是可以的,不管这些,你以后只管吃就是了。我听了觉得当时很尴尬,但又觉得雪峰是最通情达理的。

不过也有给我难堪的事。当时出版了一本《鲁迅小说集》,书的封面印鲁迅的肖像,印得有点模糊。雪峰看到了大怒,把我叫去,发了一顿脾气,书已印成,我只能领受他的批评。这一次,他怒气未息,说要撤我的职,另换别人。我听到了倒并不惊慌,我管的事最杂,出版、财务、人事、行政……整天昏头昏脑,最好不干。我等着撤,可是过一阵没有声息。

雪峰此时兼着《文艺报》和作协的工作,还要写文章,例如一本《回忆鲁迅》的书,就是在那时期挤时间写的。看来他有点忙不过来,这时候他调来了楼适夷和聂绀弩,聂绀弩主持中国古典文学编辑部的工作,雪峰委托楼适夷来主持出版社全面的工作。适夷做了一阵感到有些吃力,也可能有些不感兴趣,便向雪峰建议调刚从印尼回国的王任叔(巴人)到出版社来共同领导。雪峰起先不肯,后来同意可以调来,但仍由楼适夷负主要责任。1954 年王任叔调来"人文社",适夷向雪峰力辞负主要责任之职,要王任叔来负全责。雪峰起初也不肯，经适夷再三请求，也同意了。

这期间，发生了《文艺报》的所谓压制批评俞平伯的《红楼梦研究》，即压制新生力量的问题。以后知道，事情经过并不如那时所说的，雪峰因受批评而离开了《文艺报》是委屈的。可在那时弄得十分紧张，他检讨完后有一个时期静坐在家里思考问题。我偶尔在文艺界听到一点风闻，说高层对雪峰早有意见，认为他在《文艺报》上发表自己的文章很多，而不注意提拔新生力量云。以后又听到说他的文艺思想不大对头，具体的并未说到。不过我倒听到过雪峰有一次说过，他认为把文艺分为政治标准第一，艺术标准第二是说不通的，文艺首先是艺术品，就应该以艺术质量来衡量一部作品，好的政治内容必须通过高度的艺术表现力才能显现出来，否则只剩下干巴巴的政治口号，算不得是艺术。我认为雪峰的意见是对的，但在那个时期，这类话只能有所领会而绝不可外传。我听到雪峰谈文艺就这么一点，我不知道不对头在哪里？

到1957年"反右"运动不久，雪峰便被划为右派分子。起因是什么？我在运动过了很久才问他，他也不肯说。一个说法是卷进了丁玲、陈企霞的"反党集团"，这一"集团"1955年就定案，以后说弄错了，要平反，丁玲本人一直有意见，不料到"反右"运动开始，这事又重被提起，作协经常开会批判丁、陈，丁玲被批得很烦恼，见到冯雪峰就诉说。据说冯雪峰听后对她说，你不会装病不去开会吗？这话被人知道了，加上雪峰还流露出某些不满情绪的言论，被说成是丁、陈反党集团的重要分子，于是在作协被批斗了一个相当长的时间。

我听说是在作协批判他的，许多问题都是30年代的陈账，那就是雪峰由陕北受中央之命到上海，接上上海党组织与中央失去联系的组织关系。他到上海后没有去找周扬和夏衍等人，却只是找了鲁迅并从鲁迅那边认识了胡风。关于这段史实的是非，到以后似乎未见到一个完善的定论，这里且暂置不说。至于1957年那次批判雪峰的会上，都是严厉地指责和批判了雪峰的。我以后问过雪峰，他对一位本来很亲近的朋友在会上声色俱厉之状和用词之尖刻，听后觉得十分的寒心和反感。他又对楼适夷在一次会上，当另一人发完了一条“揭露”性的话以后，他指着雪峰说，多少年我受了你的骗！说完后号啕大哭不止。雪峰认为，这一哭，把会场气氛弄得十分严峻，接着别人的发言也分外地严峻起来，问题因此起了质的变化。雪峰说，这与他的问题的严重化有关。我听后觉得这想法未必对，即使适夷不哭，并不能使问题有所减弱或淡化，右派分子的帽子是逃不了的。

批判雪峰的会，都在作协举行，他的组织关系一直在“人文社”，而“人文社”却一次也没有开过批判他的会，到组织处理时，则回到了“人文社”。1958 年某日，“人文社”支部开会，由支部书记宣读了一份关于冯雪峰定为右派分子予以开除党籍的决定草案，并举手表决。我从座位对面看到了雪峰，他铁青着脸，表决时他也举了手，使用他作为党员的最后一次权利。我看到有几个人怆然涕下，我低垂着头，我又偷看了一下雪峰的脸，他的脸愈发铁青了。

自这天起，他被开除了，他陷入了一种凄苦和孤独的状态中，很少说话，与先前那种豪爽、傲视、易怒的性格相比，几乎判若两人。

此后他在编辑室做一点工作，社里分给他编选郁达夫选集这件事，他十分认真，对郁达夫的作品又十分熟悉，他编的那本选集，编辑室的人都极为称赞。

这时候，成立了作家出版社，归作协领导，楼适夷调在该社负责。到 1959 年末，因“反右倾”运动的结果，王任叔因写了些内容有所谓阴暗面的杂文，又写了《论人情》的文章而被批判，定为“反党分子”，撤销了他的职务。此时的“人文社”已无领导人，“蜀中无大将，廖化作先锋”，文化部命我权宜负责一时。

1960年,雪峰摘去了右派帽子,他的精神面貌略见清爽了些。他开始想到要写小说,我知道这是他以前早有了的宿愿,他曾想把亲身在长征途中的题材写成小说,构想蓄之于胸已久,书名叫作《卢代之死》。这事我听他说过,至于内容、故事和人物,我都不知道。这一回,他去找作协党组书记邵荃麟,详述了他的愿望,他说有两个写作计划,一个是写长征,另一个写太平天国。荃麟同他本是极好的朋友,写小说这件事,他自然是支持雪峰的,不过他又考虑到雪峰当时的一种特殊的处境,沉吟了半晌,对雪峰说,我看,你还是先写太平天国罢,你现在写长征,恐还不大相宜。雪峰回来后对我说这件事,说毕,喟然长叹一声,说我连写长征都不能写了!当时面容痛苦的情状不忍卒看。我就劝他说,既如此,不妨就先写太平天国,写长征放到以后再说。他微微地点了点头,实际上也只能这样做。

我因为在出版社权且负责,此事就可以做主,先决定雪峰从编辑室脱身,改为专事写作。接着雪峰就提出写太平天国的小说,先得到有关的地方去看看,计划是先到广西贵县金田村,洪秀全等起义之地,然后北上沿途观察,经湖南、江西、安徽而至南京,看看太平军经过的山川地形,在写作中可以有所描述,与情节相连接,这些景象的感知是写小说所不可少的。他的此行,颇费些时日,本想再找一人陪伴他同行,还可以协助他做些记录的工作。他坚持不要,认为反而不便。我也觉得他如今的处境,写作计划已经荃麟批准,算是不容易的了,倘再事铺张,带个人手去,有的人会有看法,于他反而不好,况且他当时身体也很好。等一切准备就绪后,我还送他上了火车。我觉得,此刻使他情绪上稳定下来最重要。

他走了好几个省,回来以后就忙着写提纲,准备着手创作。为了让他安静地写,我很少去看他。隔了一阵遇见他,说已写出了一些,但感到有些疲劳,心情也极为不佳,暂且停一下。我劝他休息好以后再说。以后他断断续续地又写了不少,但是究竟完成了多少呢，我一直不清楚。我看得出，那几年他的情绪一直不好，写作的进度很慢，我可以想像到，一个人处于一种被压抑的状态，除非写自己，否则写作就是一种精神负担，甚至是痛苦，既无法写得快，甚至也很难写得好。不过我没有劝他不要再写，因为他此时处在最痛苦的孤寂中，除了硬着头皮写作外，他还有什么寄托呢？

那几年，运动仍是不断，大跃进、反右倾、反修、四清……文化领域内更是层出不穷，批巴人，批“文学即人学论”，批“反题材决定论”，批昆曲《李慧娘》，批电影《北国江南》，批京剧《谢瑶环》，批“中间人物论”……这些，雪峰都注意到的，他已无心写小说了，他的心情越来越坏，许多事似乎给他一种不祥的预感，他的小说即使写成了，遇到的命运是完全可以想到的。

他放下了笔，他彻底地沉默了，他仿佛在等待着什么。

等待他的是一场大风暴，“史无前例”的日子来了！

他很沉着，他知道立刻有一场劫难在等着他，他同“人文社”其他被指定的十几个人一起拘进了所谓“集训班”。拘入集训班的人员包括文化部暨所属单位、全国文联暨各协会、中国作协等文化机关的领导人和其他“有问题”的人物。集训的要求就是经过学习交代自己的“罪行”和揭发别人的“罪行”。

雪峰虽是著名人物，但当时他没有领导职务，只是作为“摘帽右派”的一员纳入了“黑帮”行列，有幸的是用不着把他列入大会批斗的名单，大会批斗的都是文艺界的头面人物，如田汉、邵荃麟、林默涵、夏衍、张庚、王冶秋等等。每次批斗大会后，我又看到了雪峰那张铁青的脸，有一次他对我说，“总有一次要轮到我的”。

可是没有轮到。倒是有一件与雪峰有关的事应该记述的。当时新出版的一期《红旗》杂志上，刊载了一篇揭发周扬的文章，内中谈到30年代“国防文学”和“民族革命战争的大众文学”的两个口号之争，在“人文社”出版的《鲁迅全集》中有一条有关两个口号的注释，注释对此作了客观的介绍与解说。这条注释成了一项天大的罪行，因为它和林彪和江青炮制的《部队文艺工作座谈会纪要》中说的“国防文学的口号是资产阶级的口号”的说法大相径庭。将此事作为周扬的一条罪名写成文章，并将那条注释的原稿也制版印在上面，文章说这是周扬亲笔所写的注释文。但是文章的作者弄错了，那是冯雪峰的笔迹，那条注释是雪峰所写而不是周扬写的。我们在“集训班”看到这文章后，就大为诧异，于是议论了起来，因为对雪峰的笔迹我们都是很熟悉的。我们的议论被管理我们的部队的人员知道了，便报告“集训班”的领导。那位领导便把“人文社”几个人统统叫去，问你们的议论是什么意思，我们回答那原稿的笔迹是冯雪峰的，这条注释就是雪峰写的。领导就把雪峰叫过去，问他是否是你写的，雪峰立即回答，是我写的。领导听后勃然大怒，大声说你们要干什么，要我相信你们还是相信《红旗》杂志？我们因处在被审查地位，不能再与他争论，在他吆喝声之下，都悄然地退了出来。

大家都为雪峰勇于承担的刚正态度所感动，但另一方面担心会不会由此引发起一个批判雪峰的大会，幸而等不了几天，“集训班”的人员都陆续被原单位来人弄了回去开始批斗，“人文社”的人也被一起弄了回去。

到回去后，批判对象以“走资派”为主，几年以内，雪峰被批斗过的次数似乎很少。我因为是“走资派”，经常挨斗。自1966年秋起一直到1969年秋下干校时止，雪峰和我们一批人在牛棚里共住，虽天天见到，但监视甚严，我无法同他说话。

1969年秋，我们都下放到了湖北咸宁的文化部干校。在干校，几个人挤在一间简易房内，我恰好与雪峰等人在一个屋子，虽朝夕相处，但劳动时间长，还要学习、开会，相互间说话的机会甚少。他被分配为挑大粪、施肥种菜的农活，每次见到他艰难地挑着粪或水，在崎岖不平的丘陵道上吃力地行走时，我一面看，一面鼻子不时一阵阵的发酸。

在干校时，从批斗“走资派”逐渐转向狠抓“五一六”分子了。我们这些人已批斗了将近四年，现在丢在一边，感觉上似乎被管制得松动了一些。这样，我和雪峰就可以说上几句话而不被注意。我劝他挑了重担走路千万注意，能不能少挑些。他苦笑着说，这些事难道能难倒我么？他向我打听，为什么这次“文革”弄得这么长的时间没个完。我无法回答他。他嘟哝一句，说照这样是弄不下去的。看他说话的样子有些焦躁，心里似乎有股窝火，最后恨恨地说了一句，照这样，大家都会完蛋的！

批斗“五一六”分子的办法不大用大会，用七八个斗一个的“麻雀战”，时间常在夜里开始，一斗就是半夜，有时弄个通宵，被斗的弄得疲劳不堪，就胡乱承认，这就有了结果，叫做“黎明出成果”。“麻雀战”总是在居室内进行的，这样，我们这些人苦了，被赶出来，因为我们是不能参加这类“战斗”的，只好站到室外去，在黑夜的天空下踯躅，碰到下雨，就站在屋檐下躲一躲，至少得有三四个钟点不能回去。遇到这种场合，我就随着雪峰一起走，或一起在屋檐下躲雨。两个人，常在凄风苦雨中聊上几个钟头，他最关心的话题是这运动到底什么时候完。他说自己已垂垂老了，还能活几年呢，他又显出了十分焦躁的样子。听他的意思，好像有不少事要等着他做而现在又无法做。我知道，他有很多事要做的，这许多年来，他的能力并没有真正地发挥出来。

到1973年，干校的人陆续回到北京，雪峰仍留在出版社。另有一批人被扫地出门，有的另行分配，有的自找工作，我也在其中，只得自己另外找到了一份工作。虽然如此，我还是不时到雪峰家里去看他，偶尔他也到我家里来。当时的话题，他最关注的是能不能重新入党，好像是一切事情都必须先从重新入党后才能开始。他问我这时候提出来好不好，会不会找来麻烦。我认为还不到时机，暂先不提为好，且等一段时间再说。我劝他回来后似可将小说继续写下去。他说，断了好多年，一时还捡不起写作的思路来。

我大约个把月到他家里去一次，除了随便谈谈外，他对时局十分悲观，觉得已看不出什么希望。谈到激动时，他总是大骂江青，说她是最可恶的女人，是个女流氓，专门害人。又常常骂姚文元，说此人算个什么东西，是一根专打人的棍子。雪峰与姚文元的父亲姚蓬子素来熟识，雪峰在重庆时，在蓬子家见到过还是孩子的姚文元，印象也极坏。他骂他们时声浪很大，房门是开着的，隔壁的邻居可能会听见，再传出去就会有麻烦的。他对我瞪了一眼说，怕什么！我说还是小声说好。

以后的几次，他又谈到重新入党的事，问我可不可以这时候送一份申请书上去？我说恐怕没有用。他问为什么，我说，你虽然已摘了帽子，摘了帽子的人也不少，但至少还没有听说有谁写申请书要求入党的。总之，还没有一个先例，有了先例，就可援例而行了。他严正地对我说，头一个提出来就是先例，我现在先提出来，不就有了先例么？我听后未说什么，总觉得这件事很难办到。到下一次去看他时，他说前几天胡愈之来看他，谈起了重新入党的事，胡愈之劝他不要提，认为提出了反会惹起麻烦，总之现在不是时候。经胡愈之这么一说，雪峰便死了心，他相信胡愈之对事情的判断力。

1974 年中，我知道他身体不好，说话的发音有点嘶哑，交谈时有些话听不清楚。我劝他到医院去看看，他说已看过了，还要作进一步检查。有一次我去，他告诉我，周扬已从秦城监狱放出来了，上星期来看过他。我听了很奇怪，他们二人自 30 年代以来因不和而一直未有交往，怎么这时候倒交往起来了。雪峰说，周扬关了八年，这次说了许多话，一是说“文革”中难以忍受的遭遇，他作为一个筹码在“文革”初期就被抛了出来。狱中生活的几年，他翻来覆去地思前想后，觉得自己做错了不少事，几次运动中伤害了不少人，深感到“左”的危害。至于对雪峰，也觉得自己有不少不是之处，向他作了自我批评。雪峰告诉我的，自然不止这些，因为他发音很低，我没有完全听清，但大意是弄清楚的。他认为周扬来看他是诚意的，他的自我解剖也是真诚的。雪峰是位久经风霜的人，不会轻易相信别人的言行，而这一回周扬在这个时候来看他，在“四人帮”还盘踞高位的时候冒着风险来看他，而且坦率地陈说了已往之不是，确是经过了这场“文革”给予了他猛然而得的憬悟，得以清算既往的一个思想契机，对“左”的危害深恶痛绝。雪峰认为这些都是出自肺腑之言，他认为是完全可信的。

我听了也感到心头的欣喜，他们之间40年的隔阂，平时从不交谈，却各自在患难的时刻触动了悔悟的心灵，在苦难的磨炼中蓦然回首，觉昨非而今是，是那种可怕的形势迫使他们走近了。人际之间的隔阂往往是这样，一件事说得唇干舌焦也无济于事，一旦为巨大的现实所撞击，幡然而悟，不消说什么，便足以冰释前嫌了。可惜的是，雪峰逾一年后便因病而逝，否则，我相信他们二人会成为至交的。

雪峰之有嘶哑音，其实已有了病。不久便查出患了肺癌，这是绝症，除了动手术切除外，别无他法。以后他住进了医院，手术后经过良好。我到医院里去看他，他靠在床上笑着说，切除掉不就好了？我听他说后，心情也很高兴。他还说病愈后还得把小说写出来，我听了尤为高兴。

手术后的几个月，他日益消瘦，说话发音更见嘶哑。我见他时，形容憔悴，显得十分疲惫的样子。我只是安慰他静心养，先不要去想别的，身体会好起来的。他低声地说着最近时常念着已逝去的故人，念着荃麟，念着巴人；也还念着仍活着的友人的状况，他知道巴金在受苦，很想念他。他还问起聂绀弩的下落，聂在“文革”中骂过几个人，其中骂了江青，被告发者上告，定为现行反革命，那时拘押在山西临汾大牢，同不少战犯关在一起。雪峰知道后，一语不发，我知道他的内心是十分痛苦的。

他在疾病和心灵痛苦的熬煎下已经丝毫无力了，身体愈来愈虚弱，延至1976年1月31日瞑目长逝。他那几十年过来的岁月，他的性情从豪迈、果断而逐渐变为焦躁和易怒，继而在迫害下表现为忧郁和痛楚，他终于在那种精神折磨中离世而走了，他行色匆匆，再也看不见“四人帮”的倒台，看不见活着的和死去的友人们冤案的平反，也看不到自己的冤案的平反，他还丢下了许多想做而没有来得及做的事，他怀着无比的痛苦走向另一个世界去了。

原载《新文学史料》2003年第2期

存　目

著　作

冯雪峰　《冯雪峰论文集》（上、中、下）

人民文学出版社1981年

吴长华　《冯雪峰评传》

上海书店1975年

陈早春、万家骥　《冯雪峰评传》

人民文学出版社2003年

论　文

冯雪峰　《论〈保卫延安〉的成就及其重要性》

《文艺报》1954年第14、15号

冯雪峰　《检讨我在〈文艺报〉所犯的错误》

《文艺报》1954年第20号

冯雪峰　《我在上饶集中营》

《新文学史料》2001 年第 2 期

夏　熊整理　《雪峰日记——一千七百六十三天记事》(一至六)

《新文学史料》2003 年 2、3、4 期　2004 年 1、2、3 期

赖少其　《悼念冯雪峰》

《清明》1979 年创刊号

楼适夷　《雪峰啊雪峰》

1979 年 11 月 17 日《人民日报》

韦君宜　《纪念冯雪峰同志》

1979 年 11 月 21 日《光明日报》

黄　源　《谨以余年誓为四化而战斗来悼念冯雪峰同志》

《文艺报》1979 年第 11、12 期

菡　子　《山花烂漫时——敬悼冯雪峰同志》

《文艺报》1979 年第 11、12 期

谢　狱　《冯雪峰二三事》

1982 年 2 月 12 日《羊城晚报》

包子衍　《冯雪峰略传》

上海《社会科学》1983 年第 7 期

丁　玲　《我与雪峰》

上海《社会科学》1983 年第 8 期

唐　弢　《我所知道的冯雪峰》

上海《社会科学》1983 年第 9 期

叶　岭　《回忆冯雪峰在上饶集中营》

《新文学史料》1983 年第 4 期

陈早春　《冯雪峰》

《出版工作》1985 年第 4、5、7、8、9、10、11、12 期，

1986 年第 1 ~ 12 期

宋任穷　《我有义务为雪峰同志写几句》

《新文学史料》1985 年第 4 期

袁良骏 《鲁迅研究史上的冯雪峰》

《绍兴师专学报》1986 年第 3 期

陈早春 《跃马横枪的主前锋,不厌卑琐的“灶下婢”——记文化战士冯雪峰》

《编辑家列传》,中国展望出版社 1986 年

吴长华 《新中国文学出版事业的开拓者——纪念冯雪峰逝世十周年》

1986 年 3 月 13 日《文学报》

翟仲卿 《冯雪峰在上饶集中营》

1986 年 9 月 9 日《人民政协报》

杜一白 《冯雪峰的鲁迅研究》

《辽宁大学学报》1987 年第 6 期

陈早春 《无产阶级文学事业的铺路石——略谈冯雪峰的编辑出版工作》

丁景唐编《中国现代著名编辑家编辑生涯》,
中国展望出版社 1990 年

郑效洵 《最初十年间的人民文学出版社——忆冯雪峰、王任叔同志》

《新文学史料》1991 年第 1 期

程中原 《关于冯雪峰 1936 ~ 1937 年在上海情况的新史料》

《新文学史料》1992 年第 4 期

陈早春 《冯雪峰衔中央使命赴上海》

《文艺理论与批评》1993 年第 1 期

李　辉 《凝望雪峰》

《收获》1995 年第 4 期

尹　骐 《冯雪峰是怎样被打成“右派”的》

《炎黄春秋》1997 年第 6 期

吴长华 《冯雪峰与〈可爱的中国〉》

《世纪》1998 年第 5 期

李城外编 《雪峰同志有如一座高山》

《向阳文化人采风》(下),人民文学出版社 2001 年

宓乃竑 《老前辈冯雪峰二三事》

李城外编《向阳情结——文化名人与咸宁》(下),

人民文学出版社 2001 年

秋　石 《营救冯雪峰》

2003 年 5 月 21 日《文汇报》

陈早春 《〈冯雪峰评传〉修订后记》

《新文学史料》2003 年第 2 期

王士菁整理 《雪峰同志的信》

《新文学史料》2003 年第 2 期

白崇义辑录 《冯雪峰著译年表》

《新文学史料》2003 年第 2 期

王锡荣 《冯雪峰心路历程的断想》

2003 年 6 月 4 日《中华读书报》

丰　书 《从"湖畔"走向高山——冯雪峰百年诞辰纪念》

2003 年 6 月 25 日《中华读书报》

孙晓忠 《当代文学中的冯雪峰——以〈文艺报〉为中心》

《文学评论》2005 年第 3 期

王培元 《仰望雪峰》

《出版广角》2005 年第 7 期